Geschichtlichkeit und Glaube

J. Doellinger

Geschichtlichkeit und Glaube

Zum 100. Todestag
Johann Joseph Ignaz von Döllingers (1799–1890)

herausgegeben
von
Georg Denzler
und
Ernst Ludwig Grasmück

ERICH WEWEL VERLAG MÜNCHEN

Gedruckt mit Unterstützung des Förderungs- und Beihilfefonds Wissenschaft der VG Wort

Bildnachweis: Stadtarchiv Bamberg BS 483 Döllinger Ignaz

CIP-Titelaufnahme der Deutschen Bibliothek

Geschichtlichkeit und Glaube: zum 100. Todestag Johann Joseph Ignaz von Döllingers (1799–1890) / hrsg. von Georg Denzler und Ernst Ludwig Grasmück. – 1. Aufl. – München: Wewel, 1990
ISBN 3-87904-173-3 brosch.
ISBN 3-87904-168-7 Gewebe
NE: Denzler, Georg [Hrsg.]

1. AUFLAGE 1990

HERGESTELLT IN DEN WERKSTÄTTEN DER
VERLAG UND DRUCKEREI G. J. MANZ AG, DILLINGEN/DONAU

ISBN 3-87904-173-3 (BROSCHIERTE AUSGABE)
ISBN 3-87904-168-7 (LEINEN-AUSGABE)

NIL TEMERE, NIL TIMIDE
SED OMNIA CONSILIO ET VIRTUTE
(Döllingers Wahlspruch)

„Emsig, unverdrossen hab' ich mein ganzes Leben hindurch im Weinberg der Erkenntnis nach Schätzen gegraben, immer auch etwas gefunden, aber freilich oft ganz andere Dinge als die erwarteten" (Döllinger, 1876)

Inhalt

Vorwort

Ignaz von Döllinger (1799–1890) – sein Name ist ein Programm. Schon zu Lebzeiten heftig umstritten, stehen seine Person und sein Werk heute noch, hundert Jahre nach seinem Tod, im Kreuzfeuer der Kritik.

Das widersprüchliche Urteil über den Münchener Kirchenhistoriker Ignaz von Döllinger – zweifellos einer der hervorragendsten seines Jahrhunderts – fand einen deutlichen Ausdruck in zwei großen Biographien, die bald nach seinem Tod erschienen und bis heute die einzigen geblieben sind. Während sein Kollege und Schicksalsgenosse Johann Friedrich (1836–1917), Priester und Kirchenhistoriker auch er, Döllingers ebenso schaffens- wie spannungsreiches Leben in hellem Glanz erstrahlen ließ, stellte der Jesuit Emil Michael (1851–1917), Professor für Kirchengeschichte an der Universität Innsbruck, Döllinger als eine schwankende Persönlichkeit vor Augen. Auf der letzten Seite (Ignaz von Döllinger: Eine Charakteristik, Innsbruck 1892, S. 562) schrieb Emil Michael: „Leider ist es eine unleugbare Tatsache der Geschichte geworden, daß der Mann, welcher ehedem für die Kirche so glorreich gestritten hatte, in dem letzten Drittel seiner irdischen Laufbahn die herrlichen Gaben, welche der Schöpfer ihm verliehen, der Leidenschaft widerspruchsvoller, unehrlicher Bestrebungen dienstbar gemacht hat. Der große Gelehrte schien mit seiner Feder den Felsen Petri zertrümmern zu wollen. Er hat den Felsen geritzt. Die Feder ist stumpf geworden, die Hand erlahmt."

Döllinger ist seit hundert Jahren tot, sein Werk aber wirkt weiter. Wer die heutige Lage der katholischen Kirche, insbesondere die Situation des Papsttums und den Stand der ökumenischen Bewegung, genau betrachtet, weiß zwar, daß spätestens das 2. Vatikanische Konzil (1962–1965) einen Teil der Anliegen Döllingers erfüllt hat; er weiß aber auch, daß andere Probleme, die Döllinger ebenfalls schonungslos angepackt hat und derentwegen er verdächtigt und verurteilt worden ist, immer noch unerledigt sind.

Döllinger ist von einer bestürzenden Aktualität, was vor allem das Verhältnis von Glauben und Geschichte betrifft. Die zu seiner Zeit verstärkt auftretenden Konflikte zwischen historischer Theologie und kirchlichem Lehramt haben im sogenannten Modernismusstreit um die Jahrhundertwende einen Höhepunkt erreicht; sie scheinen heute einem neuen Höhepunkt zuzutreiben. Weil der Priester und Theologe Döllinger die geschichtliche Dimension der Kirche und auch des Glaubens stets im Blick behielt, galt ihm auch die Kirchengeschichte selbst als ein Teil der Universalgeschichte. Und in der Konfrontation zwischen

Glaube und Geschichte erblickte er nicht nur das Grundproblem der Kirche, sondern auch die entscheidende Frage seines eigenen Lebens.
Die 15 Beiträge dieses Buches vermitteln eine Ahnung von Döllingers weitgespannten Forschungsinteressen sowie von seinen kirchenpolitischen Aktivitäten. Der Bogen reicht vom Verhältnis der Kirche zum Staat über kircheninterne Auseinandersetzungen zwischen Tradition und Progression mit zentralen Fragen nach dem Wesen der Kirche und der Stellung des Papsttums in der Kirche bis zur Vereinigung der getrennten christlichen Kirchen, ja, darüber hinaus, bis zur Bedeutung des Judentums und des Islam. Wer Döllingers wissenschaftliches Opus auf die Diskussion über die Unfehlbarkeit des päpstlichen Lehramtes einengen und Döllinger vielleicht gar als einen grundsätzlichen Gegner des Papsttums abstempeln möchte, weiß kaum etwas von der Genialität und Spiritualität dieses unvergeßlichen Theologen.
Herzlicher Dank gebührt an erster Stelle den Autoren für ihre Beiträge zu diesem Buch, das nicht nur an Ignaz von Döllingers verdienstvolles Lebenswerk erinnern soll, sondern auch der heutigen Kirche bei der Lösung theologiegeschichtlicher Fragen und kirchenpolitischer Probleme einen Dienst erweisen möchte. Zu besonderem Dank verpflichtet bin ich Herrn Archivrat i. K. Dr. Josef Urban (Bamberg), der diese Gedenkschrift von Anfang an mitgeplant und bis zum Ende tatkräftig gefördert hat. Nicht unerwähnt bleiben soll schließlich die jederzeit erfreuliche Zusammenarbeit mit dem Erich Wewel Verlag, namentlich mit Herrn Dr. Karl Geisendörfer und Frau Dr. Christine Treml.

Bamberg, 10. Januar 1990 Georg Denzler

I. Kapitel

Universität, Lehre und Forschung

URSULA HUBER

Döllinger und die Verwaltung der Universität München

Wer den Namen Döllinger hört, denkt an Auseinandersetzung mit dem Papsttum, Unfehlbarkeitsdogma, Vatikanum. Die Liste der Unsicherheiten der Erinnerung: . . . da war doch was mit ihm gegen Ende des letzten Jahrhunderts . . . ist beliebig lang. Es hat die Kenntnis seines Namens im Zusammenhang mit der Geschichte nach der Mitte des 19. Jahrhunderts durchaus seine Berechtigung: „man" – und auch die in großem Umfang vorliegende wissenschaftliche Literatur – beschäftigt sich mit diesem Döllinger eben erst in Verbindung mit den nach-fünfziger Jahren des vergangenen Jahrhunderts. In der Perspektive dieser spektakulären Periode der Wirkung Döllingers wird in einem linearen Entwicklungsrückblick selbstverständlich dann auch die Beobachtung der früheren Jahre Döllingers eingepaßt. Johann Joseph Ignaz Döllinger ist also mit ganz anderen Vorkommnissen in der Sekundärliteratur berühmt als ausgerechnet mit seinem Weg durch die organisatorischen Einrichtungen der Münchner Ludwig-Maximilians-Universität. Und auch dann steht der erste Zeitabschnitt dieser Wanderung im Schatten des Döllinger von nach 1848: die Zeit von 20 Jahren zwischen 1826 und 1847, bevor es um seine Mitgliedschaft im Frankfurter Parlament oder um den an seiner Person kulminierenden Vorwurf des Ultramontanismus ging, mit allen Konsequenzen bis zur Exkommunikation.

Es geht im folgenden also um die Zeit, lange bevor der Streit um die „rechte" Rezeption seiner Werke und seines Wirkens begann. Döllingers Bewegungen im „Gehäuse" Universität während der ersten Periode seines Professorendaseins[1] an der translozierten Universität München können nur schlaglichtartig beleuchtet werden, um den Rahmen dieses Gedenkbuches nicht zu sprengen: seine Berufung – die Rufe, die an ihn ergingen – und die in drei Stufen von ihm geprägte Theologische Fakultät.

1. Der Weg an die 1826 gerühmteste Universität in Deutschland

Am 13. November 1823 war von allerhöchster Stelle entschieden worden, den Kaplan von Markt Scheinfeld, Ignaz Döllinger, als „Professor der Kirchengeschichte und des Kirchenrechts" am Lyzeum Aschaffenburg einzusetzen[2].

Döllinger gehörte zur Erstbesetzung dieses Instituts, das am 25. Juni 1823 eine theologische Sektion erhalten hatte[3]. Die Geschichte dieser theologischen „Fakultät“ ist eng mit der durch Napoleon und Bayerns Geschicke gezeichneten Geschichte der Mainzer Universität verknüpft – auch ein Grund für den in Würzburg und Bamberg studierten Döllinger, mit den Herausgebern der Zeitschrift „Der Katholik“ in Mainz, vor allem mit Andreas Räß[4], Kontakt aufzunehmen.

Kurze Zeit vor Döllingers Dienstantritt in Aschaffenburg war sein Vater Ignaz Christoph Döllinger, Anatom und Physiologe, von seiner Professur an der Universität Würzburg zur Akademie der Wissenschaften nach München berufen worden[5]. Es mag der Druck auf den Sohn zur Fortsetzung seines wissenschaftlichen Weges – statt in einer Pfarrei mit 48 Gulden und Nebeneinkünften aus publizistischer Tätigkeit zu verhungern[6] – und der wissenschaftliche Anspruch des Vaters gewirkt haben; ebenso wie wiederum dessen Rang in München es erleichtert haben mag, daß von den ersten Schritten des Sohnes in die Laufbahn zum „Theologie-Professor“ höhernorts Notiz genommen wurde.

Wie der Vater „die Bildungsgesetze der organischen Körper zu bestimmen“[7] suchte, so der Sohn die der Kirchengeschichte und Patristik – zur Erleichterung des Vaters, der den überlangen Studienweg seines Sohnes ungern verfolgt hatte. 1826 war in Aschaffenburg endlich der „erste schriftstellerische Versuch“[8] des Sohnes im Entstehen begriffen: „Die Eucharistie in den drei ersten Jahrhunderten. Historisch-theologische Abhandlung“[9]. Die Resonanz der das literarische Erstlingswerk des Lyzealprofessors begutachtenden Fachwelt war unmittelbar und so positiv[10], daß weder die Fakultät noch eines der Kommissionsmitglieder für die Translokation der Landshuter Universität in die Residenzstadt des bayerischen Königs einen Nachweis weiterer Qualifikation Döllingers – so etwa seine Habilitation[11] – für notwendig erachtete, somit auch nicht forderte[12]. Kommissionsmitglieder waren: der Dompropst und Generalvikar von Regensburg, Johann Michael Sailer, bis zu seiner Berufung in das Domkapitel Regensburg (1821) Mitglied der Landshuter Theologischen Fakultät[13]; der Obermedizinalrat im Ministerium des Innern und spätere Professor der Medizinischen Fakultät in München, Johann Nepomuk Ringseis – er hatte nicht unbedeutende Beziehungen zum „Mainzer Kreis“[14] – und der Vorstand des Obersten Kirchen- und Schulrats im Ministerium des Innern[15], offizieller kulturpolitischer Berater Ludwigs I., Eduard von Schenk[16]. Alle drei Mitglieder pflegten eine aus Landshuter Lehrer- und Schülerzeiten herrührende Geistes- und Vertrauensbindung[17], zu der sich auch Kronprinz Ludwig – soweit es sein Standesbewußtsein zuließ – hingezogen gefühlt hatte. Es blieb auf beiden Seiten die Achtung und auch persönliche Treue bestehen, nachdem der Kronprinz ab 19. Oktober 1825 als König Ludwig I. Bayern regierte[18].

Da die Pläne des Königs wie der genannten Berater zur Translozierung der Universität eng mit der Einbindung der ordentlichen Mitglieder bei der Akademie der Wissenschaften in das Lehraufgebot verknüpft waren, kann man voraussetzen, daß Döllinger junior von der Entwicklung in München über seinen Vater unterrichtet wurde. Dazu kam der Kontakt mit dem Philosophen Franz von Baader[19], den Döllinger zur Mitarbeit im „Katholik" aufforderte[20]; ferner mit dem protestantischen Philosophen Friedrich Wilhelm von Schelling[21], den er vom väterlichen Hause in Würzburg her kannte[22]; und selbstverständlich mit Joseph Görres[23], dem im Hintergrund arbeitenden Redakteur des „Katholik", der sich bereits in Straßburg um die Aufhebung der von der preußischen Regierung gegen ihn verhängten Strafe bemühte[24], um den Boden für eine Übernahme auf eine Münchner Professur (auch publizistisch[25]) zu ebnen. Alle waren mögliche Kollegen von Döllinger junior in der im März 1826 noch unbestimmten Zukunft einer Universität in München.
Spätestens zur Zeit von Döllingers Besuch bei seinem Vater in München, im März und April 1826, waren die Planungen der Translokation (auch der Theologischen Fakultät[26]) im Ministerium des Innern in das letzte Stadium getreten – das entsprechende Signat Ludwigs I. stammt vom 15. April 1826[27]. Einen Monat später berichtete Döllinger an Andreas Räß über die neuen Professuren in München, und das in einem Ton, wie wenn er bereits dem Lehrkörper der Universität München angehörte[28].
Döllinger promovierte in diesen Tagen erst zum Dr. theol. in Landshut. Gleichzeitig ließ er über die Mainzer Freunde sein Opus drucken – nicht etwa nur als Voraussetzung zum Erhalt des Titels[29], sondern mit dem zielgenauen Kalkül, gepaart aus gewichteter politischer Überlegung und katholisch-kirchlichem Engagement, verbunden mit seiner starken Selbsteinschätzung: Die Theologische Fakultät in Landshut war wissenschaftlich so miserabel angesehen, daß man ihn als Inländer mit seinem außerhalb Bayerns blitzschnell anerkannten wissenschaftlichen Ruf bei Planung einer Neuberufung nicht mehr würde übergehen können[30].
Das Jahr nach der Thronübernahme Ludwigs I., 1825/26, brachte (allgemein) kulturpolitisch höchst gespannt erwartete Ergebnisse; eines davon war der Entscheid der Translokation einer Universität mit dem Versprechen, *„ausgezeichnete"* Professoren zu berufen, was einer Neugründung gleichgekommen wäre[31].
Für Döllinger junior fand dieses Jahr zum 3. Oktober 1826 mit seiner Berufung zum außerordentlichen Professor der Kirchengeschichte und des Kirchenrechts an der Theologischen Fakultät der Universität München einen gewissen Abschluß[32]. Wenn auch nur eine Translokation dieser Universität stattgefunden hatte: Döllinger hatte wieder eine „Erstbesetzung" erhalten. Mit dieser begann

sein persönlicher Weg in der Universität München und ihrer inneren wie äußeren Verwaltung.

2. Konfrontation mit der Universitätsrealität

Es verstand sich *„von selbst, daß wenigstens vor der Hand* [diese vier Worte von Minister Graf Armansperg[33] in den Entwurf Schenks eingefügt; d. Verf.] *die theologische Fakultät in München nur eine katholische bleiben und das protestantisch theologische Studium seinen Sitz in Erlangen behalten werde"*[34]. Das verstand sich auch deswegen von selbst, weil auf Veranlassung König Ludwigs die Theologische Fakultät aus Schülern Sailers oder Lehrpersonen seines priesterlichen Vertrauens gebildet werden sollte.
Vier der fünf Landshuter Professoren der Theologie[35] wurden in München übernommen:

- Der Senior der Fakultät, Sebastian Mall[36], eigentlich *„würdig und gelehrt"*, um die hebräische Sprache zu lehren, aber keinesfalls Vorlesungen zur Exegese abzuhalten, da er darin nicht so ganz dem Geist der katholischen Kirche zu folgen schien;
- der Direktor des der Universität verbundenen Georgianum, Georg Friedrich Wiedemann[37], für Pastoraltheologie, Liturgik und Homiletik (ohne Gehalt aus der Universitätskasse);
- Johann Nepomuk Hortig[38], derzeit Prorektor in Landshut und *„in jeder Beziehung ausgezeichnet"*, für Moraltheologie, Patristik und Kirchengeschichte. Man sah noch während der endgültigen Fassung des Antrags davon ab, ihn *„abwechselnd"* auch für Dogmatik einzusetzen; und man wußte höhernorts bereits genau, daß er demnächst zum Domkapitular ernannt werden würde.
- Franz Allioli[39] für Orientalische Sprachen und Altertümer sowie Exegese des Alten Testaments und Hermeneutik.
- Aus Landshut wurde der Prediger Georg Amann[40] neu als Universitätsmitglied zum ordentlichen Professor für Dogmatik und Dogmengeschichte nach München geholt. Es genügte diese eine Berufung, und sofort hakte der König ein: Er verlangte zur Entlastung des Universitätsetats sobald wie möglich eine nicht durch konsistorialische Arbeit belastete Domkapitularstelle für diesen Professor, *„wodurch die Universitätsausgaben geringer würden"*[41].

Gehaltsüberlegungen gingen aber an dem einzigen, sogar vom König ohne Widerspruch genehmigten Extraordinariat dieser Fakultät vorüber. Schenk hatte hierfür, deutlich abgehoben von den Sailerschen Vorschlägen, Ignaz

Döllinger vorgeschlagen: *„Daß außer den genannten Professoren, – welche sämtlich als Ordinarii in die theologische Fakultät aufzunehmen sind, – auch noch zur Aushülfe und Erhaltung des so wohlthätigen Wetteifers, dann zur Heranbildung für die ordentlichen Lehrstellen bey eintretenden Erledigungsfällen ein junger ausgezeichneter Theologe als außerordentlicher Professor angestellt werden dürfte.“*[42] Der dem König vielleicht nicht mehr unbekannte Döllinger[43] wurde vorgestellt: *„Seine erst im gegenwärtigen Jahre herausgegebene Abhandlung [. . .] zeugt von umfassender Gelehrsamkeit, tiefem Studium der Kirchenväter und rühmlichem, nicht in einseitige Polemik ausartenden Streben, die Dogmen der katholischen Kirche historisch und politisch zu begründen* [letztes Wort korrigiert aus *„vertheidigen“* (!)]. – *Ohne Zweifel wird dieser junge Mann die Stelle [. . .] auch ohne Erhöhung seines damaligen Gehaltes anzunehmen bereit seyn.“*[44]

Die Irenik Sailers besaß dieser Kandidat sicher nicht, denn Sailer hatte Schenk am 9. Mai 1826 auch folgendes berichtet: *„Der junge Döllinger ist mir aus Aschaffenburg von guter Hand zwar als fähiger, aber auch als ein ungemein hoffärtiger, eitler Mensch geschildert worden.“* Schenk übernahm dies Charakteristikum nicht und überging das beigefügte Caveat Sailers ebenfalls: *„Würde er vorläufig nur als Privatdozent angestellt,“* – eine jederzeit kündbare, d. h. die Regierung zu nichts verpflichtende und obendrein kostenneutrale Stelle, die der König als möglichen sozialen Unruheherd hartnäckig ablehnte[45] und die demnach Schenk auch nicht so beantragte –, *„so würde ihm dadurch Gelegenheit gegeben, seine Kenntnisse anzuwenden und zu erweitern, und Ihnen, seinen Charakter und seine Geistesrichtung näher zu beobachten“*[46].

Der von Schenk zum außerordentlichen Professor Empfohlene[47] nahm das 800 Gulden-Gehalt (im Jahr) an.

Aus dem Ernennungsdekret war schließlich nicht zu ersehen, daß er ab 20. November 1826 nicht nur seine Fächer – Kirchengeschichte 6stündig nach (und statt) „Hortig“, Kirchenrecht ebenfalls 6stündig nach „Walter“, 3stündig Patrologie (nach einer neuen Ausgabe Leipzig 1825) – vorzutragen hatte, sondern auch „Spezielle Dogmatik“ (nach „Dobmayr“ = Institutiones theologiae) in 4 Stunden übernehmen mußte: ein Pensum von 19 Semesterwochenstunden im Winter 1826/27. Schon im Sommer 1827 gelang es ihm, die Zahl auf 15 Stunden zu reduzieren – er las statt Dogmatik als Aushilfe in Neutestamentlicher Exegese den „Brief an die Römer“. 1827/28 hat er nur mehr in seinen Nominalfächern 12 Stunden angekündigt, im Sommer 1828 bewußt erhöht; doch 12 blieb eine durchschnittliche Stundenzahl, die er erst nach 1840 auf 10 bzw. 9 Stunden senkte. Döllinger hatte bereits im ersten Semester zwischen 75 und 130 Hörer[48], bei einer Gesamtzahl von 284 Theologiestudenten (Gesamtzahl der Studenten an der Münchener Universität: 1622)[49].

1826/27 hielt ebenso viele Stunden wie der Extraordinarius nur der ordentliche Professor Allioli. Die übrigen Ordinarien lasen jeweils 6 Stunden: Hortig Christliche Moral und Enzyklopädie (nach Sailer) und Methodologie (nach Dobmayr), Amann Allgemeine katholische Dogmatik (nach Salomon), Wiedemann die ihm übertragenen Fächer; ebenso Mall.

Zwar war der neue Geist als *„Würde der Wissenschaft“* (Ringseis), *„Freiheit der Intelligenz“* (Baader) und zur *„Ausbreitung des Christentums . . .“* (Döllinger) zum Einzug in die von der Regierung *„glorreich restaurierte Hochschule“* angerufen worden[50] – doch schon zu diesem Festtag schrieen die Besetzungsmängel an der neuen Universität zum Himmel. Es waren nicht nur die wichtigsten Lehrstühle zur Geschichte, Philosophie und Rechtswissenschaft nicht mit *„entschieden religiösen Vertretern“* besetzt[51]. In der Theologischen Fakultät, in der letztere Befürchtung wohl am wenigsten anzusiedeln war – dort lasen zwei spezielle *Historiker:* Hortig und Döllinger –, fehlte vorläufig „nur“ die Professur für Exegese des Neuen Testaments. Hortig wurde aber noch vor dem Wintersemester 1827/28 endgültig von der Fakultät abgezogen und als Domkapitular eingesetzt; der Lehrstuhl für Moraltheologie und Kirchengeschichte wurde dadurch ebenfalls vakant.

Bereits im Mai 1827 leitete der Senat den ersten Antrag des Extraordinarius Döllinger um eine ordentliche Professur an den König weiter[52]. Er unterstützte das Gutachten der Fakultät, die in Döllinger den Mann sah, den sie *„in ihrer Mitte“* haben wollte. Döllinger selbst wies auf seine Staatsdienstzeit hin und auf die baldige Versetzung seines Kollegen Hortig. Schenk notierte sachlich richtig am 21. Mai: *„Beruht, da eine ordentliche Professur der Theologie derzeit nicht erledigt ist.“*[53] Döllinger stellte einen weiteren Antrag auf finanziell höhere Bewertung seiner Lehrkraft, nämlich um 200 Gulden[54]. Auch diese Vorstellung „beruhte“ nach dem Willen des Ministers.

Der scheidende Professor in der Fakultät, Hortig, hatte dem Minister längst vorgegriffen, denn er hatte die Fortsetzung seines mehrbändig angelegten Werkes der „Kirchengeschichte“, für den Zeitabschnitt von der Reformation bis zur Säkularisation, Döllinger übertragen und dieses Vertrauen mit Drucklegung der ersten Abteilung des zweiten Bandes (seine letzte Arbeit daran) am 10. August 1827 der kirchengeschichtlich interessierten Öffentlichkeit kundgetan. Dieser Erfolg als auszeichnende Folge für die Fakultät und persönlich für Döllinger wurde dem sparsamen König gut verpackt unterbreitet.

Am 22. September 1827 wirkte Sailer erneut auf das *„väterliche Gemüth“* des Königs (unaufgefordert) ein und schlug seinen Schüler Alois Buchner, Professor der Dogmatik in Würzburg, für den Lehrstuhl der Moraltheologie in München vor. Und er dankte fürsorglichen Sinnes zugleich für die Anstellung von Joseph Görres in der Universität München, wie sie der König statt des zunächst vorgesehenen Historikers Friedrich von Raumer[55] gewünscht hatte: „*Denn er ist gerade so würdig, so mächtig, alle Partheyen mit der blossen Wahrheit niederzuschlagen, als gröblich er von allen gelästert wird.*"[56] Am 1. September war dieser für Allgemeine Geschichte berufen worden, ohne in „*forma legitima creierter Doktor*" zu sein[57], mit der zugestandenen Dispens von allen Fakultätsgeschäften (Ausnahme die Jahre 1838 und 1839/40). Am 8. November hatte sich auch Dekan Allioli nach Sailers Intention und den gleichlautenden Wünschen der Fakultät gerichtet[58], denen Schenk mit der Entschließung vom 26. November 1827 nachkam: Alois Buchner wurde als ordentlicher Professor für allgemeine und spezielle Dogmatik berufen[59]; Amann erhielt die Moraltheologie. Der Senat der Universität mit Vater Döllinger als Rektor zitierte in diesem Antrag die Bitte der Fakultät, Döllinger junior infolge seiner ausgezeichneten Befähigung und seiner bisherigen Leistungen zum Ordinarius zu ernennen: „*Die Fakultät fand immer und besonders bei dieser Gelegenheit in ihm den Mann, den sie als Ordinarius in ihrer Mitte zu haben sehnlichst wünscht.*" Döllinger wurde auf dem die Fakultätsbesetzung umstrukturierenden Dekret vom 26. November 1827 tatsächlich zum Ordinarius für Kirchengeschichte und Kirchenrecht ernannt, „*jedoch ohne Gehaltsvermehrung und verbehaltlich der wegen Theilnahme an der Fakultät noch zu erlassenden Bestimmungen*". Ihm wurde aber „*sein Anerbiethen*" genehmigt, „*neben den Vorträgen über obige Lehrfächer, auch noch exegetische Vorlesungen über die Schriften des Neuen Testaments zu halten*"[60] – weil auf diese Weise, so Schenk im Personalantrag, „*mit der sonst notwendigen Anstellung eines eigenen Lehrers für dieses Fach, solange bis die finanziellen Kräfte der Universität dessen Besoldung gestatten, zugewartet werden könne*"[61]. Döllingers Wunsch, mehr *Gelehrte* an der Fakultät zu haben[62], war mit dieser Entscheidung nicht nur nicht erfüllt, sondern sogar unterschritten, denn auch der Antrag der Fakultät, Hortig wenigstens als Honorarprofessor beibehalten zu dürfen, scheiterte[63]. Eine Änderung, keine Erweiterung, in der Besetzung der Fakultät trat erst 1831/32 ein.

Aber es hatten sich 1827 die Querverbindungen zwischen den „Gleichgesinnten" an der Universität ausweiten lassen: In der Juristischen Fakultät war als Privatdozent Ernst von Moy[64] aufgenommen worden, in der Philosophischen Fakultät Görres[65] – es lehrten bereits Ringseis und Döllinger junior. Alle trafen sich in der Runde um Franz von Baader, im „Eos"-Kreis[66]. Der Vereinigung, die zwischen privatem Zirkel und Redaktion eines politisch-wissenschaftlichen Organs angesiedelt war, haftete bald der üble (jesuitische) Geruch einer „Kongregation" an[67].

In der Theologischen Fakultät blieb Döllinger trotz der Würde, des Ranges und des Titels eines Ordinarius außerhalb der „inneren Fakultät". Er war dadurch ausgeschlossen von Berufungsdiskussionen, Promotionen und Beurteilungen von Kandidaten für das theologische Studium[68]. Dieses Schweigen brach er nicht, aber er meinte einmal: *„An der Prüfung [. . .] glaube ich keinen Theil nehmen zu können, da ich nicht Fakultätsmitglied bin, auch bisher pro gradu nicht mitexaminiert habe."*[69]

Genehmigte Äußerungsmöglichkeiten nahm Döllinger wahr und votierte – seinem Ausschluß entsprechend – als letzter auf den Fakultätszirkularen. Durch den Auftrag des Königs, „Belehrungen" für das Studium[70] in allen Fakultäten zu verfassen, war auch die Theologische Fakultät gefordert. Dekan Allioli ließ den von ihm gekürzten Entwurf Amanns am 6. Dezember 1827 zirkulieren. Döllingers erstes Votum überhaupt – und die einzige Kritik aus dem Kollegenkreis – wirft ein besonderes Licht auf die schwache Stellung seines Faches in der Fakultät: *„Ich kann mich mit der Bestimmung der Patrologie und mit der Stellung der Kirchengeschichte nicht einverstanden erklären; allein nach der gewählten Einteilung möchte es kaum möglich sein, der Kirchengeschichte ihre passende Stelle anzuweisen. Ich weiß also auch nichts beizusetzen oder zu ändern. Nur bei der Patrologie bemerke ich, daß die Kirchenväter doch wohl nicht blos als Zeugen der mündlichen Überlieferung im Gegensatz gegen die schriftliche der Bibel betrachtet werden dürfen; ich würde also blos sagen: Kenntniß der Väter als der Zeugen der Lehre und Überlieferung der Kirche."*[71]
Der Einwand fand Niederschlag.

Döllingers Votum wirkte weiter nach: Offenes Lob erteilte sein Vater, derzeit Rektor, gegenüber dem König der Theologischen Fakultät, die einen Fächerkatalog für den Predigerkonkurs an die Ordinariate München und Bamberg entworfen hatte. Der Senat sei *„mit dem wahrhaft gründlichen Gutachten um so mehr vollständig einverstanden, da wir es als ein Meisterstück ansehen, zu dessen Vollendung die gründlichste wissenschaftliche Tendenz und ächte religiöse Gesinnung sich die Hand geboten haben"*. Was die Differenz der Professoren der Theologischen Fakultät betreffe in Hinblick auf die Frage, *„ob die Einleitung in die heiligen Schriften Gegenstand des Pfarrkonkurses sein sollen oder nicht, so scheint es uns dem Inhalte und der Tendenz der ganzen Gutachten angemessen, wenn die Einleitung in die heiligen Schriften bestimmt unter die Gegenstände des Pfarrkonkurses aufgenommen wird"*[72].

Döllinger, nun mit vier Fächern belastet – Kirchenrecht, Kirchengeschichte, Exegese des Neuen Testaments und Patrologie[73] –, forderte am 25. August 1828 erneut Gehaltserhöhung auf 1000 Gulden. Nach fünfjähriger Lehrtätigkeit schien dies legitim. Es war zu kurz vor der Ernennung Schenks zum Minister (ab 1. September 1828) und gegenüber dem König noch weitere zwei Jahre schwierig, hierauf zu drängen, denn auch Schenk konnte nicht anders notieren als: *„Mit Etat erledigt"*, d. h. ohne Geld im Universitätshaushalt keine Erhöhung[74].

3. Ordinarius und ungeschriebene Rechte

Der Ruf aus Breslau

Bei der Translokation hatte Ludwig I. durch die Berufungen und Umbesetzungen der Landshuter Lehrstühle Freiräume zu schaffen gesucht, damit eine „*einheitliche* – von Sailer sogar als rein katholisch gewünschte – *Gesinnung*" nicht von vorneherein ein wissenschaftliches Blühen verhinderte. Gerade dieses, zwar durch Berufungen aus dem ‚Ausland' kaum erfrischte, aber konfessionell gemischte „Zentrum der Wissenschaft" wurde bald angegriffen, noch 1830 sogar vom König selbst in Frage gestellt. Schließlich bildete die Sparsamkeit des Königs gegenüber seiner Universität, gekoppelt mit dem Vorwurf, die Katholiken zu vernachlässigen – statt sein Unwille und Unverständnis, daß der erste Anlauf nicht so gelungen war, wie er es mit durchaus schon absolutistischem Auftreten durchzusetzen beabsichtigt hatte – das Ventil für die gegnerische Publizistik. Döllinger, mit Leidenschaft schon in Aschaffenburg zum erfolgreichen Publizisten geworden, verpflichtete sich der in die politische Sphäre zu tragenden Idee der katholisch „guten Sache". Aber dieser König las wachsamen Auges die schnell als parteiisch eingeordnete „Presse".

Daß die Stellungnahmen in der „Eos"[75] gegen Heinrich Heine als Professor der Literatur in der Philosophischen Fakultät, wozu Schenk ihn am 28. September 1828 dem König begeistert empfohlen hatte[76], aus der spitzen Feder Döllingers kamen[77], dürfte dem König bekannt geworden sein. Noch traf diese Polemik nicht das „Herz" des Königs für seine Universität. Eine insubordinierte „Gesinnung" der Katholiken verriet dem König vor allem der Brückenschlag zwischen der Mainzer Redaktion des „Katholik" und der von Abbé Lamennais[78] herausgegebenen Zeitschrift „Le Mémorial catholique" – worin ausgerechnet ein Theologie-Professor der ersten Hochschule Bayerns Ende 1828 eine Schmähung der gerühmten liberalen Universität anonym und in französischer Sprache zu veröffentlichen wagte: „Lettre de Munich sur la nouvelle université de cette ville" – von Döllinger über Räß an Lamennais gesandt: Die Theologische Fakultät – immerhin Sailerscher Bauart – sei eine elende Werkstatt für die Verbreitung des Katholizismus. Wiedemann sei nur gut für die Ausbildung der Priester, Mall nur für Hebräische Sprache ausreichend, Amann eine Fehlbesetzung für Moral, und Buchner besitze für Dogmatik nicht die Spur systematischer Tiefe; neben einem Allioli, einem besseren Philologen als Exegeten des Alten Testaments, sei ein Extraordinarius (= Döllinger) der Stern der Fakultät. – Demnach bestand die Fakultät allenfalls aus einem Philologen und einem Theologen. – Dieser Übelstand sei dadurch eingetreten, daß der König zwar Geld für die Überbesetzung der Naturwissenschaften mit Protestanten bewillige, aber die Besetzung der Theologischen Fakultät mindestens mit Exegese des Neuen Testaments vernachlässige und den Ersatz der dortigen Unfähigen niemals zu finanzieren vorhabe[79].

Nach diesem Schlag gegen den bayerischen König, der langsam in Deutschland publik wurde[80], war der Antrag Döllingers auf Erhöhung seines Gehaltes, weil er einen Ruf an die Universität Breslau abgelehnt habe, total verfehlt – oder mutig.

Döllinger unterlegte sein Gesuch am 20. September 1829 mit dem Schreiben des preußischen Ministers Karl Freiherr vom Stein zum Altenstein (1770–1840)[81], der ihn für die Universität Breslau unter sehr vorteilhaften Bedingungen[82] zu gewinnen suchte[83]. Minister Schenk, der Döllinger als vorzüglichsten Lehrer und *„Zierde"* der Theologischen Fakultät schilderte, machte den König darauf aufmerksam, daß mit der Rufannahme Döllingers der Theologie und Bayern ein schwererer Verlust entstünde als durch ein Minus von 200 Gulden in der Universitätskasse und den Titel eines Geistlichen Rates[84]. Der Minister scheiterte und mußte am 14. Oktober 1829 unterzeichnen, daß *„in Folge allerhöchsten Signates vom 9. dieses Monats Seine Majestät auf das [. . .] GehaltsErhöhungs-Gesuch nicht eingehen und dem Bittsteller überlassen, von der ihm zugekommenen Vokation geeigneten Gebrauch zu machen"*[85]. Schenk verschwieg den ersten Satz des Signates: *„Es soll mir recht willkommen sein, wenn Professor Döllinger meinen Dienst verläßt."*[86]

Dekan Amann schaltete am 20. Oktober den Senat ein, um die *„compromittirte Ehre des Herrn Collegen Döllinger zu retten"*. Ähnlich votierten Amann, Mall, Wiedemann und Allioli; nur Buchner wandte ein, ob nicht das Ansuchen an Döllinger, hier zu bleiben, *„schicklicher durch die theologische Fakultät gestellt werde, indem dann [. . .] die theol. Fac. nicht Gefahr läuft, daß aus der eben bemerkten Ursache der akademische Senat den an ihn gestellten Antrag von sich weise"*[87].

Mit der Abgabe der Entscheidung an den Senat[88] blieb die Angelegenheit in dieser höchsten Entscheidungsebene der Universität hängen. Döllinger wäre vom Senat vor dem König höher als von der Fakultät bewertet worden: *„. . . da Professor Doellinger seine Würdigkeit, als akademischer Lehrer, durch Talent, Lehrgabe"* – Rektor Friedrich Wilhelm Thiersch[89] fügte eigenhändig hinzu: *„ausgezeichnete Gelehrsamkeit, wissenschaftliche Thätigkeit"* – *„und untadelhaften Wandel, seit der Zeit seiner Versetzung an hiesige Hochschule, im hohen Grade bewährt hat."*[90] Aber am folgenden Satz Thierschs scheiterte die Senatseingabe ad Majestatem. Der Rektor hatte den freiheitlichen Sinn der aus einem wiedererwachten Selbstbewußtsein der Universitätsprofessoren geborenen Gedanken zur Neuorganisation der Universität einfließen lassen[91], die Minister Schenk, als Verfassung formuliert, gerade der allerhöchsten Genehmigung ausgesetzt hatte. Dieser Organisationsentwurf vom 24. September 1829[92] blieb vom König unratifiziert, eben weil er die bei Translokation erhoffte Befreiung von bürokratischer und polizeilicher Umklammerung der Universität berücksichtigte, also Selbstbewußtsein und Autonomie als *Recht* der Hochschule hervorhob. Der bei des Königs sich wandelnder Ansicht über seine Universität[93] fehlgeleitete Senatssatz hätte gelautet: *„Es ist uns nicht unbekannt, daß Döllinger den auch noch so ehrenvollen Ruf in keinem Falle würde angenommen haben; wenn er sich aber desselben bediente zur Motivierung einer allerunterthänigsten Bitte um Gehaltserhöhung, so hat er nichts anders gethan, als was Jedem erlaubt ist, der die Gewährung seines Gesuches der allerhöchsten Huld und Gnade Euerer Königlichen Majestät anheim stellt.“* Thiersch verließ sich in diesem Entwurf tatsächlich auf das Pochen auf ungeschriebenes Recht sowie die Möglichkeit eines Widerspruchs gegen königliche Anordnung: *„Wir können uns demnach nicht überzeugen, daß die allerhöchste Willensmeinung Eurer Königlichen Majestät dahin zu verstehen sey, daß Professor Döllinger der ihm zugekommenen Vocation folgen müsse.“*[94]

Die Meinung des Königs zur inzwischen ihm offiziell mitgeteilten Rufablehnung Döllingers lag dem Rektor am 1. November vor: daß nämlich *„Seine Majestät von der früher ertheilten, den genannten Professor betreffenden Entschließung abzugehen nicht gedenken“*[95].

Döllinger aber auch nicht! Am 2. November reichte er dem Rektor ein Entlassungsgesuch von der ordentlichen Professur ein und widerrief es, „veranlaßt“ vermutlich auf Anraten Sailers, am nächsten Tag[96].

Der Aufruhr rief Uneinigkeit im Senat hervor: Ob, und wenn in welcher Form, denn nun die Belobigung der Fakultät an den „kompromittierten“ Döllinger gesandt werden könne, die lautete: *„Unser Herr College Dr. Ignatz Döllinger hat während der drey Jahre, als derselbe das öffentliche LehrAmt in der Theologie [. . .] bekleidet, um die wissenschaftliche Bildung der Candidaten der Theologie sich solche Verdienste erworben, daß es die theologische Facultät als einen der schmerzlichsten Verluste empfinden würde, wenn er sich von ihr trennte. – Daher stellet die theologische Facultät mit eben so viel Zuversicht als Ergebenheit das gehorsamste Ansuchen: Der hohe Senat möge die Gnade haben, an Herrn Collega Dr. Ignatz Döllinger die Einladung ergehen zu lassen, daß er dem erhaltenen Rufe nach Breslau nicht folgen, sondern bey uns bleiben wolle.“*[97] Schelling (Philosophische Fakultät), Maurer (Juristische Fak.) und Grossi (Medizinische Fak.) waren für ein Stillschweigen der Angelegenheit; Wiedemann und Allioli für die Absendung des Schreibens an Döllinger ohne Änderung; Meilinger (Philosophische Fak.), Oberndorfer (Staatswirtschaftliche Fak.), Ringseis und Siber (Philosophische Fak.) für eine abgeänderte Formulierung, in der der Senat die Freude über den Verbleib Döllingers (verhalten) ausdrücken würde. Bei protokollierter Stimmenthaltung der drei erstgenannten Votanten wurde zunächst mit vier gegen drei Stimmen ein geändertes Fakultätsschreiben an Döllinger unter Federführung Meilingers beschlossen[98], am 9. November nochmals beraten[99] und ein verkürztes Gutachten mit einem Begleitbrief entworfen, der nur die Zurücknahme der Entlassung konstatierte. Thierschs Einfluß, das Stillschweigen nur in der von Ringseis in Vereinbarung mit Schelling getroffenen diplomatischen Form gegenüber Döllinger zu brechen[100], wurde von außen verhindert: Jede Döllinger schützende Maßnahme seitens der Universität werde höchstenorts als gesamt-oppositionell empfunden[101]. Schenk, allenfalls über Senatsmitglied Ringseis oder Thiersch selbst an die Nachricht über eine positive Senatsstellungnahme zu Döllinger gelangt, hatte den Rektor gewarnt. Deswegen fehlte Thierschs Stimme bis zuletzt[102]. Sie hätte den Ausschlag geben können.

Thiersch schloß im Sinne seiner letzten Zirkularnotiz den Akt in Angelegenheit Döllinger am 12. November; nicht geschlossen blieb er im Ministerium und beim König. Denn aus dem Ordinariat sei verlautet, so Schenk an Ludwig I. noch im Dezember, Döllinger solle eine Direktorstelle am Klerikalseminar in Freising erhalten. *„Döllinger war verblendet genug [. . .] jene Stelle, die er für einen blosen Kirchendienst und keinen Staatsdienst hielt, annehmen zu wollen. Ich eröffnete ihm sogleich, daß [. . .] diese allerhöchste Genehmigung nie zu erwarten sey, auch nie von einem Ministerium in Antrag werde gebracht werden, indem Eure Königliche Majestät einem Manne, der AllerhöchstIhr Vertrauen als Lehrer an einer katholisch-theologischen Fakultät nicht besitze, noch viel weniger die weit wichtigere praktische Bildung und Leitung der jungen Theologen in einem Seminar zu übertragen geneigt seyn würden, – daß Euer Königliche Majestät eben so der oberste Schirmherr der katholischen Kirche in Bayern als das höchste Staatsoberhaupt seyen, folglich einen nachtheiligen Einfluß eben so wenig auf jene als auf den Staat selbst dulden würden und daß dieser ganze Plan als eine Opposition des Domkapitels gegen den erklärten königlichen Willen erscheine, die AllerhöchstSie beym ersten Beginnen zurückweisen und brechen würden.“* Schenk bereinigte die Angelegenheit und schlug dann vor: *„Wenn ihm die erfolgten allerhöchsten Entschließungen nicht schon an sich eine hinreichend ernste und heilsame Warnung gewesen seyn sollten“*, so sei ihm *„ausdrücklich einzuschärfen, daß er sich in seinen Vorlesungen jeder heftig polemischen Tendenz so wie aller, mit den Grundsätzen der Regierung Euer Königlichen Majestät nicht vereinbaren Doktrinen zu enthalten habe.“*[103] Dazu schwieg der König. Und die „Eos“ erlebte einen Rückzug ihrer Hauptkämpfer aus der vordersten Front[104].

So ganz kampflos ließ Döllinger den Erfolg nicht zurück. Das Forum war die Fakultät, sein Ansehen konnte ihm hier kaum mehr Schweigen auferlegen.

Erstmals drängte er sich im Dezember 1829 in der Abfolge der Voten vor, hielt dem Dekan Unterschlagung seines Sondervotums über die Qualität des Studiums gegenüber den Ordinariaten vor – worüber er gänzlich andere Vorstellungen hatte als die Kollegen, denen nicht auffiel, daß Prüflinge weder Dogmatik, noch Kirchenrecht, noch Kirchengeschichte gehört hatten. Er schrieb dazu: *„Sollte dieß nicht angehen, so will ich mich lieber in der Folge alles Stimmens enthalten.“*[105] Seine Ansicht über das Theologiestudium wurde akzeptiert und dem Ordinariat als Fakultätsmeinung mitgeteilt.

Döllinger überließ es, obwohl er die Fakultät bereits in die Hand bekam, nach den Erfahrungen von 1829 den Universitätsbehörden, für sein Gehalt Sorge zu tragen.

Zwar erhielt er 1830 den an der Universität Bonn kontrovers diskutierten Ruf an ihn nicht zugestellt, da dort aus dem Munde Ludwigs I. kolportiert wurde, *„es sei zu wünschen, daß dergleichen mit ultramontanistischen* [sic] *Grundsätzen besehlte Männer baldigst aus dem Lande wegkämen“*. Das, was Professor Georg Hermes[106] hier als schimpflich verwendete, sprach zehn Jahre später politisch für Döllinger[107].

Bemerkenswerte Parallelen zum Vorgehen der ministeriellen Verwaltung der Universität, d. h. des Königs und des Ministeriums, gegenüber Döllinger im Jahre 1829 ergaben sich im Jahre 1849.

Die Reaktivierung – 1849

Döllinger war am 28. August 1847 seiner Professur enthoben und damit auch seines Landtagsmandats als Vertreter der Universität beraubt worden. Doch nicht nur aufgrund der Paarung der Verantwortlichkeiten Döllingers in der Zeit kurz nach dem Rücktritt des Innenministers Karl von Abel[108] und vor der Thronentsagung König Ludwigs I., sondern auch aufgrund der Vernetzung der Geschehnisse von 1847 ergibt sich ein ideologischer, die Verwaltung knechtender Zusammenhang. Die bayerische Universitätsverwaltung blieb auch 1848/49 unverändert. So läßt sich die Fortsetzung der Verwaltungspraktiken mit der Universität wie zu Zeiten Ludwigs I. in dem Restitutionsverfahren Döllingers unter Maximilian II.[109] ablesen.

Am 16. Januar 1849 stellte die Theologische Fakultät unter Dekan Franz Xaver Reithmayr[110] an den Senat den offiziellen Antrag auf Wiederberufung Döllingers, obwohl Kirchengeschichte und Kirchenrecht doppelt besetzt würden[111]. Der Senat unter Rektor Maximilian Stadlbaur (Theologische Fakultät)[112] empfand die allerhöchste Zusage auf den Antrag der Fakultät im voraus als *„Akt königlicher Gerechtigkeit“*[113]. Wieder klang die 1829 nicht genehmigte Verfassungsforderung der Universität an, was Gerechtigkeit gegenüber der Korporation und was Recht eines ihr Angehörenden sei: aber erst Döllinger selbst zwang die ministerielle Universitätsverwaltung zu einer Klarstellung.

Über die Reaktivierungen der von Ludwig I. entlassenen Professoren der Universität München ließ Maximilian II. seine Ratgeber im Frühjahr 1849 diskutieren. Diese waren über die verschiedenen Zeitpunkte von Reaktivierungen durchaus unterschiedlicher, über das „daß“ aber gleicher Meinung, obwohl die Angst vor erneutem Ausbruch ultramontaner Störungen nicht beseitigt war. Die wichtigste Person unter denen, an denen eine Fehlentscheidung (kein Unrecht) höhernorts wieder gut zu machen war, war und blieb Döllinger – auch vor dem Hintergrund der Forderungen des Landtags von 1847 und 1848[114].

Reichsrat von Roth[115] urteilte: *„Döllinger ist in seinem Fache eine Berühmtheit und schwer zu ersetzen: wenn gleich ein Führer der Ultramontanen ist auch seine Anstellung wünschenswerth . . .“* – und Reichsrat Johann Adam Seuffert[116] formulierte nachdrücklich: *„Fragliche Maßregel ist eine folgenschwere Handlung der Gerechtigkeit, geboten außerdem von der Freiheit der Wissenschaft und von der Dankbarkeit; gerade jene Partei ist es, welche sich zur Zeit der Noth um den Thron schaart und in Frankfurt für Vereinbarung und für Erhaltung der Selbständigkeit Bayerns kämpft . . .“*[117] Die Haushaltsmittel für den im Vorjahr schon vom Landtag petitionierten Rückruf Döllingers standen in alter Höhe von 1400 Gulden voll und ganz zur Verfügung[118].

Die Fakultät, die keine Antwort aus dem Kultusministerium erhielt, verfaßte am 16. April 1849 eine 27seitige Denkschrift in Sachen *„Wiederanstellung des quiescirten Professors der Theologie und Stiftspropsts“*. Jetzt, da die Zeit vorbei sei, *„wo die Fakultät schweigend hinnehmen mußte, was über sie verhängt ward“*, sei *„der Druck vorüber, der Weg zum Thron wieder frei“*. Sie sparte aufgrund der ihr zugefügten Kränkung nicht mit Klarstellungen und kleidete sie in Vorwürfe wegen der offensichtlichen Fehleinschätzung des a) der Korporation nie, weder jetzt noch vor 1847, fernstehenden und b) seiner politischen wie kirchlichen Überzeugung nach Bayern entsprechenden, ja c) den Thron schützenden Döllinger, und sie setzte d) den Kopf der *„Allerhöchsten Staatsgewalt“* darüber zurecht, was der Gelehrte für die politische wie kirchliche Welt und die Universität unbestritten bedeute, auch wenn seine wissenschaftliche Richtung nicht immer die *„Huldigung“* erhalte; das heißt, sie pochte auf die Demonstration eines neuen und veränderten Systems der Regierung sowie Freiheit der wissenschaftlichen Beurteilung vom staatlichen Verdikt auch in Zusammenhang mit ihrer – zwar bis 1918 nur ungenehmigt angewandten – „Verfassung“. Sie wagte sogar einen biblisch anmutenden Vergleich zwischen Professorenschaft und Regierung: *„so wenig als Staatsmänner werden ächte Lehrer der Wissenschaft gesäet“*, und übergab die Denkschrift dennoch *„nach* *fruchtlosen Verhandlungen am 16. Oktober an Seine königliche Majestät und an den Cultusminister in Abschrift*"[119].

Was aber von seiten des Ministeriums folgte, war auch vom König so gewollt[120], gleicherweise eine Zumutung für die Universität wie für Döllinger: „*Das unterfertigte Ministerium ist geneigt [. . .] die Reactivirung Döllingers bei Seiner Majestät dem König zu beantragen, glaubt jedoch, daß derselbe nachdem er als Stiftspropst* – von St. Cajetan in München mit Vorschlagsrecht auf sämtliche geistliche Hofstellen, zu dem Döllinger auf Initiative des Königs am 7. Januar 1847 ernannt worden war – *in einen Bezug von 2000 fl gesetzt ist, sich allenfalls mit dem ursprünglichen Bezuge von 800 fl* [das ist das Gehalt von 1829!] *aus der UniversitätsCassa in Berücksichtigung der gegenwärtig sehr beschränkten Mittel derselben unter Vorbehalt der bereits erworbenen Pensionsansprüche zufrieden stellen dürfte.*"[121]

Döllinger war wieder verwiesen auf das Prinzip der Trennung von Kirchen- und Staatsdienst. Was 1830 die Anhänger von Hermes in Bonn bestimmt hatte, der ultramontane Geist Döllingers, war – eventuell mehr von seiten des Innenministers[122] – gefürchtet[123]. Gleichzeitig war man unschlüssig, ob nicht eine Verweigerung der Restitution bei bereits erfolgter von Döllingers Kollegen Lasaulx[124] – aber gescheiterter Bemühungen um von Moy[125] und Philipps[126] – erneut Unruhe gegen den Staat anfachen könne.

Der Antrag der Fakultät für seine Person bei König Maximilian II. hatte Döllinger „*unangenehm überrascht*", denn: „*Ich habe nie und nirgend, weder direkt noch indirekt, um meine Wiedereinsetzung nachgesucht*"[127]. Das ist ähnlich der Reaktion Döllingers 1829; doch diesmal leitete er seinen Anspruch bzw. Widerspruch nicht direkt, sondern über seine Korporation an die Regierung. Döllinger hatte parlamentarische Schulung erworben. „*Was die beschränkten Mittel der Universität betrifft, so ersehe ich [. . .], daß gerade in der jüngsten Zeit mehr neue Anstellungen und Gehaltsverleihungen, als wohl in irgend einem früheren Jahre vorgekommen; man hat für jede derselben die erforderlichen Geldmittel gefunden, und ich habe als Rektor und Senator lange genug an der Leitung der Universitäts-Angelegenheiten Theil genommen, um zu wißen, daß wenn höhern Ortes eine Anstellung beabsichtigt wurde, immer auch die Mittel dazu sich fanden.*"

Die neue Gehaltsmaßregelung unter Maximilian II., die das Ministerium formuliert hatte, würde aber tatsächlich die Ludwigs I. übersteigen: Mit dem Vollzug der Gehaltsminderung, hier um 600 Gulden, würde dem Staat die Wissenschaftsreglementierung über Gehaltsstreichung (oder im umgekehrten Sinn über Gehaltsbonus) voll gestattet, eine jede – wenn auch für München bis 1918 nur informell bestehende – Organisation ad absurdum geführt. Zudem wäre der vorausgesetzte Strafgehalt nur willkürlich nachweisbar. „*Auch das bedenkliche Praecedens, welches ich durch meine Einwilligung in eine solche Form der Reactivirung begründen helfen würde, schreckt mich ab. Denn ich glaube, der Fall ist neu, und kaum noch in dieser Weise vorgekommen, es wäre doch möglich, daß nachdem einmal an mir das Exempel statuirt worden, ein anderer Minister später durch die ökonomische Seite der Maßregel sich versucht fände, einzelne Staatsdiener selbst nach zwanzigjähriger Dienstleitung zu quiesciren, um sie dann mit vermindertem Einkommen zu reactiviren. Endlich aber – und dieß ist mein Hauptgrund – würde durch eine derartige Reactivirung meinem guten Rufe und meiner Ehre eine empfindliche Kränkung bereitet werden. Denn welche Wendung man auch der Sache geben möchte ...*" – Döllinger siegte. Mit seinem aufklärenden Schreiben an den Rektor der Universität vom 12. Juli 1849 schuf Döllinger zwischen sich und dem Ministerium einen Abstand, der an Weihnachten 1849 nur durch das Restitutionspapier und die alte Gehaltszuweisung von 1400 Gulden überwunden war.

Strategien in der Fakultät nach 1829

Ein weiteres Mal nach 1829 erging an Döllinger ein Ruf. Er lehnte diesen trotz des einstimmigen Wunsches der dortigen Professoren ab. Der Fakultät stellte Döllinger die Absage vom Oktober 1831 an die Universität Freiburg nur informell, nicht mit der Absicht seiner Begünstigung vor. Die Fakultät, die immer noch keinen Professor für die Neutestamentliche Exegese zu finanzieren hatte, sah eine Chance, Döllingers Gehaltserhöhung mit 200 Gulden durchzupressen – oder ihn endgültig loszuwerden[128]? Eine Gehaltserhöhung über Rufabwendung, da Döllinger, *„durch Talent, Gelehrsamkeit und Lehrgabe ausgezeichnet"*[129], auch dem Senat unentbehrlich erschien, war ein gefährliches Spiel, denn der König vergaß nicht. Vier Theologen saßen in den Verwaltungsstellen der Universität: Rektor war Allioli – gleichzeitig in dieser Funktion im Verwaltungsausschuß –, zu Senatoren waren Buchner und Mall gewählt worden, Wiedemann war Dekan. Trotz 1829 dachten die Kollegen so uneigennützig auch wieder nicht.

Amann war am 10. Oktober 1831 gestorben. Die Vorlesungen zur Moraltheologie wurden ausgesetzt, ein Lückenbüßer war nicht vorhanden. Die innere Fakultät hielt sich trotz des Todesfalls an ihr Prinzip, nur aus vier Ordinarien bestehen zu wollen, und also Döllinger noch nicht aufzunehmen[130]. Einen Grund lieferten sicher die forschen Bemerkungen Döllingers auf den Zirkularen, die sich mehrmals gegen die Anforderungen der Ordinariate an die Studienangebote der Universität richteten. Hierin trat eine Denkweise zutage, die sich gegen Gleichmacherei von Universitätsstudium und Priesterausbildung ebenso wie gegen die Ungleichbehandlung der Theologiekandidaten wandte. Döllingers

Kollegen bemerkten den Unterschied meist nicht und verstrickten sich in „Beratungen“[131]. Der Jüngste der Fakultät erlaubte es sich dann, ironisch den Fächerkanon zu hinterfragen, den die Ältesten für ein Zeugnisformular entworfen hatten[132]. Allmählich trat Döllinger kritisch mit seinem Fachwissen auf und übte dadurch zugleich Kollegenschelte – seinen Vorteil, als letzter zu votieren, nutzend: *„Ich erlaube mir zu bemerken, daß mir die 22. These“ [„Der Rekurs an den Fürsten muß von der Kirche zugelassen werden“*; d. Verf.] – seine Kollegen hatten alle Thesen für das Examen rigorosum unbeanstandet durchgehen lassen – *„anstössig und fast unkatholisch scheint; sie sollte dahingestellt werden, daß ein Rekurs an die weltliche Gewalt in rein geistlichen und kirchlichen Dingen durchaus unstatthaft, vielmehr ein kirchliches Vergehen sei und daß ein solches nur dann stattfinden könne, wenn die kirchliche Behörde ihre Gränzen überschritten und bürgerliche Gesetze oder Rechte verletzt hat.“*[133] Schärfe dieser Art tat in der schwachen Fakultät nicht gut; erst recht dann nicht, wenn Döllinger deutlich machte, daß er auf ihn geschobene Last nicht als Beweis der Anerkennung seiner Person ansehe[134].

Der Antrag für Döllinger vom 20. Dezember, den der Senat am 21. Januar an das Ministerium weiterreichte[135], war auch im denkbar ungünstigsten Zeitpunkt gestellt. Der neue Minister des Innern, Ludwig Fürst von Oettingen-Wallerstein[136], war gezwungen, den Kultusetat für 1832 verspätet vorzulegen. Den fünf ordentlichen Professoren der Theologie standen im laufenden Etat 4800 Gulden an Gehaltsgeldern zu, 1000 Gulden davon waren an die Universitätskasse zurückgefallen, nicht eingerechnet die immer noch vakante Professur für Exegese. Döllingers Gehaltserhöhung um 200 Gulden klappte erst zum 8. August 1832; Döllinger erreichte die Endstufe seines Gehalts über 1400 Gulden unter diesem Minister 1836; das Gehalt änderte sich nicht mehr bis 1847, trotz des „ultramontanen“ Ministers Abel, dessen überkatholisierender politischer Richtung Döllinger zugeordnet wird.

Die Fakultät wurde nach 1836, als das Aufkommen für die inzwischen zahlenmäßig erweiterten Lehrstellen bei circa 7200 Gulden lag, erheblich ärmer: Mit 4 Ordinarien und 2 Extraordinarien 1839 nur mehr 4775 Gulden teuer, war sie 1846 mit 6 Ordinarien bei 5450 Gulden eine nur unwesentlich höhere Belastung für die Universitätskasse als 1834. Im Normalstatus von 1835, dem ersten Stellenplan über alle Fakultäten, kombiniert mit einem festgeschriebenen „Nominalfach“spiegel – der nur den dort aufgezählten Professuren ein Existenzrecht einräumte –, waren 10 000 Gulden Etat angesetzt worden[137].

Seit 1831 suchte Döllinger längst andere Pläne in der Theologischen Fakultät zu realisieren. Lange schon bestanden Kontakte zu ihm verwandteren Köpfen der theologischen Wissenschaft Deutschlands[138]. Ferner gingen ihn die Zirkularäußerungen zur Nachfolge auf den Lehrstuhl Amanns in der inneren Fakultät ja nichts an.

Aber er hatte sich die Idee Sailers, die Theologische Fakultät mit der Translozierung nach München zur ersten in Deutschland zu heben, zueigen gemacht. Insoweit hatte er mit Schenk übereingestimmt, nicht aber mit dessen religiöser Ängstlichkeit. Ab 1829, besonders aber nach dem Sturz Schenks, reizte Döllinger die wissenschaftlichen Freundschaftsbeziehungen aus, agierte auf breiter Basis neben der Universität – zusammen mit den Kollegen aus anderen Fakultäten der Münchner Universität, wie Görres, Baader und Ringseis – und schaltete auch den verehrten Sailer für seine Zwecke sein. Sailer selbst war jedoch nicht mehr auf der Höhe der wissenschaftlichen Entwicklung – er kannte die Namen nicht mehr, aber er vertraute Döllinger.
Die Liberalität des neuen Innenministers erweiterte Döllingers Aktionsradius. Es focht ihn auch nicht an, daß den Landtag 1830/31 gerade die Debatte über „Kongregationen“ und deren Verhältnis zur Konstitution erhitzte.

4. Aufbauarbeit Döllingers in seiner Fakultät

Ablösung der Sailerschen Fakultät

Die engere Fakultät – immer noch ohne Döllinger – war im Winter 1831/32 außerstande, eine Berufungsliste – die ihr entgegen dem bisherigen Usus im Ministerium sogar abgefordert worden war – zusammenzustellen: Die Suche nach der für „fähig und würdig“ befundenen Person gipfelte schließlich in der Nennung eines Schwerhörigen[139].
Sailer benannte unmittelbar nach dem Tod Amanns sowohl dem König wie auch der Fakultät Valentin Riedel[140], der dem Görreskreis nahestand. Die Fakultät zögerte, denn das interimistisch geleitete Ministerium hatte vier Anträge unbesehen weitergegeben.
Döllinger brachte, mit Hilfe von Görres, über Sailer, dieser wiederum über seinen ehemaligen Schüler Buchner, Adam Gengler[141] auf die unstrukturierte Vorschlagsliste. Gengler wurde von der Fakultät jedoch als nicht *„streng katholisch gebildet“* (vgl. unten) zurückgestuft[142]. Schließlich war es mit Hilfe Sailers gelungen, als ersten Kandidaten Anton Günther in die Fakultätsdiskussion einzufügen[143]. Obwohl schließlich für Gengler das Ernennungsdekret vorlag[144], und obwohl sich zwischendurch Buchner, wieder auf Sailers Veranlassung, nachdrücklich für Günther einsetzte, dieser aber ebenfalls absagte, war weder eine Döllingerliste noch eine Vorschlagsliste der „Gegner“ Döllingers zustandegekommen – wobei die Umbesetzungsmaßnahmen des neuen Dirigierenden Ministers im Staatsministerium des Innern, vor allem in der Juristischen Fakultät, sich durchaus auf das Verhalten der „inneren“

Theologischen Fakultät ausgewirkt hatten[145]. Die Fakultät schaffte nur eines: Sie kompensierte die Lücken und ihre eigene Unentschlossenheit durch Antrag auf geänderte Fächerverbindung an einem Lehrstuhl: Moraltheologie und Exegese des Neuen Testaments. Immerhin gewann die Fakultät durch ihr unschlüssiges Verhalten in Evangelist Stadler einen Privatdozenten für die Biblischen Sprachen.
Döllinger meldete sich – unerlaubt – nur einmal im Zusammenhang mit der Berufungsangelegenheit, als die Fakultät nochmals über Gengler und Günther beratschlagte, da Günther von Sailer für eine theologische Ehrenpromotion vorgeschlagen wurde. Wie wäre es wohl Döllinger bei Promotion jetzt, 1832 statt 1826, ergangen? Mall nahm übel, daß der Unpromovierte den Ruf nach München ausgeschlagen hatte. Dabei kannte er Günther gar nicht, äußerte aber Zweifel, *„ob er all die Kenntnisse besitze, die den Doktor der christlichen Theologie auszeichnen sollen"*. *„Ächt katholisch"* sei er auch nicht. Aus diesem Grund habe man schließlich auch Gengler den Grad verweigert. Allioli hatte einige Sätze von Günther gelesen, aber er und Wiedemann werteten ihn gleich mit Gengler, dem es *„an den katholischen Grundsätzen gefehlt habe"*. Buchner hatte wenigstens über Günther gelesen und fand, man sollte mit der Promotion Günthers lediglich dem 80jährigen Sailer entgegenkommen. Döllinger, der also nur Ketzer empfohlen zu haben schien, rechnete am Schluß der Zirkularvoten ab: Die beleidigte Haltung der Kollegen helfe nichts, denn Günther habe gar keinen Ruf ausschlagen können, weil keiner ergangen war. *„Nur eine Privatanfrage wurde an ihn gerichtet, auf welche er eine zweifelhafte Antwort gab, hauptsächlich deßwegen weil er fürchtete, daß er, wenn auch von einem oder dem anderen Professor gewünscht, doch der gesammten theologischen Fakultät nicht genehm seyn möchte. – Daß Günther in der That mehr gründliche theologische Kenntniße besitze als die meisten der an unserer Fakultät in den letzten Jahren zu Doktoren creirten, kann dem Kenner der Schriften dieses Mannes nicht zweifelhaft seyn."*[146]
Eine deutliche Kritik dieses sonst schweigsamen Kollegen! Wenn Döllinger Inkompetenz hinter Entscheidungen bemerkte, war er immer bereit, diese „aufzuspießen". Dann zog er auch Versehen ins Lächerliche, z. B., wenn es seinen jeden echten von einem unechten Katholiken unterscheidenden Kollegen trotz langer schriftlicher Votierung nicht auffiel, daß *„das Gesuch des Kandidaten* [ein Dispensantrag] *der Fakultät wahrscheinlich nur durch ein Mißverständnis mitgeteilt worden ist; derselbe wird nämlich Kandidat der protestantischen Theologie sein, nicht der katholischen. Dies ergibt sich schon daraus, daß er zu Erlangen und Heidelberg* [die Theologie] *studirt hat."*[147]
1831 habilitierte die Fakultät den von Döllinger, wie aus den Zirkularnoten hervorgeht[148], bis zu seinem Ausscheiden aus der Fakultät nicht geschätzten

Johann Evangelist Stadler[149] – ein Verfahren um Zulassung zum Lehramt, von dem Döllinger wie bei Promotionen noch ausgeschlossen war. Der Privatdozent wurde als Lückenbüßer für Exegese neben Mall eingesetzt. Den Angriffen nach, die Döllinger gegen ihn richtete, taugte er nur zum Lyzeallehrer; ab 1838 entsprach das jedoch vollkommen den Vorstellungen des Ministeriums.
Ende 1832 löste das Ministerium ohne weitere Nachfrage die Probleme um die vakanten Lehrstühle der Moraltheologie und der Exegese mit einer Berufung zum Extraordinarius und einer Ernennung zum Extraordinarius: erstere für Johann Georg Kaiser[150] im Fach Moraltheologie bei 800 Gulden Gehalt, letztere für Privatdozent Johann Evangelist Stadler, im Fach Exegese des Neuen Testaments belassen, ebenfalls mit 800 Gulden Gehalt[151]. – Im Mai dieses Jahres starb Bischof Sailer, der erste Gestalter der Fakultät.
Im Februar 1833 überwand sich die engere Fakultät aufgrund einer allgemeinen Empfehlung des Ministeriums an alle Fakultäten über die Zahl der Mitglieder in der engeren Fakultät, den einzigen außenstehenden Kollegen, Döllinger, einzuladen, *„seinen Rat und seine Beihilfe“* den Sitzungen und Arbeiten der Theologischen Fakultät zuzuführen[152]. Den folgenden Sommer zeichnete Döllinger kein Zirkular ab. Die „Einladung“ wurde von ihm nicht als Aufnahme akzeptiert.
Für das Studienjahr 1833/34 wählte die Fakultät Döllinger in den Senat – neben Buchner. Döllingers Mitgliedschaft in der engeren Fakultät war dadurch gegeben; er rückte aber erst mit Ausscheiden Alliolis auf „natürlichem“ Wege nach.
1837/38 erst wurde Döllinger zum ersten Mal Dekan seiner Fakultät, gleichzeitig Senatsmitglied, 1839/40 erneut in beide Funktionen gewählt. 1845/46 nahm er das Amt des Dekans wegen seiner Wahl zum Landtagsmitglied und seiner Universitätsfunktion als Prorektor nicht mehr an. Ab 1833/34 gehörte er nur in den Jahren 1835/36 und 1836/37 – in letzterem saß statt ihm Möhler im Senat – sowie 1844/45 nicht dem Senat an. 1844/45 war er Rektor und Landtagsabgeordneter der Universität München. In all diesen Dienstjahren war er ein relativ schweigsamer Votant. Das bedeutet, daß er in seinen Reaktionen und Aktionen bei offiziellen Stellungnahmen der Universität schwer auszumachen bleibt.
Im Studienjahr 1833/34 fielen die ersten Entscheidungen der Regierung über den Ausbau der Lyzeen und Gymnasien[153]. Der sachdienliche Ausbau der Fakultät auf die volle Zahl der Lehrstühle wurde parallel dazu dringend notwendig.

Der erste gelungene Baustein

Zunächst schien eine neuerliche Verkleinerung der Theologischen Fakultät unumgänglich notwendig. Von der Regierung wurde Allioli Ende 1834 an das

Domkapitel nach Regensburg versetzt[154]. Die Neubesetzung des Lehrstuhls für Altes Testament wurde Anfang des Jahres 1835 von der Fakultät, ohne Döllinger, in derselben unwürdigen Weise wie im Jahre 1831/32 diskutiert.

Die Chance, den *„untergeordneten Rang"* der Theologie in München[155] abzulösen, sah die Regierung am 7. April 1835 ohne Fakultätsbefragung darin, die Nominalfächer wieder anders zu verteilen[156]. Döllinger erhielt vorläufig inoffiziell Dogmatik und Dogmengeschichte übertragen, Kirchenrecht behielt er als Nebenfach. Dies geschah in Anbetracht dessen, daß in der Juristischen Fakultät ein neu Berufener den Lehrstuhl (staatliches) Kirchenrecht (und Deutsches Privatrecht) erhalten hatte, nämlich der Döllinger über Karl Ernst Jarcke[157] sehr nahe stehende George Phillips[158] – eine von Döllinger nicht unerwünschte Konstellation.

Phillips, eigentlich als Pressebeobachter für den König auf Kosten der Universität in das Ministerium bestellt (das dann für ihn aber keinen Etat locker machte), konnte den Bann auf Döllinger von 1829 weitgehend beseitigen helfen – die „Eos" wirkte mit verstärkter Mannschaft. Dogmatik in Verbindung mit Kirchenrecht galt zu diesem Zeitpunkt als starke Waffe für die Kirche, um sich aus den staatlichen Fesseln zu befreien und zum eigenständigen „Staat" im Staat zu erheben. Noch re-agierte der König nicht. Ferner war nur Döllinger fähig, durch den Vortrag der Dogmatik einen Gegenpol zu Schellings religionsphilosophischen Vorlesungen in der Philosophischen Fakultät zu bilden und die wesentlich weniger Studenten zählende Theologische Fakultät zum Anziehungspunkt zu machen[159]; dadurch wurde auch Vorarbeit für die Begründung der von seiten der Ordinariate gewünschten Rehabilitation der (nicht jesuitischen) katholischen Lyzealausbildung geleistet[160].

Außerdem schien das Angebot Johann Adam Möhlers, Professor für Exegese und Kirchengeschichte an der Universität Tübingen[161], sich zusammen mit Döllinger *„ganz auf das Gebiet des Geistes zurückzuziehen"*[162], gerade auf der Fakultätsebene in München mit großer Außenwirkung einlösbar. Und Döllinger, der vor Möhler bereits den Ruf nach Preußen durch Altenstein *„genossen"* hatte[163], spielte die wesentliche Rolle bei der Abwerbung Möhlers von Preußen[164].

Rektor Ringseis führte die seiner Funktion angemessene Regie in dem Stück, das Senator Döllinger geschrieben hatte: Döllingers Verzicht auf Kirchengeschichte zugunsten der Verbindung von Kirchengeschichte und Exegese des Neuen Testaments bei Möhler. Die Umordnung der Nominalfächer in Einverständnis mit dem Minister Oettingen-Wallerstein erlaubte es, Stadlers Antrag auf ordentliche Professur im Ministerium schlichtweg zu übersehen. Im Oberkirchen- und Schulrat[165] hatten Martin Deutinger[166] und Johann Baptist Mehrlein[167], vertraute Freunde der Döllinger-Freunde und des Görreskreises, mitgespielt und keinen Finger gerührt, der Fakultät den Entwurf einer Vorschlagsliste anzubieten[168]. Seine Fakultät beruhigte Senator Döllinger mit dem Rat: *„daß die Fakultät am besten thue, eine allerhöchste Aufforderung abzuwarten“*[169]. Diese traf, dank ihm selbst, nie ein.

Zwar berücksichtigte der neue Nominalfachplan die Umverteilung der Fächer nicht, sondern beließ es bei den Nominationen von 1826; aber durch ihn war längst nicht bereinigt, daß die Moraltheologie keinen ordentlichen Vertreter hatte. Als zum 1. April 1836 Extraordinarius Kaiser[170] unter Beibehaltung des „Religionskollegs“ das Fach übernahm, war es vom Status her unterbesetzt. Kaiser scheint, den Voten nach, mit Döllinger allerdings besser harmoniert zu haben als Stadler.

Als auch Buchner, Ende März 1838 zum Domkapitular ernannt, die Fakultät verließ[171], erfüllte sich teilweise der Nominalfachplan, der nur eine Professur für ein Fach, also keine Doppelbesetzung (daher war die Döllingersche Lösung inoffiziell) vorsah. Daß Stadler schließlich die ordentliche Professur für orientalische Sprache als Nachfolger des im Herbst 1836 verstorbenen Mall zusätzlich zur Exegese des Alten Testaments erhielt, scheint Döllinger nicht gestört zu haben.

Aus Döllingers geistlichem Freundeskreis war inzwischen Friedrich Windischmann aus Bonn[172] von der Münchner Fakultät zur Promotion zu begutachten. Döllinger wies seine Kollegen zurecht, *„daß Herr Windischmann nicht blos kurzweg begutachtet werde, sondern die Fakultät in ihrem Gutachten den seltenen Verein von ausgezeichnetem Talent und ebenso gründlichen als umfassenden Kenntnißen, wodurch dieser junge Mann wohl vor Allen, die mit ihm in Deutschland gleichen Alters sind, hervorragen dürfte, und seine ganz vorzügliche Qualifikation zum theologischen Lehramte anerkennen und hervorheben.“* Das wurde gemacht. Döllinger zog sich einen jungen Mitstreiter der „guten Sache“ nach München.

Auch Franz Xaver Reithmayr[173] wurde wesentlich durch Döllingers Votum über dessen Preisschrift an die Fakultät gezogen[174]. Bereits im Januar 1837 votierte Döllinger für seine Ernennung zum Extraordinarius: *„In Folge einer mit dem H. Dekan* [Wiedemann] *genommenen Rücksprache ergreife ich die Gelegenheit, darauf aufmerksam zu machen, daß ein Antrag der Fakultät an den Senat hinsichtlich der Nothwendigkeit, die th. Fakultät dem Status gemäß durch Bestellung des Dr. Reithmeyer zu ergänzen, und dadurch den vollständigen Vortrag der Biblischen Fächer möglich zu machen, in dem jetzigen Momente zweckmäßig sei, auch von dem Senate bereitwillig unterstützt werden dürfte.“*[175] Der Antrag passierte anstandslos alle Instanzen. Reithmayr wurde am 22. März 1837 Extraordinarius.

Döllinger hatte also wissenschaftliche Qualifikationsforderung in den Vordergrund gerückt und die erste Berufung seiner Auswahl durchgesetzt über den Kreis der Freunde, ohne direkt in der Fakultät oder im Ministerium in Erscheinung zu treten. Und er hatte es vermocht, qualifizierten Nachwuchs an die Universität zu ziehen.

Die Fakultätsbesetzung bestand jedoch nicht lange in Gänze so, denn Möhler starb bereits 1838. Dennoch hatte die Fakultät binnen drei Jahren ein wesentlich anderes Gesicht bekommen. Döllinger hatte sie sozusagen von oben nach unten erobert – er selbst stieg aufwärts: 1835 wurde er als außerordentliches Mitglied in die Bayerische Akademie der Wissenschaften aufgenommen, 1837 zum Oberbibliothekar seiner geliebten Universitätsbibliothek (Nachfolge von Mall) ernannt.

Mit dem neuen Minister Karl von Abel: Der zweite Baustein

Nach dem Wechsel im Ministerium des Innern, von Oettingen-Wallerstein auf Karl von Abel[176], erhielt der Oberkirchen- und Schulrat vom neuen Minister keinen Auftrag mehr betreffend Recherchen in Berufungsangelegenheiten der Universität. Der Oberkirchen- und Schulrat wurde seiner Bezeichnung entsprechend verwendet, worüber er allerdings aufgrund seiner Kompetenz für das theologisch-philosophische Lyzealschulwesen auf direktem Weg dennoch wieder auf die Universitätsstrukturen Einfluß erhielt. Ab 1840 bevorzugte die Regierung bis auf eine Ausnahme[177] nur mehr Dozenten aus dem Lyzealbereich als Privatdozenten „mit Praxis“ oder Extraordinarien an den katholischen Universitäten Bayerns; die Universität Erlangen, als vorwiegend protestantisch angesehen, ging entsprechend der Nichtübernahme der Studienordnung der Allgemeinen Wissenschaften einen Eigenweg.

Zur Übernahme des Innenministeriums durch den neuen Minister Abel hatte Wallerstein die Theologische Fakultät in München für die neue Weichenstellung, zwar in Widerspruch mit der neuen ideologischen Ausrichtung, aber personell bestens eingerichtet. Die bildungspolitische Zielsetzung galt der *„wahren, religiösen und sittlichen Erziehung“* im katholischen Sinn[178].

Aus diesem Grunde waren die „Belehrungen“ neu zu schreiben. Döllinger, erstmals Dekan, verfaßte den Antrag, der sich aber gegen ein dem Theologiestudium vorangestelltes Propädeutikum aussprach, da Kirchengeschichte *„bei ihrem innigen Zusammenhang mit der allgemeinen Geschichte ohne fortlaufende Rücksicht auf diese weder vorgetragen noch studiert werden kann; die Dogmatik hat ihre integrierenden philosophischen Bestandteile, und das Bibelstudium ist nach einer Seite hin so vorherrschend philologisch, daß es eine fortgesetzte ernstliche Beschäftigung mit den classischen sowohl als den orientalischen*

Sprachen schlechterdings erfordert. Andrerseits aber würde die Ansicht irrig sein, als ob eben deshalb für das theologische Studium eine längere philosophische Vorbildung erfordert würde. Vielmehr glauben wir unbedenklich behaupten zu dürfen, daß je frühzeitiger der künftige Priester sein theologisches Studium beginnt, desto größer der Vortheil für ihn und die Kirchen sein wird; denn nicht darin liegt das Heil, daß er genöthigt werde, sich in einem zweiten Jahre eine noch vertrautere Bekanntschaft mit diesen oder jenen philosophischen Systemen zu erwerben, die Geschichte von dem subjectiven Standpunkte eines überdieß vielleicht noch einer fremden Confession angehörigen Professors [von *„Standpuncte . . . angehörigen"* gestrichen; gemeint war Schelling; d. Verf.] *betrachten zu lernen, [. . .] sondern darin, daß der junge Mann frühzeitig angewiesen werde, Philosophie und Geschichte mit den Augen des Glaubens zu betrachten."*[179]

Beste Übereinstimmung Döllingers mit einem auch für Theologen gültigen Zwangsstudium bestand also 1838 sicherlich nicht. Aber egal, ob Philosophen, Juristen, Mediziner oder Theologen, es ging um die Staatsdienererziehung, die der König als eine katholisch-monarchische sehen wollte. So traf die neue Forderung auch das Studienangebot der Theologischen Fakultät, denn auch ihre Absolventen sollten durch die „Allgemeinen Wissenschaften"[180] vor Irrtümern gesichert werden. Doch, wo standen diese Irrtumslehrer vorzüglich parat? – in der Philosophischen Fakultät, mit Schelling allen voran. Am 14. Mai 1838 wurde die neue Studienordnung zur Publikation freigegeben.

Was Döllinger unter Wallerstein weitgehend als eigene Universitätspolitik über die Theologische Fakultät betrieben hatte, verselbständigte sich bei Abel durch Abel selbst und die neuen streng papalistisch gesinnten Bischöfe, die der König ernannt hatte: Auf Betreiben Reisachs, seit 1836 Bischof von Eichstätt und ab 1841 Koadjutor in München[181], kamen Heinrich von Hofstätter 1839 nach Passau[182], Georg Anton von Stahl 1840 nach Würzburg[183]; aber – der König orientierte sich um – nur unter Überwindung des königlichen Einwands gegen Bischöfe dieser politischen Richtung setzte Abel 1841 auch noch den Sailerschüler Valentin Riedel zum Bischof von Regensburg ein. Alle waren Görreskreismitglieder.

Der Minister trennte das theologische Fachstudium trotz Döllingers Widerspruch nicht vom Vorstudium der Allgemeinen Wissenschaften ab. Von Döllinger war die liberalere Kooperation, wie er sie mit Wallerstein geübt hatte, mit Minister Abel, trotz aller vordergründigen Parallelen, nicht mehr aufzunehmen. Die Fakultät leistete mit Senator Döllingers, auch im Senat unwidersprochenen, Votum 1839 Widerstand: *„Der Antrag geht von der Ansicht aus, daß das theologische Studium an der Universität ganz nach dem Maßstabe des Lyzeal-Studiums zugeschnitten, resp. verkürzt und eingeschränkt werden solle.*

Eine solche Ansicht steht aber im direktesten Widerspruch mit dem Interesse der Universität, mit dem der Kirche sowohl als dem der Wissenschaft, und mit den Erwartungen, welche die allerhöchste Behörde von den Leistungen der Hochschule auch in Beziehung auf den gründlicheren theologischen Unterricht hegt. [. . .] Der theologischen Fakultät liegt es ob, im Interesse wissenschaftlicher Gründlichkeit gegen die Anwendung einer solchen Maßregel auf die Universität mit aller Ehrfurcht und mit unbedingtem Vertrauen in die Weisheit der allerhöchsten Behörde Protest einzulegen.“[184]

Trotzdem verstand es Abel, Döllingers Eingabe zu seiner und des Königs neuer Kulturpolitik zu nutzen: „*strauchelte*“ (wie Gengler über Klee[185] gemeint hatte) auch Döllinger? Nun, Döllinger wandelte langsam die Münchner Theologische Fakultät um und übte auf diese Weise konstruktive Kritik.

Der Ruf der Lehrkanzeln Döllingers und Möhlers hallte bereits über Deutschland. Als Bastion der echt katholischen Religion schien der Regierung nur München sicher vor allen Anfechtungen, z. B. vor dem Hermesianismus[186]. Ehrgeizig verfolgte der Minister, der den König überzeugte, das Ziel, bayerische Katholizität preußischer Politik entgegenzusetzen. Die Berufung auf den Lehrstuhl Möhlers eilte deshalb.

Der König selbst spannte 1838 und 1839 die Fakultätsbesetzung in die große Politik ein: „*Große Lust hätte ich, Klee als Professor hier anzustellen, wenn dann nur nicht großer Schaden der katholischen Religion in Preußen zu besorgen ist, denn nur in Bayern liegt mir desselben Wohl am Herzen. Ich werde gleichfalls nur einen ächten Katholiken zum TheologieProfessor ernennen, von der Preußischen Regierung aber ist es nicht zu erwarten.*“[187]

Heinrich Klee[188] hatte aber 1829 Döllinger und Sailer, als diese ihn nach München holen wollten, einen Korb gegeben: Döllinger entzog sich dem Politikum. Nicht er[189], sondern Phillips[190] erwirkte Klees Zusage nun 10 Jahre später, jedoch nicht zur Freude des Augsburger Ordinariats unter Bischof Peter Richarz[191]. Dieser befürchtete, daß dann die Dogmatik nicht mehr in „*einem System und in einem Geiste*“ gelesen würde[192], sondern von Döllinger *und* Klee. Kein Problem, meinten die Theologieprofessoren Kaiser und Döllinger, denn desto wissenschaftlich erregender sei das Fach. Kaisers „Moral“ – als Fach wie als seine persönliche Einsicht – paßte später, 1841, nicht mehr in das Bild von der „ersten“ katholisch-theologischen Fakultät in Deutschland.

Döllinger hatte der Fakultät formaliter einen Gegenvorschlag gegen Klee unterbreitet[193]. Gengler schrieb wenig später an den Freund in München, was als Begründung für dessen schwaches Verhalten gegenüber Klee gilt: „*Daß Klee nicht kam, halte ich für Gewinn.* [Klee kam erst 1839; d. Verf.] *Meinst du, der sey zwischen Scyla und Charybdis mittendurch und habe nicht gestrauchelt?*“[194]

Der „*Gewinn*“ war wohl, auch im Norden einen ausgezeichneten Gegner der

Angriffe auf die Kirche, die in den „Kölner Wirren" gipfelten, zu wissen. Die Metapher als Urteil über die Lage der Kirche im politischen Kristallisationsfeld in Köln wie in Bayern, in der sich also auch Döllinger befand, wandte Gengler auch auf Döllinger selbst an.

Döllinger war ab 4. April 1838 per Dekret in der Fächerkombination Dogmatik und Kirchengeschichte eingesetzt und des Kirchenrechts enthoben worden – gleichzeitig aber für die Philosophische Fakultät mit dem Vortrag der Religionsphilosophie betraut[195].

Gengler kommentierte: *„Du wirst keinen Schiffbruch erleiden: du bist klug genug, um es nicht gerade darauf zu setzen, zwischen Scyla und Charybdis mitten durch zu fahren: du umfährst die Jahre von der andern Seite, und stellst dich dann am Ausgange der Meerenge: deine Freunde sorgen schon dafür, den unbedingt Vertrauenden glauben zu machen, die Fahrt gieng mittendurch."*[196]

Der Kontrapunkt zu Schelling mit diesem in ein- und derselben Fakultät – da steckte vorrangig Rekatholisierung einer Fakultät dahinter, denn die protestantisch „überfremdete" Philosophische Fakultät[197] war dem König wie dem Minister – und vor allem auch Görres, dem Dekan und Ephor – ein Dorn im Auge[198]. Demzufolge wurde Döllinger per Dekret in die innere Philosophische Fakultät geschleust, ebenso wie sein Freund Phillips für Rechtsphilosophie aus der Juristischen Fakultät. Schelling trat zurück. 1841 verließ er zur Freude Abels[199] München. Döllinger schaltete sich, unter Mißachtung seiner Anerkennung für Schellings religionsphilosophische Leistung, im Senat nicht abwehrend ein.

Veränderungen des Nominalfachplans hafteten der unterbesetzten Fakultät an: Der vakante Lehrstuhl für Kirchenrecht einschließlich dem für Exegese des Neuen Testaments – in Nachfolge Möhlers also – wurde unter diplomatischem Vorgriff auf Klees Zusage[200] in ein Extraordinariat verkürzt und unter Zustimmung Döllingers mit dem erzbischöflichen Sekretär Windischmann[201] besetzt. Dieser erklärte sich vor der Theologischen Fakultät bereit, eventuell an Döllingers Stelle das religionsphilosophische Kolleg zu übernehmen[202].

Als Klee (für 1600 Gulden, also zwei Extraordinariengehälter) kam, verließ zuerst Stadler die Fakultät. Er schien weder Döllinger noch Bischof Reisach von Eichstätt[203], dieser in enger Verbindung zum Nuntius Papst Gregors XVI., noch dem Minister „geeignet", die Exegese des Alten Testaments mit politischer statt philologischer Feinfühligkeit zu füllen. Windischmann mußte sich dem Privileg des Königs, Domherren zu ernennen, ebenfalls – aus finanztechnischen Gründen – beugen. Er ging an eine für Döllinger wichtige Stelle: in das Ordinariat.

Klee vertrat drei Nominalfächer: Dogmatik – von Döllinger –, Exegese des Neuen Testaments – von Windischmann –, Exegese des Alten Testaments – von Stadler –: Stadler war mit Sicherheit, der Einfluß ist nicht schriftlich feststellbar,

von Döllinger in der Fakultät blockiert worden; Windischmann war aus politischen Erwägungen versetzt worden. Die Nominalfächer Kirchengeschichte und Kirchenrecht oblagen nun wieder Döllinger; aber zusammen mit Dogmatik, deren freie Fortsetzung ihm erlaubt war, und der Religionsphilosophie ein sehr großes Fächerspektrum[204].
Wiedemann erbot sich, Kirchenrecht zu lesen. Aber die Fakultät war – gezählt nach Ordinarien – so klein (und fast so billig an Gehältern) wie 1826!
Doch Döllinger hatte jetzt freie Hand: Er habilitierte seinen Mitarbeiter an den patristischen Texten, Daniel Bonifaz Haneberg[205]. Dieser wurde im Döllingerschen Sinne endlich der würdige Inhaber des Lehrstuhls, den Mall und Stadler nicht erfüllt hatten. Als Klee starb, setzte Döllinger mit Erfolg seinen Schüler, den Gymnasialdirektor von Freising, Johann Baptist Herb[206], für Dogmatik – ohne Exegese – primo et unico loco auf die Vorschlagsliste. Döllinger legte 1841 sein Gewicht als Kirchenrechtler in die Waagschale, um seinen Kollegen Kaiser zur *„möglichsten Schonung des Fakultätsinteresses“* allenfalls in der Fakultät abzumahnen. Als dieser am 8. November 1841 seinen Lehrstuhl wegen angeblich bewiesener Häresie dennoch aufgrund des Einverständnisses zwischen Minister und erzbischöflichem Ordinariat verlassen mußte, hatte Döllinger die Fakultät nicht „verraten“: Kaiser wurde vom erzbischöflichen Ordinariat *„zum Fall versuchter Häresie“*[207] gestempelt.
Endlich ein Grund für die Ordinariate, nicht nur auf die kirchliche Personalverflechtung, sondern grundsätzlich auf das Wissenschaftsgeflecht Einfluß zu fordern. Die Machtvollkommenheit der Ordinariate, die sich das Verdikt über die literarische Tätigkeit eines Professors erlaubten, was eine Übernahme der Indizierung durch die dem Papst untergeordneten Bischöfe bedeutete, bezweifelte Kaiser, als er sich vergeblich wehrte, die vom Ordinariat betriebene Entlassung aus seiner Professur anzuerkennen. Ein empfindliches Gebiet im höheren Erziehungswesen Bayerns wurde mitbetroffen: Seit 11. April 1838 gehörten Wiedemann und Döllinger der Kommission zur Einführung gleichförmiger Lehrbücher an den katholisch-theologischen Lyzeen an – ein verantwortungsvolles Projekt, das Minister Abel und das Erzbistum München-Freising eingefädelt hatten. Eine Folgeerscheinung davon allerdings, daß Döllinger als Professor auch in der Philosophischen Fakultät (im Rahmen der Allgemeinen Wissenschaften) auf dem Lehrbuchsektor der weiterführenden Schulen tätig geworden war, nämlich ein Lehrbuch der Geschichte für die katholischen Gymnasien zu verfassen, schützte Döllinger 1845 nicht vor der Kehrtwendung des Königs in der Auffassung von Kirche und Staat; aus diesem „philosophischen“ Gebiet wurde Döllinger ins kirchliche Ressort zurückgesetzt und die „befragliche Arbeit“ dem schulbuchverlagserfahrenen Geschichtsprofessor der Münchner Universität, Konstatin Höfler[208], übertragen; jedoch

schränkte der König gleichzeitig ein: *„ob jedoch das hieraus entstehende Geschichtsbuch in den katholischen Schulen einzuführen, hängt davon ab, wie es ausfallen wird, worüber Ich Mir Entschließung vorbehalte"*[209].
Die Theologische Fakultät schützte 1841 ihr Mitglied leidlich[210], bis die Disputationsthesen eines Kaiserschülers überprüft wurden[211]. Döllinger übernahm nun von Wiedemann, im Auftrag des Erzbischofs von München-Freising, die Rolle des geistlichen Gutachters (Wiedemann als Vorstand des Georgianums) als weltlicher Richter (Professor in der Korporation Universität!). Döllinger bat in seinem Gutachten um Schonung der Freiheit der Wissenschaft – Abel, ganz Kirchenherr und nicht nur Minister, erteilte der Fakultät einen Verweis wegen Pflichtverletzung. Er entsprach damit dem Willen der Ordinariate auf Regierungsebene; nur von ihr konnte die Entlassung aus dem Staatsdienst so unmittelbar ausgesprochen werden[212].
Das bedeutete, die bischöflichen „Görreskreis-Ordinariate" hatten durchgesetzt – was absolut in Widerspruch stand zu Döllingers Abwehr von Ordinariatseinfluß in der Fakultät und zu seinem Verständnis von theologisch-wissenschaftlicher Lehre –, daß sowohl Universität wie Regierung ihr Placet einholen müßten, wenn künftig Lehrstühle in der Theologischen Fakultät besetzt würden. Der König schaltete politisch gegen seinen Minister um; er bremste einen kirchlichen Staat neben seiner konstitutionellen Monarchie ab.
Döllinger ließ sich vom Ordinariat München als Gutachter in der Frage der Nachfolge auf Kaiser dennoch oder gerade deswegen einsetzen. Er begründete den Vorschlag des Erzbistums München-Freising mit der notwendigen Abwehr *„unseliger Irrungen unkatholischer Lehrer"* Bischof Reisach damit, daß *„leider in Deutschland so ziemlich allgemein Moral nach philosophischen Grundsätzen tradiert und zu wenig auf die positiven Grundsätze der Offenbarung und der kirchlichen Gesetze Rücksicht genommen wird"*[213]. Also setzte Döllinger seinen – und sowohl Baaders wie Schellings! – Schüler Maximilian Stadlbaur[214] gegen den Wunsch des Regensburger Ordinariats durch. Der Gegenkandidat Franz Xaver Dirnberger[215] trat ein Jahr später als Ordinarius in die Nachfolge Wiedemanns an der Theologischen Fakultät ein; aber das Münchner Ordinariat sprach offiziell nicht mehr bei Berufungen mit.
Immer noch stand Döllinger zusammen mit Windischmann als erzbischöflicher Referent im Vertrauen des Ordinariats. Das mag sämtliche weitere Veränderungen im Lehrkörper von Einmischungen seitens der Ordinariate frei gehalten haben[216]. Und es erklärt auch, warum König Ludwig Döllinger noch 1847 zum Stiftspropst von St. Kajetan ernannte.
Der Minister opponierte nur noch einmal gegen Döllinger in bezug auf das Ernennungsrecht des Ordinariats in der Fakultät, als er befahl, das Ordinariat solle die Stelle des Subregens im Georgianum besetzen: Döllingers Widerstand

zugunsten der Korporation brach diesen Willen. Zwar unterstützte er den Minister in Universitätsangelegenheiten nicht, verteidigte ihn aber im innenpolitischen Bereich des Staates im Landtag gegen den Vorwurf, der Kirche die Übermacht im Staate einzuräumen[217].

Wiedemann, der letzte Regens und Professor des Georgianums, mit dem Döllingers Haltung nicht in Widerspruch geriet, wurde am 10. März 1842 als Domkapitular nach Freising versetzt, Döllinger dadurch Senior der Fakultät. Die insgesamt aufgrund seiner Gutachten und seiner Votierungen in der Fakultät oder im Ordinariat besetzte Fakultät blieb fünf Jahre bestehen. Sie wurde bis 1845 um Amberger (s. oben) und um Bernhard Fuchs[218], den ehemaligen Schellingschüler, als Ordinarius für Moraltheologie – Stadlbaur ablösend, der Dogmatik übernahm – erweitert und um den zum Ordinarius ernannten Haneberg bereichert.

Diese Fakultät, bestandsgleich wie 1847 durch die Berufung von Franz Michael Permaneder[219], den Nachfolger Döllingers, erwartete ab dem Tag seiner „ungerechten" Entlassung Döllingers Rückkehr auf den Lehrstuhl im Jahre 1849.

Döllingers Entlassung

Am 17. Februar 1847 ließ Ludwig I. seinen Minister Abel in den Ruhestand versetzen. „*Was Abel letzten Endes zu Fall brachte, war sein starker und zäher Widerstand gegen den Zeitgeist (Liberalismus und Materialismus), seine klare, konsequente, katholisch-konservative Staats- und Weltanschauung.*"[220] Hiervon hatte sich Döllinger abgehoben – aber es nutzte ihm vor dem König nichts. Dieser verfügte per Handschreiben die temporäre Quieszierung Döllingers[221].

Als letzten Professor unter den Mitgliedern des Görreskreises in der Universität traf Döllinger die Entlassung durch königliches Dekret Ende des Sommersemesters 1847: ausgefertigt unter königlichem Nachdruck über die Berechtigung zur Unterschriftleistung durch Oberkirchen- und Schulrat Max von Neumayr[222]. Der König fühlte sich „*bewogen, den ordentlichen Professor der theologischen Fakultät an der hiesigen Hochschule Dr. Ignaz Doellinger vom 1ten September laufenden Jahres anfangend mit Belaßung seines Standesgehaltes in zeitlichen Ruhestand zu versetzen. [. . .] Aschaffenburg den 27ten August 1847.*"[223]

Döllingers Schüler Stadlbaur schrieb dazu: „*Das Land und die Stadt, die Facultät und die Universität trauert über Ihren Verlust und ich finde kein Wort, meinen Schmerz darüber auszudrücken. Ich wünschte nur, statt später, mit Ihnen gefallen zu seyn. Es ist eine Pein, dieser Corporation noch anzugehören und mit meinen Hoffnungen der Zukunft entgegenzugehen! Ich preise Sie in vielfacher*

Beziehung glücklich darüber, daß Ihnen der Himmel einen so ruhmvollen Austritt aus unserer Mitte verschafft und dermahlen die Hochachtung aller, selbst Ihrer grimmigsten Feinde, gesichert hat, daß auch ein noch längeres mühsames Wirken je derselben nichts hinzu zu fügen vermocht hätte."[224]

Döllinger erhielt die Entlassung so spät, weil der König 1847 auch ein öffentliches Regierungs„system" eingeführt hatte. Ihm waren die diversen Hemmnisse im Fall Döllinger durchaus bewußt: Dieser Professor der Universität, nicht nur irgendeiner, sondern *der* Professor in der Theologischen Fakultät, hatte sämtliche Spannungen der Kirchenpolitik Ludwigs I. mit kritischer Schärfe und Eigensinn innerhalb und außerhalb der Universität beobachtet; er hatte auch Fäden gezogen, sie zu einem Netz besonderer Art über die Universität hinaus und parallel zu ihr, unter Einschluß seiner literarischen Arbeiten, nach Bonn, zu Metternich, über den römischen Nuntius[225], zu den Bischöfen in Bayern und seinen Freund Reisach nach Rom, schließlich in München geknüpft. Er war jedoch unzweifelhaft ein monarchisch gesinnter Staatsdiener.

In das Gesellschaftsspiel um die Lola-Montez-Affäre war Döllinger nicht einzuordnen. Trotzdem: Döllinger gehörte zum Görreskreis und über diesen in den Nebelkreis um Abel.

Der König selbst hatte aber noch nach dem Sturz Abels den Referenten des Erzbischofs – der seit Ende 1846 Graf Reisach hieß – zum Propst von St. Cajetan und zum Hofkapellendirektor sowie zum Zeremoniar des Hausordens vom Hl. Hubertus ernannt, womit das Vorschlagsrecht auf sämtliche geistlichen Hofämter verbunden war. Innenpolitisch schwerwiegender wog die Mitgliedschaft Döllingers als Abgeordneter der Universität im Landtag: Eine solche Entlassung würde als Ausschließung aus der Ständekammer entsprechend der absolutistischen Machtvollkommenheit des bayerischen Königs interpretiert[226].

Der König entschloß sich, trotz sicheren Eklats, am 27. August 1847 zur Entlassung und ließ der Universität gebieten: *„Seine Majestät haben den Propst des Collegiatstiftes zu St. Cajetan dahier, Dr. Ignaz Doellinger, in seiner Eigenschaft als ordentlicher Universitätsprofessor vom 1. künftigen Monats angefangen in zeitlichen Ruhestand zu versetzen geruht, worüber dem Rektor der Universität in der Anlage das allerhöchste Reskript zur weiteren Verfügung zugeht. Nachdem jedoch Seine Königliche Majestät dabey zu bestimmen geruht haben, daß der Stiftspropst Dr. Ignatz Doellinger auf obige Allerhöchste Beschlußfaßung gehörig vorbereitet werden sollte, so wird der Rektor der königlichen Universität München hiermit angewiesen, ungesäumt auf geeignete Weise nach Seiner Königlichen Majestät allergnädigster Absicht hierin zu verfahren.*"[227]

Rektor war Thiersch. Noch einmal, wie 1829, entzog sich dieser der direkten Stellungnahme zu einem Angehörigen der Korporation und der persönlichen

Konfrontation mit Döllinger. 1847 war es einfacher: Der mittlerweile nicht nur über Bayern, sondern über Deutschland hinaus berühmte Theologieprofessor weilte nicht in München. Der Universitätssekretär Dr. Richter[228], nicht Thiersch, verfaßte *„im Vollzuge des Rektoratsauftrages"* ein sehr persönliches Begleitschreiben an den von ihm hochgeschätzten Professor, den er in Werdenfels vermutete, und übersandte das Entlassungsdekret[229]. Döllinger legte keinen Widerspruch ein.

5. Die Odyssee zwischen 1826 und 1847

Nach Genglers Metapher von *„Scylla und Charybdis"* hatte sich Döllinger 1826 nicht nach Troja, sondern an die Universität München gewagt und 1849 einen persönlichen Sieg als Professor in München davongetragen.

Daß jeder seiner Siege nur jeweils so lange Frieden für Döllingers Gestaltung brachte, wie die religiös-politischen oder die kirchenpolitischen Phasen der bayerischen Regierungsträger dauerten, lag auch an der (zwangsweise) dazu korrespondierenden Lebendigkeit dieser (und jeder) Universität. Die Münchner Hochschule war, als Döllinger begann, soeben transloziert. Sie hatte durch die erwünschte und kostensparende Verbindung zur Akademie der Wissenschaften den Charakter einer Neugründung und eines Experiments in der Kulturpolitik erhalten. Experimente können Negativergebnisse zum Beweis positiver Entwicklung erbringen: Döllinger hat sich diesem Verlauf immer gestellt.

Nach der Entlassung des ersten Ministers, Eduard von Schenk, fand er zunächst in Oettingen-Wallerstein einen „Partner", der seine liberale Haltung gegenüber dem wieder erstarkenden Klerikalismus mit dem Zutrauen unterstützte, daß die Theologische Fakultät den Weg zur wissenschaftlichen Theologie ebenso notwendig einschlagen müsse, wie ihr wiederum die Abgrenzung zu den priesterausbildenden Lyzeen zustand.

Dadurch, daß der Professor und Wissenschaftler Döllinger nicht nur in die Hierarchie der Universität, sondern auch in die politischen Beziehungen neben der Universität eingestiegen war, hatte er in Abel einen Minister über sich, der den staatskirchlichen Ansatz übersteigerte und dadurch in die Folgen seines Sturzes 1847 auch den hoch angesehenen Theologen der Universität München (als einziges Mitglied aus der Theologischen Fakultät) mitriß.

Als Professor hat Döllinger in der Fakultät gehandelt; außerdem hat er mit seiner Persönlichkeit die mittelalterliche Funktion der Professoren als Räte im Staatswesen in den modernen Staat eingebracht. Er hatte sich lediglich der Görres-„Partei", besser zu bezeichnen als Kreis ähnlich gesinnter Gesprächspartner, ebenso wie gleich ihm angesehener Kollegen bedient zugunsten einer

„guten Sache", der katholischen im Sinne der „Einheit" der Kirche im politischen gemeinschaftlichen Leben.

Der König konnte die unübersichtlichen Parallelfunktionen des Staatsdieners Döllinger – im „königseigenen Elfenbeinturm Wissenschaft", in der Kammer der Abgeordneten und innerhalb einer erstarkenden kirchlichen Macht – nicht dulden.

Professor Döllinger war von seiner Fakultät zunächst als Fremder – und fremder Gelehrter –, dann als Außenseiter eingestuft worden. Erst nachdem sich Döllinger seine Fakultät, zum Teil aus dem Hintergrund, aufgebaut hatte – mit einer gewissen Berechtigung, denn die Universität München wurde durch die Manipulationen besonders des Ministers Abel vom übrigen Deutschland, in dieser Zeit dem „Ausland", vollkommen abgeschnitten –, griff er in die kirchenpolitische Problematik seiner Zeit stark ein. Jetzt hatte er den Rücken frei, 1847 konnte er sich der Solidarität gewiß sein. Dieses Engagement entzog ihn einerseits seiner unmittelbaren Fakultätsarbeit, erhöhte aber die Möglichkeit der Theologischen Fakultät, als Forum zur Kirchenpolitik beizutragen: Auch dem stand der König kritisch gegenüber. Unter diesem Aspekt scheint der Brief Stadlbaurs den Kern zu treffen.

Der persönliche Kampf gegen die Verwaltung, vorrangig gegen die ministerielle auf den hierarchischen Wegen über Fakultät und Universität, hat Döllinger wie einen Odysseus nach „Scylla und Charybdis", die er – wie gezeigt – durchsegeln mußte, im Jahre 1849 in der Universität München, also zu Hause, erwartet. Er mußte mit Pfeil und Bogen erst die Ösen durchschießen, ehe das neue Dekret über den Wiedereintritt in das Haus Universität ausgestellt wurde. Er hat den Sieg davongetragen – für 40 weitere Jahre.

Anmerkungen

Im folgenden verwendete Abkürzungen für Archivbestände: BHStA = Bayerisches Hauptstaatsarchiv München. – BHStA GHA = Geheimes Hausarchiv. – BSB = Bayerische Staatsbibliothek München/Handschriftenabteilung. – EbOAM = Erzbischöfliches Ordinariatsarchiv München. – NL MH = Nachlaß Max Huber (Privatarchiv der Autorin). – UAM = Archiv der Ludwig-Maximilians-Universität München.

1 23. 11. 1823 Prof. für Kirchengeschichte am Lyzeum Aschaffenburg; 1826 Dr. theol. Universität Landshut; 3. 10. 1826 ao. Prof., 26. 11. 1827 o. Prof. für Kirchenrecht und Kirchengeschichte Theologische Fakultät Univ. München; 27. 5. 1835 ao. Mitglied der Bayerischen Akademie der Wissenschaften; 18. 4. 1837 Oberbibliothekar der Universitätsbibliothek; 18. 4. 1838 Nominalfächer Dogmatik und Kirchenrecht, ab 12. 12. 1838 Religionsphilosophie (zusätzlich in der Philosophischen Fak.);

6. 8. 1843 o. Mitglied der Bayer. Akademie der Wissenschaften; 1845–1847 Abgeordneter der Univ. München in der Kammer der Abgeordneten des bayerischen Landtags; 27. 8. 1847 quiesziert mit Wirkung zum 1. 9. 1847; 24. 12. 1849 Reaktivierung als o. Prof. für Kirchengeschichte und Kirchenrecht, Univ. München. – Weitere Lebensdaten vgl. S. 483–485.

2 UAM E II 438; BHStA Personalakt Döllinger (aus ehem. Bestand MK, verbrannt), Exzerpt in NL MH, eigenhändiger Antrag Döllingers auf diese Stelle vom 13. 11. 1923 (MH: „zurückhaltend"). Friedrich, Johannes: Ignaz von Döllinger, Band I, München 1899, S. 142, zitiert zu diesem Einstieg als Prof. eine Aussage Döllingers, wonach sein Vater dies *„ohne mein Wissen mit dem Präsidenten ausgemacht"* habe, welche wohl sinnvoller auf die Professur in München gemünzt sein dürfte.

3 Vgl. Friedrich (wie Anm. 2) I, S. 142–148. Allgemein zur Geschichte der Lyzeen Müller, Rainer A.: Akademische Ausbildung zwischen Staat und Kirche. Das bayerische Lyzealwesen 1773–1848/49, Paderborn 1986.

4 * 6. 4. 1794 Sigolsheim/Oberelsaß, † 17. 11. 1887 Straßburg; 1821 Mitbegründer der Zeitschrift „Der Katholik", Erscheinungsort 1821 Mainz, ab 1825 Straßburg, 1827 Speyer, 1844 Mainz; 1825 Direktor und Prof. des Priesterseminars Mainz, 1830 Straßburg; 1842 Bischof von Straßburg.

5 * 24. 5. 1770 Bamberg, † 14. 1. 1841 München; 1796 o. Prof. für Physiologie und Allgemeine Pathologie und Anatomie an der Medizinisch-Praktischen Lehranstalt Bamberg, 1803 Univ. Würzburg, 23. 10. 1823 an der Medizinisch-Praktischen Lehranstalt (Akademie der Wissenschaften) München, 3. 10. 1826 an der Univ. München.

6 Döllinger strebte *„nie nach kirchlichen Würden, sondern wich ihnen aus"*, so Cornelius vor der Akademie der Wissenschaften am 28. 3. 1890.

7 Friedrich (wie Anm. 2) I, S. 12.

8 Döllinger an seinen Oheim Wigand Weigand, 29. 4. 1826 (zit. nach Friedrich [wie Anm. 2], Bd. I, S. 168.

9 Druck: Mainz 1826.

10 Friedrich (wie Anm. 2) I, S. 150–156, S. 167–172.

11 Noch galt: Dr. phil. und Dr. des Spezialfaches mit einer „legitime" abgelegten Dissertation; vom König und Ministerium fürderhin vorausgesetzt für die Anerkennung als Privatdozent, z. B. im Reskript vom 23. 10. 1827, UAM K I 13.

12 Die Dekanatsakten der Theologischen Fakultät wurden 1826/27 nicht geführt.

13 * 17. 11. 1751 Aresing, † 23. 5. 1832 Regensburg; 1780–1781 Professor in Ingolstadt, entlassen als „Obskurant"; 1784–1794 Prof. am Lyzeum Dillingen, entlassen; 1799–1821 o. Prof. in Ingolstadt bzw. Landshut für Moral- und Pastoraltheologie.

14 * 16. 5. 1785 Schwarzhofen/Oberpfalz, † 22. 5. 1880 München. 17. 1. 1824 o. Prof. der Medizin an der Medizinisch-Praktischen Lehranstalt in München, 3. 10. 1826–30. 10. 1856 Univ. München. – Ringseis und der „Mainzer Kreis" beziehen sich im Zusammenhang mit der genannten Zeitschrift „Der Katholik" (wie Anm. 4) auf die über persönliche Verbindungen lancierte Besetzungspolitik für die Univ. München, z. B. Johann Joseph Görres als Prof. für Geschichte nach München zu holen. Vgl. Huber, M. (wie Anm. 27) S. 38f.

15 Diese Sektion des Ministeriums des Innern war durch Verordnung vom 17. 12. 1825 errichtet worden; sie bestand bis 15. 12. 1846.

16 * 10. 10. 1788 Düsseldorf, † 26. 4. 1841 München; 9. 12. 1825 Ministerialrat im Innenministerium und Vorstand der Ministerialsektion „Oberster Kirchen- und

Schulrat", 1. 9. 1828–16. 5. 1831 Staatsminister des Innern. Daten s. Schärl, Walter: Die Zusammensetzung der bayerischen Beamtenschaft von 1806 bis 1918, Kallmünz 1955, hier Nr. 58.

17 Vgl. Ringseis, Emilie von (Hrsg.): J. N. v. Ringseis. Erinnerungen, Regensburg 1886; Spindler, Max: Briefwechsel zwischen Ludwig I. von Bayern und Eduard von Schenk 1823–1841, München 1930; ders.: Die Regierungszeit Ludwigs I. (1825–1848), in: Spindler, Max (Hrsg.): Bayerische Geschichte im 19. und 20. Jahrhundert, 1800–1970, Bd. I/1, München 1974; „Vorwärts, Vorwärts sollst Du schauen . . .". Geschichte, Kunst und Politik unter Ludwig I., in: Veröffentlichungen zur Bayerischen Geschichte und Kultur 9 (1986).

18 BHStA GHA Nachlaß Ludwig I. C 26, Briefe Sailer an Ludwig I.; ebd. II A 22, Briefe Eduard von Schenk an Ludwig I.

19 Baader hatte kurz vorher seine Schrift „De l'Eucharistie" veröffentlicht, die in Döllingers Dissertation sofort Verwertung und Ausarbeitung auf die von Baader intendierten Beweise bei den Kirchenvätern fand. – F. v. Baader, * 27. 3. 1765 München, † 23. 5. 1841 München, 3. 10. 1826 Honorarprof. für Philosophie Univ. München.

20 Friedrich (wie Anm. 2) I, S. 162ff.

21 * 27. 1. 1775 Leonberg, † 20. 3. 1854 Berlin; 1803 o. Prof. der Philosophie Univ. Würzburg, 3. 10. 1826 Univ. München, Generalkonservator und Vorstand der Bayerischen Akademie der Wissenschaften, 24. 9. 1842 o. Prof. Univ. Berlin.

22 Friedrich (wie Anm. 2) I, S. 135.

23 * 25. 1. 1776 Koblenz, † 29. 1. 1848 München; 31. 10. 1827 o. Prof. der Geschichte Univ. München.

24 BHStA GHA Nachlaß Ludwig I. II A 22, Schenk an Ludwig I. 21. 7. 1826.

25 „Mahnruf des Kurfürsten Maximilian I. an den neuen König Ludwig von Bayern", in: „Der Katholik" (1825).

26 Doeberl, Michael: Ludwig I., der zweite Gründer der Ludwig-Maximilians-Universität. Festschrift zu der Jahrhundertfeier der Münchner Universität, München 1926, Beilage II und V.

27 Huber, Max: Ludwig I. von Bayern und die Ludwig-Maximilians-Universität in München (1826–1832), Würzburg 1939, S. 24.

28 Friedrich (wie Anm. 2) I, S. 178ff.

29 In UAM K I 10 bzw. 11 (Dekanatsjahre 1824/25 bzw. 1825/26) ohne Hinweis auf das bei Friedrich (wie Anm. 2) I, S. 173 genannte „Diplom"; ebenso nicht in UAM E II 438 (Personalakt). Nicht verzeichnet in Resch, Luise / Buzás, Ladislaus: Verzeichnis der Doktoren und Dissertationen der Universität Ingolstadt-Landshut-München, München 1875. Prantl, Carl: Geschichte der Ludwig-Maximilians-Universität, 2 Bde., München 1872, unveränderter Nachdruck München 1968, Nr. 505 (Personaldaten): auch das angegebene Jahr 1820 ist in den Akten der UAM nicht zu verifizieren. – Erst im endgültigen Berufungsdekret zum Extraordinarius in München ziert den Namen Döllingers der „Dr.", nicht aber im Antrag Schenks vom 29. 6. 1826, BHStA MK 11189.

30 BHStA MK 11189: Prämisse der Berufungsvorschläge des Obersten Kirchen- und Schulrats, 29. Juni 1826: *„daß . . . nur für solche Fächer, für welche das Inland keine vorzüglichen Lehrer darbietet, aus dem Auslande einige wenige, hervorragend ausgezeichnete Männer zu berufen seyen."* Zur Translokation in genere vgl. Huber, M. (Anm.27); Dickerhoff, Harald: Dokumente zur Studiengesetzgebung in Bayern

in der ersten Hälfte des 19. Jahrhunderts, in: Ludovico-Maximilianea, Quellen Band 2, Berlin 1975, S. 71ff.

31 Die Rücknahme erfolgte in drei Schritten: 1829 mit der Nichtgenehmigung der neuen Organisation der Ludwig-Maximilians-Universität (LMU), 1835 mit dem Normalstatus, 1838 mit der Gleichstellung der Lyzeen, der Studienordnung der „Allgemeinen Wissenschaften". Vgl. Dickerhof, H. (Anm. 30); Huber, Ursula: Universität und Ministerialverwaltung. Die hochschulpolitische Situation der LMU München während der Ministerien Oettingen-Wallerstein und Abel (1832–1847), in: Ludovico-Maximilianea, Forschungen Band 12, Berlin 1987.

32 UAM E II 438.

33 Joseph Ludwig Graf von Armansperg, 1787–1853, 1. 1. 1826–1. 9. 1828 Staatsminister des Innern, – 31. 12. 1831 der Finanzen, 30. 8. 1828–31. 12. 1831 Staatsminister des Königlichen Hauses und des Äußern. Schärl (wie Anm. 16), Nr. 2.

34 BHStA MK 11189, 29. 6. 1826.

35 Die ganze folgend genannte Berufungsliste ebd. – Ludwig I. folgte ganz dem Vorschlag Sailers (*„welcher viele Jahre hindurch die Seele des theologischen Studiums in Bayern war"*). In Landshut zurück blieb der Dogmatiker Bernhard Schneider, seit 1808 o. Prof. (UAM E II 313).

36 * 11. 11. 1766 Fürstenfeldbruck, † 13. 9. 1836 Benediktbeuern; 1801–1824, 3. 10. 1826 – † o. Prof. Univ. Landshut/München.

37 * 14. 6. 1787 Schlicht/Oberpfalz, † 20. 1. 1864 München; 1821 o. Prof. Univ. Landshut, 3. 10. 1826 Univ. München, jeweils gleichzeitig Direktor des Georgianum; 16. 10. 1842 Domkapitular in München.

38 * 3. 3. 1774 Pleistein, † 27. 2. 1847 München; 1821 o. Prof. Univ. Landshut, 3. 10. 1826 Univ. München; 1827 Domkapitular München.

39 * 10. 8. 1793 Sulzbach, † 22. 5. 1873 Augsburg; 30. 5. 1823 ao., 7. 7. 1824 o. Prof. Univ. Landshut, 3. 10. 1826 Univ. München; 31. 1. 1835 Domkapitular in Regensburg, 1838 Dompropst in Augsburg.

40 * 24. 4. 1780 Deggendorf, † 10. 10. 1831 München.

41 BHStA MK 11189, Signat Ludwigs I., Aschaffenburg 14. 8. 1826, auf Personalantrag Schenks vom 29. 7. 1826.

42 In diesem Zusammenhang sei auf die Formulierung im Personalantrag Schenks für die Philosophische Fakultät verwiesen: „*. . . zu berücksichtigen, daß das philosophische Studium die Grundlage des Studiums sämtlicher positiver Wissenschaften bildet, [. . .] daß daher die Wahl der philosophischen Professoren nur mit der größten Vorsicht geschehen darf, und daß insbesondere an einer Universität, wo der größte Theil der Studierenden aus Katholiken besteht, vorzüglich darüber zu wachen ist, damit nicht durch die Herrschaft einer bloßen Verstandesphilosophie [. . .] der Zweifel das Übergewicht über den religiösen Glauben gewänne . . .*"

43 Döllinger hatte im „Katholik" die Thiersch'schen Vorschläge zur Neuordnung des Bildungswesens in Bayern 1825 zugunsten der katholischen Bildungsansprüche rezensiert. Vgl. Thiersch, Friedrich Wilhelm (s. Anm. 89): Ueber gelehrte Schulen mit besonderer Rücksicht auf Bayern, 3 Bände, Stuttgart 1826–1838, hier Bd. 1 mit den offiziellen Vorlagen des Jahres 1825.

44 BHStA MK 11189, 29. 6. 1826, gleichlautend Reinschrift vom 2. 7. 1826 mit Signaten des Königs.

45 Zur Privatdozentenfrage an der Univ. München vgl. Huber, U. (Anm.31) S. 166ff.

46 Zit. nach Doeberl, Michael: Bausteine zu einer Biographie des Bischofs Sailer, in: Historisch-politische Blätter für das katholische Deutschland, Bd. 151, S. 808; Huber, M. (Anm. 27) S. 26. Zu den Charakterzügen vgl. Kobell, Luise von: I. v. D. Erinnerungen, München 1891, S. 7f; Friedrich (wie Anm. 2) I, S. 64.

47 Im Hintergrund ist der informative Zuspruch von Clemens von Brentano sowie Melchior Diepenbrock, dem Sekretär Sailers, zu vermuten.

48 Döllinger an Räß, 30. 11. 1826, gedruckt in Friedrich (wie Anm. 2) I, S. 185–187.

49 Zahlen in Huber, U. (wie Anm. 31) S. 607.

50 Titel der drei Antrittsvorlesungen am 12. November 1826 der drei neu berufenen Professoren Ringseis (o. Prof. der Medizin), Franz von Baader (Honorarprof. für Philosophie, schriftlich an den König) und Döllinger.

51 Vgl. Huber, M. (wie Anm. 27) S. 46f. Meinungsträger war Ringseis.

52 UAM D III 77 (Protokolle des akademischen Senates), 12. 5. 1827.

53 NL MH aus Personalakt Döllinger (wie Anm. 2). Auch in die Personalanträge Schenks vom 27. 7. und 23. 9. 1827 wurde die Theologische Fakultät nicht eingereiht, BHStA MK 11190.

54 NL MH aus Personalakt D. (wie Anm. 2), Antrag vom 28. 10. 1827.

55 Huber, M. (wie Anm. 27) S. 38f.

56 BHStA GHA Nachlaß Ludwig I. C 26.

57 UAM O I 11, 7. 1. 1831, Senat an Dekanat der Philosophischen Fakultät zur nachträglichen Verleihung der Doktorwürde honoris causa.

58 BHStA MK 11190.

59 * 20. 4. 1783 Murnau, † 29. 8. 1896 Passau; 26. 11. 1827 o. Prof. Univ. München, 31. 3. 1838 Domkapitular in Passau.

60 UAM K I 13, Sen 163, Sen 231, E II 438.

61 BHStA MK 11190, Personalantrag vom 25. 11. 1827.

62 Döllinger an Räß, 30. 11. 1826 (wie Anm. 48).

63 UAM Sen 231, Antrag vom 21. 12. 1827. – Im Personalantrag vom 28. 1. 1828 befürwortete Schenk den Antrag, der König genehmigte am 31. 1., aber Hortig trat nicht mehr an; BHStA MK 11190.

64 Ernst Freiherr von Moy de Sons, * 10. 8. 1799 München, † 1. 8. 1867 Innsbruck; 23. 10. 1827 auf ein parteiisches Gutachten der Juristischen Fakultät hin probeweise Zulassung als Privatdozent in der Juristischen Fakultät (für 1 Jahr zunächst und der Auflage, seine Habilitationsschrift erneut in Vorlage zu bringen), UAM L I 19, E II 215; Huber, M. (wie Anm. 27) S. 105. Zu seiner „Partei“-Zugehörigkeit vgl. Friedrich (wie Anm. 2) I, S. 201. Vgl. Anm. 125.

65 Döllinger an Räß, 30. 11. 1826 (wie Anm. 48). Wesentlich beteiligt waren an dieser Berufung neben Schenk selbst und Sailer auch Brentano und Ringseis. Der König selbst hatte sich nur langsam von einer Berufung der Historiker Hormayr – ein Gegner Döllingers – und Raumer abbringen lassen.

66 Kapfinger, Hans: Der Eoskreis 1828 bis 1832. Ein Beitrag zur Vorgeschichte des politischen Katholizismus in Deutschland, München 1928, S. 21.

67 Friedrich (wie Anm. 2) I, S. 206ff.

68 UAM K I 17, Protokoll einer Fakultätssitzung vom 31. 10. 1832. Nach Fakultätsbeschluß vom 22. 8. 1827 waren nur vier Fakultätsmitglieder in die innere Fakultät einzubeziehen, wobei Amann nur ausnahmsweise, weil er schon in der Fakultät war, beibehalten wurde; das bedeutete 1827: Allioli, Amann, Buchner, Mall, Wiedemann; als Amann 1832 starb, fiel die Mitgliedschaft ersatzlos weg.

69 UAM K I 14, 9. 10. 1829, Promotion von Döllingers Freund Karl August Graf von Reisach (* 6.7. 1800, † 23. 12. 1869), 1830 Studienrektor am Collegium de Propaganda Fide, 1836 Bischof von Eichstätt, 1846–1855 Erzbischof von München und Freising.

70 Ihr Erscheinen war geplant für das Jahr 1828. Eingegangen ist der Vorschlag Döllingers in: Belehrungen für die an der Ludwig-Maximilians-Universität Studirenden über Umfang, Mittel und Folge der Jedem obliegenden Studien, 1832, S. 10–11. Sie wurden 1833 neu geschrieben, und dabei die Einzeldarstellung des Fachstudiums unterbunden zugunsten der Verbindung des Studiums der Allgemeinen Wissenschaften mit den Berufswissenschaften. Vgl. Dickerhof (wie Anm. 30) S. 112f; Huber, U. (wie Anm. 31) S. 214ff.

71 UAM K I 13.

72 Ebd., Antwort auf Reskript vom 4. 3. 1828 vom 3. 4. 1828, nach Fakultätsgutachten vom 8. 3. 1828 (Reskript und Fak.-Gutachten nicht im Akt).

73 Er las im Sommer 1828: Evangelium Johannes, Kirchengeschichte, Kirchliche Archäologie, Kirchenrecht, in 18 Stunden insgesamt.

74 NL MH aus Personalakt D. (wie Anm. 2).

75 Kapfinger (wie Anm. 66) S. 26ff.

76 BHStA GHA Nachlaß Ludwig I. II A 22.

77 Z. B. eine Reihe von in der „Eos" veröffentlichten Satiren gegen die „Reisebilder" Heines in den von diesem in München mitherausgegebenen „Allgemeinen politischen Annalen".

78 Félicité Robert de Lamennais (1782–1854), Begründer des liberal-demokratischen Katholizismus in Frankreich, hochgeschätzt von Döllinger.

79 Heft November und Dezember 1828. In ähnlich kritischem Ton geht Döllinger auch auf die Besetzung der übrigen Fakultäten ein.

80 Immerhin wurde der Artikel im April 1829 im „Professorenkränzchen" Münchens *„als wahres katholisches geistliches Weibergeklatsch"* empfunden; Andreas Schmeller: Tagebücher, hrsg. von Ruf, Paul, Band I: 1801–1826, München 1954, Band II: 1826–1852, München 1956, Band III: Anmerkungen und Register, München 1957, hier II, S. 75.

81 Derselbe Minister warb 1834 um Johann Adam Möhler (s. Anm. 163). Lösch, Stefan (Hrsg.): Johann Adam Möhler. Gesammelte Aktenstücke und Briefe, München 1928, Nr. 182.

82 800 Taler waren geboten. Friedrich (wie Anm. 2) I, S. 245f.

83 UAM K I 15, 20. 10. 1829. Auf demselben Zirkular forderte der Dekan auf, daß die Fakultät eine Glückwunschadresse an den neuen Bischof von Regensburg, Sailer, entwerfe.

84 NL MH aus Personalakt D. (wie Anm. 2).

85 UAM E II 438.

86 Signat Nr. 246, in: Signate König Ludwigs I., ausgewählt und eingeleitet von Spindler, Max, hrsg. von Kraus, Andreas, Band 1: 1825–1831, München 1987. – Dieser Satz, von Ludwig I. in ähnlicher Form z. B. auch bei Wegberufung des Ästhetikers Johann Karl Ludwig Schorn (1793–1842) nach Weimar 1833 gebraucht, entspricht der Devise des Königs, eher eine Entlassung zu riskieren, als einer Besoldungserhöhung zuzustimmen. Andere Erwartungen standen weit zurück, s. Huber, U. (wie Anm. 31) S. 133.

87 UAM K I 15. Buchner war wohl von Sailer vorinformiert.

88 UAM D III 77, 7. 11. 1829, Protokoll Nr. 35, 2. Sitzung unter Vorsitz von Rektor Thiersch (prot.), Prorektor Meilinger (Praktische Philosophie), den Senatoren Wiedemann, Allioli (beide Theol. Fak.); Dresch (fehlte, kath.), Maurer (prot.; beide Jur. Fak.), Oberndorfer (kath.; Staatsw. Fak.); Ringseis, Grossi (beide kath., Med. Fak.); Siber (kath.), Schelling (prot.; beide Phil. Fak.).

89 * 17. 6. 1784 Kirchscheidung a. d. Unstrut, † 25. 2. 1860 München; 3. 10. 1826 o. Prof. für (klassische) Philologie Univ. München, Vorstand des Philologischen Seminars. Rektor 1829/30, 1847/48.

90 UAM E II 438, 24. 10. 1829. Eigenhändiger Eintrag Thierschs: *„Soll nicht expediert werden!"*

91 Entwurf der Universität gedruckt bei Dickerhof (wie Anm. 30) S. 125ff.

92 Entwurf Schenks gedruckt bei Huber, M. (wie Anm. 27) S. 151ff.

93 Die in München harmlos verlaufenden studentischen Unruhen vom Winter 1830 bestätigten den König in der, schon am Verzögern der Universitäts„verfassung" (hierbei spielt das Mißtrauen des Königs vor Schmälerung seiner Rechte der Krone eine erhebliche Rolle) ablesbaren, restriktiven Haltung zur Universität; vgl. hierzu Dickerhof (wie Anm. 30) S. 127f, 144f; BHStA MK 11051.

94 UAM E II 438, 24. 10. 1829.

95 Döllinger 28. 10. 1829 unmittelbar an den König; an den Senat folgte ein Schreiben des Ministers, das Döllinger unter Reversvorlage ausdrücklich vormittags zu eröffnen war. Döllinger bescheinigte den Empfang der Mitteilung am 1. 11.; UAM E II 438. Zur Erhellung des Berufungsvorgangs selbst und über die Ablehnung Döllingers fand sich auf Anfrage nichts in den Akten der Universität Breslau. – Ludwig I. hat manchesmal auch vorschnell aufgrund Namensgleichheit geurteilt: Am 6. 9. 1828 lehnte er die Bestätigung für die Wiederwahl von Döllinger senior zum Rektor scharf ab: *„Da ich mit dem bisherigen Rektor Döllinger als solchem nicht zufrieden war, so habe ich Lust, wenn mir das Recht zusteht, dessen Wiedererwählung zu verwerfen."* Signat Nr. 239 (wie Anm. 86); auch dies mag den Ausschlag für die Reaktion des Königs gegeben haben.

96 UAM E II 438, Berichtsentwurf Thierschs über die Ereignisse des 1. und 2. 11. sowie Aktennotiz über Zurücknahme des Entlassungsgesuches und Rückgabe desselben an Döllinger am 3. 11.

97 UAM E II 438, K I 14, Fakultät an Senat 22. 10. 1822.

98 Ebd., Entwurf Thierschs, gegengezeichnet von Meilinger 31. 10. 1829, eine verkürzte Fassung des Fakultätsschreibens als Senatszirkular, expediert gleichen Tages.

99 Ebd.

100 Ebd., 9. 11. 1829, Votum Ringseis (über 1½ Spalten): *„Der Senat thut in diesem Fall immer noch viel weniger als nebst dem allgemeinen Beyfall der Zuhörer, die für einen Professor der katholischen Theologie competenten Stimmen der theol. Fac., der Ordinariate von München und Passau, und des Herrn Bischofs Sailer thaten, welche alle notorisch dem Prof. Döllinger die rühmlichsten Zeugnisse gaben."* Döllinger sei das Zeugnis nicht zu versagen, *„in der völligen Gewißheit, daß Seine Königliche Majestät eine auf innere Überzeugung gegründete und in ehrfurchtsvollster Unterwerfung vorgebrachte Aussage nie ungnädig aufnehmen"*.

101 Ebd., Nachtrag Thierschs auf dem Zirkular vom 9. 11. am 10. 11., gegengezeichnet nur von Siber.

102 BSB Thierschiana I 106.

103 BHStA GHA Nachlaß Ludwig I. II A 22, Schenk an Ludwig I. 10. 12. 1839.

104 Kapfinger (wie Anm. 66) S. 89.
105 UAM K I 15, 20. 12. 1829.
106 * 22. 11. 1775, † 26. 5. 1831; 1819 o. Prof. für Dogmatik Univ. Bonn; 1834/35 wurde sein Werk „Christkatholische Dogmatik" – Auslöser für den sog. Hermesianismus – von Papst Gregor XVI. zensuriert.
107 BSB Döllingeriana XXII, 1, Abschrift aus den Bonner Fakultätsakten; besonders Klee verwandte sich für Döllinger, auch Philipp Franz v. Walther (1782–1849, Chirurg, ab 11. 3. 1830 [wieder] Ordinarius in München).
108 (1788–1859), 1. 4. 1838–1. 3. 1847 Staatsminister des Innern; Schärl (wie Anm. 16), Nr. 1.
109 Bayerischer König, * 28. 11. 1811 München, † 10. 3. 1864 München; König 19. 3. 1848.
110 * 16. 3. 1809 Illkofen, † 26. 1. 1872 München; 22. 3. 1837 ao., 24. 10. 1841 o. Prof. für Exegese des Neuen Testaments Univ. München.
111 Kirchengeschichte (und Kirchenrecht) war seit 13. 10. 1847 mit Franz Michael Permaneder (s. Anm. 219) besetzt.
112 * 13. 7. 1808 Kirchenthumbach, † 5. 9. 1866 Bad Aibling; 12. 10. 1841 o. Prof. der Moraltheologie Univ. München.
113 UAM Sen 163.
114 Protokolle des Landtags, Kammer der Abgeordneten, 24. 11. 1847 sowie 17. 2. 1849.
115 Friedrich von Roth (1780–1852), 1828–1848 Präsident des protestantischen Oberkonsistoriums, Reichsrat; Schärl (wie Anm. 16), Nr. 561.
116 Johann Adam Seuffert (1794–1857), ehem. Prof. Jur. Univ. Würzburg, entlassen 1832.
117 BHStA GHA Nachlaß Max II. 48.5.4., undatierte Vorlage (wahrscheinlich Februar 1849).
118 Ebd., Vorlage Staatsrat Beisler vom 10. 4. 1849. Hermann Beisler (1790–1859), 31. 12. 1848–7. 3. 1849 Staatsminister des Innern; vgl. Schärl (wie Anm. 16), Nr. 4. Kollege Döllingers im Frankfurter Parlament.
119 UAM K I 34, unterzeichnet von Rektor und Fakultätsmitglied Stadlbaur, Dirnberger, Haneberg, Permaneder, Fuchs und Dekan Reithmayr (Verfasser).
120 Vgl. BHStA GHA Nachlaß Max II. in Betreff Univ. München: u. a. zur Konstellation die Berufungsgutachten von Wilhelm Freiherr von Dönniges (1814–1872). – Lit.: König Maximilian II. von Bayern 1848–1864, hrsg. Haus der bayer. Geschichte (R. A. Müller), Rosenheim 1988.
121 UAM Sen 163, 5. 7. 1849. Ausgefertigt von Friedrich Ringelmann (1803–1870), ab 16. 3. 1869 Staatsminister des Innern; Schärl (wie Anm. 16), Nr. 57.
122 Friedrich (wie Anm. 2) II, S. 517ff. Die Verfasserin ist diesem Hinweis auf Beisler, da über den Zeitrahmen des Themas weit hinausführend, nicht nachgegangen.
123 Vgl. Augsburger Allgemeine Zeitung, 20. 5. 1849.
124 Peter Ernst von Lasaulx, * 16. 3. 1805 Koblenz, † 9. 5. 1861 München; 2. 5. 1835 ao., 10. 8. 1837 o. Prof. für Philologie Univ. Würzburg (1840/41 Rektor), 5. 9. 1844 o. Prof. für Philologie und Ästhetik Univ. München, 28. 2. 1847 quiesziert, 1848/49 Mitglied des Frankfurter Parlaments (wie Döllinger), 15. 3. 1849 als Ordinarius reaktiviert Univ. München.
125 Vgl. Anm. 64. Moy war ab 8. 5. 1832 o. Prof. für Staatsrecht, Bundesstaatsrecht und Völkerrecht Univ. Würzburg, 10. 11. 1837 o. Prof. für Staatsrecht Univ. München;

10. 3. 1847 quiesziert; 28. 7. 1851 o. Prof. für Reichs- und Rechtsgeschichte sowie Kirchenrecht Univ. Innsbruck.

126 Vgl. Anm. 158.

127 UAM Sen 163 (Originalbrief); daraus auch die folgenden Zitate.

128 UAM K I 17, 20. 12. 1831. Döllinger habe nun an der Univ. fünf Jahre gelehrt.

129 NL MH aus Personalakt D. (wie Anm. 2).

130 UAM K I 16, 31. 10. 1831; sie beachtete nicht die ministerielle Entschließung vom 3. 2. 1833.

131 UAM K I 15, Zirkular vom 11. 12. 1829.

132 Ebd., 13. 3. 1830.

133 UAM K I 16, 4. 2. 1831, Promotionsantrag Berg.

134 Ebd., 16. 11. 1831 (wie etwa die allseits ungeliebte und unhonorierte sonntägliche Universitätspredigt für ein ganzes Semester zu übernehmen).

135 UAM D III 77, 21. 1. 1832, Senatsprotokoll Nr. 85.

136 (1791–1870) Staatsminister des Innern 1. 1. 1832–4. 11. 1837. – Zu Oettingen-Wallerstein und Universität München vgl. Huber, U. (wie Anm. 31); Daten bei Schärl (wie Anm. 16), Nr. 45.

137 Zu dieser organisatorischen Entwicklung eines Stellenplanes unter dem Finanzierungsaspekt des Neubaus für das Universitätshauptgebäude vgl. Huber, U. (wie Anm. 31) S. 38–60, Etatentwicklung S. 472ff.

138 BSB Döllingeriana II, Klee an Döllinger 1929/30; ebd., Möhler an Döllinger 20. 2. 1830.

139 Zur Fakultätsgeschichte s. Huber, U. (wie Anm. 31), S. 73–86. Der Genannte, Pfarrer Dr. Atzenberger, ehemals Privatdozent in Landshut, war Alliolis Lehrer an der Univ. Salzburg gewesen.

140 BHStA GHA Nachlaß Ludwig I. C 26, 24. 10. 1831. Valentin Riedel (1802–1857), 1841 zum Bischof von Regensburg ernannt unter wesentlicher Mitwirkung des Görreskreises.

141 Adam Gengler (1799–1866), seit 1826 Prof. für Kirchengeschichte und Kirchenrecht am Lyzeum Bamberg; Briefwechsel Gengler/Döllinger in: BSB Döllingeriana II aus dem Jahr 1832; Lösch, Stefan: Prof. Dr. Adam Gengler, 1799–1866. Die Beziehungen des Bamberger Theologen zu J. J. J. Döllinger und J. A. Möhler, Würzburg 1963.

142 UAM K I 17, 31. 10. 1831.

143 Sailer nannte den Weltpriester aus Wien irrtümlich *„Günthner“*: BHStA GHA Nachlaß Ludwig I. C 26, Sailer an Ludwig I. 23. 12. 1831; es ist deutlich zu spüren, daß ihm Günther oktroyiert worden war. Günther (1783–1863) war Priester, bekannt durch seine wissenschaftlichen Publikationen, aber nicht promoviert. Seine Werke wurden 1857 indiziert.

144 UAM Sen 231, 2. 6. 1832 für Exegese des Neuen Testaments und Moral; Ablehnung am 25. 6. 1832. BSB Döllingeriana II, 1. 3. 1832 (Rufablehnung nach Freiburg, wohin ihn Döllinger statt seiner empfohlen hatte), 8. 4. 1832 (über Günther: *„Übrigens wäre das wahrlich ein Gewinn gewesen, wenn ihr* [!] *den Mann nach München bekommen hättet. – Noch nicht besetzt? Arme katholische Fakultät!“*, 15.7. 1832 (*„Sey überzeugt, daß es mir einen kleinen Kampf gekostet hat, gegen deinen Wunsch mich zu entscheiden“*).

145 Wallerstein nahm eine Umstrukturierung dieser Fakultät vor, die auf weite Sicht auch Döllinger zugute kam; s. Huber, U. (wie Anm. 31) S. 86–107. Unter den Versetzten befand sich auch von Moy (vgl. Anm. 64, 125), der Döllinger aus Würzburg Briefe

mit gewichtigem bildungs- und religionspolitischen Inhalt schrieb, s. BSB Döllingeriana II.

146 UAM K I 17, 3. 5. 1832. – Die Fakultät schob die Promotion auf die lange Bank; Günther erhielt sie nach eigener Aussage nicht. Die Notiz im Akt besagt: Die Fakultät stimmte der kostenlosen Promotion zu, Buchner sollte die Personalia besorgen – das geschah anscheinend nicht.

147 UAM K I 17, 29. 2. 1832.

148 Vgl. UAM K I 20, 18. 11. 1834, Votum 5. 3. 1835.

149 Wie Anm. 151.

150 * 7. 6. 1801 Burglengenfeld, † 22. 11. 1878 Oberviechtach; 24. 12. 1832 ao., 1. 4. 1836 o. Prof. für Moraltheologie Univ. München (Gehaltsanpassung 1837), 19. 9. 1841 quiesziert.

151 * 24. 12. 1804 Parkstetten, † 30. 12. 1868 Augsburg; 19. 11. 1830 Habilitation, 15. 12. 1831 Privatdozent für Exegese des Neuen Testaments und Subregens des Georgianum, 24. 12. 1832 ao., 22. 3. 1837 o. Prof. Univ. München, 6. 5. 1839 Kanoniker im Domkapitel Augsburg.

152 UAM K I 18, Zirkular vom 19. 2. 1833 (Dekan Allioli).

153 Die sog. Magna Charta der Lyzeen, Entschließungen vom 30. 11. 1833 und 3. 2. 1834.

154 UAM E II 5, 31. 1. 1835.

155 BHStA MInn 23423, Ringseis an den König 21. 12. 1834.

156 UAM K I 20, Mitteilung des Senats an die Fakultät 12. 4. 1835. Die Maßnahmen stehen in Zusammenhang mit der Berufung von Adam Möhler (s. Anm. 161).

157 (1802–1852), 1832 o. Prof. für Kriminalrecht Univ. Wien. Engst befreundet mit Phillips (wie Anm. 158), in Verbindung mit dem Görreskreis, „radikaler" Antiprotestant.

158 * 6. 1. 1804 Königsberg, † 6. 9. 1872 Aigen/Salzburg; Konvertit; 6. 11. 1833 Pressereferent im bayerischen Ministerium des Innern, Erlaubnis zu Vorlesungen *„ohne Bezeichnung eines näheren Dienstverhältnisses"*; 24. 3. 1834 definitiv o. Prof. für Deutsches Recht und Kirchengeschichte in der Juristischen Fakultät, für Geschichte in der Philosophischen Fakultät Univ. München, 5. 3. 1847 quiesziert; Abgeordneter auf der Frankfurter Nationalversammlung; 20. 11. 1849 o. Prof. für Deutsche Reichs- und Rechtsgeschichte Univ. Wien.

159 Döllinger selbst hatte seit 1829 mehr Hörer, als Studenten in der Theologischen Fakultät eingeschrieben waren. Die Anzahl der Studenten an der Univ. war unter den Stand von 1826 gesunken: Theologie 1834/35 auf 216 (1830 Höchstzahl 493).

160 Die umstrittene Integration der Studienangebote an den theologisch-philosophischen Lyzeen in die ersten zwei Jahre Studium Allgemeine Wissenschaften an den (katholischen) Universitäten München und Würzburg erfolgte zum 10. 5. 1838.

161 * 6. 5. 1796 Ingelheim, † 12. 4. 1838 München, 8. 6. 1835 o. Prof. für Exegese des Neuen Testaments und Kirchengeschichte Univ. München, Gehalt 1750 Gulden; 22. 3. 1838 zum Domdechant in Würzburg ernannt.

162 BSB Döllingeriana II, Möhler an Döllinger 17. 4. 1830.

163 Vgl. Kap. 2 (2); zu Altensteins Ruf an Möhler siehe Lösch (wie Anm. 81) Nr. 182.

164 Möhler an Oberkirchen- und Schulrat Mehrlein (s. Anm. 167) und an Döllinger, 11. 1. 1835: bereit zur Übernahme in München, wenn Döllinger Dogmatik übernehme; BHStA MInn 23423; Lösch (wie Anm. 81) Nr. 195 a) und b), Nr. 196.

165 Zum Oberkirchen- und Schulrat, dem Vorläufer des Kultusministeriums, und zu seinen Mitgliedern 1826 bis 1848 s. Huber, U. (wie Anm. 31) S. 241–259.

166 (1789–1854), 1821 Domkapitular in München, 31. 12. 1825–20. 10. 1836 im Oberkirchen- und Schulrat; 20. 10. 1836–10. 10. 1846 Generalvikar in München, 10. 10. 1846 Direktor des Allg. Geistlichen Rats.
167 (1783–1864), 19. 2. 1832–22. 12. 1846 Oberkirchen- und Schulrat im Innenministerium; Huber, U. (wie Anm. 31) S. 243, Anm. 14.
168 Vgl. UAM K I 20, Zirkular 8. 2. 1835.
169 UAM K I 20, Zirkular vom 8. 2. 1835.
170 Vgl. Anm. 150; UAM E II 156.
171 Geplant war diese Abschiebung schon 1834, um eine Vokation in der Fächerverbindung, wie sie Döllinger schließlich wahrnahm, zu ermöglichen.
172 * 13. 12. 1811 Aschaffenburg, † 23. 8. 1861 München; 21. 7. 1832 Dr. phil. Bonn, 1. 12. 1835 Dr. theol. München, 12. 10. 1836 erzbischöflicher Sekretär München, 28. 4. 1838 ao. Prof. für Kirchenrecht und Exegese des Neuen Testaments Univ. München, 1. 10. 1839 Domkapitular, 7. 10. 1846 Generalvikar, 27. 8. 1856 Domkapitular.
173 * 16. 3. 1809 Illkofen, † 26. 1. 1872 München; 17. 8. 1836 Dr. theol. München, 22. 3. 1837 ao., 24. 10. 1841–17. 12. 1850 o. Prof. für Exegese des Neuen Testaments; Herausgeber des schriftlichen Nachlasses Möhlers.
174 UAM K I 22, Zirkular vom 16. 11. 1836.
175 UAM K I 22, 17. 1. 1837, ebenso Möhler.
176 5. 11. 1837 interimistischer Einsatz Abels, 31. 3. 1838 definitiv Minister (Daten s. Anm. 108).
177 Joseph Amberger, * 19. 3. 1616 Pfahl, † 19. 10. 1889 München; Subregens des Georgianum; 25. 7. 1842–3. 6. 1845 ao. Prof. für Kirchenrecht Univ. München. Nach seinem Ausscheiden übernahm Döllinger wieder das Kirchenrecht.
178 BHStA MK 19320, Meinung des Erzbischofs von München-Freising, v. Gebsattel, 18. 1. 1838.
179 UAM K I 23, 8. 2. 1837 Fakultät an Senat, betr. Studium der Allgemeinen Wissenschaften.
180 Dickerhof (wie Anm. 30) S. 175ff; Huber, U. (wie Anm. 31) S. 284ff.
181 S. Anm. 69. Schärl (wie Anm. 16), Nr. 533.
182 Heinrich von Hofstätter, * 16. 2. 1805, † 12. 5. 1875; Schärl (wie Anm. 16), Nr. 523.
183 Georg Anton Stahl, * 29. 3. 1805, † 13. 7. 1870 (Rom). Schärl (wie Anm. 16), Nr. 547.
184 BHStA MInn 19322, UAM K I 24 zum Fakultätsantrag vom 16. 5. 1839.
185 S. Anm. 188, 194.
186 Lehrmeinung des Bonner Dogmatikers Georg Hermes (s. Anm. 106).
187 BHStA GHA Nachlaß Ludwig I. XIV 119, Signat auf dem Antrag Abels vom 30. 3. 1838.
188 * 20. 4. 1800 Münstermainfeld, † 28. 7. 1840 München; 1824–1829 Prof. für Kirchengeschichte und Exegese Priesterseminar Mainz, 1829 o. Prof. Univ. Bonn; 28. 7. 1839 o. Prof. Univ. München.
189 Döllinger unterbreitete der Fakultät einen Gegenvorschlag; vgl. BSB Döllingeriana II, Gengler an Döllinger 6. 4. 1838.
190 Vgl. Huber, U. (wie Anm. 31) S. 369–372 u. a.
191 (1781–1855), 24. 7. 1835 Bischof von Speyer, 21. 11. 1836 Bischof von Augsburg.
192 UAM K I 24.

193 Vgl. Doeberl, Alois: Rekatholisierungsbestrebungen gegenüber den Universitäten Würzburg und München, in: Historisch-Politische Blätter 161 (1918) 515f; Huber, U. (wie Anm. 31) S. 370.

194 BSB Döllingeriana II, Gengler an Döllinger 3. 6. 1838.

195 UAM K I 24, 25. 12. 1838.

196 BSB Döllingeriana II, Gengler an Döllinger 3. 6. 1838: Gratulation zum doppelten Wirken.

197 Zusammensetzung der engeren Fakultät: 7 Protestanten, 5 Katholiken.

198 Vgl. Huber, U. (wie Anm. 31) S. 337ff, bes. S. 342: Berichte des Görreskreismitglieds, ao. Prof. für Geschichte Univ. München, Konstantin Höfler (* 27. 3. 1811 Memmingen, † 29. 12. 1897 Prag; 1831 Mitbegründer der „Historisch-Politischen Blätter"; 25. 1. 1838 Privatdozent, 18. 3. 1839 ao., 8. 5. 1841 o. Prof. Univ. München, 26. 3. 1847 quiesziert; 1851–1882 o. Prof. deutsche Univ. Prag) wie vom Ephor der Philosophischen Fakultät, Görres, über die konfessionelle Verschiebung in der Phil. Fak. zuungunsten der katholischen Stimmen in der inneren Fakultät und Vorschläge zur Abhilfe.

199 Die bissigen Schreiben Abels in Huber, U. (wie Anm. 31) S. 538, 541.

200 S. Anm. 187.

201 S. Anm. 172.

202 UAM K I 24, 25. 12. 1838. Der König hatte nur zugestimmt, wenn diese Ernennung nicht die Berufung Klees blockiere.

203 S. Anm. 69.

204 Deshalb übernahm Wiedemann das Kirchenrecht vertretungsweise.

205 *17. 6. 1816 Tann-Lenzfried, † 31. 5. 1876; 7. 12. 1839 Habilitation, 20. 10. 1840 ao., 28. 3. 1844 o. Prof. für Exegese des Alten Testaments und für biblisch-orientalische Sprachen; 25. 8. 1872 Bischof von Speyer.

206 * 31. 1. 1806 Waging, † 28. 6. 1890 München; 20. 10. 1840 – Ende 1843 o. Prof. für Dogmatik Univ. München; Mitglied des Oberkirchen- und Schulrats.

207 Die Häresie war, den Beweis der Unfehlbarkeit des Papstes anzutreten. – EbOAM Landesschulkommission 288.

208 Wie Anm. 198.

209 Spindler (wie Anm. 86; Band in Vorbereitung), Signat vom 2. 3. 1845, Nr. 179.

210 UAM K I 25, 26. Dekan war Döllinger, dann Wiedemann.

211 UAM K I 26, 29. 6. 1841, Ministerialreskript vom 13. 9. 1841. – An der Disputation hatten Wiedemann, Döllinger und Herb teilgenommen, ohne einen sachlichen Widerspruch einzulegen.

212 EbOAM Landesschulkommission 288, 2. 8. 1841.

213 NL MH nach verlorenem Akt BHStA MK Besetzungen vol. V.

214 * 13. 7. 1808 Kirchenthumbach, † 5. 9. 1866 Bad Aibling; Lyzealprof. Freising, 12. 10. 1841 o. Prof. für Moraltheologie, 15. 4. 1844 für Dogmatik Univ. München.

215 * 10. 6. 1809 Bamberg, † 25. 2. 1875; Lyzealprof. Regensburg, 25. 7. 1842–1872 o. Prof. für Pastoraltheologie, 15. 4. 1844–1. 4. 1845 zusätzlich für Moraltheologie Univ. München.

216 Leider fehlt im EbOAM ein ausführlicher Akt über Universität und Zusammenspiel mit dem Ordinariat; ebenso ein inhaltsreicher Personalakt Döllinger.

217 Protokolle des Landtags 1846 und 1847.

218 * 23. 1. 1814 Oberelchingen, † 6. 5. 1852 München; 6. 4. 1845 o. Prof. für Moraltheologie Univ. München (Gehalt 900 Gulden).

219 * 12. 8. 1794 Traunstein, † 10. 10. 1862 Regensburg; 13. 10. 1847 o. Prof. für Kirchengeschichte und Kirchenrecht Univ. München.

220 Spindler (wie Anm. 17) IV, S. 209.

221 NL MH aus Personalakt D. (wie Anm. 2).

222 Schärl (wie Anm. 16), Nr. 44. Neumayr, nicht Staatsrat, hatte sich zunächst geweigert, an Stelle von Ministerverweser Friedrich von ZuRhein (Schärl, wie Anm. 16, Nr. 76) das Entlassungsdekret auszufertigen (NL MH aus Personalakt D. [wie Anm. 2]).

223 UAM E II 438. Döllinger verblieb das Standesgehalt von 720 Gulden (das Dienstgehalt einschl. Naturalbezug entfiel).

224 BSB Döllingeriana II, Stadlbaur an Döllinger 7. 9. 1847.

225 Vgl. ebd., Jarcke an Döllinger, Wien 24. 12. 1841: *„Ihr Aufsatz über das neue Bisthum Jerusalem hat den größten Beifall beim Fürsten Metternich gefunden. Hoffentlich ist die treffliche Arbeit durch den Nuntius nach Rom befördert.“*

226 Dieses Recht hatte der König 1831 mit Berufung auf die Verfassung zum ersten Mal angewandt, ebenso 1840 und 1846. Vgl. Verhandlungen des Landtags, Kammer der Abgeordneten, Band V, S. 124ff, 24. 11. 1847.

227 UAM Sen 163, 30. 8. 1847.

228 Ernst Julius Richter (1803–1868), 6. 12. 1846 erster Sekretär der Universität München; Huber, U. (wie Anm. 31) S. 480.

229 UAM Sen 163, 30. 8. 1847.

WOLFGANG MÜLLER

Döllingers Privatbibliothek in der Universitätsbibliothek München

Die Universitätsbibliothek München besitzt eine aufschlußreiche, aber bisher noch wenig beachtete Quelle und zugleich ein bedeutendes Denkmal für Leben und Schaffen Ignaz von Döllingers: seine imposante Privatbibliothek. Nach Döllingers Tod war es der Universitätsbibliothek gelungen, sie zu erwerben; sie hat sie sodann als eigenes Fach „Döll." geschlossen aufgestellt und bis heute mit nicht allzu großen Verlusten bewahren können.

Eine enge Verbundenheit zwischen Universitätsbibliothek München und Döllinger beginnt allerdings bereits viele Jahrzehnte früher: mit seiner Rolle als überaus eifriger Benutzer und seiner Amtszeit als Oberbibliothekar dieser Bibliothek.

1. Döllinger als Bibliothekar und Benutzer der Universitätsbibliothek München

Wie bei anderen Personen des vorigen Jahrhunderts ist im Falle Döllingers die Benutzung der Universitätsbibliothek München im einzelnen nicht rekonstruierbar, da entsprechende Quellen, wie Benutzerbücher oder Leihscheine, fehlen. Dennoch läßt sich aus dem wenigen zufällig Überlieferten seine intensive und langdauernde Wertschätzung der Bestände dieser damals (nach Göttingen) zweitgrößten deutschen Universitätsbibliothek zweifelsfrei erkennen.

Immer wieder fällt nämlich der Vermerk „*UB*" in Döllingers umfangreicher Exzerptensammlung aus Büchern, Zeitschriften und Handschriften auf, zum Teil mit nachfolgender Signatur[1], während Signaturen ohne Zusatz solche der Bayerischen Staatsbibliothek darstellen. Zudem berichtet 1865 der damalige Oberbibliothekar Schafhäutl an den Senat der Universität: „*Es gibt allerdings auch Professoren, welche oft innerhalb Jahren gar kein Buch verlangen; diese haben naturgemäß auch an der Bibliothek selbst kein Interesse; dagegen gibt es wieder andere, welche die Bibliothek ohne Unterbrechung benützen. So hatte Stiftsprobst von Döllinger im Jahre 1854 allein 1187 Werke in Händen, gegenwärtig beträgt deren Zahl 1637.*"[2]

Eine Benutzung der Universitätsbibliothek durch Döllinger begann jedoch bereits spätestens nach seiner Ernennung zum Professor in München 1826; die Zahl der gleichzeitig entliehenen Bände dürfte sich andererseits bis zu seinem Tode noch weiter vermehrt haben. Auf beides weist eine bezeichnende Episode hin, die Karl Alexander von Müller in seinen Memoiren überliefert. In der Universitätsbibliothek oder in der Staatsbibliothek, der genaue Ort war ihm nicht mehr erinnerlich, hatte er nämlich 1914 in einem Buch einen kleinen Briefwechsel Döllingers eingelegt gefunden, der leider inzwischen verschollen ist und den er folgendermaßen schildert: *„Er begann mit einem Leihschein Döllingers für eine Flugschrift aus dem Jahre 1827 oder 1828; nach etwa dreißig Jahren kam eine überaus höfliche Mahnung der Bibliothek um Rückgabe, eine ebenso höfliche Bitte Döllingers um Aufschub; nach weiteren zehn oder zwölf Jahren folgte eine neue, nicht minder liebenswürdige Erinnerung samt einer noch liebenswürdigeren Antwort des Gelehrten, er vermöge die Flugschrift leider trotz aller Bemühungen nicht aufzufinden, werde aber für den Nachlaßbevollmächtigten nach seinem Tode die Anordnung hinterlassen, für die Rückgabe zu sorgen; und am Ende, in der Tat nach Döllingers Tod, 1890, die Bestätigung der Bibliothek, die Flugschrift sei richtig zurückgekommen, und als Gegengabe der historisch gewordene, nun bereits über sechzigjährige Entleihschein.“*[3]

Döllinger war überdies 1837, nach dem Tode des bisherigen Amtsinhabers, des Professors der orientalischen Sprachen, Sebastian Martin Mall, zum Oberbibliothekar der Universitätsbibliothek München gewählt worden. *„Damals zweifellos der größte Bücherkenner in München“*, wie in diesem Zusammenhang sein Schüler und Biograph Johannes Friedrich anmerkt[4], hat er die ehrenamtliche Würde neben seiner Professur zehn Jahre lang, bis zu seiner vorübergehenden Amtsenthebung 1847, innegehabt. In diesen Zeitraum fällt der Umzug der Universität und damit auch der Bibliothek in das nach den Plänen Friedrich Gärtners erbaute neue Gebäude in der Ludwigstraße.

„Es ist bedauerlich, daß wir über die bibliothekarische Tätigkeit Döllingers, dieses charakteristischen Vertreters der klassischen Zeit der deutschen Wissenschaft, der [. . .] *es durch seinen großen Einfluß auch nach seinem Ausscheiden in der Hand gehabt hätte, für die Belange der Bibliothek erfolgreich einzutreten, weder Faktisches noch Positives berichten können“*, urteilt Ladislaus Buzás, der heutige Historiograph und selbst ein Nachfolger Döllingers als Leiter der Universitätsbibliothek, und fährt fort: *„Seine Interessen lagen nicht in der Verwaltung und Weiterentwicklung der Bibliothek, sondern in der uneingeschränkten Möglichkeit ihrer Erschließung als einer Schatzkammer für seinen außerordentlichen Bücherbedarf einerseits* [. . .] *und als einer reichen Quelle für seine Sammelleidenschaft andererseits.“*[5] Dieses Verdikt mag zunächst überraschen und überaus hart klingen, dürfte aber vermutlich doch der Wahrheit

ziemlich nahekommen. Der vielbeschäftigte Döllinger hätte sich nämlich insoweit nicht wesentlich anders verhalten als die meisten seiner Kollegen an deutschen Universitäten im Zeitalter der ehrenamtlichen Professoren-Bibliothekare, die die bibliothekarische Arbeit weitgehend dem nachgeordneten Personal überließen. Das belegen unter anderem die Klagen Schafhäutls, des Oberbibliothekars der Jahre 1849–1866 und damit Döllingers unmittelbaren Nachfolgers, die er in seinem schon erwähnten Promemoria an den Senat über die Tätigkeit seiner Vorgänger geführt hat: *„Die tatsächlichen Dienstleistungen eines Oberbibliothekars bestanden deshalb bisher bloss darin: etwa alle 14 Tage im Arbeitszimmer des Bibliothekars zu erscheinen, die Zeitungen zu lesen, hie und da in sein Fach einschlagende Bücher zu durchgehen und die Rechnungen zu unterschreiben, welche ihm der Bibliothekar vorlegen wollte.“*[6] Wohl nicht zufällig ging noch im Verlaufe des 19. Jahrhunderts die Epoche der ehrenamtlichen Professoren-Bibliothekare an deutschen Hochschulen zu Ende; sie wurden abgelöst durch den hauptamtlichen Berufsbibliothekar, in München relativ spät erst 1892, also zwei Jahre nach Döllingers Tod[7].

2. Ankauf der Bibliothek Döllingers und deren weiteres Schicksal

Bei Döllingers Tod bestand die Gefahr, daß seine riesige, in vielen Jahrzehnten angesammelte Privatbibliothek zerstreut werden könnte. Denn in seinem Testament hatte er folgende Verfügung getroffen: *„Meine Bibliothek und baare 10 000,– M soll die Ludwig-Maximilians-Universität München mit der Auflage erhalten, erstere nach gedrucktem Kataloge bestmöglichst zur Versteigerung zu bringen und aus dem Erlöse zuzüglich jener 10 000,– M eine Stiftung zu errichten, deren Renten zur Unterstützung unbemittelter junger Männer verwendet werden sollen.“*[8]

In der Tat wurde ein Katalog der Döllingerschen Bibliothek im Auftrag der Universität München von Ivo Striedinger, dem späteren Direktor der Staatlichen Archive Bayerns, erstellt und 1893 in Druck gegeben[9]. 18 495 Titel, grob nach Fächern gegliedert und innerhalb dieser alphabetisch geordnet, sind auf 671 Seiten jeweils anhand von Titelaufnahme und Nennung der Art des Einbandes bzw. Umschlages beschrieben – nahezu die vollständige Bibliothek Döllingers, nur *„sämtliche Breviere und Gebetbücher* (mit zwei Ausnahmen) *sind als nicht zum Verkaufe bestimmt ausgeschieden worden“*, wie das Vorwort des Katalogs vermeldet und dann erläuternd fortfährt: *„Auffällige Lücken erklären sich daraus, dass die beiden grossen Bibliotheken Münchens, die Kgl. Hof- und Staatsbibliothek und die Universitätsbibliothek, Döllinger zur Verfügung standen.“* Seltsam ist allerdings, daß die weitaus meisten der vom

Verstorbenen selbst verfaßten oder herausgegebenen Werke weder im damaligen Katalog noch im heutigen Fach „Döll." der Universitätsbibliothek vorhanden sind. Sollten Katalog und heutige Bibliothek demnach doch nicht so vollständig sein, wie es zunächst den Anschein hat?
„Angebote auf die Bibliothek im Ganzen sind spätestens bis zum 1. Juni 1894 an den Verwaltungs-Ausschuss der Kgl. Ludwig-Maximilians-Universität München als Verwalter der Döllinger-Stiftung einzusenden. Die Bibliothek wird nur gegen Barzahlung abgegeben. [. . .] *Der Verwaltungs-Ausschuss behält sich die Entscheidung über die eingegangenen Angebote und die eventuelle Einzelversteigerung vor."* Diese Vorbemerkung des Katalogs wurde zum Glück gegenstandslos, als die Universität schließlich doch die dem Wert der Bücher entsprechende Summe zugunsten der Döllinger-Stiftung selbst aufbringen konnte. Die Bibliothek wurde angekauft und 1895 der Universitätsbibliothek München übergeben[10].
Hier ist die Neuerwerbung als eigenes Fach „Döll." aufgestellt worden – *„in einem Obergeschoß der Universitätsbücherei, ziemlich primitiv, aber noch als geschlossene Einheit"*, wie einige Zeit später Karl Alexander von Müller als deren Benützer vermerkt[11]. Aus unbekannten Gründen erfolgte die Aneinanderreihung der Bücher leider ohne jede erkennbare innere Ordnung und ohne Zusammenhang mit dem kurz zuvor gedruckten Verkaufskatalog, der immerhin eine grobe fachliche Gliederung geboten hatte; so haben dessen Nummern mit den jetzigen Signaturen der Universitätsbibliothek nichts mehr zu tun. Eine sachliche, inhaltliche Erschließung des Faches ist bis heute nicht erfolgt. Angefertigt worden ist allein ein alphabetischer Zettelkatalog nach Verfassern bzw. Sachtiteln, der allerdings nicht in den Hauptkatalog der Universitätsbibliothek eingearbeitet, sondern nur als separater Anhang aufgestellt wurde – angeblich wegen der mangelnden Qualität dieser Titelaufnahmen, wofür sich in der Tat auch heute noch genug überzeugende Beispiele finden lassen.
Ungefähr ein Drittel der Titel der Döllingerschen Bibliothek erwies sich als Dublette zum übrigen Altbestand der Universitätsbibliothek[12]. Dennoch ist der wissenschaftliche Gewinn sehr hoch zu veranschlagen, denn Stichproben der letzten Zeit haben zutage gebracht, daß andererseits fast 20 Prozent der Werke in keiner anderen bayerischen Bibliothek und nahezu 10 Prozent sogar in keiner anderen Bibliothek der Bundesrepublik Deutschland nachgewiesen werden können. In Deutschland selten sind vor allem englische und französische Drucke des 16. bis 18. Jahrhunderts zu Theologie und Kirchengeschichte sowie die zahlreichen zeitgenössischen politischen und theologischen Kleinschriften des In- und Auslandes, die wissenschaftliche Bibliotheken damals nicht der Erwerbung für Wert gehalten haben.

Katalogvermerken ist zu entnehmen, daß später mindestens 102 Titel, die Dubletten zum übrigen Bestand der Universitätsbibliothek waren, ausgeschieden und an eine unbekannte Stelle abgegeben worden sind – möglicherweise im Rahmen der deutschen Reparationen an die im Weltkrieg 1914 zerstörte Universitätsbibliothek in Löwen[13].

Im Zweiten Weltkrieg ist Döllingers Bibliothek, von einigen wenigen in den Lesesälen verbrannten Bänden abgesehen, den Zerstörungen entgangen; in 270 Kisten verpackt war sie 1944 mit weiteren Beständen der Universitätsbibliothek ausgelagert worden. Am Zufluchtsort allerdings wurde 1954 ein Teil der Bücher durch einen Wassereinbruch doch noch zerstört: Etwa 10 Kisten und damit schätzungsweise 1000 Bände waren total verloren[14]. In den letzten Jahren mußten noch ungefähr 800 Bände wegen schwerster Schimmelschäden ausgesondert werden; weitere Bücher erlitten mehr oder minder gravierende Schäden durch Wasser sowie durch Schmutz und Mäusefraß. Auch ging im Zweiten Weltkrieg der weitaus größte Teil des offenbar erst 1936 beendeten Standortkatalogs, der unabdingbare Voraussetzung für die Revision eines Bestandes ist, verloren.

Der oben genannte separate, aus 43 Kapseln bestehende alphabetische Zettelkatalog des Faches „Döll." wurde 1968 bis Ende 1975 mit dem Hauptkatalog der Universitätsbibliothek vereinigt[15]; dadurch verschwanden diese Nachweise allerdings in einem Meer von heute etwa 1,9 Mio. Eintragungen – leider ohne zuvor den untergegangenen Standortkatalog zu ersetzen, wodurch eine Revision des Faches und die Feststellung aller Kriegsverluste im einzelnen unmöglich geworden sind.

An einer Sanierung der Döllingerschen Bibliothek wird seit 1986 gearbeitet: Leichte und mittlere Buchschäden können in der Buchbinderei der Universitätsbibliothek repariert und viele Bücher, vor allem Kleinschriften, überhaupt erstmals gebunden bzw. mit Umschlag versehen werden, bisher etwa 1000 Bände; der Standortkatalog wird nach und nach erneuert und manche bisher fehlende Titelaufnahme dem Alphabetischen Katalog hinzugefügt. Nicht zuletzt ist der Gesellschaft von Freunden und Förderern der Universität München sehr dafür zu danken, daß sie Ende 1988 DM 86 000,– bewilligt hat: Damit werden etwa 50 geschädigte, besonders wertvolle Werke durch freie Restauratoren repariert sowie weitere etwa 240 der untergegangenen Bände durch Kopien ersetzt.

Allerdings: Wie der gesamte Altbestand der Universitätsbibliothek München, so ist auch die Bibliothek Döllinger bisher weder im Bayerischen Zentralkatalog noch im EDV-geführten Bayerischen Verbundkatalog enthalten, so daß deren Wert wohl nur einem relativ kleinen Kreis von Kennern bekannt ist. Dies im Jubiläumsjahr 1990 wenigstens etwas zu verbessern, dazu möge der vorliegende Aufsatz beitragen!

3. Allgemeine Beschreibung der Bibliothek

Das Fach „Döll.“ besteht aus etwa 18 500 Titeln, zusätzlich einer beachtlichen Zahl von Doppelstücken, so daß sich insgesamt 21 097 Signatur-Nummern ergeben. Nach Bänden gerechnet, handelt es sich um schätzungsweise 30 000, die fast 900 laufende Regalmeter füllen. Bereits der Umfang der Döllingerschen Bibliothek ist also imponierend, und Karl Alexander von Müller bezeichnet sie zu Recht als *„großartig eindrucksvolles Zeugnis eines neunzigjährigen, fast alle Gebiete geistlicher wie profaner Weltgeschichte souverän umfassenden Gelehrtenlebens.“*[16]

Bei genauerer Betrachtung erweist sich das Spektrum sogar als noch wesentlich breiter angelegt; es repräsentiert nämlich nicht nur Döllingers wissenschaftliche, sondern nahezu seine gesamten Aktivitäten: Quellen und Sekundärliteratur der Theologie, des Kirchenrechts und der Geschichte bilden zwar zweifellos Schwerpunkte. Aber auch Döllingers kirchenpolitische Wirksamkeit spiegelt sich in einer Fülle von einschlägigen Werken, insbesondere von zeitgenössischen Streitschriften zu Freiheit und Stellung der Kirche in verschiedenen katholischen und nichtkatholischen Staaten, Konkordatsverhandlungen, Kölner Bistumsstreit, Vatikanischem Konzil, Unfehlbarkeitsdogma, altkatholischer Kirche, Unionsplänen und anderen aktuellen Themen mehr. Aus seiner politischen Rolle als Abgeordneter des bayerischen Landtags und in der Paulskirche sowie als Reichsrat der Krone Bayerns folgen zahlreiche Parlamentsdrucksachen, Gutachten sowie Flugschriften zu unterschiedlichsten Problemen wie Krieg 1870/71, Bürgerliches Gesetzbuch, Schulreform, Reichstabakregie, Duelle, Tierschutz usw. Seine Stellung als Mitglied, dann als Sekretär der historischen Klasse und als Präsident der Bayerischen Akademie der Wissenschaften erklärt die vielen Vorträge, Abhandlungen und sonstigen Drucke in- und ausländischer Akademien. Als Professor und dreimaliger Rektor der Münchner Universität erhielt er nicht nur Universitätsschriften (Dissertationen, Habilitationsschriften, Gedächtnisreden und -schriften, Jahresberichte usw.), sondern ihm wurden Monographien und Sonderdrucke sowohl seiner Schüler wie auch von Kollegen der verschiedensten Fachrichtungen übersandt. Sein hohes Ansehen und die Weite seiner Kontakte spiegeln sich in der Internationalität und Universalität der ihm persönlich zugeeigneten Werke, insbesondere seine engen Verbindungen nach England und Frankreich sind deutlich zu erkennen. Nicht zuletzt dokumentieren sich seine ausgeprägte Sprachbegabung und seine Belesenheit in rund tausend Titeln schöner Literatur fast aller Völker.

Vorhanden sind Werke von den Anfängen des Buchdrucks an in dichter Folge durch alle Jahrhunderte bis zum Todesjahr Döllingers 1890. Erstaunlich, ja aus heutiger Sicht fast unglaublich ist es, daß die Bibliothek allein 107 Inkunabeln aufweist, die aus Sicherheitsgründen inzwischen zum Fach „Inc. lat." umgestellt worden sind: Ars moriendi, Manuale scholarium, Werke von Gerson, Savonarola, Wilhelm von Ockam, Petrus de Alliaco, Jacobus de Voragine, Albertus Magnus, Thomas von Aquin, Trithemius, Jacob Wimpheling und anderen mehr. Griechische und lateinische Autoren der Antike sind vielfach in Erstausgaben des 16. Jahrhunderts vertreten, ebenso Humanisten in zeitgenössischen Drucken. Erwähnenswert sind die zahlreichen Disputationen des 17. und 18. Jahrhunderts, zum Teil in Sammelbänden vereinigt (zum Beispiel 8° Döll. 3979 und 8001). Der überwiegende zeitliche Schwerpunkt der Bibliothek allerdings liegt verständlicherweise auf Werken, die erst im 19. Jahrhundert erschienen sind. Unter den zeitgenössischen Autoren am häufigsten vertreten sind (einschließlich Kleinschrifttum und Sonderdrucke) der Münchner Professorenkollege und vielschreibende Historiker Constantin von Höfler mit allein 58 Werken, der englische Premierminister Gladstone mit 26 Titeln, darunter viele Parlamentsreden, der Theologieprofessor und führende Altkatholik Franz H. Reusch mit 22 Titeln, Kardinal Newman mit 21 seiner Werke, Döllingers Schüler und späterer Biograph Professor Johannes Friedrich mit 18 Titeln, Bischof Christopher Wordsworth von Lincoln mit 16 Werken, der Philosoph und Theologe Franz von Baader mit 15 Titeln und schließlich der Oxforder Theologe Henry Parry Liddon mit 14 seiner Werke.

Daß in der Bibliothek eines deutschen katholischen Theologen und Historikers des 19. Jahrhunderts Bücher in deutscher und lateinischer Sprache vorherrschen, wird nicht verwundern. Für die damalige Zeit gewiß ungewöhnlicher und daher hervorzuheben ist aber die Fülle französisch- und englischsprachiger Titel, die zusammen mindestens ein Viertel ausmachen. In diesem Bereich finden sich, wie Erfahrungen der letzten Jahre gezeigt haben, zahlreiche Rara, insbesondere theologische, die sich ansonsten in der Bundesrepublik Deutschland in keiner Bibliothek nachweisen lassen. Alles in allem sind Werke aus nahezu jedem Land der damaligen Welt vorhanden – eine Folge von Döllingers großer Bekanntheit zumindest ab 1870 und seiner zahlreichen persönlichen Verbindungen, wie die häufigen Widmungen es beweisen.

Erwähnenswert ist es, wenn in einer Privatbibliothek neben Monographien auch Zeitungen, Zeitschriften und Serien eine bedeutende Rolle spielen. Wichtige Zeitungen und historische, politische und theologische Zeitschriften sind in kompletter Folge vorhanden, wurden also von Döllinger laufend gehalten. Offenbar abonniert waren aber auch die billigen, eher populärwissenschaftlichen Heftchen katholischer Autoren (Ketteler, Franz Xaver Kraus, Hergenröther, Janssen u. a.) zu Themen der Politik, Geschichte, Religion, Schule usw. des Katholischen Broschüren-Vereins in Frankfurt am Main, erschienen ab 1865, später unter dem Titel Frankfurter zeitgenössische Broschüren. Und selbst das humoristisch-satirische Witzblatt Kladderadatsch liegt, wenn auch mit Lücken, für den Zeitraum 1875–1890 vor.

Eine mittelalterliche Handschrift und fünf neuzeitliche Manuskripte haben sich in der Bibliothek ebenfalls gefunden, die heute auf Handschriftensignaturen umgestellt sind:

- Iohannes de Schoonhovia und Gerardus de Schiedam, Epistolae. Flandern, um 1450. (8° Cod. ms. 494; früher Döll. 19890)[17].
- Manuale benedictionum et exorcismorum Fr. Gabrielis a Sto. Hieronymo Carmelitae. – De sacramento extremae unctionis. – Agenda opportuna in tempore importuno. Hirschornii 1712. 165 S. (8° Cod. ms. 496; früher Döll. 392).
- Capitolo de' Frati del P. Sebastiano Chiesa [† 1678], Gesuita, Reggiano. Canto I–XVI. 502 S. (4° Cod. ms. 1104; früher Döll. 19894).
- A secure staie in all temptations. – De modo refectionis of the measure and maner to be helde in refection, with some other matters in the ende of the booke. 562 S. Besitzvermerk im vorderen Spiegel: *William Palmer.* (8° Cod. ms. 493; früher Döll. 387).
- Buch der Psalmen. 19. Jh. 300 S. (8° Cod. ms. 495; früher Döll. 1273).
- Factum Haereticorum. 84 S. Abschrift einer Straßburger deutschen Handschrift des 15. Jahrhunderts, kopiert 1845 durch Philipp Grethner, Schreiber des Prof. [der Theologie Johann Wilhelm] Baum, Straßburg. (2 Cod. ms. 799; früher Döll. 19892). Beigefügt Brief, Straßburg 19. 3. 1845, an Prof. Schirlin, in dem ihm die für 200 Franc erstellte Kopie der Handschrift für Mons. Döllinger angekündigt wird.

4. Thematischer Inhalt der Bibliothek

Im folgenden sei versucht, thematische Breite wie Schwerpunkte der Döllingerschen Bibliothek anhand einer Auflistung der Fächer (in der Gliederung und mit den Titel-Zahlen des Verkaufskatalogs von 1893) wenigstens annähernd zu veranschaulichen:

Theologie

Mit 3726 Titeln bei weitem die größte Abteilung. Es sind Werke aus allen Teilgebieten und aus jedem Jahrhundert der christlichen Theologie vorhanden, von einer Missale-Inkunabel über viele ältere Disputationen, das Bücherverzeichnis des Lipenius, die Patrologia und die Encyclopédie théologique des Migne bis zum Leitfaden des altkatholischen Religionsunterrichtes. Bei dieser zeitlichen und thematischen Breite ist eine nähere Beschreibung von vorneherein aussichtslos; Schwerpunkte sind kaum auszumachen, am ehesten noch liegen sie bei der Bibelwissenschaft, der Dogmatik und Dogmengeschichte, der Moraltheologie sowie der Theologiegeschichte. Auffallend ist der große Anteil französischer Autoren.

Predigten, Hirtenbriefe, Reden

446 Titel. Neben Gedenkreden für zahlreiche, überwiegend zeitgenössische Persönlichkeiten sind erwähnenswert viele Pastoralschreiben französischer Bischöfe des 17. bis 19. Jahrhunderts und entsprechende Hirtenbriefe und Reden anglikanischer wie katholischer Bischöfe der englischsprachigen Welt.

Kirchenrecht

572 Titel. Quellen und Sekundärliteratur zum katholischen, protestantischen, orthodoxen und orientalischen Kirchenrecht, auch Staatskirchenrecht; dabei auffallender Schwerpunkt Eherecht; viele Disputationen.

Kirchengeschichte

Mit 2174 Titeln das zweitgrößte und ein besonders weitgestreutes Fach: von der Kirchengeschichte des Eusebios bis zu Ludwig Pastors Geschichte der Päpste, von August von Druffels Monumenta Tridentina bis zu History and Organization of the Catholic Institute in Cincinnati, Ohio 1860, und von An Historical Dissertation on Idolatrous Corruptions in Religion. London 1734 bis zu Robert Caldwell, The Relation of Christianity to Hinduism. London 1874. Als Schwerpunkte fallen auf die Stellung des Papsttums, Konziliengeschichte, Inquisition und Mission sowie wiederum ältere Disputationen. Die für Döllinger zeitgenössischen Streitfragen, wie Stellung der Kirche in Preußen, Wirren in Köln und Baden, kirchliche Streitigkeiten in der Schweiz, Religionsfreiheit in Rußland usw., sind ebenfalls vertreten.

Geschichte der religiösen Neuerung in verschiedenen Ländern

768 Titel zur Reformation sowie zu Geschichte und Zustand der protestantischen Kirchen in allen Teilen der Welt. Einen besonderen Schwerpunkt bildet die anglikanische Kirche bzw. der englischsprachige Raum, von Reden und Schriften William Gladstones bis zu Publikationen der Protestant Episcopal Church of the USA und der American Tract Society; hier sind besonders viele in deutschen Bibliotheken ansonsten kaum oder gar nicht zu findende Titel enthalten. Auffallend häufen sich in dieser Abteilung die persönlichen Widmungen an Döllinger durch die jeweiligen Autoren.

Molinismus, Jansenismus, Gallikanismus

451 Titel, dabei die Erstausgabe von C. Jansen, Augustinus. Lovanii 1640. Die zahlreichen Instructions pastorales, Lettres, Mandements, Ordonnances, Reflexions usw. französischer Bischöfe und sonstiger Theologen verschiedener Jahrhunderte, darunter einige Sammelbände (8° Döll. 8078, 8136, 19001), gehören ebenfalls zu dem in der Bundesrepublik ansonsten nur schwer nachweisbaren Schrifttum.

Vaticanum und altkatholische Bewegung

Die 356 Titel (von Actons Sendschreiben an einen deutschen Bischof des vatikanischen Concils Sept. 1870 bis zur Zustimmungs-Adresse rheinischer Katholiken an Herrn Reichsrat und Stiftsprobst Dr. von Döllinger 1871) dürften eine der geschlossensten Sammlungen zum Ersten Vatikanischen Konzil und seinen Folgen bis 1890 sein. Hervorzuheben sind auch hier wieder die häufigen Widmungsexemplare.

Ordensgeschichte, Biographien von Angehörigen des Klerus

1095 Titel mit hohem Anteil an Jesuitica, darunter einige Sammelbände mit Kleinschrifttum.

Chronologie

24 Titel.

Genealogie, Heraldik, Numismatik

12 Titel.

Archivwesen, Diplomatik, Epigraphik, Paläographie

44 Titel, darunter G. B. de Rossi, Antiche Iscrizioni. Roma 1852 mit eigenhändiger Widmung des Autors (8° Döll. 2874).

Bibliothekswesen und Bibliographie

141 Titel mit vielen gedruckten Bibliothekskatalogen und den Bücherverzeichnissen von Georgi, Graesse, Heinsius, Hinrichs und Quérard.

Enzyklopädien, Lexika

135 Titel, darunter die großen Enzyklopädien von Bayle, Brockhaus, Meyer, die Personenverzeichnisse von Hamberger, Jöcher, Kürschner, das Kirchenlexikon von Wetzer und Welte.

Zeitschriften und Zeitungen

186 Titel. Beeindruckend sind Zahl, thematische Breite und Internationalität der von Döllinger laufend gehaltenen Zeitungen und Zeitschriften. Hervorgehoben seien neben den schon erwähnten Akademieschriften: Allgemeine Zeitung 1848–90; Archiv für österreichische Geschichte 1869–89; Historisches Taschenbuch, begr. von Fr. von Raumer, 1830–90; Historische Zeitschrift 1859–89; Historisch-politische Blätter für das katholische Deutschland 1838–70; British Magazine and Monthly Register of Religious and Ecclesiastical Information 1832–49; The Contemporary Review 1870–90; Foreign Church Chronicle and Review 1877–90; The Nineteenth Century. A monthly Review 1869–90; Theologisches Literaturblatt 1866–77; Transactions of the Society of Biblical Archaeology 1876–87; L'Union chrétienne 1859–77; Zeitschrift für Kirchenrecht 1861–88; Zeitschrift für Kirchengeschichte 1877–90.

Kulturgeschichte und Altertümer

227 Titel von Lord Actons The History of Freedom in Antiquity, 1877 über die Geschichte der deutschen National-Neigung zum Trunke. Leipzig 1782 und Von den höchst schlimmen Folgen des übertriebenen Jagdwesens in Deutschland. Ulm 1795 bis zu Wuttke, Heinrich: Die deutschen Zeitschriften und die Entstehung der öffentlichen Meinung. Hamburg 1866 bzw. 1875.

Ethnographie, Geographie, Reisebeschreibungen, Statistik

258 Titel.

Kunst und Kunstgeschichte

Mit nur 79 Titeln zahlenmäßig und auch inhaltlich ein überraschend bedeutungsloses Fach, obwohl doch Döllingers Interesse für Malerei bekannt ist.

Religionsgeschichte, Mythologie

94 Titel, insbesondere zu Mythologie und Glaube des alten Ägypten, der Griechen und Römer sowie zu den Religionen Asiens.

Islam

17 Titel.

Freimaurerei

14 Titel.

Hexen-Wunderglaube, Traumdeuterei, Spiritismus, Alchemie, Magie

295 Titel.

Biographien, Memoiren, Briefe

1137 Titel, die in ihrer ungeheuren fachlichen Breite, dem großen Zeitraum, der Internationalität und Vielsprachigkeit in nuce ein Abbild der gesamten Bibliothek darstellen.

Profangeschichte allgemein, Philosophie der Geschichte

249 Titel. Neben einigen Quellenwerken, dem Europäischen Geschichtskalender 1860–1888 von Schulthess und Regententabellen finden sich in dieser Abteilung die Klassiker der damaligen Geschichtsschreibung wie Droysen, Gatterer, Giesebrecht, Guizot, Häberlin, Noorden, Oncken, Ranke, Raumer, Schlosser und Weber. Zur Geschichtsphilosophie sind vertreten Bernheim, Donoso Cortes, Fichte, Görres, Alexandre Guiraud, Lasaulx, Schlegel, daneben aber auch Essay-Sammlungen von Samuel Tayler Coleridge und die anonyme Schrift Die moderne Geschichtswissenschaft und ihre Bundesgenossen, Skepticismus und akatholischer Confessionalismus im Kampfe mit der Kirche. Von einem Dilettanten. Schaffhausen 1860.

Ägypten

9 Titel.

Phönizien, Lykien, Karien, Medien

7 Titel.

Geschichte der Juden

144 Titel. Werke zur jüdischen Geschichte und zum mosaischen Glauben sowie auch viele zeitgenössische Streitschriften zur damals sogenannten „Judenfrage“, teilweise mit Widmungen.

Römische Geschichte

60 Titel.

Griechenland

26 Titel.

Oströmisches Reich

14 Titel.

Hunnen, Mongolen

3 Titel.

Deutschland und Deutsch-Österreich

851 Titel. Eine breitgestreute Auswahl von Quellen und Sekundärliteratur zur deutschen National-, Landes- und Ortsgeschichte, darunter auch die bedeutenden Unternehmen der Zeit: Monumenta Germaniae Historica, Böhmersche Regesten, Deutsche Reichstagsakten, Jahrbücher des deutschen Reiches, Chroniken der deutschen Städte, Hanse-Recesse, Monumenta Boica, Regesta Boica, Fontes Rerum Austriacarum. Geographisch liegt ein besonderes Gewicht auf Bayern, einige Sammelbände fallen besonders auf. Die zeitgenössischen Ereignisse des 19. Jahrhunderts sind sehr stark vertreten: Revolution und Nationalversammlung 1848/49, deutsche Frage, Reichsgründung, Bismarck, Arnim-Prozeß usw. Weitere Teilaspekte, wie Elsaß-Lothringen, die polnische Frage, Kolonien, sind in späteren Abteilungen berücksichtigt.

Böhmen, Mähren, Ungarn, Slavonien

47 Titel.

England, Schottland, Irland

232 Titel. Neben den üblichen Quellen (zum Beispiel Rerum Britannicarum Medii Aevi Scriptores in 116 Bänden) und Monographien zur Geschichte überwiegen eher die für Döllinger zeitgenössischen Werke: politisches und kirchenpolitisches Tagesschrifttum, Parlamentsreden, Statistiken und ähnliches, das ansonsten in deutschen Bibliotheken kaum zu finden ist, häufig wiederum mit persönlicher Widmung der Autoren. Gar nicht zu übersehen ist sein starkes Interesse an der irischen Frage.

Schweiz

35 Titel.

Frankreich

356 Titel. Neueste Geschichte und aktuelle Politik überwiegen bei weitem, und auch hier hat das Kleinschrifttum wiederum bedeutenden Anteil. Erwähnens-

wert ist ein 48teiliger Sammelband zur Französischen Revolution (8° Döll. 13735).

Italien

237 Titel, nochmals mit einem hohen Anteil an Werken zu Problemen des 19. Jahrhunderts (italienische Einigung, Kirchenstaat), ansonsten vieles zur Geschichte Venedigs und der Stadt Rom.

Spanien, Portugal

98 Titel.

Elsaß und Lothringen, Burgund, Luxemburg, Belgien, Niederlande

86 Titel.

Dänemark, Schweden, Livland, Litauen, Wenden

31 Titel.

Polen

50 Titel, vor allem zur neueren Geschichte: polnische Teilungen, polnische Frage 1848, Minderheit in Preußen.

Rußland

50 Titel ausschließlich in westeuropäischen Sprachen und überwiegend zeitgenössisch.

Bulgarien und Rumänien

2 Titel.

Türkei

43 Titel zur Geschichte des Osmanischen Reiches und zur damals aktuellen „orientalischen Frage“.

Armenien, Persien

5 Titel.

Afrika

7 Titel, insbesondere zu Abessinien, Marokko und Angola.

Vorder- und Hinterindien

12 Titel.

China, Japan

10 Titel.

Amerika

37 Titel über die USA wie auch Lateinamerika.

Australien

2 Titel.

Literaturgeschichte, Dichter

1032 Titel. Beeindruckend in ihrer Fülle umgreift diese Abteilung nahezu die gesamte Weltliteratur: von Anekdoten über Romane und Erzählungen zu Fabeln, Märchen und Sagen, zu Gedichten, Volksliedern und geistlichen Gesängen, schließlich bis zu den Reiseberichten der Ida Hahn-Hahn; zeitlich vom griechischen und römischen Altertum über Nibelungenlied, Abaelard, Chaucer, Minnesänger und Meistersinger, Sebastian Brants Narrenschiff, Theuerdank, Erasmus, Hutten, Balde, Angelus Silesius, Friedrich den Großen, Hippel, die deutschen Klassiker und des Knaben Wunderhorn bis zu Heine, Gutzkow, Rückert, Platen, Nietzsche, Renan und Ralph W. Emerson; geographisch von Skandinavien, Irland, Großbritannien und den USA über Portugal (Camoes), Spanien (Calderon, Cervantes), Frankreich (Fénélon, Montesquieu, Pascal, Rabelais, Racine, Rousseau, Sainte-Beuve, Voltaire), Italien (Boccaccio, Goldoni, Macchiavelli, Manzoni, Petrarca, Savonarola, Tasso) bis in den arabisch-persischen Raum und Indien; nur Osteuropa fehlt nahezu völlig, Gogols Die toten Seelen in deutscher Übersetzung ausgenommen. Zu vielem existiert auch entsprechende Sekundärliteratur. Neben der deutschen Dichtung zeichnen sich ganz deutlich zwei weitere Schwerpunkte ab: englische Literatur und Dante. Die englischsprachige Welt ist außer durch Werkausgaben von Th. Brown, Byron, Defoe, Emerson, Fletcher, Gibbon, Longfellow, Milton, Moore, Shakespeare, Shelley, Spenser, Swift und Wordsworth noch durch zahlreiche Einzelwerke, Anthologien und viele Bände der Tauchnitz-Edition vertreten. Zu Dante schließlich, der Döllinger ein Leben lang beschäftigt hat, kann man etwa 90 Titel Primär- und Sekundärliteratur zählen, die auch heute noch in zwei Gruppen beisammenstehen (8° Döll. 21501–21562 und 21714–21721) und teilweise handschriftliche Notizen tragen.

Philologie und Linguistik

95 Titel.

Lateinische und griechische Klassiker

366 Titel mit zahlreichen Tauchnitz-Ausgaben (8° Döll. 20330–20382).

Philosophie

697 Titel. Neben klassischen Autoren des Faches wie Aristoteles, Fichte, Hegel, Kant, Leibniz, Schlegel, Spinoza fallen die besonders vielen Werke von und über Schelling, Franz von Baader und J. H. Newman auf.

Juristische, staats- und volkswissenschaftliche Disziplinen

770 Titel. Diese Abteilung besteht etwa zur Hälfte aus Rechtsgeschichte, zur anderen aus damals aktueller juristischer und wirtschaftswissenschaftlicher Literatur sowie Tagesschriften, die wohl überwiegend mit Döllingers parlamentarisch-politischer Betätigung in Verbindung stehen: Gesetzes- und Verfassungsentwürfe, Verträge, Denkschriften, Gutachten und Berichte, Schriften zur sozialen Frage, zu den Kolonien usw.

Heilwissenschaft, Natur- und exakte Wissenschaften

275 Titel. Medizinische Werke überwiegen; ansonsten ist erwähnenswert der Themenkreis Naturwissenschaft und Bibel. Ein großer Anteil der naturwissenschaftlichen und medizinischen Titel wurde von Professoren-Kollegen Döllingers verfaßt und ihm übersandt, wie Widmungen beweisen.

Akademien, Universitäten

146 Titel. Neben Almanachen, Jahresberichten, Statuten, Mitgliederverzeichnissen, Rektorats- und Denkreden auch in- und ausländische Werke zur Bildungsgeschichte und zu damals aktuellen Fragen.

Pädagogik, Didaktik, Schulwesen

110 Titel.

Miscellaneen

50 Titel, unter anderem einige Militaria.

Theologische Fächer einschließlich Kirchenrecht und Kirchengeschichte, die Gebiete also, auf denen Döllingers wissenschaftliche Arbeit vornehmlich beruhte, machen alles in allem nur etwa die Hälfte seiner Bibliothek aus. Fast 20 Prozent entfallen auf Geschichte und Politik, ungefähr 8 Prozent auf Philologien und die schöne Literatur und jeweils etwa 4 Prozent auf Philosophie und Jura.

5. Nachlaßteile und Vorlesungsmitschriften

Obwohl der weitaus überwiegende Teil des Döllingerschen Nachlasses sich heute in der Bayerischen Staatsbibliothek befindet[18], so sind doch einige Einzelstücke zusammen mit der Bibliothek oder später auf Umwegen in die Universitätsbibliothek München gelangt; sie werden unter Handschriftensignaturen verwahrt. Es handelt sich um 5 Bände seiner Exzerpte zu verschiedensten aktuellen und historischen Themen aus Manuskripten, Büchern und Zeitschriften sowie mit sonstigen Notizen, teilweise eigenhändig, teilweise aber von wechselnden anderen Händen geschrieben, wie sie in Döllingers Wohnung drei Schränke gefüllt haben[19]:

2° Cod. ms. 798 (früher 8° Döll. 19891):

[4 Bl.], 96, 16 S., [2 leere Bl.]; Auszüge aus englischen Zeitschriften (insbes. Edinburgh Review, Quarterly Review, English Review, The Christian Remembrancer) und Büchern; geschrieben um 1845. Exlibris Döllingers im Vorderdeckel.

2° Cod. ms. 771(2:

mit römischer Zahl *IV* auf dem vorderen Spiegel. 243 S. (davon S. 198–217 leer), 3 eingeklebte Zettelchen; geschrieben um 1840–1846; S. 224: Stichwortregister. Anstreichungen im Text und Bleistiftnotiz auf dem vorderen Spiegel von Johann Friedrich, u. a.: *„fol. 40 ff. scheint von Döllinger in Rom geschrieben zu sein.“*

2° Cod. ms. 771(1:

mit römischer Zahl *VIII* auf dem vorderen fliegenden Blatt. 465 S. (davon S. 270–442, 447–454, 456 und 458 leer); geschrieben um 1840–1852; S. 464 f.:

Stichwortregister. Spätere Anstreichungen und einige Zusätze mit Bleistift, offenbar wieder von Friedrich.

8° Cod. ms. 427:

mit römischer Zahl *XXII* auf S. 1. 459 S.; geschrieben um 1858–1872; S. 456–459: Stichwortregister.

8° Cod. ms. 428 (früher 8° Döll. 19893):

[1 Bl.], 150 S., [1 leeres Bl.]; Stichwort-*Repertorium* über verschiedene theologische Zeitschriften (insbes. Der wahre Protestant 1852–55, Kirchliche Zeitschrift 1854–59, Zeitschrift für die luth. Theologie und Kirche 1845–1863, Jahrbücher für deutsche Theologie 1856–1865, Zeitschrift für Philosophie u. kath. Theologie 1832–1852); geschrieben ca. 1865. Exlibris Döllingers im Vorderdeckel.
S. 1–133: *„I. Kirchengeschichte (Abendmahl, Aberglaube, Abessinien, Ablässe* bis *Zillerthal)."*
S. 133–150: [II.] *„Kirchenrecht u. Pastoraltheologie (Ablaßbreve, Agrippa von Nettesheim, Arzneikunde* bis *Volksschule, Wiener Congreß, Wucher)."*

2° Cod. ms. 771 (1.2. wurde 1940 durch Götz Frhr. von Pölnitz, der die beiden Bände in einem Münchener Antiquariat kurz zuvor erworben hatte, der Universitätsbibliothek geschenkt. Sie waren offensichtlich aus dem Nachlaß des Döllinger-Biographen Johannes Friedrich über die Altkatholische Kirchengemeinde Münchens zum Verkauf gelangt.
Ebenfalls geschenkt wurden der Universitätsbibliothek zwei stenographische Mitschriften von Vorlesungen Döllingers, von denen die zweite leider seit der durch den Zweiten Weltkrieg verursachten Auslagerung vermißt wird, so daß hier nur noch die überlieferte Titelaufnahme wiedergegeben werden kann[20]:

8° Cod. ms. 459(24:

Symbolik. Vorlesungsmitschrift von Robert Einhauser. Wintersemester 1861/62 und Sommersemester 1862. 252 S. (davon S. 135 f., 251 f. leer).

8° Cod. ms. 456:

Kirchengeschichte vom Jahr 1–1521. Nebst Geschichte der neuesten Zeit seit der französischen Revolution. Vorlesung, nachgeschrieben von Robert Einhauser. 1862–1863. 677 Bl. Vermißt!

Schließlich sei noch erwähnt, daß in der Universitätsbibliothek München drei Briefe Döllingers aus dem Jahre 1856 (Nachlaß Martin Deutinger: 4° Cod. ms. 934) sowie ein Glückwunschschreiben des Münchner Professors Fritz Hommel zu Döllingers 89. Geburtstag (4° Cod. ms. 1121:5) überliefert sind.

6. Döllinger als Büchersammler und Leser

Döllingers Bücherleidenschaft hatte sich bereits in seiner Jugend gezeigt: Mit 18 Jahren katalogisierte er unentgeltlich, aber begeistert die Bestände des aufgelösten Schottenklosters in der Universitätsbibliothek Würzburg, wovon er noch in hohem Alter schwärmen konnte[21]. Freunde und Besucher ließ er bereitwillig an der Nutzung seiner eigenen Bücher teilhaben, wie in mehreren Fällen bezeugt ist[22]. Lassen sich aus seiner Bibliothek nun Rückschlüsse auf Döllinger als Sammler und Leser von Büchern ziehen?

Neben dem laufenden Kauf von Neuerscheinungen im Buchhandel waren die Hauptquellen seines Bucherwerbs der Antiquariatsmarkt, der Dublettenbestand der beiden großen Münchner Bibliotheken und der Empfang von Widmungsexemplaren aus aller Welt.

Seine fortdauernden Kontakte mit Buchhändlern und Antiquaren des In- und Auslandes, brieflich oder anläßlich von Besuchen, sind bekannt; wo er Freunde hatte, wurden auch sie aufgeboten, ihm die gewünschten Werke zu suchen und zu kaufen oder auf Auktionen zu ersteigern; umgekehrt ist er für sie im gleichen Sinne tätig geworden[23]. In seinem Nachlaß liegen noch eine ganze Reihe von Briefen sowie Rechnungen und Quittungen nicht nur Münchener Firmen, sondern auch aus Augsburg, Regensburg, Bayreuth, Freiburg, Tübingen, Frankfurt, Leipzig sowie Basel, London, Paris und Italien[24]. Entsprechende Firmenstempel und -aufkleber kann man in seiner Bibliothek wiederfinden.

Desgleichen ist bekannt, daß Döllinger zahlreiche Werke sowohl der damaligen Hof- und heutigen Staatsbibliothek wie insbesondere der Universitätsbibliothek München erworben hat, die aus dem reichen Säkularisationsgut als Dubletten angefallen waren[25]. Sie sind im heutigen Fache „Döll." in der Regel an ihren alten Besitzeinträgen, Exlibris, Stempeln und Signaturen unschwer zu identifizieren. Der Nachlaß allerdings scheint zu diesem Thema keine näheren Informationen liefern zu können.

Eindrucksvoll und aufschlußreich ist aber vor allem der riesige und breitgestreute Kreis der zeitgenössischen Verfasser, Übersetzer, Herausgeber und Verleger, die ihre Werke, teilweise mit der Bitte um Rezension, aus aller Welt übersandt haben; zudem dürfte der Anteil der Widmungsexemplare, vor allem bei den zahllosen Sonderdrucken, wohl noch weit höher gelegen haben, als es die Aufschriften heute erkennen lassen. Bisher ist in dieser Hinsicht keine systematische Auswertung der Döllingerschen Bibliothek vorgenommen worden, und angesichts der Größenordnung will und kann auch der vorliegende Aufsatz nur einige ausgewählte Beispiele bieten.

Da ist zunächst einmal der durchaus nicht kleine Kreis der persönlichen Freunde und langjährigen Briefpartner Döllingers zu erwähnen, der sich, soweit publizistisch hervorgetreten, auch mit Widmungen bzw. Autographen in den Büchern wiederfinden läßt. Erwähnt seien beispielsweise Lady Blennerhassett (in 8° Döll. 20 000: *„Die dankbare Schülerin dem Meister und väterlichen Freund in treuester Verehrung. April 1887“*), der Bischof von Orléans Félix Dupanloup (8° Döll. 4196), Alexander Penrose Forbes (8° Döll. 9803), der liberale britische Premierminister William E. Gladstone mit zahlreichen übersandten Schriften (zum Beispiel: 8° Döll. 1736: *„with affectionate regards“*, 4839, 5180, 9743, 10316, 11688, 11832), Henry Parry Liddon ebenfalls mit vielen Werken (8° Döll. 2499, 2871, 6322, 9322, 12247, 14006, 17542, 18624, 18625), Charles René de Montalembert (8° Döll. 11705: *„de son ancien ami“*, 19604) und natürlich Alfred Plummer (8° Döll. 3140, 18301), der seine Gespräche mit Döllinger über 20 Jahre hinweg aufgezeichnet hat[26]. Die fünfbändigen Parochial Sermons von Newman schließlich entstammen dem Besitz des Döllinger-Freundes Lord Acton, wie man dem Exlibris entnehmen kann (8° Döll. 19443).

Stark vertreten sind als nächstes die Münchener Professorenkollegen Döllingers aus allen Fakultäten: so der Theologe und Philosoph Franz von Baader (8° 13487) und die Orientalisten Daniel Bonifatius Haneberg (8° Döll. 9959) und Fritz Hommel (8° Döll. 2585, mit Begleitbrief 4° Cod. ms. 1121:5), der Philosoph Jakob Frohschammer (8° Döll. 457, 13485, 17409), die Historiker Constantin Höfler (8° Döll. 8929: *„zu freundschaftl. Andenken“*, 14931) und Wilhelm von Giesebrecht (8° Döll. 20682 Bd. 5), auch Mediziner wie Johann Nepomuk von Nußbaum (8° Döll. 279, 2439) und Max von Pettenkofer (8° Döll. 10351, 13744) und schließlich selbst Naturwissenschaftler wie Justus von Liebig, Vorgänger Döllingers als Präsident der Bayerischen Akademie (8° Döll. 11920, 17373, 19500: *„als ein Zeichen seiner großen Hochachtung“*). Die Münchener Juristen sind in diesem Kreise auffallend rar: Nur Ludwig Arndts hat sich finden lassen (8° Döll. 15178, 15179).

Dem schließt sich weitere Münchener Prominenz der Zeit an: beispielsweise Franz von Löher, der Direktor des Reichsarchivs (8° Döll. 19846: *„voll herzlicher Verehrung“*), der britische Gesandte in München R. B. D. Morier (8° Döll. 15080), die Schriftstellerin Emilie Ringseis (8° Döll. 2977), der Theologe Heinrich Thiersch (8° Döll. 9964).

Über diesen engeren Umkreis hinaus spannt sich aber das Netz derjenigen, die ihre Schriften übersandt haben, nahezu weltweit, natürlich mit Schwerpunkt bei

Theologen und sonstigen an Kirchenfragen interessierten Zeitgenossen: in Oslo Professor Carl Paul Caspari, der insbesondere den dritten Band seiner Quellen zur Geschichte des Taufsymbols übersandt hat[27] (8° Döll. 6107, außerdem 6106, 6707), der Freiburger Kirchenhistoriker Franz Xaver Kraus (8° Döll. 9797), der Schotte Malcolm MacColl (8° Döll. 37, 7805, 8245, 19292), der holländische Kirchenhistoriker Willem Moll (8° Döll. 10299), Eugène Michaud (8° Döll. 18092, 18100, 18203), Kardinal John Newman mit mehreren Schriften (8° Döll. 4302, 8992, 17552), Adolphe Perraud, Kirchenhistoriker an der Sorbonne (8° Döll. 11373), W. C. Plunket aus Dublin (8° Döll. 12551), der Oxforder Professor Edward B. Pusey (8° Döll. 5564, 20128), William A. Stephens aus Canada (8° Döll. 2791), der Tübinger Protestant Karl Heinrich von Weizsaecker (8° Döll. 9851), Archidiakon Robert Isaac Wilberforce (8° Döll. 18760) sowie Christopher Wordsworth, der Bischof von Lincoln, ebenfalls mit mehreren seiner Werke (8° Döll. 2006: *„Viro reverendissimo et eruditissimo Catholicae fidei et apostolicae disciplinae strenuo propugnatori“*, 2554, 10512, 12484).

Aus den nichttheologischen berühmten oder weniger bekannten Zeitgenossen Döllingers, die mit Widmungsexemplaren vertreten sind, seien mit noch größerer Willkür ausgewählt: der italienische Parlamentsabgeordnete Bonghi mit einer Rede über die Stellung der kirchlichen Institutionen in Rom nach dem Ende des Kirchenstaates (8° Döll. 4167), der Historiker Césare Cantu (8° Döll. 14915), Alexander Diesterweg, Stabsarzt in Berlin (8° Döll. 2878), Paul Fournier, Professor der Rechte in Grenoble (8° Döll. 4170), der amerikanische Naturwissenschaftler Alpheus Hyatt (8° Döll. 19845), Wilhelm Wattenbach, der führende Mitarbeiter der Monumenta Germaniae Historica (8° Döll. 65).

Eigens erwähnt sei schließlich der kleine Kreis der Dante-Freunde unter den Widmenden: Sante Bastiani, Literaturprofessor in Neapel (8° Döll. 21531, 21721), der Weimarer Verleger Hermann Böhlau (8° Döll. 1524), Wilhelm Preger, der evangelische Theologe und Historiker (8° Döll. 15559), und der Jurist Karl Witte (8° Döll. 21559).

Seine bedeutenderen oder häufiger benutzten Neuerwerbungen hat Döllinger binden lassen, wie nicht nur der heutige Augenschein, sondern auch vier erhaltene Halbjahresrechnungen Münchener Buchbinder (aus denen die folgenden Beispiele entnommen sind) beweisen: wichtige Zeitschriften (Historisch-politische Blätter, Historisches Jahrbuch, Historische Zeitschrift, Katholisches Magazin, The Rambler, Union Review, Foreign Review, Le Correspondent), Wörterbücher, Lexika und Bibliographien (Allgemeines Kirchenlexikon, Wagners Staatslexikon, Enzyklopädie für protestantische Theologie, Trésor de Livre von Graesse), größere Quellenwerke (Patrologia, Chroniken deutscher Städte, Theiners Monumenta, Relazioni degli Ambasciatori Veneti) und Werkausgaben (Chastellain, Oevres de Fénelon, Oevres de Leibniz, Cowpers Poems, Lettres

Lacordaire), Handbücher und Standardwerke (Ranke, Giesebrecht, Bluntschlis Geschichte des Staatsrechts usw.), aber zum Beispiel auch Höflers Kaisertum und Papsttum, Becks Dogmengeschichte, Capital und Arbeit von Lasalle sowie History of Mexico und History of Peru von Prescott und nicht zuletzt die Dante-Literatur. Den vier Rechnungen aus den 60er Jahren zufolge hat Döllinger mindestens etwa 300 Bände jährlich für jeweils etwa 100 Gulden binden lassen[28].

Weniger wichtige Werke, Disputationen, Akademieschriften, Universitätsreden und die vielen sonstigen Kleinschriften, erst recht natürlich auch die zahllosen Sonderdrucke, sind dagegen überwiegend in ihrem ursprünglichen Zustande belassen worden, das heißt meistens ohne jeden Einband oder festen Umschlag, nur der kleinste Teil hat immerhin einfache braune oder blaue Umschläge. Eine solche, in einem Privathaushalt selbstverständliche Situation bedeutet allerdings in einer öffentlichen Bibliothek eine Gefahr für den Erhalt der Schriften, zumal angesichts des damals häufig schlechten Papiers. Es wird daher seit einigen Jahren versucht, diese Werke nach und nach erstmals wenigstens mit einem Umschlag zu schützen. Angesichts der nach vielen Tausenden zählenden Größenordnungen ist jedoch ohne zusätzliche Sondermittel ein Ende der Aktion überhaupt nicht abzusehen.

Die Kennzeichnung seiner Bücher nahm Döllinger durch ein Exlibris vor, das im Format 70 × 43 mm in nahezu jedem seiner Bände zu finden ist. Es zeigt unter einem Rundbogen eine sitzende, lorbeerbekränzte Figur, Feder und Papierrolle haltend, als Personifikation der Geschichtsschreibung, die sich mit der Linken auf eine Tafel mit der Aufschrift *„ad Bibliothecam I. I. Ign. Döllinger“* stützt. Als Künstler wird in der Literatur übereinstimmend der Historienmaler August Heß (1834–1893) genannt[29]. Da Döllinger 1860 geadelt wurde, nimmt Hermann Wiese wohl zu Recht eine Entstehung vor diesem Zeitpunkt an[30].

Leider ist für das Exlibris sehr schlechtes, weil vermutlich stark säurehaltiges Papier verwendet worden, so daß es, zumal in Verbindung mit den kriegsbedingten Wasserschäden, geradewegs zu einer Gefahr für manche der Schriften geworden ist und zum Teil bereits entfernt werden mußte. Erwähnt sei in diesem Zusammenhang die auf Dauer ohnehin starke Gefährdung wichtiger Teile der Döllingerschen Bibliothek durch das seit der Mitte des vorigen Jahrhunderts verwendete Holzschliffpapier. Dessen Qualität ist naturgemäß besonders gering gerade bei einer der interessantesten und in Bibliotheken selten überlieferten Gattungen, der in- und ausländischen sogenannten „Grauen Literatur“, dem häufig außerhalb des Buchhandels vertriebenen Kleinschrifttum, Tagesschrifttum, den Flugschriften. So sind in der Tat bei vielen politischen und kirchlichen Streitschriften, die den besonderen Wert der Döllingerschen Bibliothek ausmachen, heute schwerste Papierschäden durch Vergilben und Brüchigwerden nicht mehr zu übersehen und haben in einigen Fällen bereits zum Ersatz durch Kopie gezwungen.

Eintragungen von Döllingers eigener Hand finden sich in seinen Büchern selten; nur einige Bände der Dante-Literatur sind hierin eine Ausnahme. Am ehesten hat er hin und wieder bei anonymen oder pseudonymen Werken den Verfassernamen handschriftlich ergänzt oder den Umschlag beschriftet. Häufiger finden sich dagegen Bleistiftanstreichungen am Textrand. Am auffallendsten allerdings sind die zahllosen etwa 2 cm schmalen, dünneren und meist farbigen Papierstreifen, mit denen Döllinger über Jahrzehnte hinweg vor allem in dickeren Bänden bestimmte Stellen eingemerkt hat. Diese Eigenart der Döllingerschen Bibliothek schildert bezeichnenderweise auch Alfred Plummer in seinen vor kurzem editierten Tagebuchaufzeichnungen bereits für das Jahr 1872: *„Many of the books were filled with narrow slips of thin paper as references to special passages, which were sometimes marked also in the margin. Many such slips were lying in the library ready for use, and Dr. Döllinger always read with a small sheaf of them by his side.“*[31] Soweit man es sehen kann, hat er hierfür vor allem Verlags-, Buchhandels- oder Antiquariatskataloge sowie Umschläge und Reklameseiten von Zeitschriftenheften zerschnitten und weiterverwendet. Leider ist aber die Papierqualität gerade derartiger Produkte, damals noch mehr als heute, so überaus schlecht, daß die Streifen teilweise bereits zerbröselt sind, teilweise wegen ihrer Gefahr für die Bücher im Laufe der Zeit entfernt worden sind bzw. werden.

Das in Döllingers Exlibris für eine Buchnummer vorgesehene Feld ist von ihm nicht benutzt worden[32]. So läßt sich daraus leider nicht die Aufstellung der Bücher in seiner jahrzehntelangen Münchner Wohnung im 1. Stock der Frühling-(jetzigen Von der Tann-)Straße 11 ersehen. Eine interessante Frage ist es insbesondere, ob seine eigene Ordnung etwa identisch ist mit der Reihenfolge der Titel im Auktionskatalog von 1893. Da dieser Katalog in den ersten etwa 10 Monaten nach dem Tode Döllingers unter der Obhut seiner beiden in seinem Haushalt lebenden Nichten erarbeitet worden ist[33], liegt die Vermutung allerdings sehr nahe. Dafür sprechen auch die zahlreichen Anklänge in der Gliederung an die Anlage der Döllingerschen Exzerptbücher. Ausdrücklich überliefert ist jedenfalls, was ohnehin bei der Größe der Bibliothek zu vermuten war, daß Döllinger jeden Winkel seiner Wohnung nutzen mußte und die Bücher überwiegend in zwei oder gar drei Reihen in den Regalen hintereinander standen. Selbst seine beiden Nichten mußten daher im Verlaufe der Katalogisierung ihre Schätzungen der Titelzahl immer wieder nach oben korrigieren[34].

Eine zwar kurze, aber doch anschauliche Schilderung der Döllingerschen Bibliothek hat uns Luise von Kobell überliefert, wobei abschließend auch noch einmal die außerordentliche Rolle der Bücher in seinem Leben und Wirken erhellt wird: „*Döllingers Bibliothek war seine größte Wonne. Sie schloß sich seinem Schlafzimmer an und konnte vom Gang aus betreten werden. Aber so berühmt dieselbe war, muß man sie sich nicht etwa als einen schönen, mit Büchern angefüllten Saal vorstellen, in dem man in einer vergnüglich gehobenen Stimmung weilt, sondern als eine strenge Arbeitsanstalt. Da reihte sich Stube an Stube, kalt, frostig aneinander, worin die bis an die Decke reichenden Holzgestelle mit Büchern aus allen Zeiten angefüllt waren, darunter seltene, kostbare Werke. Oft standen sie zwei-, dreifach hintereinander, und die vielen Blattzeichen darin bekundeten, daß deren Inhalt an den Mann gebracht worden war. Einfache, schwerfällige Staffeleien harrten da und dort zur Benützung für den Besitzer. Außerhalb Döllingers Wohnung nahm noch ein hierfür gemietetes Gartenhaus Bücher auf. Sie waren ja seine höchste Freude.*“[35]

Anmerkungen

1 Zum Beispiel in Universitätsbibliothek München, 2° Cod. ms. 771 (2, S. 1, 2, 4, 5, 6, 8, 9, 12, 14, 18, 19, 23, 25, 26 usw.
2 Schafhäutl, Karl Franz Emil: Promemoria des Königlichen Universitäts-Bibliothekars an den Senat der Königlichen Ludwig-Maximilians-Universität vom 13. Februar 1865. Abschrift des im Universitätsarchiv München nicht mehr feststellbaren Originals: Universitätsbibliothek München, 4° Cod. ms. 996(1, zu 1865, S. 8.
3 Müller, Karl Alexander von: Aus Gärten der Vergangenheit. Erinnerungen 1882–1914, Stuttgart 1951, S. 536f. – Erneut abgedruckt in: Erlebte und gelebte Universität. Die Universität München im 19. und 20. Jahrhundert, hrsg. von Rüdiger vom Bruch u. Rainer A. Müller, Pfaffenhofen 1986, S. 270–277, hier S. 275.
4 Friedrich, Johannes: Ignaz von Döllinger, Bd. 1, München 1899, S. 490.
5 Buzás, Ladislaus: Geschichte der Universitätsbibliothek München, Wiesbaden 1972, S. 140f.
6 Schafhäutl (wie Anm. 2), S. 2. – Vgl. Buzás (wie Anm. 5), S. 137.
7 Buzás (wie Anm. 5), S. 137, 161ff.
8 Buzás (wie Anm. 5), S. 141. – Die kgl. Bestätigung der Stiftung „*zur Unterstützung unbemittelter junger Männer, welche nach vollendetem Studienkurse sich zum akademischen Lehramte vorbereiten und zugleich wissenschaftliche Arbeiten unternehmen*“, wurde bereits am 22. 3. 1890 bekanntgegeben: Ministerialblatt für Kirchen- u. Schulangelegenheiten 26 (1890) Nr. 8, S. 77. Da infolge der Geldentwertungen 1922 und 1948 der Zweck nicht mehr erfüllt werden konnte, wurde die Stiftung 1960 aufgehoben. Die Verleihungsakten der Stipendien sind erhalten. Vgl. Universitätsarchiv München, Döllinger-Stiftung 74, 74a und B III 47.
9 Bibliotheca Döllingeriana. Katalog der Bibliothek des verstorbenen Kgl. Universitäts-Professors J. J. J. von Döllinger. München 1893. Comm. der J. Lindauer'schen Buchhandlung (Schöpping). Eine Restauflage von 180 Stück befindet sich noch heute

in der Universitätsbibliothek München; Interessenten können Exemplare erwerben. – Zu Ivo Striedinger vgl. den Nachruf in: Der Archivar 1 (1947/48) 187ff.

10 Buzás (wie Anm. 5), S. 141. – Man vgl. auch die entsprechende kurze Notiz in: Centralblatt für Bibliothekswesen 19 (1902) 82.

11 Müller, Karl Alexander von (wie Anm. 3), S. 536.

12 Buzás (wie Anm. 5), S. 141 nimmt sogar etwa die Hälfte Dubletten an, was mir jedoch zu hoch gegriffen scheint.

13 Vgl. zu diesem Ereignis Schivelbusch, Wolfgang: Die Bibliothek von Löwen. Eine Episode aus der Zeit der Weltkriege, München 1988, der jedoch die Universitätsbibliothek München nicht erwähnt. Andererseits steht fest, daß diese zumindest mit Inkunabeldubletten beteiligt war; vgl. Buzás (wie Anm. 5), S. 130, Anm. 74.

14 Für entsprechende Auskünfte bin ich Herrn BiblDir. Dr. Hermann Wiese zu Dank verpflichtet.

15 Jahresbericht über die Verwaltung der Universitätsbibliothek München 1975, S. 6. – Buzás (wie Anm. 5), S. 141 Anm. 12 nennt nur die Jahre 1969–1971.

16 Müller (wie Anm. 3), S. 536.

17 Genauere Beschreibung vgl. Daniel, Natalia: Die lateinischen mittelalterlichen Handschriften der Universitätsbibliothek München: Die Handschriften aus der Oktavreihe (Die Handschriften der Universitätsbibliothek München 4), Wiesbaden 1989, S. 187.

18 Bayerische Staatsbibliothek, Döllingeriana. – Vgl. hierzu in diesem Bande den Beitrag von Ewald Keßler: Die Döllingeriana in der Bayerischen Staatsbibliothek.

19 Plummer, Alfred: Conversations with Dr. Döllinger 1870–1890 (Bibliotheca Ephemeridum Theologicarum Lovaniensium 67), Leuven 1985, S. 238. – Fast 150 Bände der Exzerpte sind im Nachlaß überliefert: Bayerische Staatsbibliothek, Döllingeriana VII.

20 Eine weitere, bisher ebenfalls Döllinger zugeordnete Mitschrift betrifft jedoch in Wirklichkeit seinen Vater, seit 1826 Professor der Physiologie in München: Grundriss der Physiologie, gesammelt aus den Vorlesungen des Herrn Hofrathes u. Professors Dr. I. Döllinger von E. Klemm, 1830 u. 1831 (4° Cod. ms. 961).

21 Kobell, Luise von: Ignaz von Döllinger, Erinnerungen, München 1891, S. 28.

22 Kobell (wie Anm. 21), S. 28; Plummer (wie Anm. 19), S. 30, 150; Ignaz Döllingers Briefe an eine junge Freundin, hrsg. von Heinrich Schrörs, Kempten 1914, S. 23f, 64, 76, 90–92, 105 usw.

23 Friedrich (wie Anm. 4), Bd. 1, S. 478f, Bd. 2, S. 85–87, 89f, 96, 105f; Jörg, Edmund: Döllinger †. Erinnerungen seines alten Amanuensis, in: Historisch-politische Blätter für das katholische Deutschland 105 (1890) 237–262, hier 242. – Eine Quittung der Regensburger Buchhandlung Manz von 1857 belegt andererseits, daß Döllinger für Lord Acton gekauft hat: Bayerische Staatsbibliothek, Döllingeriana XV 52.

24 Bayerische Staatsbibliothek, Döllingeriana II (Briefe) und XV 52 (Rechnungen und Quittungen).

25 Buzás (wie Anm. 5), S. 141.

26 Edition vgl. Anm. 19.

27 Der Vorgang wird auch berichtet von Plummer (wie Anm. 19), S. 150.

28 Bayerische Staatsbibliothek, Döllingeriana XV 52.

29 Warnecke, Friedrich: Die deutschen Bücherzeichen (Ex-Libris) von ihrem Ursprung bis zur Gegenwart, Berlin 1890, Nr. 396; Leiningen-Westerburg, Karl E. zu: Deutsche und österreichische Bibliothekszeichen Exlibris, Stuttgart 1901, S. 294, 349; Wiese,

Hermann: Exlibris aus der Universitätsbibliothek München, München 1972, S. 112f, Abb. 76.

30 Wiese (wie Anm. 29), S. 113.

31 Plummer (wie Anm. 19), S. 30.

32 Heute dort vereinzelt zu findende Nummern sind die erst nach 1895 in der Universitätsbibliothek vergebenen Signaturen.

33 Plummer (wie Anm. 19), S. 230, 232, 233, 237, 240, 241.

34 Ebd.

35 Kobell (wie Anm. 21), S. 27f. – Plummer (wie Anm. 19), S. 30, 191 gibt eine ähnliche Beschreibung.

EWALD KESSLER

Die Döllingeriana in der Bayerischen Staatsbibliothek München

Ein unübersehbarer Mangel der Literatur, die seit Jahrzehnten über Ignaz von Döllinger und allgemein über die bayerische Kirchenpolitik des 19. Jahrhunderts erschienen ist, besteht darin, daß der umfangreiche handschriftliche Nachlaß dieses bedeutenden katholischen Theologen lange Zeit kaum beachtet wurde, obwohl er seit dem 2. Weltkrieg zum größten Teil in der Bayerischen Staatsbibliothek aufbewahrt wird. Nachdem jedoch der Wunsch, Döllingers Nachlaß zu benutzen, immer häufiger ausgesprochen worden war, ordnete der Verfasser im Winter 1972/73 diesen Bestand der Staatsbibliothek neu.

Schon früher war eine *„1918 von J. Striedinger geschenkte Sammlung von Diplomen und Zustimmungsadressen“* als *„Döllingeriana I“* in der Staatsbibliothek aufgestellt worden. Dem handschriftlichen Nachlaß, den die Staatsbibliothek 1941 von der alt-katholischen Gemeinde in München übernahm, wurden die Briefe, die man bei einer oberflächlichen Durchsicht fand, entnommen und als *„Döllingeriana II–V“* eingeordnet. Dazu kamen eine Gruppe von *„Schriften verschiedener Verfasser“* als *„Döllingeriana VI“* (nach der neuen Ordnung *„Döllingeriana VI, 1–16“*) und *„Varia“* als *„Döllingeriana VII“* (nun *„Döllingeriana VI, 17–20“* bzw. *„XX, 1“*). Zum Rest, dem größten Teil, heißt es im Katalog: *„Döllingers eigene Manuskripte stehen ungeordnet am Fach. Eine Ordnung scheint nicht möglich.“*

Damit blieb Johann Friedrich (1836–1917), Schüler, dann Kollege, Freund und Schicksalsgenosse des großen Gelehrten, mit seiner dreibändigen Döllinger-Biographie (München 1899–1901) bis in die jüngste Zeit der einzige, der dieses umfangreiche Material durchforscht hat. Er verwaltete im Auftrag von Döllingers Nichten diesen Nachlaß bis zu seinem Tod im August 1917 und hinterließ darin viele Spuren. Nach Friedrich übernahm Döllingers Nichte Elisabeth Uhl, geb. Döllinger, die Papiere. Ihr Gatte, ein Arzt, brachte nach ihrem Tod kein Interesse dafür auf und bot den Nachlaß verschiedenen Institutionen an, bis ihn schließlich die Alt-katholische Gemeinde München übernahm und notdürftig im Keller ihrer Kirche in der Blumenstraße 36 unterbrachte. Von hier aus kam der überwiegende Teil 1941 an die Bayerische Staatsbibliothek, während der Rest bei der Alt-katholischen Gemeinde verblieb[1].

Als Benutzer ist neben Friedrich P. S. Allen zu nennen, der 1907 eine Sammlung von 24 Briefkopien des Erasmus von Rotterdam und des Kreises um ihn (Döllingeriana X, 34 bzw. nach Döllingers Zählung Cah. fol. 34, 6) benützte und veröffentlichte[2]. Ein anderer Benutzer war Stefan Lösch, der bei Friedrich Material gesammelt hat, das er in seinen Büchern über J. A. Möhler[3] und „Döllinger und Frankreich"[4] verwertete.

Beim Ordnen der Döllingeriana wurden zunächst jene Materialien, die von Gotthold Heine[5] stammen und die Döllinger nicht bearbeitet hat, gesondert gelegt. Ein druckfertiges Manuskript Heines über *„Judaica ad historiam persecutionis Judaeorum in Hispania"* liegt in Döllingeriana X, 43 (Cah. fol. 43, 1) vor. Ähnlich wurden die Papiere über Johann Friedrich aussortiert; sie bilden nun einen eigenen Nachlaß (Friedrichiana 350), aus dem ein Bündel von Akten über die Bayerische Akademie der Wissenschaften, die offensichtlich von Carl Adolf Cornelius (1819–1903) stammen, zu dem 1972 von der Bayerischen Staatsbibliothek erworbenen Nachlaß von Cornelius gelegt wurde[6].

Im ungeordneten Teil der Döllingeriana fand sich neben dem 11. Band der Annalen des Baronius eine große Zahl von Briefen an Döllinger, die in Döllingeriana II eingeordnet wurden. Hier fallen vor allem die Unterzeichner der Nürnberger Erklärung vom August 1870[7] und die zum großen Teil telegraphischen Glückwünsche zu Döllingers 90. Geburtstag ins Auge. Unter den Absendern weiterer Briefe, die im bisherigen Repertorium nicht aufgeführt waren, sind besonders erwähnenswert: der päpstliche Nuntius Flavio Chigi, der bayerische Ministerialrat und Politiker Sebastian v. Daxenberger, der evangelische Theologe Adolf v. Harleß, der katholische Philosoph Johannes Huber, der russische General Alexander v. Kireev[8], der römische Theologe Josef Kleutgen und die Münchner Erzbischöfe Gregor v. Scherr und Anton v. Steichele. Auch die Döllingeriana III (Briefe von Döllinger) konnten um zwei Briefchen Döllingers an Franz Löher und die Abschrift eines Briefes an H. N. Oxenham vermehrt werden, während zu Döllingeriana IV (verschiedene Absender an verschiedene Adressaten) zehn neue Briefe und ein Telegramm kamen. Die Briefauszüge von F. H. Reusch (Döllingeriana V) veränderten sich nicht, dagegen wurden die früheren Gruppen VI und VII zu einer einzigen Gruppe Döllingeriana VI vereinigt. Hier wurde eine Anzahl bemerkenswerter Stücke neu katalogisiert, u. a. die von Döllinger abgeschriebenen Zusätze zu Franz v. Baaders „Fermenta cognitionis" (Döllingeriana VI, 22), eine griechische Schrift von August Menas über die deutsche Orthodoxie von 1871 (Döllingeriana VI, 23), eine beglaubigte Abschrift des Unionsdekrets von Florenz (1439) aus dem Jahr 1677, lateinisch und griechisch (Döllingeriana VI, 42)[9], lateinische und spanische Manuskripte zu Petrus Canisius und zur Mystik aus dem 17. Jahrhundert (Döllingeriana VI, 44–47) und ein *„Prospectus d'une Souscription*

proposée per Mgrs les Eveques françois résidents à Munich, à leurs compatriotes refugiés dans la même ville“ von 1798 (Döllingeriana VI, 49).
Die Gruppen VII–X sind zum großen Teil durch einen Schlagwortkatalog Döllingers[10] erschlossen, der als Grundlage für die Katalogisierung benützt wurde. Zwar war es dadurch unmöglich, den neuen Katalog nach Stoffgebieten einzurichten, so daß man zu den meisten Themen unter mehreren Signaturen ähnliches Material finden wird; aber die Tatsache, daß eine von Döllinger benutzte Ordnung wenigstens größtenteils rekonstruiert ist, wiegt sicher schwerer.
Die Gruppe VII umfaßt Bücher und Hefte, in die Döllinger Literaturverzeichnisse, Exzerpte und interessante Nachrichten aus Vergangenheit und Gegenwart aufnahm, bis hin zu einem Heft „*Ex ore*“ (Döllingeriana VII, 148) über Gespräche mit verschiedenen Persönlichkeiten. Döllingeriana VIII enthält geordnetes Material hauptsächlich über das Papsttum und die mittelalterliche Kirchengeschichte, darunter einen Akt „*Blätter für die Augsburger Allgemeine über die Vatikanischen Dekrete, März 76 (Brief von Stroßmayer)*“[11]. Den Hauptteil der Döllingeriana IX bilden wieder Papiere über das Papsttum, vor allem den Primat. Erst die letzten Nummern greifen weiter aus und behandeln kirchenrechtliche und schließlich auch kirchengeschichtliche Fragen allgemeinerer Natur. In Döllingeriana X tauchen vor allem kirchengeschichtliche Probleme auf, die nach 1870 aktuell waren und Döllinger besonders interessierten. Bemerkenswert sind aber auch ein früher „*Bischofskatalog*“ der deutschen Bischöfe von 1470–1560 (Döllingeriana X, 42; Cah. fol. 42, 8) und Reisenotizen (Döllingeriana X, 44; Cah. fol. 44, 5–7).
Das Material zu Döllingers letztem öffentlichen Vortrag in der Bayerischen Akademie der Wissenschaften über die Templer, bei dessen Bearbeitung und Ergänzung für den Druck der Gelehrte vom Tod überrascht wurde, ist in Döllingeriana XI zu finden[12]. Döllingeriana XII behandelt Josephinismus, Jansenismus und Vatikanum I. In Döllingeriana XII, 1–11 liegen Aktenstücke zur Kirchenpolitik in Österreich von 1781–1782, speziell zu einer Eingabe des Kardinal-Erzbischofs Migazzi von Wien an Kaiser Joseph II. vom 14. 11. 1781. Darauf folgen Dokumente zum „jansenistischen“ Widerstand gegen die Bulle „Unigenitus“ in Frankreich (Döllingeriana XII, 12–19) und Material zum Thema Kirche und Staat in der Französischen Revolution und im Bayern des 19. Jahrhunderts. Den Abschluß bilden Papiere zum Vatikanum I, darunter Döllingers „*Auszüge aus Tauffkirchen's Depeschen, Rom 1869/70*“ (Döllingeriana XII, 30), die Grundlage der „Quirinusbriefe“ und im Original die „Nürnberger Erklärung“ von Ende August 1870 (Döllingeriana XII, 32, Bl. 29–34)[13].
Die Vorlesungen Döllingers bilden die Gruppe XIII. Leider sind sie nicht vollständig erhalten. In dem Heft über „Christliche Archäologie“ (Döllingeriana

XIII, 2), die Döllinger nach einer Bemerkung Friedrichs auf dem ersten Blatt nur in Aschaffenburg, also vor 1826, vortrug, dürfte ein Dokument aus seiner frühesten Lehrtätigkeit erhalten sein. Unter den geschichtlichen Vorlesungen (Döllingeriana XIII, 3–13) sei besonders auf jene über das Tridentinum, die englische Reformation, den Jansenismus (Döllingeriana XIII, 9) und *„Papstgeschichte 1073ff, Altes Heft"* (Döllingeriana XIII, 12) hingewiesen. Döllingeriana XIII, 14 behandelt *„Canonisches Recht"*, das Döllinger nur bis zu seiner Amtsenthebung durch König Ludwig I. im Jahr 1847 las. Den Abschluß bildet hier eine *„Geschichtliche Dogmatik"* (Döllingeriana XIII, 26).

In der Gruppe Döllingeriana XIV sind Abschriften aus Archiven zusammengefaßt. In Döllingeriana XV wird Material zu den verschiedenen Interessensgebieten Döllingers aufbewahrt, das sich eng mit den Gruppen Döllingeriana VII–X berührt, aber nicht im Schlagwortkatalog dieser Gruppen verzeichnet ist. Über diesen Kreis ragen folgende Nummern heraus: Döllingeriana XV, 41 mit dem vielversprechenden Titel „περὶ ἐμαυτοῦ", ein Akt, der aber auf 16 Blättern recht wenig enthält, und Döllingeriana XV, 42 mit weiteren Reisenotizen. Döllingeriana XV, 50 enthält Notizen über Handschriften der Bayerischen Staatsbibliothek, Döllingeriana XV, 51 sind Stoffsammlungen aus diesen Handschriften. Döllingeriana XV, 52 bringt Bücherlisten, Bücherrechnungen, Buchbinderrechnungen und Quittungen. In Döllingeriana XV, 54 haben wir Zeugnisse des österreichischen Geistlichen Karl Obertimpfler, der alt-katholischer Pfarrer in Karlsruhe wurde. Döllingeriana XV, 55 behandelt die Scheidungssache Tattenbach. Bei den 101 Nummern dieser Gruppe macht sich der unsystematische Aufbau des Katalogs am unangenehmsten bemerkbar.

Wie für die Gruppen Döllingeriana VII–X besteht auch für Döllingeriana XVI über die Reformation ein *„General-Register"* Döllingers (Döllingeriana XVI, 1), nach dem die Akten Döllingeriana XVI, 2–64 katalogisiert sind (das Repertorium bietet eine Konkordanz der Nummern Döllingers und des neuen Katalogs). Weiteres Material, das hierher gehört, erscheint unter Döllingeriana XVI, 65–85. Die Papiere dieser Gruppe sind ähnlich denen der folgenden (Döllingeriana XVII: Reformation in England; hier werden vor allem die katholischen Martyrer in England behandelt) zum großen Teil von „Sekretären" Döllingers geschrieben, meist in der ersten Hälfte des 19. Jahrhunderts. In der Stoffauswahl und in den Untertiteln ist Döllingers starker Antiprotestantismus in jener Zeit deutlich zu spüren.

Döllingers ausgearbeitete Manuskripte bilden die Gruppe Döllingeriana XVIII. Diese beginnt mit Teilen der Weltgeschichte, die Döllinger in der zweiten Hälfte des letzten Jahrhunderts im Auftrag des Ministers Abel begonnen hat (Döllingeriana XVIII, 1–6). Es folgen die Kirchengeschichte bis zur Reformation (Döllingeriana XVIII, 7–20) und die Reformation selbst (Döllingeriana XVIII,

21–30). Mit einem Blatt zur Rechtfertigungslehre und sieben Blättern über die Gültigkeit protestantischer Ehen beginnt hier die konziliantere, mehr an den Problemen der damaligen Gegenwart orientierte Periode von Döllingers Tätigkeit. Die weiteren noch vorhandenen Manuskripte beziehen sich auf seine Vorträge in der Universität und in der Akademie der Wissenschaften. Von Döllingers größeren Werken sind keine Manuskripte an die Staatsbibliothek gelangt. Immerhin liegt in Döllingeriana XVIII, 46–50 noch ein ziemlich geschlossener Text über die französische Geschichte von Ludwig XIV. bis zur Revolution.

Zu dem Aufsatz über die Speyerische Seminarfrage und den Syllabus[14] fand sich noch ein interessantes Blatt über Bischof Ketteler von Mainz, geschrieben 1865, das Franz Heinrich Reusch übersah, weil es bei anderen Papieren lag. Nach dem Mißerfolg der Odeonsvorträge von 1861 und der Gelehrtenversammlung von 1863, der durch den Syllabus vom Dezember 1864, in dem Döllinger sich persönlich, wenn auch nicht namentlich, verurteilt sah, noch gesteigert wurde, goß der führende Theologe des deutschen Sprachraums nun seinen Groll über die römischen Kurialisten und ihre Helfer wenigstens auf dem Papier aus. Der Aufsatz konnte aber damals nicht veröffentlicht werden, weil die Redaktion der Augsburger Allgemeinen Zeitung Angst vor einem römischen Verbot hatte[15]. Noch zwei Jahre später, als er mit einem Artikel über die Inquisition gegen die Heiligsprechung des Großinquisitors Pedro Arbues de Epila Stellung nahm, gab Döllinger seinen Namen nicht preis[16], ebenso wie später bei den Schriften gegen die Infallibilität und den Universalepiskopat des Papstes[17]. Doch ist die tiefe Zäsur in Döllingers Manuskripten 1864/65 nicht zu übersehen. Die Schärfe, mit der er früher die Protestanten abgelehnt hatte, übertrug er nun auf die Ablehnung der „jesuitischen" Politik der römischen Kurie. Als ein Dokument für diesen Wandel sollen die von Reusch übersehenen Zeilen hier folgen: *„Der Bischof von Mainz, Frhr. v. Ketteler hat vor drei Jahren in einem viel gelesenen und damals von allen kath. Zeitschriften gepriesenen Buche*[18] *die Mäßigung, die Selbstbeschränkung, die Duldsamkeit der kath. Kirche gegenüber der Staatsgewalt und den getrennten Kirchen zu zeigen sich bemüht. Er wird nun, da er und seine auf den Ruinen der Gießener theologischen Fakultät errichtete Schule*[19] *eifrige Verfechter der römischen Unfehlbarkeit sind, sein Buch wohl widerrufen. Denn seine Theorie ist förmlich in der Encyklika verdammt. Der Bischof sagt S. 145:* ***‚Die Kirche ehrt so sehr die Gewissenfreiheit und Religionsfreiheit, daß sie jeden äußeren Zwang auf jene, die ihr nicht angehören, als unsittlich und völlig unstatthaft abweist.'*** *– S. 148:* ***‚Es liegt der Kirche ferne, von der kirchlichen Gewalt auch gegen die, welche sie, weil getauft, als Glieder der Kirche ansieht, einen äußeren, strafenden Gebrauch machen zu wollen.'*** *Ihnen gegenüber kann die Kirche es nur ihrer freiesten Selbstbestimmung überlassen, ob sie sich ihrem*

Glauben zuwenden wollen. – Es ist ein durch und durch boshaftes Treiben, wenn man die Protestanten glauben machen will, sie hätten von der katholischen Kirche gewaltsame Bekehrung zu fürchten u.s.w. Der Bischof wird durch den Syllabus überzeugt worden sein, daß er mit solchen Äußerungen in jenen verpönten Liberalismus verfallen ist, der nach Römischer Anschauung zu den schlimmsten Verirrungen des Zeitalters gehört, und daß es specielle Indulgenz Rom's sei, wenn sein Buch nicht auf den Index gesetzt wird. Er wird nun belehrt sein, daß es ein Irrthum ist, der Kirche die Anwendung von Gewaltmitteln abzusprechen (22)[20], *daß die staatliche Ausschließung anderer Confessionen rathsam sei (expedit) (77), daß es Sünde ist, eingewanderten Protestanten Freiheit der Religionsausübung zu gewähren (78).*

Aber welch ein grelles Licht fällt nun auf den Zustand der Kirche, auf die unwürdige Geistes-Knechtschaft, unter deren Joch die Römisch-Jesuitische Partei die deutschen Katholiken beugen will. Hier ist ein angesehener Bischof, der unter allgemeinem Beifalle, ohne einen kund gewordenen Widerspruch der übrigen Bischöfe sich über die großen Fragen ausspricht, von deren richtiger Beantwortung die rechtliche Stellung, die wohlthätige Wirksamkeit der Kirche in unseren Tagen zum großen Theil abhängt[21]*. Nach drei Jahren verwirft der Papst, freilich ohne ihn zu nennen, seine Doctrin, und sofort applaudiren dieselben Leute, die dem Buche des Bischofs ihren Beifall gezollt, mit noch tieferen Verneigungen der Encyklika, und sind überzeugt, daß was sie bisher für weiß gehalten, in der That schwarz sei.*"[22]

In Döllingeriana XVIII, 69 folgen sechs Blätter „*Textus, Infallibilität, Ausarbeitung*", offensichtlich ein erster Teil der für das Vatikanum I gedachten ausführlichen Abhandlung über dieses Gebiet, die allerdings nicht zustande kam[23]. In Döllingeriana XVIII, 83 liegen zwei Blätter eines Briefkonzepts an Erzbischof Scherr zur Verurteilung von Jakob Frohschammer (1862). Döllinger mißbilligt das römische Vorgehen und meint, man hätte, mindestens in erster Instanz, diese Sache vor den deutschen Bischöfen erledigen müssen und so den Beschuldigten „*durch ein freundliches, leidenschaftsloses und milde entgegenkommendes Verfahren anziehen und zu versöhnlicher Nachgiebigkeit bestimmen*" können. Döllinger schlug dieses Verfahren ein knappes Jahrzehnt später, vor seiner eigenen Exkommunikation 1871, demselben Erzbischof gegenüber vor, wiederum ohne Erfolg.

Zwei Konzepte zur Pfingstversammlung 1871 in München[24] liegen in Döllingeriana XVIII, 84. Hier betont Döllinger: „*Gegen die neue, falsche Lehre verhalten wir uns angreifend und abwehrend; gegen die Personen: Päpste, Bischöfe, Pfarrer verhalten wir uns blos defensiv. Wir erkennen sie an wie früher [. . .], wir sind weit entfernt ihre Anatheme irgendwie zu erwidern, Fluch auf Fluch setzen zu wollen.*"[25] Aber er schreibt weiter: „*Wie jeder Priester einem schwer Kranken in Ermangelung des näher berechtigten die Sakramente zu spenden berechtigt und verpflichtet ist, so verhält es sich auch mit den ungerechter und illegitimer Weise durch hierarchische Willkür der Sakramente oder des Gottesdienstes beraubten. Sie erhalten durch das Zeugniß ihres Gewissens das Recht, sich über die geographischen Schranken der kirchlichen Ordnung und Eintheilung hinaus die Befriedigung ihrer religiösen Bedürfnisse zu verschaffen, wo und wie sie ihnen gewährt wird, vorausgesetzt daß ihre Handlung nicht als deutliches Zeugniß und thatsächliche Zustimmung zu falscher Lehre erscheint.*"[26]

Döllinger war aber nicht nur die bedeutendste Gestalt der damaligen altkatholischen Bewegung, er stand auch als Präsident der Bayerischen Akademie der Wissenschaften im Mittelpunkt des Geisteslebens in Bayern. Zeugnis dafür sind die zahlreichen Nekrologe, die er in der Akademie der Wissenschaften zu halten hatte, zuletzt noch die Gedächtnisrede auf Herzog Maximilian in Bayern (1808–1888) am 28. März 1889 (Döllingeriana XVIII, 80)[27].

In den drei letzten Gruppen der Döllingeriana finden sich weitere Exzerpte, Register zu Zeitschriften und gedrucktes Material (Döllingeriana XIX), Bilder Döllingers (Döllingeriana XX, 1), Abbildungen aus Zeitungen (Döllingeriana XX, 2) und schließlich eine Sammlung von Zeitungsausschnitten, die Döllinger nach dem Inhalt geordnet in 120 Umschlägen aufbewahrt hat (Döllingeriana XXI).

Anmerkungen

1 Vgl. dazu Keßler, Ewald: Das Aktenarchiv der alt-katholischen Gemeinde in München, in: Mitteilungen für die Archivpflege in Bayern 17 (1971) 40–42.

2 Allen, P. S. (Hrsg.): Opus Epistolarum Des. Roterodami, Bd. IV, Oxford 1922, S. 620–623, 632. Bei dem erwähnten Prof. Linz (S. 620) handelt es sich offenbar um Carl Lanz, der eine „Correspondenz Kaiser Karl V. Aus dem Königlichen Archiv und der Bibliothèque du Bourgogne zu Brüssel mitgetheilt", 3 Bde., Leipzig 1844–1846, herausgegeben hat. Vgl. dazu Heine, Gotthold: Briefe an Kaiser Karl V., geschrieben von seinem Beichtvater in den Jahren 1530–1532, Berlin 1848, S. VI.

3 Lösch, Stefan: Johann Adam Möhler, Bd. 1, München 1928 (ein 2. Band ist nicht erschienen!). Von Möhler fand sich außer ein paar Blättern (Döllingeriana VI, 24) nichts mehr unter den Papieren Döllingers.

4 Lösch, Stefan: Döllinger und Frankreich. Eine geistige Allianz 1823–1871, München 1955.

5 Gotthold Heine (1820–1848), Dr. phil. und cand. theol., starb am 18. 3. 1848 an einer Schußwunde. Er gab neben den erwähnten Briefen an Karl V. (wie Anm. 2) die

Übersetzung eines Buches seines portugiesischen Freundes Alexander Herculano unter dem Titel: Eurich, der Priester der Gothen, Leipzig 1847, und: Monumenta regni Gothorum et Arabum in Hispaniis, Leipzig 1848 heraus (beendet von Ernst Volbeding). Daneben veröffentlichte er Reiseberichte über Spanien und Portugal in der Zeitschrift „Serapeum" (1846–1847). Zu A. Herculano vgl. Döllingers Gedächtnisrede vom 28. 3. 1878 in der Bayerischen Akademie der Wissenschaften (Döllinger: Akademische Vorträge, Bd. II, München 1889, S. 254–279).

6 Dieser Nachlaß kam nicht in das Archiv der Alt-katholischen Gemeinde, wie noch in dem Anm. 1 zitierten Artikel angenommen.

7 Abdruck nach dem Original bei Keßler, Ewald: Johann Friedrich (1836–1917), München 1975, Anhang S. A13–A17; vgl. Küry, Urs: Die alt-katholische Kirche, Stuttgart 1978, S. 61, 443–445.

8 Kireev bot als Sekretär der Gesellschaft der Freunde der geistlichen Aufklärung in St. Petersburg Döllinger am 10./22. 7. 1872 eine Kontaktaufnahme an, die einen wichtigen Schritt zu den Bonner Unionskonferenzen 1874–1875 bildete. Vgl. dazu Reusch, F. H.: Bericht über die . . . Unionskonferenzen, Bonn 1874 und 1875.

9 Zum Florentinum vgl. Döllinger: Das Papsttum, München 1892 (Nachdruck: Darmstadt 1969), S. 171, Anm. 389–891; Friedrich, Johann: Ignaz von Döllinger, Bd. III, München 1901, S. 524f, 527, 535.

10 Döllingeriana VII, 1a–b. Dieser Katalog besteht aus losen Blättern, die mit Nummern versehen sind; er wurde mehrmals erweitert.

11 Vgl. dazu Deuscher Merkur, 19. 2. 1876, S. 69f, und 26. 2. 1876, S. 81f. Stroßmayers Brief liegt in einer Abschrift von Döllinger in Döllingeriana VIII, 49 (Bl. 49, 4).

12 Kobell, Luise v.: Ignaz von Döllinger, München 1891, S. 79, berichtet, daß die Templer Döllinger schon seit 1841 beschäftigten. Nach seinen Worten sei er *„in seinem tiefsten Innern erschüttert"* gewesen, als er die Akten über die Templer gelesen habe; vgl. auch ebd., S. 109.

13 Die *„wesentlich von Döllinger redigierte Erklärung"* (Schulte, J. F. v.: Der Altkatholizismus, Gießen 1887, S. 97) ist von Schulte geschrieben und verbessert. Vgl. den Bericht von F. H. Reusch über ihre Entstehung in Döllingeriana VI, 3 (chronologische Aufzeichnungen von Reusch).

14 Reusch, F. H. (Hrsg.): Döllinger: Kleinere Schriften, München 1890, S. 197–227.

15 Vgl. Keßler, Ewald: Ignaz von Döllinger – J. G. Cotta-Verlag, in: Zeitschrift für bayerische Landesgeschichte 42 (1979) 305–350, hier 317.

16 Rom und die Inquisition, in: Augsburger Allgemeine Zeitung, 6. 5. 1867, gedruckt (wie Anm. 14) S. 286–356; Die spanische Inquisition, in: (Wiener) Neue Freie Presse (1868) Nr. 1391f, gedruckt (wie Anm. 14) S. 357–384; Die römische Inquisition, in: ebd. (1868) Nr. 1400f, gedruckt (wie Anm. 14) S. 384–404.

17 Der Papst und das Concil von Janus, Leipzig 1869; Erwägungen für die Bischöfe des Conciliums über die Frage der päpstlichen Unfehlbarkeit, München 1869; Römische Briefe vom Concil von Quirinus, München 1870.

18 Ketteler, Wilhelm Emmanuel v.: Freiheit, Auctorität und Kirche. Erörterungen über die großen Probleme der Gegenwart, Mainz 1862. Diese Schrift erreichte schnell 11 Auflagen.

19 Ketteler war 1850 anstelle des von der Mehrheit des Mainzer Domkapitels 1849 gewählten Gießener Prof. Leopold Schmid (1808–1869) vom Papst auf den Mainzer Bischofsstuhl berufen worden. Eine seiner ersten Maßnahmen war 1851 die Erklärung, er werde nur solche Priesteramtskandidaten weihen, die ihre Studien in

dem von ihm selbst zu einer vollen Lehranstalt ausgebauten bischöflichen Seminar in Mainz gemacht hätten, was einem Verbot, die Gießener Fakultät zu besuchen, gleichkam. In Gießen herrschte in der katholischen Theologie eine ähnliche Richtung wie in Tübingen und Bamberg.

20 Die Ziffern geben die Nummern der entsprechenden Sätze im Syllabus an; vgl. Denzinger, Heinrich: Enchiridion, Nr. 2911, 2977, 2978.

21 Damals begann unter maßgeblicher Beteiligung Kettelers der Kulturkampf in Baden, nach dem Vatikanum I in Preußen und in der Schweiz, schließlich auch in Frankreich. In Bayern war 1818 das Plazet nach Art eines „organischen Artikels" zusammen mit dem Konkordat von 1817 in die II. Verfassungsbeilage aufgenommen worden. Im Lauf der Zeit wurde es immer weniger beachtet, so daß 1854, beim Dogma von der Unbefleckten Empfängnis Mariens, niemand mehr daran dachte. Als aber die Ansprüche der Römischen Kurie immer größer wurden, brachte die Regierung 1869 das Plazet wieder in Erinnerung und weigerte sich bis zum Ende der Monarchie, es für die neuen Papstdogmen des Vatikanums I zu erteilen.

22 Dieser Text ist einzuschieben zwischen die Sätze: *„Aber er* (der Bischof von Speyer) *ist eben nicht der Schiebende, sondern der Geschobene, er ist das Opfer, das Werkzeug eines Systems, welches mit ehernem Fußtritt einherschreitend keine Schonung der Personen kennt . . . Ehedem meinte man, die Kirche heiße darum katholisch, weil ihr Grundzug die Allgemeinheit, die Übereinstimmung Aller im Bekenntniße des Einen Glaubens sei, weil hier Laien wie Priester Zeugniß ablegten von der ererbten, der stets und überall (semper, ubique, ab omnibus) verkündigten Lehre."*

23 Vgl. dazu Conzemius, Victor (Hrsg.): Ignaz von Döllinger – Lord Acton. Briefwechsel, Bd. II, München 1965, S. 18f, Anm. 1.

24 Auf dieser Versammlung wurde von den führenden Alt-Katholiken das weitere Vorgehen beraten und eine öffentliche Erklärung beschlossen; vgl. Schulte (wie Anm. 13) S. 16–22, 338–340; Küry (wie Anm. 7) S. 445–450; Conzemius (wie Anm. 23) Bd. III, München 1971, S. 17–27. Moriz Ritter gibt in seinen autobiographischen Aufzeichnungen (Universitätsbibliothek Bonn, Handschriftenabteilung: S. 2036a) eine ausführliche Schilderung des Verlaufs der Pfingstversammlung.

25 Mit dieser Haltung unterlag Döllinger 1872 auf dem Kölner Alt-Katholiken Kongreß gegen den Konvertiten Friedrich Maaßen, der die vatikanische Geistlichkeit nicht mehr als katholisch anerkennen wollte. Dieser Absatz auch bei Keßler (wie Anm. 7), S. 336, Anm. 3; neuestens auch bei Neuner, Peter: Stationen einer Kirchenspaltung. Der Fall Döllinger – ein Lehrstück für die heutige Kirchenkrise, Frankfurt 1990, S. 140f.

26 Das ist auch die Grundhaltung von § 1 der Synodal- und Gemeindeordnung, die auf der 1. Synode der deutschen Alt-Katholiken 1874 angenommen wurde; vgl. Schulte (wie Anm. 13) S. 46. Dagegen meint Conzemius (wie Anm. 23) Bd. III, S. 28, Anm. 2, *„Döllinger trat stets für die peinliche Einhaltung der kanonischen Folgen der Exkommunikation ein und hat sich nach 1870 priesterlicher Amtshandlungen enthalten."* (Conzemius irrt allerdings im Jahr, denn Döllinger hat noch am Ostersonntag, 9. April 1871, ein feierliches Hochamt zelebriert.) Vgl. auch ebd., Bd. III, S. 38, Anm. 2–3, dazu die Augsburger Allgemeine Zeitung, 3. 10. 1871, S. 4862.

27 Vgl. Keßler, H. Ewald: Herzog Max in Bayern. Eine Gedenkrede von Ignaz v. Döllinger, in: Zeitschrift für bayerische Landesgeschichte 53 (1990) 149–154.

II. Kapitel

Kirche und Staat
Tradition und Progression

MAX BLAUBERGER

Döllinger und das Verhältnis von Kirche und Staat in den „Historisch-Politischen Blättern“

Die Frage, wie Ignaz von Döllinger das richtige Verhältnis von Kirche und Staat umschrieben hat, schließt mehrere Vorfragen ein. Zum ersten ist zu klären: Wie ist die Kirche aufgebaut, die Döllinger vorschwebt? Wie sind die Gewichte innerhalb der Kirche verteilt? Welche Organe und Institutionen haben in ihr Einfluß? Zum anderen ist zu fragen: Wie soll der Staat beschaffen sein, der sich als Partner der Kirche eignet? Soll es, unbeschadet der Auswirkungen der Französischen Revolution, die alte Monarchie sein? Oder ist es, etwa im Sinne von Lamennais, ein demokratischer Staat? Oder kann der Staat jede beliebige Form annehmen?

Nach diesen Vorfragen erst stellt sich das zentrale Thema: Wie soll das Verhältnis beider zueinander sein? Welche Rechte und Freiheiten braucht die Kirche, um ihre Aufgaben erfüllen zu können? Ist es Sache des Staates, die Kirche dabei zu fördern und zu begünstigen? Kann auch der Staat Nutzen ziehen aus dem Wirken der Kirche? Stehen beide sich neutral oder wohlwollend gegenüber? Zeitbedingt oder aus der Natur der Sache heraus? Fragen über Fragen.

Zur Beantwortung dieser Fragen sollen hier nur Döllingers Beiträge in den „Historisch-Politischen Blättern“ (HPBl), nach Maßgabe der von Stefan Lösch zusammengestellten Bibliographie[1], herangezogen werden. Diese umfassen die Jahre von 1838 bis 1846. Es ist dies der Zeitraum, der Döllingers hervorragendem politischen Wirken im Jahr 1848 unmittelbar vorausgeht.

Döllinger vertritt in dieser Periode das Konzept einer Kirche, deren Aufbau sehr harmonisch gedacht ist und ohne jede einseitige Machtverteilung. Dabei ist er stark beeinflußt von dem Bild, das Johann Adam Möhler in seinem Frühwerk „Die Einheit in der Kirche“[2] darstellt. Möhler spricht von der Bedeutung der Bischöfe und Metropoliten und von der Einheit aller Bischöfe, um am Schluß (wie er ausführt: nach ursprünglichem Zweifel[3]) entschieden zu betonen, der Organismus der Kirche bleibe unvollkommen ohne den Schlußstein des Primats. Döllinger selbst übernahm schon in einem frühen Artikel der Zeitschrift „Eos“ dieses Bild, wenn er schreibt: *„Das richtige und wohlgeordnete Verhältnis der Bischöfe zum Papste; das richtige wohlgeordnete Verhältnis der Nationalkirchen zur allgemeinen Kirche; das sind die großen Probleme, welche unsere Gegenwart*

beschäftigt haben. (. . .) Zugunsten einer größeren Unabhängigkeit die Einheit aufzugeben, ist sich selbst zerstörend: einen unbedingten Einfluß des Oberhauptes gestatten, der durch keinen Verein einer Nationalkirche beschränkt und gemildert ist, ist unweise."[4]
Will man diese Überzeugung vom harmonischen Aufbau der Kirche zu einem späteren Zeitpunkt überprüfen, so bietet sich dafür Döllingers Rede auf der öffentlichen Versammlung des Katholischen Vereins in Regensburg 1849 an. Bei der ersten Konferenz der deutschen Bischöfe in Würzburg 1848 stellte Döllinger einen Antrag auf Schaffung einer deutschen Nationalkirche. Dieser Antrag sollte die deutschen Bischöfe durch ihren Zusammenschluß für ihren Kampf um die Freiheitsrechte gegen den Staat stärken. Eine Tendenz gegen die Macht des Papstes lag Döllinger zu dieser Zeit noch fern. Das Scheitern des Antrags hinderte Döllinger auch nicht, in der besagten Rede die Verfassung der Kirche als die beste Verfassung der Erde, mit dem geringsten Spielraum für Willkür und Unterdrückung, zu bezeichnen[5].

Das Bild vom Aufbau der Kirche, das Döllinger in dieser seiner ersten großen Schaffensperiode hat, ist ausführlich dargestellt von Johannes Finsterhölzl[6]. Dazu hier einige Hinweise auf Döllingers speziellen Beitrag in den „Historisch-Politischen Blättern".
In dem Artikel „Über ‚protestantische' Kirchenverfassung" spricht Döllinger von dem „*wohlgefügten, harmonischen Bau*" der katholischen Kirche[7]. Und in dem Beitrag „Die Kirche und die Kirchen" lobt Döllinger den „*unverbesserlichen Bau unserer Kirchenverfassung*", der „*jedem (Glied) das rechte Maß und die harmonische Mischung von Freiheit und Gebundenheit zuteilt*"[8]. Diese Ausführungen sind von Döllinger mit einer bei ihm unerwarteten Wärme geschrieben, fast wie Möhlers „Einheit" insgesamt. Die katholische Kirche strebt, meint Döllinger, nach engem Zusammenschluß und nach Einheit. Im Gegensatz zum Staatskirchentum schließe sie sich heute eng „*an den Mittelpunkt und sichtbaren Träger kirchlicher Einheit*" an[9]. So sei es immer gewesen, wenn das kirchliche Leben mehr als sonst aufblühte, bzw. wenn die Kirche mit ungewöhnlichen Schwierigkeiten zu kämpfen hatte. Der Aufsatz ist nach den Worten von Johannes Finsterhölzl „*ein Höhepunkt der bisherigen Aussagen über das Papsttum*"[10]. „*Der rechte Anschluß an Rom, das ausgewogene Verhältnis zwischen Papst und Bischöfen ist ihm seit seinen ‚Eos'-Beiträgen ein Anliegen.*"[11] Im gleichen Artikel ist Döllinger so hoffnungsvoll zu glauben: „*der alte Gegensatz zwischen Episkopalsystem und Papalsystem hat im Grunde, praktisch genommen, alle Bedeutung verloren*"[12].
In dem Beitrag „Die kirchenrechtlichen Streitfragen der Gegenwart in Frankreich" schreibt Döllinger: „*Es ist eines der herrlichsten Zeugnisse für die*

göttliche Institution der Kirche, daß in ihr Notwendigkeit und Freiheit sich in vollendeter Harmonie bewegen."[13]
Dennoch ist Döllinger auch in der Zeit seines harmonischen Kirchenbildes nicht blind gegenüber Fehlentwicklungen. In dem Artikel „Die Kirche und die Kirchen" übt er historische Kritik an den Päpsten von Avignon (die auch das Kleinste und Individuellste reglementieren wollten, die Geld erpreßten und „*den Fürsten stillschweigend die bedenklichsten Eingriffe gestatteten*")[14] und an den Renaissancepäpsten. Und in den „Kirchenrechtlichen Streitfragen der Gegenwart in Frankreich" beklagt Döllinger das Vorgehen der Bischöfe gegen die versetzbaren, in ungebührlicher Abhängigkeit arbeitenden Seelsorgsgeistlichen (Desservants) und meint: „*Für den Besitz unbeschränkter Gewalt sind kaum die erlesensten Charaktere stark genug.*"[15] Von hier spannt sich der Bogen zu Döllingers 20 Jahre später geprägtem Prinzip: „*Alle schrankenlose Gewalt und Willkür-Herrschaft verdirbt die Träger derselben*"[16], in dem er Actons berühmt gewordenes „*power tends to corrupt and absolute power corrupts absolutely*" vorwegnimmt[17]. Der Gefahr, die in einseitiger Machtverteilung liegt, blieb sich Döllinger allzeit bewußt.

Trotz Bevormundung der Kirche durch monarchische Staaten in der 1. Hälfte des 19. Jahrhunderts, gegen die Döllinger – mit dem Höhepunkt 1848 – aufs heftigste kämpft, bleibt er doch Anhänger der monarchischen Staatsform. In „Eos" hat er mit viel Bewunderung Artikel von Lamennais aus „L'Avenir" abgedruckt, die die Freiheit der Kirche zum Inhalt hatten. Jedoch übernahm er nicht Lamennais' besonderes Anliegen, die Kirche sollte sich auf die Seite der Demokratie stellen. Sein Staat blieb die Monarchie. Und wenn er später vor allem die USA und Belgien als Staaten mit großer Freiheit der Kirche für ihr kirchliches Wirken rühmt, so weist er doch Argumente, die diese Freiheit auf die demokratische Form der genannten Staaten zurückführen wollen, zurück. Er findet die Gründe für diese Freiheit an anderer Stelle. Dies ist gerade in den HPBl deutlich ausgeführt.
In einem seiner ersten Artikel („Über das Verhältnis der katholischen Kirche zur Demokratie in Nordamerika und Europa")[18] setzt sich Döllinger mit einem Werk von Alexis von Tocqueville[19] auseinander. Der Autor wird noch in späten Jahren die Anerkennung Döllingers erfahren. „*Überhaupt ist unter den modernen Franzosen Tocqueville fast der einzige, an dem ich mit reinem Wohlgefallen mich nähren und belehren kann*", schreibt er am 7. Juli 1874 an Lady Blennerhasset[20]. Alexis von Tocqueville vertritt folgende Auffassung: Die Zeit der Monarchie ist in Europa vorüber; die Aufgabe des Jahrhunderts kann keine andere sein, als unsere politischen Verhältnisse in geordneter Form der Demokratie zuzuführen.

Döllinger widerspricht nun der Zuwendung der Kirche zur Demokratie. Seine Argumente lauten:

1) Von der Sache her kann die Kirche ebenso zur Monarchie wie zur Demokratie halten. Die Kirche fordert ihre Mitglieder in allen weltlichen Dingen zum schuldigen Gehorsam gegen die Staatsgewalt auf: „*Wer diese Obrigkeit sei, ist (. . .) an und für sich völlig gleichgültig. – Insbesondere wäre es ganz falsch zu glauben, daß die Kirche ihren Gläubigen den Gehorsam und die Treue nur gegen die Könige (. . .), und nicht auch gegen die republikanischen Obrigkeiten einschärfe . . . Es kann nicht einmal behauptet werden, daß sie (die Kirche) für die eine oder andere menschliche Verfassungsform, als solche, eine besondere Vorliebe zeige.*“[21] Und wieder: Wenn heute in Europa nur Monarchie und Republik um die Herrschaft stritten, könnte die Kirche neutral sein. „*Demgemäß könnten ihre Glieder, (. . .) unbeschadet ihres Gewissens, auf der einen oder auf der anderen Seite stehen.*“[22]

2) In Europa hat die Kirche eine Dankespflicht der Monarchie gegenüber. Wenn katholische Iren von einer irrgläubigen Staatskirche unterdrückt waren und nun in den demokratischen Vereinigten Staaten von Nordamerika völlige Glaubensfreiheit genießen, so werden sie dies ihrer neuen Heimat danken. In Europa herrschten von Anfang an Monarchie und Aristokratie. Kirche und Staat galten von alters her als „*Arme eines Leibes (. . .), dessen Haupt Christus ist.*“ Könige und Fürsten haben es als „*den heiligsten Beruf ihres Lebens*“ angesehen, die Kirche zu fördern und zu beschirmen. „*Die katholische Welt hält ihnen dessen treue Rechnung auch an ihren Nachkommen. . . . Die Kirche kann (. . .) nicht aufhören, die Völker zu ermahnen; daß sie ihren rechtmäßigen Fürstenhäusern die schuldige Treue bewahren.*“ Die Legitimität der Regenten in Frage zu stellen, sei ein Ergebnis der „*verwirrten Staatsweisheit unserer Tage*“[23]. Hier schimmert Döllingers Anhänglichkeit an die monarchische Staatsform deutlich durch.

3) Das theoretisch stärkste Argument liegt für Döllinger zweifellos in der Ablehnung der Prinzipien, die der Demokratie zugrunde liegen. Da ist zuerst die Lehre von der Volkssouveränität. Döllinger beschreibt sie so: Kein Mensch ist dem anderen Gehorsam schuldig, es sei denn, er habe ihm eine Gewalt übertragen. Jeder gehorcht daher nur seinem eigenen Willen. Döllinger nennt diese Lehre „*irrig*“, „*dem christlichen Glauben widersprechend*“, „*eine reine Absurdität, die nie und nirgends, auch in Amerika nicht, verwirklicht worden ist oder jemals verwirklicht werden kann*“[24]. Wollte man daraus folgern, jede nicht von unten her delegierte Gewalt auf Erden sei ein Unrecht, jeder dürfe sich gegen eine Obrigkeit, die er sich nicht selbst gegeben, auflehnen, so wäre das nach Döllinger „*auf dem Gebiete der Religion recht eigentlich antichristlich, in politischer Hinsicht aber ein Verbrechen wie Mord und Brand*“[25]. Heute herrsche eine durchweg atheistische und antichristliche Auffassung des Staates und eine

konsequente Leugnung der unverletzlichen Heiligkeit des Rechts. *„Recht und Obrigkeit auf Erden sollen diesem pseudophilosophischen Systeme zufolge nicht mehr von Gott verliehen, sondern ein Produkt des isolierten menschlichen Willens sein – und diesem wird in Gottes Stelle die höchste, unbeschränkte Gewalt zugesprochen.“*[26] Nach wie vor gelte aber: *„Jede Gewalt ist von Gott.“*[27] Wo der Staat von der religiösen Grundlage getrennt sei, könne die Kirche ihm nicht mehr zustimmen, sei es ein Staat der Revolution oder ein solcher des Absolutismus[28].

4) Schließlich widerspricht Döllinger Tocquevilles eigenstem Argument mit der Behauptung: Demokratie bringt für die Kirche in Europa noch weniger Freiheit. Er zitiert ausführlich Tocqueville selbst. Dieser überschrieb nämlich ein Kapitel seines Werkes mit „Tyrannei der Majorität“[29]. In immer neuen Worten schildert er darin, daß es in Amerika keine Geistesfreiheit gebe, weil die Majorität sie nicht zulasse. Auch eine Demokratie könne also ihre Macht mißbrauchen, folgert Döllinger, sie könne mehr schaden als die unumschränkteste Monarchie. In Amerika sei die Majorität religiös und lege der inneren Freiheit der Kirche nichts in den Weg. Nicht die demokratische Staatsform, sondern die Einstellung der Menschen begünstige die Kirche dort. In Europa dagegen würden die Lenker der Majorität die Gewissensfreiheit der Kirche und des einzelnen nicht achten; sie würden *„alles hassen, was Gott heißt“*[30].

Zeigt das bisher Gesagte Döllingers Vorbehalte gegen die neue Demokratie, so lassen andere Artikel der HPBl noch deutlicher seine Ablehnung jeder unumschränkten Monarchie sehen. In dem Artikel „Das Verhältnis der russischen Kirche zu Konstantinopel und ihre Unterjochung durch die Autokratie der Zare“[31] macht Döllinger einige für seine Einstellung bezeichnende allgemeine Aussagen. Gründerzeiten brauchen, so Döllinger über Rußland nach dem Mongolenjoch, *„Sinn für Ebenmaß und Harmonie“*[32]. Die Herrschenden müssen ihre Obergewalt mehren, aber auch *„die Rechte und Freiheiten der Gehorchenden“* sicherstellen. Döllinger spricht von dem *„wahren politischen Geist, der Befehlen und Gehorchen ins Gleichgewicht setzt ... Nicht die unumschränkte Autokratie und der blinde, sklavische Gehorsam, sondern die Selbstbeherrschung, die die Freiheit ehrt und den Gehorsam unter das Gesetz heiligt, indem sie sich selbst davor beugt, ist die Herrschaft über andere wert und dazu tüchtig.“*[33] Innerhalb des absoluten Staates aber gilt: *„Unbedingte Untertänigkeit nach oben fordert in der Regel unbegrenzte Herrschergewalt nach unten.“*[34] Die Ablehnung unumschränkter Monarchie ist verbunden mit der kritischen Darstellung staatlicher Eingriffe in das kirchliche Leben, namentlich der direkten Eingriffe von Peter dem Großen bis in die ersten Jahrzehnte des 19. Jahrhunderts.

Unsere entscheidende Frage gilt Döllingers Vorstellungen vom richtigen Verhältnis zwischen Kirche und Staat. Alexis von Tocqueville hatte in seinem Plädoyer für die Demokratie zugleich für eine völlige Trennung von Kirche und Staat gestimmt, und zwar mit folgender Argumentation: Die Religion kann ohne den Staat bestehen, wie das Beispiel Amerika zeigt. In Europa dagegen ist das Christentum eng mit dem Königtum verbündet. Dieses bricht heute in sich zusammen. *„Es ist ein Lebendiger, den man an einen Toten hat binden wollen, – zerschneidet die Bande, die ihn zurückhalten, und er wird wiederum auferstehen.“*[35]

In der Antwort schildert Döllinger ausführlich sein Ideal von Kirche und Staat: *„Die Kirche nimmt den ganzen Menschen in allen Verhältnissen seines Daseins in Anspruch; sie will, daß die Lehre des Heils alle seine Lebensbeziehungen durchdringe, und daß jede derselben ein Abbild des göttlichen Reiches sei, – so heiligt sie die Ehe und die Familie, so wie den Staat, – sie will, daß jeder dieser geselligen Zustände ein christlicher werde. In dem Begriff des christlichen Staates, den die Kirche allen politischen Zuständen als Musterbild und Urtypus vorhält, liegt die Anforderung, daß diejenigen, in deren Hände Gott die höchste unabhängige Gewalt gelegt hat, – nach dem Maße dieser ihnen verliehenen Macht Gott dienen und mithin sein Reich auf Erden, die sichtbare, allgemeine Kirche, durch alle ihnen zu Gebote stehenden, den Umständen nach anwendbaren und erlaubten Mittel zu erbauen, zu fördern, zu erweitern streben sollen. – Ein negatives oder indifferentes Verhalten der irdischen Gewalt zur Wahrheit, oder was dasselbe ist, zur Kirche, erscheint von diesem Standpunkt aus als ein sündhafter Ungedanke, die absolute Trennung von Kirche und Staat als eine wahre Erniedrigung und Entwürdigung, ja als der moralische Tod des letzteren, und die schrankenlose Freigebung und Gleichstellung aller möglichen und denkbaren Religionen als eine anarchische Auflösung jenes innersten Lebensorganismus.*

Von einer Billigung und Annahme des Prinzips jenes Systems von seiten der Kirche kann also nicht die Rede sein. – Die wahre Kirche wird und kann nie den Indifferentismus auf dem politischen Gebiete als das Ideal des Staates, als das Ziel und Ende der Bewegung gelten lassen, dem alle staatsgesellschaftlichen Verbindungen unter den Menschen sich anzunähern berufen wären.“[36] Und Döllinger fügt hinzu: Das Faktum dulden – unter gewissen, von ihrem Willen unabhängigen Voraussetzungen – kann die Kirche. Gott hat die Verhältnisse dort ohne ihr Zutun so wachsen lassen[37] – in seinen Händen können auch Zerstörung, Frevel und Auflösung eine heilsame Saat sein.

Was Döllinger hier vertritt, ist das jahrhundertealte kirchliche Ideal einer engen Verbindung von Kirche und Staat, und zwar so, daß der Staat mit aller Kraft die Kirche bei der Erfüllung ihrer Aufgaben fördert und unterstützt. Alles andere sei nur Notlösung. Was Döllinger hier ablehnt, war wenige Jahre vorher in der Enzyklika „Mirari vos" (1830) gegen Lamennais abgelehnt: die Trennung von Kirche und Staat; die Religions- und Gewissensfreiheit; die rechtliche Gleichstellung aller Religionen und der staatliche Indifferentismus; die Lehre von der Volkssouveränität, der auch Döllinger das „alle Gewalt stammt von Gott" gegenüberstellt; die Legitimität der Revolution. Döllingers Stellungnahme bewegt sich völlig in den Bahnen der genannten Enzyklika Gregors XVI.

In den folgenden Jahren setzt Döllinger sich in vielen Artikeln mit Beispielen des Staatskirchentums auseinander. Die Kirchenpolitik Peters des Großen wird ihm zum Anlaß, jedes nationale Kirchentum deutlich abzulehnen[38]. Er bestreitet, daß der Zar *„das Recht zur Einrichtung der theologischen Studien, Besserung der gangbaren geistlichen Bücher und Umänderung der Klosterordnungen"* habe[39]. *„Alles hat Gott den Fürsten gegeben; sein Wort aber, sein Heil und sein Reich hat er sich vorbehalten."*[40] Der Artikel wird unversehens zu einer wortgewaltigen Kampfschrift für die unverkürzte Freiheit der Kirche.
Zum evangelischen Landeskirchentum meint Döllinger: Überall findet man *„den gefährlichen Einfluß weltlicher Grundsätze"*, die auf ihrem Gebiet richtig, für die Kirche aber schädlich seien. Er spricht von einem *„krankhaften Zustande"*, in dem die äußere Staatsgewalt dasjenige versieht, was eigentlich dem Geist Christi zukommt. Mit seiner Strafgewalt erhalte der Staat die Gläubigen. In Wirklichkeit sei in Staat und Kirche alles verschieden, die Aufgabe, die Mittel, der Maßstab des Erfolgs, der treibende Geist. Die landesherrliche Gewalt sei *„nicht förderlich für das kirchliche Leben der Gemeinden"*; sie führe weithin zu reiner Passivität[41].
In ähnlicher Weise kritisiert Döllinger auch die englische Staatskirche. Patronatsunwesen und Streben nach guten Pfründen kennzeichne sie, Verfall von Glaube und Theologie. Doch dann spendet er ein großes Lob: *„Die Oxforder haben die ‚Tyrannei der Staatsgewalt über die Kirche' für die Hauptursache des Verfalls der letzteren erklärt."* Von einer Wiedervereinigung mit der römisch-katholischen Kirche versprächen sie sich, daß *„das drückende Joch des Regierungsdespotismus gebrochen, wenigstens erleichtert werden würde"*[42].

Im Jahr 1845 publiziert Döllinger den wichtigen Artikel „Die Restauration in Frankreich und der Zeitgeist"[43]. Fürst Polignac, der Ministerpräsident der 1830 gestürzten französischen Regierung, hatte ein Buch geschrieben, in dem er nach den Ursachen für das Scheitern der Restauration fragt. Der tiefgläubige Ultraroyalist, dem Döllinger viel Hochachtung bezeugt, sieht die Gründe für das Scheitern darin, daß die Restauration nicht gleich von Anfang an auf

religiöser Grundlage errichtet und nicht durch den vorherrschenden Einfluß der *„natürlichen Vertreter und Bewahrer sittlicher Ordnung“*, vor allem des Klerus, gestützt und gestärkt worden sei[44].
Döllinger widerspricht ihm, wie er schon Tocqueville widersprochen hat: Die Erfahrung lehre nämlich etwas anderes. Frankreich habe alles gehabt, was Fürst Polignac begehrt, und dennoch habe dies alles die Revolution nicht aufzuhalten vermocht. Wenn Polignac die alten Institutionen – ohne ihre Fehler und ihren Mißbrauch – wiederherstellen wollte, habe er dabei die Möglichkeiten seiner Zeit verkannt. So jedenfalls lasse sich ein einflußreicher und geachteter Klerus nicht schaffen. Was das restaurierte Königtum dem Klerus hätte geben können – Reichtümer und Einfluß auf die Regierung –, genau dies habe ihn früher untergraben. Heute sei der Klerus geachtet *„im umgekehrten Verhältnisse seiner Reichtümer und . . . seines Einflusses auf die Regierung“*[45].
Polignac hielt es nach Döllinger für die *„erste Bedingung des Heiles für Frankreich . . ., daß die katholische Religion als die allein wahre gesetzlich anerkannt und ausschließlich unter den Schutz des königlichen Szepters gestellt würde“*[46]. Bei seiner Vereidigung hatte er es als *„ruchlose Gottlosigkeit“*[47] empfunden, daß in der Charte allen Religionen gleicher Schutz zugesichert war. Dazu meint Döllinger: Die katholische Kirche als Staatsreligion – *„das wäre zum Verderben der Kirche und des Staates zugleich unfehlbar ausgeschlagen“*. Die Unterstützung der Religionsgebote durch Gesetze des Staates erzeuge in einem weithin glaubenslos gewordenen Volk nur Heuchelei oder verbissenen Widerstand. Keinesfalls führe sie zum Glauben zurück. Und was noch schlimmer sei: Schutz von seiten einer ungläubigen Regierung führe *„fast notwendig zur Knechtung und Corruption der Kirche“*. Erfreulicherweise sei Staatsschutz nur für die katholische Kirche jetzt fast überall unmöglich geworden. *„Die Vermischung beider Gewalten, die Christus geschieden hat, liegt dabei zu nahe“*, und auch das Bestreben, *„die göttliche Gewalt der Kirche zu einer irdischen zu machen, die irdische Gewalt des Staates aber zu vergöttern.“*[48]
In dem Artikel „Die kirchenrechtlichen Streitfragen der Gegenwart in Frankreich“[49] nennt Döllinger die in der Charte von 1830 ausgesprochene Gleichberechtigung der Religion das für die atheistische Politik des 19. Jahrhunderts naturgemäße Prinzip, auf dessen Grundlage der Erzbischof von Mecheln für die belgische Kirche volle Unabhängigkeit erkämpft habe[50].

Wie verhalten sich nun diese Ausführungen zu den erstgenannten? Forderung nach Gleichstellung der Religionen; Zurückweisung jeder Bevorrechtung der Kirche, jeder Begünstigung des Klerus, jeder Unterstützung der Religionsgebote durch Gesetze des Staates, jeder Vermischung beider Gewalten – wie ist dies alles zu verstehen?

In einer Fußnote fühlt sich Döllinger zu der Bemerkung veranlaßt: „*Nur von der Vermischung, nicht von dem freundlichen Zusammenwirken beider Gewalten; nur von einer Zeit der Trübung des religiösen Bewußtseins, nicht von dem normalen Zustande der menschlichen Gesellschaft ist hier die Rede.*“[51]
Döllingers Einstellung erfuhr in der Tat eine Wandlung. 1838 hatte er noch gemeint, der Vorrang der Kirche könne in Europa eines Tages wieder Wirklichkeit werden. Deshalb wies er Tocquevilles Meinung, die wahren Christen seien in Europa eine kleine Minderzahl, zurück: „*er irrt, (...) sie bilden die unermeßliche Mehrheit des Volkes in allen katholischen Ländern.*“[52] Gleichzeitig äußerte er die Hoffnung: „*Und wenn gleich der Geist der Verneinung (...) die Herzen vieler Mächtigen der Kirche entfremdet hat, so kann sie dennoch sich der Hoffnung nicht entschlagen, daß diese Abwendung von der Kirche bei denen, welche zur Wahrung und zum Schutze ihrer eigenen Autorität so wesentlich der Kirche bedürfen, nur ein vorübergehendes Mißverständnis sei.*“[53] Als er dagegen 1845 Fürst Polignac gegen Ende seines ihm gewidmeten Artikels zu trösten suchte, tat er dies mit den Worten: „*Auch Schreiber dieses hat die Restauration als die Morgenröte einer besseren Zeit begrüßt und Jahre lang all die Täuschungen gehegt, in welchen die edelsten Geister damals befangen waren.*“ Doch weit entfernt von politischem Einfluß habe er unbefangener beobachten und erwägen können und sei dabei zu der Überzeugung gelangt, „*daß wir durchaus die entgegengesetzten Wege von denen einschlagen müssen, auf welchen uns das Verderben gekommen*“. Die konservativen Einrichtungen früherer Jahre hätten „*nur als der Ausdruck einer nun entschwundenen Gesinnung Bedeutung und Wert*“[54].
Döllinger fragte sich nun viel realistischer: Was läßt sich unter den gegebenen Verhältnissen bestenfalls erreichen? Seine Antwort stellt einen einzigen Gesichtspunkt in den Vordergrund: Zurückweisung jeden Privilegs für die katholische Kirche. Darüber hinaus finden sich nur Andeutungen: Wir müßten (verglichen mit früher) die entgegengesetzten Wege einschlagen; nur von Vermischung, nicht von einem freundlichen Zusammenwirken beider Gewalten sei bei seiner Kritik die Rede; dank dem Prinzip der Gleichberechtigung der Religionen habe der Erzbischof von Mecheln eine vollkommen unabhängige Verfassung für die belgische Kirche erkämpft.
Im Kreis der Mechelner Schule auch müssen wir wohl Döllingers Gedanken um diese Zeit ansiedeln. Belgien war für ihn das große Vorbild der Zeit. De Méan, van Bommel und andere hatten die verfassungsmäßige Kultfreiheit mit völliger Unabhängigkeit im eigentlich geistlichen Bereich erstritten. Sie hatten – obwohl Belgien ein rein katholisches Land war – die staatliche Anerkennung der

verschiedenen religiösen Kulte, also völlige Neutralität des Staates gegenüber den Konfessionen und auch gleichen staatlichen Schutz für die Konfessionen, befürwortet[55]. Sie hatten eine klare Regelung all der Streitpunkte, in denen notwendigerweise religiöser und weltlicher Bereich zusammenstoßen müssen, durchgesetzt. Das Ergebnis war eine gemäßigte Trennung beider Gewalten und zugleich Koordination. Rom hatte die Entstehung der belgischen Verfassung zwar besorgt mitverfolgt, aber letztlich doch geschwiegen und die Verfassung schweigend gebilligt[56]. Deshalb dürfte eine Interpretation der Andeutungen Döllingers in diesem Sinn berechtigt sein. Viel mehr läßt sich den genannten Artikeln in den HPBl nicht entnehmen.

1848, einige Jahre später, tagte in Frankfurt die Nationalversammlung, um die Grundrechte der Deutschen festzulegen. Döllinger kämpfte in vorderster Linie für eine *„ehrlich und aufrichtig gemeinte, vollständige Losgebung der Kirche vom Staatszwang"*[57]. Parallel zum Frankfurter Parlament tagte in Würzburg die erste deutsche Bischofskonferenz. Auch hier war Döllingers Rat sehr gefragt, galt Döllinger doch als einer der kompetentesten Theologen. Seine Mitarbeit und die seiner Mitstreiter brachte auch reichen Erfolg.
Die vorausgegangenen Jahre hatten Döllinger Erkenntnisse und Erfahrungen gebracht, die ihn zum Umdenken veranlaßten und der Kirche zum Nutzen gereichten. Vor allem die in den HPBl geführte geistige und literarische Auseinandersetzung mit Männern wie Tocqueville und Polignac, Lamennais und der Mechelner Schule übte auf Döllingers Denken und Urteil einen bestimmenden Einfluß aus.

Anmerkungen

HPBl = Historisch-Politische Blätter

1 Lösch, Stefan: Döllinger und Frankreich. Eine geistige Allianz, München 1955, S. 517–532. Ergänzend dazu jetzt Albrecht, Dieter / Weber, Bernhard (Hrsg.): Die Mitarbeiter der Historisch-Politischen Blätter für das Katholische Deutschland 1838–1923. Ein Verzeichnis, Mainz 1990. Bei 9 873 von 12 256 Artikeln konnten die Verfasser nachgewiesen werden.

2 Möhler, Johann Adam: Die Einheit in der Kirche. Neuauflage hrsg. v. Josef Rupert Geiselmann, Köln 1957.

3 Ebd., S. 227.

4 Döllinger: Staat und Kirche, in: Eos 13 (1829) 555–560, hier 559.

5 Döllinger: Die Freiheit der Kirche, in: F. H. Reusch (Hrsg.): Ignaz Döllinger. Kleinere Schriften, Stuttgart 1890, S. 72–104, hier 85.

6 Finsterhölzl, Johannes: Die Kirche in der Theologie Ignaz von Döllingers bis zum ersten Vatikanum. Aus dem Nachlaß hrsg. v. Johannes Brosseder, Göttingen 1975.
7 HPBl 10 (1842/II) 209–228, hier 217.
8 HPBl 12 (1843/II) 697–719, hier 698.
9 Ebd., 703. Vgl. Finsterhölzl (wie Anm. 6), S. 262, Anm. 630.
10 Finsterhölzl (wie Anm. 6), S. 265.
11 Ebd., S. 265.
12 HPBl 12 (1843/II) 717.
13 HPBl 16 (1845/II) 549–565, hier 564.
14 HPBl 12 (1843/II) 703f. Vgl. Finsterhölzl (wie Anm. 6), S. 264.
15 HPBl 16 (1845/II) 377–394, hier 380.
16 Am 6. März 1867 an Lord Acton. Vgl. Victor Conzemius (Hrsg.): Ignaz von Döllinger – Lord Acton: Briefwechsel, Bd. I, München 1963, S. 477f.
17 Ebd., S. 478, Anm. 1.
18 HPBl 2 (1838/II) 19–32, 57–72.
19 Alexis von Tocqueville (1805–59), franz. Historiker u. Politiker. Bereiste 1831/32 im Auftrag der franz. Regierung die Vereinigten Staaten von Amerika. In den folgenden Jahren schrieb er sein zweiteiliges Werk „De la Démocratie en Amérique". Döllinger rühmt ihn als einen Kenner, *„dessen Anschauungen sich weniger auf Prinzipien und theoretische Spekulation, als auf eine treue Beobachtung der Tatsachen und der Natur gründen"* (ebd., 19).
20 Conzemius (wie Anm. 16), Bd. IV: Briefwechsel mit Lady Blennerhasset, München 1981, S. 568.
21 HPBl 2 (1838/II) 25.
22 Ebd., 57.
23 Ebd., 62f.
24 Ebd., 27.
25 Ebd., 28.
26 Ebd., 58. – Es ist beeindruckend, wie klar Döllinger die Konsequenzen einer Lehre durchschaut. An derselben Stelle fährt er fort: In der Hand eines einzelnen *„ist die Folge davon eine Tyrannei, d. h. eine Vernichtung jedweden Rechts und jeder rechtlichen Privatfreiheit, die in dieser konsequent entwickelten Form und Ausbildung in der Weltgeschichte bisher noch nicht erhört gewesen ist"* (ebd., 58).
27 Ebd., 25.
28 Ebd., 59.
29 Ebd., 64.
30 Ebd., 70.
31 Letzte Fortsetzung in: HPBl 11 (1843/I) 382–392.
32 Ebd., 385.
33 Ebd., 386.
34 Ebd., 392.
35 HPBl 2 (1838/II) 23.
36 Ebd., 30f.
37 *„Die Verhältnisse jenes Landes (. . .) haben sich dort, durch die höhere Fügung, ohne Dazutun des Hauptes oder der Glieder der Kirche (. . .) hervorgebildet . . . Gott hat sie (die Wahl ihrer Stellung) bereits für die Kirche getroffen . . . Finden die Gläubigen, daß die günstigen Seiten ihrer Lage die Nachteile überwiegen, so sind sie Gott allein dafür Dank schuldig"* (ebd., 32).

38 In Rußland kann man sehen, „*wie das Geschick der christlichen Religion ist, wenn sie in einer nationalen Kirche gelehrt und unter der Disziplin eines nationalen Klerus ausgeübt wird. Der Anblick der Erniedrigung, in welche das Priestertum in einem Lande geraten kann, wo die Kirche nur von dem Staate abhängt, würde jeden konsequenten Protestanten zurückschrecken. Nationalkirche und Nationalklerus, diese Worte sollten sich nie verbinden; die Kirche steht durch ihr Wesen über jeder menschlichen Gesellschaft; die allgemeine Kirche verlassen, um in irgendeine Staatskirche einzutreten, das ist mehr als im Glauben irren, es ist die Verleugnung des Glaubens, man stürzt vom Himmel auf die Erde*" (HPBl 12 [1843/II] 497).
39 HPBl 13 (1844/I) 340.
40 Ebd., 343.
41 HPBl 10 (1842/II) 213f.
42 HPBl 13 (1844/I) 809.
43 HPBl 15 (1845/I) 468–477.
44 Ebd., 472.
45 Ebd., 473.
46 Ebd., 475.
47 Ebd., 472.
48 Ebd., 475.
49 HPBl 15 (1845/I) 435–462; 16 (1845/II) 377–394, 549–565.
50 In dem Artikel erwähnt Döllinger eingangs, wie Napoleon der Veröffentlichung des Konkordats organische Artikel beigefügt habe, die den gallikanischen Freiheiten von 1682 sehr ähneln. Er benutzt den Hinweis zu der Bemerkung: „*ein mahnendes Beispiel für die Hierarchie in alle Zeit, wenn es noch einmal sie gelüsten sollte, ohne den Felsengrund Petri sich ein gesondertes Haus zu bauen*" (HPBl 15 [1845/I] 450).
51 HPBl 15 (1845/I) 475.
52 HPBl 2 (1838/II) 23.
53 Ebd., 63.
54 HPBl 15 (1845/I) 476.
55 Vgl. Jürgensen, Kurt: Lamennais und die Gestaltung des belgischen Staates, Wiesbaden 1963, S. 142f (van Bommel), S. 151–153 und 203ff. (Mechelner Schule).
56 Ebd., 283.
57 Döllinger: Die Grundrechte des deutschen Volkes, in: HPBl 22 (1848/II) 65–91, hier 89.

HERMAN H. SCHWEDT

Vom ultramontanen zum liberalen Döllinger

Johannes Friedrich beschreibt in der fast hundert Jahre alten, aber noch nicht überholten Biographie seines Freundes und Lehrers Döllinger die schon vor dem Revolutionsjahr 1848 bemerkbaren Veränderungen innerhalb des deutschen Katholizismus. Anspielend auf das Jahr 1847, als Döllinger seine Münchener Professur verlor, erklärt Friedrich: *„Mit dem Jahre 1847 trat auch der Wendepunkt in Döllingers Leben ein. Eine neue Richtung begann in der römisch-katholischen Kirche, deren Trägerin die von Mainz aus geleitete echt ultramontane oder jesuitische Partei wurde.“*[1]

Einige bisher unbekannte oder unbeachtete Quellen aus jenen Jahren der „*Wende*“ und der Umorientierung des Katholizismus sollen die kirchliche Entwicklung und insbesondere die Stellung Döllingers illustrieren; sie umfassen die Jahre 1845 bis 1854 und betreffen im wesentlichen die Abwehr gegenüber dem Reformkatholizismus, vertreten auch durch Johann B. Hirscher, und gegenüber den ‚modernen Ideen‘, die der schon 1852 in Vorbereitung befindliche, aber erst 1864 veröffentlichte „Syllabus der Irrtümer“ verurteilte. Nicht der ganze Streit um Hirscher und den Reformkatholizismus, auch nicht die gesamte Vorgeschichte des „Syllabus“ soll dargestellt werden, sondern nur jener Teil dieser Entwicklung, der Döllinger direkt betrifft. Die vorzustellenden Quellen und ihr Hintergrund offenbaren etwa um das Jahr 1845 keineswegs einen ‚gallikanischen‘, sondern einen ultramontanen Döllinger, ganz eingebunden in eine den päpstlichen Jurisdiktionsprimat und den kirchlichen Zentralismus fördernde „Katholische Bewegung“, also den klassischen Ultramontanismus. In den Jahren nach 1849 zeigte sich immer klarer die Wirkung jener von Friedrich angesprochenen „Wende“. Döllinger zählte immer mehr zu den verdächtigen und liberalen Katholiken, wie das Schicksal um den kurialen Gutachtenauftrag von 1852 wegen des späteren „Syllabus“ offenbart.

Friedrich bestreitet, daß der Münchener Kreis um Joseph von Görres und mit ihm Döllinger zu den Ultramontanen gehörten, mit Ausnahme zweier Mitglieder des Kreises, George Phillips und Karl Ernst v. Jarcke[2]. Mehr noch: Einige Hörer Döllingers aus dem Jahre 1841 behaupteten später, dieser habe sich beim Görreskreis verdächtig gemacht oder „gallikanische“ Ansichten vertreten.

Zu diesen früheren Hörern zählt der Breslauer Franz Lorinser, einer der bekanntesten Ultramontanen Schlesiens, der rückblickend über seine Münchener Studienzeit von 1841 schrieb: *„So groß Döllinger's Ruhm auch damals war, als ich in München seine Vorlesungen besuchte, so blieb es mir doch nicht verborgen, daß man ihm (bei Görres, Phillips und Windischmann) schon damals nicht recht traute; leider sollte sich dies Mißtrauen in späterer Zeit nur zu sehr gerechtfertigt finden.“*[3] Ein anderer Hörer Döllingers aus dem Jahre 1841, der spätere Redemptorist und römische Konsultor der Index-Kongregation, Michael Haringer, lange in engem Kontakt mit dem Kurienkardinal Reisach lebend, schrieb im Jahre 1883 an den Kirchenhistoriker Franz Xaver Kraus, er möge bei einer Neuauflage seines „Lehrbuches“ sein Lob für verschiedene deutsche Gelehrte abschwächen; denn *„Döllinger hatte, wie mir Kardinal Reisach erzählte, schon auf der Versammlung der Bischöfe in Würzburg* [1848] *den Plan einer Nationalkirche mit einem Primas von ausgedehnten Rechten im Kopfe, aber Reisach mit Vicari und Geissel widersetzten sich, daß dieser Gegenstand zur Verhandlung komme. Bei der Gelehrtenversammlung* [1863] *hat er* [Döllinger] *sich als der Mann gezeigt, den die Wissenschaft aufbläht. Und so waren die meisten andern* [Gelehrten]. *Devotion kannte er nie. Schon als ich 1841 sein Zuhörer war, las er nur an Sonntagen die Messe; sein Vortrag übers Kirchenrecht war gallikanisch.“*[4] Beide Zeugnisse über Döllingers damalige Einstellung stammen aus späteren Jahrzehnten, bedingt also durch die Konflikte nach 1870 und diese offenbar rückwärts projizierend in das Jahr 1841.

In dieser früheren Zeit galt Döllinger jedoch bei den Ultramontanen als selbstverständlicher Gesinnungsgenosse und Gefährte im Kampf gegen liberale oder angeblich unkirchliche Katholiken. Nur darum konnte einer der damals aktivsten Ultramontanen, der junge Bischof Reisach, in Rom vorschlagen, der Hl. Stuhl solle die römische Zensur und Begutachtung in einem Verfahren gegen die Schüler des Bonner Theologen Georg Hermes dem Münchener Professor Döllinger übertragen[5]. Reisach wünschte, daß das „Examen“ ungünstig für die Hermesianer ausgehe, und dazu sollte Döllinger mithelfen. Einer der Hauptvertreter der sogenannten „Mainzer“ Richtung, der Theologe Johann B. Heinrich, wollte noch im Jahre 1860 nicht glauben, daß Döllinger aus der alten Phalanx ausschere[6]. Eine *„gallikanisierende“* Tendenz Döllingers notierten erst in den frühen fünfziger Jahren bestimmte Beobachter, wie der gerade aus dem römischen Collegium Germanicum heimgekehrte Andreas Steinhuber, der spätere Jesuit und Kardinal[7]. Jene Richtung innerhalb des Katholizismus im 19. Jahrhundert, die den Jurisdiktionsprimat und Universalepiskopat des Papstes förderte und stärkte, also der Ultramontanismus[8], konnte Döllinger in den 30er und 40er Jahren mit Recht als einen ihrer Vertreter reklamieren. Nur von einem Ultramontanen, nicht aber von einem Gallikaner oder Liberalen meldete darum der Mainzer „Katholik“ im Juli 1850 mit Freuden: *„Die Nachricht, es werde bei der Besetzung des Stuhles von Salzburg an Propst Döllinger in München gedacht, hat allgemein Freude erregt. Das wäre wirklich eine Acquisition für die katholische Kirche in Österreich.“*[9]

Die folgenden Briefe aus den Jahren 1845 bis 1850 zeigen nicht einen „gallikanischen“ Döllinger, sondern haben ihre Logik nur im Zusammenhang des Kampfes der Ultramontanen, und damit auch Döllingers, gegen die sogenannten Reformkatholiken, also gegen die mit den Namen des früheren Konstanzer Generalvikars Ignaz von Wessenberg oder des Freiburger Theologieprofessors Johann Baptist von Hirscher umschreibbare Gruppe vor allem im Südwesten Deutschlands[10]. In diesen Ländern (Baden, Württemberg, Hessen-Darmstadt, Hessen-Kassel, Nassau mit Frankfurt) und in den entsprechenden Bistümern (Freiburg, Rottenburg, Mainz, Fulda, Limburg)[11] wehrten sich die „Reformkatholiken“ sehr heftig gegen das Vordringen des Ultramontanismus. Die Auseinandersetzung kristallisierte sich gerade um die vehement geführten Personaldebatten. Dabei bemühten sich die Ultramontanen, bestimmte Personen beim Hl. Stuhl in Mißkredit zu bringen, etwa bei Bischofswahlen, oder deren Publikationen durch den römischen „Index der verbotenen Bücher“ verurteilen zu lassen. Von Döllinger erwarteten die Ultramontanen selbstverständliche Mithilfe. Die Auseinandersetzungen der 40er Jahre ähneln sich bei diesen Gelegenheiten, auch wenn es sich um jeweils verschiedene Personen (Kandidaten und Gewählte) handelt. Bezeichnenderweise zieht sich wie ein roter Faden der Name Johann Baptist Hirschers durch die kirchlichen Debatten und Affären jener Jahre in der oberrheinischen Kirchenprovinz. Hirscher stand zur Diskussion als Bischof 1840 in Limburg, 1842 in Freiburg, 1845 in Rottenburg, dazu 1843–1845 als Koadjutor-Bischof von Rottenburg; sein Name erschien auch bei der Wahl des „Hirscherianers“ Leopold Schmid 1849 zum Bischof von Mainz, an dessen Stelle dann Wilhelm Emmanuel v. Ketteler kam.

1. Die Rottenburger Bischofswahl (1845–1847)

Die Ultramontanen mochten Hirscher nicht und bewiesen dies über Jahrzehnte hinweg. Um Hirscher für eine Bischofswahl in Rottenburg unmöglich zu machen, verbreiteten die Ultramontanen zahlreiche Behauptungen, so etwa 1842: *„Hirscher ist ein Feind Roms und alles dessen, was von Rom kommt; der Liebling des gegenwärtigen badischen Ministeriums; ein Feind des Breviers und des Zölibats.* [. . .] *Die fanatischen Mitglieder des sog. Schaffhausenvereins* [liberaler Katholiken . . .] *sind Hirschers Freunde; über die Ultramontanen dagegen soll er sich in einer Weise geäußert haben, die uns fast unglaublich ist; eine deutschtümelnde Nationalkirche ist Hirschers Idee.“*[12]

Hirscher antwortete zwar öffentlich auf die Vorwürfe, aber aus den interessierten Kreisen in Württemberg, die eine Nachfolge dieses Theologieprofessors als Bischof verhindern wollten, gelangten bestimmte „notae" nach Rom, also Bemerkungen und Kommentare zu der Gegenerklärung, um diese zu entwerten. Die interessierten Kreise hat man im jungen Klerus des Bistums Rottenburg zu suchen, wozu auch die Tübinger Theologieprofessoren Hefele und Kuhn sowie der spätere Seminarregens Mast zählen. Ein Priester aus dieser Gruppe, Pfarrer Georg Mennel in Ottenbach, stand in brieflichem Kontakt mit dem in Rom lebenden Schlesier Augustin Theiner. Dieser engagierte sich damals häufig für kirchliche Fragen der oberrheinischen Kirchenprovinz, mit beträchtlichem Erfolg bei Bücherverurteilungen der Indexkongregation, deren Konsultor er war. An Theiner gab Pfarrer Mennel im Jahre 1844 einige Mitteilungen über die schon zwei Jahre alten Angriffe auf Hirscher, wonach dieser ein Feind Roms, des Breviers und des Zölibates sei. Mennel ging 1844 genauer auf Hirschers mangelnde Papst- und Zölibatstreue ein – eine beliebte Koppelung im ultramontanen Milieu des 19. Jahrhunderts – und schrieb an Theiner[13]:

„Was nun aber Dr. Hirscher betrifft, so scheint seine Erklärung über seine Grundsätze, wie er sie im J[ahre] 1842 auf Angriffe gegen ihn in der Schweizer Kirchenzeitung in mehreren Zeitschriften abgegeben hat, in Rom schon bekannt zu sein, da Sie sagen, er habe damals sich noch nicht verdächtigt gehabt [sic]. Sollte diese seine Erklärung nicht in extenso in Rom bekannt sein, so könnte ich sie einsenden – will es aber jedenfalls tun, u. solche dann mit dem Paket, von dem ich später noch reden werde, Ihnen zusenden. Allein Hirscher würde von den entschieden Kirchlichen als Coadjutor wahrhaft gefürchtet u. abhorriert. Denn obgleich er nicht wenige Anhänger unter unserem Klerus hat, so sind es eben nur die halbentschiedenen, die eigentlich wie Hirscher eine selbstgemachte, purifizierte Kirche wollen und die Rom u. seine entschiedenen Ansprüche an Geistliche und Laien, besonders im Praktischen, gleichsam fürchten. Es ist namentlich von Hirscher sehr merkwürdig, daß er den gemischten Ehen in praxi ganz nach protestantischer Laxheit das Wort redet, während er in seiner Moral sie aus einer Menge von Gründen ganz verwerflich findet. Und seinen unentschiedenen Katechismus kennen Sie ja schon. – Zudem ist Hirscher auch gar nie in der Pastoration gestanden, daher dann wohl auch manche seiner unheilbaren Idiosynkrasien, weil er nicht durch die Seelsorge korrigiert worden ist. Endlich aber war es seiner Zeit, da er noch Professor in Tübingen war, dort allgemeines Gerede, daß er sich früher mit einer Schwester der berüchtigten Niece unseres Bischofs geschlechtlich verfehlt habe und er hatte auch wirklich immer 2 Knaben bei sich im Hause, die man als seine natürlichen Kinder bezeichnete; während deren Mutter später nach Odessa verheiratet, dort sich aufhält, – und diese Knaben soll er noch jetzt bei sich haben. – Auch habe ich das letzten Herbst schon als Ohrenzeuge versichern gehört von andern Professoren in Freiburg, daß Hirscher durchaus keine andere kathol. Wissenschaft, die der seinigen in den Wege trete, wie z. B. die Moral von Stapf, Prof. in Brixen, wolle anerkennen und gelten lassen,

sondern sogar einen literärischen Terrorismus üben möchte mit gewaltigem Hochmut, obwohl seine eigene Wissenschaftlichkeit nicht weit her ist [. . .].
Nach Ihrem Rate werden nun auch wirkliche Eingaben an den Hl. Vater abgefaßt, die wahrscheinlich ich dann Ihnen zusenden werde, sobald ich sie beisammen habe: u. ich bitte, dann um Ihre Güte, daß sie in Rom gehörigen Orts überreicht werden."

Nach Rom gelangte an Theiner außer den brieflichen Informationen noch ein ganzes Paket mit Eingaben und auch mit Unterlagen und Material zur Person Hirschers. Dazu gehören die offenbar von Mennel stammenden *„notae"* über Hirschers Presseerklärungen, die sich heute im Archiv der Kongregation für die außerordentlichen kirchlichen Angelegenheiten befinden und die der Generalobere der Jesuiten begutachtete. Dazu gehören mehrere Bücher, offenbar von Hirscher, die Mennel an Theiner besorgte. Dadurch kam in Rom ein Verfahren der Indexkongregation gegen Hirscher in Gang[14].
Bischof Nikolaus Weis von Speyer erhärtete die Vorwürfe gegen Hirscher in Rom, wenigstens hinsichtlich des Verhältnisses zu der Nichte von Bischof Keller. Vielleicht jedoch wollte Weis in Rom nur von *einem* Sohn Hirschers berichten, im Unterschied zu Mennel[15]; jedenfalls entschieden die römischen Kardinäle und der Papst im Jahre 1845, jetzt im Besitze derartiger Akten und Nachrichten, daß Hirscher nicht zum Koadjutor-Bischof von Rottenburg geeignet sei[16].
Das Koadjutor-Projekt endete mit dem Tod von Bischof Keller am 17. Oktober 1845[17]. Dadurch erübrigte sich auch das Verfahren gegen Hirschers Bücher vor der Indexkongregation und konnte versanden. Bis heute weiß man nicht, wie die römische Prozedur für Hirscher ausging. Ein Urteil wurde nicht verkündet.
Das Domkapitel von Rottenburg wählte am 24. Oktober 1845 Domdekan Ignaz v. Jaumann zum Bistumsverwalter (Kapitularvikar). Um diesen und das Domkapitel zu diskriminieren, brachten einige junge Priester des Bistums Rottenburg Anklagen gegen Jaumann und die von ihm repräsentierte Richtung der „Wessenbergianer" und Reformkatholiken vor. Einer dieser jungen ultramontanen Rottenburger, Regens Mast, erreichte schließlich sogar, daß der Hl. Stuhl eine Schrift Jaumanns feierlich auf den „Index der verbotenen Bücher" setzte[18].
Als das Domkapitel weder Jaumann noch Hirscher, sondern den Domkapitular Urban Ströbele am 8. Januar 1846 zum neuen Bischof von Rottenburg wählte, berichtete der Stuttgarter „Demokratische Beobachter", *„die junge, dem Ultramontanismus anhängige Geistlichkeit habe das Wahlergebnis mit wahrem Ingrimm aufgenommen"*[19].
Nicht Ströbele, sondern Joseph (von) Lipp wurde zwei Jahre später als Bischof von Rottenburg inthronisiert, möglicherweise ein Ergebnis des „liberalen" Kurses in den ersten drei Jahren des Pontifikates von Pius IX.[20].

Zu den jungen Geistlichen der Diözese Rottenburg, die gegen die „Wessenbergianer“ wie Hirscher, Jaumann oder Ströbele opponierten, gehörte auch der Tübinger Theologieprofessor Karl Joseph Hefele, der spätere Bischof von Rottenburg. Hefele zählte damals zu der kämpferischen Partei der Ultramontanen in Württemberg, bisweilen auch „Möhlerianer“ genannt, und stand mit seinem Kollegen Johann Evangelist Kuhn gleichzeitig auf den römischen Listen der favorisierten Kandidaten für den Rottenburger Bischofsstuhl. An seinen Kollegen Döllinger in München schrieb Hefele in den Jahren 1845 bis 1847 mehrere Briefe über das Thema der Rottenburger Bischofswahl. Döllinger übergab diese Briefe der Münchener Nuntiatur.
Einen dieser Briefe an Döllinger edierte Rudolf Reinhardt. Dieses Schreiben illustriert, mit welcher Entschiedenheit und mit welch breitem Spektrum von Informationen die ultramontane Gruppe die übrigen Priester zu diskreditieren suchte. Auch von angeblichen *„sexuellen Exzessen“* des erwählten Bischofs ist im gleichen Schreiben Hefeles die Rede[21].
Ein ähnlicher Brief Hefeles an Döllinger vom 7. November 1845 erklärte, daß der Bischof nicht vom Domkapitel gewählt werden dürfe, weil dieses nur *„ein Abbild seiner Schlechtigkeit wählen würde“*. Außerdem dürfe der Hl. Stuhl den rechtmäßig gewählten Kapitularvikar Jaumann nicht akzeptieren. *„Duldet Rom den H. v. Jaumann als Kapitularvikar, so sind wir verloren“*, weil auf ihn oder dessen Kreaturen die Wahl falle, *„lauter Männer, von denen jeder verderblicher wäre als die Pest“*. Typisch für die ultramontane Mentalität in diesem Schreiben ist die Klage und indirekte Forderung, Rom möge sich mehr um die Angelegenheiten des Bistums (Rottenburg) kümmern und brauche sich nicht einschüchtern lassen, sowie die Annahme, die *„Ultramontanisten“* seien allein die wirklich kirchlich Gesinnten, die anderen Priester dagegen Feinde der kirchlichen Sache. Das bezeichnende Schreiben Hefeles, das Döllinger dem Münchener Nuntius übergab, lautet[22]:

„Hochwürdiger Herr Geistlicher Rat!
Ihr freundliches Schreiben vom 23. Oktober traf ich erst vor 4 Tagen bei meiner Rückkunft aus den Ferien (ich erschien nämlich nicht bei dem Feste), und beeile mich nun, Ihnen den Empfang desselben hiermit anzuzeigen. Zugleich glaube ich Ihnen aber auch einen angenehmen Dienst zu erweisen, wenn ich Ihnen Württemberger Neuigkeiten mitteile.
Was ich längst befürchtete, ist eingetroffen. Unser H. Bischof ist gestorben, *bevor* ein Coadjutor cum jure succ[essionis] bestellt war, und ich kann die Langsamkeit in den Coadjutorie-Unterhandlungen, wodurch wir in die gegenwärtige schlimme Lage versetzt worden sind, nur bedauern. Überhaupt hört man bei uns vielfach die Klage, daß sich Rom unserer Diözese viel zu wenig annehme. Wir haben immer getan, was in unseren Kräften stand, die Mehrzahl der Lehrkräfte an der Fakultät und den katholischen Obergymnasien

sind in unserer Hand, ebenso die ganze katholisch-theologische Literatur Württembergs, ein großer Teil des Klerus und des Volkes ist entschieden kirchlich gesinnt; aber das Domkapitel können wir nicht bessern, sooft wir es auch in den Zeitschriften angegriffen haben, und auf die Bischofswahl haben *wir* keinen Einfluß. Bei uns fehlt es oben; hätten wir nur einen Bischof, wie der H. Erzbischof von Freiburg ist, und wir würden mauerfest dastehen.

Man hat gehörigen Orts wiederholt darauf aufmerksam gemacht, daß die Bestellung eines ordentlichen Coadjutors das beste Mittel sei, uns zu helfen, während, wenn es zur Wahl eines neuen Bischofs komme, das Kapitel nur ein Abbild seiner Schlechtigkeit wählen würde. Und so ist es auch gegangen. Zum Kapitularvikar ist nach dem Willen des Königs der Domdekan v. Jaumann gewählt. Gleich nach dem Tode des Bischofs hat der König durch den Staatssekretär H. v. Goes[23] an den Domdekan ein Schreiben gerichtet, des Inhalts, Seine Majestät wünsche, daß v. Jaumann, falls die Wahl zum Bistumsverweser auf ihn falle, selbe annehme, und Seine Majestät werde auch dahin zu wirken suchen, daß Jaumann wirklich gewählt werde.

Auf dies hin beging das Kapitel die *Frechheit*, den *famosen* Jaumann zu wählen. Die ganze Wahl war übrigens nur ein Scheinakt, denn es existieren, wie ich von einem Domkapitular selbst weiß, geheime Kapitelsstatuten, wodurch sich die Einzelnen schon zum Voraus verpflichteten, im Falle einer Erledigung den Domdekan zum Kapitularvikar zu wählen.

Der Grund dieser Wahl liegt nahe. Die Württembergische Regierung sieht voraus, daß die definitive Wiederbesetzung des bischöflichen Stuhls sich viele Jahre hinausziehen kann. Ist aber Jaumann Bistumsverweser, so kann die Regierung dieser Sedisvakanz ruhig zusehen, mag sie so lange dauern, als sie will, und sie wird keinem Bistumskandidaten ihre Zustimmung geben, der ihr nicht ebenso angenehm ist, als H. v. Jaumann. Die Politik des Temporisierens kennt man nicht bloß in Rom, sondern auch in Stuttgart, und ein Artikel in der Allg[emeinen] Zeitung hat bereits ausgesprochen, daß Württemberg in der kirchlichen Frage diese Politik befolge[24].

Es ist jetzt wahrlich summum discrimen vorhanden. Duldet Rom den H. v. Jaumann als Kapitularvikar, so sind wir verloren. Das Kirchenregiment ist dann auf unabsehbar lange Zeit in den schlechtesten Händen, die kirchlich Gesinnten werden völlig mutlos werden. Manche sind es schon, die Regierungspartei dagegen wird dann Alles zu wagen courage haben. Schon beginnen die Wirkungen der Jaumannschen Administration. So lange der H. Bischof noch lebte, war die heillose Gottesdienstordnung faktisch antiquiert; kaum nahm Jaumann die Zügel in die Hand, so erging ein Circulare, welches den Geistlichen die genaue Befolgung dieser Gottesdienstordnung strengstens einschärfte[25]. Auch die künftige Bischofswahl hängt davon ab, ob Jaumann als Kapitularvikar geduldet wird, oder nicht. Wird er geduldet, so wird er, oder seine Kreatur, der Domkapitular v. Ströbele, oder der Konviktsdirektor Schott von Tübingen gewählt, lauter Männer, von denen Jeder verderblicher wäre, als die Pest. Wird dagegen Jaumann vom Hl. Stuhle verworfen, so wird das Kapitel eingeschüchtert, namentlich wenn es noch einen tüchtigen Verweis über diese Kapitularvikarswahl erhält, und dann wird es nicht wagen, ein Subjekt der schlimmsten Sorte zum Bischof zu wählen. Ich sage, der *schlimmsten* Sorte, denn einen

schlimmen Bischof bekommen wir zweifelsohne, so bald das Kapitel zu wählen hat. Nach meiner Einsicht wäre es aber für den heiligen Stuhl nicht schwer, den H. v. Jaumann zu verwerfen. Er ist ja mehr als berüchtigt, sein Anteil an den Frankfurter Verhandlungen ist bekannt. Er war notorisch ein Miturheber der vom hl. Stuhl verworfenen Frankfurter Kirchenpragmatik, publiziert am 30. Januar 1830[26], er war stets der tätigste Gehilfe der Regierung, um diese Pragmatik ins Leben einzuführen, er war es, der auf dem Landtage vom Jahre 1842 durch seinen Gegenantrag die bischöfliche Motion totgeschlagen und ein unbedingtes Vertrauen gegen die Regierung ausgesprochen hat[27]. Auch steht er wegen seines moralischen Wandels in ganz schlimmem Rufe, worüber jedes Kind in Rottenburg Aufschluß geben kann.
Man sagt sich bei uns, Rom sei durch die deutsch-katholische Bewegung einigermaßen eingeschüchtert worden, und möchte vielleicht darum Manches tolerieren. Aber um Gotteswillen! Der Deutschkatholizismus ist unser ungefährlichster Feind in Württemberg, und der einzige Jaumann schadete uns schon zehnmal mehr, als jenes ganze Lumpenpack zusammen. Nirgends ist bei uns unter Klerus und Volk die geringste Neigung zu dieser Sekte vorhanden. Den ganzen Lärm haben die Protestanten gemacht, alle Ovationen für Ronge kommen von ihnen her, und die kleine Zahl verführter Katholiken kann gar nicht in Betracht kommen[28].
Noch einmal. Ich habe unsere gegenwärtige Lage mit meinen Freunden hier und in der Umgegend wiederholt durchgesprochen, und unsere einstimmige Ansicht ging immer dahin: ‚wir sind verloren, wenn Jaumann als Kapitularvikar geduldet wird'. Es ist dies unsere letzte Anstrengung. Unterliegen wir auch diesmal, so weiß ich nicht, woher wir den Mut nehmen sollen, um neue Kämpfe zu versuchen. Ich gestehe, mein Mut ist dann zu Ende, und ich verfolge dann das alte Sprichwort qui fugit vincit.
Aber, werden Sie fragen, wer soll denn Bistumsverweser werden, wenn Jaumann verworfen wird? Auch hierauf haben wir, ich und meine Freunde, eine gemeinsame Antwort. Wenn es unumgänglich notwendig ist, daß ein Mitglied des Domkapitels die Administration erhalte, so wäre Dossenberger der *unschädlichste*, zugleich der Einzige, der moralisch ganz unbescholten ist. – Ist es aber, was besser wäre, möglich, einen Bistumsadministrator außerhalb des Kapitels zu ernennen, so wäre uns H. Oberkirchenrat Oehler am liebsten. Nach ihm würden wir den Dekan Ritz von Stuttgart stellen.
Sie erlauben, daß ich auch die bevorstehende Bischofswahl noch mit einigen Worten berühre. Nach dem, was transspiriert, soll Domkapitular v. Ströbele, den ich oben eine Kreatur Jaumanns nannte, die meiste Hoffnung haben. Ich wiederhole: er, ehemals Prämonstratensermönch in Obermarchthal (in Württemberg), gehörte frühzeitig zu den sogenannten aufgeklärten Mönchen, wurde dann bei der Klosteraufhebung zuerst Stadtpfarrer und Württembergischer Schulinspektor in Buchau, darauf Stadtpfarrer und Württembergischer Dekan in Riedlingen, und hat in beiden Städtchen einen schlechten Geruch der Heiligkeit hinterlassen; war auch Mitarbeiter an der von *Werkmeister* redigierten schändlichen Ulmer Jahresschrift, die den Febronius weit überbot[29]. Im Jahre 1828 wurde er Domkapitular, nach dem Willen des Königs vom verstorbenen Bischofe ernannt, und hat sich unterdessen durch stetes Eingehen in die Pläne Jaumanns, durch

Abfassung der verrufenen Gottesdienstordnung und eines der Censur würdigen Gesangbuchs (worin er ein Memento für den lutherischen König in den Canon eingeschwänzt hat)[30], sowie durch einen anstößigen Umgang (obgleich er schon alt ist) bemerklich gemacht.

Außer Ströbele könnte Conviktsdirektor, Oberkirchenrat Schott in Tübingen in Wurf kommen, ein Mann, der noch schlimmer, als Jaumann und Ströbele wäre, kurz gesagt, der bitterste Feind der kirchlichen Sache und ein fanatischer, verleumdungssüchtiger Verfolger der jungen Geistlichkeit. Seine Erhebung würde die Losung zu zahlreichen Auswanderungen sein.

Ob H. Oehler u. Ritz vom Kapitel auf die Wahlliste gesetzt werden, zweifle ich; auch steht es sehr dahin, ob sie nicht beide, wenigstens Oehler von der Regierung die Exclusive bekämen. Ritz seinerseits wäre nicht ganz unbedenklich, aber doch viel besser als Schott, Jaumann oder Ströbele. Ich würde den H. Ritz und den H. v. Dossenberger ungefähr gleich setzen, wie die Sache jetzt steht, hoffe aber, daß Ritz, wenn sich Aussichten für ihn öffneten, einige bestimmte Zusicherungen in kirchlichem Sinne geben würde, und so größeres Vertrauen verdienen möchte, als Dossenberger.

Sie sehen, wer unter uns einigermaßen kirchlich gesinnt ist, ist eine unmögliche Person, wie denn schon H. Oehler, ohne Ultramontanist zu sein, das Vertrauen der Regierung eingebüßt haben soll, weil er unsere antikirchliche Praxis in connubiis mixtis nicht billigt[31]. Da wir unter solchen Umständen keinen halbordentlichen Württemberger zum Bischof bekommen können, so wäre vielleicht das beste, wenn ein Geistlicher aus einem anderen Staate der oberrheinischen Kirchenprovinz durchgesetzt werden könnte. Solche Gedanken scheint man auch schon von Seite der Regierung gehegt zu haben, namentlich soll sie selbst ihre Augen auf die beiden aus Württemberg gebürtigen Gieß[en]er Professoren Leopold Schmid und Franz Scharpff gerichtet haben. Aber dies Projekt fand bei den kirchlich Gesinnten schlechten Anklang, da die beiden Personen sehr bedenkliche Charaktere sind und keine gehörigen Garantien bieten würden.

Leopold Schmid war ein sehr leichtsinniger und ausgelassener Student, ist später lebensernster geworden, leidet aber an einer Unbeständigkeit und Veränderlichkeit des Charakters und hat bekanntlich, was seinen Standpunkt charakterisiert, in der Riffelschen Sache gegen diesen seinen Kollegen und für die hessische Regierung öffentlich Partei in der Allgemeinen Zeitung genommen[32].

Auch Scharpff ist nicht charakterfest, sehr leicht verleitbar, in Hirscher'scher Weise schwankend, und war, so lange er in Württemberg lebte, nicht ohne Ausstellung wegen fader Liebeleien, sowohl als Geistlicher, wie als Student[33].

Zudem halte ich auf die theologische Tüchtigkeit beider, und auf die Verstandesklarheit Schmid's insbesondere äußerst wenig. Wie wenig Scharpff die Dogmatik versteht, mögen Sie aus seiner Schrift über Nicolaus Cusanus ersehen, wo er S. 205 den fraglichen Kardinal das Törich[t]ste über den Ablaß sagen läßt. Man sieht, Scharpff weiß gar nicht, was ein Ablaß ist[34]. Überdies ist seine und Schmid's Schrift gegen den Dr. Kraft zur Verteidigung der katholischen Kirche unglaublich schwach, ein wahres testimonium paupertatis[35]. Von diesen beiden Herren würde sicher keiner zum Bischof für uns taugen.

Verzeihen Sie, daß ich Ihre kostbare Zeit durch dies ausführliche Schreiben in Anspruch genommen habe. Ich verspreche Ihnen dafür, das Nächstemal kürzer zu sein, bitte aber zum voraus um die Erlaubnis, in kürzester Zeit, so bald sich unsere Angelegenheiten weiter entwickeln, Ihnen auch weitere Mitteilungen machen zu dürfen.

Um Fortdauer Ihres Wohlwollens bittend verharre ich

Tübingen d. 7. Nov. 1845 — Euer Hochwürden ergebenster
Dr. Hefele."

Der Münchener Nuntius, Erzbischof Morichini[36], erhielt mit dem Brief Hefeles auch ein Begleitschreiben Döllingers. Dieser unterstützt darin bei dem Vertreter des Hl. Stuhles das Anliegen Hefeles, daß Kapitularvikar Jaumann entfernt werden solle. Döllinger schlug vor, der Papst solle die Wahl Jaumanns durch das Domkapitel für ungültig erklären; der Gewählte habe sich an kirchenfeindlichen Handlungen beteiligt. Um dies zu beweisen, solle Erzbischof Vicari gleichzeitig im Namen des Papstes (als Kommissar) einen Prozeß gegen Jaumann eröffnen und die Zeugen vernehmen. Da ein Kapitularvikar keiner päpstlichen Bestätigung bedurfte, war Jaumann rechtens gewählt. Der Vorschlag Döllingers, die Wahl Jaumanns zu kassieren, suggerierte dem Papst einen Rechtsbruch. Solche autoritären Eingriffe des Hl. Stuhles in Deutschland nach Art von (Staats-)Streichen von oben *(„coups d'autorité")* hätten *„Ansehen und moralische Macht des Papstes bei uns"* nur gestärkt, schrieb Döllinger dem Nuntius[37]:

„Monseigneur,
N'ayant pas eu l'honneur de voir Votre Excellence, quand j'apportai la lettre du Prof. Hefele, je me permets de communiquer à V. E. quelques observations, que la lecture réfléchie de cette lettre importante m'a suggérées.
Il est clair, que la situation du Diocèse de Rottembourg est réellement dangereuse, que la ligue entre le gouvernement et la chapitre est formidable, et que la partie catholique du clergé (heureusement la majorité) est déjà découragée, et le sera de plus en plus, si le S. Siège n'intervient pas pour prêter son appui puissant à la bonne cause.
Je continue toujours d'être d'avis qu'une *simple désapprobation* prononcée par le S. Siège contre l'élection du nouveau vicaire [Jaumann], seroit impuissante, régardée plutôt comme un trait de faiblesse que comme un acte d'autorité; Jaumann continueroit toujours d'exercer sa jurisdiction, il auroit tout l'appui du Gouvernement, et la vacance du Siège épiscopal se prolongeroit, Dieu sait, combien de tems.
Cependant si Jaumann reste en possession tranquille, le mal qu'il fera dans le Diocèse, sera immense, l'autorité *morale* du S. Siège qui souffre un tel état de choses aura reçu une atteinte grave, et les Catholiques se trouveront reduits au désespoir.
Il me paroît donc indispensable, que le S. Siège fasse usage de son autorité Souveraine. Il s'agiroit de *casser* l'élection faite par le chapitre, en se fondant sur la part que Jaumann a prise à des actes ouvertement hostiles contre l'église et le S. Siège, et sur son Circulaire quant'à l'ordre de Service divin; en même tems on pourroit déléguer l'Archevêque de

Fribourg (étant déjà Métropolitain) comme Commissaire pour rassembler des témoignages contre Jaumann et pour instruire le procès canonique; mais il ne faudroit pas en prévenir d'abord l'Archevêque, car alors il feroit sans doute tout ce qui lui est possible pour se débarrasser de ce fardeau; il faudroit au contraire que l'autorisation lui fût expédiée de Rome tout à coup et sans qu'il puisse s'en douter.
Il y a un fait récent, analogue sous quelques rapports; c'est la décision du S. Siège quant à l'administration du Diocèse de Cologne, pendant l'Arrestation et captivité de l'Archevêque, par le Vicaire Hüsgen.
Je crois que, Jaumann étant déposé et mis en accusation, le S. Siège pourroit procéder à la nomination d'un Vicaire jure devolutionis, ou, ce qui vaudroit peut-être, mieux, ordonner au Métropolitain, d'en nommer un; il seroit facile de justifier un tel procédé par les Canons de l'Eglise.
Ce qui m'enhardit à énoncer celle opinion, c'est que les coups d'autorité portés par le S. Siège dans les affaires Allemandes pendant ces dernières années n'ont fait qu'augmenter l'autorité et la puissance morale du Pape chez nous. Et je suis convaincu que l'inactivité de Rome dans un danger si pressant d'une partie impotante de l'Eglise Allemande auroit non seulement des conséquences pernicieuses pour les Catholiques du Würtemberg, mais porteroit encore à l'autorité du S. Père au moins dans le Würtemberg.

Je suis, Monseigneur, avec un dévouement complet

ce 15 Novembre 45 l'humble serviteur de Votre Excellence
J. Döllinger"

Die Ultramontanen, die aus Rom *„Schläge"* und Eklats zur Stärkung der päpstlichen Autorität in Deutschland erbaten, hatten in Döllinger zwar einen beredten Anwalt. Doch der Hl. Stuhl hat Kapitularvikar Jaumann weder abgesetzt noch ihm den Prozeß gemacht, sondern ihn nur auf den „Index" gebracht, und dies war unter den von den deutschen Ultramontanen geforderten Maßnahmen noch die am wenigsten verletzende.

2. Die Mainzer Bischofswahl und die Indizierung Hirschers (1849)

Im Jahre 1848 zog Döllinger nach Frankfurt als Mitglied der Deutschen Nationalversammlung (Paulskirche). Bei den Abstimmungen findet man Döllinger fast immer unter den Vertretern des rechten Flügels der Abgeordneten; er gehörte zur Fraktion des „Café Milani", d. h. zur sogenannten „äußersten Rechten" im Parlament. Seine Mitgliedschaft in der Versammlung dauerte genau ein Jahr, vom 18. Mai 1848 bis 17. Mai 1849[38].
Im Zusammenhang mit den vorzustellenden Briefen interessiert hier die *außer*parlamentarische Tätigkeit Döllingers in dieser Zeit. Durch seinen einjährigen Aufenthalt in Frankfurt und im Rhein-Main-Gebiet erhielt er

sozusagen ein Domizil im Bistum Limburg und damit in der oberrheinischen Kirchenprovinz. Döllinger hatte in diesem noch vor kurzem kurmainzischen Gebiet des Untermains von 1823 bis 1826 als Lehrer am Lyceum in Aschaffenburg gelebt; er kannte die regionale kirchliche Tradition, geprägt durch die alte kurmainzische Toleranz, katholische Aufklärung und konfessionelle Versöhnlichkeit auf der einen Seite, und durch ihren Gegenpart, die neue „Mainzer Richtung", den Inbegriff des mittelrheinischen Ultramontanismus. Döllinger beteiligte sich dreimal aktiv, als diese junge Richtung im Jahre 1848 Katholizismusgeschichte machte, und zwar in drei Städten auf der Mainlinie: zunächst in Frankfurt beim „Katholischen Klub", jener Vereinigung von Paulskirchen-Abgeordneten, die zur frühen Zelle der katholischen Partei des „Zentrums" wurde; dann in Mainz beim Treffen der katholischen Vereine, dem „ersten Katholikentag" und Auftakt zum Verbandskatholizismus; und schließlich in Würzburg bei der Versammlung der deutschen Bischöfe, der „ersten deutschen Bichofskonferenz".

Zur Würzburger Bischofsversammlung reiste Döllinger nicht als Vertreter eines bayerischen Bistums, sondern als Berater des Bischofs von Limburg, Peter Joseph Blum. Dieser gehörte zu den markantesten Vertretern des mittelrheinischen und später preußischen Episkopates, ein furchtloser Streiter gegen liberalen Katholizismus, gegen Reformkatholiken und gegen Staatskirchentum. Er lernte Döllinger wohl über dessen ehemaligen Münchener Schüler, den Frankfurter Karl Klein, kennen, der seit 1843 als Sekretär Blums in Limburg und zuletzt als dortiger Bischof wirkte[39].

Döllingers Interesse an der lokalen und regionalen Kirchenpolitik an Rhein und Main führte auch ins Haus der Konvertiten Friedrich Schlosser und seiner Ehefrau Sophie, geb. Du Fay. In Frankfurt und in der Sommerresidenz Stift Neuburg bei Heidelberg zog der Schlosser-Kreis viele Romantiker und kirchlich Engagierte an[40]. Mit Justizrat Schlosser, Protektor der einzigen katholischen Kirchengemeinde Frankfurt (Dompfarrei), kümmerte sich Döllinger um politische und rechtliche Probleme bei der Berufung des neuen Stadtpfarrers. Es ging um staatliche Patronatsansprüche der Freien Stadt Frankfurt bei der Besetzung dieser Stelle und um kanonische Dispensfragen (Säkularisation, d. h. Entlassung aus dem Ordensstand, zur Übernahme in den Diözesanklerus als Weltpriester), weil der Kandidat als Ordensmann nicht ohne weiteres eine Pfarrpfründe und das damit verbundene Kanonikat am Limburger Dom annehmen durfte. Dieser Bewerber war, nach der Absage anderer Kandidaten aus der „Paulskirche", der Benediktiner Beda Weber aus Meran, Mitglied der Nationalversammlung und wie Döllinger zum „rechten" Flügel zählend, Mitglied auch des Katholischen Klubs in Frankfurt. Weber schrieb über seine Beratungen mit Döllinger an Bischof Blum: *„Eine weitere Bemerkung machte* *dieser Tage Döllinger, welcher für mein Hierbleiben* [in Frankfurt als Pfarrer] *zu sein scheint. Auf seine Aufforderung teilte ich ihm den Stand der Angelegenheit mit und den Inhalt meines Briefes an Eure Bischöfliche Hochwürden und Gnaden. Mit dem letzteren war er insofern nicht einverstanden, als er die Sache wesentlich erschwere, und wollte mir das Auskunftsmittel einreden, meine Bereitwilligkeit zur Annahme zu erklären und die weitere Verhandlung dieses Schrittes dem Ordinariate Limburg und der obersten Kirchenbehörde zu überlassen, um mir dadurch den Rücken zu decken vor Auslegungen, die nicht ausbleiben würden, wenn ich selbst tätig eingriffe. Dabei hatte er offenbar eine Säkularisation durch den Papst zwar nicht als absolut notwendig, aber als wünschenswert im Sinne. Damit ist auch Professor Phillips einverstanden. Beide meinen, ich könnte mich dazu herbeilassen und der Papst würde in Anbetracht der außerordentlichen Umstände gar keine Schwierigkeiten machen. Döllinger ließ auch das Wort fallen: ‚Wenn nur das Kanonikat nicht wäre; das andere ließe sich ganz leicht und ohne alle außerordentliche Ermächtigung zu Stande bringen.‘ Ob einer solchen definitiven Anstellung einstweilen eine provisorische bis zur Regelung der Sache vorausgehen könne, waren sie* [Phillips und Döllinger] *auch nicht im mindesten zweifelhaft.*“[41]

Im Hause Schlosser lernte Döllinger auch den in Württemberg aufgewachsenen ehemaligen Limburger Seminarprofessor Leopold Schmid kennen. Er war von 1833 bis 1837 Hauskaplan der Familie Schlosser in Frankfurt, danach einige Jahre Pfarrer im Bistum Limburg und seither Professor der jungen katholisch-theologischen Fakultät der Universität Gießen. Schmid gehörte zur Richtung der südwestdeutschen sogenannten Reformer. Ihn wählte das Domkapitel von Mainz am 22. Januar 1849 zum Bischof von Mainz, nicht jedoch den Wunschkandidaten der Gegenseite, Domkapitular Adam Lennig, den Initiator bei der Gründung der „Pius-Vereine“[42].

Schon vor dieser Bischofswahl erwartete man von Döllinger, daß er sich für Lennig einsetze. „*Vielleicht in keiner Diözese ist die ultramontane Partei, wenn man sie so nennen will, weniger scharf hervorgetreten, als bei uns* [in Mainz], *was man namentlich der großen Milde von Lennig verdankte*“, so schrieb Johann Bapt. Heinrich aus Mainz an seinen in Frankfurt weilenden Lehrer Döllinger und bat diesen, bei dem ehemaligen hessischen Staatsrat Justin von Linde wegen der Wahl zugunsten von Lennig zu intervenieren. Linde, wie Döllinger in Frankfurt Abgeordneter und Mitglied des „Katholischen Klubs“, kannte als früherer Kanzler der Universität Gießen den dortigen Professor Schmid. Gegen diesen und die von ihm repräsentierte Richtung machte man nun mobil[43].

Die Auseinandersetzungen um die Mainzer Bischofswahl bis zur Ernennung Wilhelm v. Kettelers sind Teil eines Konfliktes bestimmter Richtungen innerhalb des Katholizismus. Am Oberrhein ließ sich die eine Richtung am Namen des

Freiburger Domdekans Hirscher festmachen, die andere in Mainz am Namen Lennigs. Der spätere Mainzer Bischof Heinrich Brück urteilt über die Zusammenhänge in folgender Weise: „*Die Vorgänge bei der Mainzer Bischofswahl und namentlich die Wühlereien nach der Verwerfung Schmids hängen mit den s. g. Reformbestrebungen in Deutschland sehr innig zusammen* [. . .]. *Ein Hauptherd dieser seicht rationalistischen Reformbestrebungen war die Erzdiözese Freiburg. Aber auch in Mainz hatten dieselben, freilich bei einem ganz verschwindend kleinen Teil im Klerus und unter den Laien, Eingang gefunden. Die Gefahr, welche von dieser Seite der Kirche drohte, wurde durch den Umstand vergrößert, daß Hirscher als Wortführer der sog. Reformen auftrat und dieselben in seiner Schrift ‚Die kirchlichen Zustände der Gegenwart' kodifizierte, erläuterte und verteidigte* [. . .]. *Auch in Mainz fanden die Ideen Hirschers Anklang, und seine Verehrer glaubten in Professor Schmid den Mann gefunden zu haben, welcher zu ihrer Durchführung die Hand bieten würde.*"[44]
Diese Sicht entspricht auch dem Urteil der ultramontanen Beteiligten. Als einige Zeitungen Schmid als freisinnigen Mann des Fortschritts lobten, bemerkte dazu Döllingers Schüler Johann B. Heinrich, einer der Männer um Lennig: „*Solche Reden der schlechten Presse erhielten leider durch anderweitige Vorkommenheiten einigen Schein der Wahrheit. Es zeigten sich nämlich auch bei einem Teile des Klerus der Mainzer Diözese jene s. g. Reformgelüste, welche in Hirschers Schrift ‚Die kirchlichen Zustände der Gegenwart' Aussprache und mächtige Ermunterung fanden* [. . .]. *Jene öffentlichen Blätter stellten sofort Hirscher und Schmid in eine Parallele und gaben offen zu verstehen, daß der Gewählte jene Reformideen ins Leben führen werde.*"[45]
Hinter dem Namen Schmid stand also der bedeutendere und für die Ultramontanen weit gefährlichere des Reformtheologen Hirscher. „*Hirscherianer und Schmidianer sind bei uns das gleiche*", so schrieb Adam Lennig aus Mainz 1849[46].

Von Döllinger erwartete man Hilfe, um der Gefahr Hirscher und Schmid zu begegnen. Nicht nur Heinrich in Mainz, sondern wohl auch Schlosser in Frankfurt drängte Döllinger jetzt, etwas gegen Schmid zu unternehmen. „*Schmid mußte durchaus beseitigt werden, und auch Döllinger ließ sich, ohne Zweifel durch Rat Schlosser in Frankfurt beeinflußt, bewegen, sich an der Beseitigung Schmids zu beteiligen.*"[47] Döllinger wandte sich zunächst an Bischof Blum, um von diesem vertrauliche Informationen über Schmid zu erhalten[48]:

„Hochwürdigster Bischof! Verehrtester Freund!
Meinen Dank für die gütige Zusendung Ihrer tröstlichen und zeitgemäßen Hirtenbriefe statte ich erst jetzt ab, wiewohl ich es früher schon tun wollte. Aber Einiges, dessen Entwicklung ich abwarten wollte, bewog mich noch zu zögern. Zuerst die Angelegenheit der hiesigen Pfarrei. Die lange Erledigung dieser wichtigen Stelle zieht so vielfache

Uebelstände nach sich, daß sie selbst mir sich aufdrängen und mich beunruhigen, der ich doch keine Gelegenheit habe, in die inneren Zustände dieser großen Gemeinde zu blicken; so viel aber sehe ich deutlich: es fehlt durchaus ein Spiritus rector, jeder geht, wenig bekümmert um den andern, seine eigenen Wege; aber Niemand ist da, der das Ganze überblickte, und für das Ganze sorgte, an eine gemeinschaftliche Verständigung, ein gleichmäßiges Zusammenwirken scheint nicht gedacht zu werden. Eine drängende Sehnsucht, diesem Zustande bald ein Ende gemacht zu sehen, manifestiert sich nicht bloß in der Gemeinde, sie muß sich auch jedes nicht beteiligten Zuschauers bemächtigen, und ich brauche nicht zu sagen, wohin aller Blicke Hilfe flehend sich wenden. Eine Unterredung, die ich über diese Sache mit Rat Schlosser hatte, veranlaßte mich, ihn um ein schriftliches Denkblatt zu ersuchen, da mir schien, es könne vielleicht für Sie von Interesse sein, die Ansicht eines Mannes zu kennen, der schon vor 30 Jahren mit den Angelegenheiten der hiesigen kathol. Gemeinde viel zu tun hatte, die Verhältnisse genau kennt, und jedenfalls die besten Intentionen hegte. Deshalb erlaube ich mir, es hier beizulegen. Als Kanonist muß ich mich seiner Ansicht anschließen, mir scheint, daß nach kanonischen Grundsätzen der Senat gar keinen gegründeten Anspruch auf die Sukzession in das Patronatrecht des aufgelösten Bartholomäus-Stiftes machen kann, daß das Recht des Bischofs, kraft der libera collatio, die als die Regel mit dem Wegfall der Ausnahme, d. h. mit dem Erlöschen des Patronatrechts von selbst wieder eintritt, völlig begründet sei; wogegen ich es allerdings für viel schwieriger halte, ein Nominationsrecht des Limburger Kapitels, auf Grund des mit der Pfarrei verknüpften Kanonikats, zu deduzieren, und gegen alle Einwendungen durchzufechten.
Eine andere Angelegenheit, die Ihnen gewiß auch sehr am Herzen liegt, ist die jüngst erfolgte Mainzer Wahl. Ich hegte anfänglich einige Hoffnung, daß der Gewählte nicht annehmen würde, allein nach einem der hiesigen O.P.A. Zeitung heute befindlichen Artikel ist diese Hoffnung, für mich wenigstens, verschwunden[49]. Den Mann selbst kenne ich zwar persönlich sehr wenig (ich habe nur einmal bei Schlosser mit ihm gegessen), aber ich kenne seine Schriften, und selbst abgesehen von dem Inhalt, kann ich mich des Gedankens nicht erwehren, daß er calamitas sedis suae werden würde ganz besonders in einer Diözese – wie die Mainzer und in jetziger Zeit. *Sie* kennen ihn ohne Zweifel viel besser als ich, und es wäre mir viel daran gelegen, Ihr Urteil und Ihre Ansicht von der Lage der Dinge in Mainz zu kennen. Denn – unter uns – ich bin bereits von dort aus aufgefordert worden, Schritte in dieser Sache zu tun, – was ich jedoch, so lange meine Kenntnis der Person und der Zustände nur von einer Seite herkommt, kaum zu tun wage. Inzwischen ist H. Schlosser, dessen Hauskaplan H. Schmid zwei Jahre lang war, fest überzeugt, daß S. zur Verwaltung einer Diözese schlechthin unfähig sei, und eben hat auch der H. Bischof von Speier in einem Brief an Schlosser den dringenden Wunsch ausgesprochen, daß Schmid doch ablehnen möge.
Hr. Klein, dem ich mich bestens zu empfehlen bitte, wird vielleicht die Güte haben, in Ihrem Auftrage, da doch Ihre Zeit allzusehr in Anspruch genommen ist, mich mit einigen Zeilen zu erfreuen.

Mit der größten Verehrung unwandelbar

Frankfurt 1. März 1849 — Ihr untertäniger J. Döllinger“

Döllingers Einsatz für Beda Weber als Koordinator des Katholizismus in Frankfurt galt einem Mann, der im „Gedenkbuch an die Paulskirche" 1848 von sich sagte: *„Nie verläugn' ich meine Fahne, – Ja, ich bin Ultramontane – Mit den Worten, mit der That, – Treu der Kirche, wie dem Staat!"*[50]
Bischof Blum in Limburg ging auf die Anregungen Döllingers ein, schrieb diesem über die Verzögerung bei der Besetzung der Frankfurter Dompfarrei und gab gleichzeitig einige vertrauliche Nachrichten über Schmid. Mit Berufung auf ein in den Limburger Akten nicht nachgewiesenes, aber sicher negatives Urteil von Friedrich Schlosser über Schmid teilte Blum Döllinger mit: *„Nach meiner Überzeugung, die um so fester steht, nachdem mir das Urteil des Herrn Schlosser über Schmid bekannt geworden, werden Sie sich ein wahres Verdienst um das Bistum Mainz, ja um die oberrheinische Kirchenprovinz erwerben, wenn Sie in dem von Ihnen gewünschten Sinne Schritte tun."*[51] Leider fehlen die entsprechenden Quellen, um Döllingers „Schritte" gegen Leopold Schmid genauer rekonstruieren zu können. Es geht dabei besonders um die angebliche Anregung Döllingers bei bestimmten Personen, sie möchten ungünstige Stellungnahmen oder Gutachten über den neuerwählten Bischof Schmid abgeben, damit dieser die Wahl nicht annehme oder der Papst ihn nicht bestätige. Hiervon wird noch die Rede sein.
Bessere Quellen liegen für die an Döllinger herangetragene Erwartung vor, er solle etwas gegen Hirscher unternehmen. Dieser hatte im Sommer 1849 eine Schrift über „Die kirchlichen Zustände der Gegenwart" veröffentlicht. Hirscher forderte zur Stärkung des kirchlichen Lebens Synoden, die auch Reformen diskutieren sollten, z. B. deutsche Liturgiesprache, Bußpraxis oder mögliche Zölibatsdispens für Priester. Kritische Bemerkungen fand Hirscher für die neuen Pius-Vereine, und dies mißfiel natürlich bei den Ultramontanen am Mittelrhein[52].
Monatelang kam von dort ein Trommelfeuer von Antworten, meist im Mainzer „Katholik", für den Hirscher einfach ein *„Josephinist"* war[53].
Die Limburger hielten mit, so gut sie konnten, verfügten aber in dem eher provinziellen Bistum über keine Namen, die man gegen Hirscher vorzeigen konnte. Von Bischof Blum kam darum der Vorschlag, Döllinger solle eine Anti-Hirscher-Schrift publizieren. Er schrieb am 29. Juli 1849 an Döllinger, die *„reformlustige Partei im Klerus und unter den sog. gebildeten Laien"* begrüße jetzt Hirschers Schrift, was *„bedenkliche Folgen"* habe. Die kirchliche Zensur komme sicher, zudem aber müsse *„Hirscher, der sog. Mann der Wissenschaft, der große katholische Gelehrte, eben durch die Autorität der Wissenschaft, durch die größten katholischen Gelehrten gerichtet"* werden, also durch Döllinger. *„Einen Gegner wie Hirscher können Sie ohne jegliche Anstrengung gänzlich zu Boden werfen."* Zudem solle eine kath.-theol. Fakultät *„ein Verdammungsurteil*

über das fragliche Schriftchen" fällen, etwa die Fakultäten der Universitäten von München, Bonn oder Tübingen[54].

Wenige Tage nach dieser Aufforderung an Döllinger wandte sich Blum an seinen Erzbischof in Freiburg. Diesem gegenüber als dem ranghöheren Metropoliten bediente sich Blum zwar einer respektvollen Sprache, in der Sache aber erinnerte er ihn sozusagen an seine Pflichten und mahnte, daß gegen Hirscher etwas unternommen werden müsse. Blum schrieb an Erzbischof Vicari, daß er seiner *„in den jüngsten Tagen mit inniger Teilnahme gedacht habe, nämlich bei Lesung des Schriftchens von Hirscher über die kirchl. Zustände der Gegenwart, dessen Erscheinen Hochihnen ohne Zweifel um so mehr Schmerz und Sorgen bereitet hat, je irriger und verwerflicher die Grundsätze sind, welche Hirscher in demselben ausspricht, und je unverhohlener der Mann, der bisher von vielen als ausgezeichneter kirchlicher Lehrer so hoch gepriesen wurde, sich nunmehr den Bestrebungen der reformsüchtigen, unkirchlichen Partei unter Klerus und Laien angeschlossen hat. Es ist bedauerlich zu sehen, wie Hirscher, – wenn er anders auf dem betretenen Weg beharrt – noch am Abend seines Lebens seinen Ruf und seine Stellung als Professor der kathol. Theologie selbst vernichtet; – denn katholische Theologen können doch wohl jetzt sein Collegium nicht mehr besuchen –; übrigens will ich die Hoffnung noch nicht ganz aufgeben, daß er recht bald aus seiner unglücklichen Verirrung herauskommen und dadurch Ew. Exz. den Kummer ersparen werde, mit kirchl. Strafen gegen ihn einschreiten zu müssen.*"[55]

Wie beim Erzbischof angekündigt, untersagte Bischof Blum den Limburger Theologiestudenten in Freiburg den Besuch der Vorlesungen von Hirscher. Der Bischof sperrte die Studienstipendien und bestimmte, daß Hirschers Hörer nicht ins Limburger Priesterseminar aufgenommen würden. Als dies geschah, lag kein Ergebnis irgendeines kanonischen Limburger oder anderwärtigen Lehrverfahrens vor, etwa von seiten der römischen Indexkongregation. Diese verurteilte kurze Zeit später Hirschers Buch; sie gab keinerlei Grund für das Verbot an und konnte dies anhand des ihr vorliegenden Gutachtens (Votum) ihres Konsultors Augustin Theiner auch gar nicht. Hirscher unterwarf sich gehorsam, verwarf alle seine Irrtümer und Fehlausdrücke und konnte trotzdem an seiner Ansicht widerspruchslos festhalten[56].

Unmittelbar nach Erhalt der Klage, die Bischof Blum bei Erzbischof Vicari geführt hatte, wandte sich auch dieser an den Stiftspropst Döllinger und bat ihn, doch gegen Hirscher eine Schrift abzufassen. Außerdem informierte Vicari sogleich seinen Amtsbruder in Limburg[57]: *„Wegen der Hirscherschen Schrift, welche so sehr nachteiliges Aufsehen macht, und alle Gemüter aufstachelt, habe ich soeben an Propst Dr. Döllinger geschrieben mit der Bitte, selbe widerlegen*

zu wollen, welcher Sie am Gründlichsten widerlegen kann. Wie verkehrt gehet die Welt! Der Herr wolle alle Gefahren abwenden!"
Wir wissen nicht, was Döllinger dem Erzbischof antwortete. *„Wenn es mir irgend möglich ist"*, wolle er gegen Hirscher Stellung nehmen, und im übrigen wolle er bei einer Reise durch Baden den Erzbischof vielleicht persönlich sprechen. Einen solchen Tenor seiner unbekannten Antwort an Vicari darf man aus dem Schreiben schließen, das Döllinger an Bischof Blum richtete[58]:

„Hochwürdigster Bischof! Hochverehrter Freund!
Die Schrift von Hirscher habe ich am letzten Tage vor meiner Abreise von München flüchtig durchblättert, und allerdings so viel gesehen, daß sie ganz geeignet ist, die Köpfe zu verwirren, und für unheilvolle Bestrebungen einen Ausgangs- und Anhaltspunkt darzubieten. Eine tüchtige Widerlegung scheint dringendes Bedürfnis, und ich wünschte sehr, daß eine der Aufgabe gewachsene Feder sich damit befassen möchte; aber ob gerade ich dazu berufen sei, darüber bin ich noch nicht mit mir einig, obgleich das Zutrauen, daß Sie in mich setzen, mich ermuntert, und ich kürzlich auch eine gleich lautende Aufforderung von dem H. Erzbischofe von Freiburg erhalten habe. Was mich am meisten abschreckt, ist die auf mich gefallene Wahl in den bevorstehenden bayerischen Landtag; ich fürchte, daß mir während der voraussichtlichen langen Dauer dieser Versammlungen weder die nötige Zeit noch die erforderliche Freiheit des Geistes zu Gebote stehn werde, während doch eine solche Schrift die ganze ungeteilte Kraft eines Mannes in Anspruch nimmt. Indessen werde ich doch, wenn es mir irgend möglich ist, mich an die Aufgabe machen, vorher aber noch mich mit Ihnen, Hochw. Bischof, und mit einigen andern hierüber besprochen, denn ich bin eben im Begriffe, eine – freilich etwas eilfertige – Reise durch Baden, Württemberg u. die Rhein- und Maingegend zu machen, um mich noch über manches zu unterrichten, und ich werde nicht ermangeln, auch nach Limburg zu kommen, in der Voraussetzung, daß ich Sie dort zu finden hoffen darf.

Mit höchster Verehrung

Garmisch (im Bayer. Gebirge) 16. Aug. 49 Ew. Bischöflichen Gnaden unterthäniger
J. Döllinger"

Bischof Blum erhielt seine bei Döllinger bestellte Anti-Hirscher-Broschüre nie, auch wenn der Stiftspropst nicht förmlich absagte, sondern nur Bedenken äußerte und vertröstete. Man brauchte aber Veröffentlichungen im Kampf gegen den „Reformer" Hirscher und gegen den „Hirscherianer" Leopold Schmid.
Blum besorgte sich im eigenen Hause publizistisches Material gegen Hirscher. Blums bischöflicher Sekretär und Kaplan Gisbert Lieber, Sohn des nassauischen Politikers Moritz Lieber, war erst 1848 aus München vom Studium, bei dem er auch Döllinger hörte, in seine Heimat zurückgekehrt[59]. Lieber veröffentlichte Anfang 1850 anonym eine Broschüre gegen den Freiburger Domkapitular. Sie sollte den *„Nachweis"* liefern, *„wie wohl begründet* [. . .] *die Handlungsweise"* von Bischof Blum war, der den Limburger Theologiestudenten den Besuch von

Hirschers Vorlesungen verbot wegen der *„Ansichten und Grundsätze"* in der Schrift über die „kirchlichen Zustände"[60].
Der „Katholik" belobigte diese literarische Arbeit, und solches wiederholte sich anläßlich einer weiteren Schrift des jungen Lieber, in der man auch gelegentliche Kritik an Hirscher findet[61]. Die publizistische Aktivität aus dem bischöflichen Vorzimmer sollte das amtliche Vorlesungsverbot des Limburger Bischofs für seine Freiburger Theologiestudenten als flankierende Maßnahme begleiten.
Den in Aussicht gestellten Besuch in Limburg machte Döllinger 1849 nicht. Er reiste von Baden direkt zurück über Württemberg (Tübingen) nach Bayern, um rechtzeitig zum Landtag und nach Regensburg zum Katholikentag zu kommen. Dort berichtete er über seine Gespräche in Baden, soweit sie das *„Staatskirchentum"* betrafen, spielte aber nicht auf den aktuellen Streit um Hirscher und Schmid an[62].
Trotzdem muß Döllinger in Freiburg privat über diese Namen gesprochen haben, wenigstens mit dem Theologen Staudenmaier. Dieser „Tübinger" kannte als ehemaliger Professor in Gießen den dortigen Kollegen und Landsmann Leopold Schmid. Er pries gerade damals, im Jahre 1849, die „liberale" Ära des neuen Papstes Pius IX.[63]. Wegen seines Buches „Geschichte der Bischofswahlen" galt Staudenmaier als Fachmann bei der gerade anstehenden Streitfrage in Mainz, ob nach einer Bischofswahl der sogenannte Informativprozeß über die Eignung des Gewählten erforderlich sei (so die Vertreter eines alten Kirchenrechtes, das auch den Papst binde), oder ob der Papst ohne formelles Verfahren und von sich aus die Wahl verwerfen könne (so die Sicht der Ultramontanen). Verdächtige Dinge aus Freiburg, über Domkapitular Haiz und dessen Synoden-Schrift, über die theologische Fakultät der Universität und auch über Staudenmaier, hatte Dr. Moufang in Mainz erfahren. Dieser prominente Vertreter der Gruppe um Lennig schildert in bezeichnender Weise jenes Freiburger kirchliche Milieu, in dem Döllinger im Sommer 1849 seine Gespräche führte[64]:

„Es stellt sich, je mehr man die Sache überdenkt, immer klarer heraus, daß unsere Bischofsangelegenheit keine vereinzelt dastehende Sache ist, sondern mit zu jenen Plänen gehört, die eine nicht schwache Partei zur Durchführung einer Reform der Kirche in ihrem Sinne gefaßt hat. So ist, wie ich höre, in Freiburg Herr Prof. Staudenmaier besonders für Herrn Schmid tätig, und, wie ich in diesen Tagen erfahren habe, hat derselbe an Herrn Domkapitular Fell hierher geschrieben, der Herr Erzbischof habe den Informationsprozeß zu führen, und er werde da schon allen seinen Einfluß aufbieten, um die Genehmigung der Wahl durchzusetzen. Wie man aber am Sitze des Metropoliten über kirchliche Reformen denkt, darüber kann die Schrift des Herrn Domkapitular Dr. Haiz über die Synoden Zeugnis ablegen, die voll ist von unreifen Neuerungsideen und gefährlichen Vorschlägen, wie ein Inserat im Katholiken Nr. 51–57 ausführlich aufgewiesen hat. Diese Abhandlung aber ist zuerst, wie ich eben erfahre, in der von der dortigen Fakultät herausgegebenen Freiburger Zeitschrift für Theologie (20 B. 2. Heft) erschienen, und es hat sich in dieser Arbeit mehr oder minder die Gesinnung der Freiburger Fakultät ausgesprochen. Es wäre aber in der Tat sehr zu beklagen, wenn Männer solcher Richtung in dieser kirchlichen Frage von entscheidendem Einfluß wären und sie so für ihre Bestrebungen den Schein der kirchlichen Autorität für sich bekämen. Von Tübingen werden wir, und zwar von wohlunterrichteter Seite (von Herrn Prof. Hefele), wiederholt darauf aufmerksam gemacht, daß doch ja der Hochwürdigste Herr Bischof von Rottenburg offiziell veranlaßt werden möchte, sich darüber vollständig auszusprechen, wie er den Herrn Schmid als seinen Schüler und Zögling kennen gelernt und welche Ansicht er über seinen Charakter gebildet habe. Wie Ew. bischöfliche Gnaden sich erinnern werden, hat die Minorität des Kapitels in ihrem Schreiben an den h. Vater auf den Herrn Bischof von Rottenburg provoziert; aber bei den gegenwärtigen verwirrten Zuständen im Kirchenstaate könnte, da es den Anschein hat, daß es bis jetzt noch nicht geschehen ist, dieses übersehen und so ein wichtiger Punkt außer Acht gelassen worden sein; und ich erlaube mir Ew. bischöfl. Gnaden zu bitten, es in Überlegung zu ziehen, wie es zu veranstalten, daß Hochderselbe von Seiten des apostolischen Stuhles befragt werde."

Über Staudenmaier erfuhr man sogar noch Schlimmeres: Er habe eine Neigung für die Richtung Hirschers und könnte, wenn das Domkapitel frei wählen dürfe, zum Bischof von Mainz gewählt werden, falls der Papst, wie beantragt, die erfolgte Wahl Schmids verwerfen sollte. Der Papst solle eine freie Wahl des Domkapitels verhindern, denn Staudenmaier sei als Bischof *„absolut nicht geeignet"*, wie seine jüngste Broschüre und seine Sympathien für Hirscher zur Genüge erwiesen. Bischof Blum schrieb solches aus Limburg an Erzbischof Reisach, der die Information im Original gleich dem Münchener Nuntius weitergab[65].

Solche Überlegungen stellte man in Mainz vielleicht schon im Spätsommer 1849 an, als Döllinger in Freiburg Staudenmaier aufsuchte. Das Gespräch der beiden Professoren betraf auch Leopold Schmid als gewählten Bischof von Mainz. Die Unterhaltung kreiste aber nicht nur allgemein um diese Person, sondern betraf offenbar auch ein Buch von Leopold Schmid, und zwar das Werk *„Der Geist des Katholizismus"*. Hierbei handelt es sich um eine Darstellung und Verteidigung des Katholizismus mit Rückgriff auf Gedanken und Sprache des deutschen Spätidealismus.

Zu diesem Buch und anderen Publikationen Schmids gab es um 1849 mancherlei „Bemühungen". Wegen der Bischofswahl in Mainz versuchten interessierte Kreise, aus den Publikationen die Nichteignung des gewählten Bischofs zu beweisen. In Rom gab es deshalb ein Verfahren gegen Schmids Bücher bei der Indexkongregation. Deren Fachgutachter, der Tiroler Albuin Patscheider, votierte nicht ausdrücklich für die Verurteilung des Buches *„Der Geist des Katholizismus"*[66]. Ein zweiter Index-Konsultor, Augustin Theiner, begutachtete

Schmids Limburger Seminarvorlesungen von 1832 und meinte, eine römische Verurteilung tue dem Autor zu viel Ehre an. Die Kongregation hielt das Verbot (Indizierung) der Bücher Schmids unter den jetzigen Umständen nicht für geraten, ließ aber weiteres Material beim Münchener Erzbischof Reisach bestellen. Dieser war offiziell noch Konsultor der Indexkongregation, Fachberater also, dazu ernannt während seiner früheren Tätigkeit in Rom[67].
Regens Joseph Ernst in Eichstätt mußte für seinen Studienfreund Reisach die erbetene Begutachtung des Gießeners und gewählten Bischofs vornehmen. Ernst fand bei Schmid zwar zu viel Sprache und Terminologie Hegels, aber insgesamt *„erscheint doch aus dem Ganzen wiederum die Reinheit des kathol. Dogma gewahrt“*[68].
Die Gutachter für die Indexkongregation urteilten 1849 recht ungünstig über Schmid. Im Unterschied dazu lobte „Der Katholik“ im Jahre 1835 das jetzt von Theiners Gutachten so schlecht eingestufte Buch über die hebräische Sprache mit bewegten Worten und ermunterte Schmid, doch bald weiteres zu publizieren. In Rom pries 1836 die Zeitschrift „Annali delle scienze religiose“ das gleiche Buch Schmids in höchsten Tönen *(„supremamente“)* wegen seiner tiefen Lehre und seiner Orthodoxie. Der Gründer und Herausgeber der Zeitschrift, der spätere Kardinal Antonino de Luca, sowie fast der gesamte Mitarbeiterstab der „Annali“ wurden Konsultoren oder Mitglieder der Indexkongregation, manche erhielten hohe Kurienämter. Mehrere von ihnen, wie de Luca, Reisach, Theiner und der spätere Kardinal Nicholas Wiseman, zählten in den frühen dreißiger Jahren zu den römischen Anhängern oder Sympathisanten des frühen Félicité-Robert de Lamennais, damals ein Inbegriff für den kämpferischen Ultramontanismus[69]. Diese Richtung hatte inzwischen (1849) in ganz Europa mit verstärkter Intransigenz und autoritärer Energie an Einfluß gewonnen. Das früher so positive Urteil über Leopold Schmid galt jedenfalls im Jahre 1849 nicht mehr, weder bei den „Mainzern“ noch in Rom.
Keines der erwähnten Gutachten über Schmid weist inhaltlich oder wegen äußerer Umstände auf Döllinger hin, etwa in dem Sinne, daß dieser einige für Schmid ungünstige Stellungnahmen erbeten habe. Die im Jahre 1871 erschienene Biographie des inzwischen verstorbenen Leopold Schmid berichtet, daß Döllinger 1849 gegen Schmid auch bei Staudenmaier etwas zu unternehmen versuchte: *„Nicht unerwähnt soll hier bleiben, daß Stiftspropst von Döllinger in München, sobald Schmid zum Bischof gewählt war und* [die Wahl] *angenommen hatte, sich an katholische gelehrte Theologen um ihm besonders erwünschte Gutachten über, resp. gegen die* ***Orthodoxie von Schmid's dogmatischem Standpunkte*** *wandte. Der auch befragte Staudenmaier erwiderte Döllinger in Beziehung auf die erste Hälfte des ‚Geist des Katholizismus‘ von Schmid, welche damals zuerst erschienen war: jenes Werk sei dogmatisch nicht zu tadeln, vielmehr ein sehr verdienstliches.“*[70]

Zu dieser Anfrage Döllingers bei Staudenmaier und zu dessen Antwort fehlen bisher weitere Quellen. Möglicherweise erfolgte beides mündlich bei dem Besuch Döllingers in Freiburg im Spätsommer 1849. Schmid und seine Freunde sahen in Döllinger vielleicht den Anreger eines Schreibens, das Friedrich Schlosser aus Frankfurt an Schmid richtete mit der Aufforderung, die Bischofswahl nicht anzunehmen. Dieses Schreiben spricht von einer Persönlichkeit, die Schlosser zu dem Brief an Schmid animierte. Dieser konnte glauben, hier handele es sich um Döllinger als Hintermann. Aus dessen Brief an Bischof Blum vom 1. März 1849, der oben vorgestellt wurde, erfahren wir, daß Bischof Weis von Speyer jene Persönlichkeit war, von der Schlosser zum Brief an Schmid angeregt worden war[71]. Döllinger war gegen die Wahl von Leopold Schmid, er wünschte und hoffte, daß Schmid die Bischofswahl nicht annehme, er erkundigte sich zur Person und unternahm etwas gegen ihn. Wenn dabei Gutachten *„gegen"* Schmid entstanden, so sind diese nicht identisch mit den für die Indexkongregation angefertigten Gutachten über Schmids Bücher und wurden noch nicht ermittelt.

Einige Wochen nach dem Besuch bei Staudenmaier und dem vermutlichen Gespräch über Schmid und Hirscher traf Döllinger auf dem „Katholikentag" in Regensburg den nassauischen Legationsrat Moritz Lieber. Gemeinsam mit Döllinger war er Berater des Limburger Bischofs auf der Würzburger Bischofsversammlung 1848 gewesen und vertrat jetzt in Regensburg sein Bistum bei der Generalversammlung der katholischen Vereine. Liebers bloße Anwesenheit mußte Döllinger an den Limburger und Mainzer Wunsch erinnern, der Stiftspropst solle etwas gegen Hirscher unternehmen. Döllinger wich immer noch aus, doch seine ultramontanen Freunde nagelten ihn jetzt fest.

Lieber redigierte in Regensburg einen feierlichen *„Protest des katholischen Vereins Deutschlands gegen die in der Schrift: ‚Die kirchlichen Zustände der Gegenwart, von J. B. Hirscher; Tübingen 1849' – ausgesprochenen Ansichten und Grundsätze in Beziehung auf das Verhältnis der Laien zu den Trägern der kirchlichen Autorität."* In dem für Döllinger wohl wenig erfreulichen, weil von ihm innerlich nicht mehr mitgetragenen Dokument heißt es gleich zu Beginn: *„Der katholische Verein Deutschlands hat in der letzten Sitzung seiner zu Regensburg abgehaltenen dritten Generalversammlung am 5. Oktober d. J.* ***einstimmig*** *beschlossen, nachdrücklich und feierlich Verwahrung einzulegen"* gegen die Schrift Hirschers.

Einer der Delegierten des katholischen Vereins der Stadt Regensburg auf der Regensburger Generalversammlung war hinter dem an erster Stelle genannten Verleger Pustet Stiftspropst Döllinger aus München auf Platz zwei[72]. Auch Döllinger hatte also die *„einstimmige"* Verwahrung der katholischen Vereine gegen Hirschers Schrift mitgetragen. So wenigstens stellte sich für den Leser der

im Druck verbreitete *„Protest"* dar. Friedrich schreibt über den am 5. Oktober 1849 in Regensburg auf der Versammlung eingebrachten Antrag: *„Döllinger, der die Erbitterung der Bischöfe und Leiter des Vereins gegen Hirscher kannte, sprach nicht für noch gegen denselben, und Lieber verfertigte wirklich einen ‚Protest des katholischen Vereins Deutschlands', der aber weder dem Vereine vorgelegt noch von ihm genehmigt wurde."*[73]
Döllinger schwieg in Regensburg, als der Antrag gegen Hirscher gestellt und Lieber mit der Redaktion (einstimmig) beauftragt wurde. Döllinger schwieg ebenfalls, als der *„Protest"* gegen Hirscher als einstimmiger Beschluß der Versammelten gedruckt verbreitet wurde. Döllinger schwieg oder wich aus, angeblich aus Angst vor Skandal in der Öffentlichkeit[74]. Dies hatte zur Folge, daß die Mainzer sich auch jetzt noch daran erinnerten, wie sehr man sich eine Broschüre Döllingers gegen Hirscher wünsche. Dr. Moufang schrieb in diesem Sinne im Oktober 1849 an den Stiftspropst, diesen im Kontext des damaligen Mainzer Konfliktes ganz auf seiner Seite wissend: *„Unsere* [Mainzer] *Reformers* [!] *haben anfangs September* [1849] *eine Versammlung in Frankfurt abgehalten.* [Sie war schwächer besucht als früher.] *Ich bin überzeugt, wenn erst, sowohl von seiten der kirchlichen Autorität, als auch der kirchlichen Wissenschaft gegen die Reformbestrebungen, wie sie in Hirschers Schrift vorliegen, eingeschritten würde, noch manche andere würden zurückgehen. Ich kann den Wunsch nicht unterdrücken, daß doch von Ihnen, hochwürdigster Herr, etwas dagegen erscheinen würde; denn es bedarf eines gefeierten Namens, wenn eine Gegenschrift Eindruck machen und die von der Autorität eines Hirscher Bestochenen der Kirche erhalten soll."*[75]
Der Wissenschaftler Döllinger schritt nicht gegen Hirscher ein, wohl aber die kirchliche Autorität in Form eines Index-Dekretes. Im Januar 1850 unterwarf sich Hirscher der römischen Verurteilung, es folgten Polemiken und Intrigen wegen angeblicher Unaufrichtigkeit der Submission und schließlich Beruhigung auch hierüber. Aber noch im gleichen Jahr gab es eine erneute Warnung für die Ultramontanen: Das Domkapitel in Freiburg wählte Hirscher 1850 zum Domdekan. Dem alten Erzbischof Vicari könnte demnach Hirscher nachfolgen, so fürchteten einige. Deshalb forderten sie vom Papst einen Koadjutor-Erzbischof für Freiburg, ohne Mitwirkung des Domkapitels, um jede *„Gefahr"* einer möglichen Wahl Hirschers von vornherein auszuschließen; in diese Richtung lautete jedenfalls der Vorschlag des Münchener Inter-Nuntius Sacconi in Rom, der sich auf einen deutschen Vertrauensmann berief[76].
Wiederum gab es von kurialer Seite Anfragen bei den bekannten Gegnern Hirschers in Südwestdeutschland. Die Bischöfe von Limburg und Speyer (Blum und Weis) sowie Domdekan Lennig in Mainz und Regens Mast in Rottenburg schrieben Gutachten zu Hirschers Katechismus für den Nuntius[77]. Diesmal hatte

offenbar niemand den Gedanken, Döllinger könne oder müsse etwas gegen Hirscher publizieren. An den selbstverständlichen Verbündeten, als den die Ultramontanen noch 1849 Döllinger im Kampf gegen Hirscher betrachteten, trug man jetzt, im Jahre 1851, den Gedanken einer Schützenhilfe gegen Hirscher erst gar nicht mehr heran. Der einst kämpferische und übereifrige Ultramontane stand nicht mehr wie früher zur Verfügung.
Dies wußten freilich nicht jene Herren, die an der römischen Kurie die Verurteilung der modernen Ideen vorbereiteten, den spektakulären „Syllabus".

3. Döllinger und die Vorbereitung des „Syllabus" von 1864

Häufig haben sich die Päpste des 19. Jahrhunderts gegen die bürgerlichen Freiheiten, wie sie die Französische Revolution proklamiert hatte, und gegen die freiheitlichen und demokratischen Tendenzen der späteren Jahrzehnte gewandt. Ein eklatantes Beispiel hierfür bietet Papst Gregor XVI. in seiner Enzyklika „Mirari vos" (1832), die sich vor allem gegen den liberalen Katholizismus des französischen Priesters Félicité-Robert de Lamennais richtete[78].
Papst Pius IX. setzte in den Jahren nach 1850 die Politik seines Vorgängers in zahlreichen Lehrschreiben und Allokutionen fort. Er faßte sie in der Enzyklika „Quanta cura" vom 8. Dezember 1864 zusammen und fügte diesem Rundschreiben ein „Verzeichnis" (Syllabus) von insgesamt 80 zu verwerfenden Lehrsätzen aus seinen früheren Schreiben und Ansprachen bei. Sie betreffen auch die freiheitlichen Tendenzen und deren theoretische Begründungen, vor allem den Liberalismus. Der Syllabus wurde so zu einer gedrängten und konzentrierten Verurteilungs- und Negativ-Liste philosophischer und theologischer Lehren und gesellschaftlicher Entwicklungen. Pius IX. richtete sich auch gegen Gewissensfreiheit, Religionsfreiheit, Pressefreiheit und ganz allgemein gegen die *„moderne Kultur"*, mit der die Kirche oder wenigstens der Papst sich nicht aussöhnen könne und dürfe[79].
Schon während der Vorbereitungen der Enzyklika „Quanta cura" und des Syllabus hatten Beobachter in Rom zwischen der geplanten Enzyklika und „Mirari vos" eine Parallele vermutet[80]. Sie wurde aber keine Neuauflage, sondern eine Steigerung. Die Enzyklika gegen Lamennais verhält sich tatsächlich zu „Quanta cura" mit dem Syllabus *„wie die Ouvertüre zur Oper"*[81]. Der Syllabus war aber nicht nur eine Orchestrierung des gesamten Antimodernismus Pius' IX., sondern stellte, mehr noch als „Mirari vos", auch einen schweren Fehlgriff dar[82]. Keine päpstliche Verurteilung des Jahrhunderts hatte bis dahin, trotz Zustimmung bei den Ultramontanen, so viel Kopfschütteln, Verlegenheit

und Konsternation auch bei Katholiken hervorgerufen wie das Rundschreiben von 1864, ganz abgesehen vom Sturm der Entrüstung und vom Spott bei vielen Nichtkatholiken[83].

Die Enzyklika und der „Syllabus“ haben Döllinger nachhaltig beeindruckt, ja erregt. Der Duktus der Enzyklika und der Rundumschlag gegen die Moderne trafen nicht nur die Antikatholiken, sondern auch eine bestimmte Richtung im Katholizismus, die Döllinger selber repräsentierte. *„Unsere liberalen Katholiken sind ein für alle Mal aufs Haupt geschlagen“*, so freute sich ein Vertreter der Ultramontanen, Konstantin von Schäzler, über das Erscheinen der Enzyklika[84]. Zudem konnte Döllinger sich speziell betroffen und verurteilt fühlen; denn der Syllabus enthielt auch einige Sätze aus dem gegen Döllinger und die Münchener Gelehrtenversammlung von 1863[85] gerichteten Breve „Tuas libenter“ vom 21. Dezember 1863[86]. Schließlich machte die Kurie den Syllabus zur Grundlage der Vorarbeiten für das Erste Vatikanische Konzil. Döllingers Befürchtung, daß die Konzilsbeschlüsse sich am Geist und gar am Wortlaut des Syllabus orientierten, beeinflußte die Abfassung der berühmten Janus-Briefe[87].

Döllinger war 1864 eindeutig Betroffener und ein vom Syllabus anvisierter Gegner. Trotzdem hatte die römische Kurie ihn früher als Mitarbeiter für den Syllabus ausgewählt und den Auftrag zu einem Gutachten Döllingers erteilt: Er sollte Vorschläge zur Verurteilung der Irrtümer der Zeit unterbreiten. Wie ordnet sich dieses bislang unbekannte Faktum in die Entstehungsgeschichte des Syllabus ein?

Der „Syllabus“, hier als Einheit der 1864 entstandenen Enzyklika „Quanta cura“ und des redaktionsgeschichtlich älteren Anhanges der Irrtümer verstanden, erforderte mindestens 13 Jahre Vorbereitungszeit, wenn man die politische und ideologische Vorgeschichte ausnehmen will. Für die Jahre von 1852 bis 1864 nehmen die Historiker insgesamt drei oder vier Stufen der Vorbereitung des Syllabus an. Von diesen verschiedenen Phasen kennt man bis ins einzelne die beiden letzten, die mit dem Jahr 1859/1860 begannen[88]. In diesen beiden Phasen der römischen Vorbereitung des „Syllabus“ gab es keinen unmittelbaren Bezug zu Döllinger, mit einer wichtigen Ausnahme: Die Münchener Gelehrtenversammlung vom Herbst 1863 machte wegen der „unseligen“ Rede Döllingers eine Intervention des Papstes in Form des Syllabus angeblich dringend erforderlich[89]. Aus diesen letzten Jahren der Vorbereitung des „Syllabus“ werden hier keine neuen Quellen vorgelegt, die Döllinger betreffen, und darum bleiben sie im gegenwärtigen Zusammenhang außer Betracht.

Über die erste und längere Phase der Vorbereitung des „Syllabus“ von 1852 bis 1859, die ohne vorzeigbares Ergebnis endete, liegen nur fragmentarische Nachrichten vor. Nicht einmal die verstreut veröffentlichten Quellen, Einzelhinweise oder Gerüchte mit Bezug auf den „Syllabus“ wurden bisher gesammelt.

Der folgende Versuch geht zunächst diesen Spuren nach, bevor neue Archivquellen zur Sprache kommen.
Wenn man so wenig über die Vorbereitung des Syllabus aus den 50er Jahren weiß, hängt dies vielleicht damit zusammen, daß das Projekt des Syllabus innerhalb des Planes zur Dogmatisierung der Lehre von der Unbefleckten Empfängnis Mariens entstand, organisiert und bearbeitet von einer Sonderkommission unter der Leitung des Kurienkardinals Raffaele Fornari[90]. Als Sekretär der Kommission fungierte Prälat Luca Pacifici[91], zuständig wohl auch für das Archiv dieses Ausschusses. Die Forschungen von Martina haben im Archiv der Römischen Inquisition die Unterlagen für die beiden Endphasen der Syllabus-Vorbereitung nachgewiesen und gezeigt, daß dort die Akten zu der hier interessierenden frühen Phase von 1852 bis 1860 fehlen, die im übrigen auch anderwärts bisher nicht auftauchten[92].
Für den höchst sonderbaren Befund, daß solch wichtige Akten aus acht Jahren Kommissionsarbeit bis heute nicht nachgewiesen wurden, gibt es bisher noch keine plausible Erklärung. Die biographischen Nachrichten über die führenden Persönlichkeiten der Kommission bringen kaum Aufhellung, geben aber möglicherweise einige Anhaltspunkte zur Arbeitsweise: Kardinal Fornari starb 1854 und widmete sich dem Syllabus vielleicht in den letzten Lebensjahren immer weniger. Für seinen unmittelbaren Nachfolger als Vorsitzenden der Syllabus-Kommission, Kardinal Giovanni Brunelli, dürfte Vergleichbares zutreffen; er starb 1856. Ihm folgte Vincenzo Santucci, verstorben 1861. Er *„galt als das moralische Oberhaupt"* der liberalen Kurien-Kardinäle[93]. Den Prälaten Pacifici bezeichnete sein Nachfolger im Amt als Sekretär der Syllabus-Kommission, Erzbischof Vincenzo Tizzani, als das *„Gegenteil von Aktivität"*[94]. Versandete das Syllabus-Projekt so lange Zeit wegen der Untätigkeit römischer Prälaten? Angesichts der vielen hundert und tausend von Pacifici in Gaeta und Rom bearbeiteten Schriftstücke und eigenhändig abgefaßten Breven, die heute in den Archiven der Lateinischen Briefe und des Brevensekretariates und anderswo liegen, schließt man auf einen fleißigen Lateinkenner, nicht aber mit Tizzani auf einen trägen Monsignore. Wenn sich das Syllabus-Projekt in Rom jahrelang verschleppte und noch 1859 ohne greifbares Ergebnis blieb, reflektiert dies eher eine politische Konstellation an der Kurie, an der einige Vertreter dem vorzubereitenden Syllabus mit Opposition oder gar Obstruktion begegneten. Diese konnte sich, den Umständen entsprechend, nicht in offenem Widerstand äußern, sondern mußte sich in paralysierende Grundsatzdiskussionen, in personalpolitische Manöver, in Desinteresse oder in gesteigerte Passivität kleiden. Die genaue Kenntnis gerade der Vorgeschichte des „Syllabus" von 1852 bis 1859 gehört zu den dringenden Desideraten der Kurienforschung. Eine genaue Kenntnis der Vorgänge von 1852 bis 1859 könnte auch klären, ob

tatsächlich eine *„Antithese von Aktivität“* römischer Prälaten und das Patt unter den kurialen Fraktionen die Kirche jahrelang vor jenem peinlichen Syllabus bewahrte, den ihr Papst Pius IX. und einige fleißige Vertraute schließlich im Dezember 1864 bescherten.
Die Entstehungsgeschichte des Syllabus überschneidet und deckt sich teilweise in zeitlicher und sachlicher Hinsicht mit den Vorarbeiten für die Dogmatisierung der Unbefleckten Empfängnis, die auf den Tag genau zehn Jahre früher, am 8. Dezember 1854, erfolgte[95]. Dieses Dogma ist ein Teilerfolg des historischen Siegeszuges des Ultramontanismus, der beim Konzil 1870 einen Höhepunkt erreichte. Dem enormen Wachstum des päpstlichen Zentralismus innerhalb der katholischen Kirche entsprach die lehramtliche Betonung der gottgegebenen Autorität der Fürsten in der Gesellschaftsordnung, mit klarer Frontstellung gegen moderne Prinzipien der Freiheit, Volkssouveränität, Rationalismus usw. Die doktrinelle Zurückweisung von modernen Lehren wollte auch praktisch gegen moderne Fakten und Entwicklungen arbeiten. Das Mariendogma und die dazu gehörende Verurteilung der „Ideen“ sollten dem weiteren Zerfall der alten Ordnung entgegenwirken und artikulierten in theologischer Sprache die Mentalität der Antiaufklärung und des antidemokratischen Interesses des Papstes und des ihn stützenden europäischen Episkopates.
Kirchenhistoriker machen vor allem auf die Rolle des Marien-Dogmas als Vorläufer und Testfall für die Unfehlbarkeitserklärung des Papstes von 1870 aufmerksam[96]. Sie vermerkten nicht so sehr den vom Interesse her bestehenden Zusammenhang von Marien-Dogma und Syllabus. Dem entspricht die geringe Aufmerksamkeit der Kirchenhistoriker für den doktrinellen Antimodernismus auch des Mariendogmas und dessen theologisierende Politik gegen Revolution und Demokratisierung. Die kirchenpolitische Seite des Immakulata-Dogmas und des Syllabus sind jedoch nur zwei Seiten der gleichen Münze. Es ging um den Kampf gegen die Moderne, definiert als die Gefahren von (Semi-)Rationalismus, Freiheit und Volkssouveränität, um Verteidigung der Fürstenthrone und ihrer gottgewollten Autorität, um antirevolutionäre Reaktionstheologie. Wie die von jedem Makel der Sünde freie Immaculata, Urbild und Vorbild der Kirche, über Versuchung und Satan siegte, so sollten Kirche und Katholiken die verführende Vernunft und verlockende Freiheit abweisen und die Revolution besiegen. Päpstlicher Zentralismus, autoritäre Gesellschaftsordnung, Marien-Dogma und Verurteilung der modernen Ideen gehören zum Komplex jenes ultramontanen reaktionären Programms der Jahre nach 1848, das Pius IX. verkörperte.
Die seit 1850 erscheinende römische Jesuitenzeitschrift „La Civiltà Cattolica“ (Die katholische Kultur) theologisierte laufend gegen Aufklärung und Revolution. Sie spiegelt die gegen die moderne Kultur und gegen die Volkssouveränität

gerichteten Interessen des römischen Hofes wider. Der Jesuit Guiseppe Calvetti veröffentlichte in dieser Zeitschrift Anfang 1852 seine *„sozialen Beweggründe"* zur Dogmenverkündigung der Marienlehre: Das Dogma der Unbefleckten Empfängnis und die Verurteilung aller modernen Irrtümer sind nur scheinbar zwei verschiedene Themen, in Wirklichkeit aber notwendig verkoppelt[97]. Die modernen Ideen heben laut Civiltà die menschliche Gesellschaft aus ihren Angeln, der Rationalismus führt sogar zu schlimmen Dingen wie Emanzipation des Fleisches, Freiheit der Frau, Vernichtung des Privateigentums und jeder Familienordnung[98]. Nicht so verheerend wie die Rationalisten, aber immer noch schlimm genug sind die Semi-Rationalisten. Sie sind katholisch und wollen es bleiben, aber sie wollen die Kirche modernisieren und fabrizieren sich ihren eigenen Katholizismus, den sie hoch loben, aber den *„real subsistierenden"* Katholizismus der Bischöfe und des Papstes halten sie einfach für überholt und antiquiert. Sie wollen sogar, daß die Regierungsgewalt vom Volk ausgehe und daß die regierenden Mandatare immer dem Volk Rechenschaft schulden[99]. Gegen alle diese Gefahren helfe wirksam die Definition des Immaculata-Dogmas zusammen mit der Verurteilung der Irrtümer des Rationalismus[100].

Zwei Jahre später, als in Rom Marien-Dogma und Syllabus redaktionell bereits als zwei verschiedene Verlautbarungen geplant waren, stellte die „Civiltà Cattolica" nochmals fest, daß das Dogma die Autorität (der Fürsten) stärke und selbstverständlich jede Volkssouveränität verurteile. Unter dem Titel: *„Das Dogma und die Zivilisation"* (d. h. Kultur) überschreibt der anonyme Verfasser, Calvetti, ein bezeichnendes Kapitel thesenhaft: *„Durch das Dogma von der unbefleckten Empfängnis Maria's wird das Prinzip der Autorität in der Gesellschaft wieder hergestellt."* Darin erfährt man, *„daß mit dem nahe bevorstehenden Faktum der* [Immakulata-]*Definition gegen das angebliche Recht der Volkssouveränität das Verdammungsurteil ausgesprochen werden wird"*[101].

Rom entschied sich zwar für die zeitliche Trennung von „definimus" und „damnamus", von Dogma (1854) und Syllabus (1864), aber politisch, entstehungs- und wirkungsgeschichtlich bleiben sie zwei Seiten einer Münze: 1854 und 1864. Mit diesem Doppelakt des Lehramtes beginnt eine neue Ära in der Geschichte der Kirche: die allseits sichtbare Vorherrschaft des Papstes und der Zentralismus, der immer größere Einfluß der römischen Kurie in urbe et orbi und die entsprechende Untertänigkeit der Bischöfe gegenüber Rom[102].

Die Münchener Theologische Fakultät, damit auch Döllinger, nahm 1850 zur geplanten Dogmatisierung der Immaculata-Lehre Stellung, und zwar ablehnend: Die Lehre könne nicht zum Dogma erhoben werden[103]. Die Münchener Stellungnahme ist in mehrfacher Hinsicht bezeichnend für das Milieu zeitgenössischer Theologie-Professoren und liberaler Kanoniker[104], denen die Marien-

literatur trivial oder frömmelnd und der Kult mit Blick auf die Protestanten fast peinlich schien. Dieses Milieu seriös-akademischer Bürgerlichkeit versteckte seine Ablehnung oder wenigstens seine Reserven gegenüber der Mariologie hinter zunftmäßig gelehrten Schrift- und Traditionsargumenten, ohne auf die politischen Implikationen einzugehen. Obschon man wenige Jahre vorher anläßlich der Heilig-Rock-Wallfahrt in Trier (1844) und des „Deutschkatholizismus"[105] erlebt hatte, zu welcher politischen Bedeutung und zu welcher auch für die Kirchenkonstitution relevanten Brisanz Volksreligion und Religionsparteien führen können, beließ man es im Zusammenhang mit dem Mariendogma bei fachlich-soliden Gutachten und schwieg. Die Immaculata-Definition gehört zu den wichtigsten kirchen- und theologiepolitischen Entscheidungen des Jahrhunderts; sie diente den Interessen der Restauration und der Stärkung des päpstlichen Zentralismus, während die Professoren sie für eine an den Haaren herbeigezogene Frage hielten und nichts weiter unternahmen. „*Zur Zeit des vatikanischen Konzils bereute freilich Döllinger, daß er, als es sich um die Definition der unbefleckten Empfängnis handelte, geschwiegen habe.*"[106]
Während der Hl. Stuhl in der Immaculata-Frage fast alle Bischöfe befragte, wandte er sich zur Vorbereitung des „Syllabus" an einen engeren Personenkreis. Hierbei handelte es sich um rechtgläubige und aus der Sicht des Hl. Stuhls zuverlässige Persönlichkeiten, die nach den Maßstäben der Kurie über Kenntnis und Erfahrung verfügten, um ein brauchbares Urteil über die Irrtümer der Zeit abgeben zu können. Als Mitarbeiter am „Syllabus" und angesehenen Vertreter des deutschen Katholizismus hatte man in Rom 1852 Döllinger auserkoren. Die Entscheidung hierfür fiel im Monat Mai 1852 in Rom, als der mit den Vorarbeiten für das Dogma beauftragte Kardinal Raffaele Fornari die von ihm geleitete Marien-Kommission umbildete und sich an verschiedene Personen in Europa wandte wegen der Hauptirrtümer der Gegenwart[107].

Als ehemaliger Nuntius in Paris kannte Kardinal Fornari die hervorragenden Ultramontanen in Frankreich. An einige von ihnen, an den Bischof Édouard Pie von Poitiers und an den Journalisten Louis Veuillot, wandte sich Fornari im Monat Mai 1852 und bat sie um ihre Ansicht zu den hauptsächlichen umlaufenden Irrtümern. Veuillot fühlte sich als Laie nicht fachkundig genug und lieferte kein Gutachten; die Antwort von Pie kennt man noch nicht[108].

Man weiß noch nicht, ob Kardinal Fornari einen italienischen Bischof oder Theologen im Mai 1852 wegen des Syllabus-Projektes anschrieb. Doch mindestens eine Persönlichkeit aus Italien hat der Hl. Stuhl hierfür konsultiert, und zwar einen Laien, den Grafen Emiliano Avogadro aus Vercelli. Dieser reaktionäre Schriftsteller sah den Zusammenhang von modernen Ideen und Gefahr für die Souveränität der Fürsten[109] und forderte vom Papst eine unfehlbare Verwerfung des Rationalismus, der zum Sozialismus führe. Dessen

Theorie sollte der Papst auf faßliche und klare Formeln reduzieren und feierlich verurteilen, gleichzeitig mit der demnächst zu erwartenden Verkündigung des Marien-Dogmas und sozusagen als Anathem und Irrtümer-Anhang zum Dogma. Nichts lag näher, als gerade von diesem einschlägig profilierten Grafen Vorschläge für den Syllabus einzuholen. Die Antwort Avogadros auf die römische Anfrage ist freilich wegen der sonderlichen Quellenlage noch unbekannt.
Fornari bat auch den in Paris lebenden spanischen Staatsmann und Geschichtsphilosophen Juan Donoso Cortés um seine Stellungnahme. Dieser hatte sich gerade durch seinen „Essay über den Katholizismus, Liberalismus und Sozialismus" (1851) bei den Gegnern von Liberalismus und Demokratie einen wohlklingenden Namen gemacht[110]. Donoso Cortés antwortete aus Paris mit einer berühmt gewordenen „Carta al Eminentisimo Señor Cardenal Fornari", dadiert auf den 19. Juni 1852[111]. Das Schreiben an Fornari faßt in gut redigierter Form die Vorstellungen antiliberaler und antidemokratischer Katholiken zusammen; es erschien auch wiederholt in deutscher Übersetzung[112].
Der Hl. Stuhl konsultierte in Italien und Frankreich nicht Persönlichkeiten verschiedener Richtungen, sondern nur Männer des ultramontanen und reaktionären Flügels im Katholizismus, um deren Ansicht über die hauptsächlichen Irrtümer der Gegenwart zu hören. Einen der Hauptvertreter der liberalen Katholiken in Frankreich, Bischof Dupanloup von Orléans, hat der Hl. Stuhl bei dieser Befragung absichtlich ausgeschlossen[113].
Die Konsultation sollte in Deutschland offensichtlich nach einer ähnlichen Auswahl erfolgen. Der Erzbischof von Köln, Johannes Geissel, erhielt von den beiden Nuntien in Wien und in München Bitten um Exposés zu den Irrtümern der Zeit. Geissel beauftragte die Bonner Theologieprofessoren Johannes Dieringer und Konrad Martin, den späteren Bischof, und den Bonner Philosophen Jakob Clemens. Der Münchener Nuntius Carlo Sacconi forderte zusätzlich über den Präses des Kölner Priesterseminars, Elbert Wilhelm Westhoff, eine Liste von Irrtümern von dem Kölner Seminarprofessor Adolf Franz Buse an. Alle erwähnten Personen gehören zum Milieu des rheinischen Ultramontanismus[114]. Die Gutachter in Köln und Bonn brachten die Anfrage des Hl. Stuhles mit den Lehren des Wiener Theologen Anton Günther in Verbindung. Gerade rheinische Ultramontane wie Westhoff und Clemens richteten damals scharfe Angriffe auf Günther und dessen Schüler. Aufgrund dieser rheinischen Initiativen eröffnete die römische Indexkongregation im März 1852 ein Verfahren gegen Günther, das schließlich 1857 mit der Verurteilung endete[115]. Wenn in den Monaten ab Mai 1852 deutsche Gutachter und Informanten der Nuntien von Rhein und Main mit den Zeitirrtümern auch „Irrlehren" Günthers meldeten, wollte man damit zunächst das römische

Index-Verfahren beeinflussen, und zwar in einem für die Güntherianer ungünstigen Sinne. Diese aber schöpften Verdacht und registrierten aufmerksam Gerüchte oder Hinweise zu geheimen „Irrtümerlisten“, weil sie güntherfeindliche Intrigen befürchteten. So verdanken wir den privaten Briefen der Güntherianer die ersten in Deutschland publizierten Nachrichten über die Syllabus-Befragung von 1852.

Einer der Anhänger Anton Günthers, der Tübinger Theologieprofessor Jakob Zukrigl, schrieb im Sommer 1852 an den in Bonn lehrenden Philosophieprofessor und Günther-Schüler Peter Knoodt: *„Der Nuntius in Wien und der in München haben den* [Tübinger] *Prof. Welte ersucht, ihnen die Häresien der Gegenwart in Deutschland zu beschreiben, weil das der Papst wünsche. Der Bischof von Rottenburg hat die Arbeit der* [Tübinger kathol.-theol.] *Fakultät übertragen* [. . .]. *Wozu die Arbeit dienen soll, wissen wir nicht. Vielleicht wollte man erfahren, ob die Tübinger Fakultät mit Günthers Arbeit einverstanden sei oder nicht. Ich glaube aber nicht, daß dieselbe (ungeachtet ihrer Spannung mit Günther) die Denunziantin machen wird.“*[116] Anton Günther hatte in Wien gehört und berichtete, *„daß der Münchener Nuntius Gutachten über die Irrtümer der Gegenwart von der Münchener und Tübinger* [theologischen] *Fakultät eingefordert habe“*[117]. Die zeitgenössischen Gerüchte hinsichtlich des Auftrages an die theologischen Fakultäten der Universitäten München und Tübingen enthielten für Tübingen ein gutes Körnchen Wahrheit: der Wiener Nuntius hatte den Rottenburger Bischof Lipp darum gebeten, daß orthodoxe und rechtdenkende Tübinger Theologieprofessoren dem Hl. Stuhl geheim die in Deutschland grassierenden Irrtümer angäben[118].

Alle erwähnten Aufträge an die Bischöfe (Köln und Rottenburg) und an die Professoren (Köln, Bonn, Tübingen), die Irrtümer der Gegenwart aufzulisten, hatten die Nuntien von Wien oder von München erteilt. Sie handelten zwar auf Veranlassung von Kardinal Fornari in Rom, aber dieser hatte die zu konsultierenden Deutschen nicht direkt angeschrieben, wie er es etwa bei Donoso Cortés oder Veuillot handhabte. Genau in dieser Weise scheint Fornari im Monat Juli 1852 den Eichstätter Seminarregens Joseph Ernst direkt um ein Syllabus-Gutachten ersucht zu haben. Wohl Erzbischof Reisach in Rom hatte seinen ehemaligen römischen Mitstudenten und Eichstätter Mitarbeiter dem Kommissionsvorsitzenden Fornari so sehr empfohlen, daß Ernst nicht über die Nuntiatur, sondern durch den Kurienkardinal selber konsultiert wurde[119].

Ein bislang unbekanntes Schreiben Kardinal Fornaris an den Münchener Nuntius Sacconi beweist, daß man von römischer Seite Stellungnahmen weiterer deutscher Persönlichkeiten zum Syllabus wünschte. Ausdrücklich erklärte der Kurienkardinal dem päpstlichen Diplomaten, daß Bischof Stahl aus Würzburg und die Theologieprofessoren Staudenmaier, Döllinger und Denzinger sich gutachtlich äußern möchten und daß der Nuntius weitere geeignete Personen zusätzlich konsultieren könne. Diese Personen müßten sich durch Fachkenntnis und *„Unversehrtheit der katholischen Grundsätze und richtige Einstellung“* auszeichnen. Die Angelegenheit erfordere Geheimhaltung und Eile, der Papst wünsche die Antworten innerhalb eines Monats. Um die Stellungnahme zu erleichtern, fügte der Kardinal ein gedrucktes Blatt bei mit 28 Punkten unter dem lateinischen Titel *„Liste derjenigen Themen, die man beim Sammeln und Anmerken der Irrtümer vor Augen haben kann“*. Diese Liste („Syllabus“) umfaßt meist Themen aus den klassischen theologischen Traktaten (Gotteslehre, Erlösungslehre, Glaubenslehre), aber auch aus der Gesellschaftslehre, etwa das Verbot von Despotismus und von Rebellion. Verschiedene, fast zeitlose Lehren und „-ismen“ findet man auf der Liste, wie Pantheismus, Materialismus oder Utilitarismus, aber auch historisch lokalisierbare Erscheinungen wie Pietismus. Als Urheber einer falschen Lehre begegnet nur ein Autor namentlich, und zwar Kant *(„Idealismus Kantii“)*. Die Irrtümer aus allen benannten und den weiteren Bereichen sollten die Gutachter mit genauem Zitat und Seitenangabe aus den Autoren belegen.

Der folgende Text des Anschreibens von Fornari gibt am Rand die zu konsultierenden Personen an, hier wiedergegeben gemäß der Schreibweise des Originals (*„Doenllinger“* usw.). Als Anlage folgt das beigefügte *„modulo“*, also der Vordruck *(„Syllabus“)* mit 28 Punkten[120], den Kardinal Fornari als Arbeitsunterlage für Döllinger vorgesehen hatte.

„Illmo e Revmo Monsignor Nunzio[121].

La Santità di N. S. Papa Pio IX ha ordinato si facesse degli studi sulla condizione intellettuale della società moderna in ordine agli errori più universalmente prevalenti nel dogma e nei suoi punti di contatto colle scienze morali, sociali e politiche. Perchè poi questi studi avessero la maggiore possibile ampiezza e sicurezza, la lodata Santità Sua ha voluto si consultassero alcune delle persone più autorevoli di Europa, ed ha commesso a me sottoscritto di rivolgermi in suo nome alla S. V. Illma e Revma.

Affinchè le risposte possano venire con precisione e colla possibile uniformità, le mando alcuni moduli stampati, contenenti i punti circa cui si dee rispondere nel modo ivi medesimo indicato. Pertanto la S. V. Illma e Revma si degni di commettere questo carico ad alquante persone cui crede capaci da ciò, ed io a margine [siehe unten] ne indico qualcuna che non si vorrebbe dimenticata. Frattanto tre avvertenze mi occorrono di fare per la esecuzione di questo desiderio del S. Padre:

1. Che le persone consultate siano non pur note, ma le più riputate per profondi studi ecclesiaastici, per interezza di principii cattolici e per giustezza di mente.
2. Che le commissioni e tutte le pratiche che occorreranno si mantengano in quel segreto che la cosa stessa richiede.
3. Che si faccia colla possibile celerità. E' desiderio del S. Padre ed è necessario all'uopo che al più dopo un mese dall' aver ricevuto il modulo si mandino i primi frutti di questi

studi i quali devono essere piuttosto sommi capi, che sviluppi prolissi. Dissi primi, perchè se dopo mandato quei primi occorressero nuove osservazioni a fare si potrà sempre mandarle e giungeranno non che opportune, ma disiderate.

Son sicuro che la S. V. Illma e Revma adoperà in quello affare tutto quel zelo che richiede non solo la cosa per sé medesima, ma eziandio la volontà della Santità Sua che vi ha collocata una grandissima rilevanza.

Pieno di profonda stima ho l'onore di segnarmi

Roma 20. Maggio 1850

Servitor vero
R. Card. Fornari

A Sua Signoria Illma e Revma
Monsignor Nunzio di Baviera

[Am Rand:]
Mr. Stall vescovo di Visb.
M. l'abbé Staudenmayer
M. Doenllinger
M. Denziger"

„SYLLABUS

EORUM QUAE IN COLLIGENDIS, NOTANDISQUE ERRORIBUS OB OCULOS HABERI POSSUNT.

I. Unitas divinae substantiae. – Pantheismus.
II. Trinitas personarum. – Multiplex corruptela, novaeque Sabellianismi formae.
III. Creatio eiusque orthodoxa ratio. – Emanationis systemata.
IV. Origo hominis. – Materialistarum placita, praeexistentia animarum, earum tradux, anima universalis, universalisque intellectus.
V. Catholica ratio eius quod supernaturale dicimus. – Rationalistarum commenta.
VI. Supernaturalis hominis destinatio. – Anthropolatria.
VII. Hominis praevaricatio et ruina. – Eiusdem autonomia.
VIII. Originalis culpae effectus, mors, ignorantia, concupiscentia et a Deo aversio. – Quid ratio valeat, et de habitu inter rationem atque auctoritatem, inter scientiam et fidem.
IX. Ordo moralis. – Idealismus Kantii et Utilitariorum materialismus.
X. Humani generis reparatio. – Praeposterae eiusdem explicationes.
XI. Modus reparationis eiusque absolutio per Christum. – Gravissimi de hoc capite errores.
XII. Christus substantive Deus-Homo. – Multiplex Socinianismi genus eo pertinens, ut Christus eo tantum nomine credatur Deus-Homo, quod in ipso Deus semet praestantissime manifestavit.

XIII.	Missio Christi, eademque suprema hominis religiosa institutio. – Systemata indefiniti progressus.
XIV.	Immutabilitas obiectiva revelationis christianae sive theorethicae sive practicae. – Errores de Christianismo qui sit temporaria quaedam religionis forma.
XV.	Necessitas fidei. – Pietismus et Latitudinariorum dogmata.
XVI.	Necessitas expiationis et poenitentiae. – Doctrinarum capita de fovendis explendisque passionibus.
XVII.	Continuatio missionis Christi in Ecclesia et per Ecclesiam. – Errores de Ecclesia quae sit humana mutabilisque institutio.
XVIII.	Unitas Ecclesiae. – Error de libertate singulis facta, ut eum quisque sibi eligat christianum coetum quem praetulerit.
XIX.	Iura Ecclesiae. – Regalistarum opiniones.
XX.	Ius docendi. – Errores huic iuri oppositi.
XXI.	Ius pascendi. – Errores qui huic iuri adversantur.
XXII.	Ierarchia, eiusque origo immediata et mediata. – Errores qui ad electiones referuntur.
XXIII.	Homo Christianus in civili societate.
XXIV.	Iura et officia civilis societatis christianae.
XXV.	Limites civilis potestatis prae homine christiano.
XXVI.	Despotismi non minus quam Anarchiae et Rebellionum proscriptio.
XXVII.	Officia hominis christiani erga civilem societatem.
XXVIII.	De morte deque altera vita. – Errores qui ad rationem mortis explicandam, ad immortalitatem animorum, expiationem in Purgatorio; poenarumque aeternitatem referuntur.

N. B. 1) Haec capita non ea mente innuimus, ut alia hic quae succurrant opportuna, excluderemus, sed ut normam aliquam praeberemus. 2) In referendis erroribus id summopere cordi esse debebit, ut verba ipsorum auctorum, quoad eius [sic, lies: quatenus] fieri potest, diligentissime ac ipsis etiam notatis paginis describantur. 3) E re fuerit nonnulla interserere, quae ad catholicam antithesin rite statuendam conducant."

Nuntius Sacconi entledigte sich am 4. Juni 1852 seines von Fornari erhaltenen Auftrages, indem er an vier deutsche Bischöfe und an seinen „festen" Korrespondenten, den Kölner Seminar-Präses Westhoff, schrieb. Letzteren ersuchte er um ein Gutachten des Kölner Professors Buse, den der Nuntius wohl aufgrund der Briefkontakte mit Westhoff schätzte. Am gleichen Tag informierte Sacconi den Kölner Erzbischof Geissel über diesen Auftrag an Buse und erbat zudem von Dieringer in Bonn ein Exposé über die Irrtümer[122]. Diese Aufträge nach Köln schildert im wesentlichen Pfülf in der erwähnten Biographie von Kardinal Geissel. Beim Freiburger Erzbischof Hermann von Vicari meldete sich der Nuntius mit der Bitte um Stellungnahmen der Theologieprofessoren Wetzer und Staudenmaier oder eines anderen Theologen aus dem Erzbistum[123]. Ähnlich lautete der Antrag bei Bischof Lipp von Rottenburg: Der Tübinger Professor Welte oder ein anderer Theologe des Bistums möge sich über die Irrtümer äußern[124]. Bischof Stahl von Würzburg, so hieß es im Brief an den vierten Bischof, solle selber die Fragen beantworten oder, falls er keine Zeit habe, dies durch Prof. Denzinger oder jemand anders erledigen lassen[125].

Geschickt den ihm von Kardinal Fornari zugestandenen Spielraum ausnutzend, hatte der Nuntius drei der ausdrücklich benannten Personen direkt (Stahl) oder über den zuständigen Bischof (Staudenmaier, Denzinger) aufgefordert. Immer noch im Rahmen seines Auftrages bleibend, erweiterte er den Personenkreis erheblich, indem er vier weitere Professoren als Gutachter benannte (Buse, Dieringer, Welte, Wetzer) und außerdem noch Westhoff einbezog. Alle diese Personen und Bischöfe besaßen demnach das Vertrauen des Nuntius und waren von jener Gesinnung und Prinzipientreue, die Fornari für die Mitarbeit am „Syllabus" verlangt hatte. Dies treffe für Döllinger freilich in keiner Weise zu, so meinte der Nuntius. Er wandte sich darum erst gar nicht an den Stiftspropst und meldete über diesen seinem Auftraggeber in Rom nur Negatives: Döllinger ist kein tiefer Theologe, nicht sehr bewandert im kirchlichen Jus Publicum; er hat unklare Vorstellungen vom päpstlichen Primat und unrichtige und zensurwürdige Ansichten über die Unfehlbarkeit des Papstes. Der bezeichnende Brief des Nuntius über Döllinger lautet[126]:

„Emo Cardinal Fornari
Monaco, li 5 Giugno 1852
Emza Rma.
Mi reco a dovere di fare conoscere a Vostra Eminenza Rma, che mi sono già dato tutta la premura di eseguire l'incarico da Lei favoritomi, in nome della Santità di N. Signore, colla veneratissima sua lettera delli 20. p.p. Maggio. Ho commesso direttamente o per mezzo de' rispettivi Vescovi a sette de' più riputati Teologi dimoranti in Baviera ed in altra parte di Germania ove ho relazioni, di rispondere ai punti contenuti nell'elenco a stampa, che mi è stato da V.E.R. inviato, e tra li medesimi si trovano tre delle persone indicatemi. [*Non so però se Mgr. Vescovo di Wurzburg, che ha sofferto non ha guari una grave malattia, e che ha moltissime occupazioni derivategli dal suo pastorale ministero, potrà corrispondere agli espressigli desiderj. Ho omesso di consultare il Sig. Professore Döllinger, perchè questi quantunque sorpassi per se tutti gli altri in Germania per erudizione, e per istruzione nei diversi rami dello scibile, pure non è un profondo teologo, nè molto versato nel diritto pubblico Ecclesiastico, non ha idee ben ferme sul Primato del Papa, e sostiene opinioni non giuste, e censurabili sull'infallibilità del Papa, e sopra altri punti riguardanti li Romani Pontefici. A ciò si aggiunge ch'Egli è alquanto orgoglioso e vano. Vi sarebbe perciò a temere che o con qualche pretesto si ricusasse di corrispondere alla richiesta, o che, come suol dirsi, se ne pavoneggiasse. Ciò non ostante se a V. Emza Rma piacesse ch'io consultassi anche il medesimo, lo farò senza indugio, tostochè si compiacerà di farmi conoscere la sua precisa volontà. S'Ella desiderasse più

estese notizie sul Döllinger, potrebbe averle da Mgr. Arcivescovo di Monaco, ch'ora si trova in Roma*].
Ho raccomandato calorosamente che con tutta sollecitudine mi si mandino li primi frutti de' studj fatti in proposito, ma avuto riguardo alla naturale lentezza dei Tedeschi, alle gravi occupazioni, che hanno le persone consultate [*e le molte opere che dovranno consultare per rispondere sopra questioni tanto interessanti*], prevedo che non sarà possibile di vedere con quella sollecitudine che V. E. R. vorrebbe appagati li nostri voti. Appena mi giungono le attese risposte sarà mio pensiero di transmetterle a V. Emza Rma. [*Non venendomi significato da V. E. Rma se io dovessi fare le richieste a nome della S. Sede, ho stimato prudente partito di farle in mio nome per poterne sottoporre le risposte alla medesima, esprimendo però la piena convinzione che anche ad essa sarebbero pur viepiù grati i lavori de' Signori Teologi*.]
Me Le inchino intanto al bacio della S. Porpora" [usw. Schlußfloskel].

Die Einfügungen im Nuntiaturbericht bezüglich des angeblich eitlen und pfauenstolzen Döllinger stammen nicht vom Auditor Fares, sondern von Sacconi persönlich. Der Nuntius hatte also ein ausgeprägtes und entschiedenes Urteil über Döllingers Ansichten und Charakter. Da Sacconi keine deutschen Bücher las, konnte er aus diesen sich kein direktes Urteil über Döllinger bilden. Er stützte sich wohl auf die meist mündlichen Berichte etwa des Münchener Erzbischofs Reisach oder dessen Generalvikars Windischmann. Beide unterhielten laufend Kontakt zu der Nuntiatur in München, und möglicherweise kam dabei auch die Sprache auf Döllinger. Reisach und Windischmann war die Unabhängigkeit, welche die theologischen Fakultäten gegenüber der Hierarchie genossen, ein Dorn im Auge. Als Bischof Ketteler in Mainz durch seine Aktion gegen die katholisch-theologische Fakultät in Gießen zugunsten des Priesterseminars in Mainz genau jene von den Ultramontanen gewünschte Politik betrieb, die auch Reisach und Windischmann vorschwebte, schrieb Windischmann an Ketteler, mit Hinweis auf Döllinger: *„Unsere theologische Doktrin steht faktisch außer der Kirche, und es bemächtigt sich dadurch allmählich auch der tüchtigsten Männer – ich nehme selbst Döllinger nicht aus – ein Geist, der uns zu den übelsten Dingen führen kann.“*[127] Bei der Freisinger Konferenz der bayerischen Bischöfe von 1850, bei der es auch um die Priesterbildung nicht „außer“, sondern in der Kirche unter alleiniger Aufsicht der Bischöfe ging, hatte sich Döllinger durch seine Interventionen bei Reisach und Windischmann nicht gerade beliebt gemacht[128]. Bei Nuntius Sacconi bestätigten sich dadurch nur jene Informationen von Reisach über die Würzburger Bischofskonferenz 1848, die Döllingers Vorschläge zur Reorganisation der deutschen Kirche betrafen. Der Vorfall, so hatte Sacconi 1848 berichtet, offenbare, daß Döllingers Ultramontanismus nur dazu diene, sich eine Klientel zu schaffen und Oppositionsgeist zu verbreiten[129]. Das sehr negative, von Reisach induzierte Urteil Sacconis über

Döllinger im Jahre 1848 hatte sich inzwischen so weit verfestigt, daß der Nuntius sogar von zensurwürdigen Ansichten des Stiftspropstes über die Unfehlbarkeit des Papstes nach Rom berichtete.

Kardinal Fornari hatte in Rom das Gespräch mit Reisach, wie es Sacconi anheimstellte, wohl nicht abgewartet, ehe er dem Münchener Nuntius über den Ausschluß Döllingers aus der Beratungsrunde eine Rückmeldung gab. Diese erfolgte ohne Zögern und wußte von *„höchstvernünftigen Motiven"* des Nuntius, um Döllinger von der Beratung auszuschließen. Wären ihm diese Motive bekannt gewesen, so hätte er Döllinger erst gar nicht vorgeschlagen, schrieb der Kardinal an den Münchener Nuntius am 18. Juni 1852 und wies noch einmal darauf hin, wie dringend er die erbetenen Rückäußerungen über die Zeitirrtümer benötige[130]:

„Illmo e Revmo Monsignore.
Ricevo la riverita Sua del 5 Giugno, dalla quale ho riscovato con quanto zelo ella siasi adoperata perchè abbia compimento un desiderio della Santità di N. S. Per la mia parte gliene esprimo i sensi della più sincera gratitudine e son sicuro che Ella seguiterà a coadiuvarmi in questo rilevantissimo affare.
Trovo piene di assennatezza e prudenza le ragioni per le quali Ella si è trattenuta dal rivolgersi al Dottor Doellinger, e se io di qui ne avessi avuto quelle contezze che ora da lei mi son trasmesse, sicuramente non avrei proposto di consultarlo.
Quanto agl'indugi che V. S. Illma e Revma prevede, ne sento anch'io i motivi ragionevolissimi per lei espressi. Ma questo deve piuttosto persuaderci di spingere quanto è possibile la cosa perchè non si differisca ad un avvenire troppo lontano. Ad ottenere maggiore sollecitudine potrà giovare il far sapere come questa commissione viene da Roma; ed io mentre lodo il suo riserbo dell'essersene astenuto le do' facoltà di manifestarlo ove lo crede opportuno.

Pieno di sincera stima me le raffermo con sensi di cordiale amicizia

Roma li 18 Giugno 1852

Servitor vero
R. Card. Fornari

A Sua Signoria Illma e Revma
Monsignor Nunzio di Monaco"

Leider kennt man noch nicht die „Listen" und Gutachten der deutschen Vertrauensleute Roms, die sich zu den Irrtümern der Gegenwart äußern sollten. Offenbar kamen aus Würzburg die ersten greifbaren Ergebnisse für den geplanten Syllabus. Bischof Stahl, im Monat Juni 1852 zur Kur in Ludwigsbad bei Wipfeld (Diözese Würzburg), vertröstete den Nuntius zunächst und beauftragte dann seine beiden Schützlinge Denzinger und Hergenröther. Letzterer gab seine bislang unbekannte, aber sicher umfangreiche Arbeit für Kardinal Fornari dem Nuntius in München persönlich ab. Denzingers

Verzeichnis der Irrtümer und ein Nachtrag von Hergenröther kamen im Monat August 1852 in die Hände von Nuntius Sacconi und wurden von diesem am 27. August nach Rom an Kardinal Fornari expediert[131].

Aus Rottenburg übersandte Bischof Lipp erst im Oktober 1852 das Syllabus-Gutachten der Tübinger Professoren (Mehrzahl!) an den Münchener Nuntius. Dieser glaubte offenbar, nur *ein* Professor, nämlich Welte, sei der Verfasser des Papiers, das im übrigen in deutscher Sprache abgefaßt und damit in Rom praktisch unbrauchbar war[132].

Im November 1852 hatte der Münchener Nuntius eine Sendung aus Köln in Händen. Sie stammte von Westhoff und umfaßte wohl den ersten Teil der Syllabus-Arbeiten des Seminar-Präses und des Professors Buse zusammen mit mehreren Büchern als Beweisstücken für die im Gutachten bezeichneten Zeitirrtümer. Westhoff scheint besonders die Irrtümer Anton Günthers, Buse diejenigen von Franz Baader untersucht und verzeichnet zu haben, weshalb denn auch gleichzeitig Bücher von Baader und aus der Güntherschule über den Nuntius nach Rom gelangten[133].

Anfang Dezember 1852 fehlten dem Münchener Nuntius Sacconi von den verschiedenen angeschriebenen deutschen Gutachtern noch die Rückäußerungen der drei Professoren Staudenmaier, Wetzer und Dieringer[134]. Wir wissen nicht, ob und wann diese drei noch ausstehenden Arbeiten an Fornari gelangten. Möglicherweise hat nicht der Münchener, sondern der Wiener Nuntius Dieringers Syllabus-Exposé und weitere diesbezügliche Papiere aus Köln erhalten. Kardinal Geissel schrieb an Nuntius Viale in Wien am 1. September 1852, daß Dieringer und Westhoff eine Günther-Studie von Clemens überarbeiteten, während die Liste der Irrtümer von seiten der Professoren Martin und Dieringer noch ausstehe[135].

Auf Döllinger kamen die Nuntien in den aufgefundenen Korrespondenzen zum Syllabus-Projekt dann nicht mehr zurück, mit Ausnahme einer kurzen Bemerkung von Sacconi. Im Laufe des Sommers 1852, so hatte der Nuntius erfahren, wollte Döllinger nach Rom reisen. Er schlug Kardinal Fornari vor, Döllinger in Rom mündlich zu den hauptsächlichen Irrtümern zu befragen. Wörtlich heißt es in der Meldung an Kardinal Fornari[136]: „*Il Sig. Professor Döllinger verrà in Roma entro la corrente estate. Se l'Emza V. Rma gradisce di farne la conoscenza, onde poter avere occasione di sentirlo a voce sullo stato attuale delle scienze religiose in Germania, sugli errori i più dominanti, e perniciosi, e su ciò che potrebbe contribuire a porre argine, e rimedio, io potrei munirlo di una qualche lettera commendatizia per Lei, onde possa Egli stesso ricercarLa, e procurarsi l'onore d'inchinarLa.*“ Döllinger fuhr nicht nach Rom, sondern hielt sich drei Wochen in Florenz auf[137]. Als er sich zwei Jahre später wiederum auf die Reise in den Süden begab, entstand ein interessanter neuer Vorschlag des Münchener Nuntius, wie man Döllinger in Rom empfangen könne.

Als erster zeigte sich ein ehemaliger Schüler Döllingers interessiert an der Romreise: Karl Klein, damals Generalvikar des Bistums Limburg. Klein schrieb, offensichtlich nach einem Gespräch mit Döllinger, an den Limburger Bischof Blum über die Absicht des Stiftspropstes, *„auf einer demnächstigen Reise nach Rom auch unserer kirchlichen Angelegenheiten in der oberrheinischen Provinz sich anzunehmen und für deren gedeihliche Regelung zu wirken“*[138]. Die Staat-Kirche-Konflikte der Bischöfe in der oberrheinischen Kirchenprovinz mit den Regierungen, darunter auch der *„Nassauische Kirchenstreit“*, befanden sich auf einem Höhepunkt. Blum hoffte nun, Döllinger könne für die Interessen der Bischöfe beim Papst oder bei Kardinalstaatssekretär Antonelli intervenieren. *„Ihre gewichtige Verwendung* [in Rom] *wird gewiß den gewünschten günstigen Erfolg nicht verfehlen, und Ihnen ein großes Verdienst um diese schwerbedrängte Provinz und einen bleibenden Anspruch auf unsere herzliche Dankbarkeit sichern.“*[139] Bischof Blum besaß also noch Vertrauen in Döllinger und machte sich vielleicht die Illusion, der Münchener Professor könne bei Papst und Kurie für die oberrheinischen Bischöfe mehr erreichen als diese selber.

Wegen der Cholera gelangte Döllinger bei seiner Italienreise nicht über Bologna hinaus und kam nicht nach Rom. Der Nuntius in München wußte nichts von der Änderung der Reiseroute, als er seinem Vorgesetzten, Kardinal Antonelli, vorschlug, wie man Döllinger in Rom hofieren solle. Sprach da ein Zyniker, der die Eitelkeit eines Gelehrten ausnutzen wollte und diesen so *„streicheln“*, daß er Rom ab jetzt in den Himmel lobe zum Vorteil der Kurie? Trotz der höfischen Sprache paßt eine solche Deutung des Vorschlages schwer zum sonstigen Bild des Nuntius. Antonino de Luca, seit der Jahreswende 1853/1854 auf diesem Posten in München, gehörte nicht zu den Verwaltungsprälaten und kirchenstaatlichen Karrierebeamten. Er hatte vielmehr als Schriftsteller und schlecht bezahlter Professor, als Intellektueller und fleißiger Fachtheologe in Rom auf sich aufmerksam gemacht. Auch später, als Nuntius in Wien, als Kardinal und Präfekt der Indexkongregation in Rom, galt de Luca als gemäßigt, einigen gar als liberal, wenn auch der mißtrauische Sizilianer nach außen hin nicht aus den Kuriendirektiven ausscherte. Er versuchte, Konflikte beizulegen und Gegensätze zu überbrücken, vielleicht auch zu überspielen, wodurch er den erstrebten Ausgleich wieder gefährdete. Vielleicht hat jemand in München dem damals in Deutschland noch wenig erfahrenen Nuntius erzählt, Döllinger sei eitel und deshalb benutzbar. Der Vorschlag jedoch, den de Luca dem Kardinalstaatssekretär unterbreitete, dürfte nicht einfach auf einen Zynismus des Nuntius, sondern eher auf dessen aufrichtige Vermittlungsabsicht zurückgehen, die Kommunikation zwischen römischer Kurie und dem berühmten Professor zu entstören. In dem Sammelbericht „*Notizie varie*" an Kardinal Antonelli lautet de Lucas interessanter Abschnitt über Döllinger[140]: „*Deve presto giungere, se pur non sia già giunto a quest'ora in Roma il Prof. Döllinger di questa Università di Monaco. L'E. V. Rma non ignorerà certamente le opere da lui pubblicate in fatto di storia ecclesiastica, ch'egli professa, come eziandio gl'incarichi che gli sono stati affidati, siccome fu quello di sedere in qualità di Rappresentante Cattolico nel famoso Parlamento di Francfort. Ebbe parte, ed assai notevole, nella celebrazione dell'episcopato Germanico in Würzburg. Più volte è stato eletto Deputato nella camera elettiva del Parlamento Bavarese. Daciò può ben argomentare l'E. V. R. ch'egli occupa un posto distinto tra gli scrittori ed Apologetici cattolici della Germania. Egli é veramente dotto, ma conosce pur egli essere tale, quindi non è improbabile il supporre, che accettissime gli saranno le dimostrazioni di benignità e di particolare distinzione, che potranno essere usate verso lui, tanto da Sua Beatitudine quanto dall'E. V. Rma. E' d'avvertire che ha certi pregiudizi relativamente a Roma; ma eziandio per questo riguardo conviene carezzarlo a fin di convincerlo del contrario. Son sicuro, che al suo ritorno in Germania egli loderà a cielo la maniera colla quale sarà stato accolto costi; e ciò sarà sommamente utile sotto tutt'i rapporti.*"

Döllinger kam, wie bereits erwähnt, 1854 nicht nach Rom, so daß sich die Frage, ob und wie man ihn ehren könne, erledigte. Der weitere Verlauf des Jahres 1854 engagierte alle Kräfte der Kurie und des Papstes insbesondere wegen der Proklamation des Dogmas von der unbefleckten Empfängnis Marias am 8. Dezember[141]. Trotzdem hat man in Rom im Jahre 1854, spätestens Anfang 1855, an eine Ernennung Döllingers gedacht, die möglicherweise irgendwie mit dem Vorschlag de Lucas zusammenhing. Es handelt sich um Döllingers Wahl zum Mitglied der Akademie der katholischen Religion.

Im Februar eines jeden Jahres ernannte damals die römische Accademia di Religione Cattolica ihre neuen Mitglieder. Die Vorträge und Veröffentlichungen dieser seit 1801 bestehenden Akademie richteten sich gegen Aufklärung und Moderne zur Verteidigung der Religion und zur Abwehr von Irrtümern. Viele Kurienbeamte oder kuriennahe Schriftsteller gehörten ihr an, auch korrespondierende Mitglieder außerhalb Roms. Kardinal Asquini als Präsident der Akademie erläuterte 1850 das Konzept des Institutes als private Schmiede von Argumenten und Begründungen zugunsten der Entscheidungen des römischen Lehramtes: Päpstliche Definitionen von Lehren oder Verurteilungen von Irrtümern bedürfen keiner Begründung. Die Motive und Argumente für Definitionen und Verurteilungen liefert privat die Akademie, ohne offiziell den Hl. Stuhl zu involvieren. Die Akademie zeigt auf, wie gerecht und vernünftig der Hl. Stuhl bei den Verurteilungen (von Lehren, Autoren, Büchern) verfährt, und regt dadurch auch im Ausland an, den Hl. Stuhl und sein Handeln zu

verteidigen[142]. Döllingers bekannter „Janus" wurde in dieser Weise zum Thema des ganzen Jahreszyklus der Akademievorträge von 1870 in Rom[143].
Der Akademie-Rat, das Leitungsgremium dieser unter der besonderen Protektion des Papstes stehenden *„Schule der Katholizität"*, erwählte am 16. Februar 1855 Döllinger zum Mitglied. Einer der weiteren fünf mit Döllinger am gleichen Tag erwählten Akademiker war bezeichnenderweise der bereits erwähnte Graf Emiliano Avogadro della Motta[144].
Wir kennen nicht die Motive, die 1854 oder Anfang 1855 zu dem Vorschlag führten, Döllinger zum Mitglied der Accademia di Religione Cattolica zu ernennen. Aber die getroffene Wahl und die Einreihung Döllingers in die Liste der römischen Akademiker verdeckte die inzwischen im Katholizismus und auch in Döllingers Entwicklung sichtbare „Wende", von der Johannes Friedrich gesprochen hat. Die vorgestellten neuen Quellen illustrieren an wenigen Beispielen, wie die Entwicklung vom ultramontanen zum liberalen Döllinger sich allmählich vollzieht. Im Jahre 1845 verlangt er als ultramontaner Kämpe ein autoritäres Einschreiten des Papstes in Deutschland und suggeriert diesem einen Rechtsbruch im Zusammenhang mit der Bischofswahl in Rottenburg. Dies geht über die verbale Polemik oder die kämpferische Apologetik hinaus, die Historiker zum Döllinger der Jahre vor 1848 anmerken[145], denn es führt auf das Feld der Praxis und offenbart bestimmte politische Methoden. Dem Hl. Stuhl ist der coup d'autorité des Papstes, den Döllinger forderte, wohl zu riskant gewesen, jedenfalls folgte er 1845 nicht dem Drängen des eifrigen Professors. Als die deutschen Ultramontanen in den Jahren 1849 und 1850 gegen Johann B. Hirscher und gegen den zum Bischof von Mainz gewählten Leopold Schmid polemisierten und politisierten, stand Döllinger noch auf der Seite der ersteren, wenigstens in dem Sinne, daß auch nach seiner Überzeugung gegen die beiden Theologen und gegen die von ihnen repräsentierte Richtung des Katholizismus etwas zu unternehmen sei. Aber Döllinger selber hat keine Gegenschrift in diesem Zusammenhang veröffentlicht, weil er angeblich zu wenig Zeit habe, um ein Buch gegen Hirscher abzufassen. Diese noch recht verhalten sich äußernden, aber erkennbaren Reserven gegenüber der Entwicklung des ultramontanen Katholizismus verstärkten sich und blieben in Deutschland nicht verborgen. Dies zeigte sich zwei Jahre später, als der mit deutschen Fragen weniger vertraute Kardinal Raffaele Fornari 1852 Döllinger zu den Fachleuten mit richtigen Ansichten und uneingeschränkt katholischen Prinzipien zählte und zum Ratgeber Roms und Mitarbeiter bei der Vorbereitung des „Syllabus" benannte. Jetzt verhinderte der Münchener Nuntius die Konsultation Döllingers und erklärte, dieser vertrete zensurwürdige Meinungen zur Unfehlbarkeit des Papstes. Selbst die als Ehrung gedachte Wahl zum römischen Akademie-Mitglied konnte die Entwicklung vom ultramontanen zum liberalen Döllinger nicht rückgängig machen.

Abkürzungen: AES = Archivio della Congregazione per gli Affari Ecclesiastici Straordinari; ASV = Archivio Segreto Vaticano; ASMon = Archivio della Nunziatura di Monaco (im ASV); DAL = Diözesanarchiv Limburg. – AHP = Archivum Historiae Pontificiae; AMRhKG = Archiv für Mittelrheinische Kirchengeschichte; Die Bischöfe = Die Bischöfe der deutschsprachigen Länder 1785/1803 bis 1945. Ein biographisches Lexikon, hrsg. v. Erwin Gatz, Berlin 1983; LThK = Lexikon für Theologie und Kirche; NDB = Neue Deutsche Biographie; RJKG = Rottenburger Jahrbuch für Kirchengeschichte; ThQ = Theologische Quartalschrift; TRE = Theologische Realenzyklopädie.

1 Friedrich, Johannes: Ignaz von Döllinger. Sein Leben auf Grund seines schriftlichen Nachlasses dargestellt, Bd. 2, München 1891, S. 351 (zit. Friedrich: Döllinger).

2 Friedrich: Döllinger, Bd. II, S. 9. Zum Görreskreis vgl. die Einleitung von Heribert Raab, in: Joseph Görres. Gesammelte Schriften, hrsg. im Auftrag der Görres-Gesellschaft, Bd. 14, Paderborn 1987, S. XIII–LXIII (Lit.); Neumann, Johannes: Georg Phillips (1804–1872), in: Katholische Theologen Deutschlands im 19. Jahrhundert, hrsg. v. Heinrich Fries und Georg Schwaiger, Bd. 2, München 1975, S. 293–317; Winter, Eduard: K. E. Jarcke (1801–1852), in: NDB, Bd. 10, S. 353f.

3 Lorinser, Franz: Aus meinem Leben. Wahrheit und keine Dichtung, Bd. 2, Regensburg 1891, S. 34f. Zu Friedrich Windischmann († 1861) vgl. Zeis, Anton: F. Windischmann, in: Die Bischöfe, S. 819f.

4 Brief Haringers an Kraus, Rom, 8. Febr. 1883, vgl. Schwedt, Herman H.: Michael Haringer C.SS.R (1817–1887), Theologe auf dem Ersten Vatikanischen Konzil und Konsultor der Index-Kongregation, in: Hammans, Heribert und Sonnemans, Heino (Hrsg.): Geist und Kirche. Gedenkschrift für Heribert Schauf, Paderborn 1990. Zu Reisach vgl. Garhammer, Erich: Die Regierung des Erzbischofs Karl August Grafen von Reisach (1846–1856), in: Schwaiger, Georg (Hrsg.): Das Erzbistum München und Freising im 19. und 20. Jahrhundert, München 1989, S. 75–124. Zu Franz X. Kraus vgl. Weber, Christoph (Hrsg.): Liberaler Katholizismus. Biographische und kirchenhistorische Essays von Franz Xaver Kraus, Tübingen 1983 (grundlegend).

5 Vgl. Schwedt, Herman H.: Das römische Urteil über Georg Hermes (1775–1831). Ein Beitrag zur Geschichte der Inquisition im 19. Jahrhundert, Rom–Freiburg–Wien 1980, S. 482.

6 *„Daß Döllinger unkatholischen Ansichten huldige, wollte Heinrich lange Jahre nicht glauben“;* noch 1860 verweigerte er den Abdruck eines gegen Döllinger gerichteten Aufsatzes im „Katholik“ (Pastor, Ludwig von: Der Mainzer Domdekan Dr. Joh. Bapt. Heinrich 1816–1891. Ein Lebensbild nach originalen Quellen und persönlichen Erinnerungen, Freiburg 1925, S. 47).

7 In seinen wichtigen Briefen nach Rom berichtet Steinhuber über sein Studium in München (Wintersemester 1853/54): *„Nun muß ich noch ein Wort über den berühmtesten Mann der theologischen Fakultät, nämlich Döllinger, sagen* [. . .]. *Als Historiker verdient er seinen Ruf und sein Ansehen, das hier ungemein groß ist. Er ist wirklich außerordentlich gelehrt, scharfsinnig, und sein Vortrag hat einen gewissen Zauber und erregt großes Interesse, trotzdem daß er anspruchslos und fast kalt spricht. Was ich an ihm aussetzen möchte, ist eben diese Kälte, die oft den schönsten Baum*

entlaubt, und nie eine jener herrlichen Betrachtungen an die schönsten und merkwürdigsten Ereignisse knüpft, wie es z. B. Stollberg [!] *thut, und sodann einen gewissen Hyperkritizismus, der wenn auch nicht oft unangenehm berührt. So läugnet er aus ganz schwachen Gründen die Erscheinung des Kreuzes, wodurch Constantin zum Christentum bekehrt wurde. Auch theilt er mit der ganzen Fakultät gallikanisierende Sympathien. Als Dogmatiker ist er viel schwächer, etwas unklar und befangen, wie es sich besonders in seinen Vorlesungen über Symbolik deutlich zeigt.*" Brief Steinhubers an die Kommunität des Collegium Germanicum in Rom, München, 28. 1. 1854, in: Walter, Peter: Andreas Steinhuber extra Collegium. Sein Leben bis zum Eintritt in die Gesellschaft Jesu in Briefen an die Kommunität 1853–1857, in: Korrespondenzblatt Collegium Germanicum et Hungaricum 84 (1977) 49–76; 85 (1978) 105–138, hier 69. Der angeblich „*kalte*" Döllinger fand bei den Ultramontanen zahlreiche Varianten; 1890 ist er „*der in Hochmut versteinerte Gelehrte*", als Kardinal Hergenröther über den Tod Döllingers schrieb. Vgl. Greipl, Egon Johannes: Ein deutscher Kurienkardinal im 19. Jahrhundert. Briefe Joseph Hergenröthers (1824–1890) an Bischof Franz Leopold Frh. v. Leonrod von Eichstätt (1827–1905) aus den Jahren 1879–1890, in: Quellen und Forschungen aus italienischen Archiven und Bibliotheken 63 (1983) 169–266, hier 256. Gegen das Bild vom steinernen Döllinger vgl. Vogels, Heinz-Jürgen: Döllinger mit Herz. Zum Briefwechsel Döllinger–Blennerhassett, in: Internationale Kirchliche Zeitschrift 74 (1984) 170–186.

8 Zur Terminologie „katholische Bewegung", „Ultramontanismus" usw. vgl. Aubert, Roger und Lill, Rudolf, in: Jedin, Hubert (Hrsg.), Handbuch der Kirchengeschichte, Bd. VI/1, Freiburg–Basel–Wien 1971, S. 259–286, 415–422; Pottmeyer, Hermann Josef: Unfehlbarkeit und Souveränität. Die päpstliche Unfehlbarkeit im System der ultramontanen Ekklesiologie des 19. Jahrhunderts, Mainz 1975, S. 16–60 u. ö.; Weiß, Otto: Der Ultramontanismus. Grundlagen – Vorgeschichte – Struktur, in: Zeitschrift für Bayrische Landesgeschichte 41 (1978) 821–877; Linn, Heinrich: Ultramontanismus in Köln. Domkapitular Baudri an der Seite Erzbischofs Geissels während des Vormärz, Siegburg 1987, S. 73–76. Döllinger zählte sich 1841 zum „*catholicisme zélé*" (Friedrich: Döllinger [wie Anm. 1], Bd. 2, S. 9), in Anlehnung an die Partei der „zelanti", dem römischen Pendant der Ultramontanen. Unter diese stufte man auch Döllinger ein. Vgl. Conzemius, Victor: Adolf Kolping und Ignaz v. Döllinger, in: Annalen des Historischen Vereins für den Niederrhein 164 (1962) 118–191, hier 119 (Lit.). Diese Einstufung entspricht dem protestantischen Urteil über „*die oberflächliche Sophistik Döllingers*" im Jahre 1845 (Schoder, E.: Literatur der Kniebeugungs-Angelegenheit in Baiern, in: Neue Jenaische Allgemeine Literatur-Zeitung 4 [1845] 805–813, 863–869, hier 813; vgl. auch 810). Der „*einstige Ultramontane Döllinger*" erscheint darum noch 1888 in einer Rezension der Evangelischen Kirchenzeitung 123 (1888) 725–730. Den Hinweis auf die Rezension verdanke ich Herrn Dr. Heinz-Jürgen Vogels, Bonn-Alfter.

9 Der Katholik, N. F. 2 (1850) 46 (Juliheft: Meldung aus Innsbruck v. 24. Juni 1850). Vgl. Friedrich: Döllinger, Bd. 3, S. 69f.

10 Aus der umfangreichen Literatur vgl. zuletzt (mit weiteren Verweisen) Braun, Karl Heinz: Hermann von Vicari und Ignaz Heinrich von Wessenberg. Zwei Prälaten im kirchenpolitischen Vergleich, in: Freiburger Diözesanarchiv 107 (1987) 213–236; Weitlauff, Manfred: Ignaz Heinrich von Wessenberg (1774–1860). Generalvikar (1802–1817) und Verweser (1817–1827) des Bistums, in: Kuhn, Elmar L., u. a.

(Hrsg.): Die Bischöfe von Konstanz, Bd. I, Friedrichshafen 1988, S. 421–433; Fürst, Walter und Groß, Werner: Der edle Hirscher. Beiträge zu seiner Biographie und Theologie, o. O. [Stuttgart] 1988.

11 Zu den fünf Diözesen der südwestdeutschen Mittelstaaten vgl. Brück, Heinrich: Die oberrheinische Kirchenprovinz von ihrer Gründung bis zur Gegenwart, mit besonderer Berücksichtigung des Verhältnisses der Kirche zur Staatsgewalt, Mainz 1868; Schatz, Klaus: Geschichte des Bistums Limburg, Mainz 1983, bes. S. 49–80; Jürgensmeier, Friedhelm: Das Bistum Mainz. Von der Römerzeit bis zum II. Vatikanischen Konzil, Frankfurt/M. 1988, S. 279–306; Reinhardt, Rudolf: Von den Anfängen zur Oberrheinischen Kirchenprovinz. Der weite Weg zur Diözese Rottenburg, in: Das Katholische Württemberg. Die Diözese Rottenburg-Stuttgart. Zeiten, Zeichen, Zeugen, Ulm 1988, S. 19–58.

12 Anonym, zunächst in: Schweizerische Kirchenzeitung, Nr. 35 (1842), übernommen in: Sion, Nr. 111 (1842), mit Zusatzartikel 119 (1842), hier nach Schiel, Hubert: Johann Bapt. v. Hirscher. Eine Lichtgestalt aus dem deutschen Katholizismus des XIX. Jahrhunderts, Freiburg/Br. 1926, S. 79.

13 Brief Mennels an Theiner, Ottenbach, 18. Juni 1844, eigenh. Ausfertigung (ASV Carte Theiner II Bl. 284–287). Zu Johann Georg Mennel (1812–1892) und der ultramontanen Priestergruppe im Bistum Rottenburg („Donzdorfer Fakultät") vgl. Reinhardt, Rudolf (Hrsg.): Linsenmann, Franz Xaver: Sein Leben, Bd. 1: Lebenserinnerungen, Sigmaringen 1987, S. 117f. Ebd. (Reg.) weitere Literatur zu dem späteren Bischof Karl Josef Hefele (1809–1893), zu Johann Ev. Kuhn (1806–1887) und Joseph Mast (1818–1893). Zu Theiner vgl. Schwedt, Herman H.: Augustin Theiner und Pius IX., in: Gatz, Erwin (Hrsg.): Römische Kurie. Kirchliche Finanzen. Vatikanisches Archiv. Studien zu Ehren von Hermann Hoberg, Bd. 2, Roma 1979, S. 825–868. Der erwähnte Josef Ambros Stapf (1785–1844) griff in seinem Hauptwerk „Theologia moralis" (4 Bände, 7 Auflagen Innsbruck 1827–1857) als erster Deutscher auf Alfons v. Liguori zurück. Die Ultramontanen lobten seine Orthodoxie: *„Obgleich Stapf in seinen späteren Auf. H*[irscher]*'s Moral und Verbesserung der seinigen benutzt hat, so steht er doch an Correctheit und prakt. Brauchbarkeit weit über ihm* [Hirscher]; *kein Wunder, daß sein Buch noch im Gebrauche ist, während H*[irscher] *fast nur die Erinnerung an sein wohlgemeintes Streben zurückgelassen"* hat; Scheeben, Matthias Joseph: Die neuere Literatur der Moraltheologie, in: Literarischer Handweiser, Nr. 56–59 (1867) 241–246, 289–294, 337–341, 385–388, hier Sp. 243; Weiß, Otto: Alfonso de Liguori und die deutsche Moraltheologie im 19. Jahrhundert, in: Studia Moralia 25 (1987) 123–161, bes. 129.

14 Der Papst hatte 1845 ein römisches Index-Verfahren zu Hirschers „Katechismus" angeordnet, wobei Theiner als Gutachter fungierte. Vgl. Schwedt: Theiner (wie Anm. 13), S. 823f. Hirschers erwähnte Gegenerklärung (Beilage Nr. 29 zu „Sion", Nr. 154 [1842]), *„Notae in ‚Declarationem' D.ris Hirscher"* (anonym, o. D., wohl von Mennel 1845) und das Gutachten des Generaloberen Joh. Phil. Roothaan SJ in: AES, Pos. 534, Fasc. 312. Germania 1843–1845. Württemberg Rottenburg 1843–1845. Bl. 2–9.

15 Vgl. AES, Pos. 534, Fasc. 311. Germania 1843–1845. Rottenburg: Coadjutore con futura successione, Bl. 87–90: Nuntiatur-Bericht aus München Nr. 1177 v. 29. Okt. 1844 mit den von Bischof Weis aus Speyer stammenden Nachrichten über Hirscher. Vgl. Litzenberger, Ludwig: Nikolaus v. Weis (1796–1869), in: Die Bischöfe, S. 801–803.

16 Vgl. die päpstliche Entscheidung vom 29. Dezember 1844 und den Beschluß der Kardinals-Kongregation für die außerordentlichen kirchlichen Angelegenheiten in Gegenwart des Papstes v. 26. März 1845 (letztere: *„D. Hirscher non censeri idoneum pro Episcopatu Rottenburgensi“*); AES Pos. 534, Fasc. 312 (wie Anm. 14) Bl. 52, S. 4; AES Pos. 534, Fasc. 311 (wie Anm. 15) Bl. 120–123.

17 Vgl. Wolf, Hubert: Johann Baptist von Keller (1774–1845). Das Bild eines Bischofs im Spannungsfeld von Staat und Kirche, von Aufklärung und Orthodoxie, in: RJKG 3 (1984) 213–233.

18 Vgl. Schwedt, Theiner (wie Anm. 13), S. 829–832 (zur Indizierung Jaumanns); Reinhardt, Rudolf: Ignaz v. Jaumann (1778–1862), in: Die Bischöfe, S. 349f.

19 Kopf, Paul: Urban Ströbele, erster Stadtpfarrer von Buchau, erwählter nichtbestätigter Bischof von Rottenburg, in: RJKG 6 (1987) 169–182, hier 176.

20 Vgl. Reinhardt, Rudolf v. Lipp (1795–1869), in: Die Bischöfe, S. 453–455.

21 Reinhardt: Unbekannte Quellen zu Hefeles Leben und Werk, in: ThQ 152 (1972) 54–77, hier 61–63: Schreiben Hefeles an Döllinger v. 19. Febr. 1846. Vgl. ders.: Johannes Joseph Ignaz von Döllinger und Carl Joseph von Hefele, in: Zeitschrift für bayerische Landesgeschichte 33 (1970) 439–446; Schulte, Johann Friedrich von: Der Altkatholizismus. Geschichte seiner Entwicklung, inneren Gestaltung und rechtlichen Stellung in Deutschland. Aus den Akten und anderen authentischen Quellen dargestellt, Gießen 1887 (Neudruck Aalen 1965), S. 217–230 mit fünf Briefen Hefeles an Döllinger, der darin auch früherer *„Ajax des Ultramontanismus“* heißt: S. 229, Brief v. 11. März 1871.

22 Die Vorlage (eigenhändige Ausfertigung Hefeles) in: ASV, ANMon 125, Fasc. 2.a. Das erwähnte Schreiben Döllingers an Hefele v. 23. Oktober 1845 wurde nicht ermittelt. Zu den erwähnten Rottenburger Klerikern vgl. Hagen, August: Die Rottenburger Bischofswahl von 1846, in: Festschrift Ulrich Stutz zum 70. Geburtstag, Stuttgart 1938, S. 333–370. Lösch, der den hier erstmals veröffentlichten Brief an Döllinger nicht kannte, schloß aus den Briefen des jungen Hefele auf dessen *„von einer sana moderatio geleitete(n) religiöse(n) Sinn“* (Lösch, Stephan: Briefe des jungen Karl Joseph Hefele [1834–1846], in: ThQ 119 [1938] 3–59, hier 3).

23 Vgl. Neuer Nekrolog der Deutschen 1849, 27 (1851) Nr. 1038: Staatssekretär a. D. Gerhard Wilhelm v. Goes, verstorben 27. Mai 1849 in Stuttgart im Alter von 60 Jahren.

24 Vgl. (Augsburger) Allgemeine Zeitung Nr. 298 v. 25. Okt. 1845, S. 2381f mit einem aus „Der Beobachter“ (Stuttgart) übernommenen Artikel, der die Regierungssicht über den lästigen und senilen Bischof und den fehlenden Nachfolger (Hirscher) reflektiert.

25 Vgl. Hagen, August: Geschichte der Diözese Rottenburg, Bd. 1, Stuttgart 1956, S. 125–138 (Gottesdienstordnung von 1837).

26 Vgl. Brück, Heinrich: Kirchenprovinz (wie Anm. 11), S. 9 (Frankfurter Konferenzen ab 1818 und Teilnahme Jaumanns). Zu den *„Landesherrlichen Verordnungen“* der südwestdeutschen Staaten v. 30. Januar 1830 vgl. Huber, Ernst Rudolf u. Huber, Wolfgang: Staat und Kirche im 19. und 20. Jahrhundert. Dokumente zur Geschichte des deutschen Staatskirchenrechts, Bd. 1, Berlin 1973, S. 280–286.

27 Zur Motion von Bischof Keller in der württembergischen Zweiten Kammer v. 13. November 1841 vgl. Huber (wie Anm. 26), Bd. 1, S. 525–534; zum *„Vermittlungsantrag“* Jaumanns vgl. Hagen, August: Geschichte (wie Anm. 25), Bd. 1, S. 523.

28 Vgl. ebd., S. 552–569 (Kapitel *„Deutschkatholizismus"*); Kustermann, Abraham Peter: Zum Synodenwesen der Deutschkatholiken (1844–1847). Mit Seitenblicken auf den Deutschkatholizismus in Südwestdeutschland, in: RJKG (1986), 91–114. Zum Hauptvertreter des Deutschkatholizismus vgl. Graf, Friedrich Wilhelm: Johannes Ronge, in: Greschat, Martin (Hrsg.): Gestalten der Kirchengeschichte, Bd. 9/2, Stuttgart 1985, S. 153–164.

29 Vgl. Jahrschrift für Theologie und Kirchenrecht der Katholiken, hrsg. von einigen katholischen Theologen [= Benedikt M. Werkmeister u. a.], Bd. 1–6, Ulm 1806–1830. Zu Werkmeister († 1823) vgl. Hagen, August: Die kirchliche Aufklärung in der Diözese Rottenburg. Bildnisse aus einem Zeitalter des Übergangs, Stuttgart 1953, S. 9–215.

30 Katholisches Gesang- und Gebetbuch zur Feier des öffentlichen Gottesdienstes im Bistum Rottenburg, Stuttgart 1842; Stuttgart 1849 (hrsg. v. Ströbele); vgl. Hagen: Bischofswahl (wie Anm. 22), S. 356.

31 Vgl. Hagen, August: Der Mischehenstreit in Württemberg (1837–1855), Paderborn 1931, S. 181f.

32 Die Erklärungen Leopold Schmids anläßlich der Pensionierung von Kaspar Riffel (1807–1856) als Gießener Theologieprofessor in der (Augsburger) Allgemeinen Zeitung v. 20. Sept. u. 17. Okt. 1842, in: Kraus, Johann: Die entscheidenden Akten zum ‚Fall Riffel', in: AMRhKG 8 (1956) 300–319, hier 309.

33 Vgl. Linsenmann, [Fr. X.]: Franz A. v. Scharpff, in: Allgemeine Deutsche Biographie, Bd. 30 (1890) 599f.

34 Scharpff, Franz Anton: Der Cardinal und Bischof Nicolaus von Cues. Das kirchliche Wirken. Ein Beitrag zur Geschichte der Reformation innerhalb der katholischen Kirche im 15. Jahrhundert, Mainz 1843, S. 205 (2. Aufl. unter dem Titel: Der Cardinal und Bischof Nicolaus v. Cusa als Reformator in Kirche, Reich und Philosophie des 15. Jahrhunderts, Tübingen 1871). Scharpff, einer der „Reformkatholiken", reklamierte Nikolaus v. Cues als innerkatholischen Reformer.

35 Scharpff, Franz Anton: Der Katholizismus und die Denkgläubigen. Mit Rücksicht auf die zwei Schriften des großherzogl. hess. Hofgerichtsrates Dr. Kraft: Der Staat und die Ultramontanen und Eine andere Betrachtung der neuesten kirchlichen Ereignisse, Tübingen 1845; Schmid, Leopold: Ein kurzes Wort an die Denkenden in Deutschland über die gegenwärtige religiöse Bewegung, nebst einem Blicke auf die Behauptung des Hofger.-Rats Kraft darüber. Mainz 1845. Zum Anlaß (Streit um den „Deutschkatholizismus") vgl. Lutterbeck, Anton: Geschichte der katholisch-theologischen Facultät zu Gießen. Eine allen Theologen Deutschlands gewidmete Denkschrift, Gießen 1860, S. 74f.

36 Zu Carlo Luigi Morichini (1805–1879), Nuntius in München von April 1845 bis 1847, zuletzt Kurienkardinal, vgl. Weber, Christoph: Kardinäle und Prälaten in den letzten Jahrzehnten des Kirchenstaates. Elite-Rekrutierung, Karriere-Muster und soziale Zusammensetzung der kurialen Führungsschicht zur Zeit Pius' IX. (1846–1878), Stuttgart 1978, S. 489–491 u. ö.

37 Das folgende Schreiben Döllingers an Morichini, eigenhändige Ausfertigung (ASV, ANMon 125, Fasc. 2.a.). Zu der von Döllinger erwähnten Verhaftung des Kölner Erzbischofs Clemens August Droste zu Vischering 1837 („Kölner Ereignis") und den Bemühungen, den zum Kapitularvikar gewählten Generalvikar Hüsgen durch den Hl. Stuhl absetzen zu lassen, vgl. Schwedt: Hermes (wie Anm. 5), bes. Kapitel *„Der Streit um Generalvikar Joh. Hüsgen"* (S. 314–323, mit Quellen S. 550–565).

Die von Döllinger behauptete Analogie der Fälle Hüsgen (1837) und Jaumann (1845) existiert insofern nicht, als letzterer bei der unbezweifelten Rottenburger Sedisvakanz vom wahlberechtigten Kapitel gewählt wurde, während bei der Wahl Hüsgens in Köln 1837 umstritten blieb, ob das Domkapitel wahlberechtigt sei, d. h. ob eine Sedisvakanz oder eine Amtsbehinderung des in Festungshaft befindlichen Erzbischofs vorliege. Die Rechtsgrundlage für die Wahl des Kapitularvikars, das Konzil von Trient (Sessio 24, Kanon 16 de reformatione), sieht eine päpstliche Bestätigung der Wahl nicht vor. Zur damaligen Rechtslage und zur Kontroverse vgl. Schrörs, Heinrich: Die Kölner Wirren (1837). Studien zu ihrer Geschichte, Berlin–Rom 1927, S. 521–544.

38 Vgl. Friedrich: Döllinger, Bd. 2, S. 371–493; Koch, Rainer (Hrsg.): Die Frankfurter Nationalversammlung 1848/49. Ein Handlexikon der Abgeordneten der deutschen verfassungsgebenden Reichs-Versammlung, Kelkheim 1989, S. 136f (mit Portraitzeichnung).

39 Zu Blum und Klein vgl. Schatz: Geschichte (wie Anm. 11), Reg., und die entsprechenden Beiträge von Schatz in: Die Bischöfe, S. 58–62, 384–386; ferner Friedrich: Döllinger, Bd. 2, S. 439: Blum berief Döllinger nach Würzburg.

40 Vgl. Friedrich: Döllinger, Bd. 2, S. 371; Schatz: Geschichte (wie Anm. 11), S. 76f.

41 Webers Brief an Blum, Frankfurt 22. März 1949, eigenh. Ausfertigung (DAL FF 3 10/4). Zu Weber vgl. Natale, Herbert: Beda Webers Briefe nach Sigmaringen 1843–1848. Ergänzungen zur Biographie des späteren Frankfurter Stadtpfarrers, in: AMRhKG 24 (1972) 277–304; Schwedt, H.: Die katholischen Abgeordneten der Paulskirche und Frankfurt, in: AMRhKG 34 (1982) 143–166, hier 160–166. Zu dem Mitglied der Nationalversammlung George Phillips, vgl. Anm. 2.

42 Zu den Personen und zur umfangreichen Literatur über diese Wahl vgl. Rivinius, Karl J.: Vorgänge um die Mainzer Bischofswahl von 1849/50, in: AMRhKG 38 (1986) 281–324.

43 Das Schreiben Heinrichs an Döllinger, 18. Febr. 1849, in: Friedrich: Döllinger, Bd. 2, S. 502. – Am 2. Februar 1849 (ebd., S. 500) hatte Heinrich an Döllinger geschrieben, daß Linde wohl *„entschieden für die Wahl Lennigs"* sei. Lennig teilte demgegenüber Bischof Blum mit: *„In der bewußten Angelegenheit habe ich bisher nichts Neues vernommen, außer daß ich erfahren habe, welche traurige Rolle Herr v. Linde, als echter Hofmann, in dieser Sache gespielt. Er war es, der vom Prinzen Emil* [Darmstadt] *beauftragt, mit der* [Kapitels-]*Mehrheit resp. den Leitern derselben, über die Wahl verhandelte, u. nachdem* [der Kandidat Prof.] *Lüft nicht durchzubringen war, den Professor Schmid empfahl, während er nach geschehener Wahl selbst an verschiedenen Orten zugesteht, daß diese Wahl ein bedeutender Mißgriff gewesen!"* (eigenh. Ausfertigung, Mainz 6. Juli 1849, in: DAL 2/3/U3). Linde hatte keinen derartigen Auftrag; vgl. Vigener, Fritz: Die Mainzer Bischofswahl von 1849/50, in: Zeitschrift der Savigny-Stiftung für Rechtsgeschichte, kan. Abt. 42 (1921) 351–427, hier 370ff u. 383. Im Nachlaß Lindes (Bundesarchiv, Außenstelle Frankfurt, FN 10) liegen 51 Briefe von Leopold Schmid an Linde von 1839 bis 1847, aber kein Brief Döllingers. Die Briefe Lindes an Schmid von 1842 bei Nippold, [Friedrich]: Aus dem Nachlaß von Leopold Schmid, in: Deutscher Merkur 40 (1909) 113–116, 187–191.

44 Brück, Heinrich: Dr. J. B. Heinrich, in: Der Katholik 71/I (1891) 289–307, 403–425, hier 306f; im Sonderdruck (1891) 21; vgl. ders.: Geschichte der katholischen Kirche

im neunzehnten Jahrhundert, Bd. III, Mainz 1896, S. 102: Schmid als *„Werkzeug"* der *„Reformfreunde"*.

45 [Anonym:] Die Mainzer Bischofswahl, in: Der Katholik N. F. 1 (1850) 97–112, hier 101. Zum Verfassernachweis für den anonymen Beitrag vgl. Pastor: Heinrich (wie Anm. 6), S. 21.

46 Lennig an Gisbert Lieber, den damaligen Sekretär des Limburger Bischofs Blum, Mainz 27. August 1849, eigenh. Ausfertigung (Hauptstaatsarchiv Wiesbaden, Abt. 1172: Nachlaß Lieber, Heft 84). Zu Gisbert Lieber vgl. Anm. 59.

47 Friedrich: Döllinger, Bd. 2, S. 504.

48 Döllinger an Blum, Frankfurt 1. März 1849, eigenh. Ausfertigung, mit dem Limburger Eingangsvermerk *„praes*[entatum] *3. März 49"* (DAL 2/3/U3). Aufgrund der prompten Antwort Blums vom 4. März kannte man bisher das Datum (1. März), nicht aber den Inhalt dieses Briefes. Vgl. Vigener: Bischofswahl (wie Anm. 43), S. 383. Zwei Sätze aus diesem Schreiben bei Schatz: Geschichte (wie Anm. 11), S. 131.

49 Vgl. „Frankfurter Oberpostamts-Zeitung" Nr. 52 v. 1. März 1849 mit dem Artikel „Gießen, 27. Febr." über Schmids Wahl zum Bischof, polemisch gegen „Schmutzblätter wie das ‚Mainzer Journal'". Das „Mainzer Journal" war Sprachrohr der ultramontanen Gruppe um die Familie Lennig in Mainz.

50 Weber, Beda: Charakterbilder, Frankfurt 1853, S. III. Das Gedicht Webers entwickelt aus der *„Ultratreue"* zur Kirche die Vaterlandstreue und schließt: *„An der Donau, wie am Rhein, Laßt uns alle Ultra sein, Ultra in der Lieb' und Treue, Für das Vaterland, das freie!"*

51 Friedrich: Döllinger, Bd. 2, S. 504 (Blum an Döllinger, 4. März 1849). Aktenduplikat in Limburg nicht nachgewiesen.

52 Vgl. die in Anm. 10 u. 12 genannten Autoren Fürst, Groß und Schiel, jeweils mit Literatur, sowie Rehm, Clemens: Die katholische Kirche in der Erzdiözese Freiburg während der Revolution 1848/49, Freiburg München 1987, S. 52f.

53 [Anonym:] Kirchenrechtliche Aphorismen über die Abhaltung von Synoden mit besonderer Berücksichtigung der neuesten Schrift Hirschers ‚Über die kirchlichen Zustände der Gegenwart' von einem katholischen Geistlichen in Württemberg, in: Der Katholik, Nr. 108 bis Nr. 114 v. 9. bis 23. Sept. 1849, 429–456, hier 455. Autor war vielleicht Dr. Andreas Mauch aus Württemberg, scharfer Kritiker auch des Katechismus von Hirscher. Bischof Blum ernannte ihn 1849 zum Professor am Limburger Priesterseminar. Vgl. Weber, Franz: Geschichte des Katechismus in der Diözese Rottenburg von der Aufklärungszeit bis zur Gegenwart, Freiburg/Br. 1939, S. 119 u. ö.; Hagen, August: Gestalten aus dem Schwäbischen Katholizismus, Bd. 1, Stuttgart 1948, S. 150–188. Zur Publizistik um Hirscher in den Jahren 1849/50 vgl. Fürst, Walter: Wahrheit im Interesse der Freiheit. Eine Untersuchung zur Theologie J. B. Hirschers (1788–1865), Mainz 1979, S. 24–27.

54 Vgl. Friedrich: Döllinger, Bd. 3, S. 5f. Der dortige Abdruck dieses Briefes gibt das Datum an (29. Juli 1849) sowie die Namen des Absenders (Blum) und des Empfängers (Döllinger). Alle drei Angaben fehlen bei Friedrich, J[ohann]: Geschichte des Vatikanischen Konzils, Bd. 1, Bonn 1877, wo Friedrich (S. 251f) insgesamt 23 Zeilen aus diesem Brief abdruckt mit dem einleitenden Hinweis: *„Auch Bischöfe forderten die Gelehrten zur Opposition gegen das Schriftchen* [Hirschers] *auf"* (S. 251). Das Beispiel zeigt, daß Friedrichs *„ungedrucktes Material"* (ebd., Vorwort S. VIII) der Konzilsgeschichte auch Döllingers Papiere umfaßt. Zum Werk

selbst vgl. Kessler, Ewald: Johann Friedrich (1836–1917). Ein Beitrag zur Geschichte des Altkatholizismus, München 1975, S. 481–485.

55 Brief Blums an Erzb. Vicari, Entwurf mit Expeditionsvermerk u. Unterschrift Blums v. 30. Juli 1849 (DAL 15 A/1). Zum Freiburger Erzbischof vgl. Braun: Vicari (wie Anm. 10).

56 Am 22. Okt. 1849 verbot Blum, die Vorlesungen Hirschers zu besuchen; vgl. Fürst/Groß: Hirscher (wie Anm. 10), S. 46f. Eine Untersuchung der Vorlesungen Hirschers ist 1849 weder in Limburg noch sonstwo nachgewiesen. Die Indexkongregation beschloß am 25. Okt. 1849 das Verbot von Hirschers Buch (nicht der Vorlesungen). Wohl wegen des Exils Pius' IX. in Portici im Königreich Neapel bestätigte dieser das Dekret dort erst am 9. November 1849. Vgl. Martina, Giacomo: Pio IX. (1846–1850), Rom 1974, S. 505. Der Bischof von Limburg erhielt keine amtliche Mitteilung über das Index-Dekret zu Hirscher, etwa von der Index-Kongregation, vom Nuntius oder vom Erzbischof in Freiburg, sondern erfuhr von dem Dekret über die Zeitungen vom 23. und 24. November 1849 (Mainzer Journal, Nr. 278; Deutsche Volkshalle, Nr. 54; Allgemeine Zeitung, Nr. 328: „Italien"). Vgl. DAL 56 D/1. In den Limburger Akten befindet sich kein Exemplar (oder Abschrift usw.) des Index-Dekretes, das wohl in Limburg 1850 niemand gelesen hat, ja nicht einmal eine Kopie der (unvollständigen) Zeitungsmeldungen. Blum handelte also aus eigenem Antrieb. Das geheime Index-Gutachten ist ediert bei Schwedt: Theiner (wie Anm. 13), S. 857–864. Zu Hirschers Ansicht über seinen Widerruf vgl. Friedrich: Döllinger, Bd. 3, S. 25; Schiel: Hirscher (wie Anm. 12), S. 145.

57 Schreiben Vicaris an Blum, Freiburg, 8. August 1849, eigenhändige Ausfertigung (DAL 15 A/1). Der Brief Vicaris an Döllinger v. 8. August 1849 in: Friedrich: Döllinger, Bd. 3, S. 6f. Hier auch Lennigs Brief an Döllinger v. 31. Juli 1849 mit Berufung auf beider Tätigkeit bei der Würzburger Bischofsversammlung und auf Döllingers Ruhm: *„Sie sind daher zum Widerleger dieser Hirscherschen Neuerungsvorschläge geboren"* (S. 8).

58 Döllinger an Blum, eigenhändige Ausfertigung v. 16. Aug. 1849 (DAL 56 D/1).

59 Gisbert Lieber (1824–1857), nach der Priesterweihe in München (18. Dez. 1847) Sekretär von Bischof Blum in Limburg (20. Febr. 1949), 1856 Professor und Subregens am Priesterseminar (DAL: Priesterkartei).

60 Vgl. Hirscher und die katholische Kirche. Eine Beleuchtung der Hirscher'schen Reformpläne vom kirchlichen Standpunkt. Von einem Priester der Diözese Limburg, Regensburg 1850, S. IIIf. Das Vorwort der Broschüre ist datiert (S. IV) *„Mariä Opferung 1849"* (= 21. Nov.). Lieber zitiert bisweilen Döllinger gegen Hirscher: *„Wir stellen H*[irscher] *hierfür eine Auctorität gegenüber, die er nicht so leichthin auf die Seite schieben wird, nämlich Döllinger"* (S. 63). Heinrichs anonyme Rezension lobte die Schrift in: Der Katholik N. F. 1 (1850) 180–186. Zur Verfasserschaft Liebers vgl. Weiß, Otto: Die Redemptoristen in Bayern (1790–1909). Ein Beitrag zur Geschichte des Ultramontanismus, St. Ottilien 1983, S. 480.

61 Vgl. Lieber, Gisbert: Über das Wachstum Jesu in der Weisheit. Exegetisch-dogmengeschichtliche Erörterung der Stelle Luc. II, 52, Mainz 1850, S. 107: Hirschers Sätze sind mit der Lehre der katholischen Kirche *„absolut nicht zu vereinbaren"*. Vgl. anonym (= Joh. B. Heinrich): Der Katholik N. F. 1 (1850) 369–372.

62 Vgl. Verhandlungen der dritten General-Versammlung des katholischen Vereins Deutschlands am 2.–5. Oktober 1849 zu Regensburg, Regensburg 1849, S. 90–128

(Separatdruck: Die Freiheit der Kirche, Regensburg 1849). Vgl. Friedrich: Döllinger, Bd. 3, S. 17–22.

63 Vgl. Staudenmaier, Franz A.: Die kirchliche Aufgabe der Gegenwart, Freiburg 1849, S. 1: *„Ein großer Gedanke ist zu unserer Zeit von Rom aus über die Welt hin ausgesprochen worden, und dieser Gedanke hat nicht lange gebraucht, bis er* [. . .] *die Gemüter der Völker mächtig ergriffen und den Willen derselben gleichsam wie mit Blitzesschnelle zu Taten und Handlungen geführt hat: – es ist dies der Gedanke der Freiheit, und der, welcher ihn verkündigte, ist Pius IX., der Vater der katholischen Christenheit."* Zustimmend zitiert Staudenmaier seitenlang (S. 102, 160–168, 175) aus den Predigten, die der Generalobere des Theatinerordens, Gioacchino Ventura, in Rom über Freiheit und Religion hielt, bevor sein Name 1850 auf dem „Index" erschien. Staudenmaier will zur Beschreibung der nötigen Reformen sogar *„mit Ventura das Wort Revolution gebrauchen"* (S. 108).

64 Schreiben v. Moufang an Bischof Blum, Mainz, 29. Mai 1849, eigenhändige Ausfertigung (AES Pos. 644, fasc. 362, Bl. 58f). Zu Moufang, Neffe Lennigs und Exponent der Mainzer Ultramontanen, vgl. Götten, Josef: Christoph Moufang. Theologe und Politiker (1817–1890). Eine biographische Darstellung, Mainz 1969. Ähnlich schrieb Lennig an Bischof Andreas Räß am 24. Mai 1849: *„Vor etwa 8 Tagen soll Prof. Staudenmayer an den hiesigen Domcapitular Fell geschrieben haben, es sey der Herr Erzbischof von Freyburg mit dem Processus informativus des neoelectus* [Schmid] *beauftragt";* Räß möge Vicari *„warnen"* und *„ersuchen"*, bei einem Informativprozeß unbedingt auch die gegen Schmid eingestellte Mainzer Kapitelsminorität, also die Gruppe um Lennig, zu befragen. Vgl. Lenhart, Ludwig: Der Mainzer Domherr A. F. Lennig an den Straßburger Bischof A. Räß über die gescheiterte Mainzer Bischofskandidatur des Gießener Universitätsprofessors Dr. Leopold Schmid, in: AMRhKG 11 (1959) 264–279, hier 270. Zur erwähnten Abhandlung von Fidelis Haiz, die mit der Schrift Hirschers 1850 verurteilt wurde, vgl. Schwedt: Theiner (wie Anm. 13), S. 832–835, 857–864 (Index-Gutachten).

65 Blum schrieb: *„Ich bemerke übrigens hierzu noch, daß bei einer völlig freien Wahl vielleicht Professor Staudenmaier gewählt werden könnte; wenigstens habe ich vor längerer Zeit bereits die Mitteilung erhalten, daß die Majorität des Capitels* [. . .] *im Falle der Verwerfung Schmids Staudenmaier zu wählen gedenke. Was aber diesen betrifft, so werden Euere Excellenz ohne Zweifel mit mir die Überzeugung hegen, daß er zum Bischofe absolut nicht geeignet ist; die Grundsätze, die er in seinem Schriftchen ‚Die kirchliche Aufgabe der Gegenwart' ausgesprochen, sein Hinneigen zu den Tendenzen Hirschers u.s.w. sind wohl genügende Belege dafür"* (Blum an Reisach, 23. Januar 1850, in: Iserloh, Erwin: Römische Quellen zur Bischofsernennung Wilhelm Emanuel Kettelers 1850, in: Bierbaum, Max [Hrsg.]: Studia Westfalica. Beiträge zur Kirchengeschichte und religiösen Volkskunde Westfalens. Festschrift für Alois Schröer, Münster 1973, S. 159–184, hier S. 167).

66 Vgl. Schmid, Leopold: Der Geist des Katholizismus oder Grundlegung der christlichen Irenik, 1.–4. Buch, Gießen 1848–1850. Dazu: *„Die irenische Idee Staudenmaiers wurde von seinem Nachfolger in Gießen L. Schmid als eigene angenommen, und in seinem Werke ausgeführt"* (Werner, Karl: Geschichte der katholischen Theologie. Seit dem Trienter Konzil bis zur Gegenwart, München 1866, S. 497). Zu Patscheiders Gutachten über Schmid vgl. Vicentini, Antonio M.: Il confessore del Palazzo Apostolico e l'Ordine dei Servi di Maria. Memorie storiche, Vicenza 1925, S. 55; Rivinius: Vorgänge (wie Anm. 42), S. 298–303.

67 Das Gutachten Theiners für die Indexkongregation bei Rivinius: Vorgänge (wie Anm. 42), S. 296–298.

68 Rivinius: Vorgänge (wie Anm. 42), S. 314. Zu Ernst vgl. Naab, Erich: Das eine große Sakrament des Lebens. Studie zum Kirchentraktat des Joseph Ernst (1804–1869) mit Berücksichtigung der Lehrentwicklung in der von ihm begründeten Schule, Regensburg 1985, bes. S. 9–37.

69 Vgl. Der Katholik 56 (1835) 86–94: Der Rezensent lobt Schmid, bemängelt einen mißverständlichen Ausdruck, *„mehr Sprach- als Gedankenfehler"* (S. 91); Annali delle scienze religiose 2 (1836/I) S. 489f (anonym, über Schmid). Die Liste *„collaboratori ordinarj"* erschien in jedem Heft der Annali (Umschlag), darunter vom ersten Heft an die Ausländer Reisach, Theiner und Wiseman. Zur lamennaisfreundlichen Gruppe in Rom vgl. Schwedt: Hermes (wie Anm. 5), S. 58.

70 Leopold Schmid's Leben und Denken. Nach hinterlassenen Papieren hrsg. v. Bernhard Schroeder und Friedrich Schwarz, Leipzig 1871, S. 88. Der Biograph fährt fort: *„Das heutige Geschick Döllingers lehrt, daß die römisch-katholische Kirche unterschiedslos alles sich in ihr Entgegenstellende negiert, daß aber auch alles, was inneres Leben hat, unter göttlicher Führung der Wahrheit die Ehre geben und der großen geschichtlichen Leitung sich fügen muß."*

71 Vgl. (wie Anm. 70), S. 67f: Brief Fr. Schlosser an L. Schmid, Frankfurt, 16. Mai 1849 (Teilabdruck); vollständig bei N[ippold], F[riedrich]: J. F. H. Schlosser an Leopold Schmid (1849), in: Internationale Kirchliche Zeitschrift, N. F. 2 (1912) 186–197, hier 188–192. Schlosser erhielt einen *„Brief eines trefflichen und Sie wahrhaft hochschätzenden Freundes"*, der *„Besorgnisse"* äußerte, falls Schmid Bischof würde (S. 189). Zum Brief Döllingers an Blum vom 1. März 1849 vgl. Anm. 48.

72 Vgl. Verhandlungen (wie Anm. 62), S. 4 (Namens-Verzeichnis), S. 214f (*„Protest"* gegen Hirscher). Zu Moritz Lieber (1790–1860) vgl. Schatz: Geschichte (wie Anm. 11), S. 110.

73 Friedrich: Döllinger, Bd. 3, S. 23.

74 Vgl. Friedrich: Döllinger, Bd. 3, S. 24.

75 Friedrich: Döllinger, Bd. 3, S. 23f: Brief Dr. Moufang an Döllinger, 5. Okt. 1849.

76 Vgl. die Schreiben Hirschers an Erzbischof Vicari v. 20. Januar 1850 und 7. Okt. 1850, letzteres nach der Wahl zum Domdekan bei Schiel: Hirscher (wie Anm. 12), S. 139–146. Der Münchener Nuntius berichtete: *„in seguito alla recente nomina capitolare del Hirscher a Decano del Capitolo di Friburgo è sempre più a temere, che in caso della morte di Monsignor Vicarj, il Capitolo possa nominarlo Archivescovo, e che per evitare tal pericolo, diventa sempre più espediente ed urgente, che si dia un Coadjutore al decrepito Arcivescovo"* (Münchener Nuntiaturbericht Nr. 398 v. 24. Okt. 1850, Ausfertigung: AES Pos. 659 fasc. 365 Bl. 29). Er beruft sich auf die angebliche Forderung eines Informanten *(„un zelante sacerdote mio corrispondente")*. Dessen Brief an den Nuntius, datiert *„Hildesiae die 10mo Octobris 1850"*, liegt abschriftlich bei. Diese Briefkopie des ungenannten Briefschreibers beginnt: *„Peractis feliciter sacris Ignatianis Exercitiis, quae in Vratislaviensi Diöecesi ad nutum R.mi Principis Episcopi quater pro Clero saeculari, et dein pro tribus Conventibus religiosis exposui* [. . .]" (ebd., Bl. 32r), und kommt dann auf Hirscher zu sprechen: *„Quod attinet ad res ecclesiasticas Archidioecesis Friburgensis Brisgoviae Excellentiae Vestrae Rev. mae certe jam innotuit, R. D. Canonicum Hirscher a Capitulo in Decanum Capituli electum esse, quod sane ea omnia confirmat, quae timenda a me jampridem sunt insinuata. Utinam ergo matura adhibentur remedia contra ea quae*

secus in Archiepiscopi obitu Friburgi absque dubio instant cum magno Ecclesiae periculo" (ebd., Bl. 32v). Wegen der erwähnten vier Priester-Exerzitien in Schlesien läßt sich der ungenannte Briefschreiber identifizieren als Elbert Wilhelm Westhoff (1801–1871), ab 1851 Seminarpräses in Köln. Vgl. Der Katholik N.F. 1 (1850) 478, 525; Gatz, Erwin: Rheinische Volksmission im 19. Jahrhundert dargestellt am Beispiel des Erzbistums Köln. Düsseldorf 1963, S. 56.

77 Zu dieser kurialen Aktion von 1851 vgl. vorläufig Schwedt: Theiner (wie Anm. 13), S. 833f.

78 Vgl. Aubert, Roger: Die Religionsfreiheit von ‚Mirari vos' bis zum ‚Syllabus', in: Concilium 7 (1965) 584–591; Denzler, Georg: Das Papsttum und die Menschenrechte im 19. Jahrhundert, in: liberal 19 (1977) 926–947; Isensee, Josef: Keine Freiheit für den Irrtum. Die Kritik der katholischen Kirche des 19. Jahrhunderts an den Menschenrechten als staatsphilosophisches Paradigma, in: Zeitschrift der Savigny-Stiftung für Rechtsgeschichte, kan. Abt. 104 (1987) 296–336; Bucher, Rainer: Der übersehene Anfang der Gegenwart. Die Kirche und die Französische Revolution, in: Stimmen der Zeit 207 (1989) 541–550.

79 Vgl. Acta Sanctae Sedis 3 (1871) 160–170; zu weiteren Ausgaben vgl. Denzinger, Heinrich / Schönmetzer, Adolf (Hrsg.): Enchiridion Symbolorum definitionum et declarationum de rebus fidei et morum, 36. Aufl., Freiburg 1972, Nr. 2890–2980.

80 Der Sekretär der römischen Index-Kongregation, Pater Angelo Vincenzo Modena OP, sagte Ende November 1863 über die in Vorbereitung befindliche Enzyklika: *„ce sera probablement une encyclique comme celle de Grégoire XVI, quelque chose de vague et d'élastique*" (Lecanuet, R. P.: Montalembert, Bd. III, 5. Aufl., Paris 1925, S. 365: Brief des französischen Diplomaten Charles Werner de Mérode an Montalembert aus Rom, o. D.).

81 [Jörg, Joseph Edmund:] Das päpstliche Rundschreiben vom 8. Dezember und die ‚modernen Ideen', in: Historisch-politische Blätter 55 (1865) 215–248, hier 218.

82 Zahlreiche Zeitgenossen hielten den Syllabus mindestens für einen Fehler. Nach einem Gespräch mit dem liberalen Kurienkardinal Girolamo D'Andrea schrieb Acton am 5. Febr. 1865 aus Rom an Döllinger: *„Er mißbilligt die Encyklika, als einen groben Mißgriff*" (Conzemius, Victor [Hrsg.]: Ignaz v. Döllinger / Lord Acton. Briefwechsel, Bd. 1, München 1963, S. 403; vgl. S. 387–393). Carlo Curci, bedeutender Vertreter des italienischen Reformkatholizismus, kritisierte in seinem Werk: La nuova Italia ed i vecchi zelanti, Florenz 1881, die *„malevola diligenza*" der Autoren des Syllabus. Zu Curcis Vorwurf der Unklugheit des Syllabus („grave imprudenza") vgl. Mucci, Giandomenico: La riforma della chiesa nel pensiero di Carlo M. Curci (1809–1891). Contributo allo studio del riformismo italiano dell'ottocento. Rom 1972, S. 51. Zu weiterer Kritik besonders in Rom vgl. Martina, Giacomo: Pio IX (1851–1866), Rom 1986, S. 350.

83 Zum Echo auf den Syllabus vgl. McElrath, Damian: The Syllabus of Pius IX. Some Reactions in England, Louvain 1964; Port, Johannes: Die Reaktion auf den Syllabus Pius' IX. in den deutschsprachigen Ländern, Theol. Diss. 2 Bde, Rom 1965 (masch.), hier Bd. I, S. 32–418; Papa, Egidio: Il Sillabo di Pio IX e la stampa francese, inglese e italiana, Rom 1968; Aubert, Roger: La réaction du ‚Correspondant' au Syllabus, in: Études de droit et d'histoire. Mélanges Mgr. H. Wagnon, Leuven 1976, S. 45–88; Ricci, Aristide: La ‚Civiltà Cattolica' e il Sillabo, in: Rivista di Letteratura e di Storia Ecclesiastica 11 (1979) 3–31; Cárcel Orti, Vicente: La publicación del ‚Syllabus' en España, in: Analecta Sacra Tarraconensia 57/58 (1984/85) 139–155.

84 Albrecht, Dieter (Hrsg.): Jörg, Joseph Edmund: Briefwechsel 1846–1901, Mainz 1988, S. 270 (Schäzlers Brief an Jörg v. 2. Jan. 1865).

85 Vgl. Schwaiger, Georg: Die Münchener Gelehrtenversammlung von 1863 in den Strömungen der katholischen Theologie des 19. Jahrhunderts, in: ders.: Kirche und Theologie im 19. Jahrhundert, Göttingen 1975, S. 125–134; Brandt, Hans-Jürgen: Eine katholische Universität in Deutschland? Das Ringen der Katholiken in Deutschland um eine Universitätsbildung im 19. Jahrhundert, Köln–Wien 1981, S. 300–320, 396–420 (Quellen). Kardinal Reisach hat in Rom geschickt verhindert, daß der Aktenband der Versammlung mit der Rede Döllingers vor der Indexkongregation verhandelt wurde. Er dirigierte in gekonntem Manöver den Vorgang vorbei an den für Lehrfragen zuständigen Behörden der Inquisition und des Index, die einigen damals als zu „liberal" galten, in die „politische" Kongregation für die Außerordentlichen Kirchlichen Angelegenheiten, eine Hochburg der römischen „zelanti". Reisach hatte in dieser Kardinalskongregation das Monopol des sprach- und landeskundigen Experten, wie sein Gutachten zeigt. Reisachs milieukundiger Instanzen-Schachzug endete mit einem spektakulären Erfolg: Der Hl. Stuhl schoß auf die von Döllinger repräsentierten deutschen Theologen nicht mit dem Pfeil eines Index-Dekretes, sondern mit der Kanone eines päpstlichen Breve. Zu Reisachs Gutachten vgl. Belardinelli, Mario: Döllinger e l'Italia. Per una storia del dibattito sulla ‚libertà nella chiesa' nell'ottocento, in: Rivista di storia della Chiesa in Italia 36 (1982) 381–407, 37 (1983) S. 72–116, hier 390f. Zur entwaffnenden Naivität des Historikers Janssen, der bei Reisach in Rom die Indizierung des Buches zu „verhindern" suchte, vgl. Pastor, Ludwig von (Hrsg.): Johannes Janssens Briefe, Bd. I, Freiburg/Br. 1920, S. 201f.

86 Es handelt sich um insgesamt sieben „Propositiones Syllabi", entnommen dem Breve „Tuas libenter", und als solche kenntlich gemacht in: Enchiridion Symbolorum (wie Anm. 79), Nr. 2901 (Index Actorum). Der Papst verurteilte im „Syllabus" auch Döllinger, so berichtete aus Rom der österreichische Botschafter Alexander v. Bach: *„Sous ces différents rapports, l'Empereur Napoléon comme le Czar Alexandre, le roi Victor Emanuel aussi bien que le Roi du Portugal, Mr. de Montalembert comme Mr. Döllinger, sont également condamnés par la voix du Souverain Pontife"* (Bericht v. 31. Dez. 1864, hier nach Port [wie Anm. 83], Bd. 1, S. 33). Die ungedruckte Arbeit von Port schildert Bd. 1, S. 360–372 ausführlich Döllingers unmittelbare Reaktion auf den Syllabus und Bd. 2, S. 175–196 die spätere Syllabus-Diskussion im „Janus" und in den Gegenschriften von Hergenröther („Anti-Janus") und Scheeben.

87 Vgl. den Brief Döllingers an Acton v. 1. Sept. 1868: *„Da nun die Absicht ist, die Sätze des Syllabus* [. . .] *zu Conciliar-Beschlüssen zu erheben, so wird die Sache* [. . .] *ernst"* (Conzemius: Döllinger [wie Anm. 82], Bd. I, S. 516).

88 Vgl. die grundlegenden Untersuchungen von Giacomo Martina: Osservazioni sulle varie redazioni del ‚Sillabo', in: Aubert, Roger (Hrsg.): Chiesa e Stato nell'Ottocento. Miscellanea in onore di Pietro Pirri, Padua 1962, S. 419–523; Nuovi documenti sulla genesi del Sillabo, in: AHP 6 (1968) 319–369; zusammenfassend Martinas Kapitel *„La condanna degli errori moderni: il Sillabo"* in seinem Buch: Pio IX (wie Anm. 82), S. 289–356.

89 Der Mechelner Katholikenkongreß und die Münchener Gelehrtenversammlung machten die Syllabus-Frage in Rom brennender: *„la questione divenne più acuta"* (Martina: Pio IX [wie Anm. 82], S. 315). *„Ende des Sommers 1863 ließen zwei unselige Reden die Frage* [des Syllabus] *erneut aufflammen: die Apologie, die*

Montalembert [. . .] in Mecheln für die ‚Freie Kirche im freien Staat' hielt, und die hochmütige Forderung Döllingers nach Unabhängigkeit des katholischen Gelehrten vom kirchlichen Lehramt, die er auf der Münchener Versammlung vorbrachte" (Aubert, Roger, in: Jedin [Hrsg.]: Handbuch der Kirchengeschichte, Bd. VI/1, Freiburg 1971, S. 751f). Döllinger hat die genannte Forderung nicht vorgebracht.

90 Zur Person vgl. Weber: Kardinäle (wie Anm. 36), S. 465f und Register.

91 Luca Pacifici (verstorben 31. März 1870) war der *„braccio destro"* Pius' IX. bei der Vorbereitung des Immaculata-Dogmas (Sardi, Vincenzo [Hrsg.]: La solenne definizione del Dogma dell'Immacolato Concepimento di Maria Santissima. Atti e Documenti pubblicati nel cinquantesimo anniversario della stessa Definizione, Bd. 1, Rom 1904, S. 556). Vgl. Martina: Pio IX (wie Anm. 82), S. 274f und Register.

92 Vgl. Martina: Pio IX (wie Anm. 82), S. 292 u. 287; vgl. Croce, Giuseppe M.: Una fonte importante per la storia del Pontificato di Pio IX e del Concilio Vaticano I: I manoscritti inediti di Vincenzo Tizzani, in: AHP 23 (1985) 217–345, 24 (1986) 273–363, 25 (1987) 263–363, hier S. 232.

93 Weber: Kardinäle (wie Anm. 36), S. 313; vgl. S. 515f (Santucci) u. S. 444f (Brunelli) sowie Register.

94 Tizzani bezeichnete Pacifici als eine *„vera antitesi dell'attività"*. Vgl. Croce: Una fonte (wie Anm. 92), 23 (1985) 232. Tizzani über die Syllabus-Kommission, die ohne Konzept und ohne Protokolle arbeitete: *„disordinato il tutto, senza metodo, cioè senza verbali, senza ordine di materie"*. Als einige als liberal geltende Theologen zu Mitgliedern der Kommission ernannt wurden (Antonio da Rignano, Puecher-Passavalli, Tizzani), hatten die Jesuiten (Passaglia, Perrone, Schrader) zur Mitarbeit nur noch *„Unlust"* (isvogliatezza), wie Tizzani angibt. Vgl. demnächst Pásztor, Lajos: Il concilio Vaticano I nel diario di Vincenzo Tizzani. Edition und Kommentar, Stuttgart 1990.

95 Außer den Akten von Sardi (wie Anm. 91) vgl. zusammenfassend mit Lit. das Kapitel *„La definizione dell'Immacolata Concezione"* in Martina: Pio IX (wie Anm. 82), S. 261–286.

96 Vgl. Martina: Pio IX (wie Anm. 82), S. 278f; Weitlauff, Manfred: Die Dogmatisierung der Immaculata Conceptio (1854) und die Stellungnahme der Münchener Theologischen Fakultät, in: Schwaiger, Georg (Hrsg.): Konzil und Papst. Historische Beiträge zur Frage der höchsten Gewalt in der Kirche. Festgabe für Hermann Tüchle, Paderborn 1975, S. 433–501, bes. S. 478–488.

97 Über die *„intima colleganza tra quei due oggetti a prima vista disparatissimi (il dogma cioè dell'Immacolata Concezione e la condanna di tutti i moderni errori)"* vgl. [Anonym:] Congruenze sociali di una definizione dogmatica sull'Immacolato Concepimento della B.V. Maria, in: La Civiltà Cattolica, Serie I, Anno III, 8 (1852) 377–396, hier 382. Zu den Übersetzungen (Auszüge) vgl. Über die dogmatische Definition der unbefleckten Empfängnis der heiligen Jungfrau Maria, in: Der Katholik, N.F. 3 (1852/I) 310–331, 361–375; Die unbefleckte Empfängnis und die Irrlehren der Gegenwart, in: Historisch-politische Blätter 29 (1852) 652–656.

98 Vgl. Congruenze (wie Anm. 97), S. 384. Die deutsche Übersetzung streicht aus den verderblichen Folgen des Rationalismus die Freiheit der Frau („donna libera"). Die restlichen Verhängnisse des Rationalismus: *„Daher die absolute Emancipation des Fleisches, die Aufhebung des Eigentums, die Zerstörung des häuslichen und Familienbande. Der Mensch ist wahrhaft unabhängig; die Menschheit allein ist wesentlich souverän; der Wille der Menschheit ist einziges höchstes Gesetz; ihre*

Souveränität die einzige rechtmäßige Gewalt, außer der jede andere unerträgliche Usurpation und Tyrannei ist“ (Der Katholik [wie Anm. 97] 363).

99 Die Semirationalisten wollen katholisch *und* zeitgemäß sein und wünschen eine modernisierte Kirche „*e cosi fabbricano un cattolicesimo alla loro maniera, questo lodano e magnificano, e l'altro reale, vero, sussistente, professato dai cleri, dall'Episcopato con alla testa il romano Pontefice, riprendono come esagerato, antiquato, ipermistico, incivile, ambizioso con tutto quel resto che si appone al gesuitismo*“ (Congruenze [wie Anm. 97], S. 386). Vgl. jedoch die Übersetzung: „*Den wirklichen, wahren Katholizismus, wie ihn der Klerus, die Bischöfe mit dem Oberhaupte der Kirche bekennen, verwerfen sie als übertrieben, antiquiert, hypermystisch, hyperorthodox, ungebildet, als Obskurantismus, Jesuitismus (Ultramontanismus)*“ (Der Katholik [wie Anm. 97] 364).

100 „*Die Definition dieser* [Immaculata-]*Lehre, verbunden mit der Verdammung der gangbaren Irrlehren, würde ein gewichtiges und wirksames Mittel sein, die Frömmigkeit der Gläubigen* [. . .] *und den Eifer der Hirten zu erhöhen*“ (Der Katholik [wie Anm. 98] 370). Vgl. Congruenze (wie Anm. 97), S. 392.

101 [Anonym:] Das Dogma und die Civilisation, in: Civiltà Cattolica, Deutsche Ausgabe, Münster 1855, 204–229, hier 213 innerhalb des Kapitels „*Durch das Dogma* . . .“ (211–216). Vgl. [Anonym:] Il Domma e la Civiltà, in: La Civiltà Cattolica, Serie 2, 8 (1854) 481–501, hier 490: „*condanna che col fatto medesimo della prossima definizione verrà pronunziata contro il preteso diritto della sovranità popolare.*“ Verfasser dieses bedeutsamen Artikels war G. Calvetti. Die Kurie ließ einen Spezialdruck hiervon anfertigen. Vgl. Martina: Osservazioni (wie Anm. 88), S. 426f.

102 Zur „*neuen Ära*“ vgl. den Bericht der österreichischen Botschaft in Rom: Anläßlich der Dogmatisierung hat die zunehmende „*Verehrung, Untertänigkeit und Anhänglichkeit*“ der Bischöfe gegenüber dem Hl. Stuhl 1854 eine neue „*Phase, wenn nicht eine Ära in der Geschichte der Kirche bezeichnet. [. . .] Die direkte und sozusagen bis ins einzelne gehende Einflußnahme des römischen Hofes auf das Verhalten der ganzen Kirche und aller lokaler Kirchen ist täglich im Steigen begriffen*“ (Botschaftsbericht v. Graf Lukas Gozze, 9. Dez. 1854, in: [Coreth, Anna:] 1854 – Beginn einer neuen Ära, in: Die österreichische Furche, 11. Dez. 1954). Die Bearbeiterin fügt hinzu: „*Es ist kein Zufall, daß diese neue ‚Phase', ja diese ‚Ära' durch das Mariendogma angekündigt wird und im Zeichen Mariens steht. Kirche und Maria sind nicht zu trennen. Es ist erstaunlich, wie klar der kaiserliche Berichterstatter gesehen hat.*“

103 Vgl. Weitlauff: Dogmatisierung (wie Anm. 96), S. 496–501: Text des Gutachtens (das S. 496 in Klammern fehlende Datum wird als „*secunda*“ [2da] zu lesen sein); Gruber, Siegfried: Mariologie und katholisches Selbstbewußtsein. Ein Beitrag zur Vorgeschichte des Dogmas von 1854 in Deutschland, Essen 1970, bes. S. 60–65, 80–89.

104 Zu den Reserven der Hermesianer gegenüber der Dogmatisierung vgl. Tekath, Karl-Heinz: Die Unbefleckte Empfängnis Mariens – Hauptpatronin des Erzbistums Köln, in: Leidl, August (Hrsg.): Bistumspatrone in Deutschland. Festschrift für Jakob Torsy, München/Zürich 1984, S. 58–77, bes. S. 67–72; Schmiedl, Joachim: Marianische Religiosität in Aachen. Frömmigkeitsformen einer kath. Industriestadt des 19. Jahrhunderts, Münster 1987 (Stellung des Aachener Bürgertums zur Dogmatisierung). Vgl. auch das Votum des aus der Hermes-Schule stammenden Antihermesianers Berlage bei Baier, Walter: Anton Berlages Votum für die

Dogmatisierung der Unbefleckten Empfängnis Mariens vom Jahre 1852. Ein Beitrag zur Mariologie vor 1854, in: Auer, Johannes (Hrsg.): Gottesherrschaft – Weltherrschaft. Festschrift Bischof Rudolf Graber, Regensburg 1980, S. 269–280.

105 Vgl. Schieder, Wolfgang: Kirche und Revolution. Sozialgeschichtliche Aspekte der Trierer Wallfahrt von 1844, in: Archiv für Sozialgeschichte 14 (1974) 419–454; Lill, Rudolf: Kirche und Revolution. Zu den Anfängen der katholischen Bewegung im Jahrzehnt vor 1848, in: ebd. 18 (1978) 565–575; Graf, Friedrich Wilhelm: Die Politisierung des religiösen Bewußtseins. Die bürgerlichen Religionsparteien im deutschen Vormärz: Das Beispiel des Deutschkatholizismus, Stuttgart 1978. Der führende Deutschkatholik Johannes Ronge (vgl. Anm. 28) veröffentlichte 1849 eine Schrift gegen die Immaculata-Lehre und warnte davor, *„die päpstliche Verlautbarung* [zu Maria] *und deren Wirkung als ‚Bollwerk' gegen die Ideen der neuen Zeit zu unterschätzen"* (Gruber: Mariologie [wie Anm. 103], S. 99).

106 Friedrich: Döllinger (wie Anm. 1), Bd. 3, S. 146. Dort S. 130–147 zur Frage des Dogmas der Immaculata. Friedrich nennt das Dogma hinsichtlich der innerkirchlichen Machtsteigerung des Papstes eine *„Revolution von Oben"* (Friedrich, Johann: Geschichte des Vatikanischen Konzils, Bd. 1, Bonn 1877, S. 428; vgl. S. 331–340, 426–429. Friedrich unterschätzt den plebiszitären Effekt der offenen Zustimmung zum Dogma und vor allem der schweigenden Hinnahme durch fast alle Katholiken, auch durch Döllinger).

107 Zur Neugruppierung der Kommission am 8. Mai 1852 vgl. La solenne definizione (wie Anm. 91), Bd. I, S. 781–790.

108 Veuillot antwortete auf „la circulaire de Votre Eminence touchant les principales erreurs de ce temps" am 21. Juni 1852: *„je vous confie, je n'ai pu répondre à cette communication dont les matières sont en général étrangères à mes études et souvent audessus de ma portée"* (Veuillot, Louis: Correspondance, Bd. 3 [Oeuvres complètes, Bd. 17], Paris 1931, S. 360f). – Zur Anfrage bei Bischof Pie vgl. Catta, Étienne: Mgr. Éduard Pie, Pie IX, le Syllabus et le premier Concile du Vatican d'après les oeuvres de l'Évêque de Poitiers, in: Pio IX 3 (1974), 346–409, bes. S. 352f.

109 Avogadro verlangte die Verurteilung der *„errori vasti e sovranamente perniciosi"* (Martina: Pio IX [wie Anm. 82], S. 289). Avogadros Schrift von 1851, *Saggio intorno al socialismo* erbat vom Papst *„una dottrinale condanna delle teorie socialistiche ridotte a limpide e distinte formule, emanate dall'oracolo infallibile del Romano Pontefice"* (Port: Reaktion [wie Anm. 83], Bd. 1, S. 21); vgl. Martire, E.: Avogadro della Motta, E. (1798–1865), in: Enciclopedia Cattolica, Bd. 2 (1949) Sp. 553f.

110 Zum berühmten „Ensayo" von 1851 und zum Verfasser vgl. Valverde, Carlos: Juan Donoso Cortés (1809–1853), in: Coreth, Emerich (Hrsg.): Christliche Philosophie im katholischen Denken des 19. und 20. Jahrhunderts, Bd. 1, Graz–Wien–Köln 1987, S. 649–666. Die beste deutsche Ausgabe des „Essay" erschien unter dem Titel: Fischer, Ludwig (Hrsg.): Der Staat Gottes. Eine katholische Geschichtsphilosophie von Donoso Cortés, Karlsruhe 1933 (mit instruktiver Einleitung).

111 Zuletzt in: Valverde, Carlos (Hrsg.): Obras completas de Donoso Cortés, Bd. 2, Madrid 1970, S. 744–762.

112 Eine Übersetzung erschien unter der Überschrift *„Die wichtigsten Irrtümer unserer Zeit nach Ursprung und Ursache"*, in: Die Kirche und die Zivilisation. In Briefen von Donoso Cortés. Übersetzt aus dem Französischen von Hans Abel, München 1920, S. 29–50. Unter dem Titel *„Über die Irrtümer unserer Zeit"* erschien die gleiche Übersetzung aus dem Französischen, etwas gekürzt, in: Hess, Josef Hermann

(Hrsg.): Donoso Cortés. Kulturpolitik, Kirche, Glaube, Zivilisation, Staatspolitik, Basel 1945, S. 9–47. – Neue Übersetzung: *Die Hauptirrtümer der Gegenwart nach Ursprung und Ursachen. Denkschrift an Seine Eminenz Kardinal Fornari vom 19. Juni 1852*, in: Viator, Paul (Hrsg.): Donoso Cortés. Der Abfall vom Abendland. Dokumente, Wien 1948, S. 83–112. Viator bezeichnet diese Denkschrift mit Recht als *„eine Abbreviatur der Thesen des ‚Ensayo'"* von 1851 (S. 20). Zuletzt: „Denkschrift über Wesen und Ursprung der schwersten Irrtümer unserer Zeit", in: Maier, Albert (Hrsg.): Donoso Cortés. Briefe, parlamentarische Reden und diplomatische Berichte aus den letzten Jahren seines Lebens (1849–53), Köln 1950, S. 159–174.

113 Dupanloup wurde *„nommément éliminé"* (Hourat, Pierre: Le Syllabus. Étude documentaire, Bd. I, Paris 1904, S. 12). Die Umfrage Fornaris erging an Personen „di tendenze intransigenti" (Martina: Pio IX. [wie Anm. 82], S. 291).

114 Vgl. Pfülf, Otto: Cardinal von Geissel, Bd. 2, Freiburg/Br. 1896, S. 279–282; Hecker, Hermann Joseph: Chronik der Regenten, Dozenten und Ökonomen im Priesterseminar des Erzbistums Köln 1615–1950, Düsseldorf 1952, S. 171 u. 176 (zu Buse und Westhoff); Gatz, Erwin: Franz X. Dieringer, in: Kath. Theologen (wie Anm. 2), Bd. 3, S. 60–86; Weber: Kardinäle (wie Anm. 36), Bd. 2, S. 514f u. 527f (zu den Nuntien M. Viale Prelà und C. Sacconi); Gatz, Erwin: Konrad Martin, in: Die Bischöfe, S. 476–481; Walter, Peter: Die neuscholastische Philosophie im deutschsprachigen Raum, in: Christliche Philosophie (wie Anm. 110), Bd. I, S. 131–194, bes. S. 134–139 (zu Clemens).

115 Vgl. Schwedt, Herman H.: Die Verurteilung der Werke Anton Günthers (1857) und seiner Schüler, in: Zeitschrift für Kirchengeschichte 101 (1990) 303–345 (Lit.).

116 Knoodt, Peter: Anton Günther, Bd. 2, Wien 1881, S. 136 (Brief Zukrigls an Knoodt v. 17. August 1852). Zu Jakob Zukrigl vgl. Linsenmann: Leben (wie Anm. 13), S. 111–114.

117 Knoodt, Günther (wie Anm. 117), S. 136 (Mitteilung Anton Günthers in einem Brief seines Anhängers Johann B. Baltzer an Knoodt v. 4. August 1852).

118 Nuntius Viale in Wien schrieb an Bischof Lipp am 2. Juni 1852 und bat, *„ut a viris, qui* [. . .] *puritate doctrinae ac rectitudine praestiterint,* [. . .] *errores indicentur, qui* [. . .] *in Germania invaluerint et grassentur. Hoc negotium secrete est pertractandum"* (Reinhardt, Rudolf: Die katholisch-theologische Fakultät Tübingen im 19. Jahrhundert. Faktoren und Phasen ihrer Entwicklung, in: Schwaiger, Georg [Hrsg.]: Kirche und Theologie im 19. Jahrhundert, Göttingen 1975, S. 55–87, hier S. 86f). Vgl. Reinhardt, Rudolf: Die Katholisch-Theologische Fakultät Tübingen im ersten Jahrhundert ihres Bestehens. Faktoren und Phasen der Entwicklung, in: Ders. (Hrsg.): Tübinger Theologen und ihre Theologie, Tübingen 1977, S. 1–48, hier S. 33.

119 Zur Anfrage Fornaris bei Ernst, datiert auf den 9. Juli 1852, vgl. Naab, Ernst (wie Anm. 68), S. 35. Zu Reisachs Romaufenthalt vom 5. Juni bis 24. Juli 1852 vgl. Noack, Friedrich: Das Deutschtum in Rom seit dem Ausgang des Mittelalters, Bd. 2, Stuttgart 1927 (Neudruck Aalen 1974), S. 480; Augsburger Postzeitung Nr. 208 v. 31. Juli 1852.

120 Diese Anlage (Syllabus) stellte Fornari auch Louis Veuillot zu mit einem italienischen Anschreiben vom 20. Mai 1852, abgedruckt mit dem „Syllabus" bei Rinaldi, Carlo Giuseppe: Il valore del Sillabo. Studio teologico e storico, Roma 1888, S. 239–242; desgleichen bei Hourat: Syllabus (wie Anm. 113), S. 12–22, mit französischer

Übersetzung. Vgl. Veuillot, Eugène: Louis Veuillot, Bd. 3, 5. Aufl., Paris 1904, S. 493f (enthält Fornaris Schreiben in französischer Teilübersetzung, ohne die „Syllabus"-Anlage).

121 Das bisher nicht edierte Schreiben Fornaris an Nuntius Sacconi vom 20. Mai 1852, Ausfertigung, befindet sich in: AMon 82, fasc. 132 (mit der gedruckten Themenliste „Syllabus").

122 AMon 82, fasc. 132: Schreiben des Nuntius an Geissel v. 4. Juni 1852, Nr. 618 P. G. (Entwurf). Ebd. im wesentlichen gleichlautende Schreiben des Nuntius an den Erzbischof von Freiburg, an die Bischöfe von Rottenburg und von Würzburg sowie an Westhoff, alle vom 4. Juni 1852, Nr. 614 bis 617 (Entwurf, mit Detail-Varianten jeweils für die vier Adressaten).

123 AMon (wie Anm. 122), Nr. 614: Der Erzbischof möge die Begutachtung dem Professor *„Wetzer vel* [. . .] *Staudenmayer* [. . .] *vel utrique aut etiam alicui alio si habes praestanti Theologo Tuae Archidioc."* übertragen.

124 AMon (wie Anm. 122), Nr. 615: Bischof Lipp möge *„vel Welte vel alicui alio praestanti Theologo si habes in Tua Dioecesi"* die Arbeit übergeben.

125 AMon (wie Anm. 122), Nr. 616: Bischof Stahl möge das Gutachten anfertigen, aber *„si per Te ipsum ex temporis defectu non poteris, vel Denzinger, vel alicui etc."* [alio praestanti Theologo] den Auftrag weitergeben.

126 Schreiben Sacconis an Kard. Fornari, 5. Juni 1852, korrigierter Entwurf, in: AMon 82, fasc. 132. Die im folgenden mit [* und *] eingeschlossenen Textteile sind von Sacconi eigenhändig im Entwurf des Minutanten Fares abgeändert bzw. eingefügt. Anstelle des ersteren dieser Texte hatte der Minutant der Nuntiatur geschrieben: *„Sembrandomi ora non buono di consultare il Professore Doellinger, perchè non è profondo negli studj, ai quali si riferisce il di Lei ufficio, ma più particolarmente perchè li principj ch'Egli professa in alcuni punti di diritto pubblico Ecclesiastico, come per es. sul Primato, e sull' infallibilità del Romano Pontefice, non sono giusti, mi sono astenuto di fargliene parola. Peraltro se V. Emza Rma vede che ad onta del parere da me esternato debba invitarsi anche il medesimo a dare le sue osservazioni, mi basta un suo cenno perchè io lo faccio. Nel caso ch'Ella amasse di conoscere più da vicino le qualità del Sig. Doellinger, potrebbe interrogare Monsignor Arcivescovo di Monaco ora che si trova in Roma."* Der ungezeichnete, von Sacconis Hand stark veränderte Entwurf trägt die unverwechselbaren Schriftzüge des Nuntiatur-Auditors Clemente Fares (1809–1896). Durch die Hände dieses Prälaten gingen Papiere zu wichtigen Angelegenheiten (z. B. Bischofsernennungen wie die Mainzer Affäre, Lehrstreitigkeiten um Hirscher, Günther u. a.), aber er ist kaum bekannt, ja kann unter dem verderbten Namen *„Jares"* erscheinen mit der Anmerkung: *„Nicht nachzuweisen."* Vgl. Iserloh, Erwin (Hrsg.): Wilhelm Emmanuel von Ketteler. Sämtliche Werke und Briefe, Abt. II, Bd. 2, Mainz 1988, S. 159. Der adelige Sacconi hatte sich seinen Gefolgsmann Fares aus seinem Heimatbistum Fermo in den kirchenstaatlichen Marken (die Geburtsorte lagen nur 20 km voneinander entfernt) nach München als Auditor geholt und ließ ihn dann zum Bischof von Pesaro befördern. Vgl. Bellone, Bruno: I vescovi dello stato pontificio al Conzilio Vaticano I. Roma 1966, S. 124f.

127 Brief Windischmanns an Ketteler v. 1. Mai 1851, hier nach Friedrich: Döllinger, Bd. 3, S. 98; Ketteler: Werke II, 2 (wie Anm. 126), S. 156.

128 Vgl. Benz, Karl Josef: Auf dem Weg zur ersten Bayerischen Bischofskonferenz in Freising 1850. Ein Beitrag zur Biographie von Erzbischof Karl August Graf Reisach, in: Römische Quartalschrift 82 (1987) 244–269; Garhammer, Erich: Priesterbildung

zwischen Seminar und Universität. Strukturelle Probleme und mentale Reserven, in: Garhammer, Erich (Hrsg.): Unnütze Knechte? Priesterbild und Priesterbildung, Regensburg 1989, S. 24–52, bes. S. 39f; ders.: Seminaridee und Klerusbildung bei Karl August Graf von Reisach (1800–1869). Eine pastoralgeschichtliche Studie zum Ultramontanismus des 19. Jahrhunderts (Diss. Theol.), Bd. 1, Regensburg 1989, S. 177–184.

129 Sacconi schrieb dem Kardinalstaatssekretär: „*Or veda V. E. R. qual'è l'ultramontanismo del Sig. Döllinger. Io credo ch'egli come tanti altri si asserivano al così detto partito ultramontanno per uno spirito d'opposizione, per fare proseliti, e poterli dirigere a loro modo* [. . .]. *L'accaduto ha in me confermato li sospetti che avevo concepito sul Döllinger ed altri suoi consorti*" (Bericht Sacconis Nr. 139 v. 15. November 1848 über die Würzburger Bischofsversammlung, in Lill: Bischofskonferenzen [wie Anm. 39], S. 130).

130 AMon 82, fasc. 132: Schreiben Fornaris an Sacconi, Ausfertigung v. 18. Juni 1852.

131 Vgl. AMon 82, fasc. 132: Schreiben Sacconis an Fornari v. 5. Juli 1852, Nr. 628, Entwurf: Der Nuntius berichtet, daß Hergenröther am 28. Juni in die Nuntiatur kam, um sein Syllabus-Gutachten abzuliefern. Weil er den Nuntius nicht antraf, kam er gestern erneut. Daraus erkläre sich die zeitliche Differenz zwischen Nuntiaturbericht und Datum im Gutachten Hergenröthers. – Schreiben Stahls an Sacconi v. 11. Juni 1852, eigenh. Ausfertigung: Stahl erbittet Aufschub für die Syllabus-Begutachtung wegen derzeitiger Kur in Ludwigsbad (ebd.). – Brief von Stahl an Sacconi, eigenhändige Ausfertigung vom 6. August 1852: Stahl übersendet das Gutachten Denzingers, der aus verschiedenen Autoren die Hauptirrtümer zusammenstellte (ebd.). – Bericht Sacconis an Fornari v. 27. August 1852, Nr. 656 P. G., Entwurf: Hergenröther übersandte dem Nuntius ein Schreiben (an Kard. Fornari) und drei Blätter Nachträge zu seiner Syllabus-Arbeit (ebd.).

132 AMon 82, fasc. 132: Schreiben von Bischof Lipp an Sacconi v. 11. Okt. 1852, eigenh. Ausfertigung: Lipp übersendet die Syllabus-Arbeit der „*professores*" der kath.-theol. Fakultät der Universität Tübingen, „*quibus eas quaestiones tradidi*". Sacconi an Fornari v. 18. Okt. 1852, Entwurf Nr. 680 P. G.: „*Dal Sig. Welte* [. . .] *ho ricevuto le risposte*" zum Irrtümer-Syllabus; „*Le ha Egli* [Welte] *scritte in tedesco perchè forse la lingua latina non gli sarà famigliare come si verifica quasi generalmente in queste contrade*" (ebd.).

133 AMon 82, fasc. 132: Brief v. Westhoff an Sacconi, 22. Nov. 1852, eigenh. Ausfertigung: Der Kölner übersendet den Teil eines Günther-Gutachtens für die Indexkongregation, einen Brief Westhoffs für Kard. Fornari, seine und Buses Syllabus-Arbeit (letztere besonders Baader behandelnd) und vier Bücher.

134 AMon 82, fasc. 132: Sacconi an Fornari v. 2. Dez. 1852, Entwurf Nr. 691 P. G.: Der Nuntius übersendet Westhoffs Brief an Fornari, die Kölner „responsa" zum Syllabus (Westhoff und Buse) und vier Bücher über Baaders spekulative Vorlesungen. Die Rückäußerungen von Staudenmaier, Wetzer und Dieringer stünden noch aus.

135 Geissel übersandte Viale ein Exposé von Clemens über die Günther-Schule und erklärte: „*M. Clemens a composé une récension embrassant toutes les oeuvres philosophiques de Guenther et de ses disciples. Ce travail a ensuite été traduit, revu et corrigé par MM. Dieringer et Westhoff.* [. . .] *Quant au deuxième objet, concernant le syllabus des erreurs, MM. Dieringer et Martin ont entrepris de composer une récension des erreurs, qu'ils ont trouvées par rapport à leures sciences spéciales, sans que jusqu'à présent ils aient pu en venir à bout; parceque, comme M. Dieringer me*

disait en ces jours, le champ est très étendu. Cependant ils espèrent être en peu de temps à même, de finir la tâche leur donnée. Sitôt que leur travail me sera parvenu, je m'empresserai de le communiquer à Votre Excellence" (Geissel an Viale v. 1. Sept. 1852, Registraturduplikat in: Historisches Archiv des Erzbistums Köln, C. R. 10.5,3 Bl. 19; Ausfertigung ASV Archivio della Nunziatura di Vienna, Bd. 360, Bl. 43). Vgl. hierzu Geissels Schreiben an Viale v. 23. Juni 1852 (Ausfertigung ebd. Bl. 35f) und Pfülf: Geissel (wie Anm. 114), Bd. 2, S. 282f.

136 AMon 82, fasc. 132: Schreiben Sacconis an Kard. Fornari, 5. Juli 1852, Entwurf Nr. 628.

137 Vgl. Friedrich: Döllinger, Bd. 3, S. 111; Conzemius, Victor: Die Briefe Aulikes an Döllinger. Ein Beitrag zur Geschichte der ‚Katholischen Abteilung' im Preußischen Kultusministerium, Rom–Freiburg–Wien 1968, S. 35; Belardinelli: Döllinger (wie Anm. 85), S. 382f. Noch 1853 galt Döllinger in Paris als „Haupt der Ultramontanen". Vgl. Kaiser Napoleons III. Beschwerde bei Nuntius A. Garibaldi über den beleidigenden Artikel (molto ingiurioso) Döllingers zur Kaiserkrönung. Der Nuntius vergaß den Namen des Verfassers und Führers der Ultramontanen (che è alla testa degli ultramontani). Diesen kannte Kardinal Antonelli in Rom, unternahm aber nichts gegen den unklugen Döllinger. Vgl. Garibaldis Bericht v. 18. April und Antonellis Depesche Nr. 45986 v. 30. April 1953 in: Bettoni, Margherita (Hrsg.): Le relazioni diplomatiche fra lo Stato Pontificio e la Francia. III. Serie 1848–1860. Bd. 3 (1850–1853), Rom 1976, S. 380 u. 383; Döllinger, Joh. Jos. Ign.: Kleinere Schriften, hrsg. v. Franz H. Reusch, Stuttgart 1890, S. 115–158.

138 Schreiben von Blum an Döllinger v. 20. Juli 1854 (Friedrich: Döllinger, Bd. 3, S. 137).

139 Friedrich: Döllinger, Bd. 3, S. 138. Zum *„Nassauischen Kirchenstreit"* vgl. Schatz: Geschichte (wie Anm. 11), S. 359–406.

140 Nuntiaturbericht Nr. 47 *„Notizie varie"* v. 4. September 1854 (De Luca an Kard. Antonelli), Registraturkopie (AMon 7, Bl. 36–38). Von dem hier wiedergegebenen Mittelabschnitt, der Döllinger betrifft, wurden die beiden letzten Sätze (von *„E'"* bis *„rapporti"*) in der Ausfertigung chiffriert (am Rand: *„In cifra"*).

141 Döllinger hat öffentlich nicht zu der Dogmatisierung Stellung genommen, auch dann nicht, als Acton dies zur Abwehr dummer und ignoranter Gegner anregte. Vgl. Conzemius: Döllinger, Bd. I (wie Anm. 82), S. 52; Friedrich: Döllinger, Bd. 3, S. 135.

142 Zu Kardinal Asquinis Meinung über das Ziel der Akademie vgl. Piolanti, Antonio: L'Accademia di Religione Cattolica. Profilo della sua storia e del suo tomismo. Ricerca d'archivio, Città del Vaticano 1977, S. 216.

143 *„Tutto il ciclo anteriore al 20 settembre 1870 fu orientato verso la confutazione degli errori dello Janus di Ignazio Döllinger"* (Piolanti: Accademia [wie Anm. 142], S. 322). Gegen Döllingers Ansicht, die Päpste hätten ihrem Ansehen und der Kirche durch Inquisition und Index Schaden zugefügt, hielt der Benediktiner Vaccari in diesem Vortragszyklus von 1870 den Vortrag *„L'Inquisizione e la Censura non deturparono il Papato"* (ebd., S. 321). Zu Vaccari, von Pius IX. bald zum Bischof befördert, eifriger Schriftsteller zur Verteidigung von Syllabus und Unfehlbarkeit des Papstes, vgl. Russo, Francesco: Il vescovo benedittino Luigi Vaccari, propugnatore della definibilità dogmatica dell'Assunta al tempo di Pio IX, in: Pio IX 2 (1973) S. 121–133. Vgl. Brandmüller, Walter: ‚Janus' auf dem Index, in: Portmann-Tinguely, Albert (Hrsg.): Kirche, Staat und katholische Wissenschaft in der Neuzeit. Fest-

schrift für Heribert Raab zum 65. Geburtstag, Paderborn 1988, S. 411–433, bes. S. 426.

144 Nach Friedrich: Döllinger, Bd. 3, S. 159 war Döllingers Ernennungsdiplom zum Mitglied der Akademie auf den 2. Mai 1855 datiert. Friedrich kennt zwar die Existenz der Akademie, *„nicht aber deren Aufgabe“*, und deutet diese Wahl als Zeichen dafür, daß *„der Name Döllinger doch in Rom nicht ganz unbekannt sei“*. Nach Piolanti: Accademia (wie Anm. 142), S. 268 fiel die Wahl der sechs neuen Mitglieder von 1855, darunter Avogadro und Döllinger, auf den 16. Februar 1855. Piolanti nennt die Akademie eine *„palestra dei più distinti ingegni della catolicità, nella linea delle direttive romane“* (ebd., S. 227), in die freilich in der ersten Jahrhunderthälfte fast nur Vertreter des Rechtskatholizismus eintraten: *„Entrarono quasi esclusivamente gli uomini di destra, i difensori convinti di Roma, quelli che in seguito saranno chiamati gli ‚ultramontani‘“* (ebd., S. 67).

145 Zum *„kämpferischen Apologet“* Döllinger vgl. Schwaiger, Georg: Ignaz von Döllinger (1799–1890), in: Ders. (Hrsg.): Christenleben im Wandel der Zeit, Bd. 2, München 1987, S. 104–126, hier S. 109. Zur konfessionellen Polemik Döllingers vgl. Conzemius, Victor: Ignaz von Döllinger, in: Greschat, Martin (wie Anm. 28), S. 263–280, bes. S. 268f.

III. Kapitel

Geschichte und Theologie

1. Begegnungen und Kontakte

JOSEF URBAN

Döllinger und Bamberg

„Der Fall Döllinger ist ein so tiefer und ein so erschütternder, daß wir neben ihm den seines unglücklichen Schülers Dr. Friedrich kaum mehr erwähnen würden, wenn nicht beide aus unserer Erzdiöcese als ihrer Mutterdiöcese hervorgegangen wären.“ So in einem Schreiben des Erzbischöflichen Ordinariats Bamberg an das Erzbischöfliche Ordinariat München-Freising vom 13. April 1871, wenige Tage vor der Exkommunikation Döllingers und seines akademischen Schülers Johann Friedrich[1].

Bis zu diesem Zeitpunkt verbanden Herkunft, Studium und Kontakte zu Persönlichkeiten der Stadt und des Erzbistums Bamberg Döllinger mit seiner Geburtsstadt und Mutterdiözese. Diese Beziehungen sollen im folgenden in einigen Hauptmomenten geschildert und durch ausgewählte Briefkorrespondenzen im Anhang ergänzend dokumentiert werden. Es erübrigt sich, zu bemerken, daß die vielfältigen Kontakte Döllingers sicher nicht vollständig erfaßt werden konnten. Viele Personen, so seine Bamberger Verwandtschaft, Bamberger Bürger aus dem gesellschaftlichen und wirtschaftlichen Leben, blieben unberücksichtigt. Vielfach fehlten schriftliche Quellen vollständig, oft hätte die Hypothese überwiegen müssen. So ist vorliegende Abhandlung auf Beziehungen Döllingers zu geistlichen Persönlichkeiten Bambergs beschränkt, wobei auch hier zuweilen eine ungünstige Quellenlage die Darstellung erschwerte.

Johann Joseph Ignaz Döllinger wurde am 28. Februar 1799 als erstes von zehn Kindern – zwei Buben starben kurz nach der Geburt – des Professors der Medizin Ignaz Döllinger und seiner Ehefrau Therese, geb. Schuster, Tochter des bambergischen fürstlichen Hofkammerrates Thomas Schuster, in Bamberg geboren und am gleichen Tag in der St. Martinskirche getauft[2].

Der Vater Ignaz Christoph Döllinger (1770–1841), Sohn des Medizinprofessors und fürstbischöflichen Leibarztes Johann Ignaz Joseph Döllinger (1721–1800), war seit 1794 außerordentlicher und seit 1796 ordentlicher Professor für *„Arzneykunde"* in Bamberg. Seit 1800 war er noch Landphysikus und von 1802 an 2. Arzt am Krankenhaus. Nach Auflösung der Universität Bamberg im Zuge der Säkularisation zog die Familie Döllinger nach Würzburg, wo der Vater bis zu seiner Berufung zum Konservator an der Bayerischen Akademie der Wissenschaften in München als Professor für Physiologie und Anatomie wirkte[3].
Ignaz Döllinger verbrachte seine Jugendjahre in Würzburg[4], wo er sich gute Sprachen- und Literaturkenntnisse erwarb und im Wintersemester 1817/18 in der Theologischen Fakultät der Universität immatrikulierte. Mit dem damaligen Stand der Theologie in Würzburg war er nicht zufrieden. Die Universität erschien ihm als *„eine Sammlung unbedeutender Kräfte. Mit der Theologie war es nicht besser bestellt"*, bemerkte er Luise von Kobell gegenüber, *„aber da ich mir dieselbe als Beruf erwählt hatte, begnügte ich mich auch mit mangelhaften Vorträgen."*[5] Am Lyzeum in Bamberg, *„das damals mit weit besseren Lehrern besetzt war"*, wollte er *„das in Würzburg Versäumte"* nachholen[6]. Darunter fielen die orientalischen Sprachen, Kirchenrecht und Kirchengeschichte[7].
Bereits im Sommersemester 1818 hatte Döllinger deshalb um Aufnahme ins Bamberger Klerikalseminar nachgesucht. Erst zum Wintersemester 1820/21 wurde dieser Bitte entsprochen[8]. Am 28. November 1820 trat Döllinger als vorletzter des niederen Kurses ins Bamberger Priesterseminar ein. Diesem Kurs gehörten noch Heinrich Emmerling[9], Adam Gengler[10], Karl Theodor Peter[11] und Johann Bauer[12] aus Bamberg, Johann Ritz aus Hollfeld[13] und Johann Forster aus Auerbach, der zur Medizin überwechselte, an[14]. Dem höheren Alumnatskurs von 1820/21 gehörten an: Jakob Marian Göschl aus Auerbach[15], Lorenz Brendel aus Wannberg[16], Franz Dresel[17] und Lorenz Dippold[18] aus Hollfeld, Joseph Strasser aus Ramersdorf[19], Melchior Hotzelt aus Schwürbitz[20], Sebastian Wittmann aus Pottenstein[21] und vom 17. April 1821 an noch Franz Joseph Pentowsky aus Krefeld[22].
Wie sein Biograph Friedrich aufgezeichnet hat, erinnerte sich Döllinger *„mit Vorliebe an diesen Bamberger Aufenthalt, wo er mit einer ganzen Reihe ausgezeichneter Köpfe zusammengetroffen sei"*[23]. Der bereits 1841 als Stadtpfarrer von Ansbach gestorbene Melchior Hotzelt zählte dazu; ebenso Adam Gengler, der sich als Kirchengeschichtsprofessor und Domdekan in Bamberg einen Namen machte, und der zuletzt in Passau Physik lehrende Georg Franz Ammon[24]. Zu den jüngeren Mitstudenten Döllingers, die *„mehr durch Fleiß als durch Geist"*[25] glänzten, gehörten noch der Bauernsohn Michael Deinlein aus Hetzles[26], der später Erzbischof von Bamberg wurde, und das *„Sprachentalent"* und der Lyzealprofessor in Bamberg, Adam Martinet[27].

Döllinger war knapp ein Jahr im Bamberger Priesterseminar, als Regens Dr. Friedrich Brenner[28] und Subregens Johann Sponsel[29] dem Erzbischöflichen Generalvikariat eine *„Charakteristik der Alumnen hinsichtlich ihrer Fähigkeiten, ihres Fleißes und Betragens"* vorlegten, in der Döllinger – wie seine Mitstudenten auch – nicht ungünstig qualifiziert wurde. Vom Regens erhielt er zweimal die Note 1 (für Fähigkeiten und *„Sittlichkeit und klerikalisches Betragen"*) und zweimal die Note 2 (für Fleiß und *„Berufskenntnisse"*). Der Subregens vergab viermal die Note 1. Große Beachtung fanden auch Döllingers *„gute Sprachkenntnisse"*[30]. Als *„jeweils vorzüglich"* wurden Döllingers Fähigkeiten, Fleiß und Betragen auch in der Matrikel des Lyzeums vermerkt[31].
Unter Regens Brenners *„nicht sehr strengem Regiment"* von November 1820 bis 1822 war *„ein schönes Zusammenleben"* im Seminar, von dem vor allem das Privatstudium profitierte. Sicher unterstützte das Wissenschaftsstreben auch der große und angesehene Bamberger Verwandtenkreis Döllingers, der dem jungen Theologen wegen seiner Sprach- und Literaturkenntnisse Bewunderung zollte[32]. Schon als Student verfolgte Döllinger das Ziel, *„seine Kenntnisse zu bereichern, so dass das Körperliche an ihm ganz in den Dienst des Geistes gestellt schien"*[33]. Als Alumnus gab er *„stets das ihm zukommende Quantum geistigen Getränkes seinen Commilitonen ab, um sich aus dem Erlös Bücher anzuschaffen"*[34]. Für die *„thörichten Streiche des gewöhnlichen Haufens im Seminar"*[35] hatte Döllinger dagegen nichts übrig.
Auch die Gebets- und Wunderheilungen des Fürsten Alexander von Hohenlohe zogen den jungen Döllinger in ihren Bann[36]. In die Auseinandersetzungen um dieses Phänomen war auch der Dogmatiker Friedrich Brenner verwickelt, die zentrale Theologengestalt Bambergs in der ersten Hälfte des 19. Jahrhunderts. Döllinger, der von Hohenlohe um Hilfe bei der Abfassung einer theologischen Doktordissertation gebeten worden sein soll, stand dagegen mehr auf Seite Hohenlohes als auf der seines Lehrers Brenner[37].
Döllinger empfing am 4. Dezember 1821 in Bamberg die Tonsur, die Minores und die Subdiakonatsweihe. Die Prüfung zum Empfang der höheren Weihen wurde in der Sitzung des Allgemeinen Geistlichen Rats vom 1. April 1822 *„streng"* und in lateinischer Sprache abgehalten. Sie fiel *„vorzüglich, ja ausgezeichnet"* aus, weswegen Döllinger die Dimissorien ausgestellt wurden[38]. Zum Diakon wurde Döllinger am 6. April 1822 in Würzburg geweiht. Dort erhielt er auch am 15. April 1822 in der Hauskapelle des Bischofs die Priesterweihe[39]. Am 5. September gleichen Jahres legte er das Approbationsexamen ab, und am 30. November 1822 trat er seine erste und einzige Kaplansstelle in Marktscheinfeld an[40]. Aus dem Verband der Erzdiözese Bamberg schied er mit Ernennung zum Professor für Kirchengeschichte in Aschaffenburg im Jahr 1823 aus[41].

In den Bamberger Studienjahren legte Döllinger den Grundstock nicht so sehr seines kirchengeschichtlichen Arbeitens, sondern seines theologischen und ekklesiologischen Verständnisses von Primat und Unfehlbarkeit. Als Kirchenhistoriker war Döllinger Autodidakt. Eine Anleitung zu selbständigem Arbeiten war ihm in Würzburg wie auch später in Bamberg versagt geblieben[42].
Für seine Theologie erhielt er hier jenes *„Gepräge, welches in den letzten Dezennien seines Lebens so scharf hervortrat“*[43]. *„Die neuen, von Pius IX. mit seinem Concil aufgestellten Glaubensartikel“* hatte Döllinger, wie er selbst beteuerte, *„nie gelehrt. In meiner Jugendzeit, als ich zu Bamberg und Würzburg studirte, galten sie als theologische Meinungen, und viele setzten bei: schlecht begründete Meinungen.“*[44] Am 12. Oktober 1887 führte Döllinger dieses Argument dem Münchener Nuntius Luigi Ruffo Scilla[45] gegenüber, als dieser ihn zur Rückkehr zur Kirche bewegen wollte, letztmals ins Feld[46]. Erzbischof Deinlein von Bamberg hatte Döllinger in diesem Punkt schon im März 1871 recht gegeben, als er bekannte, daß die Unfehlbarkeitslehre in Franken *„viel zu wenig beachtet, ja nur als Schulmeinung fast ganz vernachlässigt worden“* sei[47]. Auch im Bamberger Klerus wurde Döllingers Ansicht vertreten, wenn der im März 1871 verstorbene Pfarrer von Neunkirchen am Brand, Kaspar Uhlmann[48], an Johann Friedrich schrieb, *„dass er zur ‚alten Schule‘ gehöre und nichts von einem unfehlbaren Papst wisse“*[49].
Es würde zu weit führen, die Lehre von Primat, Episkopat und Unfehlbarkeit in der Bamberger Theologie des ausgehenden 18. und beginnenden 19. Jahrhunderts hier ausführlich zu erörtern[50]. Nur einige Aspekte seien zum Verständnis der These, daß Döllingers Unfehlbarkeitslehre in Bamberg grundgelegt worden sei, angesprochen.
Noch vor Döllingers Studienbeginn in Bamberg war am 24. Juni 1820 der Kirchenrechtler Franz Andreas Frey[51] gestorben, der wesentlichen Anteil an der Neuorganisation der deutschen Kirche nach der Säkularisation hatte und um *„eine freie Kirche in einem freien Staate“* bemüht gewesen war. Innerhalb der hierarchischen Struktur der Kirche räumte er dem Bischof von Rom den Primat ein, ausgestattet mit *„wesentlichen, zufälligen und streitigen“* Rechten. Zu letzteren zählte Frey die Unfehlbarkeit des Papstes in dogmatischen Entscheidungen, die Frage des Konziliarismus und die Superiorität des Papstes auch über weltliche Belange[52]. So stand Frey auch auf der Seite der Unfehlbarkeit des Papstes, dessen Rechte er 1814 gegenüber den Ideen einer deutschen Nationalkirche verteidigte.
Der Dogmatiker Friedrich Brenner gab der Unfehlbarkeitsfrage eine andere Wertigkeit und blieb bis zum Vatikanischen Konzil von 1869/70 mit seiner Sicht richtungweisend[53].
Von der Theologie Michael Sailers[54] herkommend, bei dem Brenner als einer von zwölf Schülern aus dem Bistum Bamberg 1808 promoviert hatte, entfaltete

Brenner auf der Basis von Schrift und Väterlehre die Reich-Gottes-Idee – wie die Darstellung der alten Kirche fand sie bei Döllinger guten Anklang[55] – als Neuansatz der theologischen Entwicklung nach der Säkularisation[56].
Friedrich Brenner lehrte die Unfehlbarkeit der Kirche, wies sie als schriftgemäß nach und charakterisierte sie als *„göttliches Prinzip"*, das allein fähig sei, die Lehre Christi vor jeder Verfälschung zu bewahren[57]. Apostel und Bischöfe gemeinsam seien das Organ, durch welches Gott für die Reinerhaltung der Lehre Christi sorgt; in ihrer Gesamtheit seien die Bischöfe Subjekt der Unfehlbarkeit, keineswegs aber einzeln. Die Regel des Vinzenz von Lerin aufgreifend, bezeichnete Brenner nur das als Lehre Christi, was der Episkopat immer, überall und einstimmig als solche erkannt habe[58].
Brenner hat *„die Vorrangstellung des Papstes in die Gesamtheit des Apostelkollegiums einbezogen"*[59]. Wie Petrus im Apostelkollegium, so habe der römische Bischofsstuhl bei der Verkündigung einer Glaubenslehre die erste Stimme. Da der dem Episkopat verheißene göttliche Beistand ausreiche, um die Kirche vor Irrtum zu bewahren, sei es nicht erforderlich, *„dem Papst die Gabe einer besonderen Unfehlbarkeit beizulegen"*[60].
Mit dieser Ansicht hatte Brenner den Unterschied zwischen kirchenrechtlichen und dogmatischen Zielsetzungen herausgearbeitet. Frey schrieb noch unter der politischen Notwendigkeit, die Stellung des Papsttums zu festigen. Dessen Plädoyer für die päpstliche Unfehlbarkeit verstand sich darum als Hilfe zur Steigerung der Autorität des Papstes und der päpstlichen Gewalt unter streng ultramontanem Anspruch. Brenner dagegen integrierte die Stellung Petri und seiner Nachfolger – beruhend auf Schrift und Tradition – einem organischen Kirchenverständnis. In Brenners Entwurf der Ekklesiologie fehlte die Unfehlbarkeit des Papstes: Es dominierten das Kollegium der Bischöfe und der Konsens der Gesamtkirche. Bei Brenner war die Lehräußerung der in Papst und Bischöfen zu einer kollegialen Einheit verschmolzenen Kirche unfehlbar. Dies auch von Aussagen des Papstes anzunehmen, nannte Brenner als Ergebnis einer Analyse von zehn protestantischen Schriften einen *„sonderbaren Schluß"*[61].
Als Ergebnis kann festgehalten werden, daß vor dem 1. Vatikanischen Konzil *„lediglich eine Minderheit den Papst als alleinigen Träger"* der Unfehlbarkeit *„favorisiert"* hatte[62].

Nicht einmal anderthalb Jahre lang hatte Döllinger in Bamberg studiert. Von seinen Mitstudenten starben viele schon in jungen Jahren. Nur wenige blieben, wie Michael Deinlein, ein Menschenalter lang seine Begleiter. Auch die *„durch manche Bewährungsprobe"*[63] hochgehaltene Freundschaft mit Adam Gengler, der wie Döllinger 1822 die Priesterweihe empfangen hatte, ist eine Frucht der gemeinsamen Bamberger Studienzeit[64].

Von 1828 bis zu seinem Tod 1866 lebte Gengler in Bamberg. Mehrere Berufungen auf theologische Lehrstühle der Universitäten Marburg (1831), München (1832), Freiburg (1832), Tübingen (1835), Gießen (1835 und 1837), München (1835, 1837/38 und 1844) und Breslau (1843) scheiterten oder wurden von Gengler selbst abgelehnt[65]. Über die Berufung Genglers am 24. Mai 1832 auf den Münchener Lehrstuhl für Moraltheologie freute sich *„am meisten"* Döllinger[66], der an deren Gelingen nicht unbeteiligt war. Gengler hatte schließlich abgelehnt und Döllinger gebeten, *„die Sache rückgängig zu machen"*, wie er *„sie vorwärts betrieben"* habe[67]. – Künftige Berufungen auf theologische Lehrstühle blieben Hauptgesprächspunkte in den weiteren Briefen der beiden Theologen.

Gleichen Rang nahm seit Ende 1839 das große Interesse Genglers an einem Kanonikat als gesicherter Lebensstellung ein. *„Ich muß in ein Capitel zu kommen suchen"*, schrieb er im November 1839 an Döllinger, *„sei es, wo es will. Ich glaube, meine Wünsche sind nicht zu kühn."*[68] Er bat Döllinger wiederholt, sich für ihn – in Würzburg oder Bamberg – zu verwenden, was bei den damaligen Bamberger Verhältnissen nicht problemlos war. Einerseits hatte er den Stadtpfarrer von St. Martin, Nikolaus Haas[69], obgleich krank, zum Konkurrenten, andererseits war Erzbischof Joseph Maria von Fraunberg[70] in der Besetzungspolitik der Kanonikatsstellen sehr dominant[71]. Am 17. Februar 1842 wurde Gengler schließlich ohne Zutun Döllingers ernannt, verlor aber gleichzeitig vorübergehend seine Lyzealprofessur.

Döllinger hatte mit Gengler auch die Liebe zur Wissenschaft gemeinsam; bei zwei neugegründeten Zeitschriften – „Kirchenzeitung für das katholische Deutschland" 1831 und Döllingers „Archiv für theologische Literatur" 1842 – war Gengler zur Mitarbeit eingeladen[72]. Mit Döllinger pflegte er eine „Bücherkorrespondenz", d. h. den Austausch oder die Besorgung seltener oder dringend benötigter Literatur. Döllinger, dem die reichen Schätze der Münchener Hof- und Staatsbibliothek zur Verfügung standen, befand sich dabei zweifelsohne in der besseren Situation[73]. Einmal war Döllinger gebeten worden, *„von seinem Leben im Überflusse"*[74] zu geben, was er wenig später auch tat. Nur eine einzige Schrift in dieser umfangreichen Sendung kannte Gengler bereits: *„Die übrigen sind lauter Nova für mich,* schrieb er Döllinger, *nachdem sie Dir schon lange Antiquitäten geworden sind. So geht es uns armen Landstädtern."*[75] Die Beschaffung wissenschaftlicher Literatur war ein Hauptmoment damaligen Gelehrtenlebens. Bei Döllinger, der zudem als Bibliothekar der Universitätsbibliothek München[76] von einer Sammelleidenschaft gepackt war, sind weitreichende Beziehungen notwendig gewesen, um alle Wünsche erfüllt zu bekommen. Als sein Bamberger Schüler Valentin Loch[77] 1840 zum Hofmeister bei Graf Spaur[78] in Rom befördert wurde, legte er ihm nicht nur die theologische

Weiterbildung ans Herz, sondern erwartete sich Assistentendienste für die Exzerpierung von Archivalien, oder zumindest deren Vermittlung, und auch den Ankauf seltener theologischer Werke[79].
Loch lehrte nach seinen römischen Jahren Theologie in Amberg und erwarb sich durch seine Bibeledition[80], die er mit seinem Freund Wilhelm Reischl[81] besorgte, hohes Ansehen. Zu Döllinger schienen die Beziehungen mit der Zeit nachgelassen zu haben; Briefe und Hinweise auf spätere Begegnungen fehlen. Nur 1868 äußerte sich Loch Franz Heinrich Reusch[82] gegenüber noch einmal über Döllinger: „*Über die Haltung Döllingers in Sachen der Universität entgegen der gesamten theol. Facultät sagt man sich sehr eigenthümliche Dinge; er meint es so übel nicht, aber seine spröde Wissenschaftlichkeit und seine eisige Kälte in kirchlichen Anschauungen spielen ihm selber manchen kleinen Schabernak.*“[83] Döllinger hatte diese Meinung zu Gesicht bekommen.
Im Jahr 1824 – Gengler hatte als jung ernannter Professor am Lyzeum zu Landshut seine theologische Lehrtätigkeit begonnen – wurde auch Lorenz Brendel zum Professor für Moral- und Pastoraltheologie am Kgl. Lyzeum in Bamberg ernannt. Brendel war mit Döllinger „*wohlbekannt*“[84]. Er wird wiederholt in den Briefen Genglers an Döllinger erwähnt; Hinweise auf nähere Kontakte zwischen Brendel und Döllinger fehlen. Doch darf Brendel in seiner Zeit als Regens als Förderer des Studiums Bamberger Theologen in München betrachtet werden[85].
Adam Gengler war zweifelsohne der herausragende Theologe aus dem Kreis der Bamberger Studienfreunde Döllingers. Zu einem frühen Zeitpunkt bereits bemühte sich der Kirchengeschichtslehrer Döllinger auch um Schüler. „*Gründliche katholische Wissenschaft blüht wieder auf*“, schrieb er 1828 an seinen Freund Andreas Räß[86]; der „*Einzelne fühlt sich um so mehr ermuntert, je tüchtigere Mitarbeiter er um sich herum sieht*“[87].
Dieses frühe Wort Döllingers traf besonders auf zwei seiner Schüler aus dem Bamberger Diözesanklerus zu: auf Michael Stenglein[88], den späteren Bibliothekar der Kgl. Bibliothek in Bamberg, und auf den bereits eingangs erwähnten Johann Friedrich. Diese waren keineswegs die ersten Schüler Döllingers aus Bamberg[89]. 1830 hatte Friedrich Herd[90] „*eine vortreffliche Defension gehalten und der Bamberger Schule große Ehre gemacht*“[91].
Wie Döllinger war Stenglein auch dem 1838 allzu früh verstorbenen Johann Adam Möhler freundschaftlich gesonnen[92]. Zeitlebens sammelte er Notizen für eine nie verwirklichte Möhler-Biographie.
Stenglein weilte 1835 „*zum Behufe der Fortbildung in den theologischen Wissenschaften und zur Vorbereitung auf die Predigerkonkursprüfung*“ in München[93], hörte Döllingers Vorlesungen und schrieb vermutlich bei ihm seine Doktorarbeit[94].

Von diesem Zeitpunkt an hat Stenglein die Verbindung zu *„Deutschlands gelehrtestem Kirchenhistoriker“*[95] nie unterbrochen. Stenglein wurde 1847 mit der Leitung der Kgl. Bibliothek Bamberg betraut, eben zu der Zeit, als Döllinger seine *„Ketzergeschichte“*[96] in Druck gegeben, diesen aber nach einigen Bögen wegen zu geringen Quellenmaterials – auch aus der Bamberger Bibliothek hatte er sich dafür manches erhofft[97] – wieder einstellte.
Stenglein selbst befaßte sich in diesen Jahren mit dem Gedanken, eine theologische Zeitschrift oder eine Kirchenzeitung in Bamberg herauszugeben, 1848 sogar eine Tageszeitung[98]. Nach dem 1. Vatikanischen Konzil hat Stenglein die bayerischen Unfehlbarkeitsgegner in München unterstützt.
Spärlich sind die Kontakte zwischen dem Bamberger Priesterseminar und Döllinger. Von Subregens Leonhard Clemens Schmitt[99], Döllingerschüler, Dozent für Exegese und orientalische Sprachen, Lyzealprofessor für Moral- und Pastoraltheologie, später Regens und Generalvikar in Bamberg, gibt es einen Brief von Ende 1841, aus dem erstmals von einer Berücksichtigung Döllingers für ein höheres Amt in der Bamberger Kirche die Rede ist. Dafür sei Döllinger deswegen besonders geeignet gewesen, da er *„die Verhältniße und Bedürfniße unserer Erzdiözese“* gut gekannt habe[100]. Da Schmitt dazu keine näheren Angaben machte und archivalische Aussagen fehlen, kann vorerst nur an einen Platz im Domkapitel gedacht werden.
Auch für das Bischofsamt soll Döllinger vorgesehen gewesen sein. So als Koadjutor des erkrankten und im hohen Alter stehenden Erzbischofs Urban (1853)[101]. Ferner war er für den Bischofsstuhl von Augsburg (1856)[102] und für die Erzbischofsstühle von Bamberg (1858 besetzt)[103], München (1856) und Salzburg (1851) im Gespräch[104]. Döllinger hat das ihm ernsthaft angetragene Bischofsamt[105] nicht angenommen. Vielmehr hat er *„alles zurückgewiesen, was seinen gelehrten Arbeiten Eintrag gethan oder erhöhte Ansprüche auf Repräsentation an ihn herbeigeführt hätte“*[106].

Zu den führenden Köpfen Bambergs vor dem 1. Vatikanischen Konzil gehörte Domkapitular Georg Karl Mayer[107]. Dieser studierte 1836/37 an der Universität München, verteidigte im März 1837 seine Doktorthesen und besuchte anschließend die Universität Wien[108]. 1842 wurde er am Lyzeum in Bamberg Professor für Kirchenrecht und Exegese, später für hebräische Sprache und Archäologie und 1849 als Nachfolger Brenners für Dogmatik. Von 1845 bis 1849 redigierte er das Bamberger Diöcesan-Blatt, das schon sehr bald eine ausführliche Rezension des Werkes Döllingers über die Reformation[109] veröffentlichte[110].
Mayer war in seinen theologischen Gedankenführungen von dem Wiener Gelehrten Anton Günther[111] geprägt und führte auch als Domkapitular den

Güntherianismus nach der Indizierung (1857) und dem Tod Günthers (1863) weiter[112].

Mayers Kontakte zu Döllinger lassen sich vor allem im Umfeld der Münchener Gelehrtenversammlung[113] veranschaulichen. An dieser hatte der 1862 von Erzbischof Michael von Deinlein zum Domkapitular Ernannte mit Michael Stenglein teilgenommen. Bei den Gesprächen hielt sich Mayer – wie zwei Jahre später bei der Zusammenkunft in Bonn[114] – mehr im Hintergrund. *„Zunächst stehe ich mit unter dem Banne über Günther"*, gestand er in einem späteren Schreiben[115] Döllinger, *„und ich bekenne mich mehr als je als Schüler Günthers."* In Bonn wollte Mayer die Gründung des Theologischen Literaturblattes nicht gefährden und ging folglich auf das diesem Organ große Freiheit einräumende Programm Döllingers öffentlich nicht ein, stimmte ihm innerlich aber unbedingt zu. *„Wie konnte ich, der kaum Geduldete, Ihnen so freudig zustimmen, als ich wollte"*, entschuldigte er sich, *„ich würde sie nur in den Augen dieser Herren*[116] *kompromittirt haben."* Mayer, von Döllingers Auftreten bei der Gelehrtenversammlung sehr angetan, sah sich *„ganz in die schöne begeisterungsfähige Zeit zurückversetzt"*, als er zu Döllingers Füßen saß und *„den Aufschwung der katholischen Wissenschaft bewunderte"*.

Unerwartete Zustimmung fand Döllingers Rede über „Die Vergangenheit und Gegenwart der katholischen Theologie"[117], die bereits bei der Theologenversammlung und später sogar noch in Schriften kontrovers diskutiert wurde[118], auch bei Georg Bauer, Pfarrer der kleinen Landpfarrei Obertrubach[119]. Dieser hatte ein Manuskript über *„Geist und Leben des [eucharistischen] Opfers"* verfaßt, worüber er Döllinger um Rat fragte und dabei die Aufgabe der deutschen Theologie bei der Wiedervereinigung der Konfessionen als wesentlich herausstellte[120].

Für das Verstehen der Person Döllingers sind die 1860er Jahre überaus bedeutsam. Noch war er der seiner Kirche treu verbundene Mann, noch war der theologische Wissenschaftler der Apologet, der Verteidiger der Kirche, der eifrig bemüht war, den Gegnern mit *„ebenbürtigen Streiter[n]"*[121] entgegenzutreten. Eines aber begann sich damals schon aus dem Gesamten dieser Persönlichkeit herauszukristallisieren: Das Eintreten für die Sache der Kirche, gepaart mit der Erkenntnis, daß eine Neubelebung der theologischen Wissenschaft nicht mehr *„von jenseits der Berge"* zu erwarten ist. In Deutschland sah Döllinger *„jetzt das geistige Centrum"*[122], das sich nur durch die Ausbildung *„tüchtige[r] jüngere[r] Kräfte für den Dienst der theologischen Wissenschaft"* behaupten könne. Die Disziplin der kirchengeschichtlichen Lehrfaches im Auge bat Döllinger Erzbischof Deinlein um Freistellung des im Mai 1859 geweihten Kaplans von Scheinfeld, Johann Friedrich, den er *„für die theologische*

Wissenschaft und für schriftstellerische Arbeiten weiter ausbilden" wollte. Auf dem Feld der Kirchengeschichte sollten künftig nämlich die *„großen und entscheidenden Geisterschlachten geschlagen werden"*. Wenige Jahre später trug Döllinger in seiner programmatischen Rede zur Eröffnung der Gelehrtenversammlung dieser Entwicklung besonders Rechnung. Er zeigte die Grenzen scholastischen theologischen Forschens auf und zeichnete vor dem Hintergrund einer nahezu erstorbenen *„ernste[n] wissenschaftliche[n] Regsamkeit in Italien"*[123] die Chancen und Aufgaben der deutschen Theologie. Er brach eine Lanze für die historisch-kritische Schule und ihre Methode, forderte Freiheit der wissenschaftlichen Forschung und umriß das Feld der Wiedervereinigung der getrennten Christen. In Döllingers 1860 an Erzbischof Deinlein geschriebenem Brief lebte bereits der Geist jener Rede von 1863, die in Deutschland *„künftighin das Heimatland der katholischen Theologie"* suchte[124].
Die *„im besten Interesse der Kirche"*[125] veranstaltete Gelehrtenversammlung fand bei vielen Theologen guten Anklang. Erzbischof Deinlein, der nicht selbst an den Tagungen teilnahm, billigte die Initiative Döllingers und wünschte, daß der Verein katholischer Gelehrter zu einem Baum werde, *„der für Gegenwart und Zukunft die reichsten Früchte trägt"*[126].
Papst Pius IX. dagegen, der immer mehr auf restaurativen Kurs einschwenkte, hegte, wie der Redakteur der Bamberger Kirchenzeitung feststellte, ein *„entschiedenes, wenn gleich unbegründetes Mißtrauen gegen Alles, was auf dem wissenschaftlichen Boden deutscher Gelehrsamkeit in Theologie wie Philosophie sich bewegt"*[127]. Im Apostolischen Breve „Tuas libenter" vom 21. Dezember 1863[128] äußerte der Papst seine Bedenken, die die Bischöfe während der Bamberger Bischofskonferenz von 1864 teilten.

Zu den jungen Theologen, die während des Episkopats von Michael von Deinlein zum Studium an auswärtige Universitäten freigestellt wurden, gehörte auch Joseph Schönfelder aus Forchheim[129]. Vom 1. Januar 1861 an studierte er an der Universität München. Nach seiner Promotion war er 1862–1866 Kaplan in St. Martin zu Bamberg, wo er die personalpolitische Entwicklung der Münchener Kirche im Auge behielt. Als nämlich die Vikarsstelle bei St. Kajetan 1865 neu zu besetzen war, bat er Döllinger um Protektion[130]. Unzufriedenheit mit Bamberger Verhältnissen veranlaßten ihn *„zu fortwährenden Versuchen, von hier fortzukommen"*. Zwar bildete er sich neben der Seelsorgsarbeit in den theologischen Fächern weiter, lernte mehrere neuere Sprachen, doch *„leider umsonst. Zu irgendwie eingehenderen Arbeiten ist hier kaum die Möglichkeit vorhanden, will man nicht alle neueren Werke sich selbst kaufen."* Eine Generation früher hatte Adam Gengler 1832 ähnlich gesprochen. In Bamberg sah Schönfelder zudem *„nicht die mindeste Aussicht, eine Stellung zu erlangen"*, die ihn *„vor dem wissenschaftlichen Verkümmern bewahrt"*. 1868 hatte er sein Ziel erreicht; er wurde, nach vorhergehendem zweijährigem Wirken am Priesterseminar in Hildesheim, Stiftsvikar bei St. Kajetan, Hofprediger, Universitätsprofessor, Senator der Universität und Kanoniker bei St. Kajetan in München.

Die *„Zeitverhältnisse"* – eine im 19. Jahrhundert häufig gebrauchte Redewendung – beschäftigten Döllinger schon früher. In einer Denkschrift wollte er nun *„die gegenwärtige Lage der Dinge in Europa und die nächste Zukunft, insbesondere aber die Zustände Bayerns"* darstellen[131]. Resultat dieser Bemühungen war der Brief Erzbischof Deinleins vom 22. Mai 1859. Als einziger aus Döllingers Bekanntenkreis legte er brauchbare Ergebnisse über die Anzahl der Mischehen und über die religiöse Kindererziehung vor, die er über die Dekane erfragen ließ[132].
Döllinger hatte bereits früher über dieses Gebiet publiziert[133]. Doch mangels Material aus anderen Diözesen konnte er das Vorhaben nicht weiter verfolgen[134]. An seine Stelle trat 1860 das Werk „Christenthum und Kirche in der Zeit der Grundlegung"[135], an dem er seit 1857 gearbeitet hatte. Vier Wochen nach der Abfassung des Vorwortes hatte Deinlein – gewiß als einer der ersten – ein noch druckfrisches Exemplar in Händen.
Eine von Döllinger in *„banger Erwartung"* befürchtete Kritik seiner *„bedeutendste[n] Arbeit"* blieb aus. *„Es gibt Meister"*, rezensierte der Mainzer „Katholik", *„deren Namen nennen, ihre Werke preißen heißt, und zu diesen gehört Döllinger."*[136]
Erzbischof Deinleins Aufenthalt bei den Landtagsverhandlungen in München, an denen er als Reichsrat der Krone Bayern teilnahm, bot die Gelegenheit, mit Döllinger wieder in näheren Kontakt zu treten. Über die Jahre vorher schweigen die Quellen[137]. Lediglich 1854 war Döllinger zum Ehrenmitglied des Historischen Vereins Bamberg, dem damals Weihbischof und Generalvikar Deinlein vorstand, ernannt worden[138], und er blieb es bis zu seinem Tod.
Döllinger war Ende des Jahres 1868 selbst in die Kammer der Reichsräte berufen worden, was Erzbischof Deinlein zu Hoffnungen berechtigte, da nämlich Döllinger bei den Beratungen *„das oft so nothwendige Licht bis zur vollen Helle der Wahrheit steigern"*[139] könne.

Am 8. Dezember 1869 wurde in St. Peter zu Rom ein Ökumenisches Konzil eröffnet, zu dem Döllinger weder als Konzilstheologe noch als Berater des deutschen Episkopats berufen wurde[140]. Diese Nichtbeachtung des Theologen gab zu verschiedenen Spekulationen über die Ursache seiner Haltung nach dem Konzil Anlaß und interpretierte sie als *„verletzte Eitelkeit"*[141]. Auch der zum ultramontanen Lager der Bamberger Geistlichkeit zählende Lyzealprofessor Andreas Haupt[142] schrieb in jener Zeit über Döllinger: *„Daß er nicht zum Concil geladen wurde, war das erste Dörnchen in seinem Herzen."*[143]

Am Vorabend des Konzils hatte Döllinger[144], angeregt durch einen Beitrag in der römischen Jesuitenzeitschrift Civilta Cattolica vom 6. Februar 1869 – darin wurde für die Durchsetzung extremer Positionen, wie der Definition der Unfehlbarkeit des Papstes und anderer Dogmen auf dem Konzil plädiert –, wiederholt mit den scharfen Berichten über „Das Concil und die Civilta"[145] vom März 1869 in der Augsburger Allgemeinen Zeitung auch eine kirchenfremde Öffentlichkeit für das Konzil interessiert. Im Bamberger Pastoralblatt, das die Diskussion um die Civilta-Artikel gleichfalls aufgriff, wurden Döllingers Beiträge als *„eine Reihe nicht leicht qualificirbarer Abhandlungen"*[146], der Civilta-Beitrag dagegen als verbotener Eingriff in die Konzilsthematik aufgefaßt[147].
Döllinger war auch in Bamberg als Verfasser dieser März-Artikel noch nicht bekannt. Die Kirchenzeitung – sie wollte *„viele historische Angaben ... wenigstens einigermaßen"* zurechtstellen – charakterisierte ihn als *„Pseudotheologen"* und die Artikel als Ansammlung gallikanischer, febronianischer und protestantischer Gedanken[148]. Dogmatisch seien sie schwach: *„Hätte die päpstliche Infallibilität keine anderen Gegner, sie wäre wissenschaftlich unanfechtbar."* Döllingers Sicht des Konzils wird polemisch interpretiert: *„Das Gespenst der unter dem Aushängeschild einer ökumenischen Synode drohenden Hildebrandinischen Aggression wird mit seinem ganzen häßlichen Angesicht vorgezeigt und mit einigen Purpurlappen dogmatischer, historischer und kirchenrechtlicher Erudition umhängt. So steht es da, fürchterlich anzuschauen, und die gebildete Welt, die nicht mehr an den Teufel glaubt, erzittert wie vor dem leibhaftigen Gottseibeiuns."*
Günstiger, da hier ein *„Kritiker aus guter Schule"* spreche, aber trotzdem nicht frei von *„gräßlicher Entstellung"* sei der historische Teil der Artikel, deren Ziel es schließlich sei, gegen den päpstlichen Stuhl, der Deutschland schon immer als Stiefkind behandelt habe, Haß und Abneigung hervorzubringen.

Während des Vatikanischen Konzils stand Döllinger – soweit sich feststellen ließ – nur mit Michael Stenglein in Briefkontakt. Dieser war, neben dem Erzbischof, der einzige aus dem Kreis der einstigen Gesprächspartner, die noch am Leben waren und die den Kontakt zu Döllinger aufrecht hielten. Eine ganze Reihe seiner Schüler, wie Friedrich Herd und der ihn nach dem Konzil aufs schärfste bekämpfende Kaplan von St. Martin in Bamberg und spätere Redakteur der Kirchenzeitung, Johann Körber[149], oder der von 1847 bis 1863 als Subregens am Georgianum zu München tätige spätere Bamberger Generalvikar Karl Thumann[150] (er war gleichzeitig Döllingers Kollege an der Universität), sind offensichtlich nie Korrespondenz- und Gesprächspartner Döllingers gewesen. Auch von Adam Martinet ist dies anzunehmen.
Der Bamberger Erzbischof Michael von Deinlein hatte sich beim Konzil den Minoritätsbischöfen angeschlossen und mit ihnen gegen eine Definierung der

Unfehlbarkeitslehre votiert[151]. In der Erzdiözese wurde seine Gesinnung *„von vielen, namentlich Priestern, geteilt“*[152]. Einer dieser Gegner des Konzils – und nach der Definition des Unfehlbarkeitsdogmas vom 18. Juli 1870 auch seiner Beschlüsse – war Michael Stenglein. Sein Vorhaben, die deutschen Minoritätsbischöfe mit einer Arbeit über den Würzburger und Bamberger Fürstbischof Franz Ludwig von Erthal[153] als Verteidiger der Freiheit der deutschen Kirche zu unterstützen, konnte er nicht ausführen, obwohl Döllinger ihn öfter ermutigte, sich davon nicht abhalten zu lassen und seine Fähigkeiten angesichts der ernsten Krise der Kirche einzusetzen[154].
Döllinger selbst hatte Ende Januar 1870 in zwei Artikeln in der Augsburger „Allgemeinen Zeitung“ *„einige Worte über die Unfehlbarkeitsadresse“*[155] der Minoritätsbischöfe geäußert, sich mit deren Konzilshaltung konform erklärt und damit erreicht, daß diese Bischöfe sich theologisch von ihm distanzierten[156]. Nachteile erwuchsen Döllinger im universitären Bereich. Vom 2. März 1870 an verboten die Bischöfe von Regensburg, Passau, Eichstätt, Würzburg, Speyer und der Erzbischof von Köln ihren Theologiestudenten den Besuch der Vorlesungen Döllingers[157].
Erzbischof Deinlein schloß sich – wie auch sein Augsburger Amtskollege – dieser Maßnahme nicht an, obwohl es auch in Bamberg Personen gab, die, wie der am Germanicum in Rom ausgebildete Subregens Andreas Lahner[158], die Universität München und insbesondere Döllinger für die Theologiestudenten als gefährlich einstuften[159].
Auf die Situation in Bamberg kam Stenglein nur gelegentlich zu sprechen. So erfuhr Döllinger nichts davon, daß Johann Körber ihn in einer Predigt wegen seiner Haltung in der Unfehlbarkeitsfrage kritisierte. Unbeantwortet blieb auch Döllingers Frage, ob seine *„Vaterstadt nicht gar zu sehr erbost“* über ihn sei[160].
Zur Berichterstattung über das Konzil – in Bamberg wurde sie von kirchlicher Seite vernachlässigt[161] – gehörten auch die von Döllinger verfaßten Quirinius-Briefe der Augsburger „Allgemeinen Zeitung“, die auch Stenglein bekannt waren. Bei ihm rangierten sie *„unfehlbar an der Spitze aller derartigen Nachrichten“*[162] über das Konzil. Der Verfasser war für ihn *„ein trefflicher und intelligenter und den Nagel auf den Kopf treffender Gelehrte[r]“*[163].

Zur vieldiskutierten Person des öffentlichen Lebens Bambergs wurde Döllinger erst in den Auseinandersetzungen um die Anerkennung oder Ablehnung des Unfehlbarkeitsdogmas in der Nachkonzilszeit. Ende August 1870 beriet ein kleiner, von Döllinger zusammengerufener, Kreis von Theologen in Nürnberg über Konzil und Dogma und gab eine Erklärung ab, die deutschen Universitäten und Lyzeen zur Unterschrift zugesandt wurde[164].

Die kirchliche Oberbehörde Bambergs beobachtete das Tun der Konzilsgegner im Bereich der Erzdiözese sehr genau. Generalvikar Karl Thumann, der etwa gleichzeitig Überlegungen des Erzbischofs hinsichtlich der Erlangung des landesherrlichen Placetum regium zur Publikation der Konzilsbeschlüsse mit kanonistischen Gutachten beriet, stand der Nürnberger Versammlung äußerst feindselig gegenüber. Für ihn war die zur *„Tyrannis"* gewordene Kirchengeschichte, die *„im Namen der Wissenschaft das oberste Richteramt in der Kirche"* verwalte, schuld an den innerkirchlichen Problemen[165].
Der Bitte Erzbischof Deinleins vom 26. September 1870 um das landesherrliche Plazet wurde vom Kultusministerium nicht entsprochen. Döllinger soll die Argumente dazu geliefert haben[166].
Die Auseinandersetzung um die Anerkennung der Konzilsbeschlüsse durch Döllinger und seinen Schüler Friedrich blieb nicht auf München beschränkt. Wenige Tage vor Döllingers folgenschwerer Erklärung vom 28. März 1871 an den Erzbischof von München und Freising, derzufolge er das Dogma als Christ, als Theologe, als Historiker und als Bürger nicht annehmen könne, denn *„Tausende im Klerus, hunderttausende in der Laienwelt denken wie ich, und halten die neuen Glaubensartikel für unannehmbar"*[167], suchte Erzbischof Deinlein den Freund umzustimmen und zu einer Annahme der Konzilsbeschlüsse zu bewegen. Der Bischof schreibt, daß er selbst erst jetzt Klarheit in der Unfehlbarkeitsfrage gewonnen habe. Sein Brief vom 21. März 1871[168] zeugt nicht nur *„von der Vornehmheit seines Verfassers und dessen freundschaftlichem Zartgefühl"*[169], er ist ein Dokument, in dem die bischöfliche Autorität mit einem großen Verständnis für den Andersdenkenden harmoniert. Trotzdem läßt sich eine gewisse Ratlosigkeit nicht verkennen, wenn dem umfassend gebildeten und belesenen Kirchengeschichtsprofessor empfohlen wird, sich durch die Lektüre eines bischöflichen Hirtenbriefes Entscheidungshilfe zu verschaffen.
Eine Antwort Döllingers auf diesen Brief ist nicht erhalten; sie war wegen der sich überstürzenden Ereignisse gewiß nicht zu erwarten. Das „Bamberger Pastoralblatt", das seit dem 1. Januar 1871 vom Pfarrhof von St. Martin aus durch Kaplan Johann Körber redigiert wurde und zum Schauplatz des Kampfes gegen Döllinger werden sollte, sah diesen aufgrund seiner Erklärung bereits von der Kirche abgefallen[170]. In der Bamberger Öffentlichkeit fand Döllingers Erklärung wenig Resonanz. Neben einigen Zustimmungsadressen wurden Döllinger lediglich zwei Gedichte – pro und contra – gewidmet[171].
Am 13. April 1871 gab das Erzbischöfliche Ordinariat Bamberg, vom Ordinariat München über die Vorgänge um Döllinger und Friedrich informiert, eine von Generalvikar Thumann erarbeitete und wohl von allen Ordinariatsräten mitgetragene Stellungnahme ab[172]. Kurz werden zunächst Döllingers Verdienste als Wissenschaftler gewürdigt, dann aber ist die Rede von der *„unbegreiflichen*

Verblendung", der er *„in seinen alten Tagen zum Opfer gefallen"* sei, da er *„wie ein Rasender alle Waffen seines Geistes gegen sich selbst und gegen seine Mutter, die Kirche"* richte, *„sich zum Denunzianten der Kirche herabwürdigt"* und Hierarchie und Klerus der *„öffentlichen Verachtung"* preisgebe. Zudem zeige sich, *„in welcher Tiefe bereits protestantische Prinzipien in unseren Schulen Eingang gefunden haben"*.

Der Bruch Döllingers mit der katholischen Kirche ließ sich nicht abwenden. Am 17. April 1871 traf ihn und Friedrich die große Exkommunikation mit ihren kanonischen Folgen[173]. Eine seit der Katholikenversammlung im Odeonspalast zu München am 10. April groß angelegte Adressenbewegung für Döllinger faßte auch im Erzbistum Bamberg Fuß[174]. Viele Tageszeitungen entdeckten ihr Interesse an Döllingers Person und Werk[175].

Noch vor der Exkommunikation begann im „Bamberger Pastoralblatt" eine sechsteilige Serie mit dem Titel *„Der Apostat Dr. v. Döllinger"* als Kritik der Döllingerschen Erklärung vom 28. März 1871[176]. Kaplan Körber erhob darin schwerste Beschuldigungen gegen Döllinger, an dem er bereits während seiner Münchener Studienzeit in den 1850er Jahren *„die Anlage und selbst die verbitterte Physiognomie eines Häresiarchen"*[177] bemerkt habe. Endgültig setzte sich die kontrovers diskutierte Meinung, ob Döllinger Häretiker sei, erst während und nach dem Konzil durch[178].

Schon im ersten der sechs Artikel kam Körber zu einem vernichtenden Urteil über Döllinger und dessen Erklärung: *„Es ist die Stimme eines Todten, die aus ihr spricht. . . . Denn ein Apostat redet aus ihr."* Döllinger habe die Kirche verraten wie Judas einst Christus. Deshalb werde er auch wie Judas enden: *„Aus den gottlosen Worten seiner Erklärung drehte er sich selbst den Strick der Verdammung. Der Bischof hat nicht nöthig, die Suspension zu verhängen. Döllinger hat sich selbst suspendirt."* Die Zustimmung, die Döllinger durch Adressen und Blumenarrangements bezeugt werde, sei lediglich *„bavaro-byzantinischer Leichenschmuck"*.

Körber qualifizierte Döllinger der menschlichen Seite nach als feige, lügenhaft und gefühllos: *„Döllinger hat bloß Kopf, aber kein Herz."* Seit Jahren bringe die Universität München abgefallene Priester, *„Früchte Döllingerschen Geistes und Unterrichtes"*, hervor; manchen von ihnen habe Döllinger für seine literarischen Arbeiten *„als Kärner und Schuttgräber"* benutzt.

Im folgenden beurteilte Körber Döllingers Engagement bei verschiedenen kirchenpolitischen Ereignissen der vorkonziliaren deutschen Kirche und kam zu dem Ergebnis, daß Döllinger schon nach der Gelehrtenversammlung hätte exkommuniziert werden müssen.

Die für Döllingers wissenschaftliche Reputation peinliche *„Kollegienmappenaffaire"*[179] – beim Auffinden seiner verlorenen Mappe mit Vorlesungsmanuskripten wurde entdeckt, daß Döllinger seit längerer Zeit wortgetreu aus einer protestantischen Kirchengeschichte vorgetragen hatte – bot Körber die Gelegenheit, Döllinger jede weitere Kritik an der Unfehlbarkeitslehre des Thomas von Aquino zu verbieten. Thomas sei, wie Döllinger verschiedentlich ausführte, *„durch eine lange Reihe erdichteter Zeugnisse betrogen worden"*. Körber reagierte polemisch und ironisch: Als Dank für diese späte Aufklärung habe Thomas die Zustimmungsadresse der 44 Münchener Professoren unterschrieben und werde *„mit einer dicken Fackel bei dem nächsten zu Ehren Döllingers arrangirten Fackelzuge erscheinen und mit dahinwandeln, gaudeamus igitur singend"*.

Schwer sah Körber in Döllingers Ausführungen zur Unfehlbarkeit während des Konzils die *„zum Theile heiligmäßigen"* Bischöfe der Majorität gekränkt. Einige von ihnen hätten wie die Bischöfe des Konzils von Nikaia (325) *„die Spuren des Martyriums, welches sie bei der Mission unter den Wilden auszustehen hatten, an ihren Leibern"* getragen.

Eine eigene Folge der Serie widmete Körber der Abrechnung mit Döllingers Papstverständnis. Die von diesem am Papsttum begangene Verleumdung sei ein *„alles Bisherige übersteigendes Verbrechen"*, mit dem er sogar noch Luther übertreffe.

Der letzte, nach Döllingers Exkommunikation geschriebene Teil der Serie charakterisiert die Unterwerfung der Minoritätsbischöfe als *„Rückzug vor Christus und der Wahrheit"*. Mit Blick auf die Situation der Erzdiözese Bamberg – mittlerweile war am 25. April 1871 ein Erlaß des Generalvikariats erschienen, der den Leugnern des Unfehlbarkeitsdogmas mit der Exkommunikation drohte[180] – rühmte Körber die Einmütigkeit des Bamberger Diözesanklerus: *„Es fand sich kein Verräter in seinen Reihen."* Dies entsprach aber nicht den tatsächlichen Verhältnissen.

Körbers Artikelserie war von dem Bewußtsein getragen, die mit Döllingers Erklärung noch größer gewordene Distanz zwischen kirchlicher katholischer Lehre und historisch-kritischer Forschung in Loyalität zur Kirche aufzuzeigen. Blind von Eifer und Leidenschaft für die Sache der Kirche hatte Körber den Weg der sachlichen Auseinandersetzung verlassen, weswegen ihm im Herbst 1871 der Prozeß wegen Amtsehrenbeleidigung gemacht und er zu 14 Tagen Festungshaft und Übernahme sämtlicher Verhandlungskosten verurteilt wurde[181].

Etwa um das Jahr 1871 zirkulierte ein vierseitiges anonymes Flugblatt in der Erzdiözese mit dem Titel „Wer ist Döllinger? der Rebell gegen das Concilium des Vatican's"[181a], als dessen Verfasser sich unschwer Johann Körber erkennen läßt. Das Flugblatt wendet sich an das katholische Volk, schildert Döllingers Qualitäten als Theologe und *„Geschichtsforscher"* und empfiehlt abschließend einen Blick auf Döllingers Portrait, um ihn als Häretiker zu entlarven: *„Es sind nun 25 Jahre vorüber, als Döllingers Ruhm als katholischer Gelehrter am Zenith seiner Glorie stand, als Schreiber dieses Mahnrufes an das katholische Volk, bereits erklärte: Glaubt mir! Der Mann wird möglicher Weise noch ein Häresiarch! Meine Vermuthung und Besorgniß ging leider in Erfüllung. Liebes Volk! wenn du auch im Allgemeinen nicht Gelegenheit gehabt, aus den Schriften dieses Mannes so zu schließen, so brauchst Du Dich nur um das Photograph dieses unglücklichen Apostaten und Häresiarchen umzusehen. Nimm sein Photograph in die Hand und gehe in eine Bildergallerie und betrachte die Physiognomien der Ketzerhäupter von Arius angefangen, und siehe auf das Photograph Döllinger's, und Du wirst unwillkürlich ausrufen: Ja, Du bist einer aus diesen!"* Der geistigen und literarischen Abrechnung Kaplan Körbers mit Ignaz von Döllinger folgten im „Bamberger Pastoralblatt" nur noch wenige Hinweise auf ihn. Als im Juni 1873 die Wahl des ersten altkatholischen Bischofs durch die *„Anhänger der neuprotestantischen Döllingersekte"*[182] – so eine Bezeichnung für die sich gemeindemäßig zusammenfindenden Altkatholiken[183] – bevorstand, wurde Döllinger als *„zu gescheid und zu schlau"* befunden, um das Bischofsamt anzunehmen[184]. Erst nach Döllingers Tod kam Johann Körber im letzten Jahrgang der Kirchenzeitung letztmals auf Döllinger zu sprechen. Ähnliches gilt von dem zum 1. Januar 1872 wiedergegründeten „Bamberger Volksblatt", einer katholischen, kirchlich orientierten Tageszeitung. Dessen eifriger Redakteur Lorenz Hopfenmüller[185] – neben Körber und dem kurzzeitigen Sekretär Erzbischof Deinleins einer der drei ultramontanen Kapläne der Pfarrei St. Martin zu Bamberg – untersuchte im Oktober 1872 „Döllingers Katholizismus vor dem Richterstuhle der Vernunft" anhand eines aus der Berliner „Gegenwart" übernommenen Artikels[186]. Wenige Monate vorher wurde der *„Döllinger von gestern und der von heute in der Beurteilung Luthers"*[187] durch Vergleich der negativen Sicht in Wetzer und Weltes „Kirchenlexikon" von 1851 mit den positiven Äußerungen über Luther im 4. Vortrag vom 21. Februar 1872 über die Wiedervereinigung[188] beleuchtet. Wie das Pastoralblatt posthum schrieb, habe Döllinger mit seiner Sicht Luthers 1851 *„in seiner guten Zeit für die Kirche Zeugniß"* gegeben und so im *„vorhinein über die Verirrungen seiner späteren Zeit den Stab"* gebrochen[189].

Ein großer Verehrer Döllingers, des *„gefeierten Landsmannes"* der Bamberger[190], war zweifellos der Bibliothekar und Benefiziat an der Oberen Pfarre, Michael Stenglein, der gelegentlich auch in München im Sinne Döllingers tätig war[191]. Ende Februar 1871 versuchte er Döllinger für eine Theologenversammlung zu gewinnen, die im Herbst in Bamberg zusammen mit dem Erzbischof *„für die gute Sache"*, d. h. gegen das Unfehlbarkeitsdogma, veranstaltet werden sollte[192].

Ein Teil des Magistrats der Stadt Bamberg und Bürgermeister Eugen Schneider[193] gaben sich durch die Verteidigung Döllingers einen liberalen Anschein. Am 12. April 1871 war in der Presse angeregt worden, *„ob die Verleihung des Ehrenbürgerrechts an den mannhaften Vertheidiger gegen römischen Uebermuth von Seite seines Geburtsortes nicht angezeigt wäre"*[194]. Da Döllinger ein Jahr zuvor eine solche Ehrung durch die Stadt München abgelehnt hatte, griff der Stadtmagistrat diesen Gedanken nicht auf, erhob vielmehr gegen die *„Schmähartikel"* des Kaplans Körber *„ausdrücklich Protest"* und distanzierte sich von dem *„unseren berühmten Landsmann beschimpfenden Inhalt"*[195]. Da das Unfehlbarkeitsdogma in Bamberg noch nicht verkündet worden sei, sei in Solidarität mit Döllinger *„von jeder gehässigen, aufregenden und unwürdigen Darstellung"* der Unfehlbarkeitsfrage abzusehen. Zwei bei dieser Sitzung nicht anwesende Räte stellten sich später entschieden gegen Döllinger, veranlaßten den Bürgermeister zu einer längeren Erklärung und erhielten Schützenhilfe durch Kaplan Körber. Es hätte den Vertretern der urkatholischen Stadt Bamberg besser angestanden, schrieb Körber, zusammen mit ihm für die Kirche einzutreten, statt *„mit wenig verhehlter Wärme für ihre excommunicirten Feinde Partei"* zu ergreifen[196].

Am 10. Januar 1890 ist mit Döllinger *„der gelehrteste deutsche Theologe geschieden, dessen Ruhm den denkbar höchsten Flug nahm. Der Greis mit dem jungen Muthe, der trotz des Winters hoher Jahre in frischer Kraft der Wissenschaftlichkeit treulich diente, war auch in seiner Vaterstadt immer von den Besten geliebt und verehrt worden, die ihm immerdar ein freundliches Andenken bewahren!"*[197] So schrieben die „Bamberger neueste Nachrichten", eine dem Erzbischof *„täglich in seinen Winter Curort zugeschickt[e]"* und offensichtlich vom *„Domberg"* geförderte Tageszeitung[198] bereits einen Tag nach Döllingers Tod. Der daraufhin vom „Bamberger Volksblatt" geforderten Beweisführung dieser Behauptungen, die als *„Faustschlag in's Angesicht der katholischen Stadt, wie er ärger nicht gedacht werden kann"*[199], aufgefaßt wurden, kam es nicht nach. Das Volksblatt zitierte noch den 1884 verstorbenen Bischof Laurent[200] mit Äußerungen gegen Döllinger, ehe es – Döllingers Begräbnis lag bereits einige Tage zurück – den *„prachtvollen Kranz"*[201], den die Stadt Bamberg auf Anordnung des stellvertretenden Bürgermeisters am Sarg Döllingers niederlegen ließ, zum Anlaß heftiger Erörterungen machte[202].
In Geistlichen- und Laienkreisen war man über die Entscheidung des Bürgermeisters erstaunt und verärgert, vor allem, weil durch die in- und ausländische Presse die Nachricht ging, *„daß die Stadt Bamberg den Häresiarchen Döllinger verherrlicht habe"*. Entrüstet war man, daß Stadt und Erzdiözese in der katholischen Welt in ein *„schiefe[s] Licht"* gestellt wurden. Denn *„kein*

wahrer Katholik" könne *„mit der Ehrung eines verstockt gestorbenen, abgefallenen Gelehrten einverstanden"* sein.
Abgesehen von Geburt und Studium Döllingers in Bamberg gab es, den Ausführungen des Volksblatts zufolge, nichts, was die Kranzspende gerechtfertigt hätte. Ausführlich wurde nämlich Döllingers Abwesenheit auch bei wichtigen Ereignissen in Bamberg aufgelistet und bezweifelt, ob er Bamberg in den vergangenen vierzig Jahren überhaupt besucht habe. Im Vergleich mit dem Bamberger Arzt und Mäzen Dr. Lucas Schönlein[203] schnitt Döllinger äußerst schlecht ab. Vorsorglich gaben katholische Kreise zu verstehen, daß man keine Ehrungen Döllingers mit einem Denkmal, mit einer Gedenktafel an seinem Geburtshaus – tatsächlich wurde eine solche Anfang Februar 1890 vorgeschlagen[204] – oder durch die Benennung einer Straße nach ihm wünsche.
Die erzbischöfliche Behörde und die Theologische Fakultät des Lyzeums enthielten sich – wie ihnen kritisch angemerkt wurde[205] – jeder Äußerung. Ob dies aus kluger Bescheidenheit oder doch noch vorhandener Sympathie für Döllinger geschah, wäre Thema weiterer Forschungen.
So blieb die negative Tendenz der kirchlichen Pressebeiträge zum Tode Döllingers ebenso singulär wie der im Volksblatt abgedruckte Protest des Kuraten Franz Seraph Frhr. von Buseck[206], der sich als geborener Bamberger verpflichtet fühlte, sich gegen die Ehrung Döllingers *„offen mißbilligend auszusprechen"*[207].
Das Urteil des „Bamberger Pastoralblattes" und des „Bamberger Volksblattes" über den in der Exkommunikation gestorbenen Döllinger war von ungewöhnlicher Schärfe. Die Meinungen im Klerus dürften geteilt gewesen sein, wenngleich diese Hypothese aktenmäßig (noch) nicht belegbar ist. So muß offenbleiben, ob es Diözesanpriester gab, die so weit gingen wie der Jesuit P. Theodor Granderath[208], der in einem Brief an seinen Mitbruder P. Hartmann Grisar[209] bereits am 15. Dezember 1884 geschrieben hatte: *„Es ist wirklich hart, zu sagen, man könne mit dem Finger auf eine Person (. . . Döllinger, Reusch etc.) hinweisen, und sagen: Dieser Mann, der hat formell eine Todsünde begangen und ist ein Kind der Hölle[210]. Lieber möchte ich das Urtheil Gott überlassen."*[211]
Anders dachte der Redakteur des „Bamberger Pastoralblattes". Er hatte schon 1871 sein Urteil gefällt und Döllinger als einen *„für den Himmel Gestorbenen"* gehalten[212]. Körbers Sicht Döllingers hat sich aber nicht durchgesetzt.

Vierzehn Jahre nach Döllingers Tod kam in Bamberg der Gedanke auf, *„eine Art Geschichte des Diöcesanklerus und seiner Wirksamkeit zu bearbeiten"*[213], in der Döllinger nicht fehlen sollte. Das im Bistumsjubiläumsjahr 1907 als *„Personal-Schematismus"*[214] erschienene Verzeichnis der Geistlichen sollte ursprünglich auch mit den Bildnissen *„unserer Bischöfe und Erzbischöfe, Pröpste, etc. und sonstigen bedeutenderen Männern wie Neustetter, Schellenberger, Förner, Murrmann, Jäck, Lindner, Haupt, Senger, vielleicht auch Döllinger etc."* versehen werden. Es blieb schließlich bei der unbebilderten Ausgabe des Buches, das aber Döllinger[215] – und auch Johann Friedrich[216] – mit einem Biogramm abdeckt.

1928 tauchte der Name Döllinger als Spitzname für einen Alumnus des Bamberger Priesterseminars auf[217].

Ignaz von Döllinger war somit 38 Jahre nach seinem Tod in Bamberg nicht vergessen und ist es auch heute nicht. Als damals in einem Bildband der *„bedeutenderen"* Geistlichen des Bistums und Erzbistums Bamberg auch Döllinger aufgenommen werden sollte, sollte das geschehen, um der historischen Wahrheit gerecht zu werden, die nicht beschönigt oder verschweigt, die aber auch nicht verketzert. Ihr sah man sich verpflichtet; das *„Streben nach Objektivität"* wurde nicht der *„Versuchung zur Apologetik"* geopfert, wie es Andreas Lahner in seinem Nekrolog unterstellt, aber von Domkapitular Adam Senger korrigiert wurde[217a].

Anhang

Nr. 1

Postscriptum Ignaz von Döllingers auf einen Brief von Jakob Sengler, Marburg, an Döllinger vom 18. Juli 1830

AEB, Rep. 70, NLT 3 (Gengler). – Unveröffentlicht

Lieber Freund!

Die von H[errn] Sengler herausgegebene Kirchenzeitung verdient, wie ich glaube, alle Unterstützung; wir dürfen dich daher wohl bitten, für die Verbreitung derselben zu wirken. Noch willkommener aber würden Beiträge von dir seyn, wozu es dir ja, bei dem Umfang und der Mannigfaltigkeit des Blattes, nicht an Stoff fehlen kann. – Unser Landsmann, Herd, hat eine vortreffliche Defension gehalten und der Bamberger Schule große Ehre gemacht. Ich wollte, ich könnte dich wieder sehen und sprechen, weiß aber nicht, wie das anzufangen wäre.

Lebe wohl und gedenke
deines J[gnaz] Döllinger.

Nr. 2
Valentin Loch, Rom, an Ignaz von Döllinger,
München vom 19. Dezember 1840
Original, 3 S. auf Briefpapier
BStB München, Döllingeriana II. – Unveröffentlicht

Verehrtester Herr Professor!!
Durch Zufall wurde ich mit dem Engländer Mr. James R. Hope[218] bekannt, der mir die Namen einiger von Ihnen gewünschten Bücher mittheilte. Laderchi, vita S. Pet. Dam.[219] ist zu haben für 7 fl. netto. Arcudii op. aur.[220] für 3 fl (nur 7 franc 15 Cent. wenn in der Propaganda). Lettere apolochettiche, della puniz. degli Eretici etc.[221] um 3 fl. /:Es findet sich auch Carena, de officio S. Inquisitionis in Haereticos. Cremonae 1641. fol. 2 fl. 30:/. Sollten H[er]rn g[ei]stl[ichen] Rath diese Preise conveniren, oder noch einiges andere von dem hier sicher reichen Büchermarkt – freilich zu Preisen um das 3 fache höher, als wir zu hören gewohnt sind – wünschen, so bitte ich dieses zu bezeichnen, wie auch, ob und wie die Werke nach München geliefert werden sollen – ob man sie vielleicht einzeln mit abgewarteten Gelegenheiten übermachen kann.
Zugleich nehme ich mir die Freyheit, H[er]rn Prof[essor] meine unterthänigsten Glückwünsche zum neuen Jahr zu Füßen zu legen mit der Bitte um Ihre fernere werthe Wohlgewogenheit. – Der Aufenthalt hier gefällt mir überaus, da Stadt, Leben, Institute aller Art, Tagsgeschichte etc. so interessant wie nirgends sind. Die Jesuiten sind über Laocoon oder Hermes[222] und Peronne[223] sehr frappirt. Pat[er] Theiner[224] läßt ein Werk über Rußland[225] erscheinen, das Aufsehen machen dürfte. In dem vorgestrigen Consistorium kam außer der Intronisatio der 2 neuen Cardinäle[225a] nichts interessantes vor. Bischof Laurent ist noch ohne Verwendung hier; H[er]r Hofrath Jarke[226] durchstöbert die ganze Stadt und wird bis zum Frühjahr hierbleiben. In der österreich[ischen] und bair[ischen] Gesandtschaft machen die hier geschlossenen Ehen der Unterthanen genannter Staaten viel zu verhandeln, indem ganze Truppe[n] von Paaren hieherkommen, ohne Weiteres getraut werden, und als Eheleute heimkehren. In wie weit dieses vom Hl. Stuhle begünstigte Trauen fremder Unterthanen, die ohne Lizenz unter den schmählichsten Vorwänden hieher kommen, zu billigen ist, steht in Frage.
Unter Wiederholung meiner Glückwünsche sehe ich gefälligem Bescheide entgegen und verbleibe in aller Hochachtung
Euer Hochwürden ergebenster Diener
Valentin Loch M[anu propria]

Nr. 3
Ignaz von Döllinger, München, an Valentin Loch,
Rom, vom 23. Februar 1841[227]
Original, 3 S. auf Briefpapier
AEB, Rep. 70, NLT 29/12. – Unveröffentlicht

Hochwürdiger, sehr verehrter Herr!
Empfangen Sie meinen aufrichtigsten Dank für Ihre gütige Zuschrift und Bemühung wegen der Bücher; die opuscula des Arcudius[228] bitte ich für mich zu kaufen; die beiden

andern Werke (Vita S. Damiani und lettere sulla punizioni etc.)[229] nimmt auf meinen Wunsch die K. Staats-Bibliothek, der sie noch fehlen. Ihrem gütigen Anerbieten zufolge bin ich so frei, noch folgende in Rom erschienenen Werke namhaft zu machen, deren Acquisition mir sehr erwünscht wäre:

S. Maximi Taurixensis opera, ed. Victor Amedeus. Rom 1784. fol.[230]

Zacagnii Collectio Monumentorum[231] (steht im Catalog der Propaganda).

Petri Lazerii S. J. exercitatio de haeresi Albigensium[232].

Righini Provinciale ordinis fratrum Minorum, seu Polychronicon Jordoxis. fol. Romae 1771. (dieß für die K. Staatsbibliothek).

Wegen des Preises brauchen Sie kein Bedenken zu tragen, ich weiß wohl, daß die Bücher in Rom viel theurer sind, als bei uns. Für den Maximus z. B. würde ich ohne Anstand 15 bis 16 fl. geben. – Ein Buch, deßen Verfaßer mir entfallen ist: Sulla di Scendenza dei literi Muratori dai Manichei (es erschien in Rom in den 90ger Jahren)[233] wäre mir auch sehr nothwendig.

Nun noch ein Anliegen, bei welchem ich freilich auf Ihre Güte für mich als auf Ihr lebendiges Interesse für kirchliche Wissenschaft rechnen muß. Man hat mich versichert (und es läßt sich auch kaum bezweifeln), daß in der Vatikanischen Bibliothek (wohl auch sonst noch – etwa in der Casanatischen Bibliothek)[234] Inquisitionsacten betreffend die häretischen Sekten des Mittelalters vorhanden sind. Ich weiß nicht, ob ich Ihnen gesagt habe, daß ich mich schon seit einiger Zeit mit einem historischen Werke über diese so wichtigen und doch noch so wenig aufgehellten (weil von den Protestanten absichtlich entstellten Theil der Kirchengeschichte) beschäftige. Meine Reise nach Paris[235], wo ich mehrere Bände Inquisitionsakten vorfand, hat mir bereits reiche Ausbeute geliefert, aber die Einsicht der zu Rom befindtlichen müßte noch gar manches Bedeutende liefern. Sprechen Sie doch gefälligst deshalb mit dem P. Theiner, dem ich mich beßtens zu empfehlen bitte. Ich brauche Ihnen nicht zu sagen, daß besonders das Dogmatische in solchen Acten und Protocollen die Hauptsache ist; leider weiß ich Niemanden zu nennen, der solche Auszüge zu besorgen im Stande wäre; wenn Sie aber Jemanden kennen, so will ich gerne die Kosten tragen. Ihnen selbst dies zuzumuthen, wage ich nicht; aber schon dadurch, daß Sie sich daraum annehmen und die erforderlichen Schritte thun, könnten Sie mich zum lebhaftesten Danke verpflichten, auch schmeichle ich mir, daß Seine Exc[ellenz] der Herr Graf von Spaur, falls es nöthig sein sollte, durch seine Empfehlung die Erlaubniß, dergleichen Manuscripte zu benützen, erwirken wird.

Sie haben doch ihren Plan, sich auch in Rom für das theologische Lehrfach weiter auszubilden, nicht aus den Augen verloren? – Benützen Sie doch ja die schöne Gelegenheit, es gibt so viel intereßante Materien, namentlich der Kirchengeschichte, über welche Sie mit Hülfe der dortigen Schätze ein neues Licht verbreiten könnten; Theiner wird Ihnen gewiß mit seiner Erfahrung und Verwendung behülflich sein, und Ihnen würde dann, wenn Sie mit einer solchen Arbeit heimkehren, eine baldige Anstellung im theologischen Lehrfache nicht entgehen.

Von bayerischen Neuigkeiten weiß ich Ihnen wenig zu melden: Schelling[236] geht nach Berlin, das soll entschieden sein. In Bamberg ist leider noch Alles so ziemlich beim Alten; Deinlein wird, wie ich höre, Domkapitular[237].

Leben Sie wohl, gedenken Sie meiner im h[eiligen] Opfer, und erfreuen Sie mich recht bald mit einem Briefe
Ihr ergebenster
J[gnaz] Döllinger.
NB. Den Preis der Bücher, die Sie für mich zu kaufen die Güte haben, werde ich Ihnen durch Direktor Lichtenthaler[238], wenn dieser Geldsendungen für die Staatsbibliothek dahin abgehen läßt, zukommen laßen; oder wissen Sie mir einen andern Weg anzugeben? –

Nr. 4
Leonhard Clemens Schmitt, Bamberg, an Ignaz von Döllinger, München, vom 8. Oktober 1841
Original, 3 S. auf Briefpapier
BStB München, Döllingeriana II. – Unveröffentlicht

Ew. Hochwürden und Gnaden!
Gefeiertster, Hochgelehrter Herr Professor!
Mit Schüchternheit übersende ich als ein schwaches Zeichen meiner größten Dankbarkeit und meiner unbegrenzten Verehrung beiligenden „Grundriß einer Christologie des alten Testamentes“[239], welchen ich ex officio wegen Mangel der Zeit ganz schnell fertigen mußte. Nachdem der Druck vollendet war, mißfiel mir wieder die pag. 4 N. 1 und 2 gegebene Ansicht[240]; ich habe daher den Aufsatz mit Veränderung beider Nummern zum Einrücken in den „Katholiken“[241] abgeschickt. Ich bitte daher, Hochgeehrtester, von diesem schwachen, schnell bearbeiteten Versuche keinen Schluß auf meine Ansichten und Grundsätze in Behandlung der hl. Schrift zu machen. Ich bin mir des ernstlichen Strebens bewußt, den Theologen die göttliche Würde der hl. Schrift recht darzulegen, und denselben die größte Ehrfurcht vor derselben einzuflößen. Ich will lieber Blößen in der Wissenschaft zur Schau tragen, als nur im Geringsten der Partei jener huldigen, welche die Auktorität der hl. Schriften zu untergraben sich bemühen. Ich muß gestehen, daß ich, seitdem ich Exegese vortrage, von einer bedeutenden Aengstlichkeit gequält werde, meine Wort möchten nicht genug zur Erbauung und Erregung heil[iger] Ehrfurcht in den Herzen der Zuhörer dienen. Allenfallsige Fehler in meiner Abhandlung wollen darum Ew. Hochwürden und Gnaden meiner mangelhaften Kenntniß, aber nicht meinem Willen zur Last legen. –
Es herrscht hier allgemein das Gerücht, daß Ew. Hochwürden und Gnaden noch in ein ganz besonderes Verhältniß zu unserer Erzdiözese treten würden. Die Freude darüber ist allgemein und ich ergreife zugleich die Gelegenheit, Ihnen zu bekennen, wie sehr ganz besonders mich diese Nachricht mit größter Freude erfüllt hat und wie sehr ich zu Gott flehe, daß das, was man spricht, in Erfüllung gehen möge; denn Ew. Hochwürden und Gnaden kennen so gut die Verhältniße und Bedürfniße unserer Erzdiözese – und Alles erwartet eine glückliche Zukunft für die Sache Gottes und seiner heil. Kirche. –
Schlüßlich bitte ich wiederholt um eine schonende Beurtheilung meiner Arbeit und weise auf deren Verbesserung im „Katholiken“ hin. Ich empfehle mich der Gewogenheit und

dem Gebete Ew. Hochwürden und Gnaden, und verharre in größter Verehrung, Dankbarkeit und Ehrfurcht als
Deren ergebenster Diener
Schmitt, Subregens.

Nr. 5
Michael von Deinlein, Bamberg, an Ignaz von Döllinger, München, vom 22. Mai 1859
Original, 3 S.
BStB München, Döllingeriana II. – Unveröffentlicht

Lieber Freund!
In Folge unserer Besprechung über die gemischten Ehen in Bayern habe ich nach meiner Zurückkunft durch die Dekanate alle Pfarrämter meiner Diözese auffordern lassen, berichtlich anzuzeigen, wieviele gemischte Ehen in der Pfarrei in den 10 Jahren von 1849 bis 1858 incl[usive] vorgekommen sind, und dabei anzugeben, wie viele solcher Ehen mit ganz katholischer Kinder-Erziehung, mit ganz protestantischer Kinder-Erziehung oder mit gemischter Kinder-Erziehung nach dem Geschlechte eingegangen worden sind.
Diese Berichte sind nun sämtlich eingelaufen, und aus denselben ist zu ersehen, daß in den bezeichneten 10 Jahren im ganzen 1971 gemischte Ehen eingegangen worden sind, und darunter 1131 mit ganz katholischer Kinder-Erziehung, 526 mit ganz protestantischer Kinder-Erziehung, 306 mit Kinder-Erziehung nach dem Geschlechte, und 8, bei welchen die gegenwärtigen Pfarrer über Kinder-Erziehung keinen Aufschluß geben können, weil ein Document hierüber in der Registratur nicht vorzufinden war und die treffenden Eheleute schon längere Jahre aus der Pfarrei fortgezogen sind[242].
Im Dekanate Neunkirchen am Sand, in welchem die protestantischen Städte Nürnberg und Fürth liegen, kamen in diesen 10 Jahren allein 998 gemischte Ehen vor, darunter 441 mit katholischer, 344 mit protestantischer und 203 mit gemischter Kinder-Erziehung. Im Dekanate Gebsattel, wo die protestantischen Städte Ansbach und Rothenburg an der Tauber liegen, kamen im Ganzen 91 gemischte Ehen vor, darunter 76 mit katholischer, 10 mit protestantischer und 5 mit gemischter Kinder-Erziehung. Im Dekanate Hollfeld, worin die Stadt Bayreuth liegt, im Ganzen 108, darunter 64 mit katholischer, 23 mit protestantischer und 21 mit gemischter Kinder-Erziehung. Im Dekanate Kronach im Ganzen 88, darunter 54 mit katholischer, 10 mit protestantischer und 24 mit gemischter Kinder-Erziehung. Im Dekanate Stadtsteinach, wo Culmbach liegt, im Ganzen 104, darunter 71 mit katholischer, 20 mit protestantischer, 9 mit gemischter Kinder-Erziehung, und 4 ohne Angabe der Kinder-Erziehung. Im Dekanate Lichtenfels im Ganzen 58, darunter 43 mit katholischer, 8 mit protestantischer und 3 mit gemischter Kinder-Erziehung und 4 fehlt die Angabe. Im Dekanate Forchheim im Ganzen 24, darunter 20 mit katholischer, 3 mit protestantischer und 1 mit gemischter Kinder-Erziehung. – In der Stadt Bamberg im Ganzen 132, darunter 110 mit katholischer, 20 mit protestantischer und 2 mit gemischter Kinder-Erziehung. In der Pfarrei Hof im

Ganzen 45, darunter 25 mit katholischer und 20 mit protestantischer Kinder-Erziehung. In der katholischen Pfarrei zu Coburg im Ganzen 41, darunter 15 mit katholischer, 23 mit protestantischer und 3 mit gemischter Kinder-Erziehung.
Aus diesen Angaben wird es Dir möglich seyn, einen richtigen Blick in dieser Beziehung in meine Diözese zu werfen. Erwägt man, daß im Umfange der Diözese fast ⅔ Protestanten und nur beinahe ⅓ Katholiken sind, und in mehreren Gegenden die Protestanten die bedeutendste Mehrzahl bilden, so wird das Resultat der angestellten Recherche sowohl für die Geistlichen als die katholischen Gläubigen sprechen.
Mit aller Liebe und Verehrung
Dein alter, aufrichtiger Freund
Mich[ael] v[on] Deinlein M[anu] pr[opr]ia

Nr. 6
Ignaz von Döllinger, München, an Michael von Deinlein, Bamberg, vom 27. Oktober 1860
Original, 4 S. auf Briefpapier
Stadtarchiv Bamberg, H.V. Rep. 3/954. – Veröffentlicht: Urban, S. 627 f. (Nr. 1)

Hochverehrter Freund!
Einem Metropoliten ein Buch[243], wie das Gegenwärtige, vorlegen, heißt eigentlich: Vor einem kirchlichen Richterstuhl erscheinen. Möge nur der hohe Richter, wenn er überhaupt von dem Buche Notiz nimmt, eine dem Verfasser freundliche und wohlwollende Gesinnung dazu mitbringen! Nach dem Gewichte der darin behandelten Fragen ist dieses Werk die bedeutendste meiner Arbeiten, und ich gestehe, daß ich noch bei keiner dem Urtheile der competenten Männer mit einer so gespannten, fast bangen Erwartung entgegengesehen habe.
H[err] Friedrich, den ich als einen sehr begabten viel versprechenden jungen Mann, gerne für die theologische Wissenschaft und für schriftstellerische Arbeiten weiter ausbilden möchte, sagt mir, daß du dich nicht abgeneigt gezeigt habest, ihm einen längeren Aufenthalt in München zu diesem Behufe zu gestatten. Ich vereinige daher meine Bitte mit den [!] seinigen. Wenn ich mich nicht gänzlich über den Zustand Deutschlands und der Kirche täusche, so wird es immer dringenderes Bedürfniß, daß sich bei uns tüchtige jüngere Kräfte für den Dienst der theologischen Wissenschaft und namentlich der historischen Theologie ausbilden. Auf diesem Felde werden die großen und entscheidenden Geisterschlachten geschlagen werden. Wehe der Sache der Kirche in Deutschland und – in der Welt (denn Deutschland ist jetzt das geistige Centrum), wenn wir keine den Gegnern ebenbürtige Streiter in's Feld zu führen haben! – Doch ich weiß, daß du bei deinem klaren, durch eine hohe Stellung und das Amts-Charisma noch erleuchteten Blicke im Wesentlichen eben so denkst, wie ich. Ich fürchte daher nicht, in Bezug auf Friedrich eine Fehlbitte zu thun. Gott erhalte dich noch lange der Kirche in gesegneter Wirksamkeit!
Mit völliger Verehrung und herzlicher Freundschaft dein
I[gnaz] Döllinger.

Nr. 7
Joseph Schönfelder, Bamberg, an Ignaz von Döllinger, München, vom 7. Januar (?) 1865
Original, 3 S.
BStB München, Döllingeriana II. – Unveröffentlicht

Hochwürdigster Herr Stiftspropst!
Gnädiger Herr!
Obwohl ich Gefahr laufe, Ew. Hochwürden Gnaden durch meine Zudringlichkeit zu belästigen, wage ich es dennoch, schon wieder[244], Hochderselben Güte in Anspruch zu nehmen. Wie ich nämlich soeben lese, ist H[er]r. Dr. Pfeifer[245] zum Hofkaplan ernannt, mithin eine Vikars-Stelle bei St. Cajetan erledigt. Dürfte ich Hochdieselben bitten, mich für die erledigte Stelle in Vorschlag zu bringen?
Ich wollte, es wäre mir vergönnt, Ew. Hochwürden persönlich die Gründe auseinandersetzen zu können, die mich zu fortwährenden Versuchen, von hier fortzukommen, veranlassen. Seit 3½ Jahren diene ich nunmehr in der Seelsorge an einer Stelle, die recht wohl den ganzen Mann beansprucht[246]. Trotzdem habe ich – verzeihen Hochdieselben meine Unbescheidenheit, nebenbei versucht, meine literarische Thätigkeit fortzusetzen, habe neben den theologischen Fächern die orientalischen Sprachen, sowie die neueren (französische, englische, italienische, spanische) eifrig betrieben: leider umsonst. Zu irgendwie eingehenderen Arbeiten ist hier kaum die Möglichkeit vorhanden, will man nicht alle neueren Werke sich selbst kaufen. Ich habe dies erst jüngst wieder erprobt, als ich eine kleine Schrift verfaßte: Die Hymnen etc. des Nestorianischen Breviers nach einem Münchner Codex – mit Einleitung und Erläuterungen[247]. In ganz Bamberg fand ich außer den Assemanischen Werken – nichts, was mir zum Vergleichen u[nd] s[o] f[ort] hätte dienen können. –
Ew. Hochwürden Gnaden, denen ich soviel schon verdanke, werden gewiß mir in diesem Fall Ihre Protektion nicht versagen; hier in Bamberg habe ich auch nicht die mindeste Aussicht, eine Stellung zu erlangen, die mich vor dem wissenschaftlichen Verkümmern bewahrt.
Genehmigen Ew. Hochwürden Gnaden den ehrerbietigsten Ausdruck vollkommenster Hochachtung und steter Dankbarkeit, mit dem ich mich nenne Hochderselben ergebenster Schüler und Diener
Dr. J[oseph] Schönfelder,
Kaplan bei St. Martin

Nr. 8
Joseph Schönfelder, Bamberg, an Ignaz von Döllinger, München, vom 1. August 1865
Original, 2 S.
BStB München, Döllingeriana II. – Unveröffentlicht

Hochwürdigster Herr Stiftspropst!
Gnädiger Herr!
Hochdenselben gebe ich mir hiemit die Ehre mitzutheilen, daß ich unterm gestrigen an das Dekanat der hochwürdigsten theologischen Fakultät eine Abhandlung „über die

Gottesnamen Elohim und Jehova etc.“[248] eingeschickt habe behufs gnädiger Zulassung zur Habilitation als Dozent[249]. Ich erlaube mir die submisseste Bitte, meinen Versuch durch Ew. Hochwürden Gnaden wohlwollende Protektion zu unterstützen zu wollen. Meine Absicht ist keine andere, als von den mir noch übrigen 10–12 Kaplansjahren einige auf diese Weise zu ersparen. Sollte ichs auf dieser Welt zu nichts Weiterem als zum Pfarrer bringen, so steht dem auch die Qualität als Dozent nicht im Wege. Wenigstens wird es mir dadurch vergönnt sein, meine Lieblingsstudien noch einige Zeit fortzusetzen und einige literarische Produkte, die längst der Veröffentlichung harren, leichter an den Mann zu bringen.

Indem ich Ew. Hochwürden Gnaden meine Bitte nochmals ans Herz lege, nenne ich mich unter Versicherung unbegrenzter Verehrung

Hochderselben allzeit dankbaren und ergebenen Diener

Dr. Jos[eph] Schönfelder

Kaplan in Bamberg.

Nr. 9

Michael von Deinlein, Bamberg, an Ignaz von Döllinger, München, undatiert[250].
Original, 2 S.
BStB München, Döllingeriana II. – Unveröffentlicht

Hochwürdigster Herr Stiftspropst!

Hochverehrtester Herr und Freund!

Dein mir sehr erfreuliches Schreiben vom 10ten d[ieses] Monats[251] habe ich gestern richtig erhalten. Nach den Andeutungen Deines sehr werthen Schreibens habe ich sogleich nach St. Martin geschickt und von dort den gewünschten Taufschein requirirt. Nach kurzer Zeit schon habe ich denselben in legaler Form erhalten, und ich freue mich, denselben so schnell in Deine Hände übergeben zu können. Es geht Dir wie es meinem sel[igen] Herrn Vorfahrer, Erzbischof Bonifacius v[on] Urban[252] gegangen ist. Auch dieser wurde im 71. Lebensjahre mit schneeweißem Haupte in die Hohe Kammer eingeführt. Er glaubte, sein altes ehrwürdiges weißes Haupt ersetze einen Taufschein; aber es half nichts, er mußte ihn nachbringen. Wenn die liebe Formalität nicht wäre, könnte die Welt nicht bestehen.

Ich freue mich sehr, daß Se[ine] Majestät Dich zum Rathe der Hohen Reichskammer erhoben hat[253]. Solche Intelligenzen bedürfen wir. Sie können Licht in unsere Berathungen, mitunter über die wichtigsten Angelegenheiten des Landes, bringen und das oft so nothwendige Licht bis zur vollen Helle der Wahrheit steigern. Der gütige Gott erhalte Dich gesund und wohl noch viele viele Jahre dem Vaterlande, der Kirche und der Hochschule!

Mit diesem Herzenswunsch verbleibe ich

Dein alter, aufrichtiger Freund

Michael v[on] Deinlein

Erzbischof von B[am]berg

M[anu] pr[opr]ia.

P.S. Mein Herr G[eneral]vikar Dr. Leonhard Clemens Schmidt ist gestern nach langen und schweren Leiden an den Folgen eines Herzfehlers 58 J[ahre] alt gestorben. Sein Nachfolger im G[eneral]vicariate dahier wird Herr Domkap[itular] Dr. Carl Thumann werden.

Nr. 10
Michael von Deinlein, Bamberg, an Ignaz von Döllinger, München vom 21. März 1871
Original, 3 S. auf Briefpapier
BStB München, Döllingeriana II. –
Veröffentlicht: Brandmüller: Publikation, S. 604 f. (Nr. 12); Urban, S. 717 f. (Nr. 32)

Theuerster Freund!
Ich habe bisher den aufrichtigsten Antheil genommen an dem schweren Kampfe, welchen Du seit Monathen über das Dogma der Unfehlbarkeit des obersten Lehramtes der Kirche mit Dir zu bestehen hast. In unserem lieben Frankenlande ist diese Lehre im vorigen und in diesem Jahrhunderte viel zu wenig beachtet, ja nur als Schulmeinung fast ganz vernachlässiget worden. Auch ich war sehr gegen diese Lehre eingenommen, bis ich seit dem Monathe Juni v[origen] J[ahres] in Rom diese Lehre zum besonderen Gegenstande meines ernsteren Nachdenkens und gründlicheren Studiums gemacht hatte. Da kam ich zur vollsten Ueberzeugung, daß die Lehre des Vaticanum in Schrift und Tradition wohl begründet sey; daß der Papst als Oberhaupt der Kirche kraft göttlicher Institution unfehlbar seyn müsse vi assistentiae Spiritus Sancti wenn Er ex Cathedra spricht, da er sonst nicht das unerschütterliche Fundament der Kirche, nicht der sichere Führer und oberster Lehrer der ganzen Herde Christi seyn kann.
Unter allen Schriftchen der jüngsten Zeit, welche von diesem Dogma handeln, hat mir die Erklärung, welche der Hochwürdigste Herr Erzbisthumsverweser zu Freiburg Dr. Lothar v[on] Kübel[254] in seinem dießjährigen Fasten-Hirtenbriefe gegeben. Wegen ihrer Faßlichkeit, Einfachheit und Ueberzeugung gewinnenden Beschaffenheit am meisten zugesagt. Ich habe diesen Hirtenbrief gestern erhalten, und sogleich kam mir der Gedanke, diesen Dir zusenden zu sollen. Ich bringe diesen Gedanken zur Ausführung mit der freundlichsten Bitte, Du möchtest diesen Hirtenbrief einer aufmerksamen Lesung würdig erachten; vielleicht trägt er dazu bei, Dir die Fassung Deines Entschlusses bezüglich dieser Lehre zu erleichtern. Ich habe bisher viel für Dich gebethet: Der heil[ige] Geist wolle Deinen Geist erleuchten, Dein Herz erwärmen und Deinen Willen kräftigen, auf daß Du zu einem solchen Beschlusse gelangest, wie er zur Ehre Gottes und zum Heile Deiner unsterblichen Seele seyn soll. – Ich werde in meinem Gebethe fortfahren, bis ich erfahren habe, welchen endlichen Beschluß Du gefaßt habest.
In alter Freundschaft und unwandelbarer brüderlicher Liebe verbleibe ich unter Versicherung meiner größten Hochachtung und innigsten Verehrung
Dein Dir aufrichtigst ergebener Coactan
Michael v[on] Deinlein,
Erzbischof von Bamberg M[anu] p[rop]ria.

Nr. 11
Gedicht für Ignaz von Döllinger, Bamberg, den 2. April 1871
Überschrift: „Eingesandt. Dr. I. v. Döllinger."
Bamberger neueste Nachrichten 11 (6. April 1871) Nr. 102, S. 3. –
Veröffentlicht: Urban, S. 721, Nr. 34.

In finstren Glaubenswirren
Stehst Du als wack'rer Held
Für Christus reine Lehre
In der kathol'schen Welt.

Nicht Pios' Altersschwäche,
Nicht Jesuiten List
Kann Deinen Geist verführen:
Du bleibst stets wer Du bist!

Hab Dank von Tausend Herzen
Für deinen kühnen Muth:
Für Wahrheit nur zu streiten –
Des Lebens schönstes Gut!

Ein Katholik für Viele.

Anmerkungen

Folgende Abkürzungen wurden verwendet:
ACGH = Archiv des Collegium Germanicum et Hungaricum, Rom. – ADB = Allgemeine Deutsche Biographie. – AEB = Archiv des Erzbistums Bamberg. – AHC = Annuarium Historiae Conciliorum. – ASV = Archivio Segreto Vaticano. – Bibliotheca Döllingeriana = Bibliotheca Döllingeriana. Katalog der Bibliothek des verstorbenen Kgl. Universitätsprofessors J. J. J. von Döllinger. München 1893. – BHVB = Bericht des Historischen Vereins Bamberg. – BPbl = Bamberger Pastoralblatt. – Briefe und Erklärungen = Reusch, Franz Heinrich (Hrsg.): Döllinger, Ignaz von: Briefe und Erklärungen über die Vatikanischen Dekrete 1869 bis 1887, München 1890 (Nachdruck), Darmstadt 1968. – BStB = Bayerische Staatsbibliothek München. – BVbl = Bamberger Volksblatt. – Friedrich = Friedrich, Johann: Ignaz von Döllinger. Sein Leben auf Grund seines schriftlichen Nachlasses, 3 Bde., München 1899–1901. – Gatz = Gatz, Erwin (Hrsg.): Die Bischöfe der deutschsprachigen Länder 1785/1803–1945. Ein Biographisches Lexikon, Berlin 1983. – Schematismus = Schematismus (der Geistlichkeit) des Erzbisthums Bamberg. – StBB = Staatsbibliothek Bamberg. – Urban = Urban, Josef: Die Bamberger Kirche in Auseinandersetzung mit dem 1. Vatikanischen Konzil, Bamberg 1982 (Berichte des Historischen Vereins Bamberg, Beiheft 15/I–II). – Wachter = General-Personal-Schematismus der Erzdiözese Bamberg 1007–1907, zusammengestellt von Friedrich Wachter, Bamberg 1908.

1 Vgl. Urban: S. 724–727, hier S. 725f; zu Friedrich vgl. Kessler, Ewald: Johann Friedrich (1836–1917). Ein Beitrag zur Geschichte des Altkatholizismus, München 1975 (Miscellanea Bavarica Monacensia, 55).
2 AEB, Taufmatrikel der Pfarrei St. Martin, Bd. 9, fol. 222; zur Familie Döllingers vgl. Friedrich: I, S. 3–60. Über das Geburtshaus Döllingers herrscht keine einheitliche Meinung vor. Der Heimatforscher Marschalk von Ostheim nimmt das Haus in der Jesuitenstraße 11 (heute: An der Universität 11) – dort wohnte Döllingers Großvater – als solches an (vgl. Bamberger Neueste Nachrichten vom 28. Februar 1889). Da die Familie Döllinger sicher nicht in der Dienstwohnung des Großvaters einen neuen Hausstand gründete, kommt mit größerer Wahrscheinlichkeit Haus Nr. 42 im I. Distrikt (heute: Schillerplatz 10) in Frage (vgl. Stadtarchiv Bamberg, C 23 Nr. 63: Stadtbeleuchtungsrechnung von 1804/05, wo ein *„Dr. Döllinger"* als ehemaliger Mieter verzeichnet ist). Als dritte Möglichkeit wird noch ein Haus in der Langen Straße angesehen. Für freundliche Hinweise danke ich dem Stadtarchiv Bamberg.
3 Vgl. Von der Academia Ottoniana zur Otto-Friedrich-Universität Bamberg. Eine Ausstellung des Staatsarchivs Bamberg anläßlich des 37. Deutschen Historikertages, Bamberg 1988, S. 69.
4 Dazu Friedrich: I, S. 60–92.
5 Kobell, Luise von: Ignaz von Döllinger. Erinnerungen, München 1891, S. 3. Zur Person: Maria Louise Karoline Franziska von Eisenhart, geborene von Kobell (1827–1901), Schriftstellerin in München.
6 Kobell: Döllinger (wie Anm. 5), S. 98.
7 Friedrich: I, S. 125.
8 Friedrich: I, S. 99, 103, 106, 123.
9 (1798–1835), vgl. Wachter: Nr. 2096.
10 Vgl. Lösch, Stefan: Prof. Dr. Adam Gengler 1799–1866. Die Beziehungen des Bamberger Theologen zu J. J. I. Döllinger und J. A. Möhler, Würzburg 1963 (Veröffentlichungen der Gesellschaft für Fränkische Geschichte, Reihe IX, Bd. 17).
11 (1799–1861), vgl. Wachter: Nr. 7407.
12 (1796–1843), vgl. Wachter: Nr. 448.
13 (1797–1855), vgl. Wachter: Nr. 8120.
14 Vgl. AEB, Rep. 4/3, Nr. 299; Rep. 29/2, Nr. 249.
15 (1798–1752), vgl. Wachter: Nr. 3177; Ulrich, Karl: Die katholischen Gemeinden von Nürnberg und Fürth im 19. und 20. Jahrhundert, Bamberg 1989, S. 33–35 u. ö.
16 (1795–1840), vgl. Wachter: Nr. 1129; [Schmitt, Leonhard Clemens]: Kurze Darstellung des Lebens und Wirkens des in Gott selig entschlafenen Hochwürdigen Herrn Domkapitularn Dr. Laurenz Brendel, in: Wöchentlicher Anzeiger für die katholische Geistlichkeit 9 (12. September 1840) Nr. 37, S. 289–295; Nr. 38, S. 297–302.
17 (1795–1873), vgl. Wachter: Nr. 1731.
18 (1796–1824), vgl. Wachter: Nr. 1596.
19 (1797–1845), vgl. Wachter: Nr. 9984.
20 (1797–1841), vgl. Wachter: Nr. 4674; Eisenbarth, Anne-Kathrin: Die Pfarrei St. Ludwig zwischen Kirchenweihe 1840 und der Resignation Pfarrer Dotterweichs 1942, in: 1840–1890. 150 Jahre Kirche St. Ludwig, Ansbach 1990, S. 65–104, hier 68f.
21 (1795–1830), vgl. Wachter: Nr. 11188.
22 (1798–1872), vgl. Wachter: Nr. 7388.

23 Friedrich: I, S. 126.
24 (1801–1884), vgl. Wachter: Nr. 155.
25 Friedrich: I, S. 126.
26 (1800–1875). Zur Person vgl. Urban: passim; Gatz: S. 118–120.
27 (1800–1877), vgl. Wachter: Nr. 6478; Loch, Valentin: Dr. Adam Martinet, in: BHVB 40 (1878) 303–316; Alt-Bamberg 2 (1898/99) 100–105.
28 Vgl. Förch, Gerhard: Theologie als Darstellung der Geschichte in der Idee. Zum Theologiebegriff Friedrich Brenners 1784–1848, Würzburg 1980 (Forschungen zur fränkischen Kirchen- und Theologiegeschichte, 7) S. 1–12.
29 (1781–1852), vgl. Wachter: Nr. 9696.
30 AEB, Rep. 4/3, Nr. 299; vgl. Urban, Josef: Das Priesterseminar und die Bamberger Theologie im 19. Jahrhundert, in: Hofmann, Michael – Klausnitzer, Wolfgang – Neundorfer, Bruno (Hrsg.): Seminarium Ernestinum. 400 Jahre Priesterseminar Bamberg, Bamberg 1986, S. 171–197, hier S. 176.
31 Vgl. Universitätsarchiv Bamberg, Matrikel 1820/21.
32 Vgl. Friedrich: I, S. 126f.
33 Voit, Carl von: Zum Andenken an den Präsidenten der k. bayer. Akademie Ignaz von Döllinger, in: Sitzungberichte der mathematisch-physikalischen Classe der k.b. Akademie der Wissenschaften zu München 20 (1890) 382–390, hier S. 383.
34 Friedrich: I, S. 126f.
35 Friedrich: I, S. 127.
36 Vgl. Friedrich: I, S. 127–132; Sebastian, Ludwig: Fürst Alexander von Hohenlohe-Schillingsfürst 1768–1849 und seine Gebetsheilungen, Kempten/München 1918; neuerdings Koskull, Stephan Baron von: Wunderglaube und Medizin. Die religiösen Heilungsversuche des Fürsten Alexander von Hohenlohe in Franken 1821–1822, Bamberg 1988 (Berichte des Historischen Vereins Bamberg, Beiheft 22). Zur Person: 1815 Priesterweihe; Vikariatsrat in Bamberg. Er trat 1823 aus der Erzdiözese aus und wurde Domkapitular in Großwardein (Ungarn). Vgl. Wachter: Nr. 4558.
37 Vgl. Friedrich: I, S. 122f; 132.
38 AEB, Protocollum Vicariatus Generalis vom 1. April 1822, Nr. 277.
39 Vgl. Diözesanarchiv Würzburg, Liber Ordinationum. Abschrift von Dr. August Amrhein, Teil 2, 1590–1822. Döllinger wurde auf den Titel der Bamberger Kirche geweiht. – Da es der *„Anstand erfordert"*, hatte der Bamberger Allgemeine Geistliche Rat beschlossen, dem Bischof für diesen Dienst und für die Weihe der hl. Öle für den Bedarf der Erzdiözese *„ein angemessenes Danksagungs-Schreiben zu erlassen"* (ebd., 26. April 1822, Nr. 364).
40 Vgl. AEB, Rep. 29/2, Nr. 249; Friedrich: I, S. 133f.
41 Vgl. Schematismus 1827, S. 62. Noch im Schematismus 1866, S. 141, wird Döllinger in der Reihe der Geistlichen genannt, die *„mit Dimissorien aus der Erzdiözese ausgetreten"* sind.
42 Vgl. Friedrich: I, S. 105.
43 Friedrich: I, S. 132f; Finsterhölzl, Johann: Die Kirche in der Theologie Ignaz von Döllingers bis zum ersten Vatikanum. Aus dem Nachlaß herausgegeben von Johannes Brosseder, Göttingen 1975 (Studien zur Theologie und Geistesgeschichte des Neunzehnten Jahrhunderts, 9) S. 25, Anm. 39, beurteilt dies zwar als eine petitio principi, die sich aus Friedrichs Grundkonzeption des Lebensentwurfes Döllingers ergebe, doch läßt sich, wie später zu zeigen sein wird, darlegen, daß die Lehre von

der Unfehlbarkeit des Papstes in der Bamberger Theologie zur Zeit Döllingers nicht gelehrt wurde.

44 Briefe und Erklärungen, S. 119; Kobell: Döllinger (wie Anm. 5), S. 9.

45 Er war vom 16. Mai 1887 bis 20. März 1889 in München.

46 Briefe und Erklärungen, S. 148.

47 Urban: S. 717f, hier S. 717; S. 25f.

48 (1805–1871), vgl. Wachter: Nr. 103348.

49 Friedrich, Johann: Geschichte des Vatikanischen Konzils, 3 Bde., Bonn 1877–1883, hier Bd. I, S. 533; Urban: S. 25.

50 Dazu Urban: S. 23–93.

51 Schuler, Euchar-Franz: Die Bamberger Kirche im Ringen um eine freie Kirche im freien Staat. Das Werden und Wirken des Bamberger Kirchenrechtlers und Kirchenpolitikers Franz Andreas Frey (1763–1820) in den Auseinandersetzungen mit dem Josephinistischen Staatskirchentum, in: BHVB 115 (1979) 5–426.

52 Dazu Urban: S. 38–52; Wiesner, Helmut: Die Priesterbildung im Schatten von Aufklärung und Säkularisation (wie Anm. 30), S. 112–170, hier S. 138.

53 Dazu Urban: S. 56–64.

54 (1751–1832), 1822–1829 Generalvikar und Weihbischof, 1829–1832 Bischof von Regensburg. Vgl. Gatz: S. 639–643.

55 Vgl. Finsterhölzl: Kirche in der Theologie (wie Anm. 43), S. 25.

56 Vgl. Förch: Theologie als Darstellung (wie Anm. 28); Weins, Peter: Die Reich-Gottesidee in der katholischen Theologie des 19. Jahrhunderts (Masch. Diss.), Freiburg 1921, S. 40–45; Wiesner, Helmut: Religion und Vernunft im Frühwerk Friedrich Brenners (1810–1818), 3 Bde., Würzburg 1984–1986 (Forschungen zur Fränkischen Kirchen- und Theologiegeschichte, 11/1–3), hier Bd. II, S. 35ff; Urban: S. 58.

57 Vgl. Brenner, Friedrich: Katholische Dogmatik, 3 Bde., Rothenburg 1831, hier Bd. I, S. 209–218.

58 Vgl. Brenner, Friedrich: Fundamentierung der katholischen speculativen Theologie, Regensburg 1837 (System der katholischen speculativen Theologie, 1), S. 288f.

59 Urban: S. 62.

60 Brenner: Fundamentierung (wie Anm. 58), S. 360f.

61 Brenner, Friedrich: Das Gericht oder die Aufdeckung der Unwissenheit und Unredlichkeit lutherischer Doctoren der Theologie und Pastoren in Darlegung des katholischen Lehrbegriffs, Bamberg 1829, S. 49.

62 Wiesner: Religion und Vernunft (wie Anm. 56), Bd. II, S. 156.

63 Finsterhölzl: Kirche in der Theologie (wie Anm. 43), S. 25.

64 Eindrucksvoll gibt darüber der nur noch in Reststücken erhaltene Briefwechsel zwischen Gengler und Döllinger Auskunft. Vgl. Lösch: Gengler (wie Anm. 10), S. 263–319. – Ein bisher der Forschung unbekannt gebliebener Faszikel mit Briefen verschiedener Persönlichkeiten an Gengler – eine Ergänzung des von Lösch edierten Materials – liegt in AEB, Rep. 70, NLT 3. Ich bereite daraus die Edition der Briefe des Münchener Domdekans Dr. G. K. Reindl (1803–1882) vor.

65 Vgl. Lösch: Gengler (wie Anm. 10), S. 392–443.

66 So in einem Brief an Gengler, vgl. Lösch: Gengler (wie Anm. 10), S. 269.

67 So Gengler an Döllinger vom 25. Juni 1832, vgl. Lösch: Gengler (wie Anm. 10), S. 288.

68 Lösch: Gengler (wie Anm. 10), S. 304.

69 (1779–1855), vgl. Wachter: Nr. 3614. Haas gehörte zu jenen Geistlichen des vergangenen Jahrhunderts, die sich als eifrige Geschichtsforscher und fruchtbare Schriftsteller hervortaten.

70 1824–1842 Bischof, vgl. Gatz: S. 206–208.

71 Vgl. Lösch: Gengler (wie Anm. 10), S. 313.

72 Vgl. AEB, Rep. 70, NLT 3: Döllinger an Gengler, o. D. (nach dem 18. Juli 1831), siehe Anhang Nr. 1; Lösch: Gengler (wie Anm. 10), S. 391, 316.

73 Vgl. Lösch: Gengler (wie Anm. 10), S. 279.

74 So in einem Brief Genglers vom 1. März 1832, vgl. Lösch: Gengler (wie Anm. 10).

75 Gengler in einem Brief vom 8. April 1832, vgl. Lösch: Gengler (wie Anm. 10), S. 281f.

76 Vgl. dazu den Beitrag von Wolfgang Müller, S. 57–82.

77 (1813–1893). 1840–1843 Erzieher im Hause von Graf Spaur in Rom, danach Theologieprofessor in Amberg, ab 1865 für neutestamentliche Exegese in Bamberg. Vgl. Wachter: Nr. 6234; ADB 52 (1906) 52f; Jahresbericht des k.b. Lyceums in Bamberg für das Jahr 1892/93, S. 22–24.

78 Karl Graf zu Spaur und Flavon (1794–1854), 1832–1834 Geschäftsträger Bayerns beim Hl. Stuhl. Vgl. Franz-Willing, Georg: Die Bayerische Vatikangesandtschaft 1803–1934, München 1965.

79 Brief Döllingers an Loch vom 23. Februar 1841, vgl. Anhang Nr. 3.

80 Die heiligen Schriften des alten und neuen Testamentes, nach der Vulgata mit steter Vergleichung des Grundtextes übersetzt und erläutert, 4 Bde., Regensburg 1851–1866.

81 (1818–1873), 1845 Lyzealprofessor in Amberg, 1851 in Regensburg, 1867 für Moraltheologie in München.

82 (1825–1900), seit 1861 Prof. für alttestamentliche Exegese in Bonn. Als Gegner des Unfehlbarkeitsdogmas 1871 suspendiert, 1872 exkommuniziert, 1873 altkatholischer Pfarrer und Generalvikar des ersten altkatholischen Bischofs in Bonn, legte 1878 seine Ämter nieder.

83 BStB München, Döllingeriana IV: Valentin Loch, Bamberg, an Franz Heinrich Reusch, Bonn, 19. April 1868.

84 StBB, Msc. Misc. 167: Brendel an Stenglein, 9. Mai 1838.

85 Vgl. StBB, Msc. Misc. 167: Brendel an Stenglein, o. D.: So wünscht er Michael Stenglein *„recht glückliche Reise und bestes Gedeihen ihres Strebens in München“*.

86 1841–1842 Koadjutor, 1842–1887 Bischof von Straßburg.

87 Zitiert nach Michael, Emil: Ignaz von Döllinger. Eine Charakteristik, Innsbruck 1894, S. 625.

88 (1810–1879), vgl. ADB 36 (1893) 50f; Aere Perennius. Jubiläums-Ausstellung der Staatlichen Bibliothek Bamberg zur Feier ihres 150jährigen Bestehens, Bamberg 1953, S. 14; Urban: (Register); Stenglein, Andreas: Die Stenglein im Hochstift Bamberg, im späten Mittelalter und am Beginn der Neuzeit, 4 Bde. (Typoskript), Bamberg 1987–1989, hier Bd. IV, S. 32.

89 Eine Geschichte des Studiums Bamberger Theologen an auswärtigen Universitäten bedarf umfangreicher Forschungen und ist einer eigenen Abhandlung vorbehalten. Einen knappen Einblick vermittelt Urban: Priesterseminar und Bamberger Theologie (wie Anm. 30), S. 180–183.

90 (1807–1897), Prof. für Exegese und orientalische Sprachen in Regensburg, 1842–1852 Seelsorgetätigkeit, danach Domkapitular in Bamberg. Vgl. Wachter: Nr. 4152.

91 AEB, Rep. 70, NLT 3 (Gengler); vgl. Anhang Nr. 1.

92 (1796–1838). Lösch, Stefan: Johann Adam Möhler, Bd. I: Gesammelte Aktenstücke und Briefe, München 1928, S. 490–494, bringt eine Skizze der Besuche Stengleins bei Möhler in München. Biographisch aufschlußreich ist auch eine Besprechung von Michael Stenglein über Gams, Pius Bonifatius: Register zur Kirchengeschichte von Joh. Adam Möhler, Regensburg 1870, in: Allgemeine Literatur-Zeitung, zunächst für das katholische Deutschland 18 (6. März 1871) Nr. 10, S. 55–57, 63f.

93 AEB, Rep. 29/2, Nr. 195.

94 Historische Zeugnisse der vier ersten Jahrhunderte über den Verfasser des Briefes an die Hebräer. Eine historisch-kritische Untersuchung, Bamberg 1835 (lat. Titel: Historico-Critica Disquisitio Traditionis de Auctore Epistolae ad Hebraeos). Rezension von Martin Joseph Mack in: Theologische Quartalschrift 18 (1836) 281–289. – Ob wirklich Döllinger der Doktorvater dieser im Frühjahr 1835 der Theologischen Fakultät der Universität München vorgelegten Dissertation ist, kann aufgrund des Themas und Döllingers Engagement für die Alte Kirche nur vermutet werden. Der in der StBB liegende Akt Msc. Misc. 105/4 enthält zwar die Promotionsurkunde und die Thesen der mündlichen Prüfung, aber keinen Hinweis auf den Lehrer.

95 BStB München, Döllingeriana: Stenglein an Döllinger vom 29. Dezember 1869. – Ich bereite eine Edition der Briefkorrespondenz zwischen Stenglein und Döllinger in den Jahren 1841–1871, die in der BStB München und der StBB liegt, vor, da die insgesamt 19 Briefe für die geistige Situation Bambergs im 19. Jahrhundert sehr aufschlußreich sind.

96 Erst 1890 erschienen: Beiträge zur Sektengeschichte des Mittelalters. 1. Geschichte der gnostisch-manichäischen Sekten im frühen Mittelalter. 2. Dokumente vornehmlich zur Geschichte der Valdesier und Katharer in München. Darin sind große Teile dieser „Ketzergeschichte“ entnommen. Vgl. Friedrich: II, S. 128.

97 Vgl. Friedrich: II, S. 128.

98 Vgl. StBB, Msc. Misc. 105/6.

99 (1810–1868), 1834–1837 Studium in München und Wien. Vgl. Wachter: Nr. 8941; [Rothlauf, Johann]: Lebensskizze des Dr. Leonhard Clemens Schmitt, in: BHVB 31 (1869) 97–106, [Körber, Johann]: Dr. Leonhard Clemens Schmitt, in: Bamberger Pastoralblatt 14 (1871) Nr. 41–49.

100 BStB München, Döllingeriana II: Schmitt an Döllinger vom 8. Oktober 1841. Vgl. Anhang Nr. 4.

101 Vgl. Friedrich: II, S. 111.

102 Vgl. Rheinischer Merkur 1 (12. März 1870) Nr. 3, S. 34.

103 In der Münchener Nuntiatur wurde neben dem Münchener Domdekan Georg Karl Reindl und dem Augsburger Bischof Deinlein der Name Döllingers genannt. Vgl. ASV, Archivio Nunziatura di Monaco, Nr. 108; Müller, Hubert: Rezeption und Konsens in der Kirche. Eine Anfrage an die Kanonistik, in: Österreichisches Archiv für Kirchenrecht 27 (1976) 3–21, hier 17, Anm. 79.

104 Vgl. Goetz, Walter: Historiker in meiner Zeit. Gesammelte Aufsätze. Köln/Graz 1957, S. 175–186, hier S. 182.

105 Spezielle Forschungen müßten hier nachweisen, inwieweit Döllinger tatsächlich als „persona episcopabilis“ für die genannten Bischofssitze angesehen werden darf.

106 Jörg, Edmund Joseph: Döllinger †. Erinnerungen seines alten Amanuensis. In: Historisch-politische Blätter 105 (1890) 237–262, hier 242.

107 (1811–1868). Vgl. ADB 21 (1885) 94f; Wachter: Nr. 6537; Urban: (Register).
108 Vgl. Schematismus 1838, S. 74.
109 Die Reformation, ihre innere Entwicklung und ihre Wirkungen im Umfange des Lutherischen Bekenntnisses, 3 Bde., Regensburg 1846–1848.
110 Die Reformation von J. Döllinger, in: Bamberger Diöcesan-Blatt vom 17. Dezember 1845, Nr. 51.
111 (1783–1867), 1821 Priesterweihe, seit 1824 Privatgelehrter in Wien. *„G. wollte auf anthropologischer Grundlage die Mysterien des Christentums begreifen, so die Schöpfung aus der Trinität, die Trinität aus dem Selbstbewußtsein. Die dreiteilige Schöpfung (Geist, Natur, Mensch) ist ihm Gegenbild der Trinität.“* (Wenzel, Paul: Günther, Anton, in: LThK IV [1960] Sp. 1276f).
112 Zur Bamberger Situation siehe Wenzel, Paul: Das wissenschaftliche Anliegen des Güntherianismus. Ein Beitrag zur Theologiegeschichte des 19. Jahrhunderts, Essen 1961, S. 102–108; Urban: S. 152–185. – Wirken und theologische Bedeutsamkeit der Bamberger Güntherianer sind noch detailliert zu untersuchen.
113 Vgl. Lang, Hugo: Die Versammlung katholischer Gelehrter in München – St. Bonifaz vom 28. IX. bis 1. X. 1863, in: Historisches Jahrbuch 71 (1952) 246–258; Schwaiger, Georg: Strömungen der katholischen Theologie des 19. Jahrhunderts, in: Ders. (Hrsg.): Kirche und Theologie im 19. Jahrhundert (Studien zur Theologie und Geistesgeschichte des 19. Jahrhunderts, 11), Göttingen 1976, S. 125–134; Urban: S. 122–133. Einen zeitgenössischen dokumentarischen Bericht bringt Gams, Pius Bonifatius: Verhandlungen der Versammlung katholischer Gelehrten in München vom 28. September bis zum 1. Oktober 1863, Regensburg 1863; Friedrich: III, S. 270–334.
114 Dazu Urban: S. 135f.
115 BStB München, Döllingeriana II: Mayer, Bamberg, an Döllinger vom 19. Juni 1867. Vgl. Urban: S. 631–634 (Nr. 4), hier S. 631.
116 Damit meinte er Franz Xaver Dieringer (1811–1876), Franz Hülskamp (1833–1911) und Franz Heinrich Reusch (1825–1900).
117 Vgl. Gams: Verhandlungen (wie Anm. 113), S. 25–59. Die Rede ist hier in der beabsichtigten längeren Form abgedruckt. Aus Zeitgründen hatte sie Döllinger gekürzt gehalten.
118 Vgl. Urban: S. 124f.
119 (1820–1877), vgl. Wachter: Nr. 436.
120 Vgl. BStB München, Döllingeriana II: Georg Bauer, Obertrubach, an Döllinger vom 21. Mai 1864.
121 Stadtarchiv Bamberg, H.V. Rep. 3/954: Döllinger an Deinlein, Bamberg, vom 27. Oktober 1860 (vgl. Anhang Nr. 6).
122 Wie Anm. 121.
123 Zitiert nach Finsterhölzl, Johann: Ignaz von Döllinger. Wegbereiter heutiger Theologie, Graz/Wien/Köln 1969, S. 245.
124 Finsterhölzl: Döllinger (wie Anm. 123), S. 252.
125 So Döllinger im Februar 1868 an einen Geistlichen. Vgl. Briefe und Erklärungen, S. 161.
126 So sein Trinkspruch beim abschließenden Festmahl der Versammlung. Vgl. Gams: Verhandlungen (wie Anm. 113), S. 141.
127 So in einer Anmerkung zu dem Aufsatz: Die Münchener Gelehrten-Versammlung und das päpstliche Breve, in: BPbl 7 (30. April 1864) Nr. 12, S. 58f; Nr. 14, S. 68–70, hier Nr. 12, S. 58.

128 Acta Sanctae Sedis 8 (1864) 436–442.
129 (1838–1913), vgl. Wachter: Nr. 9077.
130 Dazu und zum Folgenden BStB München, Döllingeriana II: Schönfelder, Bamberg, an Döllinger vom 7. Januar 1865.
131 Friedrich: III, S. 214–216.
132 Das Metropolitankapitel sede vacante hatte schon am 28. März 1858 eine ähnliche Umfrage initiiert. Vgl. Schematismus 1860, S. 105. Regelmäßig über gemischte Ehen an die oberhirtliche Stelle zu berichten, wurde erst mit Erlaß vom 7. Februar 1861 durch das Generalvikariat gefordert. Vgl. BPbl 4 (20. Februar 1861) Nr. 5, S. 20: Notizen.
133 Das ‚Inland' und die gemischten Ehen, in: Eos 15 (6. April 1831) Nr. 55, S. 221–224; Nr. 56, S. 225–227. Vgl. dazu Friedrich: I, S. 326–334; Über gemischte Ehen. Zugleich Beurtheilung der Bunsenschen ›Darlegung der Kölner Sache‹, Regensburg 1838.
134 Vgl. Friedrich: III, S. 214–216.
135 Regensburg 1860. Das Werk „Heidenthum und Judenthum, Vorhalle zur Geschichte des Christenthums" war 1857 in Regensburg als erster Band einer kirchenhistorischen Reihe erschienen, die als „Christenthum und Kirche" fortgesetzt wurde.
136 Der Katholik 40 (1860/II) 636.
137 Erzbischof Deinlein hat bekanntlich bei der Ordnung seiner Hinterlassenschaft nach der Feier seines 50jährigen Priesterjubiläums im November 1874 nur einen Teil seiner Korrespondenzen aufbewahrt; vieles hat er *„als überlegender Mann"* vernichtet. Vgl. Urban, Josef: Der schriftliche Nachlaß des Konzilsbischofs Michael von Deinlein (1858–1875) – Verbrannt oder doch gerettet? Einblick in ein Quellenproblem landesgeschichtlicher Kirchengeschichtsforschung, in: BHVB 114 (1978) 43–61. So lassen sich anhand der vier erhaltenen Briefe noch zwei weitere (vom 3. November 1869 und 10. Dezember 1868) feststellen, die verschollen sind.
138 Vgl. BHVB 17 (1854) 18.
139 BStB München, Döllingeriana II: Deinlein an Döllinger vom 15. Dezember 1868. Vgl. Anhang Nr. 7.
140 Zu dieser Problematik siehe Schatz, Klaus: Kirchenbild und päpstliche Unfehlbarkeit bei den deutschsprachigen Minoritätsbischöfen auf dem I. Vatikanum, Rom 1975 (Miscellanea Historiae Pontificiae, 40), S. 132–138; Granderath, Theodor: Geschichte des Vatikanischen Konzils von seiner ersten Ankündigung bis zu seiner Vertagung, 3 Bde., Freiburg 1903–1906, hier Bd. I, S. 68–74.
141 Vgl. Rheinischer Merkur 1 (12. März 1870) Nr. 3, S. 34.
142 (1813–1893), vgl. Wachter: Nr. 3849.
143 StBB, Msc. Misc. 590: Konzept eines Briefes von Haupt an einen nicht bekannten Adressaten vom 15. Juni 1872.
144 Vgl. Brandmüller, Walter: Ignaz v. Döllinger am Vorabend des I. Vatikanums. Herausforderung und Antwort, St. Ottilien 1977 (Kirchengeschichtliche Quellen und Studien, 9).
145 Edition dieser Artikel bei Brandmüller: Döllinger (wie Anm. 144), S. 147–180.
146 [Kotschenreuther, Thomas]: Das nächste Concil und der französische Episkopat, in: BPbl 12 (24. April 1869) Nr. 17, S. 73f.
147 Vgl. auch Urban: S. 252.
148 Vgl. dazu und zum Folgenden: Die Pseudotheologen der Allgemeinen Zeitung und das ökumenische Concil, in: BPbl 12 (22. Mai 1869) Nr. 21, S. 89f; Nr. 23, S. 97f.

149 (1829–1905), vgl. Wachter: Nr. 5418; Senger, Adam: Dr. Johann Körber sen., in: Kalender für katholische Christen 68 (1908) 143–148; Körber, Johann: Lose Blätter aus meines Bruders Leben und Schriften. Ein Stück Bamberger Geschichte als Scherflein zum 9. Bistumscentenar, Bamberg 1907; Burkard, Hans: Körber, Johann: in: LThK VI (1934) Sp. 1934.

150 (1820–1874), vgl. Wachter: Nr. 10210; ADB 38 (1894) 163; Epistula aus dem Herzoglichen Georgianum in München 6 (1967) Nr. 11, S. 2–4; [Körber, Johann]: Dr. Carl Thumann, in: BPbl 17 (6. Juni 1874) Nr. 23, S. 89; Nr. 24, S. 94–96.

151 Dazu Urban: S. 337–402.

152 Urban: S. 409.

153 1779–1795 Bischof. Vgl. Urban: S. 410f.

154 Vgl. StBB, Msc. Misc. 167: Döllinger an Stenglein vom 12. November 1869 und 29. April 1870.

155 Vgl. Acta et decreta Sacrosancti Oecumenici Concilii Vaticani. Cum Permultis Aliis Documentis ad Concilium eiusque Historiam Spectantibus. Collectio Lacensis, 7 Bde., Freiburg im Breisgau 1870–1890, hier Bd. VII, S. 1473–1476.

156 Dazu Schatz: Kirchenbild (wie Anm. 140), S. 161–169.

157 Vgl. ASV, Segreteria di Stato Nr. 255 (1870); Weber, Margot: Das I. Vatikanische Konzil im Spiegel der bayerischen Politik, München 1970 (Miscellanea Bavarica Monacensia, 28), S. 124–127; Sepp, Johann Nepomuk: Deutschland und der Vatikan. Staats- und Volksmännern, sowie Kirchenobern zur ernsten Erwägung, München 1872, S. 89; Friedberg, Emil: Sammlung der Aktenstücke zum ersten vatikanischen Concil mit einem Grundrisse der Geschichte desselben, Tübingen 1872, S. 131; Mai, Paul: Bischof Ignatius von Senestreys Aufzeichnungen vom I. Vatikanischen Konzil, in: AHC 1 (1969) 399–411, hier S. 410; Denzler, Georg: Das I. Vatikanische Konzil und die Theologische Fakultät der Universität München, in: AHC 1 (1969) 412–455, hier 441f.

158 (1837–1911), vor der Priesterweihe 1860 Studium am Collegium Germanicum in Rom, 1867 Subregens, Lyzealprofessor und Pfarrer, seit 1895 Domkapitular in Bamberg. Vgl. Wachter: Nr. 5888; BHVB 69 (1911) 7–10.

159 Vgl. ACGH, Theologenbriefe 19. Jahrhundert: Andreas Lahner an P. Huber von Fronleichnam 1868. Dazu auch Urban: S. 178f.

160 Vgl. StBB, Msc. Misc. 167: Döllinger an Stenglein vom 6. Februar 1870; Urban: S. 407.

161 Vgl. Urban: S. 422–434.

162 StBB, Msc. Misc. 167: Stenglein an Döllinger vom 28. April 1870. – Döllinger hat die meisten der insgesamt 69 Briefe in München selbst redigiert. Vgl. Conzemius, Victor: Die „Römischen Briefe vom Konzil“. Eine entstehungsgeschichtliche und quellenkritische Untersuchung zum Konzilsjournalismus Ignaz von Döllingers und Lord Actons, in: Römische Quartalschrift 59 (1964) 186–229; 60 (1965) 76–119.

163 StBB, Msc. Misc. 167: Stenglein an Döllinger vom 29. Dezember 1869.

164 Vgl. Urban: S. 450–452. Die Erklärung ist veröffentlicht bei Schulte, Johann Friedrich von: Der Altkatholizismus. Geschichte seiner Entwicklung, inneren Gestaltung und rechtlichen Stellung in Deutschland, Gießen 1887 (Nachdruck: Aalen 1965), S. 14–16.

165 Dazu Urban: S. 463f, S. 691.

166 Vgl. Urban: S. 470f; Kobell: Döllinger (wie Anm. 5), S. 25. In kirchlichen Kreisen Bambergs war dies offensichtlich bekannt. Vgl. [Körber, Johann]: Der Apostat Dr. v. Döllinger, in: BPbl 14 (22. April 1871) Nr. 16, S. 65.

167 Briefe und Erklärungen, S. 73–92.

168 Vgl. Anhang Nr. 10.
169 Brandmüller, Walter: Die Publikation des I. Vatikanischen Konzils in Bayern. Aus den Anfängen des bayerischen Kulturkampfes, in: Zeitschrift für bayerische Landesgeschichte 31 (1968) 197–258, 575–634, hier 233.
170 Vgl. BPbl 14 (8. April 1871) Nr. 14, S. 56f.
171 Vgl. Anhang Nr. 11.
172 Vgl. Urban: S. 724–727 (Nr. 36).
173 Dazu Denzler: I. Vatikanisches Konzil (wie Anm. 157), S. 437–442.
174 Dazu Urban: S. 488–491, 495–497.
175 Eine ausführliche Darstellung dieser Presseberichte soll einem eigenen Aufsatz vorbehalten bleiben. Ich beschränke mich auf Stimmen aus dem kirchlichen und weltlichen Bereich Bambergs.
176 [Körber, Johann]: Der Apostat Dr. v. Döllinger, in: BPbl 14 (15. April 1871) Nr. 15, S. 60f; Nr. 16, S. 63–66; Nr. 17, S. 67f; Nr. 18, S. 71–73; Nr. 19, S. 76–78.
177 Körber: Lose Blätter (wie Anm. 140), S. 29.
178 Dazu Urban: S. 498.
179 Dazu Finsterhölzl: Kirche in der Theologie (wie Anm. 43), S. 38, Anm. 124.
180 Vgl. dazu Urban: S. 509–522.
181 Vgl. Urban: S. 504–506.
181a Vgl. Urban: S. 504, 721–724; AEB 167/2 Fasz.: „Miscellaneen".
182 BPbl 16 (10. Mai 1873) Nr. 19, S. 80.
183 Die Bildung altkatholischer Gemeinden im Erzbistum Bamberg und deren Begleitumstände wurden immer auch mit dem Namen und der Person Döllingers in Verbindung gebracht. Diese Zusammenhänge sind aber eher in einer Geschichte des Fränkischen Seelsorgsbezirks der Altkatholiken darzustellen. Sie finden darum hier keine Berücksichtigung.
184 Wie Anm. 182.
185 (1844–1890), 1866 Priesterweihe, 1887 Eintritt in den Orden der Katholischen Lehrgesellschaft in Rom (Salvatorianer). Er starb als Missionar in Indien. Vgl. Becker, C.: P. Otto Hopfenmüller aus der Gesellschaft des Göttlichen Heilandes. Ein deutscher Pionier einer indischen Mission, Aachen 1923 (Pioniere der Weltmission, 4); Urban, Josef: Dr. Lorenz Hopfenmüller. Sein Leben als Priester, sein Einsatz für die katholische Presse und für die Weltmission, in: St.-Heinrichs-Kalender 61 (1986) 34–39.
186 Vgl. BVbl 2 (11. Oktober 1872) Nr. 41 und Nr. 42.
187 Vgl. BVbl 2 (10. Mai 1872) Nr. 19.
188 Vgl. Döllinger, Johann Joseph Ignaz von: Ueber die Wiedervereinigung der christlichen Kirchen. Sieben Vorträge, gehalten zu München im Jahre 1872, Nördlingen 1888.
189 Vgl. BPbl 33 (19. Juli 1890) Nr. 29, S. 116.
190 So Stenglein im März 1871. Vgl. Allgemeine Literatur-Zeitung (1871) 56 (wie Anm. 92).
191 Dazu Urban: S. 549f.
192 Vgl. BStB München, Döllingeriana II: Stenglein an Döllinger vom 27. Februar 1871; Urban: S. 506.
193 (1822–1880), 1866–1877 1. rechtskundiger Bürgermeister von Bamberg.
194 Bamberger neueste Nachrichten 11 (12. April 1871) Nr. 106, S. 3.
195 Vgl. Bamberger Tagblatt 117 (29. April 1871) S. 932.
196 BPbl 14 (6. Mai 1871) Nr. 18, S. 74.
197 Bamberger neueste Nachrichten 30 (11. Januar 1890) Nr. 11.

198 Vgl. BVbl vom 13. Januar 1890, Nr. 9. – Pressegeschichtlich interessant ist die Äußerung des Volksblattes, daß es sich bei jener Zeitung um das *„Organ des Rothlauf'schen Dombergs"* handelt. Johann Rothlauf (1806–1881) war seit 1847 Domkapitular und von 1866 an Domdekan in Bamberg. Vgl. Wachter: Nr. 8308.

199 BVbl vom 14. Januar 1890, Nr. 10.

200 Johann Theodor Laurent (1804–1884), 1829 Priesterweihe, 1839 Apostolischer Vikar für die nordischen Missionen und Titularbischof, 1841 Apostolischer Vikar für das Großherzogtum Luxemburg, das er 1848 als Opfer von Verleumdungen für immer verlassen mußte. Vgl. Solzbacher, Joseph: Laurent, Johann Theodor, in: LThK VI (1961) 829.

201 Bamberger Tagblatt 56 (12. Januar 1890) Nr. 12.

202 Dazu und zum Folgenden BVbl vom 21. Januar 1890, Nr. 16.

203 (1793–1864). Vgl. Müller, Bruno: Erinnerungen an Johann Lucas Schönlein zu seinem 190. Geburtstag am 30. November 1983, in: BHVB 119 (1983) 133–149.

204 Vgl. BVbl vom 8. Februar 1890, Nr. 32.

205 BVbl vom 6. Februar 1890, Nr. 30.

206 (1833–1909), vgl. Wachter: Nr. 1323.

207 BVbl vom 25. Januar 1890, Nr. 20.

208 (1839–1902), seit 1860 Jesuit; zunächst Prof. für Dogmatik, widmete sich dem Studium des I. Vatikanischen Konzils.

209 (1845–1932), seit 1868 Jesuit, 1871–1895 Prof. für Kirchengeschichte in Innsbruck; wurde durch seine Forschungen zur Reformationsgeschichte und durch seine Luther-Biographie bekannt.

210 Döllinger selbst hatte in seinem Brief vom 1. März 1887 an den Münchener Erzbischof Steichele auf dieses Faktum Bezug genommen: *„Es ist noch nie vorgekommen, daß man einem Greis, der im 45jährigen Lehramte sich nie auch nur einen bischöflichen Verweis oder Tadel zugezogen hatte, dessen Orthodoxie bis dahin nie auch nur einer constatirten Verdächtigung ausgesetzt war, kurzweg und ohne ihn auch nur anzuhören – nach beliebter Formel – dem Satan übergeben hat."* Wenig später im gleichen Schreiben: *„Sie mahnen mich, an mein Seelenheil zu denken, und ich erwiedere diese ernste Mahnung mit ehrfurchtsvoller Dankbarkeit. In milder, schonender Form wollen Sie damit sagen: Wenn du ohne Widerruf stirbst, so fährst du unfehlbar zur Hölle in ewige Verdammniß. Denn du bist, mindestens seit 1871, in beharrlicher Todsünde"* (Briefe und Erklärungen, S. 130, 136).

211 ACGH, Theologenbriefe 19. Jahrhundert.

212 BPbl 1871 (wie Anm. 176) S. 61.

213 AEB, Rep. 70: NL Senger, Pfarrer Friedrich Wachter an Domkapitular Dr. Adam Senger vom 27. Januar 1904.

214 Vgl. Wachter.

215 Vgl. Wachter: Nr. 1639.

216 Vgl. Wachter: Nr. 2763.

217 Vgl. Schwarze Revue. Monatsschrift des Klerikalseminars Bamberg 2 (1928) Nr. 1/2, S. 16.

217a Vgl. BHVB 69 (1911) 7–9, hier 9; zu Senger (1860–1935) vgl. Gatz: S. 702f.

218 James Robert Hope-Scott (1812–1873), führender englischer Rechtsanwalt aus der Familie der Earls of Hopetoun, der sich vor allem kirchlicher Rechtsstreitigkeiten annahm. Vgl. Conzemius, Victor: Ignaz von Döllinger – Lord Acton. Briefwechsel 1850–1890, Bd. I, München 1963, S. 20, Anm. 58.

219 Laderci, Giacomo: Vita S. Petri Damiani, 3 Bde., Rom 1702.

220 Arcudius, Petrus: Opuscula aurea theologica quorundam clariss. Virorum graecorum circa processionem Spiritus S., Rom 1630. Vgl. Bibliotheca Döllingeriana, Nr. 134 (Ausgabe von 1670).

221 Lettere apolochettiche della punizione degli Eretici, Roma 1785.

222 Georg Hermes (1775–1831), Philosoph und Theologe. Vgl. Schwedt, Herman H.: Das römische Urteil über Georg Hermes (1775–1831). Ein Beitrag zur Geschichte der Inquisition im 19. Jahrhundert, Rom/Freiburg/Wien 1980 (Römische Quartalschrift, 37. Supplementheft).

223 Giovanni Perrone SJ (1794–1876) war an der Vorbereitung des Dogmas von 1854 und des I. Vaticanums beteiligt, lehrte Dogmatik am Collegium Romanum.

224 (1804–1874), Oratorianer, Historiker und seit 1850 Archivar, 1855–1870 Präfekt des Vatikanischen Geheimarchivs. Wegen Übermittlung von Urkunden, u. a. der geheimzuhaltenden Geschäftsordnung des Konzils von Trient, an die Bischofsopposition des Vatikanischen Konzils abgesetzt. Vgl. Hasler, August Bernhard: Pius IX. (1846–1878), päpstliche Unfehlbarkeit und I. Vatikanisches Konzil. Dogmatisierung und Durchsetzung einer Ideologie, 2 Bde., Stuttgart 1977 (Päpste und Papsttum, 12/I–II), hier Bd. I, S. 53.

225 Die neuesten Zustände der katholischen Kirche beider Ritus in Polen und Rußland seit Katharina II., Augsburg 1840.

225a Am 17. Dezember 1840 fand kein Konsistorium statt; es erhielten aber die beiden Kardinäle Joannes Maria Mastai Ferretti (später Pius IX.) und Gasparus Bernardus Pianetti ihren „Titel". Vgl. Hierarchia Catholica VII (1968) S. 31.

226 Karl Ernst Jarcke (1801–1851), Jurist und politischer Schriftsteller, wurde 1825 Katholik. Vgl. Conzemius: Briefwechsel (wie Anm. 218), Bd. I, S. 98, Anm. 60.

227 Präsentations- oder Beantwortungsvermerk Döllingers: 23/3.

228 Wie Anm. 220.

229 Vgl. Anm. 219 und 221.

230 Opera S. Maximi, episcopi Taurinensis, iussu Pii VI. P. M. aucta atque atnot. illustr., Rom 1784. Vgl. Bibliotheca Döllingeriana, Nr. 2074.

231 Zacagni, Lorenzo: Collectanea Monumentorum, Rom 1698.

232 Lazeri, Peter: Exercitatio critica de Haeresi Albigensium, habita in Collegio Romano Anno MDCCLVI, Rom 1756.

233 Sulla di Scendenza dei literi Muratori dai Manichei, Rom 1794.

234 Bibliotheca Casanatense in der Via S. Ignazio 52 zu Rom.

235 Das war 1839. Vgl. Lösch, Stefan: Döllinger und Frankreich. Eine geistige Allianz 1823–1871, München 1955 (Schriftenreihe zur bayerischen Landesgeschichte, 51), S. 4.

236 Friedrich Wilhelm Joseph von Schelling (1775–1854), führender philosophischer Vertreter des Idealismus und der Romantik, 1826–1841 Professor an der Universität München, dann in Berlin.

237 Am 9. Februar 1841 wurde er als Nachfolger des am 31. August 1840 verstorbenen Domkapitulars Dr. Lorenz Brendel unter vier Bewerbern (Dr. Jakob Marian Goeschl, Nürnberg; Franz August Bauer, Kronach; Nikolaus Haas, Bamberg: 4 Stimmen; Deinlein: 7 Stimmen) vom Domkapitel gewählt. Vgl. AEB, Rep. 2, Nr. 2101/4.

238 Johann Georg Philipp Lichtenthaler (1778–1857), 1826–1855 Leiter der Kgl. Bibliothek München. Vgl. Schärl, Walter: Die Zusammensetzung der bayerischen

Beamtenschaft von 1806–1918, Kallmünz 1955 (Münchener historische Studien, Abt. Bayer. Geschichte, Bd. I), Nr. 378.

239 Bamberg 1841 (Programm zur Schlußfeier des Studien-Jahres 1840/41).

240 Er veranschaulichte hier das *„menschliche Elend"* als *„Folge der Ursünde"* zunächst an der Gestalt Hiob, dann am Hohen Lied, in dem die Seele *„nach Erlösung seufzt"*.

241 Der Text wurde nicht veröffentlicht.

242 Auf die Jahre 1856–1858 verteilen sich die Mischehen mit katholischer Kindererziehung so: 116 (1856), 129 (1857), 116 (1858). Vgl. BPbl 2 (15. Januar 1859), Nr. 1, S. 4.

243 Christenthum und Kirche in der Zeit der Grundlegung, Regensburg 1860.

244 Dieser Brief fehlt.

245 (1830–1902), 1865 Hofkaplan, von 1867 bis zum Tod Lyzealprofessor in Dillingen.

246 Schönfelder war 1862–1866 Kaplan in St. Martin zu Bamberg.

247 Diese Schrift scheint nicht separat veröffentlicht worden zu sein.

248 Diese Schrift wurde nicht als Monographie gedruckt.

249 Als Habilitationsschrift erschien: Onkelos und Peschittho. Studien über das Alter des Onkelos'schen Targums, München 1869.

250 Präsentationsvermerk von 2. Hand: 15. Dezember 1868.

251 Nicht mehr vorhanden.

252 (1773–1858), 1842–1858 Erzbischof von Bamberg. Vgl. Gatz: S. 768f.

253 König Ludwig II. (1864–1886) ernannte Döllinger am 19. November 1868. Vgl. Friedrich: III, S. 466.

254 (1823–1881), 1867–1881 Weihbischof und Bistumsverweser in Freiburg. Vgl. Gatz: S. 417–419.

OTTO WEISS

Döllinger, Rom und Italien

„Italiens großen Historikern des 18. Jahrhunderts ist er von früh an gelehrig gefolgt. Italiens größtem Dichter gilt seine bewundernde Huldigung.“[1] Mit diesen Worten beginnt Stefan Lösch sein Buch „Döllinger und Frankreich“. Und in der Tat hat Döllinger, der wegen seiner Liebe zur Geschichtswissenschaft und seiner bedingungslosen Treue zur historischen Wahrheit oft allzu schnell des Historizismus beschuldigt wird, sein historisches Handwerk nicht bei protestantischen deutschen Historikern, sondern bei Maffei und Muratori, bei Kardinal Noris und anderen Italienern gelernt. Ihnen blieb er stets dankbar, von Hegels Geschichtstheorien dagegen hielt er nichts[2]. Und was Italiens größten Dichter anlangt, so steht Dante am Anfang und am Ende der öffentlichen Tätigkeit Döllingers. Ihm widmete er schon in seinen ersten akademischen Jahren ein Werk, das zu Unrecht vergessen ist[3], ihm begegnet man immer wieder in seinen Schriften[4], ihm galt seine letzte große Rede, die in eine Mahnung an das junge Italien und seine Staatsmänner ausmündet[5]. Zwischen der Antrittsvorlesung in München im Jahre 1826 – Sailer war an der Berufung beteiligt[6] – und dem letzten Vortrag – der junge Walter Goetz war unter den Zuhörern[7] – liegen mehr als sechzig Jahre. Dazwischen verwirklichte sich das Leben eines großen Menschen, Theologen und Historikers, für den, was in Italien und Rom geschah, zum Schicksal wurde. Dennoch ist bis heute trotz einer Anzahl wichtiger Vorarbeiten, auf die zurückzukommen ist, das Buch noch nicht geschrieben worden, das Heinrich Lutz schon vor dreißig Jahren gefordert hat[8] und das neben das Werk von Lösch und die Forschungen von Conzemius treten müßte: Döllinger und Italien.

Die Gründe für diesen Mangel sind vielfältig, doch liegt der Hauptgrund wohl einfach darin, daß die Beziehung Döllingers zu Italien, zum mindesten was seine persönlichen Kontakte anlangt, bei weitem nicht so intensiv war wie zu Frankreich und England. Es fehlt der ständige Briefpartner, der mehr ist als ein zufälliger Adressat in einer aktuellen Angelegenheit, es sei denn, man sehe in Lord Acton nicht nur den Engländer und Nachkommen des Hauses Dalberg, sondern wegen seiner engen familiären Beziehungen zu Italien in gewisser Hinsicht auch einen Repräsentanten dieses Landes[9]. Es fehlt der Freund, es fehlt vor allem die „geistige Allianz“, die im Verhältnis von Döllinger zu Montalembert, mehr noch zu Lord Acton sichtbar wird. So sehr Döllinger für

Capponi[10] hohe Verehrung empfindet[11], ein gewisser Abstand bleibt. Er bleibt, um einen weiteren bekannten Namen zu nennen, in noch größerem Maße zu Cesare Cantù[12], der, so will es scheinen, Döllingers Nähe sucht, ohne immer ein Echo zu finden, und der ihm schließlich nicht bis zum Ende seines Weges folgen kann und will. Andere Begegnungen bleiben an der Oberfläche haften, im „geschäftlichen Bereich" von Übersetzung und Herausgabe wissenschaftlicher Werke, dienen dem gemeinsamen kirchenpolitischen Kampf, sind Ausdruck der Verehrung und Zustimmung, ohne jedoch tiefere Spuren zu hinterlassen. Manche Beziehungen bleiben indirekt, laufen über den Mittelsmann Lord Acton, der Döllinger auf dem laufenden hält über alles, was sich in Italien, in Rom, an der Kurie abspielt. Persönliche Begegnungen fehlen nicht, doch sie sind selten. Döllingers Italienreisen nach 1850 sind Studienreisen. Eine Studienreise ist auch seine Reise nach Rom im Jahre 1857, die für ihn schicksalhaft wurde und nicht dazu angetan war, in ihm große Sympathie für Rom und Italien zu wecken.

Damit ist ein weiterer Grund angesprochen, warum das Verhältnis Döllingers zu Italien bis heute weniger ins Blickfeld trat oder überdeckt wurde von seinem Verhältnis zum Vatikan und zur römischen Kurie. Es ist von völlig anderer Art als die Beziehungen zu Frankreich und England. Es ist ein gebrochenes Verhältnis und kann nicht losgelöst werden von Döllingers Beziehungen zu Rom als dem Zentrum der katholischen Kirche, das er als einen Ort undeutscher, typisch italienischer Kultur und Mentalität empfindet. Sein Romerlebnis und schmerzliche Erfahrungen mit der römischen Kurie und den römischen Jesuiten, mit Denuntiationssystem und Karrierismus der römischen „prelati"[13], mit einer legalistischen, kasuistischen Moraltheologie und einem sterilen Scholastizismus – und das alles häufig gepaart mit einem erschreckenden Mangel an echter wissenschaftlicher Qualifikation – haben nicht nur Döllingers ursprüngliches Bild von römischer Kirche und Papsttum entscheidend verändert, sondern auch sein Italienbild, soweit es nicht schon festlag, einseitig geprägt und ihm teilweise den Blick auf die Wirklichkeit verstellt. Sein Italienbild ist nicht frei von Vorurteilen. Noch mehr gilt dies freilich von der Sicht, welche viele Italiener von Döllinger hatten. Nur wenige, ob sie ihn ablehnten oder ihm zujubelten, haben ihn wirklich verstanden. Dies herauszuarbeiten, darauf vor allem wird eine Untersuchung über das Verhältnis Döllingers zu Italien zielen müssen.

Folgende Überlegungen sollen dazu ein Baustein sein; sie können zurückgreifen auf eine Reihe von Vorarbeiten, so auf die vielfältigen Veröffentlichungen von Victor Conzemius, vor allem auf den von ihm herausgegebenen Briefwechsel Döllingers[14]. Weitere wichtige Arbeiten zu dem Thema sind in den letzten Jahren in Italien gemacht worden. Da ist zum einen die ungedruckte Doktorthese von Anna Sala aus dem Jahre 1982, die zum ersten Mal ausschließlich das Verhältnis

Döllingers zum werdenden Italien, seiner Politik und Kultur, zum Gegenstand hat, zum andern ein umfangreicher Aufsatz Mario Belardinellis von 1983 über die Beziehungen Döllingers zu Italien[15].

Der Wert der Arbeit Salas liegt in dem bereitgestellten Material, vor allem in der erstmaligen (zum Teil jedoch mangelhaften) „Veröffentlichung“ der auf Italien bezüglichen Briefe der „Doellingeriana“ in der Münchener Staatsbibliothek und in einer umfangreichen (freilich nicht immer zuverlässigen) Bibliographie. Allerdings wünschte man eine gründliche Überarbeitung, denn das (in einem oft unverständlichen Deutsch abgefaßte) Werk ist auf weite Strecken ein Steinbruch geblieben, enthält eine Reihe Unrichtigkeiten[16], und auch die Thesen der Verfasserin, Döllinger habe einen bedeutenden Einfluß auf das italienische Geistesleben ausgeübt und sei der italienischen Einigungsbewegung, dem „Risorgimento“ – wenn auch mit einigen Reserven – aufgeschlossen gegenübergestanden[17], lassen sich so nicht halten. Italien hat Döllinger gewiß interessiert, doch im Mittelpunkt seines Interesses stand nicht das Risorgimento, sondern das Papsttum, Rom und die Kurie und der im Vergleich zum Wissenschaftsideal der deutschen Universität in seinen Augen erbärmliche kirchliche Studienbetrieb in Italien. Demgegenüber waren ihm trotz seiner lebendigen Schilderungen der Verhältnisse im Kirchenstaat die politischen Verhältnisse der Italiener zweitrangig, ja, er stand dem italienischen Einheitsstaat bis zu seinem Tode skeptisch gegenüber[18], auch wenn er nach 1870 die unitaristische Lösung der italienischen Einheit als die allein mögliche betrachtete[19]. Was die politisch-religiöse Kultur Italiens anlangt, ist richtig, daß Döllinger sich den konservativen Reformern des „neoguelfismo“, mehr noch dem Florentiner Reformzirkel um Vieusseux nahe wußte. Als er aber in Italien endlich bekannt wurde, war dort die Zeit der Neuguelfen und Reformkatholiken abgelaufen; Romantik und Restauration gehörten der Vergangenheit an[20], die führenden Philosophen hatten von deutschen Materialisten die Parole übernommen: „Keine Metaphysik mehr!“[21] Das Motto hieß nicht mehr Reform der Kirche, sondern Konfrontation zwischen dem laikalen antiklerikalen Staat mit seiner pseudoreligiösen, positivistischen Kultur und einer intransigenten, sich hinter dem Dogma verschanzenden Kirche. So waren die Männer, die Döllingers Gedanken nach 1870 aufnahmen, doch eher Epigonen einer vergangenen Epoche, Liberal-Konservative am rechten Rand des Parteienspektrums: der alternde Terenzio Mamiani, der Rosminischüler Bonghi, der Giobertischüler Massari, um die bekanntesten zu nennen[22].

Das alles findet sich mehr oder weniger in dem wissenschaftlichen Anforderungen voll entsprechenden Aufsatz Belardinellis, der Döllinger und seinen Beziehungen zu Italien weit eher gerecht wird. Daß der Verfasser nicht nur den Döllingernachlaß in München eingesehen hat, sondern sich die Mühe machte, in italienische Archive zu gehen und bisher unbekannte Akten aufzuspüren, erhöht den Wert seiner Arbeit. Unsere Untersuchung, die in der Auseinandersetzung Döllingers mit Rom über seine „Kirchenkrise“ hinaus vor allem die Begegnung und den Widerspruch zweier Kulturen sieht – was mit „Rassismus“, auch mit „Nationalismus“ im heutigen Wortsinn nichts zu tun hat –, ist dennoch nicht überflüssig. Aus mehreren Gründen. Erstens: Belardinellis Studie ist auf italienisch geschrieben und in Deutschland bisher nicht rezipiert worden. Zweitens: Sie geht nur selten über eine zuverlässige Darstellung des Ablaufs der Ereignisse hinaus. Wenig ins Blickfeld rücken Strukturen, Mentalitäten, Ideologien, insbesondere (auch wegen Nichtbeachtung deutscher Quellen, wie der aussagekräftigen akademischen Reden) die deutsche Universitätskultur und das nationalliberale, protestantische Umfeld des späten Döllinger, das seinen „Antiromanismus“ verständlich macht. Drittens: Die Arbeit beschränkt sich zwar nicht nur auf den innerkirchlichen Raum, auf Theologiegeschichte, Dogma und Lehre, doch schreibt der Verfasser aus betont römisch-katholischer Sicht, ja, er übernimmt vielfach die Sichtweise des – damaligen oder heutigen – kirchlichen Lehramtes, womit dem Verständnis Döllingers wenig gedient ist. So wundert es auch nicht, daß das Echo, das Döllinger im „laikalen“ liberalen Italien noch 1871 und später – zu Recht oder zu Unrecht – hatte, weniger zur Sprache kommt[23].

Aus dem bisher Gesagten ergibt sich die Gliederung unserer Untersuchung, die, das sei vorausgeschickt, nicht erschöpfend sein will, sondern die Schwerpunkte des Verhältnisses Döllingers zu Rom und Italien aufzeigen soll. In einem ersten skizzenhaften Überblick wenden wir uns den frühen Begegnungen Döllingers mit Italien und bedeutenden Italienern zu. Dem folgt ein Abschnitt über Döllingers Romerlebnis und seine ersten kirchen- und romkritischen Veröffentlichungen. Wenn wir dabei notgedrungen auf die Entwicklung Döllingers zu sprechen kommen, steht doch im Zusammenhang dieser Untersuchung Döllingers Rom- und Italienbild an entscheidender Stelle. Ausgehend von der Münchener Gelehrtenversammlung soll dem Begriff der „deutschen Wissenschaft“ bei Döllinger und der Beurteilung des römischen Studienbetriebs durch den Münchener Professor nachgegangen werden. Dabei interessieren uns nicht in erster Linie theologische oder dogmatische Gesichtspunkte als vielmehr die hintergründigen Ideen und Ideologien und die ins Spiel gebrachten nationalen Vorurteile, Stereotypen und Schablonen. Dieselben begleiten uns zu den Ereignissen des ersten Vatikanums und schließlich zur Entstehung des Altkatholizismus und dem relativ geringen Echo auf denselben in Italien.

1. Erste Begegnungen Döllingers mit Italien

Es fällt auf, daß der junge Döllinger, solange er als einer der Hauptrepräsentanten der ultramontanen Phalanx und als *„Ajax des Ultramontanismus"*[24] in Bayern galt, zwar viel ins Ausland reiste, aber nie das Land jenseits der Alpen und schon gar nicht das Zentrum Rom besuchte, für das er sich vielfältig engagierte. Wie sehr, das bezeugt der Umstand, daß die extrem Ultramontanen in Württemberg bei ihren Klagen über die Mißverhältnisse in der Rottenburger Diözese sich noch 1846 an ihn wandten und Döllinger ihre Anklagen weitergeleitet hat[25]. Dennoch war seine eigene Beschäftigung mit Italien in den ersten Jahren eine rein literarische. Seine erklärenden Texte zu den Zeichnungen des Malers Peter Cornelius zu Dantes „Göttlicher Kommödie" aus dem Jahre 1830 zeugen von seiner Verehrung für diesen großen Italiener, die er durch sein ganzes Leben bewahrte.

Erst 1841 kam es zu brieflichen Kontakten mit Rom[26]. Im gleichen Jahr begann in München eine langjährige Beziehung zwischen Döllinger und Capponi, die vor allem der wissenschaftlichen Zusammenarbeit galt[27], darüber hinaus von Döllinger schon bald als eine *„amitié inalterable"* empfunden wurde[28]. Der Inhalt der zwischen Döllinger und Capponi gewechselten Briefe freilich enttäuscht den, der in ihnen den Ausdruck tiefer Freundschaft sucht. Die Atmosphäre ist die gegenseitiger Achtung, doch bleibt jeder der beiden Männer in dem, was er schreibt, soweit es sich nicht um gemeinsame wissenschaftliche Interessen handelt, seiner Welt verbunden. Zu einer Begegnung des Görreskreises mit den Reformkatholiken um Vieusseux[29] kam es durch die Nähe Döllingers zu Capponi nicht. Auch fällt auf, daß sich bei Döllinger nirgendwo eine Stellungnahme zu Capponis Sicht der Germanen und seiner Überzeugung von der Verschiedenheit des germanischen und des lateinischen Prinzips, ja, von einem *„angeborenen Haß zwischen beiden so verschiedenen und ungleichen Rassen"* findet[30]. Döllingers Schweigen verwundert um so mehr, als er von Capponi selbst die ersten Jahrgänge des Florentiner „Archivio Storico" mit seinen Artikeln über diese Thematik zugeschickt bekam[31]. Offenbar war der Münchner Kirchenhistoriker an diesen Studien Capponis nicht sonderlich interessiert. Lediglich der Topos von den Deutschen als den neuen Griechen findet sich später bei beiden[32], doch war dieser damals allgemein verbreitet[33]. Völkerpsychologische Feststellungen im Dienste des Nationalstaatsgedankens scheinen zunächst außerhalb des Gesichtskreises Döllingers gelegen zu haben, wie auch das völlige Fehlen einer Kritik desselben an dem maßlos übersteigerten italienischen Nationalgefühl[34] bei dem von ihm hochgeachteten Gioberti[35] nahelegt. Wie Döllinger selbst in seinem Nachruf auf Capponi bestätigt, gingen ihm hinsichtlich der politischen Vorstellungen Capponis wie der Italiener überhaupt erst 1852 die Augen auf, als er Capponi und dessen Freunde in Florenz besuchte. *„Nun erst“*, so sagt Döllinger, *„lernte ich das italienische Nationalgefühl, an dessen Allgemeinheit und Tiefe ich vorher nicht hatte glauben wollen, verstehen, den Haß gegen die Fremdherrschaft, den Unwillen über Metternich's Wort, daß Italien nur noch ein geographischer Begriff sei und sein dürfe, und über die cynische Äußerung englischer Staatsmänner, daß das schöne Land und Volk um des europäischen Friedens willen zerstückt bleiben müsse.“*[36] Möglicherweise waren es die Gespräche in Florenz, die Döllinger zum ersten Mal das Problem der „Römischen Frage“ wirklich nahebrachten. Das Jahr 1848, die Absage des Papstes an das Neuguelfentum Giobertis und dessen Verurteilung, m. a. W. seine Weigerung, an die Spitze der nationalen italienischen Einigung zu treten, und – was einen zugleich national wie kirchlich gesinnten Katholiken wie Capponi niederdrücken mußte – die Überlassung der Einheitsidee an revolutionäre, radikale, antikirchliche Kräfte, schließlich die Ermordung Pellegrino Rossis, dies alles war im Jahre 1852 noch in frischer Erinnerung, und Döllinger berichtet ausführlich von der niedergeschlagenen Stimmung in Florenz[37]. Wenn er freilich zu erkennen gibt, Capponi habe nicht begriffen, daß sich die Einigung Italiens nicht auf föderativem, sondern auf unitaristischem Wege – und letztlich gegen das päpstliche Rom – vollziehen müsse, verschweigt er, daß auch er selbst wie Capponi einen längeren Lernprozeß durchmachen mußte, ehe er zu dieser Ansicht fand[38]. In Wirklichkeit standen sich Döllinger und Capponi in politischer Hinsicht recht nahe, auch wenn Capponi, ähnlich wie sein Freund Reumont[39], später nicht alle Konsequenzen Döllingers mitvollzog und – so müssen wir im Rückblick sagen – die Situation Italiens mit seinem „municipalismo“ realistischer sah als der schließlich zum kleindeutschen Bismarckstaat bekehrte Großdeutsche Döllinger.

Sie standen sich mehr noch in religiöser Hinsicht nahe. Döllinger rechnet Capponi zu jenen wenigen Italienern, die beim Gedanken an das Papsttum nicht politische, sondern zuerst religiöse Gedanken bewegten, und schildert ihn als einen Mann, der aus seiner gläubigen Verehrung gegenüber dem Papst so wenig ein Hehl machte wie aus seiner Ablehnung der Priesterherrschaft im Kirchenstaat[40]. Der Vorrang des Religiösen vor allen Formen kirchlicher Herrschaft war es, was diese beiden Männer verband, und man fragt sich unwillkürlich, ob Döllinger dem im Florentiner Reformkatholizismus heimischen, so unitalienisch scheinenden innerlichen Katholizismus auch bei anderen Männern der religiös-politischen Kultur der Toskana begegnet ist. Er selbst nennt unter seinen Florentinern Gesprächspartnern vor allem den Historiker Cappei[41]. Ferner scheint Döllinger auch Cesare Guasti[42] persönlich begegnet zu sein. Lernte er Lambruschini[43] kennen? Wie stand es mit einer für das italienische Risorgimento so untypischen Gestalt wie dem Baron Ricasoli[44], der mit seiner Liebe zu Italien eine tiefe Religiosität verband, sich selbst in einem Schreiben an den Papst als *„cattolico e italiano"* bezeichnete[45] und der, wie nur wenige Italiener, in der Befreiung des Papstes vom Kirchenstaat und dem Ende der Klerokratie zuerst einen Segen für Papst, Kirche und Religion erblickte, da der Papst ohne den Ballast der weltlichen Herrschaft endlich frei für seine religiösen Aufgaben sei? Döllingers späterer Unwille über die Benützung seiner Schrift „Kirche und Kirchen" durch die Regierung Ricasoli im italienischen Kirchenkampf deutet jedenfalls nicht auf irgendeine Verbindung zu Ricasoli[46]. Fand Döllinger über Florenz Kontakt zu dem moderaten Patrioten Mamiani, dem Vertreter einer neuplatonischen, spezifisch italienischen, an der Offenbarung orientierten transzendentalen Ontologie, und konservativem religiösen Reformer[47], der zwar selbst nicht dem Florentiner Kreis angehörte, aber enge Beziehungen zu Vieusseux hatte[48] und der, ähnlich wie Döllinger, die weltliche Herrschaft des Papstes nicht unbedingt ablehnte, sondern an die Möglichkeit einer „Reinigung" im Kirchenstaat, ausgehend von den Prinzipien der Religion, glaubte[49]? Seinen Namen findet man damals noch nicht bei Döllinger[50], wohl aber hat Mamiani in einer Reformschrift an Döllinger erinnert und Gedanken zum Ausdruck gebracht, die von diesem stammen könnten. Wo, so fragt Mamiani, sei heute die Wissenschaft in Rom und bei der Kurie? Keines der weltbekannten Werke, die *„in dieser ersten Hälfte des Jahrhunderts"* rühmend von Rom sprechen, sei von den römischen Schulen ausgegangen. *„Frayssinous, Bonald, De Maistre, Haller, Goerres, Schlegel, Stolberg, Lacordaire, Balmes, Chateaubriand, Döllinger waren niemals in Rom, um dorthin Wissenschaft zu bringen oder von dort zu empfangen."* Nur zwei Italiener, fährt Mamiani fort, könne man diesen Namen beizählen, Gioberti und Rosmini. Das einzige Echo jedoch, das sie von Rom gehört, sei die Verurteilung ihrer Schriften gewesen. Der engstirnige und weibische Geist, der sich in frommen Andachten erschöpfe und dem der Vatikan unklugerweise, getrieben von Frömmlern und Jesuiten, anhange, habe allmählich dazu geführt, daß es in der Welt zwei Formen von Frömmigkeit gebe, von denen die eine der ganzen Christenheit zu eigen sei: jene nämlich, die den ewigen Prinzipien der Vernunft und der allgemein gültigen Wertordnung entspreche und deren sich ehrenwerte, gebildete Menschen nicht zu schämen brauchten; die andere aber voller kasuistischer Spitzfindigkeiten und kindischer Praktiken und nicht selten mit Aberglauben vermischt und darum für das bürgerliche und staatliche Leben nutzlos sei[51]. Solche Sätze, wie auch seine Bitte an Gioberti, er solle über die Unwissenheit des römischen Klerus und über den Fortschritt der Wissenschaft in anderen Ländern, zumal der exegetischen Studien in Deutschland, schreiben[52], rücken Mamiani in die Nähe Döllingers. Und in der Tat werden wir ihm wie auch Ricasoli noch begegnen.

Von Capponi und Florenz zu einer weiteren italienischen Begegnung Döllingers. Sie fällt in das Jahr 1850, also in eine Zeit, in der Döllinger, wie wir noch sehen werden, sich innerlich bereits von dem polemischen, römisch orientierten Katholizismus des Görreskreises entfernte. In den Augusttagen dieses Jahres machte er sich zum ersten Mal auf den Weg über die Alpen. Sein Begleiter war der erst 16jährige Lord Acton, der ihm fortan durch fast 40 Jahre bis zu seinem Tode in fester Freundschaft verbunden bleiben sollte. Mit ihm reiste er über Innsbruck und Bellagio nach Mailand, von dort nach Venedig, Padua und Triest. Neben wissenschaftlichen Studien galt die Reise vorwiegend einer Besprechung mit einem italienischen Verleger[53]. Das wichtigste Ereignis während der Reise war jedoch die persönliche Begegnung Döllingers mit dem Historiker Cesare Cantù[54] in Mailand, dem letzten Guelfen, wie er genannt worden ist[55], denn Cantù, der sich in jungen Jahren als Patriot durch seinen Kampf gegen die Österreicher wie durch seine Anhänglichkeit an das Papsttum ausgezeichnet hatte, bewahrte diese Eigenschaften unangefochten auch nach 1848 und übernahm für seine Person zu einer Zeit, da den Katholiken vom Vatikan patriotische Tätigkeit nicht gestattet war, fast die Rolle einer päpstlichen Partei im werdenden italienischen Nationalstaat.

Das Gespräch Döllingers mit Cantù wurde nicht überliefert, doch man darf davon ausgehen, daß beide Männer sich nicht nur in fachwissenschaftlichen Fragen verstanden. Denn Cantù verband mit seiner unwandelbaren Anhänglichkeit an den Heiligen Stuhl durchaus eine gewisse Aufgeschlossenheit gegenüber der neuen Zeit und ihrer Forderung nach Wissenschaftlichkeit. Freilich war er kein Theologe, und wie den meisten Italienern ging es ihm mehr um politische als um dogmatische Fragen. Dies mag einer der Gründe gewesen sein, warum Döllingers Beziehung zu Cantù an der Oberfläche blieb. Die wenigen erhaltenen Briefe Cantùs an Döllinger vermitteln den Eindruck, daß dieser weit stärker die Nähe Döllingers suchte, als dies umgekehrt der Fall war. 1864 nennt er Döllinger seinen Freund, den er immer als seinen Meister betrachtet habe und dessen Spuren er folge. Er versichert ihm, auch er habe sich die Religion nie losgelöst von der bürgerlichen Freiheit und dem Fortschritt in Wissenschaft und Kultur vorstellen können. Um so mehr zeigte er sich betroffen, daß er im Gefolge der Rede Döllingers beim Münchener Gelehrtenkongreß zu hören bekam, dieser habe sich von der Kirche losgesagt. Döllinger konnte ihn beruhigen: *„Moi, vouloir rompre l'Unité de l'Eglise! Vous êtes trop bon pour vouloir croire que je puisse déshonorer le reste de ma vie en faisant ou enseignement le contraire de ce que j'ai fait et enseigné pendant quarante ans.“*[56] Wenig später erschien in der „Unità Cattolica“ Don Margottis ein Teil dieses Briefes, wovon Cantù Döllinger Mitteilung machte[57]. Das alte Vertrauensverhältnis war wiederhergestellt, und noch im Januar 1869 gibt Cantù Döllinger zu verstehen, daß er auf

seiner Seite stehe, freilich wird in Cantùs Schreiben auch deutlich, was ihn um diese Zeit von Döllinger trennte. Cantù, der sich in seinem Brief an Döllinger selbst einen „liberalen Katholiken" nennt, weil er die Versöhnung zwischen Staat und Kirche in Italien wünscht, hofft, daß das Konzil Wege aufzeige, wie die Katholiken in einer veränderten Gesellschaft in gleicher Weise als gute Bürger und als treue Söhne des Papstes leben könnten. In einer eventuellen Definition der Unfehlbarkeit sieht er kein allzu großes Problem. Für theologische Fragen – das hatte er Döllinger schon früher mitgeteilt – fühlte er sich nicht zuständig. Gerade diese aber interessierten Döllinger. Politische Fragen in Italien, und sei es die Einheit des italienischen Volkes, waren für ihn zweitrangig. So hat er denn Cantù in seiner Antwort auf die Folgen des Dogmas von der Unfehlbarkeit hingewiesen, insbesondere für die Auseinandersetzung mit dem Protestantismus, die nach der Dogmatisierung kaum mehr ernsthaft zu führen sei: *„Déjà les Protestants ne cachent plus leur joie. Si le decret de l'infallibilité du Pape passe, ce sera un triomphe du Protestantisme dans toute l'Europe.*"[58]
Sicher ist, daß Döllinger das historische Werk Cantùs schätzte, auch wenn er ihm nicht die Wissenschaftlichkeit zuerkannte, die er bei deutschen Historikern fand[59]. Er zitierte ihn bei seiner berühmten Rede auf der Münchener Gelehrtenversammlung 1863, wenn auch recht einseitig. Nichts erwähnte er von der Kritik Cantùs an der deutschen Philosophie von Kant bis Hegel, die nach dem italienischen Historiker zur Menschenvergottung, zu einem verkehrten Demokratiebegriff, ja, zu Revolution und Gewalt führe[60]. Um so mehr hob er dessen Vorwürfe gegenüber dem römischen Studienbetrieb hervor, *„daß man sich seit fünfzig Jahren über Probabilismus und Tutiorismus streite"*, aber keine Ahnung von biblischen Studien habe[61]. 1866 betonte er, Cantù habe seine Landsleute aufgefordert, die Schriften deutscher Autoren zu lesen, um die eigene Geschichte kennenzulernen[62]. Im „Quirinus" schließlich nennt er ihn einen *„der berühmtesten Italiener, ... dessen kirchliche Gesinnung selbst in Rom für unantastbar gilt"* und zitiert ihn mit den Worten: *„Die Trägheit für Überlegenheit auszugeben, sich der Mühe, die Probleme zu prüfen durch Geringschätzigkeit entziehen, dies sind in Italien nur allzu gewöhnliche Manieren, und zugleich spottet man über die schwerfälligen, endlos grübelnden Deutschen."*[63] Es ist das letzte Mal, daß uns der Name Cantùs bei Döllinger begegnet. Daß sich Döllinger zum 1879 erschienenen letzten Teil seiner Universalgeschichte, in der sich Cantù nicht nur als Kritiker des Bismarckreiches, sondern auch als treuer Sohn der Kirche zeigt – und es (mit dem Kreis um die „Rassegna Nazionale") trotzdem fertigbringt, italienischer Patriot zu bleiben[64] –, nicht geäußert hat, ist nicht weiter verwunderlich. Eher verwundert, daß sich offensichtlich keine Stellungnahme Döllingers zu Cantùs Schwierigkeiten mit den intransigenten Katholiken – es handelte sich um Veuillot[65] und

Don Albertario[66] – in den Jahren 1870/71 findet. Auf deren Vorwürfe hatte Cantù erwidert, er fühle sich keiner Partei, auch nicht einem „liberalen Katholizismus“ verpflichtet, sondern er bleibe noch immer seinem „alten Glauben“ treu, was böswillige klerikale Kommentatoren sofort als Bekenntnis zum Altkatholizismus deuteten. Im übrigen war er der Ansicht, man müsse sich in das *„Unvermeidliche“*, nämlich in den Verlust des Kirchenstaates, schicken und könne trotzdem katholisch bleiben[67].

Capponi und Cantù waren vor 1870 die wichtigsten Gesprächspartner Döllingers in Italien. Sein übriger erhaltener Briefwechsel mit Italienern bezieht sich während dieser Zeit in erster Linie auf Fragen der Übersetzung seiner Werke ins Italienische, im wesentlichen seines Lehrbuchs der Kirchengeschichte und des Kompendiums der Kirchengeschichte. Leider sind wir bis heute wenig unterrichtet über den Umfang der Auflagen und die Wirkungsgeschichte dieser Werke. Dies gilt noch mehr für die übrigen von Sala und Lösch erwähnten Übersetzungen[68]. Den Verdacht, daß man an maßgeblicher Stelle in Italien wenig Interesse für Döllingers kirchenhistorische Arbeiten hatte, dürfte ein Blick in die führenden römischen Presseorgane erhärten. Die römische Jesuitenzeitschrift „Civiltà Cattolica“ und das Vatikanorgan „Osservatore Romano“ finden, soweit es sich um Deutsche handelt, ein hohes Lob für einen Mann wie den ultramontanen Juristen und Döllingers Münchner Kollegen Georg Phillips[69], ganz zu schweigen von einem Manne wie Kleutgen[70], ja, sogar für zwei deutsche Protestanten, den konservativen Staatsrechtslehrer Stahl[71] und den ebenso konservativen Historiker Leo[72], doch man sucht dort vergeblich einen lobenden Hinweis auf Döllinger. Dies leitet über zum nächsten Kapitel.

2. Döllingers Romerlebnis und die Folgen

Wir kehren zum Jahre 1850 zurück. Es war das Jahr, in dem die Freundschaft mit dem jungen Acton begann, einem Manne, für den zeitlebens liberale Kultur und Katholizismus, Freiheit und Glaube keine Gegensätze bildeten[73]. In die Jahre zuvor fallen wichtige Daten im äußeren Leben wie im inneren Werden des Münchener Professors, die wir in unserem Zusammenhang nur kurz erwähnen wollen. Zwar stand er nach außen noch an der Spitze der Münchener katholischen Schule, innerlich aber begann er sich langsam von einem allzu engen Verständnis des Katholischen abzusetzen. Seine Erfahrungen als Hochschullehrer mit Kontakten weit über den Binnenraum das Katholizismus hinaus, vor allem aber als Abgeordneter zum Frankfurter Parlament[74], wo er sich bereits gegen eine absolutistische Regierungsweise des Papstes wandte[75], hatten zweifellos seinen Horizont geweitet. Das von Rom mit Mißtrauen beobachtete

Eintreten für eine größere Selbständigkeit der deutschen Kirche bei der Würzburger Bischofssynode von 1848[76], aber auch erste irenische Äußerungen in die Richtung der deutschen Protestanten im gleichen Jahre[77] deuten den Wandel in Döllingers Kirchenverständnis an. Die innere Entwicklung Döllingers war sicher ein Ergebnis seiner Studien. Darüber hinaus aber muß sein Abrücken vom kämpferischen Katholizismus des Görreskreises, dem er seit 1850 fernbleibt[78], als Frucht der Begegnung mit der deutschen Einheitsbewegung in Frankfurt, mehr noch vielleicht mit der deutschen Universitätskultur gedeutet werden. Es ist also Döllinger in diesen Jahren gelungen, die Zwänge des „Insiders" abzulegen, lange vor Carl Muths Appell, aus der katholischen Inferiorität[79] herauszutreten und in hervorragendem Maße teilzuhaben an deutscher Kultur und Bildung, in denen er keinen Gegensatz zu seinem katholischen Glauben sah. Wie kaum ein anderer katholischer Universitätslehrer im Deutschland des 19. Jahrhunderts – selbst mehr als Sailer und die großen Tübinger – drang er über die Enge einer „katholischen Subkultur" hinaus und wuchs hinein in einen weiteren geistigen Raum. Den von Max II. ins Land gerufenen „Nordlichtern" konnte er auf Grund seines umfassenden gründlichen Wissens die Stirn bieten, und wenn er in der Akademie der Wissenschaften auftrat, galt sein Wort als das eines Gelehrten, für den gründliche Wissenschaft, Bekenntnis zum gemeinsamen deutschen Vaterland und katholischer Glaube durchaus zusammengehörten[80]. Aus der kirchlichen Tagespolitik, in der er vor 1848 fast ein nebenamtliches Kirchenregiment geführt hatte[81], zog er sich jetzt völlig zurück, um ganz seinen Studien zu leben. Von jeder Polemik hielt er sich fern; er scheint nicht einmal die einschlägigen Artikel, etwa im Mainzer „Katholik", gelesen zu haben[82], und selbst das Dogma von der Unbefleckten Empfängnis vom Jahre 1854, dem er wenig Sympathie entgegenbrachte, schien ihn dennoch kaum zu stören[83]. Wer freilich genau hinhörte, konnte schon 1850 ahnen, daß eine Konfrontation möglich war. Beim Linzer Katholikentag sagte Döllinger: *„Ich kann mir eine Bedeutung des Ausdrucks oder Vorwurfs des Ultramontanismus denken, die mich veranlassen würde, auf das Entschiedenste mich gegen den Ultramontanismus zu erklären. Ich würde nämlich sagen, ich verstünde unter Ultramontanismus das Bestreben, mit gänzlicher Zurücksetzung oder Vernachlässigung der Eigentümlichkeit des deutschen Volkes ihm dasjenige, was eine andere Nation nach ihrer Eigentümlichkeit in religiöser Beziehung gestaltet und entwickelt hat, aufdrängen und wie einen fremden Rock dem sich sträubenden deutschen Volke anziehen zu wollen. Das würde ich Ultramontanismus nennen, das wäre der Ultramontanismus, gegen den ich als der Erste mich entschieden erklären würde. Denn wir Deutsche wollen als Mitglieder der katholischen Kirche nicht aufhören, Deutsche zu sein, sondern Deutsche im wahren und vollsten Sinne des Wortes bleiben und auch kein Jota von unserer* *nationalen Eigentümlichkeit, soweit sie gut und rechtmäßig ist und mit dem Geist der katholischen Kirche in Einklang steht, aufgeben.*“[84] Allerdings meinte Döllinger, solche „ultramontanen“ Bestrebungen seien nicht zu erwarten.

Um so mehr traf ihn, was er bei seiner – ersten und letzten – Studienreise nach Rom im Jahre 1857 erlebte. Nach allem, was wir heute wissen, kann der Eindruck, den Rom auf den Gelehrten machte, für seine innere Entwicklung nicht hoch genug veranschlagt werden[85]. So sehr man auch betonen mag, daß er sich allmählich von früheren Positionen entfernt hat[86], seine Reise nach Rom war ein Schlüsselerlebnis, ohne das vieles, was er später nicht nur über die Kurie, sondern auch über die Italiener schrieb, nicht verständlich ist. Dies hat als einer der ersten der Italiener Ruggero Bonghi in seinem einfühlsamen Nachruf herausgestellt, wenn er schreibt, Döllinger habe den Wind gespürt, der in Rom wehe, und erfahren, daß hier „*keine innerliche Religiosität*“ die Herzen erfülle[87]. Dies geht auch deutlich aus einem Brief an Lady Blennerhasset aus dem Jahre 1869 hervor: „*Wären Sie nach Rom gekommen, und hätten dort so sich umgethan und beobachtet wie in Paris, würde unsre Übereinstimmung wahrscheinlich eine ganz vollständige sein. Es ist ja auch mir so gegangen; ich kann fast sagen, daß ich zu der Änderung meiner Ansicht – früher wollte ich eben auch die Dinge rosenfarbig sehen – mit Haaren gezogen worden bin, wozu dann noch ein ernstes, viele Jahre fortgesetztes Studium kam.*“[88] Dies war nicht das einzige Mal, daß er sich auf diese Weise ausdrückte. Lord Acton betont in seinem Nachruf, Döllinger habe seine Romreise im Rückblick als „*epoch of emancipation*“[89] empfunden. Kurz vor seinem Tode teilte er Reusch mit, er habe noch allerlei Mitteilungen über seine Erlebnisse in Rom zu machen[90].

Welche Erlebnisse bewegten Döllinger in Rom? Sowohl Friedrich wie Acton bringen zum Ausdruck, er habe sich in Rom vor allem den Studien gewidmet. So bleiben die Gespräche mit Theiner und Flir, die ihm über römische Verhältnisse und über die Gegnerschaft der Kurie zur deutschen Universitätstheologie die Augen geöffnet haben dürften, zumal da gerade in diese Zeit die Verurteilung Frohschammers und Günthers fiel, die reichlich Gesprächsstoff geboten haben dürfte. Es bleibt vor allem die Erfahrung seines Gesprächs mit dem Papst, das ihn tief verletzt haben muß, weil ihm klar wurde, daß man ihn in Rom verklagt hatte. Auch daß Reisach, seit einem Jahr Kurienkardinal in Rom, bei alldem eine üble Rolle spielte, entging ihm nicht[91], und es klingt wie eine späte Rache, wenn er noch beim Tode Reisachs diesen als Prototyp des romanisierten deutschen Prälaten schildern wird. Darüber hinaus geht man kaum fehl, wenn man annimmt, daß die Zustände in Rom, das Nebeneinander von Pomp und Bettel und die Rolle der geistlichen Beamtenschaft, Döllinger zutiefst angewidert haben, wie seine Schrift „Kirche und Kirchen“ zeigen wird, obgleich er auf manches vorbereitet gewesen sein mag, wo doch selbst die „ultramontanen" Historisch-politischen Blätter diese Mißstände offen ausgesprochen hatten[92]. Auch die Karrierehascherei römischer Prälaten, die er später zusammen mit deren *„Unwissenheit"* und dem von Geistlichen geleiteten Lotteriewesen in Rom anprangern wird[93], ist ihm aufgefallen, auch wenn wir aus seinem Munde nicht die sarkastischen Ausfälle eines Friedrich gegen die *„rotbestrumpften"* Prälaten vernehmen[94]. Doch dies alles hat zur Ausbildung seines später sich immer stärker ausprägenden „Antiromanismus" beigetragen. Zunächst freilich wendet sich Döllinger beim Blick auf Italien weit mehr gegen das *„revolutionäre Piemont"* als gegen den Kirchenstaat. Zu nennen sind in diesem Zusammenhang seine Odeonsvorträge von 1861 und sein Buch „Kirche und Kirchen".

Die Odeonsvorträge vom 5. und 9. April 1861, die – wie es scheint, nicht immer im ursprünglichen Wortlaut – später von Döllinger veröffentlicht wurden[95], sollten auf die Möglichkeit vorbereiten, daß der Kirchenstaat auch „verschwinden" könne. Dabei kam Döllinger auch auf die „Mißverhältnisse" in Rom zu sprechen. So wandte er sich vor allem gegen die geistlichen Beamten und brachte zum Ausdruck, daß das Staats- und Polizeiwesen besser in weltliche Hände gelegt werden solle[96]. So vorsichtig all dies vorgebracht wurde und so sehr der Tenor der Vorträge nicht nur ein Treuebekenntnis zum Stuhl Petri, sondern auch eine Option für das Fortbestehen des Kirchenstaats beinhaltete, schon allein, daß Döllinger an ein Tabu gerührt hatte, trug ihm heftige Kritik von ultramontaner Seite ein. Der ultramontane Bischof Laurent nannte Döllinger geradezu einen *„Judas"*[97]. Schlimmer war, daß Hergenröther seine Sendung erkannte, die Kirche gegen die Ketzereien Döllingers zu verteidigen, womit er in der Folgezeit viel Unheil anrichten sollte[98]. Im Mainzer „Katholik" sah er durch die *„eisig kalten"* Ausführungen Döllingers das *„innige, katholische Gefühl"* gereizt und erinnerte an Aussprüche neoguelfischer italienischer Patrioten wie Balbo, D'Azeglio, Gioberti, Silvio Pellico und Pellegrino Rossi, die in dem mit dem Kirchenstaat verbundenen Papsttum *„die einzige lebende Größe Italiens"* sahen[99]. In Rom selbst allerdings scheint man vorerst geschwiegen zu haben. Nachdem Döllinger im Herbst 1861 erklärt hatte, er sei mißverstanden worden und bekenne sich zur weltlichen Herrschaft des Papstes, lobte die „Civiltà Cattolica" diese Äußerung des *„illustre professore Döllinger"*[100]. Es war das letzte Lob von dieser Seite.

Döllinger gab wenig später sein Buch „Kirche und Kirchen" in den Druck, das die Mißverständnisse bereinigen sollte. In Wirklichkeit schaffte es noch mehr Verwirrung und führte zu neuen Angriffen auf Döllinger, und zwar von den verschiedensten Seiten. Im ultramontanen Lager war es, neben Bemerkungen in der Vorrede, vor allem der Abschnitt über den Kirchenstaat, der auf Kritik stieß. Denn Döllinger baute nun seine Ausführungen über die Mißstände in Rom noch weiter aus, schilderte ausführlich die Fehler der päpstlichen Regierung durch viele Jahrhunderte, sprach von der *„Verdorbenheit der mittleren und hohen Stände und der daraus hervorgegangenen Beamtenwelt“*, darunter zwei- bis dreitausend Geistlichen, von der Willkür der (geistlichen) Polizei, von der Vermischung von Politik und Religion im Polizeiwesen und von der allgegenwärtigen Inquisition[101]. Den Klerus hielt er für arm und ungebildet; die Priester seien oft von *„vollständigster Unwissenheit und Geistesrohheit“*[102]. Als Zeugen seiner Ausführungen nannte er unter anderen nicht nur Capponi, *„so hochgeehrt in Italien wie nur irgend einer“*[103], sondern auch die vom „Katholik“ ins Feld geführten D'Azeglio und Balbo. Den römischen Mißständen stellte er dann die Persönlichkeit des Papstes Pius IX. entgegen[104], den er in einem überraschend hellen Licht zeichnet – ob aus Überzeugung oder aus Taktik, bleibe dahingestellt. Jedenfalls sah sich Lord Acton etliche Jahre später noch veranlaßt, Döllinger aus Rom mitzuteilen, so wohlwollend wie er denke hier niemand über den Papst[105]. In diesem Zusammenhang erwähnt Acton die abfälligen Äußerungen des Auditors der Rota, Monsignore Nardi[106], desselben Nardi, der wahrscheinlich dem Papste das Buch Döllingers schmackhaft zu machen verstand[107] und der noch am 28. April 1872 diesem schreiben sollte, wie sehr sich Pius IX. über seine Ausführungen gefreut habe[108]. Das „Bayerische Vaterland“ Dr. Sigls[109] aber, sonst alles andere als döllingerfreundlich, sollte 18 Jahre später, beim Tode des Papstes, Döllingers Elogie veröffentlichen, in der Pius IX. als *„liebevoller, einzig im Erweisen von Wohltaten seine Erholung suchender Monarch“* geschildert wird, der nur dem *„Gebet und der Regentenarbeit“* lebt und keine persönlichen Bedürfnisse kennt[110].

Bei alldem darf nicht übersehen werden, daß Döllingers Schrift ein Bekenntnis zur weltlichen Macht des Papstes, zum Kirchenstaat, darstellte, dessen Ablösung – wie den der übrigen italienischen Kleinstaaten – durch die „Piemontesen“ er als *„Untergang des Legitimitätsprinzips und des ganzen öffentlichen Rechtes von Europa“* empfand[111]. Genausowenig konnte er sich mit der These von der *„freien Kirche im freien Staate“* anfreunden, denn die Kirche, so argumentierte er, würde in einem Reich, wo *„geheime Volksaufwiegler“* wie Mazzini ihr Unwesen treiben, niemals wirklich frei sein können[112]. Das Buch war damit auch eine Verurteilung der italienischen Einigung, so wie sie sich tatsächlich vollzog. Döllinger, der stets ein Gegner aller Revolution war, sah in ihr eine Frucht dieser Revolution und lehnte sie deswegen ab[113]. Noch nicht findet sich in dem Werk sein späterer „Antiromanismus“. Wo er auf den Volkscharakter der Italiener zu sprechen kam, nannte er sie *„ein begabtes, höchst bewegliches Volk“*[114]; er hob hervor, daß der italienischen Nation die Geschicke des Papsttums anvertraut seien, und bedauerte zutiefst, daß in Italien Italiener gegen Italiener stehen.

Ebenso bedauerte er, daß lediglich die „Armonia“ Margottis[115] in Turin und die „Civiltà Cattolica“ sich entschieden hinter den Kirchenstaat stellten. Mit Tosti[116] und Passaglia, die sich dagegen äußerten, konnte er sich nicht einverstanden erklären[117].

Die Angriffe, die darauf gegen Döllinger erfolgten, waren vorauszusehen. Selbst Montalembert bezweifelte, ob sein Buch in allem glücklich sei, und bemerkte: *„Il est certain que la seconde partie de votre livre déplaira beaucoup, non seulement à Rome, mais encore à la très grande majorité des Catholiques.“*[118] Er stand mit seinen Auffassungen zwischen den Lagern, und so kam es, daß noch 1871 die liberale Zeitung „Opinione“ hervorhebt, Döllinger habe sich in seiner Schrift als *„ein entschiedener Gegner Italiens und Verteidiger des Kirchenstaates“* erwiesen[119], während die „Unità cattolica“ Margottis zur gleichen Zeit ihm vorwirft, er habe schon damals die weltliche Herrschaft des Papstes angegriffen[120]. Von den sofortigen Reaktionen seien einige herausgegriffen.

An erster Stelle ist das Urteil seines Schülers Jörg zu nennen, das den Beginn der Entfremdung beider Männer anzeigt. Jörg war der Ansicht, Döllinger habe im Gefolge seiner englischen Quellen das *„revolutionäre Italien“* zu günstig beurteilt. Die von ihm verwendeten Schriften der Liberalen und „italianissimi“ müßten durch Hergenröthers Werk „Der Kirchenstaat seit der französischen Revolution“ ergänzt werden. Manche Beobachtungen seien gut, doch gälten sie nicht nur für den Kirchenstaat. Auch in der Toskana und in Neapel fehle ein selbständiger Bauernstand; arme „coloni“ müßten das Land weniger Signori bewirtschaften, die den Grundstock einer allgegenwärtigen Bürokratie bilden[121].

Weit schärfer war die Reaktion Hergenröthers im „Katholik“, der damit seine Rolle als „wissenschaftlicher“ Gegner Döllingers fortsetzte[122]. In einer einleitenden Fußnote, in der der Verfasser als *„gründlicher Kenner des Kirchenstaates“* vorgestellt wird, sah sich der Herausgeber Heinrich zwar genötigt, seiner grundsätzlichen Hochschätzung für Döllinger Ausdruck zu verleihen; er stellte sich aber voll hinter Hergenröther, wobei er Döllingers Beurteilung des Kirchenstaats als *„viel zu schwarz“* bezeichnete[123]. Ähnlich wie Jörg warf auch Hergenröther Döllinger vor, er habe sich fast nur der *„Revolutionsliteratur“* bedient. Die päpstliche Herrschaft erscheine in der Schrift als *„herabdrückendes Bleigewicht“*, die ganze Schilderung sei *„bitter und hart“*, *„in der Hauptsache mißlungen, einseitig und entstellt“*. Der zweite Hauptteil der Schrift sei *„eine beklagenswerte Erscheinung“*, der der *„Ehre des apostolischen Stuhles“* schade[124].

Nach so viel Kritik in Deutschland mag es interessant sein, wie man im Ausland reagierte. In Frankreich brachte nicht nur der liberalkatholische „Correspondent“ Montalemberts eine längere wohlwollende Besprechung[125], sondern auch andere publizistische Organe wie die antiklerikale Zeitung „Le Temps“ und die „Revue Germanique“, die Zeitschrift der protestantischen Straßburger Fakultät, befaßten sich eingehend mit dem Werk[126]. Doch Rom – und das heißt in erster Linie die „Civiltà Cattolica“ – schwieg noch immer. Immerhin war sie ja von Döllinger gelobt worden. Auch schien die Rechnung Döllingers und Nardis aufgegangen zu sein[127]. *„Der Papst“*, so konnte Döllinger mit Genugtuung feststellen, *„hat dem Bischof von Birmingham über mein Buch gesagt: er sei zwar nicht mit Allem darin einverstanden, halte es aber für ein gutes Buch, welches Nutzen stiften werde“*[128]. Dagegen war er wenig erfreut, als er erfuhr, daß die Turiner Regierung daran denke, sein Buch purgiert herauszugeben, und zwar zusammen mit dem Brief Passaglias[129] an Cavour, *„Pro causa italica“*, worin sich dieser gegen den Kirchenstaat aussprach[130]. Döllinger konnte darin nur einen *„Unfug“* sehen[131]. Er teilte damals Passaglias politische Anschauungen so wenig wie dessen theologische, hatte sich doch Passaglia früher nicht nur als einer der führenden jesuitischen Neuscholastiker erwiesen[132], sondern auch die Vorarbeit für die Verkündigung des Dogmas von der Unbefleckten Empfängnis geleistet[133]. An Jörg hatte Döllinger am 7. November 1861 kurz nach Erscheinen seines Buches geschrieben: *„Eben lese ich die drei neuesten Broschüren von Passaglia. Dem ist es nur um sein Königreich Italien zu thun; übrigens sind sie breit und wortreich, aber arm an Ideen.“*[134] Wie jedoch beurteilte Passaglia selbst Döllingers Schrift? Er hat ihr eine ausführliche Besprechung gewidmet. Darin stimmte er Döllinger voll zu, was dessen Schilderung der Zustände im Kirchenstaat anlangt. Um so mehr wies er dessen Darstellung der gütigen Herrschaft Pius' IX. zurück sowie dessen Ansicht, die Unterdrückung werde vorübergehen und die weltliche Herrschaft des Papstes werde geläuterter und vollkommener erstehen. Scharf wandte er sich gegen die Behauptung Döllingers, die Idee der italienischen Einheit gehe vor allem von radikalen Sektierern (wie Mazzini) aus. Italien habe das Recht auf seine nationale Einheit und seine Hauptstadt; es sei ein Unrecht, wenn die Katholiken die päpstliche Herrschaft, die die Rechte der Nation verletze, aufrechterhalten wollten[135]. Döllinger dürfte von dieser Besprechung wenig begeistert gewesen sein. Auch von Passaglias Schrift *„La causa italiana“*[136] scheint er nicht allzuviel gehalten zu haben. Acton, der sie in einem Brief an Döllinger *„ganz italienisch“* nennt[137], dürfte damit auch die Ansicht Döllingers wiedergeben. Noch eine andere Bemerkung Actons verrät wenig Begeisterung für Passaglia: Wie Capecelatro[138] festgestellt habe, seien die meisten Unterzeichner der von Passaglia organisierten Petition des italienischen Klerus an den Heiligen Stuhl für Rom als italienische Hauptstadt schlechte Priester[139]. Anders als Döllinger suchte jedoch Passaglia spätestens seit Döllingers Auftreten bei der Münchener Gelehrtenversammlung über Lord Acton dessen Nähe. So berichtet Acton im Mai 1864: *„Passaglia schickt mir die* *freundlichsten und schmeichelhaftesten Grüße und Danksagungen, die mich etwas in Verlegenheit versetzen.*"[140] Seit dieser Zeit war er bemüht, die Vorträge Döllingers zu bekommen, und auf seine Initiative könnte es zurückgehen, wenn die Florentiner „Nazione" verschiedentlich über Döllinger berichtete[141]. Seit Anfang 1865 kam es dann zu einer engeren Beziehung zwischen Acton und Passaglia. Acton berichtet an Döllinger von der großen Niedergeschlagenheit Passaglias und fährt fort: *„Er meint, Sie allein werden Großes leisten, und hofft, Sie werden durch die momentanen Angriffe schlechter Leute sich nicht stören lassen in der Ausführung Ihrer gelehrten Arbeiten. Er selbst sey kein eigentlicher Gelehrter und habe immer gesucht, nicht Theologen zu bilden, sondern fest begründete Dogmatiker."* Über seine ehemaligen Mitbrüder von der „Civiltà Cattolica" habe er geäußert: *„mi rincresce che questi buoni Padri siano caduti cosi basso."*[142] Dies führt uns zum folgenden Abschnitt.

3. Deutschland, Italien und der „Leuchter der Wissenschaft"

Friedrich hat bald nach Döllingers Tod betont, daß es ohne 1870 nicht zum Bruch Döllingers mit Rom gekommen wäre. Döllinger sei „katholisch" geblieben, nicht aber „römisch", weil Rom sich geändert habe[143]. Damit ist sicher eine wichtige Erkenntnis ausgesprochen. Zum Bruch Döllingers kam es, weil er auf Grund seiner geschichtlichen Forschungen zu dem Ergebnis gekommen war, die Lehre von der Unfehlbarkeit sei von der alten Kirche nicht immer und überall gelehrt worden, weshalb die Voraussetzungen für die Dogmatisierung fehlten. Dabei ging es ihm nicht nur, wie Neuner gezeigt hat, um *„die Wertung historischer Fakten"*, sein Nein zum Dogma hatte *„dogmatische Qualität"*. Für ihn war die Sache eindeutig: Nicht er war zum Häretiker geworden, sondern die römische Kirche war vom alten Glauben abgefallen[144]. Dahingehend hat er sich verschiedentlich geäußert. 1882 betonte er: *„Die neuen Glaubensartikel habe ich nie gelehrt . . . Gestern noch rechtgläubig, war ich heute ein Ketzer."*[145] In einem Brief an Bischof Steichele von München stellt er fest, die Anhänger der Infallibilität hätten einen förmlichen Eidbruch begangen[146]. Ähnlich argumentierten die meisten Vertreter der Altkatholiken[147].

Hinter dem Nein Döllinger stand seine Überzeugung, daß der Glaube nicht der geschichtlichen Wahrheit widersprechen dürfe. Mit Schärfe hatte er in seiner ultramontanen Zeit aus dieser Überzeugung heraus gegen alle Neuerungen der Ketzer und Luthers argumentiert. Mit der gleichen Schärfe wandte er sich gegen die Neuerungen des Ersten Vatikanums und gegen den Umgang mit geschichtlicher Wahrheit, wie er beim Konzil sichtbar wurde[148]. Er konnte die förmliche Kampfansage mancher Vertreter der Infallibilität gegen die Geschichte, wie sie sich in dem Wort Pius' IX. „*La traduzione son' io*“[149] und in dem Satz Mannings „*Das Dogma hat die Geschichte besiegt*“[150] offenbaren, nicht mitvollziehen. Dort, wo die historischen Tatsachen eindeutig eine andere Sprache sprachen als die lehramtlichen Verlautbarungen, blieb er den historischen Tatsachen treu. Darüber ist schon viel geschrieben und gestritten worden, was hier nicht wiederholt zu werden braucht. Nur soviel: Wer behauptet, Döllinger habe einem verkehrten Historizismus gehuldigt – weil er fachfremde Aussagen für historische Sachverhalte nicht gelten ließ –, drückt sich an der Problematik, die sich ihm stellte, vorbei.

Dies sei vorausgeschickt, um keine Mißdeutung des Kernproblems bei Döllinger aufkommen zu lassen, wenn in diesem und in den beiden folgenden Kapiteln Dinge zur Sprache kommen, die auf den ersten Blick wenig mit dem Dogma der Unfehlbarkeit zu tun haben, wohl aber mit dem von Friedrich angesprochenen Begriffspaar „römisch“ und „katholisch“, aber auch mit Döllingers Verständnis von Geschichtswissenschaft. Wir wollen den emotionalen und geistig-kulturellen Hintergrund der Auseinandersetzung Döllingers mit „Rom“ ausloten und hoffen damit auch, die dogmatische Position „Roms“ wie Döllingers besser verstehen zu können. Denn so sehr es vordergründig um dogmatische, sicher auch um machtpolitische Positionen ging (Kompensation des Verlustes der weltlichen Macht durch Steigerung der geistlichen), so stand dahinter doch auch eine Auseinandersetzung zweier Kulturen, zweier Denk- und Lebensweisen, die freilich oft weniger mit Argumenten als mit den Waffen des nationalen Vorurteils und der nationalen Überheblichkeit und ohne Verständnis für die fremde Kultur geführt wurde. Das Aufeinanderprallen von Döllinger und „Rom“ ist geradezu modellhaft für die im Gefolge von Herder im Zeitalter der Nationalstaaten überall zu beobachtende Auseinandersetzung zwischen „Deutschthum“ und „romanismo“[151].

Den grandiosen Auftakt dieser Auseinandersetzung bildete Döllingers berühmte Rede beim Münchner Gelehrtenkongreß vom 28. September bis 1. Oktober 1863. Döllinger, der die theologietreibenden Nationen und ihre großen Theologen, die sich im Laufe der Geschichte hervorgetan hatten, Revue passieren ließ und die Verdienste der Italiener im 17. Jahrhundert und der Franzosen im 18. Jahrhundert feierte, langte schließlich beim 19. Jahrhundert an, um den deutschen Theologen der Gegenwart ihrer hohe Berufung und Verantwortung für die Theologie der Gegenwart aufzuzeigen. Wörtlich führt er aus: „*So ist denn in unseren Tagen der Leuchter der theologischen Wissenschaft von seinen früheren Stellen weggerückt, und die Reihe, die vornehmste Trägerin und Pflegerin der theologischen Disciplinen zu werden, ist endlich an die Deutsche Nation gekommen . . . Ist es doch mit der kirchlichen Wissenschaft wie*

mit der Sonne: während diese die eine Seite der Erde in Morgenroth taucht, ist es Abend auf der andern, leuchtet sie hier im vollen Mittag, sind die Antipoden in dunkle Nacht gehüllt." Das *„Charisma der wissenschaftlichen Schärfe und Gründlichkeit, der rastlosen in die Tiefe dringenden Forschung*" sei nun einmal den Deutschen gegeben. Deutschland sei künftig das Mutterland der Theologie. *„Hat doch auch kein anderes Volk, als das Deutsche, die beiden Augen der Theologie, Geschichte und Philosophie, mit solcher Sorgfalt, Liebe und Gründlichkeit gepflegt; sind doch in beiden Gebieten die Deutschen die Lehrer aller Nationen geworden.*"[152]
Vor allem diese Sätze waren es, die neben Döllingers Verständnis des Verhältnisses von Theologie und kirchlichem Lehramt – wobei man ihm unterstellte, er habe das Magisterium der Theologen über das apostolische Lehramt gestellt und die von den Theologen gemachte *„öffentliche Meinung*" zur obersten Norm in der Kirche erhoben[153] – zur Kritik herausforderten. Daß sie nicht nur wie bisher vom Mainzer „Katholik", sondern vor allem aus Italien kam, wird verständlich, wenn man den stolzen Sätzen über die Aufgabe der deutschen Theologie entgegenstellt, was Döllinger über die italienische Theologie der Gegenwart zu sagen hatte. Denn er wandte sich nicht nur entschieden gegen den *„mechanischen Formalismus*" und die *„Spitzfindigkeiten*" der (von den römischen Jesuiten wiedererweckten) Scholastik, sondern stellte darüber hinaus fest, es falle schwer, überhaupt von einer Theologie in Italien zu reden. Seit der Mitte des vorigen Jahrhunderts habe ein *„tiefer Verfall der klerikalen Studien begonnen*", der zu einer allgemeinen Unwissenheit des Klerus geführt habe. Für das Auge des wissenschaftlichen Theologen bilde Italien einen düsteren, kirchhofartigen Anblick[154]. Das Wort Ovids *„in otia nata Parthenope*" gelte auch von anderen Städten als Neapel[155]. Zwar habe ein deutscher Gelehrter (gemeint ist Hergenröther) eine Übersicht über die Leistungen der italienischen Theologie veröffentlicht, doch diese mache einen peinlichen Eindruck[156]. Die wirklich großen begabten italienischen Priester Gioberti, Rosmini und Ventura seien der römischen Zensur verfallen, Passaglia habe sich selbst von der Theologie losgesagt[157].

Es hätte wohl nicht erst der Aufforderung Hergenröthers bedurft, um die „Civiltà Cattolica", die bisher geschwiegen hatte, gegen Döllinger auf den Plan zu rufen[158]. Daß der Begründer der Zeitschrift, P. Curci[159], selbst die Entgegnung verfaßte, war allerdings nicht selbstverständlich, denn Curci begann sich damals bereits von der Mitarbeit bei der Zeitschrift zurückzuziehen. Bei der „Civiltà" hatte bereits eine zweite Generation den Kurs bestimmt[160]. Dem Syllabus sollte er sogar ablehnend gegenüberstehen[161]. Zum andern war gerade Curci wie kein anderer dazu geschaffen, die Herausforderung anzunehmen. Er war in mehrfacher Weise angesprochen, sowohl als Neuscholastiker wie als Sohn „Parthenopes" und nicht zuletzt als Italiener, der sich in jungen Jahren für Giobertis „Primat" begeistert hatte und dem seine Absage an den „Vaticano Regio" und seine Vorschläge zur Reform der Kirche ein hartes Schicksal bereiten sollten[162]. Er war aber auch ein Mann, der, so sehr er zum Interpreten des Ultramontanismus und der *„jesuitischen Reaktion"* geworden war, zweifellos das geistige Rüstzeug mitbrachte, um ein ebenbürtiger Gegner zu sein. Zu Recht nennt ihn sein Biograph, der Jesuit Mucci, eine Ausnahme im Jesuitenorden des 19. Jahrhunderts, *„dessen Bedeutungslosigkeit Hand in Hand ging . . . mit der Unterstützung der ultramontanen Bewegung und antiliberaler Standpunkte"*. Wichtig ist in unserem Zusammenhang auch der Hinweis Muccis auf die geistige Überlegenheit der Jesuiten in Rom. Pius IX., der sie für Intriganten hielt, habe sie – seit 1860 – gebraucht, ja, sie seien zu den *„Orakeln der römischen Kongregationen"* geworden, nicht zuletzt *„wegen der offensichtlichen wissenschaftlich-kulturellen Inferiorität der Kurie, des Weltklerus und der alten Orden"*[163].

Wer um all dies weiß, versteht die äußerst scharfe von Curci verfaßte Kritik an der Rede Döllingers[164], von der sich selbst der „Katholik" distanziert hat[165]. Vor allem eines wird deutlich: Die Antwort Curcis ist zuerst die Antwort eines in seiner nationalen Ehre verletzten Italieners (und Neapolitaners); sie bleibt nicht bei wissenschaftlichen Argumenten stehen, sondern wendet sich über weite Strecken hinweg in erster Linie gegen die „deutsche Theologie" oder einfach gegen die „Deutschen" und gegen die Auffassung, *„daß von Deutschland das Heil kommen müsse"*. Mit ausdrücklicher Bezugnahme auf Gioberti, dessen „Primat" Curci den Auftakt zu den traurigen Zuständen im heutigen Italien nennt, weist er den Anspruch eines *„wissenschaftlichen Primats der Deutschen"* (der übrigens Gioberti nicht fremd war[166]) zurück, wobei er ausgerechnet ein schon von Gioberti gebrauchtes Klischee[167] aufgreift, das der „Civiltà Cattolica" in ihrer Auseinandersetzung mit Betrando Spaventa und der deutschen Philosophie von Kant bis Hegel lieb und teuer geworden war[168]. Wenn die Deutschen schon die *„Lehrmeister anderer Völker"* sein wollten, müßten sie erst aufhören, einen Wust leerer, in geheimnisvolles Dunkel gehüllter Worte vorzubringen und in einer Sprache zu reden, die wie der Himmel über Deutschland „nebulös" sei. Das zum Beweis angeführte Döllingerzitat freilich erscheint dem der deutschen Sprache mächtigen Leser keineswegs nebulös[169]. Besonders erzürnt ist Curci jedoch über Döllingers Wort vom *„Leuchter der theologischen Wissenschaft"*, der von allen nichtdeutschen Völkern weggerückt worden sei, die nun *„als Antipoden dieses glücklichen Stammes in tiefer Nacht . . . bleiben müssen"*. Trotz ausgezeichneter Leistungen deutscher Historiker wie Hurter, Voigt, Ranke, Leo sei es *„von da bis zum Lehrmeisteramt der*

Deutschen über alle Nationen noch ein weiter Sprung", und vielleicht sei *„gerade dieses offenkundige Prahlen das wirksamste Mittel, daß sie sich mit solchen Lehrern nicht zufriedengeben wollen*". Besonders verärgern mußte allerdings den historischen Theologen Döllinger Curcis Erklärung, daß die biblische Exegese und die Kirchengeschichte ganz brauchbare Hilfswissenschaften seien, daß man aber dennoch die eigentliche Theologie ruhig studieren könne, *„auch wenn man in jenen wenig oder gar nicht beschlagen sei*"[170]. Vom *„Auge der Geschichte*" wechselt Curci zum *„Auge der Philosophie*". Gerade die deutsche Philosophie galt ihm und der „Civiltà" seit eh und je als Gegner. Bereits 1855 hatte die „Civiltà" – ganz im Geiste Giobertis – gegen jene *„italianissimi*" gewettert, die an Stelle der Religion und Tradition des Vaterlandes dem deutschen Rationalismus in Italien Bürgerrecht verleihen wollten (gemeint war vor allem Bertrando Spaventa), um so eine *„preußische Invasion*" im kulturellen Bereich vorzubereiten, die weit schlimmer sei als die germanischen Barbareneinfälle vergangener Zeiten. Arme Geister seien das, die glaubten, ausgerechnet die Deutschen müßten die Philosophie retten[171]. Und so stellt Curci jetzt fest, Döllinger habe bewußt keinen Namen genannt, *„weil er besser als wir wissen mußte, daß dort nach Kants Irrwegen . . ., die durch seine Nachfolger Fichte, Schelling und Hegel noch sinnloser wurden, eine Unordnung und eine, wir möchten fast sagen, babylonische Verwirrung in den vernunftwissenschaftlichen Studien erfolgte, die vielleicht in keinem anderen Lande und zu keiner anderen Zeit ihresgleichen findet*". Curci – der im übrigen auch die Kasuistik verteidigt und zu verstehen gibt, der Endzweck, warum der Mensch auf der Welt sei, sei nach dem Katechismus, seine Seele zu retten, nicht aber Sprachstudium, Geschichtskritik und Bibelexegese – schließt mit der Aufforderung an die „Deutschen", die „Summa" des heiligen Thomas aufzuschlagen und sich nicht durch den *„trügerischen Schein einer hochmütigen Wissenschaft*" täuschen zu lassen[172].

Wie sehr gerade die Reaktion Curcis Döllinger gekränkt haben muß, ist an einer späteren Äußerung desselben[173] abzulesen. Ja, es scheint, daß sein Antijesuitismus und sein Antiromanismus jetzt erst entstanden sind. Eine Versöhnung zwischen Döllinger und Curci hat nie stattgefunden. Später allerdings hat Döllinger, der in Italien nach 1870 verschiedentlich in einem Atemzug mit Curci als Widersacher des Papsttums genannt wurde[174], Curci mit hohem Lob bedacht. Anläßlich des Erscheinens von Curcis Buch „Il Vaticano Regio" (1883) nennt er den *„gelehrten Theologen und Schriftsteller*" Curci den bedeutendsten Jesuiten der letzten vierzig Jahre und den ersten unter den italienischen Jesuiten des Jahrhunderts. Indem er ihn mit Gioberti und Rosmini vergleicht, kommt er zu dem Ergebnis: *„Als Italiänischer Priester steht er zwischen Gioberti und Rosmini. Er ist ein ebenso warmer Italiänischer Patriot, dabei aber in Sachen des Glaubens und des Dogmas viel correcter, als Gioberti, wenn wir diesen nach* *seinen opere postume beurtheilen. Dagegen ist er kühner, freimüthiger, scharfsichtiger, als Rosmini sich in seinen cinque piaghe gezeigt hat.*“[174a] Curci dagegen übergeht Döllinger mit Schweigen, auch noch in seinem Buch *„Di un socialismo cristiano nella questione operaia“* vom Jahre 1885, wo er in der Einleitung nicht nur auf Ketteler, sondern auch auf Lassalle und den deutschen Kathedersozialismus zu sprechen kommt und feststellt, die Italiener dürften zwar nicht den deutschen Militarismus und die deutsche Philosophie nachahmen (die italienische Philosophie sei die des heiligen Thomas, die nie altert, nur ehrwürdiger wird), wohl aber sollten sie nach deutschem Beispiel den Sozialismus „taufen“[175]. Dieses Schweigen fällt auf, denn Döllinger galt in Italien sonst – wie der junge Nitti in seinem Buch *„Il socialismo cattolico“* bestätigt – als einer der ersten Katholiken, der sich schon früh, nämlich gerade bei der „Münchner Gelehrtenversammlung“, Gedanken über die soziale Frage gemacht habe[176], eine Tatsache, die auch Curci nicht unbekannt war[177].

Was Döllingers beginnenden Antiromanismus anlangt, kam freilich noch eine andere, weit schwerwiegendere Tatsache hinzu, nämlich die offizielle autoritative Reaktion Roms auf den Münchner Kongreß, Pius' IX. Schreiben *„Tuas libenter“* vom 21. Dezember 1863 an Bischof Scherr[178]. Das Schreiben richtete sich im Grunde gegen die Möglichkeit der Theologie als Wissenschaft, indem es Gehorsam forderte, wo Forschung nötig war, und wurde deshalb neuerdings zu Recht mit dem *„Tod jeder wissenschaftlichen Diskussion im katholischen Raum“* gleichgesetzt[179]. Der Münchner Versammlung, an der immerhin drei Bischöfe teilnahmen[180], warf es vor, diese sei ohne kirchliche Genehmigung erfolgt und habe sich eine Autorität angemaßt, die dem römischen Papst zukomme. Auch habe sich gezeigt, daß man in Deutschland ein verkehrtes Urteil über die alte (scholastische) Schule habe. Die Teilnehmer sollten einer *„falschen Freiheit der Wissenschaft“* entsagen und beim Studium jene Wahrheit pflegen, der die *„wahren Katholiken“* sich immer gewidmet hätten[181]. Solche Worte waren mehr als deprimierend, vor allem wenn man sie mit den freudigen und ermutigenden Worten der Bischöfe Deinlein von Bamberg und Dinkel von Augsburg zum Abschluß der Versammlung vergleicht[182]. Man versteht nur zu gut Döllingers Bemerkung: *„Wir meinten alle, im besten Interesse der Kirche gehandelt zu haben, und wie ist uns dann, besonders mir, von Rom dafür vergolten worden.“* Von seiner *„Frechheit und Anmaßung, deutsche Gelehrte zu einer Besprechung einzuladen“*, habe er hören müssen, und die Denunziationen seien von Deutschland ausgegangen[183].
Schließlich sei noch die Kritik des „Katholik“ an Döllingers Rede erwähnt. Sie erreicht zwar nicht die Schärfe der „Civiltà“, zum andern wird darin eine Thematik angesprochen, die für Döllingers Beurteilung der römischen Zustände

von eminenter Bedeutung wurde: das Verhältnis der deutschen Wissenschaft zum römischen Studienbetrieb. Der Beitrag des „Katholik" kommt wiederholt auf die *„katholische Wissenschaft"* zu sprechen. So heißt es, das frühe Christentum habe eine solche neben der kirchlichen Autorität nicht gekannt. Zur deutschen theologischen Wissenschaft wird gesagt, seit etwa einem Jahrhundert sei das wissenschaftliche katholische Leben in Deutschland zersplittert. Schuld trage die deutsche Universitätstheologie, die an manchen unkatholischen Erscheinungen der deutschen *„Gelehrten-Welt"* teilhabe. So würden die katholischen Universitätslehrer ihre *„katholische Wissenschaft"* mit *„Nationalitäts-Eitelkeit"* umkleiden; sie würden sich überdies vor den protestantischen Kollegen schämen, weil sie der kirchlichen Autorität verantwortlich seien. Befremdlich sei ihre Angst vor dem Index, der an die Stelle der *„Liebe zur katholischen Kirche"*, *„die kindliche Ergebenheit"* und den *„Gehorsam gegen Rom"* trete[184]. Es folgt ein Lobgesang auf die Scholastik und die *„alten Schulen der Kirche"*, die in Italien anders als in Deutschland erhalten geblieben seien. Zur Rede Döllingers übergehend, wird deren völlige Verurteilung durch die „Civiltà" als übertrieben bezeichnet, sie sei jedoch verständlich durch die verletzende Behandlung, *„welche die italienische Nation von dem deutschen Gelehrten erfuhr"*. Der Zurückweisung von Döllingers Kritik an der Scholastik schließt sich eine Abwertung der Geschichte und ihrer Bedeutung für die Theologie an. Das *„historische Auge der Theologie"* sei dem *„dogmatisch-speculativen Auge"* nicht ebenbürtig. Was in Deutschland nottue, sei (nicht die geschichtliche, sondern) die scholastische Theologie[185]. Der Artikel wendet sich schließlich gegen den *„theologischen Primat der deutschen Nation"* und gegen eine angebliche wissenschaftliche Inferiorität der Italiener, deren kasuistische Moraltheologie verteidigt wird. In diesem Zusammenhang werden gegen Döllingers Rede Alfons von Liguori und sein Kampf gegen die französischen Jansenisten in die Diskussion eingeführt, ein Name, der uns fortan bei dem Münchner Professor immer dann begegnen wird, wenn er die „Unwissenschaftlichkeit" der Kasuisten anprangert. Mit scharfen Worten wird schließlich gegen ein falsches *„Nationalitäts-Ideal"* zu Felde gezogen, das sich hinter den erhabenen Worten vom *„Leuchter der Wissenschaft"* verberge[186].

Die von Döllinger einberufene „katholische Gelehrtenversammlung", seine dort gehaltene Rede und die Reaktionen darauf machen deutlich, welcher Graben bereits zwischen der von Döllinger vertretenen deutschen Universitätstheologie und der „italienischen" Theologie diesseits und jenseits der Alpen bestand. Doch sie zeigen auch, daß es sich dabei nicht nur um einen dogmatischen oder theologischen Streit handelt, sondern, wie bereits bemerkt, auch um den Streit zweier Kulturen, der sich immer mehr verschärfen sollte, wobei auf beiden Seiten häufig die sachliche Beurteilung durch nationale Vorurteile und Überheblichkeiten ersetzt wurde. All dem nachzugehen, erscheint notwendig, will man das Aufeinanderprallen Döllingers und seiner Freunde mit „Rom" verstehen. Es ist zu fragen: Welche Ideen und Ideologien, welche kritischen Erfahrungen und welche unkritisch übernommenen Schablonen stehen hinter Döllingers und seiner Freunde Bekenntnis zur „deutschen Wissenschaft" und hinter ihrem „antirömischen Affekt"? Es ist aber auch zu fragen: Wie beurteilten Döllingers Gegenspieler, zumal die Italiener, einschließlich Pius IX., die „deutsche Wissenschaft" und die Deutschen überhaupt?

4. „Deutsche Wissenschaft" und „antirömischer Affekt"

Wohl das auffälligste Schlagwort in der Auseinandersetzung Döllingers und anderer deutschen Theologen mit dem Lehramt ist das von der „deutschen Wissenschaft". Je näher der Bruch mit Rom rückte, um so häufiger findet es sich. Döllinger selbst hat es ursprünglich kaum gebraucht. Er sprach von der „deutschen Theologie" oder, in einem Brief an Jörg von 1861, von der *„deutschen theologischen Wissenschaft"*. Diese stellte er damals schon dem *„romanischen Element"* gegenüber, das *„der deutschen katholischen Wissenschaft prinzipiell feindlich"* sei und das den Deutschen am Collegium Germanicum in Rom beigebracht würde[187]. Wenn er dennoch in seinen Odeonsvorträgen das Wort „deutsche Wissenschaft" ohne das Beiwort „katholisch" verwendete, so meinte er damit die protestantische deutsche Universitätskultur, ihre Ideen und Ideologien, insbesondere die protestantische deutsche Theologie des 19. Jahrhunderts, wo dieses Schlagwort heimisch war. *„Herrlich weit"* bemerkt er spöttisch, habe es das deutsche Volk gebracht, es stehe *„auf der vollen Höhe der Intelligenz und theologischen Einsicht"*, und fährt dann fort: *„Der Papst soll also lehren, wie man jetzt, im Jahre 1861, an den Hauptsitzen deutscher Wissenschaft, in Berlin etwa oder Leipzig oder Göttingen, denkt und lehrt. Dann lassen wir ihn uns gefallen."*[188] In seiner berühmten Münchner Rede hat Döllinger, wo es um die Richtungen in der katholischen Theologie ging, zwar von „deutscher Theologie", aber nicht von der „deutschen Wissenschaft" gesprochen[189].

Ein frühes bis in das Jahr 1854 zurückreichendes Zeugnis für die Übernahme des „protestantischen" Schlagworts durch einen katholischen Theologen bilden dagegen die 1863 erschienenen Briefe des Rektors der deutschen Nationalkirche Maria dell'Anima in Rom, Alois Flir[190]. Flir stellt dem *„Silberblick der ideellen Weltanschauung"* in der *„deutschen Wissenschaft"* die Italiener entgegen, bei denen er zwar einen *„Vorrath von Kentnissen"* findet, aber *„kaum das, was man in Deutschland Wissenschaft nennt"*. *„Dabei"*, so fährt er fort, *„haben die*

Italiener einen immensen *Hochmut; sie halten sich für die Wissenden ohne Irrthum.*" *„Auszeichnung*", schreibt Flir, *„bemerke ich nur an einer casuistischen Gewandtheit der Moral und des jus canonicum*"[191]. Anderswo bemerkt er: *„Die deutsche Denkungsart lernt man erst recht in der Fremde und besonders in Rom wahrhaftig schätzen. Die deutsche Bildung ist mir in der Gegenwart das, was das hellenische Genie in Kunst und Literatur . . . Rom muß sich an Deutschland auffrischen.*"[192] Das Schul- und Studienwesen in Rom (*„Das Lesen und Schreiben ist beim Volke eine Seltenheit.*") verliere, so Flir, ohne durchgreifende Reform und eine Erfrischung durch *„die schärfere Luft des Nordens*" selbst für den Süden seine Brauchbarkeit[193].

In dem aus dem Jahre 1865 stammenden – jedoch damals nicht veröffentlichten – Aufsatz Döllingers *„Die Speyerische Seminarfrage und der Syllabus*", der den inneren Wandel Döllingers seit den Odeonsvorträgen von 1861 sichtbar macht und eine Kampfansage gegen Rom und den Ultramontanismus darstellt, findet sich dann auch bei ihm der Begriff „deutsche Wissenschaft" in der Gegenüberstellung zum römischen Studienbetrieb. Döllinger schreibt über den in Italien üblichen, nur auf das praktische Handwerk des Priesters ausgerichteten Studienbetrieb: *„Was dort in den Seminarien unter dem Namen Theologie gelehrt wird, beschränkt sich auf scholastische Dogmatik, Kasuistik für den Beichtstuhl und etwas Dekretalenrecht. Von dem, was wir Deutsche Wissenschaft oder wissenschaftliche Behandlung eines Gegenstandes nennen, hat man dort keine Ahnung.*" In den romanischen Ländern mit ihrem *„undeutschen System*" sieht Döllinger nur *„Routine*" und *„handwerksmäßigen Mechanismus*". Das alles findet sich ähnlich bereits bei Flir und schärfer noch bei Mamiani oder Cantù. Neu ist, was Döllinger in diesem Zusammenhang über das veränderte Verhältnis Roms zur deutschen Kirche sagt. Dieses sei neben mehreren anderen Gründen – darunter dem stärkeren Einfluß der Jesuiten – verursacht durch die *„italienische, in jüngster Zeit noch sehr gesteigerte Abneigung gegen deutsche Nationalität und Wissenschaft, die nun einmal den südlichen Romanen unverständlich und ungeheuerlich ist*". Döllinger glaubt, eine *„nationale Abneigung gegen alles Deutsche in Italien*" feststellen zu müssen, und fährt fort: *„Dem Römer besonders ist das deutsche Wesen fremd, rätselhaft und daher, wie jede unverstandene Kraft, unheimlich.*" Der Deutsche, so glaube man, habe sich dem Italiener unterzuordnen, vor allem in kirchlichen Dingen. Das Hauptorgan des französischen Ultramontanismus „Le Monde", das Lieblingsblatt römischer Prälaten, tue sein Übriges, *„die Deutschen . . . als eine ganz im negativen Protestantismus, Mysticismus und Materialismus verkommene Nation*" zu verdächtigen und die deutschen Gelehrten als *„nebulöse Querköpfe und schwerfällige Pedanten*" darzustellen. Die Mißstände in Rom aber, die *„preti di*

piazza", die sich zur Miete einer Messe aufstellen, wie das von Priestern geleitete Lotteriespiel, der Mißbrauch geistlicher Strafen, das Denunziationswesen . . ., das alles sei für die *„Romanisten"* unanstößig[194]. Zweifellos sind solche Äußerungen, die eine in der Luft liegende Stimmung gegen alles Welsche[195] aufgriffen, zu verstehen. Sie sind Ausdruck von Döllingers Enttäuschung über die römische Reaktion auf die Münchner Gelehrtenversammlung wie auf den Syllabus. Dieser unterstützte kaum seine Bemühungen, katholische Theologie als vollwertige Wissenschaft zu erweisen, da er auf gebildete Menschen des 19. Jahrhunderts in manchen Passagen geradezu lächerlich wirken mußte, wie dies Döllinger denn auch bitter vermerkt[196].
Doch die Bekehrung zum „Antiromanismus" war nicht das Entscheidende in der Entwicklung Döllingers in diesen Jahren. Dieser war vielmehr, bedingt durch die äußeren Anlässe, nur ein Ausdruck und die letzte Übersteigerung der grundsätzlichen Entscheidung Döllingers, deren Anfänge in seine Zeit als Abgeordneter zum Frankfurter Parlament reichen und die jetzt ihren Ausdruck im Bekenntnis zur „deutschen Wissenschaft" findet: der Entscheidung zum Wissenschaftsideal der deutschen Universitäten Humboldtscher Prägung, in deren katholischen Fakultäten er allein die Garantie für die Freiheit der Forschung und für wirkliche wissenschaftliche Arbeit innerhalb des Katholizismus sah, während nach seiner Meinung die Ultramontanen, die sich nicht zu diesem Ideal bekannten, in ganz Deutschland *„keinen wirklichen hervorragenden Geist"* hervorgebracht hätten[197]. Diese Entscheidung schließt den Willen Döllingers ein, katholische Theologie innerhalb des deutschen Wissenschaftsbetriebes als geachtete Wissenschaft zu erweisen. Diese Entscheidung Döllingers schließt aber auch eine Entscheidung zur deutschen Kultur, zum „Deutschtum" überhaupt (im Gegensatz zum Romanismus) ein. Das besagt zum einen das Heraustreten aus einer katholischen, romanisch geprägten Binnenwelt, das sich für sein Denken und Forschen fruchtbar und befreiend auswirkte, zum andern jedoch auch eine Verstrickung in nationale deutsche Ideologien.

Wie sehr Döllinger sich und seine Richtung mit „deutscher Wissenschaft" und „deutscher Universität" identifizierte, das zeigt nicht nur die Tatsache, daß er nach dem Zeugnis Friedrichs unter den zeitgenössischen Autoren im allgemeinen den Protestanten vor den Katholiken den Vorzug gab[198], das zeigen vor allem seine akademischen Reden. Sie sind Zeugnis für das Bemühen eines Katholiken, teilzuhaben an der deutschen Universitätskultur und an dem, was Wissenschaft an einer deutschen Universität seit den 1840er Jahren meinte. Was seit Humboldt und der Gründung der Berliner Universität über die deutsche Universität gesagt wurde als Institution von Wissen und Gewissen, als Ort, an dem Wissenschaft verstanden wird als Erforschung und übergreifende Reflexion der Wahrheit über das Ansammeln von Einzelfakten hinaus, jenseits allen praktischen Nutzens und der Vorbereitung auf den Beruf, all das findet sich in Döllingers Reden wieder. Es findet sich der Vorrang des Selbstdenkertums vor dem Hinhören auf die Autoritäten, es findet sich die Idee der Freiheit von Forschung und Lehre, wobei der Forschung der Primat vor Wissensvermittlung eingeräumt wird, es findet sich vor allem die geschichtliche Auffassung von Mensch und Welt, der Vorrang der geschichtlichen Wirklichkeit vor ideologischen Festlegungen, es findet sich aber auch eine quasireligiöse Verehrung der „Wissenschaft" in ihren Tempeln, den Universitäten[199]. Weit entfernt freilich war Döllinger – was manche seiner späteren italienischen Bewunderer übersahen – von einem neueren deutschen Wissenschaftsbegriff, welcher die Alleingültigkeit, ja, den Kult des Positivismus (und des Materialismus – im Sinne eines Vogt, Moleschott oder Büchner) meinte, jenes Positivismus, der seit Ende der 1860er Jahre in Italien nicht nur als wissenschaftliche Methode Auftrieb erhielt, sondern, besonders für die liberale Linke, zur Ersatzreligion wurde[200].

Bereits die Gedächtnisrede Döllingers auf Maximilian II. vom 30. März 1864, die sich mit den Bestrebungen des Bayerischen Königs zur Förderung der Wissenschaft und zur Weckung eines „wissenschaftlichen Geistes" im bayerischen Volke befaßt, spiegelt diese Ideenwelt. Von der *„unvergänglichen Würde der Wissenschaft"* ist die Rede, von der *„Wissenschaft und ihren Priestern"*, ja, Döllinger steigert sich zu einer Elogie auf die hohe Mission des deutschen Volkes, das er das *„geistige Centrum aller weltbewegenden Ideen"* nennt, *„das Schlachtfeld, auf welchem alle großen Geistesschlachten geschlagen wurden"*. Die Rede gipfelt in dem Satz: *„. . . in höherem Grade als jedes andere Volk sind die Deutschen in der modernen Welt gleich den Griechen in der alten zum Priesterthum der Wissenschaft berufen und sie haben diesem Berufe keine Unehre gemacht."*[201]

Noch deutlicher wird die ideologische Position Döllingers in seiner Rektoratsrede vom 22. Dezember 1866: *„Die Universitäten sonst und jetzt"*, einem Loblied auf die deutsche Universität und ihre Erneuerung durch Wilhelm von Humboldt. Vom Prototyp dieser Universität, der Berliner Universität, sagt Döllinger: *„Es war wohl das erste Mal seit der Reformation, daß eine Hochschule ohne jedes Programm, nicht im Dienste einer kirchlichen Confession oder einer Schule entstand, sondern einzig gestiftet wurde, um geistige Bildung und gründliche Wissenschaft zu verbreiten."* Daß es bei dieser Bildung um mehr gehe als um *„ameisenartig zusammengetragenes Wissen"*, hebt Döllinger hervor[202]. Die Rektoratsrede zeigt aber auch, wie wenig Döllinger von den italienischen Universitäten der Gegenwart hielt. Bonghi habe mit aller Offenheit ihren Verfall beklagt, doch sei die von ihm geforderte Reform so lange zum Scheitern verurteilt, als die italienischen Gymnasien sich in einem kläglichen Zustand befänden. Am armseligsten sei die Bildung des in Seminarien geschulten italienischen Klerus, der *„durch eine breite Kluft von den gebildeten Klassen getrennt"* sei. In dem Lande, *„welches einst die Lehrerin aller Culturvölker gewesen"*, sei heute die wissenschaftliche Theologie mißachtet. Dies erkläre *„die mit Geringschätzung gepaarte Abneigung"* gebildeter italienischer Laien gegenüber dem Klerus[203].

Einer der Schwerpunkte der Rede – der den späteren Kampf Döllingers gegen das Dogma der Unfehlbarkeit als Angriff auf die geschichtliche Wahrheit verständlicher macht – ist sein Bekenntnis zum *„historischen Sinn der Deutschen"*, als dessen Produkt er die deutschen Hochschulen bezeichnet. Gipfelpunkt aber ist das Bekenntnis zum *„deutschen Wesen"* und zur deutschen Nation, die er die *„universalste unter den Nationen"* nennt: *„. . . in ihrem Schooße findet sich das ächt Menschliche, Weltbürgerliche in größerer Fülle als bei irgend einem andern Culturvolke."* Mehr als andere Völker besitze das deutsche Volk die Fähigkeit, *„auf jeden fremden Vorzug anerkennend und selbst liebend einzugehen, sich alles anzueignen und es sofort zu vervollkommnen, was unser Volk so recht zum Centralvolk der Menschheit macht."*[204]

Schließlich sei auf die Rede Döllingers bei den Beerdigungsfeierlichkeiten Ludwigs I. hingewiesen, die wegen der Angriffe des Redners auf Napoleon I. zu einem Eklat führte. An den anschließenden Feierlichkeiten fehlten die Mitglieder der französischen Gesandtschaft[205]. In unserem Zusammenhang ist darauf hinzuweisen, daß sich Döllinger in seinem Bekenntnis zur deutschen Sendung nahezu mit dem „teutschen König" Ludwig identifizierte. Bezugnehmend auf die Worte Ludwigs I., er habe die Walhalla erbauen lassen, *„auf daß Teutscher der Teutsche aus ihr trete, besser als er gekommen"*, bemerkt Döllinger: *„Es mag dies ein dem Ohre eines Fremden stark klingender Ausdruck nationaler Selbstbewußtseins sein, aber es ziemte dem Beherrscher von vier Millionen Deutscher, es seinen Volksgenossen zu sagen, daß jeder von ihnen um so besser sei, je vollkommener er die ächten Züge des deutschen Charakters an sich trage."* Döllingers Rede gipfelte in den Worten, die er als Vermächtnis des Königs an seine Bayern weitergab: *„Vergesset es nie, daß ihr ein Glied seid an dem Leibe des deutschen Volkes, und daß Gott diesem Volke einen großen, universalen, der ganzen Menschheit geltenden Beruf angewiesen hat, einen Beruf, zu dessen Erfüllung Deutschland auch einer achtungsgebietenden staatlichen Stellung zwischen den umgebenden Weltmächten bedarf."*[206] Ludwig II. sprach dem Stiftspropst für diese Worte seinen *„freundlichen Dank"* aus und ernannte ihn noch im gleichen Jahre zum lebenslänglichen Reichsrat der Krone Bayerns[207].

Angesichts solchen stolzen Selbstbewußtseins wird verständlich, daß es Döllinger als Hohn empfinden mußte, wenn man in Italien abschätzig über die

„deutsche Wissenschaft“ urteilte und insbesondere die deutsche Geschichtswissenschaft als unwichtig abtat. Zu fragen ist jedoch, ob diese Geringschätzung von allen Italienern geteilt wurde und ob Döllinger zum mindesten verallgemeinerte, wenn er die offensichtliche geistige Inferiorität des Klerus im Kirchenstaat auf den gesamten italienischen Klerus, ja, im Widerspruch zu eigenen Urteilen, auf „die Italiener“ überhaupt übertrug.

Richtig an Döllingers Auffassung ist so viel, daß man in Rom tatsächlich nicht viel von der „deutschen Theologie“[208] hielt, bis hin zum Papst, der allerdings nie ein deutsches Buch, auch nicht in Übersetzung, gelesen haben soll[209] und der die allgemeine Auffassung teilte: *„I tedeschi sono tutti un po' eretici“*[210], wie auch seine Äußerung beweist: *„Die Deutschen sind die Schlimmsten von allen. Der deutsche Geist verdirbt alles.“*[211] Die Feststellung des „Quirinus“ dürfte daher ins Schwarze treffen: *„Durchschnittlich gelten hier alle deutschen Katholiken für halbe Protestanten; ein Deutscher muß erst besondere Beweise seiner correcten Gesinnung gegeben haben, ehe man . . . ihn nur als einfachen Katholiken nach Spaniern und Italienern gelten läßt. Vor allem aber steht die deutsche Theologie in schlimmem Ruf, und das bloße Wort ‚Geschichte' im Munde eines Deutschen wirkt hier wie ein rothes Tuch auf gewisse Thiere.“*[212]

Richtig ist, daß der weitverbreitete Deutschenhaß – wobei mit den Deutschen vor allem die österreichische „Besatzungsmacht“ gemeint war[213] – auch vor dem Kirchenstaat (wo es ja auch deutschsprachige Truppen gab) nicht haltmachte[214]. Richtig ist ferner, daß nach dem Sieg Preußens bei Königgrätz und dem sich abzeichnenden Antagonismus zwischen Frankreich und Preußen-Deutschland italienische Klerikale ganz im Sinne des Neuguelfentums Romanismus und katholische Kirche identifizierten und der „Osservatore Romano“ einer Allianz der katholischen Nationen Italien, Frankreich und Österreich gegen die drohende militärische Hegemonie Deutschlands das Wort sprach. Diese, so fürchtete man, solle die Vorherrschaft vollenden, die Deutschland auf geistigem Gebiet mit Kant, Goethe, Schlegel und Savigny, mit seiner irrgläubigen Wissenschaft und seiner pantheistischen und rationalistischen Philosophie angetreten habe. Allen Ernstes schrieb das vatikanische Blatt, der Endkampf des katholischen Romanismus mit dem Deutschtum und seiner antilateinischen, rationalistischen Kultur stehe bevor[215]. Und noch schärfer seit 1870 der aus Genua stammende Kardinal Alimonda[216] (Freund Don Boscos und Verehrer des Alfonso de Liguori), der in mehreren Veröffentlichungen Zeugnis gibt von der Deutschenangst klerikaler Kreise Italiens. 1870 greift er den Topos von den Deutschen als den „neuen Hunnen“ auf[217]. In den Jahren 1878 bis 1883 wird er eine Reihe von Konferenzen halten, in denen er sich gegen die Nachahmung der Deutschen durch die Italiener wendet. Der Grund für seine Warnungen liegt nicht einfach im deutschen Volkscharakter, ja, Alimonda spricht sogar von seiner

Bewunderung für die *„gelehrte"* deutsche Nation. Was er an den Deutschen ablehnt, sind der Geist Luthers und der deutsche Protestantismus, zu dem ziemlich alles gezählt wird, was ihm an „individualistischer" deutscher Kultur begegnet – neben dem deutschen Idealismus und Materialismus ganz besonders die deutsche Romantik bis hin zu den katholischen Dichtern Brentano und Novalis. Luther sei es gewesen, der die Deutschen verdorben habe. Bis heute würde die deutsche Nation darum die göttliche Offenbarung vom eigenen Urteil abhängig machen, wo doch das Heil für Deutschland in der Anerkennung der moralischen Autorität des Papstes liege[218].

Richtig ist, daß der Argwohn gegenüber den Deutschen regelrecht geschürt wurde, so vom Münchner Nuntius Meglia, der, ähnlich wie Alimonda in seinen Berichten nach Rom, im „Deutschtum" deutscher Katholiken nichts anderes sah als *„Sympathie für wissenschaftliche Methoden und Systeme der Protestanten"* und damit verbunden einen Affront gegen eine der vier Grundeigenschaften der Kirche, daß sie nämlich „römisch" sei[219]. Richtig ist auch, daß selbst die deutschen Jesuiten sich in Rom schwertaten und daß beim Konzil nicht nur deutsche Bischöfe, sondern auch konservative deutsche Konzilstheologen aus dem Jesuitenorden auf Unverständnis stießen[220]. Ferner, daß die römischen Jesuiten der „Civiltà" ständig mit der „deutschen Philosophie", in erster Linie mit dem Hegelianismus, im Streit lagen und auch auf andere deutsche Errungenschaften nicht gut zu sprechen waren. Selbst die vom piemontesischen Staat zu Beginn der 1850er Jahre in die Wege geleitete Reform des darniederliegenden Schulwesens nach preußischem Muster hatte P. Taparelli in der „Civiltà Cattolica" als *„Verdeutschung, Verpreußung und Protestantisierung"* Italiens entschieden zurückgewiesen. Und Curci hatte gefragt, ob es für das Volk nicht besser sei, nicht lesen und schreiben zu können, da diese Fähigkeiten in Preußen die Revolution von 1848, die Unmoral und die Kriminalität gefördert hätten[221]. Überhaupt waren kirchliche Kreise in Rom in ständiger Angst vor dem „deutschen Geist", der deutschen Philosophie und der „deutschen Wissenschaft", hinter denen sie nur verderblichen Individualismus, Liberalismus und Libertinismus, ja, die Wurzeln revolutionären Geistes erblickten und den sie über die deutsche Aufklärung auf die Auflehnung Luthers gegen die römische Ordnung zurückführten. Was Gioberti gesät hatte, ging reichlich auf, und die enge Beziehung des jungen Curci zu Gioberti macht verständlich, warum sich seine Vorstellungen über die Deutschen bei der „Civiltà Cattolica" wiederfinden, insbesondere die Ablehnung der deutschen Philosophie, vor allem des deutschen Idealismus, die für Gioberti wie später für Curci nichts anderes war als Ausdruck des alten deutschen verworrenen und nebulösen, spalterischen Individualismus und der Rebellion Luthers gegen die lateinische Harmonie[222].

Trotz alldem entbehrten Döllingers antiitalienischen und antirömischen Äußerungen vielfach der Grundlage. Sie waren nicht selten – und sollten es noch in stärkerem Maße werden – Übernahmen von stereotypen Vorurteilen und Klischees, die im Kampf des deutschen Liberalismus gegen Jesuitismus und Ultramontanismus in der ersten Hälfte des 19. Jahrhunderts, besonders wo er sich mit protestantischen Standpunkten verband, kräftigen Auftrieb erhalten hatten. Allerdings darf der Eindruck, den Rom auf Döllinger gemacht hatte, nicht unterschätzt werden. Selbst als „ultramontan" zu bezeichnende Deutsche taten sich offensichtlich mit der römischen und italienischen Mentalität schwer. Klemens Hofbauer hatte bereits 1815 gefragt: „*Warum muß denn das Centrum* [der Kirche] *bey der faulen Nation sein? Dero ganze Weisheit in einer schlauen Verschlagenheit bestehet?*"[223] Und der gewiß „ultramontane" Theologe Constantin von Schaezler schrieb 1876 aus Rom, er fühle sich „*inmitten dieser Italiener*" immer noch als Fremder[224].

Was bei Döllinger jedoch verwundert, ist, daß auch er – wie die italienischen Klerikalen – den italienischen „*Catholizismus mit der Hierarchie verwechselt*"[225] und wie diese die römische Kirche und Italien weithin identifiziert. Von den liberalen Italienern, von den Vertretern des werdenden italienischen Nationalstaates kommen bei ihm nur einige wenige weit rechts stehende Moderate vor. Den radikalen und demokratischen Flügel des Risorgimento bekämpft er. Der Großteil der politischen und geistigen laikalen Kultur des „Risorgimento" aber wird von ihm ignoriert. Dies gilt vor allem für führende Gestalten der Philosophie in Italien, wie Spaventa, Trezza, Ardigò und Franchi[226], die als ehemalige katholische Priester ihm bekannt gewesen sein müßten und die keineswegs der Schablone von dem ungebildeten italienischen Klerus entsprachen. Auch ein Mann wie der führende italienische Historiker Villari ist für Döllinger, bei aller Achtung, die er ihm entgegenbringt, letztlich uninteressant, weil er offensichtlich keine Beziehung zur Religion hat[227]. So übersieht Döllinger auch geflissentlich die begeisterte Hinwendung der kirchlich nicht gebundenen italienischen Philosophen, Philologen, Historiker, Naturwissenschaftler, Universitätsreformer zum deutschen Modell nach Königgrätz und Sedan[228]. Sein Italienbild verengt sich immer mehr. Der typische Italiener bleibt für ihn, wenigstens in seinen Veröffentlichungen, der unwissende, dem Papst gehorsame, an List und Intrige gewöhnte römische Abbate und Monsignore.

5. Unfehlbarkeit, „Romanismus" und deutsche Geschichtswissenschaft

Am 6. Februar 1869 brachte die „Civiltà Cattolica", die sich immer mehr zum offiziösen Organ der Kurie entwickelt hatte und deren Redakteur P. Piccirillo regelmäßig die Druckfahnen mit dem Papst besprach[229], eine auf eine Anweisung Antonellis zurückgehende Korrespondenz aus Frankreich, die sich mit dem bevorstehenden Konzil und der Stimmung in Frankreich befaßte. Den *„liberalen Katholiken"*, die „fürchten, das Concil möchte *die Doctrin des Syllabus und die dogmatische Unfehlbarkeit des Papstes verkündigen*", wurden die *„eigentlichen Katholiken"* gegenübergestellt, die sich für die Promulgation des Syllabus und für die Dogmatisierung des Dogmas aussprechen[230].

Für Döllinger wurde diese Notiz zum Anlaß, sich in einer Reihe von anonymen Artikeln in der „Augsburger Allgemeinen Zeitung" gegen die vom Konzil zu erwartenden Maßnahmen zu wenden[231]. Sie bildeten die Grundlage zu einem aufsehenerregenden Werk, dem sogenannten „Janus"[232]. Doch Döllinger beließ es nicht bei publizistischer Tätigkeit; zweifellos spielte er bei der berühmten Zirkulardepesche Hohenlohes wie bei anderen Initiativen eine wichtige Rolle[233]. All dem nachzugehen, ist nicht Aufgabe dieser Untersuchung. Uns interessieren vielmehr in diesem Zusammenhang vor allem die Äußerungen Döllingers zu Deutschland und zur „deutschen Wissenschaft" einerseits, zum Romanismus und den Italienern andererseits. Die Vermutung bestätigt sich, daß angesichts der prekären Situation, vor der sich Döllinger sah, und mehr noch angesichts des Mediums, dessen er sich zum Ausdruck seines Protests bediente, der Journalistik, der Ton rauher und aggressiver wird als bisher. Ob freilich inhaltlich zwischen dem Vortrag von 1863 mit seinem Stolz über die Berufung der deutschen Theologie und dem jetzigen „Chauvinismus" Döllingers ein so großer Unterschied besteht, wie gesagt wurde, muß bezweifelt werden[234]. Das Stilmittel, das Döllinger verwendet, ist ein anderes, aber seine Grundentscheidung für die deutsche Universität, die deutsche Kultur und die deutsche Nation ist dieselbe, gewachsen allerdings ist, dank der Verdächtigungen aus Rom und nicht zuletzt dank P. Curci, seine Abneigung gegen die Italiener der Gegenwart, mit denen er die italienisch geprägte Kurie und den kirchlichen Studienbetrieb in Italien meinte.

Deutlich zeigt sich das „katholisch verengte" Italienbild Döllingers, wenn er davon spricht, die Kurie wolle der Kirche die *„klerikal-italienische Denk- und Empfindungsart"*[235] aufzwingen. Indem er diese Denkweise näher bestimmt, greift er eine alte Schablone über eine angebliche italienische Nationaleigenschaft auf, die er offensichtlich auch hinter dem von ihm befehdeten „Probabilismus" am Werk sieht: Verschlagenheit gelte bei den Italienern als Tugend[236]. Dagegen stellt er den *„deutschen Geist"*, der in seinem *„Gefühl, und im Denken und Schließen, und solange es eine Logik und eine Geschichte gibt"*, sich auflehnt gegen das neue Dogma. Allzulange seien die Deutschen von der in Rom herrschenden *„wälschen Oligarchie"* mit Mißtrauen und Zurücksetzung behandelt worden und durch Jahrhunderte die *„contribuens plebs"* gewesen. Jene Deutschen würden Widerstand leisten, die nicht (wie Hergenröther und Reisach) durch die Jesuiten verdorben wurden und nicht wie die deutschen Ultramontanen das selbständige Denken in einem *„sacrificio dell'intelletto"* dem *„summum Oraculum"* Rom[237] opferten, sondern ihre Bildung an deutschen Hochschulen erhalten hätten[238]. Was in diesem Zusammenhang gesagt wird, ist nicht nur Polemik. So wenn Döllinger klar herausstellt, daß die Kurie die katholische Kirche mit der romanisch-italienischen Kultur verwechsle, eine Feststellung, die zum Teil bis heute Geltung hat. *„Will also der Deutsche, Franzose oder Engländer, da wo die italienische Form oder Anschauung oder Praxis und Andachtsübung seinem nationalen Gefühl widerstrebt, . . . die fremde Form von sich abwehren, so ist er . . . kein ‚eigentlicher Katholik' mehr, sondern nur noch ein ‚liberaler Katholik'."*[239]

Ist der „Janus" eine, wenn auch tendenziöse und schnell zu Papier gebrachte, historisch und theologisch kritische Abhandlung, so hatten die unter dem Namen „Quirinus" erschienenen „Römischen Briefe vom Konzil" aus dem Jahre 1870, die, soweit sie nicht Döllinger zum Verfasser haben, von diesem redigiert wurden[240], den Zweck, die deutsche Öffentlichkeit gegen das Dogma zu mobilisieren. So ist der polemische Ton der „Briefe" verständlich. Dabei dürfte gerade die Polemik gegen „Jesuiten" und „Italiener" auf Döllinger selbst zurückgehen. Ganz deutlich wird dies bei der Beurteilung eines seiner schlimmsten Gegner, des Kardinals Reisach. Der „Quirinus" bezeichnet ihn als ein *„Prachtexemplar seiner Gattung"*, als einen Mann, der in *„seiner Ablehnung gegen deutsche Wissenschaft, deutsche Literatur und Theologie ganz Italiener geworden"* sei[241]. Ein Jahr zuvor, 1869, hatte Döllinger die Äußerung Hanebergs nach dessen Rombesuch weitergegeben, man müsse *„auf das Schlimmste gefaßt sein, Reisach mit seinem Haß gegen deutsche Theologie, deutsche Wissenschaft, u.s.w., unterstützt und getrieben von den Jesuiten habe das Wort des P(apstes)"*[242]. Damit dürfte klar sein, wer im „Quirinus" über Reisach geurteilt hat. Daß auch Lord Acton 1871 Reisach als Gegner der „deutschen Wissenschaft" bezeichnet[243], widerspricht dem nicht. Auf Döllinger verweisen auch die Stellen im „Quirinus", wo von der „Civiltà", von P. Curci oder einfach von „den Jesuiten" die Rede ist. Allerdings sieht auch er in dem Orden keinen monolithischen Block. Ausdrücklich betont er, der General P. Beckx und sein *„freisinniger"* Berater P. de Buck seien mit der übrigen *„geistlichen Miliz"* des Ordens[244], als dessen

„theils willige, theils unwillige dienende Brüder, Wegbereiter und Handlanger" die von Liguori gegründeten Redemptoristen bezeichnet werden[245], nicht einverstanden. Noch schärfer als früher stellt sich jetzt Döllingers Antiromanismus dar. Als Ziel des Konzils glaubt er geradezu die Errichtung der *„geistigen Herrschaft der Italiener über die anderen Nationen, besonders über die Deutschen und Franzosen"* zu erkennen. Hinter dem Eifer der Italiener für das Dogma sieht er einen „neuguelfischen" Beweggrund, der auch in der Gedächtnisrede auf Capponi von 1876 wieder aufscheinen wird: den Patriotismus der Italiener, die mit der Erhöhung des Papsttums die Erhöhung ihrer Nation anstreben[246]. Schwerwiegender ist für ihn aber ein anderer Gesichtspunkt: Die *„jesuitische und antigermanische Partei"* erstrebe eine Dogmatisierung der Vorherrschaft der romanischen Denkweise und Kultur über die germanische[247], ein Gedanke, der uns heute „rassistisch" erscheinen mag, der aber in der damaligen Zeit, wo auch in Italien viel über die Vorzüge der einzelnen Völker und „Rassen" diskutiert wurde, nichts Ungewöhnliches an sich hatte[248]. Auf dem Hintergrund dieser Diskussion gewinnt die Frage einen Sinn: *„Kann man ein neues Dogma blos für Spanier, Italiener und Südamerikaner machen?"*[249] Die romanischen Völker waren nach den völkerpsychologischen Überlegungen der Zeit die Vertreter der Ordnung. Anders die Deutschen, die mit ihrem freien, individualistischen Geist für die Gewissensfreiheit standen und auch mal revoltieren durften[250], wie dies Luther tat, den Döllinger – der seine Theologie ablehnte – einen *„potenzierten Deutschen"* nannte[251]. Dazu kam bei Döllinger noch etwas anderes, seine Überzeugung von der *„Unwissenheit dieser Romanen in allen geschichtlichen Dingen"* und von deren *„gänzlichem Mangel an allgemeiner Bildung"*. Ja, er mußte sich angesichts des Umgangs der (romanischen) Konzilsmajorität mit der Geschichte sagen: *„Je größer die Unwissenheit, desto größer die Vorliebe für die Unfehlbarkeit."* Und ausgerechnet *„diese Romanen"* drohten, einen *„Vernichtungskrieg gegen die theologischen Fakultäten an den deutschen Universitäten"* zu führen. Sie wandten sich gegen die deutsche Theologie und warfen den Deutschen vor, das viele Lesen sei schuld an ihrem mangelhaften Katholizismus[252].

Dies alles muß man sich vor Augen halten, will man Döllingers „Antiromanismus" verstehen. Zwar traf es nicht in das Zentrum der Argumentation Döllingers, wenn von seiten der französischen Botschaft beim Heiligen Stuhl gesagt wurde, der Protest Döllingers beruhe vor allem auf seiner Ansicht von der *„Superiorität der germanischen Rasse über die lateinische"*[253], aber völkerpsychologische Wertungen flossen zweifellos in seine Überlegungen und Aktionen ein. Dabei bleibt offen, wie weit sein „Antiromanismus" aus Überzeugung kam und wieweit er auch von taktischen Überlegungen bestimmt war. Rein theologische Fragen, selbst das Dogma von der Unfehlbarkeit, fanden im 19. Jahrhundert außerhalb der katholischen Professorenschaft und einem kleinen Kreis Gebildeter kaum Interesse. Anders war es mit der Politik. Dies mag mitgewirkt haben, wenn Döllinger auf die politischen Konsequenzen eines unfehlbaren Papstes für die Regierungen und Staaten hinwies[254]. Man würde ihm freilich unrecht tun, würde man in solchen Aktionen nur Taktik sehen. Als Theologe und Historiker war er überzeugt, daß mit der Erklärung der päpstlichen Unfehlbarkeit die feierlichen Erklärungen früherer Päpste zur „potestas directa in saecularibus" zur unfehlbaren kirchlichen Lehre wurden. Daß er sich die allgemeine antiwelsche Stimmung zunutze machte, muß jedoch auch als taktischer Schachzug gewertet werden. Aber griff er damit nicht zu den von ihm gebrandmarkten Methoden seiner Gegner? Heiligte auch bei ihm der Zweck die Mittel wie bei den „Jesuiten" und „Italienern"? Oder war er wirklich so sehr einem deutschen „Nationalismus" verfallen? Wie immer man diese Fragen beantwortet, ein gewisses Befremden bleibt. Doch wird sein Verhalten einigermaßen verständlich durch seine Erfahrungen mit Rom und durch seine Überzeugung, daß nichts weniger auf dem Spiel stehe als die Rechtgläubigkeit der römischen Kirche. Daß die „Römer" dies nicht erfaßten, sah er u. a. in deren mangelhaften historischen und theologischen Kenntnissen und in der Tatsache begründet, daß *„Theologie in Rom nie in größerem Maßstabe betrieben"* wurde[255]. Dies macht seine tiefe Enttäuschung über „Rom" begreiflich.

Die Polemik Döllingers gegen den Romanismus verstärkte sich nach seiner Exkommunikation. Daß die Umstände dieser Exkommunikation den alten, um seine Kirche verdienten Mann tief verletzen mußten, bedarf keiner weiteren Erklärung. Wenn ein so unverdächtiger Zeuge wie Janssen sagt, an Döllinger sei *„viel . . . gesündigt worden"*[256], dürfte er vor allem diese Vorgänge gemeint haben. Dennoch hat der so Gemaßregelte sich nicht verbittert in einen Schmollwinkel zurückgezogen. Seine Antwort auf das – gelinde gesagt – geschmacklose Verhalten Bischof Scherrs ist das Zeugnis eines aufrechten Charakters, das man bei seinen Gegnern, aber auch bei manchen einstigen Vertretern der Minorität, die um der Einheit der Kirche willen gegen ihre Überzeugung handelten, vergeblich sucht. Seine Feststellung, er könne *„als Christ, als Theologe, als Geschichtskundiger, als Bürger"* dem Dogma nicht zustimmen[257], verdient Achtung. Aber es ist auch mehr als begreiflich, wenn Döllinger dem Konzil nicht nur mangelnde Freiheit vorwarf – wovon er überzeugt war –, sondern auch auf Grund seiner Geschichtskenntnisse zu dem Ergebnis kam, *„daß in der Tat der immensen Majorität der Bischöfe aus den romanischen Ländern entweder der Wille oder die Einsicht mangelte, um Wahrheit und Lüge, Rechtes und Falsches gehörig von einander zu sondern"*[258]. Was den deutschen Professor, der an die historisch-kritische Methode gewöhnt war, zusätzlich am Konzil verärgerte, war die Tatsache, daß neben Thomas von Aquin bei den romanischen Konzilsvätern Alfons von Liguori eine entscheidende Rolle für die Verkündigung des Dogmas gespielt hatte, erschien ihm doch dessen Lehre als das Musterbeispiel kasuistischer, probabilistischer – also echt romanischer – Jesuitenmoral, Liguori selbst als der Prototyp eines typisch italienischen unkritischen, ja unwissenschaftlichen Theologen[259]. Hierin sollte ihm sogar Hergenröther teilweise recht geben, wenn er schreibt: *„Auch mir steht Alphons von Liguori höher als Heiliger wie als Gelehrter, sein tief religiöser Geist höher als seine Beweisführung.“*[260] Daß Hergenröther aus dieser „Heiligkeit“ eine Autorität Liguoris ableitete, das freilich war es gerade, was Döllinger bekämpfte. Für ihn zählte, wo es um geschichtliche Fakten ging, allein die Erforschung der historischen Wirklichkeit, nicht die bloße Berufung auf Autoritäten (wie dies besonders bei italienischen Moraltheologen üblich war) und schon gar nicht eine Haltung, die an die Stelle eigenen Nachdenkens und gründlicher Forschung den Gehorsam stellte, letztlich den blinden Gehorsam gegen den unfehlbaren Papst, der auch – so die Ansicht Döllingers – gegen die geschichtlichen Tatsachen ein Dogma aufstellen kann, dessen Macht unbegrenzt ist und der entsprechend der Bulle „Unam Sanctam“ jederzeit und überall eingreifen, schrankenlos und unberechenbar jeden strafen kann[261]. War dies ein übersteigertes Unfehlbarkeitsverständnis? Damals jedenfalls war es vor allem bei den italienischen Bischöfen und Prälaten (die Döllinger *„Sklaven der Kurie“*[262] nennen wird) weit verbreitet. Don Margotti von der „Unità cattolica“ zum Beispiel freute sich darüber, daß man jetzt letzte Sicherheit habe mit einem Papst, der tagtäglich definieren und verurteilen könne[263]. So nimmt es nicht wunder, daß Döllinger den mißverständlichen Satz niederschrieb: *„Dieses System trägt seinen romanischen Ursprung an der Stirn und wird nie in germanischen Ländern durchzudringen vermögen.“*[264]

Auf Liguori wird Döllinger noch öfters zurückkommen, nicht nur in der zusammen mit Reusch verfaßten *„Geschichte der Moralstreitigkeiten“*[265], sondern auch in Briefen, Gesprächen und öffentlichen Erklärungen. Ganz besonders wird er entsetzt sein über die Erhebung des *„unwissenden Enthusiasten“*[266] und *„Lieblingstheologen“* Pius' IX.[267] zum Kirchenlehrer im Jahre 1874. Er nannte sie *„das Monströseste, was je auf dem Gebiete der katholischen Lehre vorgekommen“*, denn sie habe einem Mann gegolten, *„dessen falsche Moral, verkehrter Mariencult, dessen beständiger Gebrauch der crassesten Fabeln und Fälschungen seine Schriften zu einem Magazin von Irrthümern und Lügen macht.“*[268] Und ein Jahr später äußerte er sich gegenüber seinem Gesprächspartner Plummer, die Erhebung Liguoris zum Kirchenlehrer, dessen Moralsystem nichts anderes sei als Kasuistik und Probabilismus, bedeute genauso ein

Abweichen von der alten kirchlichen Lehre wie das Unfehlbarkeitsdogma. Ja, er war der Ansicht: *„This creating him a Doctor of the Church was almost a worse calamity than the Infallibility dogma.“*[269] Spätestens hier, wie ähnlich bei der Beurteilung mittelalterlicher Fälschungen durch Döllinger, wird man sich freilich sagen müssen, daß der Münchner Gelehrte allzusehr auf den aufgeklärten „deutschen“ Wissenschaftsbegriff eingeschworen war, so daß er wie viele seiner Zeitgenossen zu den positiven Seiten Liguoris keinen Zugang fand, eines Mannes, der nun einmal einem unaufgeklärten Milieu und einem völlig anderen Kulturkreis angehörte und dessen Schriften im Grunde nicht der Wissenschaft, sondern der Seelsorge dienen wollten. Zum andern kann man Döllinger dies nicht zu sehr verargen, denn Liguori war im Vorfeld des Vatikanums von Belgiern, Franzosen und Italienern nicht nur zum Vorkämpfer für Primat und Unfehlbarkeit, sondern auch zum großen Gelehrten hochstilisiert worden[270], was er nun einmal – wie auch Passaglia bezeugt[271] – nicht war.

Abgesehen von den Angriffen auf Liguori, dem er wohl schon in seiner „ultramontanen“ Zeit skeptisch gegenüberstand[272], hat sich Döllinger nach seiner Exkommunikation öfters mit Schärfe zum „romanischen“ System und zum Schicksal der deutschen Wissenschaft in der Kirche nach der Dogmatisierung der Unfehlbarkeit des Papstes geäußert. Am weitesten ging er in seiner Rektoratsrede vom 23. Dezember 1871. Hier findet sich die in der Presse vielbeachtete Äußerung: *„An demselben Tage, an welchem von dem Riesenbaum der französisch-nationalen Lüge und eitlen Selbstvergötterung die Kriegserklärung an Deutschland als reife Frucht geschüttelt wurde, an eben diesem verhängnisvollen Tage des 18. Juli 1870, ward eine zweite Kriegserklärung, gleichfalls gegen Deutschland gerichtet, aus der anderen Metropole des Romanenthums erlassen. Galt jene Botschaft aus Paris dem deutschen Boden, dem zu erobernden Rheinlande, so galt diese zweite, aus Rom, dem deutschen Geiste, der deutschen Wissenschaft.“*[273] Dem Prinzip der wissenschaftlichen Erkenntnis, wie es in Deutschland gelte, stelle sich das von Döllinger als typisch romanisch apostrophierte Prinzip des unbedingten Gehorsams entgegen, das zuerst im 16. Jahrhundert von einigen Spaniern, den *„Gründern einer mächtig gewordenen Gesellschaft“*, aufgestellt worden sei. Döllinger fährt fort: Die Anwendung dieses Gehorsamsprinzips sei *„der vollständige Bankbruch historischer Wissenschaft“*, an die Stelle der *„mühsamen Forschung und Befragung von Quellen“* trete der *„Akt des Gehorsams“*[274].

Anläßlich seiner Vorträge über die Wiedervereinigung der christlichen Kirchen im Jahre 1872 griff Döllinger diese Thematik erneut auf, wobei er sich diesmal vor allem an die Jugend wandte. Er könne es nicht glauben, so führte er in seiner siebten Rede aus, daß jemand, der seine Bildung in Deutschland erfahren und hier in der Geschichte unterrichtet worden sei, dem System des römischen

Despotismus huldigen und ein Dogma anerkennen könne, das nur möglich war, weil die romanischen Bischöfe beim Konzil keine Ahnung von Geschichte und geschichtlichem Denken hatten[275]. 1875 läßt sich Döllinger in der Bayerischen Akademie der Wissenschaften über den unbegreiflichen Verfall der Geschichtswissenschaft in Italien aus, das *„ehedem die Lehrerin der Nationen"* gewesen sei, dessen Zentrum Rom es jedoch seit Jahrhunderten in die Peripherie gedrängt habe[276]. Und im Gespräch mit Alfred Plummer: Kein Italiener, auch nicht der Papst, habe eine Ahnung von Geschichte[277]. 1876 spricht er davon, daß *„der alte Todfeind der germanischen Völker und Wissenschaft, der Jesuitismus"*, die katholische Theologie besiegt habe, so daß sie einem flügelschlagenden sterbenden Vogel gleiche[278]. Allerdings beginnt Döllinger allmählich wieder, zwischen „römisch" und „italienisch" zu unterscheiden[279]. Die Achtung, die er trotz aller polemischen Äußerungen im Grunde stets gegen Italien, die *„Lehrerin aller Kulturvölker"*[280], und ihren großen Dichter Dante bewahrt hat, scheint gegen Ende seines Lebens endlich auch dem Befreiungskampf der Italiener der Gegenwart gegolten zu haben. Spätestens die Errichtung des Denkmals für Giordano Bruno in Rom im Jahre 1889[281] rückte das laikale Italien voll in sein Blickfeld. Zu Plummer bemerkte er: *„During all these centuries such a thing has never been heard of; and down to the present year such a thing has never been possible. It marks in the most emphatic way the antagonisme which exists between the Italian laity and the Roman hierarchy."*[282] Freilich, auch jetzt noch ist er als deutscher Theologe weit mehr an geistigen Vorgängen, zumal am Geschick der Religion in Italien, als an politischen Ereignissen interessiert und weit entfernt von der politischen Sichtweise der kirchlichen Angelegenheiten durch die herrschende liberale italienische Führungsschicht[283].
Hiermit dürften die wichtigsten Stellungnahmen Döllingers zu Rom und Italien, insbesondere zum Verhältnis der „deutschen Wissenschaft" zum „Romanismus", angesprochen worden sein. Es bleibt noch die Frage: Stand Döllinger mit seinen Vorstellungen innerhalb des deutschen Katholizismus allein? Hatte er Gesinnungsgenossen?

Jörg spricht von *„einer Handvoll deutscher Professoren"*, die *„als Repräsentanten der deutschen Wissenschaft"* sich eine Kontrolle über die Beschlüsse des Konzils angemaßt hätten. Dabei weist er auf Friedrich Michelis hin, der sich in seiner Auseinandersetzung mit Rom auf die „deutsche Wissenschaft" berief[284]. Als weiteren Vertreter hätte er Huber und vor allem Friedrich nennen können, wenngleich eine Durchsicht seines römischen Konzilstagebuchs zeigt, daß der Gegensatz zwischen „deutscher Theologie" und „Romanismus" nicht im Mittelpunkt seiner Überlegungen stand. Was auffällt, sind weit mehr die sarkastischen Bemerkungen über die römischen Prälaten und ihre Jagd nach *„violetten Fetzen"* und *„roten Strümpfen"*[285]. Immerhin schreibt er auch über den Mangel an *„wissenschaftlicher Theologie"* bei der Konzilsmehrheit, womit er ähnlich wie Döllinger eine Theologie meint, welche, anders als die der am Germanikum geschulten „doctores romani", die Geschichte ernst nimmt. Anderswo bemerkt er: *„Unwissenheit und Hochmut sind hier unzertrennliche Genossen, besonders bei den Geistlichen."*[286] Schließlich hätte Jörg auch Reinkens nennen können. In seiner Rede beim ersten (Alt-)Katholikenkongreß in München wird dieser ähnlich wie Döllinger die – erst durch das 2. Vatikanische Konzil in Frage gestellte – Identifizierung von römisch-lateinischer Kultur und katholischer Kirche brandmarken: *„Wir haben nur eine einzige, die römische Nationalkirche, weiter nichts ... Die abendländische katholische Kirche ist nichts anders mehr, als eine römische Nationalkirche"*.[287] Wenn Reinkens dann freilich ähnlich wie Döllinger in seiner Antwort an Scherr das im Unfehlbarkeitsdogma zum Ausdruck kommende Autoritätsprinzip mit dem Despotismus der alten Römer und wenigstens mittelbar mit dem Machtanspruch der Italiener in Verbindung bringen wird, muß dies das auch das laikale Italien verletzen. Grund zu seiner Äußerung hatte er freilich, denn er konnte auf die „Civiltà Cattolica" hinweisen, die den Italienern bzw. den Römern bestätigt hatte, daß sie innerhalb der Kirche wie die Juden im Alten Bund *„ein Volk von übernatürlicher Würde"*[288] seien, dem das Hohepriestertum als göttliches Privileg übertragen wurde. Auch die unglücklich abgefaßte „Einladung" oder wohl eher Aufforderung des Papstes an die Protestanten, anläßlich des Konzils in den *„einzigen Schafstall Christi"* zurückzukehren[289], schien ihm recht zu geben[290]. Wichtiger jedoch an Reinkens' Ausführungen ist das Bekenntnis zur Vielfalt in der Einheit der Kirche, zur Eigenart der deutschen Kultur innerhalb der Kirche, ein Bekenntnis, das aufgipfelt, nicht zuerst wie bei Döllinger in der Forderung nach der *„Macht der Wissenschaft"*, sondern in der Muttersprache bei der Liturgie[291].

Döllinger fand nicht nur innerhalb des Katholizismus oder bei wohlgesinnten Protestanten Anklang. Beifall kam auch von der falschen Seite, woran Döllinger nicht ganz schuldlos war. Allzugern griff man überall da, wo man in der Kirche eine Gegnerin deutscher Kultur sah, die Gedanken Döllingers auf. Ja, die Presse feierte ihn als einen neuen Moltke. Habe dieser den Romanismus auf dem Schlachtfeld der Waffen besiegt, so Döllinger auf dem Schlachtfeld des Geistes[292]. Was die Altkatholiken anlangt, so gaben die „Deutschen Blätter" 1873 ein weitverbreitetes Urteil wider, wenn sie schreiben: *„Wird schon die Wahl zwischen einem infallibilistischen und einem altkatholischen Gewissen nicht schwer, so noch weniger die zwischen römisch-päpstlicher und katholisch deutscher Wissenschaft ... Auf das so ungemein wichtige nationale Moment des recht eigentlich deutschen Wesens des Altkatholizismus kann nur kurz hinge-*

wiesen werden, wie denn schon hervorgehoben worden ist, daß derselbe dem deutschen Reiche für den kirchenpolitischen Kampf gegen den seine Einheit mit scheelem Blick betrachtenden Romanismus einen kräftigen Rückhalt zu bieten vermag."[293] In der Tat ist nicht zu bestreiten, daß Döllinger, mehr noch die Altkatholiken, sich im Kulturkampf von Lutz und Bismarck benützen ließen. Doch hat Döllinger die Art und Weise, wie dieser geführt wurde, nicht gebilligt[294].

Am Ende dieses Abschnitts sei der Blick auf die Gegner Döllingers gerichtet. Sie haben das Schlagwort von der „deutschen Wissenschaft" ausgiebig aufgegriffen. Aber abgesehen von Jörg in den „Historisch-politischen Blättern", der als ernst zu nehmender Gegner erscheint, sind ihre Ausführungen schwach geblieben und treffen nur selten den Nerv der Position Döllingers, auch nicht dort, wo diese anfechtbar ist, nämlich in einer quasireligiösen Verehrung der deutschen Universitätswissenschaft. Am ehesten ist dies noch bei einem wohl von Heinrich verfaßten Beitrag des „Katholik" der Fall, der wichtige Stationen in der Entwicklung Döllingers aufzeigt[295]. Ein von Georg Ratzinger stammender Artikel von 1872, der sich ausdrücklich mit der „deutschen Wissenschaft" und dem Unfehlbarkeitsdogma befaßt, begnügt sich jedoch im wesentlichen damit, an Hand von Friedrichs Konzilstagebuch aufzuzeigen, wie wenig wissenschaftlich die „Deutsch-Wissenschaftlichen" in Wirklichkeit seien[296]. Wenn irgendwer, dann hat ausgerechnet der nationalbayerische Katholik und Preußenfresser Dr. Sigl in seinem „Bayerischen Vaterland" die schwächste Stelle an Döllingers Position erkannt, wenn er ihn, den *„Nestor der Deutschwissenschaftlichen"*, einen *„gelehrten und eifrigen Priester der Wissenschaft"* nennt[297]. Dagegen ist es nur eine volkstümliche Version der römischen Verurteilung des nichtscholastischen modernen wissenschaftlichen Denkens und darüber hinaus eine Verunglimpfung Döllingers, wenn die – von liberaler italienischer Seite ein *„lächerliches Schmierblatt"*[298] genannte – Zeitung Sigls schreibt: *„Die ‚deutsch-wissenschaftliche Richtung' hingegen ist eine revolutionäre, ganz auf protestantischem Boden stehend, und die Apostasie Döllingers und Konsorten ist höchste Revolution. Vollendeter Gehorsam – hüben, drüben – Stolz, Anmaßung und Auflehnung.*[299]" Indem man so – und dies tat bei weitem nicht nur Sigl – Döllingers Haltung mit dem Etikett „Stolz", „Gelehrtendünkel", „mehr Kopf als Herz"[300] versah und auf den Gehorsam referierte, anstatt seine Argumente ernsthaft zu widerlegen, unterstrich man nur seine Vorwürfe.

6. Döllingers Kampf gegen das Dogma im Urteil der Italiener

Wie im ersten Abschnitt gezeigt, war der persönliche Kontakt Döllingers zu Italien – sieht man von der Beziehung zu Capponi und Cantù ab – relativ gering. Dies gilt auch für die Zeit des Ersten Vatikantischen Konzils. Die ihm nahestanden oder seine Nähe suchten, waren „liberale Katholiken" wie Cantù, der jedoch – wie gezeigt – sich für theologische Fragen nicht zuständig fühlte, oder dem Katholizismus nahestehende rechte Liberale wie Bonghi. Was Passaglia anlangt, so hatte dieser sich immer mehr Döllinger angenähert. Nicht nur, daß er 1866 in seiner Zeitschrift „Il Mediatore" eine Übersetzung von Döllingers „Papstfabeln" brachte[301], er ging weithin auch mit Döllingers Auffassung der päpstlichen Gewalt konform. Seine zuerst im „Mediatore" veröffentlichte Verteidigung des Kardinals D'Andrea richtete sich auch gegen das Primatverständnis Pius' IX.[302]. Vollends lag er auf der Linie Döllingers, seit seine Zeitschrift ab Ende 1869 unter dem neuen Namen „Il Concilio Ecumenico" erschien. Im Dezember 1871 schrieb Döllinger an Acton: *„Auch Passaglia ist noch immer thätig, verstünde er nur besser zu schreiben"*[303]. Wenn freilich ein Teil der italienischen Presse 1871 behauptete, Passaglia habe am (Alt)katholikenkongreß in München als Redner teilgenommen, so war dies reine Erfindung[304]. Auch scheint es weder zu einem persönlichen noch zu einem direkten brieflichen Kontakt beider Männer gekommen zu sein, vielmehr blieb Acton der Mittelsmann.

Manches deutet darauf hin, daß Döllinger in Kardinal D'Andrea[305], an dessen Gestalt Christoph Weber *„Möglichkeiten und Grenzen innerkirchlicher Opposition"* sichtbar gemacht hat[306], einen wohlwollenden Freund hatte. Als D'Andrea einmal Döllinger *„den größten der Catholischen Theologen"* nannte, war er von Reisach zurechtgewiesen worden[307]. Von einer Verbindung Döllingers zu D'Andrea ist jedoch nichts bekannt. Man kann nur darüber spekulieren, was geworden wäre, hätte D'Andrea das Konzil noch erlebt. Eine undurchsichtige Rolle im Verhältnis zu Döllinger nimmt dagegen Francesco Nardi ein, – wie es scheint, der einzige italienische Geistliche der streng kirchlichen Richtung, der mit Döllinger in engere Verbindung trat und ihn in München besucht hat. Wenn man den Äußerungen Lord Actons folgt, stellt sich Nardi als ein Mann dar, der ganz dem Bild des Italieners bei Döllinger entspricht: Er will es nach keiner Richtung verderben, bei Acton klagt er über die römischen Zustände, bei Reisach schimpft er über Döllinger[308]. Nach außen hin eine liberale Haltung zur Schau tragend, schürt er gegen Passaglia[309]. Während des Konzils wird er zu den schärfsten Verfechtern des Dogmas gehören, in Paris eine Schrift gegen Dupanloup veröffentlichen[310] und Döllinger einen überaus freundlichen Brief schreiben[311].

Spätestens auf das Jahr 1865 scheinen die ersten Kontakte Döllingers mit dem Politiker und Publizisten Giuseppe Massari[312] zurückzugehen. Mindestens ein Mal besuchte ihn Massari in München[313]. Döllinger schätzte Massari sehr, da er in ihm einen Menschen erblickte, der das bewahrt hatte, was er sonst in Italien vergeblich suchte: Patriotismus, der sich mit einer „aufgeklärten" katholischen (nicht römischen) Religiosität verband. Seinem Freund Lord Acton, der seinerseits Massari bei Döllinger empfohlen hatte[314], empfahl er ihn mit den Worten, er sei *„seiner Gesinnung nach ein warmer, und aufrichtiger Catholik, von der Schule seines Freundes Gioberti"*, der *„zu den intelligenten und liberal kathol(ischen) Italiänern"* gehörte[315]. Massari verehrte Döllinger als einen Mann, dem es gegeben sei, Kirche und moderne Kultur miteinander zu versöhnen. So konnte ihn dieser dazu gewinnen, seine *„Erwägungen für die Bischöfe des Conciliums über die Frage der päpstlichen Unfehlbarkeit"*[316] ins Italienische zu übersetzen. Wenn man Massari Glauben schenken darf, wurde die Schrift vor allem vom niederen Klerus in Italien mit Eifer gelesen[317]. Auch in anderer Weise war Massari, der auch mit Acton befreundet war, Döllinger behilflich. Döllinger schickte ihm einen *„römischen Brief vom Konzil"* aus der Augsburger Allgemeinen Zeitung mit der Bitte, denselben bei den Konzilsvätern zu verbreiten und wenn möglich in einer italienischen Zeitung zu veröffentlichen[318]. Dies war notwendig geworden, weil die römische Zensur die Auslieferung der Nummern der Augsburger Allgemeinen Zeitung mit „Römischen Briefen vom Konzil" weithin verhinderte[319]. Massari seinerseits sandte Döllinger die in der Florentiner „Nazione" veröffentlichten „Briefe aus Rom" über das Konzil[320]. Weder der deutsch-französische Krieg, den Massari als ein Unglück empfand, da er sich Frankreich als langjährigem Gastland verbunden wußte[321], noch die deutsche Überheblichkeit während des Krieges, gegen die er sich öffentlich wandte[322], noch die Exkommunikation Döllingers konnten die Freundschaft Massaris mit Döllinger schwächen. Mit *„tiefer Bewegung"* dankte er ihm *„als Katholik, als Christ, als Liberaler"* für seine Erklärung vom 28. März 1871: *„Vous avez acquis un titre nouveau et glorieux à la reconnaisance du monde catholique, et à l'admiration des tous ceux qui sont convaincus que le sentiment catholique et le sentiment libéral ne sont qu'une seule et même chose, et pour sauvargarder la civilisation il faut que la réligion soit respectée et qu'elle soit vivifiée pour souffle de la liberté."*[323] Wie Ricasoli in einem Brief an Chauncy-Langdon schreibt, soll Massari auch der Übersetzer weiterer antiinfallibilistischer Schriften gewesen sein[324].

Eine Verbindung Döllingers zu Alberto Blanc, der später maßgeblich an der Vorbereitung des Dreibunds beteiligt war und dessen „kirchliche Gesinnung" 1869 Acton gegenüber Döllinger rühmte[325], scheint nicht zustande gekommen zu sein. Zu Dino Pantaleoni[326], der bereits Ende 1869 als einer der wenigen

Vertreter des neuen liberalen Italien von dem bevorstehenden Konzil Notiz nahm und ihm sogar einen längeren Artikel in der angesehenen „Nuova Antologia“ widmete[327], wurde der persönliche Kontakt erst nach 1870 hergestellt. Sicher war er nicht wie Massari ein enger Vertrauter Döllingers, wenn er diesem auch durch sein Interesse für eine „geläuterte Religiosität“ nahestand[328]. Ähnliches gilt von Ruggero Bonghi, den Acton bei Döllinger 1870 als *„Freund Manzonis und Rosminis“* vorstellte[329]. Allerdings war Bonghi mit Lord Acton befreundet[330] und hat, wie noch zu zeigen ist, wie kaum ein anderer Italiener die Anliegen und Ziele Döllingers verstanden. Von den wirklich maßgeblichen Leuten in Italien trat lediglich Minghetti[331] in Verbindung zu Döllinger, persönlich allerdings auch erst nach 1870. Der Kontakt beider Männer dürfte nicht allzu tief gegangen sein[332]. Immerhin war eines ihrer Gesprächsthemen das zukünftige Konklave, ein Thema, das begreiflicherweise den neuen italienischen Staat nach 1870 sehr interessierte[333]. Später scheint Lord Acton im Sinne Döllingers Einfluß auf Minghetti genommen zu haben und ihn *„von seinem früheren Wahn der absoluten Indifferenz des Staates gegen die Kirche abgebracht“* zu haben[334]. 1873 begrüßte es Döllinger, daß Minghetti eine Schrift über das Verhältnis von Kirche und Staat schrieb und bemerkte: *„Es thut allerdings den Italienern noth, darüber etwas Vernünftiges zu vernehmen, wenn nur nicht ihre Apathie und Indifferenz incurabel ist.“*[335] Nicht ganz klar ist, was Döllinger damit meinte. Stellte er sich – damals wenigstens noch – auf die Seite derer, die von den Italienern einen Kulturkampf im preußischen Stile erwarteten?
Viel mehr über persönliche Kontakte Döllingers zu Italien, vor und während des Vatikanischen Konzils, läßt sich nicht sagen. Dennoch waren Döllingers Bemühungen den Italienern nicht fremd. Nicht nur Briefe und Ergebenheitsadressen an Döllinger, offene Briefe in italienischen Zeitungen, Broschüren und Verhandlungen im italienischen Parlament, sondern auch tumultartige Aktionen an der römischen Universität legen Zeugnis ab von der Wirkung Döllingers auf Italien vor, während und nach dem Konzil – und zugleich von dem großen Mißverständnis ihm gegenüber. Die ihn zu verstehen suchten, waren wenige, die ihm wirklich folgten, noch weniger.

Von Anfang an zeichneten sich gegenüber Döllinger bei den politischen und weltanschaulichen Gruppierungen Italiens unterschiedliche Grundpositionen ab, die sich kaum verändern sollten. Die Ablehnungsfront von seiten der kurialen italienischen Orthodoxie, angeführt von der „Civiltà Cattolica“, der „Unità Cattolica“ und der „Voce della Verità“ war einhellig. Die Art und Weise, wie die intransigenten italienischen Katholiken den Kampf führten, unterschied sich in auffallender Weise von den meist sachlichen Objektionen, die von deutschen Ultramontanen wie Hergenröther gegen Döllinger vorgebracht wurden. Sie überbot an Demagogik bei weitem alles, was in Deutschland gegen Döllinger, etwa vom „Bayerischen Vaterland“[336], vorgebracht wurde. Sie war einseitig polemisch und ersetzte mangelnde Sachkenntnisse durch persönliche Angriffe. Es fehlte nicht der antideutsche Unterton, der sich vor allem gegen die „deutsche Wissenschaft“ richtete. Damit war ziemlich alles gemeint, was von Deutschland kam und im liberalen Italien inzwischen Modellcharakter hatte. Ganz anders war die Situation bei der liberalen italienischen Presse. Abgesehen von den Vertretern der außerparlamentarischen äußersten republikanischen und radikalen Linken und wenigen anderen antiklerikalen Gruppen (z. B. um den späteren Bismarckfreund Crispi), die Religion überhaupt als überwundenen Aberglauben abtaten, wurde der Widerstand Döllingers und seiner Anhänger gegen Papsttum und Dogma als Ausdruck unbeugsamen „deutschen Geistes“, als Bekenntnis zur Gewissensfreiheit im Gefolge der Befreiungstat Luthers und als Sieg der Wissenschaft über kirchlichen Aberglauben gefeiert, wobei man sich freilich kaum mit dem Wissenschaftsbegriff Döllingers auseinandersetzte, der nur wenig mit dem zu tun hatte, was man selber unter „Wissenschaft“ verstand. Im übrigen waren die Stellungnahmen dieser Gruppen nicht immer einheitlich und gewöhnlich von politischen Überlegungen bestimmt. Schließlich gab es eine kleine Gruppierung am äußersten Flügel der liberalen Rechten. Sie sahen in Döllinger den religiösen Erneuerer, dem es um eine Versöhnung zwischen Kirche und Kultur, zwischen Religion und Wissenschaft ging. Damit standen sie sicher Döllinger am nächsten, auch wenn sie noch eine weitere Versöhnung wünschten, die nämlich zwischen dem Vatikan und dem neuen Italien. Freilich waren sie mit all dem nicht nur in dem positivistischen, antiklerikalen Italien unzeitgemäß, sie waren als Erben des neoguelfischen Stolzes auf die „italianità“ und „romanità“ gewissermaßen auch Antipoden von Döllingers „Deutschtum“. Praktisch fiel kaum ins Gewicht der eigentliche „liberale Katholizismus“. Er erschöpfte sich, soweit er sich artikulieren konnte, meist in einem politischen Liberalismus, konkret in der Ablehnung des Kirchenstaats, was für Döllinger eine untergeordnete Rolle spielte[337]. Eine gewisse Nähe zu Döllinger haben wir bei Passaglia festgestellt. Sie findet sich auch bei einigen anderen liberalen Katholiken, die Döllinger ihre Zustimmung bekundeten, allen voran Giovanni a Prato, auf dessen Haltung zurückzukommen ist. Mit den genannten Grundpositionen sind die wichtigsten Reaktionen auf die Aktivitäten Döllingers idealtypisch aufgezeigt.

Den Auftakt für das Interesse weiter Kreise in Italien an Döllinger bildete die Veröffentlichung des bald auch ins Italienische übersetzte „Janus“[338] und die wahrscheinliche Verfasserschaft Döllingers, die in Italien mindestens so früh feststand wie in Deutschland[339]. An den verschiedenen Äußerungen der italienischen Presse hierzu lassen sich bereits die genannten Grundpositionen weithin veranschaulichen.

Daß die vatikannahe Presse, allen voran die „Civiltà Cattolica", die vom Papst selbst den Auftrag erhielt, Döllinger zu bekämpfen[340], auf den „Janus" und nachfolgende Initiativen Döllingers sehr scharf reagierte, liegt nahe. Er wurde für die Zeitschrift der römischen Jesuiten zum *„Zentrum und hauptsächlichen Motor"*[341] der neuen *„Gallikaner"*, *„Febronianer"* und *„Neoprotestanten"*[342], wie das Blatt die Gegner der Unfehlbarkeit zu bezeichnen pflegte. Seine Einwände, konnte man da lesen, seien jedoch ohne jeden Wert[343]. Doch erst die Artikel in der Augsburger Allgemeinen Zeitung vom Jahre 1870, die von der „Civilta" sofort Döllinger, dem *„Leuchter deutscher Wissenschaft und Wissenschaftlichkeit"*[344] und seinem Anhang zugeschrieben wurden, brachten die römischen Jesuiten voll in Harnisch. Döllinger erscheint jetzt als *„Haupt der liberalen antikatholischen Partei"*[345] in Deutschland, als einer, der *„bitterste febronianische Galle"* gegen *„den Romanismus, d. h. den Heiligen Stuhl"*[346] (man beachte die Gleichsetzung!) gespien habe.
Noch schärfer als die „Civiltà Cattolica" wandte sich die „Unità cattolica" Don Margottis gegen Döllinger, der sich mit Juden und Protestanten gegen die Kirche verschworen habe, darüber hinaus gegen Bayern, das mit der Zirkulardepesche Hohenlohes seinen Kampf gegen das Konzil, gegen Ultramontanismus, Syllabus und teocrazia romana weitergeführt habe. Ja, das Blatt machte nicht einmal vor der Kritik an den bayerischen Königen Halt, die das Land den verderblichen Einflüssen der neuen Zeit geöffnet hätten[347]. Bayern wird geschildert als das Land der Lola Montez, Hohenlohes und Wagners, dessen *„Musik der Zukunft"* gut zu den kirchengeschichtlichen Erfindungen Döllingers passe, die nichts zu tun hätten mit *„Vergangenheit und Gegenwart"*[348]. Wiederholt bezieht sich das Blatt auf Döllingers Rede bei der Münchner Gelehrtenversammlung, wo der Münchner Propst in seinem Stolz dem *„Papstkönig"* den Krieg erklärt und sich *„wie alle Häretiker"* gegen das *„alte Gebäude der Scholastik"* gewandt habe[349]. Was es freilich mit dem von Döllinger gepriesenen *„candelabro della teologia (Leuchter der Theologie)"* bei den Deutschen in Wirklichkeit auf sich habe, das zeige sich jetzt. Anfang Februar 1870 kann das Blatt seinen Lesern gleich an zwei Tagen hintereinander im Zusammenhang mit Döllinger und seinen Artikeln in der Augsburger „Allgemeinen Zeitung" *„nuovi candelabri tedeschi"* und *„nuove tedescherie teologiche"* vorführen[350].
Ganz anders die Reaktion in der liberalen Presse, die mit einiger Verwunderung registrierte, daß die Opposition gegen das von dem Konzil zu verkündigende Dogma ausgerechnet vom katholischen Bayern ausging. Die in Florenz erscheinende, Ricasoli nahestehende „Nazione", die unter ihrem Direktor Giuseppe Civinini als Organ einer deutschfreundlichen Gruppierung der Rechten galt, der sog. „Consorteria dissidente", schrieb über den Janus: *„E' un misto di ironia e di fede dove si plaude al papa nella apostolica, primitiva*

purezza."[351] Am 25. Februar 1870 brachte die Zeitung einen langen Bericht über Bayern und seinen Kampf gegen Ultramontanismus, Syllabus und „teocrazia romana". Am 19. Mai 1870 schließlich erschien in ihr ein offener Brief des amerikanischen episkopalistischen Geistlichen Chauncy Langdon – wir kommen auf ihn zurück –,in dem er u. a. beklagte, daß ein Mann von solcher Bildung wie Döllinger nicht am Konzil teilnehmen könne. Dem Briefe folgten weitere, in denen die katholische Kirche zu einer Reform nach dem Vorbild der Anglikaner aufgefordert wurde[352]. Kein Wunder, daß die päpstliche Polizei über die Zeitung klagte[353] und die „Civiltà" sie ein *„magno giornale, avverso al Papa ed alla Chiesa"*[354] nannte. Die rechtsliberale „Opinione" – das offiziöse Regierungsblatt –, die spätestens seit der „Bonner Adresse" die Vorgänge in Deutschland aufmerksam verfolgte, nannte Döllinger bereits im November 1869 einen Theologen *„non meno erudito che liberale"* und hob wenig später hervor, im Gegensatz zu den Klerikalen mit ihrer lauten Rechthaberei besitze er *„die Ruhe dessen, der Recht hat"*, weil er auf der Wissenschaft gründe[355]. Dies trug ihr scharfe Angriffe von seiten der „Civiltà Cattolica" ein[356]. Der neapolitanische „Piccolo" Rocco De Zerbis schließlich, der einen sehr rührigen süditalienischen Antiklerikalismus vertrat, sprach vom „Janus" als einem *„staunenswerten Werk des bayerischen Kanonikers"*, das mit seiner *„so gewichtigen Gelehrsamkeit"* beispielhaft sei für *„die moderne theologische Wissenschaft der deutschen Katholiken"*[357].

Damit sprach das Blatt eine Thematik an, die sich auch bei der – sonst wenig an der Religion interessierten – linksliberalen deutschfreundlichen Presse findet, die in Deutschland stets das Land der Gedankenfreiheit und der Wissenschaft sah. Ihr bedeutendstes Blatt, der „Diritto", brachte bereits zur „Bonner Adresse" einen bemerkenswerten Artikel, der wie eine Antwort auf die gleichzeitigen Angriffe der „Civiltà Cattolica" auf die deutsche Universitätstheologie und auf Döllinger klingt und in dem sich viele Übereinstimmungen mit Döllinger finden. Ja, man kann den Beitrag fast eine Rechtfertigung des „Antiromanismus" Döllingers nennen, so wie dieser ihn verstand. Das Blatt schreibt, in Deutschland entstehe eine merkwürdige Bewegung, die man beachten müsse, auch wenn die religiösen Fragen heutzutage nur eine zweitrangige Bedeutung hätten. Man fordere anders als „Civiltà Cattolica" und „Syllabus" ein Ende des theokratischen Kirchenstaates, die Abschaffung des Index und die wissenschaftliche Ausbildung des Klerus. Hier zeige sich der große Unterschied zwischen deutschen und lateinischen Katholiken. In Deutschland wirke der *„spirito di esame"*, gewachsen in der langjährigen Auseinandersetzung mit den Protestanten. Man nehme nicht alles hin, man denke nach und diskutiere. Das Ergebnis einer solchen Haltung sei offensichtlich: Während in Deutschland die religiösen Fragen die Geister erregen und die Bücher protestantischer und katholischer

Theologen ein Viertel aller Bücher ausmachen, *„sind in den lateinischen Nationen, wo nach Aussage der Priester die wahre katholische Herde wohnt, die Theologen in ‚uno stato di infanzia vera'"*[358].

Nach Konzilsende fand sich der Name Döllingers zunächst kaum mehr in der italienischen Presse. Andere Ereignisse, der deutsch-französische Krieg, mehr noch das Ende des Kirchenstaats rückten in den Vordergrund des Interesses. Döllinger selbst scheint unterdessen über Lord Acton und Massari[359] versucht zu haben, die Gruppe zu mobilisieren, die ihm der wichtigste Bundesgenosse in Italien schien, die liberalen Katholiken, wobei für ihn ausschlaggebend war, daß ihr „Liberalismus" nicht bloß in der Gegnerschaft zur weltlichen Herrschaft des Papstes bestand. Offensichtlich mit wenig Erfolg. Nicht, daß es an Gesinnungsgenossen gefehlt hätte. Doch vor allem die wirtschaftliche Situation ließ viele schweigen. Den Mut, für ein offenes Wort auch bittere Armut in Kauf zu nehmen, hatte in Italien neben Passaglia ausgerechnet dessen Ordensgefährte Curci, mit dem Döllinger nichts zu tun haben wollte. Die anderen hielten es mit den Bischöfen von Trani und Malfetti[360] oder mit einem ungenannten venezianischen Geistlichen, der 1870 feststellte: *„Döllinger hat teilweise recht, aber nicht in allem. Sein Bischof ist, wie viele andere in Deutschland, liberal. Er kann ohne Furcht reden und schreiben. Aber in Italien ist dies ganz anders. Ein Priester, der den Mut hat, in Wort und Schrift sich offen für eine völlig vernünftige Reform auszusprechen, ist allen Verfolgungen des Jesuitismus ausgesetzt. Er verliert seinen Frieden und oft auch sein tägliches Brot. Doch was am schlimmsten ist, er wird als Häretiker verleumdet und damit unfähig, der Sache der Reform zu dienen. Denn diese kann in Italien nur eine katholische sein und muß von Priestern gemacht werden, die nicht nur katholisch sind, sondern auch als katholisch gelten."*[361] Trotzdem gab es bereits 1870 kleine liberal-katholische Kreise in Norditalien, die Döllinger geistig nahestanden und von ihm persönlich wie von Deutschland einen wesentlichen Beitrag zur Lösung der „religiösen Frage" erwarteten. Deutlich unterschieden sie zwischen ihrem Italienertum und dem „Romanismus", den sie genau so ablehnten, wie Döllinger. Wie er, so schrieb ihm einer derselben, stellten sie das *„rationabile obsequium"* über den blinden Gehorsam gegenüber *„einem Menschen, der unfehlbar sein will"*; ihm, *„der mit so großem Wissen und mit unerschütterlicher Treue zu seinem Gewissen die katholische Wahrheit gegen den Romanismus verteidige"*, wollten sie folgen[362].

Dies alles freilich war, was die Wirkung Döllingers auf Italien anlangt, ein Vorspiel. Seine große Zeit kam 1871. Seine Exkommunikation wie zuvor schon seine Erklärung vom 29. März 1871 machten ihn mit einem Schlag in ganz Italien bekannt. Erschien er der klerikalen Presse als Verkörperung der deutschen

Widerspenstigkeit und als neuer Judas Iskariot, so stilisierten ihn viele Liberale zum Martyrer der Gewissensfreiheit, zum Bannerträger einer neuen aufgeklärten Kultur, zum neuen Luther und unerschrockenen Kämpfer gegen römischen Despotismus hoch. Das Schlagwort von der „deutschen Wissenschaft“ wurde in diesem Zusammenhang auch in Italien von Freund und Feind übernommen, ja, es sollte in Zukunft, losgelöst vom konkreten Anlaß, einen bedeutenden Einfluß auf das Deutschlandbild der Italiener ausüben[363].

Am 28. März 1871 gab Döllinger seine berühmte Erklärung ab. Am 17. April wurde er exkommuniziert. Bereits am 1. April 1871 brachte die „Unità cattolica“ einen Artikel mit der Überschrift: *„Un eretico di più o la dichiarazione del dottor Döllinger.“* Döllinger wird darin als vom Hochmut verblendet und als Apostat dargestellt. Doch das Ganze sei vorauszusehen gewesen. Sein verkehrter Weg habe 1861 mit den Angriffen auf die weltliche Herrschaft des Papstes begonnen[364]. Am 21. April druckte die Zeitung die Exkommunikation Döllingers ab und kommentierte sie am 26. April mit den Worten, so ende ein vom Stolz verblendeter Mensch. Das Blatt fügte hinzu: *„Es wäre besser für ihn, er hätte niemals das Alphabeth gelernt.“*[365] Fünf Monate später wird die Zeitung Margottis noch deutlicher: *„. . . die Verdammnis wartet auf ihn.“*[366] Sehr ausführlich befaßte sich am 18. Mai 1871 die neugegründete intransigente römische „Voce della Verità“ mit Döllinger und seinen Anhängern. Im Unterschied zur „Unità cattolica“, die stets nur mit Hohn von der „Wissenschaft“ Döllingers spricht, erkannte sie an, daß sich dieser *„um die theologische Wissenschaft unbestreitbare Verdienste“* erworben habe, auch wenn sie übertrieben würden. Er habe noch immer bei seinen Schülern eine große Autorität. Fast alle Schriften der *„stolzen und böswilligen Opposition“* gegen das Konzil gingen auf ihn zurück. Er stehe an der Spitze der Feinde des Heiligen Stuhls. Seine Erklärung habe manches mit dem Thesenanschlag Luthers gemeinsam, mit einem Unterschied allerdings, von Wittenberg sei ein ungerechtfertigter, aber sehr realer Angriff gekommen, von München dagegen käme eine wirkungslose Komödie. Mit Genugtuung wird festgestellt, daß das katholische Volk Döllinger die Gefolgschaft versage und kein einziger Bischof, auch keine deutsche theologische Fakultät sich ihm angeschlossen habe[367]. „Unità cattolica“ und „Voce della Verità“ waren auch bemüht, ihren Lesern alle offiziellen Erlasse gegen Döllinger und seine Gefolgsleute nicht vorzuenthalten[368].

Wie nicht anders zu erwarten, setzte auch die „Civiltà Cattolica“ ihre Auseinandersetzung mit Döllinger fort, nur daß nun auch das letzte wissenschaftliche Argument der persönlichen Beschimpfung weichen mußte. Da kann man etwa lesen: *„Il misero Döllinger forse, aceccato dall'orgoglio, non vide che egli [con] ciò non face[v]a altro che imitare i procedimenti di Lutero . . .“*[369] oder anderswo: *„Il Döllinger, come suole accadere agli uomini schiavi della propria* *superbia, non ebbe la virtù cristiana di imitare l'esempio dattogli da parrecchi celebri prelati . . .*"[370]. Die Jesuitenzeitschrift gesteht dem *„capo principale"* des liberalen Katholizismus zwar zu, daß er eine einigermaßen gute historische Bildung *(un tal quale erudizione storico)* besitze, aber er sei nur ein *„mittelmäßiger Theologe"* Dann folgt der berühmte „Freimaurervorwurf": *„Obgleich er sich heimlich bei der Freimaurerei eingeschrieben hatte, wurde er zum Haupt einer theologischen Schule, während sein maßloser Stolz ihn zum Anführer einer Sekte werden ließ."* Doch das ist nicht alles. Indem sie sich zu einem *„liberalen Katholizismus bekennen"*, würden Döllinger und Loyson die *„principii della società moderna"* übernehmen, was nichts anderes heiße, als die Revolution mit der Kirche, den Satan mit Christus verbinden zu wollen. In diesem Zusammenhang greift das Blatt nicht nur die *„scienza döllingeriana"*, sondern auch die *„scienza tedesca"* an[371]. Dies war zwar, wie wir sahen, von der Sache her nichts Neues, nicht bei der „Civiltà", auch nicht bei anderen katholischen Blättern, wie etwa der „Unità cattolica", die 1866 die Annektionen Preußens mit der deutschen Philosophie, zumal mit der zum Kult des Egoismus umgedeuten „Philosophie des Ich" bei Fichte in Verbindung gebracht hatte[372]. Der Begriff „deutsche Wissenschaft" ist jedoch neu in Italien. Was das „Ich" Fichtes anlangt, so taucht auch dieses jetzt in einer italienischen Schrift gegen Döllinger auf, wo es heißt, wie Fichte wiederhole Döllinger in seiner Münchener Erklärung ständig das Wort „ich": *„. . . io mi assumo, io mi richiamo, io pongo due condizione, io cristiano, io teologo, io cultore della storia, io cittadino non posso amettere la dottrina dell'infallibilità . . .*"[373]. Und ähnlich die „Civiltà Cattolica": Döllinger sei *„aufgeblasen von Eitelkeit* und Stolz"; er huldige einer *„superbe illusione dell'io*"[374].

Man kann derartige Angriffe der klerikalen italienischen Presse, die in Deutschland ihresgleichen suchen, in etwa verstehen, wenn man sie in den Kontext der politischen Situation des römischen Papsttums stellt. Die weltliche Herrschaft war verlorengegangen, dafür kam dem Papst nach der Ansicht römischer Ideologen durch das von Döllinger in Frage gestellte neue Dogma auf jeden Fall höchste moralische und geistliche Gewalt zu. Die politische Bedeutung des Dogmas betonte schon bald die „Civiltà Cattolica", wenn sie im März 1871 schrieb, der Papst sei kraft seiner hohen Würde auch auf dem Gipfel der weltlichen Gewalt und „oberster Richter der bürgerlichen Gesetze"[375]. Man versteht die Angriffe auch deswegen, weil die liberale italienische Presse, auch sie mehr politisch als religiös motiviert, die Aktionen Döllingers groß herausbrachte.

Die „Nazione" z. B. hatte bereits am 2. April 1871 auf die Erklärung Döllingers hingewiesen. Mehr noch, sie hatte davon gesprochen, daß es in Deutschland auch bei Katholiken einen Sturm der Entrüstung gegen das neue Dogma gebe[376].

Wenig später hatte sie ihre Leser ausführlich über die Person Döllingers, seinen Protest und die bevorstehende Exkommunikation informiert[377]. Am 12. Mai 1871 folgte der Beitrag: *„Il movimento religioso in Germania"*. Wenn man ihn liest, versteht man, warum die vatikannahe Presse bei Döllingers Einspruch die Ideen der Französischen Revolution am Werk sah. Döllinger, der in einem Land lebe, wo kritische wissenschaftliche Forschung zu Hause sei, habe den Samen einer *„religiösen Revolution"* gesät. Die Waffen der Kritik lägen bereit. Gegen die Forderung nach blindem Gehorsam erhebe sich der Ruf nach Freiheit. Wegen eines viel unbedeutenderen Anlasses, wegen des Ablaßstreits, sei die Reformation gekommen. Damals habe man sich auf das Evangelium und die Kirchenväter berufen, jetzt jedoch auf Vernunft und Wissenschaft[378]. Ähnliche Kommentare finden sich auch in anderen Zeitungen, wie etwa die in der von dem Bewunderer Deutschlands Eduardo Arbib geleiteten antiklerikalen römischen „Libertà". Selbst die offiziöse „Opinione" stimmte in das Lob auf Döllinger und mit ihm auf die deutschen katholischen Professoren und ihre – im Vergleich zu Italien – hervorragende wissenschaftliche Bildung ein: *„Es gibt keinen Professor für Kirchengeschichte an einer deutschen Universität, und sei er auch katholisch, der sich nicht der Wissenschaft . . . verbunden weiß."* Der linksgerichtete „Diritto" blieb weiterhin auf seiner Linie von 1869. Döllinger wird noch immer, und nach seiner Erklärung erst recht, als Streiter für die Gewissensfreiheit gegen römische Knechtschaft gefeiert[379]. Auch der Vergleich Döllingers mit Moltke, allerdings in der Übernahme einer Korrespondenz aus Berlin, findet sich in dem Blatt[380]. Wenig mit dem religiösen Anliegen Döllingers hat schließlich der Kommentar des republikanischen „Dovere" zu tun, der in Döllingers Kampf den *„antikatholischen Kreuzzug"* des *„mächtigen, ruhmreichen und gebildeten Deutschland"* gegen das Papsttum feiert[381]. Auf den beginnenden Kulturkampf verweist eine Karikatur im humoristischen „Fischietto" am 29. April 1871, wo die „Germania" dargestellt wird, die sich schützend vor Döllinger und seine Anhänger gegen Rom stellt[382]. Die „Riforma" Crispis freilich hielt noch immer wenig von der deutschen *„religiösen Bewegung"*. Am 9. August 1871 schrieb sie mit Hinweis auf Döllinger und Friedrich: *„I Lutheri sono anacronismi ai nostri giorni."*[383] Am 24. September schließlich bekannte sie: *„Der Katholizismus ist auch ohne Unfehlbarkeit eine Antithese zur Wissenschaft."*[384] Dagegen beginnt jetzt das große Interesse eines der bedeutendsten moderaten italienischen Politiker und Publizisten an Döllinger; er hat wie kein anderer den Münchner Professor in Italien bekannt gemacht und gehörte zu den Italienern, die ihn am besten verstanden. Es handelt sich um den aus Neapel stammenden Ruggero Bonghi[385], der seit 1869 mit Lord Acton befreundet war.

Um das Gewicht der Sympathie Bonghis für Döllinger zu verstehen, sei ein kurzer Blick auf die Persönlichkeit dieses Mannes und auf seine Rolle im risorgimentalen Italien geworfen. Bonghi, der stets in publizistischer Auseinandersetzung mit der katholischen Kirche stand und dennoch die Achtung vieler Kirchenmänner bis hin zu Papst Leo XIII.[386] genoß, wurde – zu Unrecht – ein „cattolico ateo“[387] genannt. Vielleicht müßte man ihn eher, wenn nicht einen „katholischen Liberalen“ – worauf seine frühe Beziehung zu Rosmini und Manzoni hinweist, wie seine spätere Bekanntschaft mit Franz Xaver Kraus[388] und sein Wunsch, vor seinem Tode mit P. Tosti sprechen zu dürfen[389] –, einen „Katholiken außerhalb der katholischen Kirche“ nennen[390]. Zum mindesten jedoch wird man ihm zugestehen müssen, daß er, wenn auch nicht Katholik im engeren Sinne, doch stets von Achtung für die (katholische) Religion erfüllt war. Bonghi war andererseits ein Mann, der zwar gerne die Vorzüge des romanischen Wesens hervorhob und von einem politischen Bündnis mit Deutschland nichts wissen wollte, der jedoch mit seiner tiefen Abneigung gegen deutschen Militarismus und deutsche Überheblichkeit eine große Achtung vor der deutschen Kultur und der deutschen Bildung verband[391].

Es fehlte nicht an Zeitgenossen und kritischen Nachfahren, angefangen von der Königin Margarethe[392] über Benedetto Croce[393] bis hin zu Arturo Jemolo[394], die beide keinen rechten Zugang zu dem liberal-konservativen, an Frankreich (und England) orientierten treuen Gefolgsmann Cavours und seiner aufgeklärten Religiosität fanden. Sie alle hielten nicht viel von Bonghi, dem Vielschreiber und Schwätzer, Halbtheologen und Scheingläubigen, der nichts Wirkliches geleistet habe. Doch dieses Urteil stimmt nicht. Als Direktor der Mailänder rechtsliberalen angesehenen Zeitschrift „La Perseveranza“, als unermüdlicher Publizist und Kommentator und als führender Politiker hat Bonghi über lange Jahrzehnte in der politischen Kultur Italiens am rechten Rande des Liberalismus eine immense Rolle gespielt, die ihn als Erben und Sachwalter Cavours erscheinen läßt. Wenigstens in zwei Punkten muß die publizistische Tätigkeit Bonghis als bedeutend für den neuen italienischen Staat gewürdigt werden, zum einen hinsichtlich seiner Bemühungen um die Regierbarkeit Italiens[395], zum zweiten hinsichtlich seiner vielen Aufsätze und seiner parlamentarischen Reden, die sich mit der Versöhnung des liberalen Staates und der modernen Gesellschaft mit einer geläuterten Religion befassen, wobei er anders als die meisten Italiener – ganz gleich auf welcher Seite – Religion nicht mit Politik verwechselt wissen wollte. Wenn er am Ende wenig greifbare Erfolge aufzuweisen hatte, so lag dies vor allem in den Zeitverhältnissen und in den von der italienischen Wirklichkeit gesteckten Grenzen begründet. So bei seinen Bemühungen um eine Universitätsreform nach deutschem Muster und zugleich (darin einig mit Massari) nach Beibehaltung der theologischen Fakultäten, in denen er Zellen einer religiösen Reform sah[396], wozu Walter Maturi bemerkt: *„Bonghi aveva in mente . . . le facoltà tedesche e i grandi nomi di Doellinger e di Schulte, ma se poco o nulla* *di conclusivo riuscirono a fare quei due grandi Alemanni riguardo al rinnovamento del cattolicesimo, che cosa ci sarrebbe stato da sperare dai poveri professori di teologia delle nostre Università.*"[397]

Bonghi war es nun, der wohl schon seit Februar 1871 für die Beiträge über Döllinger und die antiinfallibilistische Opposition in der „Perseveranza" verantwortlich zeichnete[398]. Seit dem Frühjahr 1871 brachte er mit kritischer Sympathie seinen Landsleuten in der „Perseveranza" und der „Nuova Antologia" nahe, wer Döllinger und die deutschen Altkatholiken wirklich waren. Von Anfang an ging es ihm darum, den Unterschied zwischen der italienischen und der deutschen Opposition gegen den „Ultramontanismus" aufzuzeigen. Der Kampf gegen das Infallibilitätsdogma wird von ihm als Beweis der geistigen Emanzipation der Deutschen von der römischen Kurie gelobt. Den Italienern, so führte er schon bald in der „Perseveranza" aus, ginge es zuerst um einen *„politischen Kampf gegen die Prinzipien der Vergangenheit"*, in Deutschland hingegen rebellierten mit Döllinger, Friedrich und Michelis das edle Empfinden des Menschen und die Vernunft gegen die Unfehlbarkeit. Dahinter stehe die Wissenschaft, doch nicht eine antireligiöse, sich selbst genügende Wissenschaft, sondern eine gläubige Wissenschaft und ein vor der Vernunft verantworteter katholischer Glaube, nicht wie in Italien Leidenschaft und Herrschsucht. Eines allerdings wies Bonghi von Anfang an mit Entschiedenheit zurück, die Feststellung Döllingers, das ultramontane Herrschaftssystem trage den Stempel seines lateinischen Ursprungs an der Stirn. Niemals sei das römische Reich a priori als Universalherrschaft konzipiert gewesen. Vermengung von Politik und Religion, das *„heilige Römische Reich, Cesaropapismus und Papacesarimus"* sei erst durch die Begegnung des Papsttums mit dem *„spirito germanico"* entstanden. Richtig sei allerdings, daß der italienische Klerus sich für ultramontane Doktrinen stark gemacht habe[399].

Auf dieselben Gedanken kam Bonghi wenig später in der „Nuova Antologia" zurück. Die Gesinnungen eines Döllinger oder Schulte seien nur schwer in Italien wiederzufinden, denn das Spezifische ihrer Bewegung bestehe darin, daß sie einen tiefen christlichen Glauben mit einer bürgerlichen Gesinnung, die Treue zur Kirche mit dem Bekenntnis zum modernen Staat und zur heutigen Gesellschaft verbinden. Nicht um Vernichtung des katholischen Glaubens gehe es diesen Männern, sondern um die Rückkehr zur reinen und alten katholischen Lehre, zum Wort Christi. Nicht Zerstörung sei ihr Ziel, sondern bessere Erkenntnis und Befolgung der ursprünglichen christlichen Prinzipien in der Gesellschaft. Wäre dieses Bestreben, das dem Charakter der Deutschen entspricht, nicht auch vorbildhaft für Italien, wo leider die Religion Christi stets vermischt war mit den Vorstellungen der römischen Kirche? Auf politischem Gebiet habe Italien Maß und Vernunft bewiesen: *„Könnte nicht auch der* *römische Katholizismus durch den gleichen liberalen und zugleich konservativen Geist verändert werden . . .?"* An die Stelle der in Italien herrschenden Extreme – entweder bete man den Papst an oder man leugne Christus – könnte ein Glaube und ein Christentum nach deutschem Vorbild treten. Nach so viel Lob freilich kommt Bonghi auf seine Einwände zurück. Zutiefst bedauert er die von der deutschen religiösen Bewegung ständig zum Ausdruck gebrachte Antithese von „deutschem Geist" und „Romanismus" und die nationale Überheblichkeit, die sich bei all ihren Häuptern finde, bei *„Döllinger, wenn ich mich nicht täusche, am wenigsten"*. Die Rolle des deutschen Volkes werde übertrieben, wenn man den Kampf gegen den römischen Ultramontanismus mit der Schlacht bei Sedan in Verbindung bringe. Dies schade nicht nur der religiösen Bewegung in Frankreich, es sei auch nicht christlich, denn *„das Christentum ist seiner Natur nach übernational"*[400].

Es blieb nicht bei zustimmenden Artikeln in der liberalen italienischen Presse. Zustimmung erhielt Döllinger 1871 auch in privaten Zuschriften, in öffentlichen Adressen und in Broschüren. Auch sie spiegeln die oft recht eigenwillige Beurteilung seiner Opposition in Italien. Was die privaten Zuschriften anlangt, so wird dies besonders deutlich in einem Brief des linksliberalen antiklerikalen italienischen Dichters und Politikers Benedetto Castiglia[401] kurz nach Döllingers Münchener Erklärung, der mit einem wahren Hymnus beginnt: *„L'Italia vi contempla, e vi applaude. E dico, l'Italia perchè, qui da noi, governo e popolo, – alti e bassi, – dotti e ignoranti; – tutti vedono nella infallibilità pontificia una enormezza, un assurdo, una incredibilità, di più, un contrassenso al cattolicismo."*[402] Wenn anschließend der Katholizismus als *„riunione della universa Umanità nella universa Verità"*[403] umschrieben wird, werden die Mißverständnisse offenbar. Unmißverständlich dagegen und dem ideologischen Standort des Linksliberalismus entsprechend reagierte die skeptische „Riforma", die eine öffentliche Adresse Castiglias an den Münchener Katholikenkongreß und Döllinger zwar abdruckte, ja, bei dieser Gelegenheit sogar die nationale und fortschrittliche Gesinnung der Führer der religiösen Bewegung in Deutschland und ihren Einsatz für die Freiheit des Gewissens und der Wissenschaft hervorhob, sich jedoch ausdrücklich von ihrem religiösen Anliegen distanzierte[404].

Die zahlreichen weiteren Briefe, die Döllinger aus Italien erhielt, beurteilen ihn und seinen Protest im allgemeinen realistischer. Dies gilt auch für den Brief des „Padre" Alessandro Gavazzi, einst Kaplan in der Freischar Garibaldis und später Begründer einer protestantischen italienischen Kirche[405], der hier des Interesses halber erwähnt werden soll. Nicht verschwiegen sei auch, daß sich unter den Briefen einige wenige befinden, in denen die Absender Döllinger zur Umkehr und zur Treue zum Papste bekehren wollen. Sie sind im Gegensatz zu den öffentlichen Verunglimpfungen durch die offiziöse italienische Kirchenpresse Zeugnisse großer Hochachtung gegenüber Döllinger[406]. Die meisten der Briefe sind freilich von Männern geschrieben, die kaum die Möglichkeit hatten, ohne Furcht öffentlich ihre Vorstellungen vorzubringen, nämlich sog. „liberale Katholiken", die anders als Castiglia und Gavazzi und ähnlich wie Döllinger eine Reform innerhalb der Kirche wünschten und unter denen sich neben bekannten Namen ein biederer Schneidermeister aus Avellino befand[407]. Zu nennen sind auch der Direktor des Gymnasiums von Feltre und seine Kollegen, darunter ein Geistlicher, der wegen seiner Unterschrift mit der Exkommunikation bedroht wurde, was ihn wegen der damit verbundenen materiellen Folgen offensichtlich zum Schweigen brachte[408], ferner ein theologisch gut gebildeter Expriester, der in bitterer Armut lebte und der nicht verstand, warum Döllinger zwar die Unfehlbarkeit ablehnte, aber nicht die „Unbefleckte Empfängnis" und andere Dogmen, von denen die frühe Kirche nichts wußte. Zu nennen ist vor allen – mit Einschränkung freilich, denn er war zwar italienischer Patriot, aber österreichischer Untertan und der deutschen Kultur verbunden – Giovanni a Prato[409], der Döllinger zum ersten Mal 1848 in Frankfurt begegnet war. Wie kein anderer italienischsprechender Theologe oder Politiker stand er voll hinter den theologischen Vorstellungen Döllingers, den er einen *„berühmten und wohlverdienten Vorkämpfer der katholischen Freiheit"*[410] nennt. A Prato hatte nicht nur die Erklärung Döllingers veröffentlicht, er hat sich auch an Döllinger gewandt mit der Bitte um Weisungen für sich und ihm bekannte italienische Theologen, die Schwierigkeiten mit dem neuen Dogma hatten[411]. Döllinger hatte ihm geantwortet, er freue sich, wenn auch in Italien eine Bewegung gegen den *„päpstlichen Absolutismus"* entstehe, ihm jedoch gleichzeitig ans Herz gebunden, daß die Reform innerhalb der Kirche geschehen müsse. Wie eine Vorwegnahme seiner beschwörenden Worte beim ersten Altkatholikenkongreß klingt es, wenn er zum Bekenntnis der *„alten katholischen Lehre"* mahnt und bittet, sich *„nicht aus der Kirche hinausdrängen"* zu lassen. *„Wenn man uns mit Zensuren belegt, sind diese nicht gültig und können uns nicht schaden, wie die Kirche selber lehrt."*[412] Wenn freilich Döllinger gehofft hatte, über a Prato Anhänger in Italien sammeln zu können, so mußte ihm dieser leider mitteilen, daß *„sich schwerlich in Italien eine kirchliche . . . Autorität finden dürfte, die es wagte auch nur den Schatten der glorreichen Rolle zu spielen, die Sie den Mut hatten in Deutschland aufzunehmen"*. Den Grund sah er im Einfluß und in der Macht der Jesuiten[413]. Obwohl a Prato noch länger im Sinne Döllingers tätig war und u. a. auch Kontakt zu Loyson aufnahm, auch später mit Döllinger in brieflicher Verbindung blieb und seine Zustimmung zu dessen religiösen Zielen aussprach[414], hat ihn dieser in der Folgezeit, d. h. seit der Entstehung des Altkatholizismus, nicht mehr zu Aktionen gegen Rom aufgefordert. Man darf dies, wie die Beendigung seiner Initiativen in Italien überhaupt, dahin interpretieren, daß Döllinger dort auf keinen Fall ein Schisma wollte. A Prato seinerseits hat eine Einladung zum Altkatholikenkongreß in Köln abschlägig beschieden, nicht ohne dem Kongreß seine besten Wünsche auszusprechen[415].

Es mag daher sein, daß Döllinger auf Grund seiner Erfahrungen jetzt stärker auf den italienischen Staat setzte, doch auch hier wurde er enttäuscht. Dies zeigt ein ernüchternder Brief aus dieser Zeit im Nachlaß Döllingers. Sein Verfasser ist Tullio Minelli[416], der Privatsekretär Sellas, der als Repräsentant des offiziellen Italien anzusehen ist und der sehr deutlich den – auch von Bonghi angesprochenen – Dissens des offiziellen Italien zu Döllinger zum Ausdruck bringt. Auf die Zusendung der „Römischen Briefe" der Augsburger Allgemeinen Zeitung antwortete er, diese seien ja gut gemeint, doch noch immer zu wenig fortschrittlich und entsprächen keineswegs den Bedürfnissen Italiens. Die gegenwärtige Bewegung in Deutschland sei im übrigen für Italien verfrüht, ja, gefährlich, weil es in Italien nur zwei Beziehungen zur Religion gebe: den Indifferentismus und den Fanatismus. Was er zunächst wünsche, seien nicht große Reformen, sondern gemäßigte und weise Entwicklungen. Dagegen zeigte er sich sehr erfreut darüber, daß Döllinger ihm versichern konnte, er habe – anders als man es in italienischen liberalen Zeitungen las – niemals eine absolute Notwendigkeit des Kirchenstaats vertreten. Deutlicher als in diesem Brief konnte kaum zum Ausdruck gebracht werden, wie wenig das offizielle Italien für das religiöse Anliegen Döllingers übrig hatte[417].

Sieht man davon ab, daß „liberale Katholiken", vor allem liberalkatholisch gesinnte Priester, aus Furcht erst gar nicht in die Öffentlichkeit traten, so bieten die Zustimmungsadressen zu Döllingers Erklärung und die Sympathiekundgebungen in italienischen Zeitungen ein ähnliches Bild wie die Briefe an ihn. Die Behauptung, *„Döllingers Lehren"* hätten auf Italien einen erheblichen Einfluß ausgeübt[418], läßt sich gerade bei einer genauen Analyse dieser Adressen kaum aufrechterhalten. Ihre Verfasser dürften die Anliegen Döllingers kaum richtig verstanden haben, vor allem soweit sie aus dem streng laizistischen Lager kamen. Hierher gehört die Adresse römischer Professoren an Döllinger, der sich, unter Führung des späteren Großmeisters der Freimaurer, Ettore Ferrari, siebzig Künstler und zwölf Gymnasiallehrer aus Spoleto anschlossen – die Adressen wurden in der „Libertà" veröffentlicht[419] –, ferner eine Adresse von Florentiner Studenten[420], das bereits genannte öffentliche Lob Döllingers durch den Dichter Benedetto Castiglia, Sympathiekundgebungen in der demokratischen „Italia Nuova", schließlich die Zustimmung durch die garibaldinische römische Zeitung „Capitale"[421]. Der Tenor dieser Äußerungen ist der gleiche wie in den

Kommentaren der „Nazione" und des „Diritto". So spricht die Adresse der Florentiner Studenten, die bezeichnenderweise in der „Riforma" erschien, die Bemühungen Deutschlands und Italiens für den Fortschritt und die nationale Einheit an und ruft zur Freundschaft beider Völker auf. Döllinger wird die Unterstützung in seinem Kampf für die Gewissensfreiheit zugesichert. In der „Nuova Italia" ist von Zustimmungsadressen die Rede, in denen Döllinger zum Kampf gegen Jesuiten und Fanatiker ermutigt wird. Von späteren Äußerungen dieser Art sei die öffentliche Dankesadresse Quintino Sellas[422] an Döllinger als den Rektor der Universität München anläßlich seiner Ernennung zum Ehrendoktor angefügt. Sie ist ein Hochgesang auf den wissenschaftlichen Primat Deutschlands und mündet angesichts des Kulturkampfes in die Aufforderung zum gemeinsamen Kampf Deutschlands und Italiens gegen jene, die die Religion zum Angriff auf den Staat mißbrauchen[423]. Schließlich sei eine etwas verworrene Schrift des sizilianischen Priesters und großen Bewunderers Deutschlands und Bismarcks, Filippo Bartolomeo, aus dem Jahre 1872 erwähnt, der gerade damals infolge seiner politischen Aktivitäten sein Priesteramt niederlegte. Ziel seiner Schrift, die den Kulturkampf Lutzens und Bismarcks als ausführender Organe der Vorsehung in höchsten Tönen preist, ist der Aufruf zur Bekämpfung des in Frankreich wie im Papsttum verkörperten Ultramontanismus durch Italien und Deutschland. Vorkämpfer in diesem Ringen um die Durchsetzung der Kultur und wahren Religion müsse der Altkatholizismus sein[424]. Bartolomeo, der seine Schrift auch Döllinger sandte[425], hat sich später noch entschiedener hinter den deutschen Kulturkampf gegen die *„Finsternisse des Mittelalters"* gestellt und Bismarck als *„timone e stella della gran nave dell'impero germanico"* gefeiert[426].

Es blieb nicht bei Briefen und öffentlichen Zustimmungsadressen. Nach Döllingers Erklärung kam es in Italien zu Aktionen, die in Deutschland ihresgleichen suchen. Gemeint sind nicht nur die Bemühungen meist schon länger bestehender liberalkatholischer Gruppierungen, mit Döllinger und der beginnenden altkatholischen Bewegung Kontakt aufzunehmen und sich bei ihr Stärkung zu suchen. Wir kommen darauf zurück. Gemeint sind Sympathiekundgebungen für Döllinger, darunter eine in Rom, die ziemlich Staub aufwirbelte und die sich ganz auf die politisch-weltanschaulichen nationalliberalen, antiklerikalen und antipäpstlichen Ebene des italienischen „Risorgimento" bewegte. Es gibt kaum ein sprechenderes Beispiel dafür, wie schwer sich Freund und Feind in Italien mit Döllingers Vorstellungen taten.

Die Vorgänge in Rom wurden ausgelöst durch die erwähnte Adresse der Professoren der römischen Universität „La Sapienza", bei denen es sich zumeist um Mediziner und Naturwissenschaftler, darunter auch Angehörige des jüdischen Glaubens, handelte, die nach der Einnahme Roms durch die Italiener an die vormals päpstliche Universität berufen worden waren. Die vom 10. April stammende Adresse wurde am gleichen Tag, an dem Döllinger exkommuniziert wurde, am 17. April 1871, in der „Libertà“ Eduardo Arbibs veröffentlicht[427]. Die Professoren brachten darin zum Ausdruck, Italien stehe hinter dem deutschen Protest gegen die Versklavung des Geistes und werde Deutschland nicht mehr allein lassen wie im 16. Jahrhundert. Ähnlich wie Bonghi in der „Perseveranza“ verwahrten sich die Professoren jedoch gegen die Gleichsetzung des kirchlichen Systems mit Italien: *„Der Episkopat, der in unserem Lande lebt, ist ohne Vaterland und hat nichts gemeinsam mit dem italienischen Volke. Der Syllabus, die Infallibilität, die päpstliche Autokratie, alle diese Verneinungen der menschlichen und göttlichen Vernunft, gehören zu einem System, das nichts zu tun hat mit dem römischen Charakter und Denken.“* Die Adresse, die zuerst ohne Unterschriften erschien – die Liste der 24 Unterzeichner mit dem Rektor Carlucci an der Spitze wurde am 7. Mai nachgeliefert[428] –, erregte großes Aufsehen. Scharf wandte sich die vatikannahe Presse gegen dieselbe, angefangen vom „Osservatore Romano“[429] bis hin zur „Civiltà Cattolica“, die wieder einmal mit Hohn und Spott gegen Döllinger zu Felde zog, dessen *„candelabro“* es fertiggebracht habe, ungläubige und jüdische Ärzte in Rom zu erleuchten und mit seiner *„rabbia teologica“* anzustecken[430]. Besonders verwerflich betrachtete die „Civiltà“ die Adresse deswegen, weil sie *„unter den Augen des Papstes“* zustande gekommen sei. Daß die Professoren den römischen Glauben der *„deutschen Wissenschaft“*, der ungläubigen *„scienza döllingeriana“*, der *„Wissenschaft des ‚candelabro tedesco‘“* weit mehr aus politischen Gründen als aus religiösen geopfert hatten, war allerdings richtig. Ob es ihnen dabei nur um Karriere ging, wie das Blatt meint, bleibe dahingestellt. Deutlich wird der antideutsche Zungenschlag in der Feststellung der „Civiltà“, sie hätten sich der Häresie eines Deutschen angeschlossen, um bei der Regierung als gute Italiener zu gelten[431].

Es blieb nicht bei Protesten in der kirchlichen Presse. Am 18. Mai 1871 wurde im „Osservatore Romano“ die päpstliche Exkommunikation der Unterzeichner der Adresse publiziert, zugleich mit einem Schreiben des Dekans des Kardinalskollegiums und Bischofs von Ostia und Velletri, Costantino Patrizi, in dem erklärt wurde, die Unterzeichner, denen eine Fülle *„d’errori, di bestemmie, d’incredibiltà“* bestätigt wird, würden wegen ihrer *„tenebrosa dottrina d’inferno“* aufhören, katholisch zu sein. Alle Katholiken müßten den Kontakt mit ihnen meiden. Dies gelte besonders für die Studenten[432]. In der Tat blieben daraufhin nicht nur katholische Studenten den Vorlesungen fern, sondern 74 Professoren unterzeichneten auf Anordnung des Vatikans[433] eine Ergebenheitsadresse an den Heiligen Vater. 50 Studenten, Anhänger der exkommunizierten Professoren, vor allem Medizinstudenten, die sich in dem

Verein „Gioventù medico-romano" zusammengeschlossen hatten, erklärten sich daraufhin mit diesen solidarisch und suchten sich auch mit anderen italienischen Universitäten zu solidarisieren. Die papsttreuen Studenten ihrerseits luden mit Plakaten zur Teilnahme am „Marienmonat" als Zeichen ihres Protests ein. Schließlich kam es am 22. Mai 1871 zu einem Zusammenstoß der Studenten, bei denen die Gegner der exkommunizierten Professoren verprügelt wurden, ohne daß der Rektor oder die staatliche Polizei eingriff. Am 29. Mai wurden die papsttreuen Studenten von Pius IX. empfangen, der ihnen seine Anerkennung aussprach[434]. Im Sinne Döllingers war dies alles gewiß nicht.

7. Die altkatholische Bewegung und Italien

Katholische und nichtkatholische Blätter in Italien richteten im Sommer und Frühherbst 1871 ihren Blick nicht nur auf Döllinger, sondern auch auf die übrigen Gegner der Unfehlbarkeit in Deutschland. Unbestritten galt Döllinger auf beiden Seiten als Haupt der Opposition. Beide waren sich jedoch auch darin einig, daß die Bewegung keine Zukunft haben werde. So schrieb die klerikale Presse schon bald, das *„movimento doellingeriano"* werde wegen des geringen Interesses des katholischen Kirchenvolkes weder in Deutschland noch in Italien erfolgreich sein[435]. Zu Recht betonte sie, viele Namenskatholiken, Ärzte, Advokaten und Juden, die ihm zujubelten, wüßten nicht einmal, wogegen Döllinger kämpfe[436]. Die liberale Presse zeigte sich zwar erstaunt, daß die Vertreter des *„alten Katholizismus"* in Deutschland so viele waren. Doch betonte auch sie, daß diese Bewegung wegen des geringen Echos beim niederen Klerus und beim Volk keinen Erfolg haben werde[437]. Auf der linksliberalen Seite überbot jetzt der „Diritto" die schon immer skeptische „Riforma". Zwar berichtete das Blatt ausführlich über die Fortschritte der Bewegung[438], doch ließ es keinen Zweifel darüber, daß es im Kampf des *„spirito religioso germanico"* gegen den *„spirito cattolico latino"* den Sieg nicht von Döllinger und seinen Gesinnungsgenossen, sondern von Bismarck und dem Deutschen Reich erwarte[439].

Sehr deutlich brachten die Kommentare zum Münchner (Alt)katholikenkongreß vom September 1871 die verschiedenen Standpunkte innerhalb einer breiten Ablehnungsfront in Italien zum Ausdruck. Von den liberalen Zeitungen Roms stand im Grunde nur die „Libertà" Arbibs voll hinter der altkatholischen Bewegung, deren Entwicklung sie auch ferner mit großem Interesse verfolgte[440]. Zustimmend war auch, wie zu erwarten, die Reaktion der Florentiner „Nazione" auf die Vorgänge in Bayern. Sie hob hervor, daß, anders als bei der Reformation Luthers, bei den Anhängern Döllingers die Folgen der Unfehlbarkeit auf das bürgerliche und staatliche Leben eine große Rolle spielen[441]. Auch das positive Urteil der linksradikalen, Garibaldi nahestehenden römischen Zeitung „La Capitale“ soll erwähnt werden. Hier erfahren die Teilnehmer des Münchner Altkatholikenkongresses höchstes Lob. Dieses gilt jedoch in erster Linie der wissenschaftlichen Qualifikation der Teilnehmer. Noch nie zuvor, schreibt das Blatt, hätten sich die Teilnehmer einer religiösen Versammlung so sehr durch hohe Intelligenz und Wissenschaftlichkeit ausgezeichnet[442]. Die übrigen Zeitungen beurteilen die Münchner Versammlung und die Zukunftsaussichten der Altkatholiken, wenn auch aus verschiedenen Gründen, sehr kritisch[443].

Die klerikale Presse, die sorgfältig die Meinungsverschiedenheiten zwischen Döllinger und den übrigen Teilnehmern der Versammlung hinsichtlich eines bevorstehenden Schismas registrierte, sah darin den Anfang vom Ende der Bewegung, deren Unfähigkeit, außerhalb eines kleinen Kreises von Akademikern Fuß zu fassen, erneut mit Genugtuung verzeichnet wurde. Schon am zweiten Kongreßtage habe sich die Uneinigkeit der Versammelten gezeigt, schrieb die „Unità cattolica“, die im übrigen die *„Münchner Häretiker“* – auch das ein öfters wiederkehrender Vorwurf – in die Nähe der sozialistischen Internationale rückte. Mit Belustigung nahm sie zur Kenntnis, daß auch Loyson bei den Vertretern der „deutschen Wissenschaft“ eine Rede hielt, wo es sich doch um eine Häresie handle, *„che è essenzialmente tedesca, e perciò per eccellenza antifrancese“*[444]. Die „Voce della Verità“ berichtete während des Kongresses, Bismarck habe Lutz gefragt, wie es mit der altkatholischen Bewegung stehe. *„Sehr gut“*, habe dieser erwidert, *„fast alle meine Professoren stehen auf der Seite Döllingers.“* Darauf Bismarck: *„Was kümmern mich eure Professoren? Pfarrer will ich, tüchtige Pfarrer mit ihren Pfarrkindern.“*[445] Der „Osservatore Romano“ belustigte sich über die *„lächerliche Komödie“* der Münchner und ihre mißlungene Parodie Luthers und Calvins. Was schwerer wog, war jedoch die Feststellung, daß die Altkatholiken nichts anderes seien als *„Werkzeuge der Berliner Politik“* gegen die Kirche[446]. Ein *„scisma da commedia“* sah auch der in Venedig erscheinende „Zelo cattolico“ in der Münchner Versammlung. Döllinger erweise sich nicht als solider Fels, auf den man eine Nationalkirche bauen könne. Seine Anhängerschaft werde *„repräsentiert von wenigen Priestern nach Art eines Liverani . . . und dahinter her kommt eine Schar von Freimauern, Lutheranern und Juden“*, die alles andere als zu einer Kirchenreform geeignet seien[447].

Ausführlich befaßte sich die „Civiltà Cattolica“ mit dem Kongreß der *„Münchner Pseudokatholiken“* und mit Döllinger, dem *„Patriarchen der deutschen Wissenschaft und des deutschen Gewissens“*. Die Teilnehmer, so die „Civiltà“, seien „liberale Katholiken“, unter ihnen eine Anzahl Freimaurer. Wenn das Blatt ausführte, der Liberalismus sei das Krebsgeschwür der

Gegenwart und werde auch nicht besser, wenn er sich in unerlaubter Ehe mit dem Katholizismus verbinde, so befand es sich in Übereinstimmung mit Pius IX.[448]. Bei den deutschen liberalen Katholiken, die sich jetzt Altkatholiken nennen, handle sich um einige Laien, die sich gerne in den Mittelpunkt stellen, und um einige Priester. Diese seien entweder *„aufgeblasen von eitler Wissenschaft wie ihr Probst Döllinger"* oder willens, sich ein Weib zu nehmen. Sie alle hätten die merkwürdige Vorstellung, zusammen mit Döllinger unfehlbar zu sein. Bismarck wolle sich ihrer beim Kampf gegen die Kirche bedienen; doch habe er schon bald gemerkt, daß Döllinger kein Moltke sei und seine gelehrten Anhänger kein Heer. Mit Genugtuung vermerkte das Jesuitenblatt, daß die Versammlung der *„Leuchter der Wissenschaft"* mit ihrem *„Patriarchen"* in Streit geraten sei und sich in Widersprüche verwickelt habe, die dem Hegelschen *„Abgrund des Sein-Nicht-Sein"* gleiche. Denn sie hätten sich schließlich als *„nichtkatholische Katholiken"* definiert. Ihr Altkatholizismus sei genau so widersinnig wie der *„prähistorische Mensch"*, von dem die Gottlosen phantasieren. Beides zeige, wie weit der Menschengeist sich verirren kann, wenn er sich gegen Gott auflehnt[449].
Auch von einem Teil der liberalen Presse wurden die Bestrebungen des Münchner Altkatholikenkongresses sehr kritisch beurteilt. Der „Diritto", noch immer Sprachrohr der parlamentarischen Linken, berichtete von dem Angebot des Kongresses, die Staaten in der Abwehr des „Ultramontanismus" zu unterstützen. *„Um die Wahrheit zu sagen"*, schrieb der „Diritto", *„diese Hilfe ist uns nicht sehr willkommen."* Auch wenn sich die Katholiken liberal gäben, sie blieben doch immer Katholiken[450]. Eine ähnliche Stellung nahm die „Riforma" ein, auch sie ein Blatt der parlamentarischen Linken, die sich seit Beginn des preußisch-deutschen Kulturkampfes – anders als die regierende Rechte – voll hinter die radikale Kirchenpolitik Bismarcks und Falks gestellt hatte[451].
Wie aber beurteilen Bonghi und die ihm nahe stehenden Liberalkonservativen die Münchner Tagung? Die „Perseveranza" lobte zunächst die früheren Leistungen Döllingers und Schultes für die Kirche und warb erneut für das Verständnis der deutschen Religiosität, der es um eine Reform aus den Ursprüngen gehe. Dann wies sie auf die Schwierigkeiten hin, die mit der Organisation der Bewegung verbunden seien. Gewiß sei man sich einig, daß man kein *„sacrificio dell'intelletto"* bringen und sich nicht hinter geheimen Vorbehalten verstecken dürfe, aber das Problem sei das praktische religiöse Leben[452]. Die Zeitung hob die mäßigende Wirkung Döllingers hervor und betonte, sein Widerstand gegen eine von Rom unabhängige Kirche zeuge von seiner profunden Kenntnis der Kirchengeschichte. Die Errichtung einer neuen Kirche sei keine Reform, sondern behindere nur die Reform der Kirche[453].

Seit 1872 wurden die Pressekommentare zu Döllinger und zur altkatholischen Bewegung in Italien bedeutend weniger. Dazu mag neben der Erkenntnis, daß es den deutschen „Rebellen" in der Tat um religiöse Reformen gehe, der Umstand beigetragen haben, daß Döllinger selbst sich nicht mit einer von Rom völlig getrennten „altkatholischen Kirche" abfinden konnte. Doch finden sich Kommentare sowohl zu den Altkatholikenkongressen wie auch zu Döllingers ökumenischen Initiativen.

In einem längeren Beitrag über die religiöse Frage in Deutschland berichtete 1872 die „Civiltà Cattolica" vom Erscheinen der *„neuen Sekte der Altkatholiken"* und von den Angriffen dieser Sekte auf die Kirche. Den Grund für den Widerstand der Deutschen sieht sie in der Verabsolutierung der „Wissenschaft"[454] bzw. in der Geschichtswissenschaft, die nach Döllinger die Wissenschaft der Deutschen sei. Doch sei sie bei *„ihm und seinesgleichen"* nicht viel mehr wert sei als seine Theologie[455]. Einen ausführlichen Bericht bringt die „Civiltà" über die Münchner Vorträge Döllingers zur Wiedervereinigung der Kirchen[456]. Merkwürdigerweise zeigt sie sich besonders erregt über Döllingers Auffassung der Taufe, die von heutigen Autoren als wegweisend für die Ökumene angesehen wird[457]. Jeder Getaufte, so die „Civiltà", werde durch seinen Übertritt zu einer Sekte *„ein abgeschnittenes Glied"*[458]. Das Blatt faßt sein Urteil über die ökumenischen Konferenzen zusammen in der Feststellung, Döllinger setze an die Stelle der göttlichen Autorität der Kirche einen *„revolutionären Rationalismus"*, wobei er sich der Lüge und der Verleumdung bediene[459]. Daß dies nicht nur die Meinung einiger weniger war, bestätigt der „Zelo Cattolico", wo es zu den Konferenzen – allerdings etwas abgemildert – heißt, in ihnen würde ein Christentum vertreten, das auf der Wissenschaft aufruhen müsse und dem nur eine natürliche kulturelle Sendung zukomme[460].

Neben den Aktivitäten Döllingers und der Altkatholiken interessierte die katholischen italienischen Zeitungen der Erfolg des Altkatholizismus in Italien. Dieser war – wie wir sehen werden – recht gering, was natürlich mit Freuden registriert wurde. Professor Huber, schrieb die „Voce della Verità" Anfang 1872, habe bei einem Rombesuch feststellen müssen: *„L'Italia e Roma sono indifferentissime al moto . . . di pretesta riforma."* Die einzige Unterstützung finde der Altkatholizismus bei Mamiani, Ricasoli, Passaglia und Bonghi[461]. Leider wird jedoch nicht erklärt, worin diese Unterstützung bestehe[462]. Auch auf den geringen Erfolg der Altkatholiken in Deutschland kommt die katholische Presse öfters zurück. Befriedigt stellt sie fest, kein einziger würdiger Priester gehöre der Bewegung an, und auch Bismarck sehe sich in seinen Hoffnungen getäuscht. Wiederholt wird in diesem Zusammenhang die *„deutsche Wissenschaft"* angesprochen, die von den deutschen Universitätstheologen seit Hermes und Günther in den Himmel gehoben worden sei. Wie lächerlich sie sei, bewiesen Kant, Fichte, Hegel, Schelling, Hermes und Günther. Freilich gebe es auch eine *„echte deutsche Wissenschaft“*, nämlich bei Kleutgen und Ketteler[463].

Die liberale italienische Presse verlor 1872 die deutschen Altkatholiken allmählich aus den Augen. Zwar wies ausgerechnet die „Riforma“ am Beginn des Jahres darauf hin, daß in der illustren deutschen Nation nicht nur die Protestanten die Gewissensfreiheit predigten, sondern auch *„durch Wissen ausgezeichnete Katholiken“* – die Altkatholiken – Vaterland, Freiheit und Wissenschaft gegen den „Romanismus“ verteidigten[464]. Aber in der Folgezeit wurde recht wenig über die deutsche religiöse Bewegung geschrieben. Eine Ausnahme bildete lediglich Bonghi, nicht nur mit einem Bericht über die Münchner Unionskonferenzen in der „Perseveranza“[465], sondern auch mit einem längeren Beitrag über den Kölner Altkatholikenkongreß in der „Nuova Antologia“, den er – wie Terenzio Maminani – mit einer Sympathieadresse beehrt hatte[466]. Bonghi fragt nach dem Grund, warum kein Italiener in Köln war. Sieht man davon ab, daß er das Nächstliegende, die Angst vor Repressalien und den Verlust der materiellen Existenz, nicht nennt, so dürfte seine Analyse weithin zutreffen. Für ihn liegt der Grund des geringen Interesses der Italiener in deren Mentalität und Religiosität. Wenn die deutschen Altkatholiken über den geringen Erfolg in Italien enttäuscht seien, würden sie vergessen, daß für den Italiener – anders als für den Deutschen mit seiner *„tiefen Gläubigkeit“* – die Religion etwas Äußerliches sei, daß *„der römische Katholizismus den Charakter eines Kleides hat, den man bei der Geburt anzieht und beim Sterben auszieht, ohne ihn in das Innere der Seele und des Geistes eintreten zu lassen“*. Von daher komme es auch, daß der Italiener, wenn er die Sicherungen der offiziellen Kirche aufgebe, alles religiöse Empfinden und allen moralischen Halt mit ablege und folglich nicht eine Erneuerung der Kirche wolle, sondern die Vernichtung alles Religiösen. Was die Italiener in der gegenwärtigen Situation zu leisten fähig waren, hätten sie vollbracht. *„Die Italiener haben ihren Teil des Kampfes geführt. Sie haben zerstört. Werden nun die Deutschen ein neues Gebäude errichten, in der Art, wie die Altkatholiken es entwerfen?“* Bonghi ist davon nicht überzeugt. Die Führer der Altkatholiken scheinen ihm nicht fähig genug. Vor allem sollten sie bedenken: Für das Gebäude, das errichtet werden muß, *„reichen die Grenzen eines Volkes nicht aus.“* Schädlich sei ein zu enger Anschluß an den deutschen Staat. Immerhin glaubt Bonghi daran, daß in den Ländern mit protestantischer Mehrheit, wo der Katholizismus immer noch lebendiger war, die Aussichten auf Erfolg größer seien als in den katholischen Ländern mit ihrem Traditionsglauben (den Bonghi anderswo *„bedingungslosen Glauben ohne echte religiöse Empfindung“* nennt). Was Frankreich anlangt, so habe die Heirat Loysons der Bewegung geschadet. Und Italien? Bei der letzten Volkszählung in Florenz hätten sich von 167 053 Bürgern 158 704 als katholisch bezeichnet, kein einziger nannte sich „altkatholisch". Bonghi zieht den Schluß: *„Heute, wo die echte Religion nötig ist, um den Verstand zu befruchten und den Geist einer Nation zu erneuern . . . findet man nur kleine Münze in unserer Seele."*[467]

Ab 1873 nahmen die Berichte über den Altkatholizismus noch weiter ab. Gerüchte wurden laut, Döllinger habe sich bekehrt[468]. Die „Libertà" feierte dagegen den Sieg der altkatholischen Bewegung[469]. In der „Nazione" wurden Briefe von Reinkens und Renftle abgedruckt[470]. Anläßlich der Rede Carlo Guerrieri Gonzagas beim Altkatholikenkongreß in Freiburg im Jahre 1874 befaßte sich die offiziöse „Opinione" mit dem Mißerfolg des Altkatholizismus in Italien. Der Beitrag verbindet Gedanken Bonghis mit dem Lobpreis auf die „deutsche Wissenschaft". Der Altkatholizismus, meint das Blatt, sei typisch für Deutschland. Dem deutschen Geiste entspreche *„die Kühnheit der Kritik und der theologischen und philosophischen Systeme"* und die *„edle Leidenschaft, die so viele und so gebildete Geister zur Suche nach der Wahrheit treibt."* Zu ihnen wird Döllinger gerechnet, der von früher Jugend an sich mit protestantischen und rationalistischen Autoren auseinandersetzen mußte. Wo gebe es Ähnliches in Italien? Wo fänden sich hier bedeutende exetische Arbeiten, wo die Bibelkritik, wo die Evangeliengeschichte? Wenn man sich mit dem Papsttum anlege, gehe es nicht um Religion, sondern nur um Politik[471].

1875 ist nur noch die „Libertà" von einem (begrenzten) Erfolg des Altkatholizismus überzeugt[472]. Sporadisch nur erinnern die Zeitungen an die religiöse Bewegung in Deutschland (und Italien), die scheitern mußte, weil sie zu akademisch war und auf halbem Wege stehen blieb. So schrieb die „Opinione" Anfang 1876, die Herrschaft des Papstes abzulehnen und trotzdem katholisch zu bleiben, könne vielleicht theologisch möglich sein, aber praktisch nütze es gar nichts. Eine wirkliche Reform müsse so radikal sein wie der Protestantismus. Mit Interesse wird vermerkt, daß Döllinger – *„grande teologo, profondo nella storia ecclesiastica come nessun altro ai nostri giorni"* –, dem man eine solche Reform am ehesten zugetraut hatte, keinen Bruch mit Rom wolle, daß vielmehr all sein Bemühen der Einheit der Kirche gelte. Auch die übrigen führenden Männer der Bewegung seien gute Theologen[473]. Weiter geht 1883 der in Neapel erscheinende „Corriere del Mattino" angesichts des Abklingens des deutschen Kulturkampfes: *„Dr. Döllinger und die anderen Häupter des neuen Kults müssen sich zutiefst enttäuscht sehen. Es fehlen die Apostel, es fehlen die Priester, es fehlen die Gläubigen. Der neue Tempel ist kalt und leer."* Man raufe sich um theologische Fragen, doch wo bleibe das Feuer Luthers[474]? Auch Bonghi vermißt um die gleiche Zeit die heilige Begeisterung bei den Altkatholiken. Nichts

Menschliches, stellt er fest, habe zum Gelingen der altkatholischen Kirche gefehlt, nicht die Vernunft, nicht die Wissenschaft, nicht die Gunst hochgestellter Personen; an der Spitze der Bewegung sei der *„gelehrteste und angesehenste Theologe Deutschlands“* gestanden. Was gefehlt habe, sei die Glaubenskraft und die Glaubensbegeisterung gewesen. Nur diese hätte zünden können, nicht aber die rein theologische Kritik an der Veränderung eines Punktes im alten Credo[475].

Nach all dem, was die Presse zu berichten weiß, möchte es scheinen, daß in Italien trotz mancher Sympathien der Altkatholizismus keinen Eingang fand. Allerdings reichen die Erklärungen Bonghis für diesen Mißerfolg nicht aus. Vielmehr muß betont werden, daß die führenden Köpfe der italienischen liberalen Katholiken, anders als in Deutschland und durchaus im Sinne Döllingers, Wert darauf legten, in der Kirche zu bleiben und sie von innen heraus zu erneuern. Dies beweist die mehrmals erwähnte Gruppe um die „Rassegna Nazionale“. So haben sie die katholische Reformbewegung der Jahrhundertwende, den sog. Modernismus, vorbereitet. Dennoch gab es an verschiedenen Orten Italiens Keimzellen eines wie immer gearteten „Altkatholizismus“. Allerdings bestanden diese – sieht man von Rom ab – meist schon zuvor als Zirkel eines „liberalen“, „nationalitalienischen“ oder „demokratischen“ Katholizismus und suchten nun Verbindung zu den „Altkatholiken“, ohne deswegen unbedingt eine engere, oder gar organisatorische Einheit mit den deutschen Gemeinden zu bilden.
Einen Altkatholizismus im vollen Sinne gab es ausgerechnet in Rom. Die von den römischen Professoren ausgelöste Sympathiebewegung diente zwar weniger religiösen als nationalen Zielen, doch dürfte sie mit dazu beigetragen haben, daß in Rom schon 1871/72 die Anfänge einer „altkatholischen“ Gemeinde zu erkennen sind, die sich wie kaum anderswo in Italien mit den Zielen Döllingers identifizierte[476]. An der Spitze dieser Altkatholiken stand der angesehene Exkapuzinerpater Andrea d'Altagene[477], ein Freund Loysons, der als Opfer des „päpstlichen Despotismus“ galt. 1859 war er wegen einer Schrift zur Reform der Kirche und gegen den Zwangszölibat vom Inquisitionsgericht zu zwölf Jahren Zuchthaus verurteilt worden, das er auf Einspruch Napoleons III. als französischer Untertan nach zweieinhalb Jahren verlassen durfte. Auch die übrigen dieser ersten römischen Altkatholiken scheinen in Verbindung zu Frankreich und Loyson gestanden zu sein. Der stellvertretende Leiter der Gemeinde, Federico Nery, nahm als Mitglied am 2. Altkatholikentag in Köln teil. Er gab in Rom ein französischsprachiges Blatt „Esperance de Rome“ heraus[478]. 1872 bereits sprach man davon, daß den römischen Altkatholiken eine Kirche bereitgestellt werden solle[479]. Unterstützung erhielten die römischen Altkatholiken vielleicht schon damals von der amerikanischen episkopalistischen Kirche in Italien. Vor allem Rev. Chauncy Langdon aus Florenz, der ein

gewisses Ansehen in Italien genoß und voll hinter den Anliegen Döllingers stand, mit dem er persönlichen und brieflichen Kontakt hatte, förderte die altkatholische Bewegung in Italien[480]. 1872 nahm er zusammen mit dem Rektor der Amerikanischen Kapelle in Rom, Robert Nevin, und dessen Kaplan Bloemfield als Gast am Kölner Altkatholikenkongreß teil. Auch unter den Gästen des dritten Altkatholikenkongresses finden sich die Namen von Chauncy Langdon und Nevin. Beim vierten Kongreß erschien nur Chauncy Langdon, der damals bereits nach Genf versetzt worden war[481].

Die Hoffnungen, daß in Rom eine blühende Gemeinde entstehe, schien jedoch bald zu schwinden. So richteten sich die Augen der Altkatholiken auf den Conte Carlo Guerrieri Gonzaga[482] aus Mantua, der als angesehener liberal-konservativer Politiker galt. Auf dem vierten Altkatholikenkongreß in Freiburg hielt er eine vielbeachtete Rede, die sein Bruder Anselmo[483] verfaßt haben soll[484], der seine Vorliebe für Deutschland bereits durch die Übersetzung von Treitschkes Buch über Cavour bewiesen hatte[485]. Guerrieri Gonzaga bekannte sich in Freiburg zum Altkatholizismus und distanzierte sich ausdrücklich von dem in Italien üblichen politischen „liberalen Katholizismus": *„Als Italiener und als Mensch bin ich ein Gegner des Papstthums, nicht nur als einer politischen Anstalt zur weltlichen Beherrschung Roms, sondern auch und zumal, weil es seine geistliche Autorität mißbraucht ...*" Leider sei dies in Italien nicht allgemein so. Guerrieri Gonzaga war der Ansicht, daß in Italien entweder der Unglaube oder der Aberglaube herrsche; die Ablehnung wie die Annahme der Unfehlbarkeit seien nur sehr oberflächlich. Zutiefst bedauerte er, daß von Rom seit dem Konzil *„jede geistige Unabhängigkeit im Klerus"* unterdrückt würde. Gerade dies aber habe beim Volk dazu geführt, daß es an vielen Orten seine Pfarrer selber wählen wollte. Weder Interdikte noch Exkommunikationen hätten es von seinem Vorhaben abhalten können[486]. So begeistert die Worte Guerrieri Gonzagas in Freiburg aufgenommen wurden, so gelang es ihm doch nicht, in Italien Anhänger des Altkatholizismus zu sammeln oder gar die Regierung zu einem Kulturkampf nach Art Preußens aufzumuntern, auch wenn er in einem langen Artikel in der „Libertà" an den *„sentimento patriotico"* seiner Landsleute appellierte[487].

So schien die altkatholische Bewegung in Italien schon bald völlig zum Erliegen zu kommen, als in Rom sich die Hoffnungen auf die Konstituierung einer altkatholischen Gemeinde doch noch erfüllten. Als Gründer der römischen Gemeinde kann der ehemalige Kanoniker zu St. Peter, Conte Enrico di Campello[488], gelten, ein Mann von charismatischer Begabung, hoher sittlicher Integrität und großem seelsorgerlichen Engagement, dem bis zu seinem Tode im November 1884 P. Andrea zur Seite stand. Campello, der aus einer adligen Familie in Umbrien stammte, hatte sich mit dem Leben eines Kurienprälaten nicht begnügt und sich bei der armen Bevölkerung Roms als Seelsorger engagiert.

Während des Vatikanischen Konzils hoffte er auf eine Reform der Kirche im Sinne Rosminis. Enttäuscht über dessen tatsächlichen Verlauf, gründete er die *„Gesellschaft für die Wiedererlangung der Rechte des christlichen Volkes“*. Mit nationalitalienischen Zielen verband er demokratische. So dachte er an eine Wahl des Papstes durch Klerus und Volk von Rom. Bereits 1874 hatte er sich an Döllinger als den *„premier e plus digne defenseur de la vrai doctrine catholique en Allemagne“* gewandt. Er klagte bei ihm über die *„jesuitische Sekte“* in Rom, die so verstockt sei, daß sie sich kaum bekehren lasse. Sie sei dabei, aus der Unfehlbarkeit und der Universalmonarchie des Papstes eine neue Begründung für dessen weltliche Herrschaft zu konstruieren. Er habe sich deswegen überlegt, ob er nicht wie Döllinger in Deutschland in die Öffentlichkeit treten solle. Vorstöße seinerseits beim „Kultusminister“ Vigliani und einem gleichgesinnten Freund bei Minghetti hätten ihm freilich gezeigt, daß die regierende Rechte in Italien der Kirche gegenüber viel nachgiebiger sei als die deutsche Regierung. Döllinger solle ihm raten, was er tun könne. Wir wissen nicht, ob und was Döllinger antwortete[489]. Von späteren Kontakten Campellos zu Döllinger ist nichts bekannt. Vielmehr suchte dieser Anschluß bei dem Rektor der amerikanischen Episkopalkirche, Nevin[490]. Am 13. September 1881 legte er sein Kanonikat nieder und sagte sich in der amerikanisch-episkopalistischen Kirche in Rom öffentlich vom Papst los[491]. Den Gerüchten, er sei Methodist geworden, trat er entschieden entgegen: *„Wenn ich aufgehört habe Papist zu sein, so geschah es nur, um im besseren Sinne katholisch zu werden.“*[492] Die in Freiburg unter Anwesenheit von Bischof Reinkens tagende badische Landesversammlung der deutschen Altkatholiken begrüßte seinen Schritt freudig mit dem Wunsch, *„daß die italienische und deutsche Nation . . . in dem gewaltigen Kampf nicht gegen die Kirche sondern zur wahrhaften Erneuerung der Kirche . . . Hand in Hand gehen werden“*[493]. Die offizielle Gründung der altkatholischen Kirche Italiens (St. Paulsverein der italienisch-katholischen Kirche) erfolgte am 25. Januar 1882 in Rom[494]. Ihr publizistisches Organ wurde die von Campello herausgegebene Zeitung „Il Labaro (die Kreuzesfahne) della Riforma Cattolica“[495]. Auch wenn die ideologische Richtung dieser italienischen Altkatholiken nicht ganz der der Altkatholiken in Deutschland entsprach – nicht so sehr die Kritik am Dogma als die an den theokratischen Strukturen der Kirche stand im Mittelpunkt –, so suchte man doch von Anfang an Rückhalt in Deutschland. Seit 1884 bestand eine organisatorische Verbindung zum deutschen Altkatholizismus[496]. Graf Campello nahm in diesem Jahr am Altkatholikenkongreß in Krefeld teil. Auch bei den folgenden Kongressen in Köln und Luzern vertrat er die italienischen Altkatholiken. In Rotterdam hielt er 1895 eine vielbeachtete Rede[497]. Auch Döllinger genoß bei den römischen Altkatholiken von Anfang an hohes Ansehen[498].

Am 3. April 1882 schloß sich der römische Stadtpfarrer Cruciani der Gemeinde an. Diese besaß seit 1883 einen Gottesdienstraum in der Via Genova[499]. Ein großer Gewinn schien 1883 der Übertritt des angesehenen Monsignore Savarese, der ein langjähriges Mitglied der Kurie war und sich vor Jahren als Gegner Anton Günthers einen Namen gemacht hatte[500]. Bedeutsamer noch schien der Eintritt eines jungen Mannes, Filippo Cicchitti-Suriani[501], der am römischen Kolleg der Jesuiten studiert hatte, wo er mit Campello bekannt wurde. Er vollendete seine Studien an der altkatholischen Fakultät in Genf und wurde dort von Bischof Herzog zum Priester geweiht. Am 29. Juni 1884 hielt er seine Primiz in Rom. Wie kein anderer unter den italienischen Altkatholiken fühlte er sich Döllinger verbunden. *„Fu il mio maestro e il mio autore"*, schrieb er. Wegen seiner Unbeugsamkeit achte er ihn noch höher als Rosmini und Günther. Daß er trotz aller Unterdrückung durch den Vatikan Italien noch immer schätze, rechnete er ihm hoch an[502].
Doch auch der neue Versuch, eine altkatholische italienische Kirche in Rom zu errichten, war nicht von großem Glück begleitet. Daß der Papst am 29. Dezember 1884 die Mitglieder exkommunizierte, war freilich vorauszusehen. Auf die päpstliche Exkommunikation antworteten Campello, P. Andrea, Savarese und Cicchitti-Suriani am 6. Oktober 1884 mit einem vielbeachteten offenen *„Apello agli Italiani"*[503]. Doch damit war auch schon der Höhepunkt der altkatholischen Bewegung in Rom erreicht. Es kam zu Unstimmigkeiten unter den führenden Männern. Einer der Hauptgründe waren die ständigen finanziellen Probleme, mit denen die Gemeinschaft zu kämpfen hatte. Sie sollen auch ausschlaggebend für die Rückkehr Savareses zur römischen Kirche im Jahre 1886 gewesen sein[504]. Dazu kam die Abhängigkeit von der Episkopalkirche, mit der die Gemeinde genau so wie mit der altkatholischen Kirche der Schweiz seit 1883 eine Union eingegangen war[505]. Schließlich muß die finanzielle Abhängigkeit von der anglikanischen Kirche erwähnt werden. In England, wo Campello auf mehreren Reisen für die italienische Nationalkirche warb, war ein Fonds zur Unterstützung der katholischen Reform gegründet worden – nicht nur zum Besten Campellos und seiner Anhänger. So sehr der Einsatz angesehener anglikanischer Geistlicher wie Frederick Meyrick oder Erzbischof Lord Pluncket von Dublin und ihre publizistische Tätigkeit Geldmittel besorgen halfen[506], es förderte keineswegs eine italienisch geprägte Kirche. Wie es scheint, mußte man bei der Gestaltung der Gottesdienste den Wünschen der Geldgeber allzusehr entgegenkommen[507]. 1887 war das Ende der Altkatholiken von Rom gekommen. Cicchitti-Suriani nahm eine Tätigkeit als Lehrer in Aquila auf, blieb aber weiterhin der Gemeinschaft verbunden. Campello zog sich in seine umbrische Heimat zurück, wo die Bewegung rings um den Ort Arrone zunächst große Erfolge verzeichnete. An den Gottesdiensten nahmen Hunderte von

Personen teil. 1891 fand eine erste Synode in Arrone statt, an der auch „altkatholische“ Gruppen aus der Gegend von San Remo anwesend waren[508]. Dort hatte Campello seit 1889 in Ugo Janni[509] einen treuen Gefolgsmann gefunden, der durch Jahre hindurch mit Erfolg das Werk des Grafen fortsetzte. Dieser war in der Zwischenzeit zum Bischof gewählt worden. Um das neue Zentrum San Remo schien sich endlich die altkatholische Kirche Italiens zu festigen, als Campello 1898 von einer schweren Krankheit heimgesucht wurde, die vor allem psychischer Natur gewesen zu sein scheint[510]. Schließlich brach er jeden Kontakt zur Außenwelt ab und kehrte kurz vor seinem Tode zur römischen Kirche zurück. Sein ihm abgeforderter erschütternder öffentlicher Widerruf[511] wurde zum Todesurteil der Bewegung. Die meisten Gemeindemitglieder traten, soweit sie nicht wieder römisch-katholisch wurden, in verschiedene christliche Kirchen, besonders in die Waldenserkirche, über. Unter ihnen auch Ugo Janni (1906), der sich jetzt mit beredten Worten um deren Reform bemühte[512].

Es gab in Italien jedoch nicht nur diese „offizielle“ altkatholische Kirche. Von den zahlreichen kirchlichen Gruppen, die eine Verbindung zum Altkatholizismus suchten, ist an erster Stelle die 1862 von dem Dominikaner Luigi Prota-Giurleo und vier seiner Mitbrüder in Neapel gegründete *„Società [Nazionale] Emancipatrice e di Mutuo Soccorso del Sacerdozio e Laicato Italiano (Gesellschaft des italienischen Priester- und Laientums für [nationale] Befreiung und gegenseitige Hilfeleistung)“* zu nennen, die auf ältere Wurzeln zurückging. Ihre Ideen verbreitete sie in der Zeitschrift „Emancipatore Cattolico“. Sie forderte die Versöhnung der Kirche mit dem modernen Fortschritt, was das Bekenntnis zum neuen liberalen Italien und die Ablehnung der weltlichen Herrschaft des Papstes einschloß, wie die Versöhnung des Glaubens mit der Wissenschaft. Wie bei all diesen stark politisch orientierten italienischen Gruppen spielte bei ihr der Wunsch nach Demokratisierung in der Kirche, womit selbstverständlich auch die Beschränkung der päpstlichen Gewalt verbunden sein sollte, eine wichtige Rolle. Die Stellung der Laien sollte nicht nur im Rahmen des Gottesdienstes und der Seelsorge verbessert werden, auch die Pfarrer und Bischöfe sollten vom Volk gewählt werden. Eine weitere Forderung war die Abschaffung des Pflichtzölibats. Die „Società“ soll binnen kurzer Zeit mehrere Tausend Geistliche zu ihren Mitgliedern gezählt haben. Ihr großer Gönner war Kardinal D’Andrea. Sein Tod, aber auch die ablehnende Haltung der italienischen Regierung unter Ricasoli, der bemüht war zu einem möglichst friedlichen Ausgleich mit dem Vatikan zu kommen, führten drei Jahre vor dem Konzil zu einem vorläufigen Ende der Bewegung. Ohne Behinderung durch die Regierung konnte die Kirche gegen die Anhänger der Gesellschaft vorgehen. Viele unterwarfen sich, andere gaben ihr Priestertum auf oder wanderten aus. Nach dem Konzil jedoch flammte die Bewegung wieder auf. Die Münchner Erklärung Döllingers ermutigte Prota-Giurleo und seine Anhänger[513]. Stanislao Mancini, Politiker der italienischen Linken, begünstigte im Parlament (freilich nur so lange die Linke nicht an der Regierung war) die Absicht der Gruppe, eine italienische katholische Nationalkirche zu errichten[514]. Sie kam tatsächlich im Mai 1875 zustande und soll bei ihrer Entstehung um die zehntausend Mitglieder gezählt haben. Das Buch, in dem Prota-Giurleo Lehre und Organisation der Kirche darlegte, schickte er an Döllinger[515]. Wenige Jahre später freilich zeigte sich, daß das Unternehmen, dem die erwartete staatliche Unterstützung fehlte, als gescheitert anzusehen war[516].

Auch in anderen Gegenden Italiens gab es ähnliche Gruppierungen, die zum Teil mit Prota-Giurleo in Verbindung standen. Genannt sei die „Società di mutuo soccorso“ in Florenz[517], ferner die von Guerrieri Gonzaga in Freiburg erwähnte demokratische kirchliche Bewegung in der Gegend von Mantua[518]. Ein gewählter Pfarrer dieser Gruppe suchte noch 1879 Kontakt zu Döllinger aufzunehmen[519]. Eine Besonderheit unter diesen Gruppen kommt der von Grotte bei Girgenti in Sizilien zu, die sich ausdrücklich „altkatholisch“ nannte. 1875 trat der gesamte Ortsklerus, der immerhin 25 Priester umfaßte, unter Zustimmung der Bevölkerung zum Altkatholizismus über[520]. Allerdings war auch diese Gruppe, mit der sich sogar das italienische Parlament befaßte[521], weit stärker von nationalen und demokratischen als von religiösen Motiven getragen. Eine organisatorische Verbindung zum deutschen Altkatholizismus scheint nicht bestanden zu haben.

Am Ende dieses Überblicks über die Altkatholiken in Italien sei schließlich an einen Mann erinnert, der noch relativ spät eine „altkatholische Kirche“ gründete. Es handelte sich um den aus Sizilien stammenden hochbegabten, aber etwas exzentrischen Geistlichen Paolo Miraglia. Bei einer Predigt in Piacenza gab er 1895 offiziell seinen Protest gegen die Papstkirche bekannt. Es gelang ihm, in Piacenza eine Gruppe Gleichgesinnter zu sammeln. 1897 gründete er die „autonome italo-internationale Kirche“. Im gleichen Jahr nahm er als Vertreter Italiens am vierten internationalen Altkatholikenkongreß in Wien teil[522]. Er ließ sich zum Bischof wählen. Die altkatholische Weihe erhielt er im Jahre 1900. Dann verlieren sich seine Spuren[523].

Schlußwort eines Italieners

Noch einmal wurde der Name Döllingers in Italien genannt, als er hochbetagt am 10. Januar 1890 in München gestorben war. So widmete ihm Cicchitti-Suriani einen Nachruf im „Labaro“, in dem er Döllingers Unbeugsamkeit und Charakterstärke hervorhob. Welcher Unterschied, rief er aus, bestehe zwischen ihm und Curci oder Tosti, die sich unterworfen hätten, oder gar zu Ausonio Franchi, der seit seiner Rückkehr zur Kirche vergessen und lebendig tot sei, während Döllinger auch nach seinem Tod weiterlebe[524].

Der ausführliche Nachruf, den Bonghi ihm in der „Nuova Antologia“ gewidmet hat, gehört mit dem Gedenken Lord Actons und der Gedächtnisrede Stieves, die ihm zur Quelle diente, zum Besten, was bei dieser Gelegenheit gesagt wurde. Leben und Persönlichkeit Döllingers, *„tutto di pensiero e di studio“*, und dessen Entwicklung von seiner frühen ultramontanen Zeit bis zu seinem Tod werden mit großer Sachkenntnis und mit ebenso großer Anteilnahme geschildert. Daß auch Lord Acton mit einem ursprünglich nicht für die Öffentlichkeit bestimmten Zeugnis über seinen väterlichen Freund zu Wort kommt, erhöht die Authentizität dieses Nachrufs, in dem vieles wiederkehrt, was uns an Urteilen über Döllinger in Italien begegnet ist. Noch einmal weist Bonghi darauf hin, daß viele Bewunderer Döllingers in Italien für seine religiösen Fragestellungen kein Verständnis hatten. Aber auch seine Anhänger, die Altkatholiken, hätten ihn nicht begriffen. Denn Döllinger wollte nicht die Spaltung, sondern die Einheit, die Einheit der Kirchen. Wenn er manchmal das Deutschtum überbetont habe . . ., sein Patriotismus entschuldigt ihn. In dem von Bonghi veröffentlichten Zeugnis Lord Actons wird die geschichtliche Dimension im Denken Döllingers herausgestellt. Was ihn interessierte, sei *„die Entwicklung des Geistes der Kirche in der Geschichte“* gewesen, die Wirkung der Lebenskraft der Kirche als göttlicher Einrichtung auf das Leben der einzelnen wie der Gesellschaft.

Bonghi schreibt am Schlusse seiner Würdigung: *„Döllinger kann wie alle Menschen von hoher Begabung und großer Gelehrsamkeit nicht mit den üblichen Worten definiert oder klassifiziert werden: liberal, klerikal . . . Solche Adjektive reichen nur für Mittelmäßige aus . . . Es sind Eingrenzungen, denen sich Döllinger entzieht. Er ist kein Liberaler, wenn dies bedeutet, jeden christlichen Einfluß auf Leben und Gesetze zurückzuweisen, er ist liberal, wenn dieser Begriff Gegnerschaft zu den übertriebenen Ansprüchen der römischen Kurie besagt, wenn damit gemeint ist, der Vernunft und der Geschichte bei der Definition des Dogmas und bei der Kirchenverfassung ihr Recht zukommen zu lassen. In keinem Augenblick seines Lebens hat er aufgehört, eine weitreichende und notwendige Mitsprache der Kirche im Staat zu bejahen, oder besser, eine weitgehende, wenn auch nicht absolute Autonomie, die der Staat der Kirche gewähren muß. Aber mit der Zeit hat sich sein Geist dagegen aufgelehnt, daß die katholische Kirche, so wie sich ausformte, nach seiner Überzeugung den historischen Traditionen untreu wurde.*

In einem Land, wo die Achtung vor der Wissenschaft und vor dem Gelehrten groß ist, konnte er vom Ultramontanismus, oder um mich klarer auszudrücken, von dessen Seele, der römischen Kurie, nicht niedergezwungen werden. Aber nicht einmal er mit all seiner Überzeugungskraft und seiner Wissenschaft brachte es fertig, die Kurie und die Hierarchie zu verändern. . . . aber vielleicht ist das Ziel des Menschen . . . gar nicht zu siegen, sondern zu kämpfen . . . Der Mensch ist um so größer, je zahlreicher die Gegner sind, gegen die er den Platz behauptet, auf den Gott und seine Vernunft ihn gestellt haben. Diese Größe kann man dem Theologen und Historiker, den Deutschland verlor, nicht absprechen."[525]

Anmerkungen

BDHIR = Bibliothek des Deutschen Historischen Instituts, Rom; CC = La Civiltà Cattolica; DbdI = Dizionario biografico degli Italiani; Dir = Il Diritto; Döll. = Staatsbibliothek München, Handschriftenabteilung: Döllingeriana; EC = Enciclopedia Cattolica; EI = Enciclopedia Italiana; HpBl = Historisch-politische Blätter für das katholische Deutschland; Lib = La Libertà; NA = La Nuova Antologia; Naz = La Nazione; Op = L'Opinione; OR = L'Osservatore Romano; Pers = La Perseveranza; QFiAB = Quellen und Forschungen aus italienischen Archiven und Bibliotheken; RQ = Römische Quartalschrift für christliche Altertumskunde und für Kirchengeschichte; Rif = La Riforma; UC = L'Unità Cattolica; VV = La Voce della Verità.

1 Lösch, Stefan: Döllinger und Frankreich. Eine geistige Allianz 1823–1871. Im Lichte von 56 bisher meist unbekannten Briefen und zwei Döllingerbildnissen nebst Döllingerbiographie, München 1955, S. 1.

2 Acton, John: Doellinger's Historical Work, in: English Historical Review 5 (1890) 700–744, hier 708f.; Bonghi, Ruggero: Ignazio v. Döllinger, in: NA 109 (1890) 637–662, hier 659f.; Plummer, Alfred: Conversations with Dr. Döllinger 1870–1890. Edited with Introduction and Notes by Robrecht Bouders with the collaboration of Leo Kenis, Leuven 1985, S. 251.

3 Umrisse zu Dantes Paradies von Peter v. Cornelius mit erklärendem Texte von Dr. J. Döllinger, Leipzig [1830].

4 So bei seiner „Rede über Vergangenheit und Gegenwart der katholischen Theologie" bei der Münchner Gelehrtenversammlung 1863, in: Gams, Bonifaz (Hrsg.): Verhandlungen der Versammlung katholischer Gelehrter in München vom 28. September bis 1. Oktober 1863, Regensburg 1863, S. 25–59, hier 35. Im Janus (wie Anm. 232), S. 222, 246.

5 Döllinger, Ignaz von: Dante als Prophet. Vortrag in der öffentlichen Sitzung der Bayerischen Akademie der Wissenschaften am 15. November 1887, in: Ders.: Akademische Vorträge, Bd. 1, Nördlingen 1888, S. 78–117.

6 Vgl. Lang, Berthold: Sailer und seine Zeitgenossen, Regensburg 1932, S. 183; Schiel, Hubert: Bischof Sailer und König Ludwig von Bayern. Mit ihrem Briefwechsel, Regensburg 1932, S. 63.

7 Goetz, Walter: Aus dem Leben eines deutschen Historikers, in: Ders.: Historiker in meiner Zeit. Gesammelte Aufsätze, Köln–Graz 1957, S. 1–87, hier 6; Ders.: Ignaz Döllinger und seine Entwicklung (ebd.), S. 175–186, hier 186.

8 Lutz, Heinrich: Döllinger, Italien und das Papsttum 1887. Ein Bericht des italienischen Gesandten in München an Francesco Crispi, in: QFiAB 34 (1959) 352–360, hier 354, Anm. 4.

9 John Dalberg Acton (1834–1902) wurde in Neapel geboren. Mitglieder des neapolitanischen Zweigs der Acton, zu dem er bei seinen Italienreisen die Verbindung aufrechterhielt, hatten dort mehrere hohe Staatsämter inne. Vgl. Friedrich, Johann: Nekrolog auf Lord Acton, o. O. [1902], S. 1.

10 Capponi, Gino (1792–1876), bedeutender Kulturträger Italiens, aus Florenz, romantischer Historiker und Literat, in der jansenistischen Florentiner Tradition wurzelnder Reformkatholik, enger Mitarbeiter Vieusseuxs bei der Zeitschrift „Antologia", 1848 Minister. Mit den übrigen Mitgliedern des Kreises (Ricasoli!) Vertreter einer Verinnerlichung der Religion. Vgl. Treves, Piero – Pazzagli, Carlo: Capponi Gino, in: DbdI, Bd. 19 (1976) 32–50.

11 Vgl. Döllinger, Ignaz von: Gedächtnisrede auf Gino Capponi, gehalten in der öffentlichen Sitzung der Bayerischen Akademie der Wissenschaften vom 28. März 1876, in: Ders.: Akademische Vorträge, Bd. 2, S. 241–253; vgl. Ders.: Kirche und Kirchen, Papstthum und Kirchenstaat. Historisch-politische Betrachtungen, München 1861, S. 593, 634.

12 Cesare Cantù (1804–1895), Mailand, überaus fruchtbarer Historiker und Schriftsteller, neuguelfischer italienischer Patriot und papsttreuer Katholik, Vorläufer einer katholischen (weit eher konservativen als liberalen) Partei. Vgl. Berengo, Marino: Cantù Cesare, in: DbdI, Bd. 18 (1975) 336–344.

13 Vgl. Plummer (wie Anm. 2), S. 57 u. ö.

14 Conzemius, Victor (Hrsg.): Ignaz von Döllinger – Lord Acton. Briefwechsel (1850–1890), Bd. 1: 1850–1869, München 1963; Bd. 2: 1869–1873, München 1965; Bd. 3: 1871–1890, München 1971; Bd. 4: Ignaz von Döllinger – Charlotte Lady Blennerhasset, München 1981. Neuestens ist Conzemius auf die Thematik zurückgekommen mit dem Aufsatz: Die Kirchenkrise Ignaz von Döllingers: Deutsche gegen römische Theologie? in: Historisches Jahrbuch 108 (1988) 406–429. Der Aufsatz, der mir bei Abfassung meiner Arbeit noch nicht vorlag, bestätigt im wesentlichen meine Ergebnisse. Döllinger hat sich in der Begegnung mit der deutschen Universitätskultur aus den Zwängen des katholischen Insiders und einer einseitig romanisch geprägten Kultur (wie sie durchaus im bayerisch-österreichischen Raum zu Hause war) allmählich befreit. Daß er dabei die „römisch" geprägte Kultur mit dem preußisch-deutschen „Tempel der Wissenschaft" vertauschte und sich in die nationalliberale Ideologie des deutschen Nationalstaates verstrickte, gehört im 19. Jahrhundert fast notwendig zum Schicksal eines guten deutschen Professors. Das alles – und dies betont Conzemius zu Recht – bedeutet jedoch alles andere als Verzicht auf das Katholische bei Döllinger, vielmehr war er stets bemüht, dem Katholizismus und der katholischen Theologie in der deutschen Universität und im protestantisch geprägten Deutschen Reich die Inferiorität zu nehmen. Dieses Bemühen sah er durch den „Romanismus" und die Infallibilität gefährdet.

15 Sala, Anna: Ignaz von Döllinger und die italienische politisch-kulturelle Welt im 19. Jahrhundert. Tesi di laurea in lingua e letteratura tedesca, Università degli studi „Cà Foscari" (Diss. masch., 2 Bde., Venedig 1983); Belardinelli, Mario: Döllinger

e l'Italia: per una storia del dibattito sulla libertà della chiesa in Italia, in: Rivista di storia della chiesa in Italia 36 (1982) 381–407; 37 (1983) 72–116.

16 So schreibt die Verfasserin, Döllinger habe seit der Jahrhundertmitte *„eine von Rom unabhängige deutsche Nationalkirche"* geplant (Sala [wie Anm. 15], Bd. 1, S. 29). Ebd., Bd. 1, S. 46f. heißt es: *„Als der Syllabus . . . erschien, konnte Döllinger nicht mehr schweigen und ließ im folgenden Jahr den Aufsatz ‚Die Speyerische Seminarfrage und der Syllabus' erscheinen."* Der 1865 verfaßte Aufsatz (vgl. Anm. 93) erschien posthum. Völlig unverständlich ist, was Sala über die italienische Rezeption des Döllingervortrags „Dante als Prophet" schreibt (ebd., S. 114f.).

17 Vgl. Sala (wie Anm. 16), Bd. 1, S. 4–8, 117–204.

18 Vgl. Döllinger: Gedächtnisrede auf Gino Capponi (wie Anm. 11), passim.

19 Vgl. Lutz (wie Anm. 8); Döllinger: Dante als Prophet (wie Anm. 5), S. 117.

20 Chabod, Federico: Storia della politica estera italiana dal 1870 al 1986, Bd. 1, Bari 1951, S. 226.

21 Villari, Pasquale: La filosofia positiva e il metodo storico, in: Politecnico 4. ser., 1 (1866) 1–29.

22 Vgl. Garin, Eugenio: Il positivismo come metodo e come concezione del mondo, in: Tra due secoli. Socialismo e filosofia in Italia dopo l'Unità, Bari 1983, S. 65–89. Zu den genannten Personen vgl. die Anm. 47, 312, 385.

23 Der Aufsatz (wie Anm. 15), der teilweise auf den gleichen Quellen fußt wie vorliegender Beitrag (dies gilt besonders für die italienische Presse) und der mir erst nach Abfassung desselben zugänglich war, ist in vieler Hinsicht erschöpfend und verdient eine Übersetzung ins Deutsche. – Gegen Belardinelli möchte ich betonen, daß Döllingers Verständnis von Wissenschaft und Geschichte wenig mit dem Wissenschaftsglauben des Positivismus (eines Villari oder Sella) zu tun hat, sondern von Humboldt und dem deutschen Universitätsideal her zu verstehen ist. Auf keinen Fall hat Döllinger den Positivismus als Methode mit Positivismus als Weltanschauung verwechselt. Auch der Vorwurf des Historizismus („il voler basare posizioni teologiche su fatti storici": Belardinelli, S. 91) trifft meines Erachtens Döllingers Problematik nicht. Den auch von Belardinelli angesprochenen Gegensatz zwischen „germanesimo" und „romanismo" verstehen wir als (vermeintlichen oder wirklichen) Widerspruch zweier Kulturen und Mentalitäten, der nicht auf den kirchlichen Raum beschränkt war und der mit seinen Mythen und Pauschalurteilen z. T. auf dem Hintergrund der Nationalstaatsideologie im Gefolge Herders zu verstehen ist.

24 Der viel zitierte Ausdruck in einem Brief Hefeles an Döllinger vom 11. März 1871 (Schulte, Johann Friedrich von: Der Altkatholizismus, Gießen 1887, S. 229). Vgl. Weiß, Otto: Die Redemptoristen in Bayern (1790–1909). Ein Beitrag zur Geschichte des Ultramontanismus, St. Ottilien 1983, S. 85–95, 102.

25 Ebd., S. 486f.

26 Vgl. Friedrich, Johann: Ignaz von Döllinger, Bd. 2, München 1899, S. 108.

27 Zeugnis dieser Freundschaft ist vor allem der Briefwechsel zwischen Döllinger und Capponi. Bekannt sind sieben Briefe Capponis und zwei Briefe Döllingers. Die beiden Briefe Döllingers vom 1. August 1841 und vom 18. August 1842 im französischen Original bei Carraresi, Alessandro (Hrsg.): Lettere di Gino Capponi e di altri a lui, Bd. 2, Florenz 1890, S. 40, 99f.; jetzt auch bei Sala (wie Anm. 15), Bd. 2, S. 5f., 20–25; in Übersetzung bei Friedrich: Ignaz von Döllinger (wie Anm. 26), Bd. 2, S. 110–114. Die Briefe Capponis (1841–1843, 1855), bisher unveröffentlicht (München, Bayer. Staatsbibliothek: Döll. II), jetzt Sala (wie Anm. 15), Bd. 2, S. 1–4, 7–19, 26–32, 45f.

28 Döllinger an Capponi, 18. August 1842 (wie Anm. 27).

29 Gian Pietro Vieusseux (1779–1863), aus einer Genfer Familie stammender, in Aufklärung und Protestantismus wurzelnder politischer und religiöser Reformer, Begründer der einflußreichen Kulturzeitschrift „Antologia“, um die sich in Florenz ein Kreis Gleichgesinnter sammelte. Vgl. Mazzoni Guido: Vieusseux, Gian Pietro, in: EI, Bd. 35 (1937) 336. Zu dem Kreis um Vieusseux vgl. Gentile, Giovanni: Gino Capponi e la cultura toscana nel secolo decimonono, (Nachdruck) Florenz ^{3}1973, S. 13f. und passim.; Lill, Rudolf: Geschichte Italiens vom 16. Jahrhundert bis zu den Anfängen des Faschismus, Darmstadt ^{4}1988, S. 105f.

30 Capponi, Gino: Sulla dominazione dei Longobardi in Italia. Brief 5, in: Archivio storico Italiano, 10 (1859) 43–59, hier 50; Ders.: Sulla dominazione dei Longobardi in Italia. Brief 1, in: Archivio storico Italiano, appendice (1842–1844) 1, S. 205. Vgl. Weiß, Otto: Die „Deutschen“ in der Sicht der italienischen Mediävistik des 19. Jahrhunderts, in: Elze, Reinhard – Schiera, Pierangelo (Hrsg.): Das Mittelalter. Ansichten, Stereotypen und Mythen (= Veröffentlichungen des italienisch-deutschen historischen Instituts in Trient, Beiträge 1), Bologna–Berlin 1988, S. 269–282; Ders.: La „scienza tedesca“ e l'Italia nell'Ottocento, in: Annali dell' Istituto storico italo-germanico in Trento 9 (1983) 9–85, hier 20–22. – Zu dem Begriff „Rasse“ vgl. Anm. 248.

31 Vgl. Capponi an Döllinger, 18. Juni 1842 (wie Anm. 27).

32 Vgl. Capponi: Sulla dominazioni, Brief 5 (wie Anm. 30), S. 50; Döllinger, Ignaz von: König Maximilian II. und die Wissenschaft, in: Ders.: Akademische Vorträge, Bd. 2, Nördlingen 1889, S. 193–226.

33 Vgl. Flir, Alois: Briefe aus Rom. Mit einem kurzen Lebensumriß des Verfassers, hrsg. von Ludwig Rapp, Innsbruck ^{2}1864, S. 64. – Zur Geschichte dieses Topos, der vor allem auf Winkelmann zurückgeht, immer noch lesenswert Rüdiger, Horst: Wesen und Wandlung des Humanismus, Hamburg 1937, (Nachdruck) Hildesheim 1966, S. 90, 161–191, 224f.; Rehm, Walter: Griechentum und Goethezeit. Geschichte eines Glaubens, Bern ^{4}1968; vgl. jetzt Christ, Karl: Aspekte der Antike-Rezeption in der deutschen Altertumswissenschaft des 19. Jahrhunderts, in: Christ, Karl – Momigliano, Arnaldo (Hrsg.): Die Antike im 19. Jahrhundert (= Veröffentlichungen des italienisch-deutschen historischen Instituts in Trient, Beiträge 2), Bologna–Berlin 1988, S. 21–37.

34 Vgl. Gioberti, Vincenzo: Del primato morale e civile degli Italiani. Introduzione e note di G. Balsamo-Crivelli, 3 Bde. (zuerst Brüssel 1842/43), Turin 1925.

35 Gioberti, Vincenzo (1801–1852), Theologe, Philosoph und Politiker, Hauptvertreter des sog. „neoguelfismo“, der eine Föderation der italienischen Staaten unter Führung des Papsttums forderte, wollte die Versöhnung der Kirche mit der modernen (italienischen!) Kultur und einer spezifisch-italienischen Philosophie (Ontologismus); antijesuitisch, 1849 und 1852 indiziert. Vgl. Gentile, Giovanni: Rosmini e Gioberti, Florenz ^{2}1955; Herde, Peter: Guelfen und Neuguelfen, Frankfurt 1980; Spadolini, Giovanni: La Chiesa e l'Italia da Napoleone al Venti Settembre, in: Un secolo da Porta Pia, Neapel 1970, 23–59, hier 29–41.

36 Döllinger, Ignaz von: Gedächtnisrede auf Gino Capponi (wie Anm. 11), S. 248.

37 Ebd., S. 246–248.

38 Vgl. Goetz: Ignaz Döllinger (wie Anm. 7), S. 184f.; Ders.: Die bayerische Geschichtsforschung im 19. Jahrhundert (wie Anm. 7), S. 141; Stieve, Felix: Ignaz von Döllinger, in: Ders.: Abhandlungen, Vorträge und Reden, Leipzig 1900, 372f.

Leider ist die Gedenkrede Stieves, eines engen Vertrauten Döllingers, die gute Einblicke in seinen Charakter wie in seine Stellung zum römischen Katholizismus und zum Altkatholizismus gewährt, in der neueren Döllingerliteratur vergessen worden.

39 Eine geistige Nähe Reumonts zu Döllinger hinsichtlich der Vatikanischen Dekrete sieht neuerdings Lepper, Herbert: Alfred von Reumont. Eine biographische Skizze, in: Dante-Sammlung. Bibliothek der Stadt Aachen, Aachen 1987, S. 17.

40 Döllinger: Gedächtnisrede auf Gino Capponi (wie Anm. 11), passim.

41 Pietro Capei (1796–1868), Rechtshistoriker, von Savigny beeinflußt, guter Kenner der deutschen Arbeiten über das römische Recht; Mitarbeiter bei der „Antologia" Vieusseuxs und beim Archivio storico Italiano (Beiträge zur „lombardischen Frage"). Vgl. Treves, Piero: Capei, Pietro, in: DbdI, Bd. 18 (1975) 464–468.

42 Cesare Guasti (1822–1889), bedeutender Schriftsteller und Philologe, Direktor des Staatsarchivs von Florenz.

43 Raffaello Lambruschini (1788–1873), 1810 Priester, Hauptvertreter des toskanischen Reformkatholizismus, für Trennung von Politik und Religion und für vernunftgemäße innerliche Religiosität, gegen weltliche Herrschaft des Papstes. Hauptwerk: Dell'autorità e della libertà. Pensieri d'un solitario, Florenz 1932. Zu ihm (noch immer) Gambaro, Angelo: Lambruschini, Rafaello, in: EI, Bd. 20 (1933) 414f.

44 Bettino Ricasoli (1809–1880), studierte Naturwissenschaften, seit 1847 neben Lambruschini einer der Häupter des toskanischen „Moderatismo", 1860 als Innenminister in Florenz für Anschluß an Italien, 1860–1862 und 1866–1867 leitender Minister Italiens. Vgl. Spadolini, Giovanni (Hrsg.): Ricasoli e il suo tempo, Florenz 1981.

45 I documenti del Barone Ricasoli per la conquista di Roma, in: CC, ser. 4, 12 (1861) 688–701.

46 Zur Stellung Ricasolis zur weltlichen Herrschaft des Papstes bezeichnende Äußerungen in einem Brief vom 5. März 1872; zitiert bei Mazzucchetti, Laura – Lohner, Adelheid: L'Italia e la Svizzera. Relazioni culturali nel settecento e nell'ottocento, Mailand 1943, S. 416. Vgl. auch Anm. 131.

47 Terenzio Mamiani della Rovere (1799–1885), moderater Politiker, Publizist, Philosoph, emigrierte nach dem Aufstand von 1831 nach Frankreich, 1838 Minister der römischen Republik, Abgeordneter, Unterrichtsminister, 1864 Senator, Prof. für Philosophiegeschichte (seit 1871 an der Universität Rom). Vgl. Testore, Celestino: Mamiani della Rovere, Terenzio, in: EC, Bd. 7 (1951) 1937f. Mamiani war ein ausgesprochener Gegner der (protestantischen) deutschen Philosophie. Vgl. Mamiani, Terenzio: Del Kant e della filosofia platonica, in: NA 3 (1866) 433–461, bes. 438–441; Weiß: La „scienza tedesca" (wie Anm. 30), S. 24f.

48 Pincherle, Marcella: Moderatismo politico e riforma religiosa in Terenzio Mamiani, Florenz 1973, S. 7 u. passim.

49 Vgl. ebd., S. 19, 51.

50 Später beruft sich Döllinger auf Mamiani, der sich gegen eine *„geistliche Herrschaft"* der Italiener über andere Nationen ausgesprochen hatte. Quirinus (wie Anm. 63), S. 114–116. Döllinger hat sich 1870 auch als Rezensent Mamianis betätigt, vgl. Lösch (wie Anm. 1), S. 543.

51 Mamiani, Terenzio: Sul papato; zitiert bei Pincherle (wie Anm. 48), S. 210f.

52 Mamiani, Terenzio: Lettere dall'esilio, hrsg. von E. Viterbo, Bd. 1, Rom 1899, S. 72–76.

53 Friedrich: Ignaz von Döllinger (wie Anm. 26), Bd. 3, S. 75f.

54 Ebd., S. 76.

55 Spadolini: La chiesa (wie Anm. 35), S. 40f.

56 Cantù an Döllinger, Torino, 18. Juli 1864 (wie Anm. 27); Sala (wie Anm. 15), Bd. 2, S. 59f. – Der Antwortbrief Döllingers, München, 27. Juli 1864 (Mailand: Biblioteca Ambrosiana: Carte Cantù, R. 9 inf., fol 6) zum ersten Mal im Urtext veröffentlicht bei Belardinelli (wie Anm. 15), S. 394f.

57 Una protesta del prof. Doellinger, in: UC, 5. August 1864. Vgl. Cantù an Döllinger, Torino, 12. August 1864 (wie Anm. 27); Sala (wie Anm. 15), Bd. 2, S. 61–63. – Der Brief Döllingers, der später auch in anderen Zeitungen erschien, findet sich im deutschen Text bei Michael, Emil: Ignaz von Döllinger. Eine Charakteristik, Innsbruck [2]1892, S. 68f.

58 Cantù an Döllinger, Milano, 22. Januar und 30. Oktober 1869 (wie Anm. 27); Sala (wie Anm. 15), Bd. 2, S. 82–84, 94–96. – Döllinger an Cantù, München, 12. August 1869 (Mailand: Biblioteca Ambrosiana [wie Anm. 56]; Belardinelli [wie Anm. 15], S. 403).

59 Vgl. Döllinger an Lord Acton, München, 6. Januar 1867, in: Briefwechsel (wie Anm. 14), Bd. 1, S. 462.

60 Cantù, Cesare: Storia di cento anni, Bd. 3, Turin [2]1852, S. 97–107, 586–600.

61 Gams: Verhandlungen (wie Anm. 4), S. 41; vgl. auch Plummer (wie Anm. 2), S. 202.

62 Döllinger, Ignaz von: Die Universitäten sonst und jetzt (Rectoratsrede vom 22. Dezember 1866), in: Ders.: Akademische Vorträge (wie Anm. 32), S. 41.

63 Quirinus (= Döllinger): Römische Briefe vom Concil, München 1870, S. 236f. Zur Verfasserschaft bzw. zur redaktionellen Tätigkeit Döllingers beim Quirinus vgl. Conzemius, Victor: Römische Briefe vom Konzil, in: Theologische Quartalschrift 140 (1960) 427–462; Ders.: Die „Römischen Briefe vom Konzil“. Eine entstehungsgeschichtliche und quellenkritische Untersuchung zum Konzilsjournalismus Ignaz v. Döllingers und Lord Actons, in: RQ 59 (1964) 186–299; 60 (1965) 76–119.

64 Cantù, Cesare: Gli ultimi trent'anni, Turin [2]1880, S. 147–154; Äußerungen gegen das Deutsche Reich, Bismarck und den Kulturkampf (ebd., S. 26–31, 48f., 414, 420f.). Zur „Rassegna Nazionale“ vgl. Licata, Glauco: La „Rassegna Nazionale“. Conservatori e cattolici liberali attraverso la loro rivista, 1879–1915, Rom 1968.

65 Louis Veuillot (1813–1883), seit 1843 Redakteur des „Univers“, der unter ihm zum Hauptorgan des französischen Ultramontanismus mit einer Wirkung weit über Frankreich hinaus wurde. Das vom „Univers“ vorgetragene extreme Unfehlbarkeitsverständnis und seine maßlose Polemik auch gegen kirchentreue Katholiken verschärfte nicht nur im Fall Cantù unnötig die Konfrontation zwischen Gegnern und Befürwortern des Dogmas. Wichtige Hinweise zu Veuillot und zur einschlägigen Literatur jetzt bei Weber, Christoph: Liberaler Katholizismus (wie Anm. 7), S. 527 (Register).

66 Davide Albertario (1846–1902), Priester, Veuillot nahestehend, seit 1870 Direktor des intransigenten Mailänder „Osservatore Cattolico“ (Motto *„Col papa e per il papa“*), der mit seinem Kampf gegen liberale Katholiken (und ihre Zeitschriften „Conciliatore“ u. „Carroccio“) einen Feldzug für einen demokratischen Katholizismus nach dem Vorbild des Zentrums verband. Er legte sich selbst mit dem „Osservatore Romano“ an; hatte wegen seines Lebenswandels kirchliche Prozesse zu bestehen; wurde beim Mailänder Aufstand 1898 (zusammen mit Turatis Freundin Anna Kuliscoff) wegen Volksverhetzung eingesperrt. Vgl. Albertario, Davide: Dei

cattolici e del liberalismo, Mailand 1905; Fonzi, Fausto: Albertario Davide, in: DbdI, Bd. 1 (1860) 666–671 (Literatur); Rumi, Giorgio: Intransigentismo e diplomazia delle grande potenze: Il caso dell' „Osservatore Cattolico“ 1878–1898, in: Milano cattolica nell'Italia unita, Mailand 1983, S. 9–53; Pecora, G.: Don Davide Albertario campione del giornalismo cattolico, Turin 1934.

67 Cantù war insbesondere vom „Osservatore Cattolico“ und vom „Univers“ angegriffen worden. Vgl. Op, 2. Januar 1871. Seine öffentliche Verteidigung (Cantù, Cesare: Offener Brief an den Direktor der „Opinione“ Giacomo Dina vom 3. Januar 1871, in: Op, 7. Januar 1871) wurde von der intransigenten vatikannahen Presse als Beweis seines Liberalismus und seiner Nähe zum Altkatholizismus gedeutet. Vgl. Renganesky, Antonio G.: Deplorabili effetti della tabe liberalesca nell'illustre storico Cesare Cantù, in: Lo Zelo Cattolico (Venezia) 2 (1871) 267–271.

68 Sala (wie Anm. 15), Bd. 1, S. 117–154.

69 Der „Osservatore Romano“ nennt Phillips *„il più grande talento giuridico“* (Il cattolicesimo in Germania, in: OR, 23. Mai 1867). Zu Georg Phillips, Konvertit, kath. Staatsrechtslehrer, Vertreter der päpstlichen Infallibilität (1804–1872), vgl. Neumann, Johann: Georg Phillips (1804–1872), in: Fries, Heinrich – Schwaiger, Georg (Hrsg.): Katholische Theologen Deutschlands im 19. Jahrhundert, Bd. 2, München 1975, S. 293–317.

70 [Curci, Carlo]: Il congresso dei dotti cattolici in Monaco di Baviera e le scienze sacre, in: CC, ser. 5, 9 (1864) 385–406, 513–533, 657–676; ser. 5, 10 (1864) 24–36, hier 34; La scienza tedesca del deputato Virchow, in: VV, 30. Januar 1873. – So gut wie alle Verfasser der unsignierten Artikel in der „Civiltà Cattolica“ können an Hand ihrer persönlichen handschriftlichen Signatur im Handexemplar der Redaktion der „Civiltà Cattolica“ (Rom) festgestellt werden.

71 [Taparelli D'Azeglio, Prospero]: Renzensione a Friedrich Julius Stahl: Storia della filosofia, 2 Bde., Turin 1852, in: CC, ser. 2, 8 (1855) 435–455. Der Verfasser P. Taparelli (1793–1862), Jesuit seit 1814, war eine der bedeutendsten Gestalten der katholischen Restauration in Italien, 1824–1829 Rektor der Gregoriana in Rom, dann Professor in Palermo, Redakteur der „Civiltà Cattolica“ seit deren Gründung 1850, Berater Pius' IX. Vgl. Leoni, Francesco – De Napoli, Domenico – Ratti, Antonio: L'integralismo cattolico in Italia (1789–1859). Antologia di scritti, Neapel 1981, S. 153–164, 181f.

72 Il cattolicesimo (wie Anm. 69).

73 Vgl. die Charakteristik Actons bei Schwaiger, Georg: Ignaz von Döllinger im Lichte der neueren Forschung, in: Münchener Theologische Zeitschrift 18 (1967) 145–147.

74 Vgl. Finsterhölzl (wie Anm. 14), S. 31f; Götz: Ignaz Döllinger (wie Anm. 7), S. 175–178; Ders.: Die bayerische Geschichtsforschung (wie Anm. 38), S. 149–151; Stieve (wie Anm. 38), S. 364.

75 *„Die Behauptung, daß in der katholischen Kirche der Papst absoluter Monarch sei, ist vollkommen grundlos; es giebt keine Gewalt, die mehr gebunden ist, als die päpstliche“* (F. H. Reusch [Hrsg.]: Döllinger, Ignaz von: Kleinere Schriften, Stuttgart 1890, 28f). Zu der These von der päpstlichen Souveränität jetzt grundlegend Pottmeyer, Hermann Josef: Unfehlbarkeit und Souveränität. Die päpstliche Unfehlbarkeit im System der ultramontanen Ekklesiologie des 19. Jahrhunderts, Würzburg 1975.

76 Lill, Rudolf: Die ersten deutschen Bischofskonferenzen, in: RQ 59 (1964) 127–185, hier bes. 160–178.

77 Bei der Versammlung der kath. Vereine Deutschlands in Mainz im Oktober 1848 sprach er von den *„protestantischen Brüdern"* (Döllinger, Ignaz von: Kleinere Schriften [wie Anm. 75], S. 43). Döllinger war freilich von seinem späteren Ökumenismus noch weit entfernt, wie die Schrift „Luther. Eine Skizze", Freiburg 1851 zeigt. Der „ökumenische Aufbruch" bei Döllinger erfolgte erst 1861. Vgl. Neuner, Peter: Döllinger als Theologe der Ökumene, Paderborn 1979, S. 45–56.

78 Friedrich: Döllinger (wie Anm. 26), Bd. 3, S. 103.

79 Vgl. Veremundus (= Karl Muth): Die literarischen Aufgaben der Katholiken, Mainz 1899; Fuchs, Friedrich: Die deutschen Katholiken und die deutsche Kultur im 19. Jahrhundert, in: Ettlinger, Martin / Funk, Philipp / Fuchs, Friedrich: Wiederbegegnung von Kirche und Kultur in Deutschland. Eine Gabe für Karl Muth, München 1927, S. 9–59.

80 Doeberl, Maximilian: Entwicklungsgeschichte Bayerns, Bd. 3, München 1931, S. 324f; Goetz: Ignaz Döllinger (wie Anm. 7), S. 178; Ders.: Die bayerische Geschichtsforschung (wie Anm. 38), S. 149–155. – Zu der Hochschätzung, die Sybel Döllinger, *„dem größten und berühmtesten unseres Kreises"*, entgegenbrachte, vgl. Friedrich: Döllinger (wie Anm. 26), Bd. 3, S. 176f; Sybel, Heinrich von: Vorträge und Abhandlungen, München 1897, S. 321, 325, 331. Freilich erfolgte die Annäherung Döllingers erst allmählich, und erst 1863 wurde er in die Historische Kommission bei der Bayerischen Akademie gewählt. Vgl. [Jörg, Joseph Edmund]: Döllinger †. Erinnerungen seines alten Amanuensis, in: HpBl 150 (1890) 255–258.

81 Funk, Philipp: Daniel Bonifaz Haneberg, in: Hochland 23 (1925/26) 165f.

82 Conzemius, Victor: Zur Charakteristik von Ignaz von Döllinger. Ein Briefwechsel von Johannes Friedrich an Lord Acton, in: Zeitschrift für bayerische Landesgeschichte 22 (1959) 158f. Vgl. auch [Jörg]: Döllinger (wie Anm. 80), S. 252.

83 Döllinger stimmte mit der Münchener Theologischen Fakultät gegen eine Dogmatisierung. Vgl. Weitlauff, Manfred: Die Dogmatisierung der Immaculata Conceptio (1854) und die Stellungnahme der Münchener Theologischen Fakultät, in: Schwaiger, Georg (Hrsg.): Konzil und Papst. Historische Beiträge zur Frage der höchsten Gewalt in der Kirche. Festgabe für Hermann Tüchle, München–Paderborn–Wien 1975, 460–471. Zur weiteren Haltung Döllingers vgl. Stieve (wie Anm. 38), S. 366; ferner Conzemius: Zur Charakteristik (wie Anm. 82), S. 158; Finsterhölzl, Johannes: Die Kirche in der Theologie Ignaz von Döllingers bis zum Ersten Vatikanum, Göttingen 1975, S. 445–447. Anders Neuner (wie Anm. 77), S. 73f.

84 Verhandlungen der 4. Generalversammlung der katholischen Vereine Deutschlands, Linz und Regensburg 1850, S. 155ff.

85 Dies muß auch gegen Jörg gesagt werden, der das römische Erlebnis nicht gerade hoch wertet. Vgl. [Jörg]: Döllinger (wie Anm. 80), S. 241.

86 Schwaiger, Georg: Ignaz von Döllinger, München 1963, S. 7. So schon Bonghi: Ignazio v. Döllinger (wie Anm. 2), S. 646: *„Il suo dissidio con Roma nacque e crebbe a passo, e senza ch'egli, quasi, se ne accorgesse."*

87 Bonghi: Döllinger (wie Anm. 2), S. 646.

88 Döllinger an Charlotte Leyden (München, Mitte Mai) 1869, in: Briefwechsel (wie Anm. 14), Bd. 4, S. 399.

89 Acton: Doellinger's Historical Work (wie Anm. 2), hier zitiert nach Plummer (wie Anm. 2), S. 258.

90 Reusch, Franz Heinrich (Hrsg.): Döllinger: Briefe und Erklärungen 1869–1887, Nördlingen 1890, (Nachdruck) Darmstadt 1968, S. III.

91 Jedin, Hubert: Gustav Hohenlohe und August Theiner, in: RQ 66 (1971) 181f; Friedrich: Döllinger (wie Anm. 26), Bd. 3, S. 178–186.

92 *„Sind unter ihnen aber manche weniger erbaulich und weniger erleuchtet, so ist dieß nicht, weil sie zum Clerus, sondern weil sie zum Hof gehören, und weil die Luft eines Hofes, auch des besten niemal eine heilige ist. Es sind in der That eher bürgerliche Beamte, die die violette Soutane, statt wie bei uns den gestickten Frack, zur Amtstracht haben."* Vgl. Jourdain, E.: Französische Briefe über Rom und Assisi, in: HpBl 5 (1840) 246–252, 288–297, hier 295.

93 Döllinger: Kirche und Kirchen (wie Anm. 11), S. 584–595; Ders.: Die Speyerische Seminarfrage und der Syllabus (Januar 1865), S. 197–227, in: Ders.: Kleinere Schriften (wie Anm. 75), hier S. 216; Plummer (wie Anm. 2), S. 57.

94 Friedrich Johann: Tagebuch. Während des Vaticanischen Concils geführt. Nördlingen ²1873, S. 43 und passim.

95 Gedruckt als Beilage zu „Kirche und Kirchen" (wie Anm. 11), S. 666–684. Zum Presseecho in Bayern vgl. Lutz, Georg: La stampa bavarese negli anni dell'unificazione (1858–1862), in: Rassegna della Storia del Risorgimento 53 (1966) 32–50, 204–240, hier 225–227.

96 Döllinger: Kirche und Kirchen (wie Anm. 11), S. 668–674.

97 Der Nuntius Fürst Flavio Chigi, der aus Protest den Saal verließ, berichtete ausführlich nach Rom. Dazu jetzt Belardinelli (wie Anm. 15), S. 387f. – Das Wort Laurents bei Aubert, Roger: Le pontificat de Pie IX (1846–1887), Paris ²1962, S. 205. Für Leser, die des Italienischen kundig sind, ist die durch Martina ergänzte Auflage vorzuziehen: Aubert, Roger – Martina, Giacomo: Il pontificato di Pio IX, 2 Bde., Turin 1969. Ich zitiere für den deutschen Leser, wenn nicht anders vermerkt, nach der französischen Ausgabe. – Zu Laurent vgl. Gatz, Erwin: Laurent, Johann Theodor (1804–1884), in: Ders. (Hrsg.): Die Bischöfe der deutschsprachigen Länder 1785/1803 bis 1945. Ein biographisches Lexikon, Berlin 1983, S. 433–436.

98 Vgl. die vorzügliche Studie von Weitlauff, Manfred: Joseph Hergenröther (1824–1890), in: Fries – Schwaiger (Hrsg.): Katholische Theologen (wie Anm. 69), Bd. 2, S. 471–551, hier bes. 513–524.

99 [Hergenröther, Joseph]: Der Zeitgeist und die Souveränität des Papstes, in: Katholik 41/1 (1861) 513–543, hier bes. 513, 523–525. – Daß die Neuguelfen aus ihrem Bekenntnis zum *„Papsttum als einzig lebender Größe Italiens"* die von Pius IX. verworfene Folgerung zogen, es müsse an die Spitze der nationalen Einigung treten, verschweigt Hergenröther.

100 [Fantoni, Giuseppe (1819–1885)]: Belle dichiarazioni del Dott. Döllinger, in: CC, ser. 4, 12 (1861) 128.

101 Vgl. Döllinger: Kirche und Kirchen (wie Anm. 11), S. 545–596; die Sätze über die „Beamtenwelt" entstammen nach Döllinger dem *„Briefe eines deutschen Edelmanns"* (Reumont?).

102 Ebd., S. 585.

103 Ebd., S. 593.

104 Ebd., S. 596–665.

105 Acton an Döllinger, Rom, 27. April 1867, in: Briefwechsel (wie Anm. 14), Bd. 1, S. 485.

106 Francesco Nardi (1808–1877), Dozent für Bibelexegese in Ceneda, für Kirchenrecht und Philosophie in Padua. Nardi, der aus dem (bis 1866 österreichischen) Veneto stammte, hatte guten Kontakt zur „deutschen Kolonie“ in Rom. Seit 1858 war er Uditore der Rota für das Österreichische Kaiserreich; großer Bewunderer des deutschen Zentrums und Förderer der Katholikenkongresse; entwickelte eine ausgedehnte publizistische Tätigkeit (Mitbegründer der intransigenten „Voce della Verità“); war Mitglied der Indexkongregation, Gegner Carlo Passaglias (dessen Zeitschrift „Il Mediatore“, passim). Vgl. Furlani, Silvio: Nardi Francesco, in: EC, Bd. 8 (1952) 1691; Malgeri, Francesco: La stampa cattolica a Roma dal 1870 al 1915, Brescia 1965, S. 42, 47, 62–63; Franco, Giovanni Giuseppe: Appunti storici sopra il Concilio Vaticano, Rom 1972, S. 88f. Vgl. auch Flir (wie Anm. 33), S. 137, 142, 147f, 155f; Il Secondo Congresso cattolico italiano tenutosi in Firenze dal 22 al 26 settembre 1875. Atti, Bologna 1875, S. 228.

107 Mit Nardi stand Döllinger spätestens seit 1861 in Verbindung. Nach dem, was wir durch Acton über ihn wissen, dürfte ihm an Döllingers „Kirche und Kirchen“ die Kritik am Kirchenstaat ebenso gefallen haben wie das hohe Lob für den Papst, das er diesem mitgeteilt zu haben scheint. Vgl. dazu, wie auch zum Charakter Nardis und zu seinem Verhältnis zu Döllinger, Briefwechsel (wie Anm. 14), Bd. 1, S. 227, 256, 393, 468, 485; [Jörg]: Döllinger (wie Anm. 80), S. 251. Erhellende Hinweise zum Charakter Nardis gibt auch Curci (vgl. Anm. 308).

108 Nardi an Döllinger, Albano, 28. März 1871 (Döll. II); Sala (wie Anm. 15), S. 128–130.

109 Zu dem Nationalbayern Johann Baptist Sigl (1839–1903) vgl. Sigl, Rupert: Dr. Sigl. Ein Leben für das Bayerische Vaterland, Rosenheim 1977; wichtige Hinweise bei Möckl, Karl: Die Prinzregentenzeit. Gesellschaft und Politik während der Ära des Prinzregenten Luitpold in Bayern, München 1972, S. 585 (Register).

110 Ein Charakterbild Pius' IX., in: Das Bayerische Vaterland, 14. Februar 1878, S. 1f.

111 Döllinger: Kirche und Kirchen (wie Anm. 11), S. 645. Vgl. Petersen, Jens: Risorgimento und italienischer Einheitsstaat im Urteil Deutschlands nach 1860, in: Historische Zeitschrift 234 (1982) 67 (hier wird deutlich, wie wenig sich im Grunde Döllinger von der Meinung der übrigen deutschen Katholiken unterschied).

112 Döllinger: Kirche und Kirchen (wie Anm. 11), S. 658; vgl. ebd., S. 601–607; 656f.

113 *„Bon Bavarois, et nullement révolutionaire, il n'amait pas le mouvement italien“* (Acton, John: Nachruf auf Döllinger; bei Bonghi: Ignazio v. Döllinger [wie Anm. 2], S. 656–661, hier 660).

114 Döllinger: Kirche und Kirchen (wie Anm. 11), S. 620.

115 Giacomo Margotti (1823–1887), 1846 Priester, sein ganzes Leben hindurch im Dienste eines polemischen, intransigenten Katholizismus journalistisch tätig, seit 1848 bei der Turiner „Armonia“, deren Direktor er 1851 wurde. 1863 gründete er auf ausdrücklichen Wunsch Pius IX. die Turiner „Unitá cattolica“. Daneben war er Mitarbeiter der „Civiltà Cattolica“ und verfaßte verschiedene Bücher zur Verteidigung des Hl. Stuhles und des Kirchenstaats, z. B.: Le Vittorie della Chiesa nel Primo Decennio del Pontificato di Pio IX., Turin 1857; Roma e Londra (jetzt auch in deutscher Übersetzung), Turin 1858. Margotti prägte nach 1870 die verhängnisvolle Formel: *„Né eletti né elettori“*. Vgl. Macchi, Mario: Giacomo Margotti e il dramma del risorgimento italiano, o. O. 1982.

116 Luigi Tosti (1811–1897), aus Neapel, seit 1832 Benediktiner in Montecassino, wo er zum Mittelpunkt eines geistigen Neuaufbruchs wurde, führende Gestalt des „neoguelfismo“ (Storia della Lega Lombarda, 1848), seit 1848 wegen politischer und

religiöser Reformideen in Schwierigkeiten, trat für Versöhnung des Papsttums mit Italien ein. Vgl. Maturi, Walter: Tosti, Luigi, in: EI, Bd. 34 (1937) 112f.
117 Döllinger, Kirche und Kirchen (wie Anm. 11), S. 647–649.
118 Zitiert bei Plummer (wie Anm. 2), S. 260.
119 Il preposito Doellinger, in: Op, 4. April 1871.
120 Un eretico di più o la dichiarazione del dottor Döllinger, in: UC, 1. April 1871.
121 [Jörg, Joseph Edmund]: Herr Stiftspropst von Döllinger und seine kirchlich-politische Publikation, in: HpBl 48 (1861) 807–854, hier bes. 825, 827f, 834f. Vgl. Ders.: Döllinger (wie Anm. 80), S. 247–253; Conzemius, Victor: Ignaz von Döllinger und Edmund Jörg. Analyse einer Freundschaft und ihres Zerfalls, in: Albrecht, Dieter u. a. (Hrsg.): Festschrift für Max Spindler zum 75. Geburtstag, München 1969, S. 743–765.
122 [Hergenröther, Joseph]: Döllinger über den Kirchenstaat, in: Katholik 41/2 (1861) 536–575, 641–679. Zu Recht vermutet Weitlauff: Hergenröther (wie Anm. 98), S. 514f. in dem anonymen Verfasser Hergenröther. Der Herausgeber (Heinrich?) bestätigt diese Annahme in einem späteren Beitrag; vgl. [Heinrich, Johann Baptist?]: Döllinger's Stellung zur Kirche, in: Katholik 50/1 (1870) 199–208, 290–319, hier 290. Vgl. auch Döllinger an Jörg, 26. April 1862, in: Albrecht, Dieter (Hrsg.): Jörg, Joseph Edmund: Briefwechsel 1846–1901, Mainz 1988, S. 199.
123 [Hergenröther]: Döllinger über den Kirchenstaat (wie Anm. 122), S. 536–538 (einführende Anmerkung der Redaktion).
124 Ebd., S. 674–679.
125 [Goschler, Isidor]: Le livre de Döllinger sur la papauté, in: Correspondent, Januar 1862, S. 76–117.
126 Le Temps, 22., 24., 26., 28. November 1861; Reville, Albert in: Revue Germanique, 1. Februar 1862.
127 Vgl. Anm. 107. Falls Nardi überhaupt mit Pius IX. gesprochen hat. Nach Friedrich hat Theiner den Papst für Döllinger eingenommen; vgl. Friedrich: Döllinger (wie Anm. 26), Bd. 3, S. 267.
128 Döllinger an Jörg, 25. September 1862, in: Jörg: Briefwechsel (wie Anm. 122), S. 213. Vgl. [Jörg]: Döllinger (wie Anm. 80), S. 251.
129 Carlo Passaglia (1812–1887), 1827–1859 Jesuit, Professor für Kirchenrecht am Collegio Romano, Vorbereitung des Dogmas von 1854, 1861 Professor der Moralphilosophie in Turin, 1862 Suspensio a divinis (mußte Rom fluchtartig verlassen), starb versöhnt. Vgl. Aubert (wie Anm. 97), S. 94–96; Giovagnoli, Agostino: La crisi spirituale del Padre Passaglia, in: Rivista di Storia e Letteratura Religiosa 14 (1978) 173–200; Ders.: Dalla theologia alla politica. L'itinerario di Carlo Passaglia negli anni di Pio IX e Cavour, Brescia 1986.
130 Der Brief *„Pro causa Italica"* war in Deutschland gut bekannt. Über ihn in: HpBl 48 (1861) 1029f.
131 Döllinger an Montalembert: Lösch (wie Anm. 1), S. 451.
132 Vgl. Weitlauff: Hergenröther (wie Anm. 98), S. 479.
133 Vgl. Passaglia, Carlo: De immaculata Deiparae semper Virginis conceptu, Rom 1854.
134 Döllinger an Jörg, 7. November 1861, in: Jörg: Briefwechsel (wie Anm. 122), S. 179. Vgl. [Jörg]: Döllinger (wie Anm. 80), S. 251.
135 [Passaglia, Carlo]: La Chiesa e le Chiese. Il Papato e gli Stati Pontificiali. Considerazioni istorico-politiche di Ignazio Doellinger, München 1861, in: Il Mediatore [Giornale Settimanale politico, religioso, scientifico, letterario, diretto dal Professore Carlo Passaglia] 1 (1862) 215–222, 233–243.

136 Passaglia, Carlo: La causa italiana, Rom 1862.
137 Conzemius: Briefwechsel (wie Anm. 14), Bd. 1, S. 201.
138 Alfonso Capecelatro (1824–1912), 1840 Mitglied des Oratoriums des hl. Philipp Neri, 1847 Priester, Verfasser religiöser und historischer Schriften, gemäßigt politisch liberal, dem risorgimentalen Staat gegenüber transingent, befreundet mit Reformkatholiken wie Tosti, Capponi und Fogazzaro, Mitarbeiter der liberalkatholischen „Annali cattolici", mühte sich um die Lösung der sozialen Frage. Er wurde 1879 Vizebibliothekar der Vaticana, 1885 Kardinal, 1889 Erzbischof von Capua, nach dem Tode Hergenröthers 1893 Präfekt der Vaticana; 1904 papabilis (von Wilhelm II. unterstützt). Vgl. Malgeri, Francesco: Capecelatro, Alfonso, in: DbdI, Bd. 18 (1975) 435–439 (Literatur!); De Feo, Francesco: Alfonso Capecelatro, oratoriano cardinale, scrittore, in: Memorie Oratoriane 5 (1984) 55–70.
139 Conzemius: Briefwechsel (wie Anm. 14), Bd. 1, S. 314.
140 Ebd., S. 353. Passaglia hatte im „Mediatore" bereits im April 1864 sich scharf gegen Curcis Artikel in der „Civiltà Cattolica" gewandt und Döllingers Rede bei der Gelehrtenversammlung verteidigt, auch weil Curci geschrieben hatte, Döllinger habe den Namen des „unglücklichen Priesters" (Passaglia) nicht nennen dürfen. Vgl. Mediatore 3 (1864) 417–426, 502–507.
141 Conzemius: Briefwechsel (wie Anm. 14), Bd. 1, S. 363, 469.
142 Acton an Döllinger, 5. Februar 1865 (ebd., S. 384).
143 Conzemius, Victor: Zur Charakteristik (wie Anm. 82), S. 157f.
144 Vgl. Neuner (wie Anm. 77), S. 72–77.
145 Döllingers Antwort auf die Briefe einer hochgestellten Dame (1882), in: Döllinger: Briefe und Erklärungen (wie Anm. 90), S. 118–120.
146 Döllinger an Erzbischof Antonius von Steichele (ebd., S. 141).
147 Bereits beim Münchener (Alt-)Katholikenkongreß im September 1871 sagte Reinkens, die Grundstrukturen der Kirche könne der Papst nicht ändern. Wenn er es dennoch tue, dann nicht in der Erfüllung seines Amtes, sondern als dessen *„Verletzer"*. Die treuen Gläubigen seien diejenigen, die dennoch im (alten) katholischen Glauben beharren. Vgl. Stenographischer Bericht über die Verhandlung des Katholiken-Congresses abgehalten vom 22. bis 24. September 1871 in München. Mit einer historischen Einleitung und Beilagen, München 1871, S. 186. Schon Zeitgenossen (so in mir vorliegenden Notizen aus Privatbesitz) wandten ein, es sei *„ein falscher Wortgebrauch"*, wenn die Altkatholiken behaupteten, die katholische Kirche zu sein: *„Die kath. Kirche ist nun einmal nicht das, was sie sein sollte, sondern was sie geworden ist."* Döllinger trifft dieser Vorwurf nur bedingt; ihm ging es jetzt darum, das Katholische (das Umgreifende) als Basis der Einheit in allen Kirchen aufzuspüren.
148 Vgl. Hasler, August Bernhard: Pius IX. Päpstliche Unfehlbarkeit und 1. Vatikanisches Konzil. Dogmatisierung und Durchsetzung einer Ideologie, Stuttgart 1977, S. 348–354. Ergänzend zu Hasler ist festzuhalten, daß hinter Döllingers historisch-wissenschaftlicher Kritik an der Infallibilität ein vorwissenschaftlicher, „metahistorischer" Beweggrund stand: die Sorge um die Rechtgläubigkeit der römischen Kirche. Insofern trifft der Vorwurf des „Historismus" Döllinger nicht. Richtig bleibt jedoch, daß Döllingers Kritik Ergebnis seiner historischen Studien war.
149 Aubert (wie Anm. 97), S. 353f; Hasler: Pius IX. (wie Anm. 148), S. 121 (Literatur).
150 Conzemius: Briefwechsel (wie Anm. 14), Bd. 2, S. 65; [Döllinger] Quirinus: Römische Briefe vom Concil, München 1870, S. 61.

151 Vgl. Weiß, Otto: La „scienza tedesca" (wie Anm. 30); Ders.: Die Deutschen (wie Anm. 30); Ders.: Staat, Regierung und Parlament im norddeutschen Bund und im Kaiserreich im Urteil der Italiener (1866–1914), in: QFiAB 66 (1986) 310–377; Ders.: Das Deutschlandbild der Italiener von der Schlacht bei Königgrätz bis zur Reichsgründung. Konsistenz und Wandel von Stereotypen, in: Jahrbuch des italienisch-deutschen historischen Instituts in Trient (Contributi/Beiträge, 6), Bologna–Berlin 1990.

152 Gams: Verhandlungen (wie Anm. 4), S. 44f., 47f.

153 Die Versammlung katholischer Gelehrten, in: Katholik 44/1 (1864) 95–111, 196–221, hier 216–218. Der (wohl nicht ganz unberechtigte) Vorwurf, für Döllinger sei nicht das Lehramt, sondern die „öffentliche Meinung der Theologen" die höchste Norm, kehrt immer wieder. Vgl. die Anklageschrift gegen Bischof Sailer aus dem Jahre 1873 bei Weiß: Redemptoristen (wie Anm. 24), S. 946. Zur Sache vgl. Hoffmann, Joseph: Théologie, magistère et opinion publique. Le discours de Döllinger au Congrès des Savants Catholiques de 1863, in: Recherches de science religieuse 71 (1983) 245–258; zur Kritik vgl. Seckler, Max: Kirchliches Lehramt und theologische Wissenschaft. Geschichtliche Aspekte, Probleme und Lösungselemente, in: Kern, Walter (Hrsg.): Die Theologie und das Lehramt, Freiburg 1982, S. 17–62.

154 Gams: Verhandlungen (wie Anm. 4), S. 25–59, hier bes. 31, 33, 35f., 40–42.

155 Ebd., 42. „Parthenope" ist der alte Name Neapels. Der Satz findet sich in Ovids Metamorphosen. Vgl. Ovide: Les Métamorphoses, hrsg. u. übers. von G. Lafaye, Bd. III, Paris 1930, liber XV, S. 144.

156 Es handelt sich um Hergenröther, Joseph: Die neueste italienische Literatur, in: Chilianeum 3 (1863) 28–38, 118–138. Aus Anlaß des Döllingerschen Vortrags folgte eine Ergänzung und Rechtfertigung durch dens.: Die theologische Literatur Italiens, in: Chilianeum 4 (1864) 114–121, 152–164.

157 Gams: Verhandlungen (wie Anm. 4), S. 42. – Zu Vincenzo Gioberti vgl. Anm. 35. – Antonio Rosmini-Serbati (1797–1855), Philosoph, Theologe, politischer Denker, Gründer des Ordens der Rosminianer. Trotz hoher persönlicher Integrität und unwandelbarer Treue zur Kirche wurde er vielfach angegriffen und nach seinem Tode teilweise verurteilt. Sein Buch *„Delle cinque piaghe della Santa Chiesa"* (Lugano 1848) spielte in reformkatholischen Kreisen und beim deutschen Altkatholizismus eine wichtige Rolle. – Gioachino Ventura (1792–1861), Ausbildung bei den Jesuiten, Generaloberer der Theatiner, bedeutender Kanzelredner, Rechtsphilosoph von traditionalistischer Grundhaltung, politisch liberal, Kritiker der Verhältnisse im Kirchenstaat, während der Revolution von 1848 Geschäftsträger der revolutionären Regierung Siziliens in Rom; sein Buch *„La religion et la democratie"* (Paris 1849) wurde indiziert. – Zu diesen von Döllinger erwähnten angeblichen *„Opfern der römischen Zensur"* vgl. die einseitige Darstellung in: Briefe aus Rom, in: Katholik 44/1 (1864) 414–427. Zu der umfangreichen späteren Literatur vgl. Anm. 35. Dazu Pupi, Angelo: Rosminiani e tomisti nell'età umbertina, in: Cultura e società nell'età umbertina. Problemi e ricerche, Mailand 1981, S. 95–162.

158 Weitlauff: Hergenröther (wie Anm. 98), S. 518f. Vgl. Speigl, Jakob: Hergenröther und Döllinger, in: Korrespondenzblatt für die Alumnen des Collegium Germanicum 67 (1960) 89–106; Ders.: Die Münchener Germaniker zur Zeit des Vatikanums: ebd. 64 (1957) 3–24.

159 Carlo Maria Curci (1809–1891), aus Neapel, seit 1826 Jesuit, sympathisierte mit den Ideen Giobertis, dessen *„Primato"* er in Benevent herausgab, dann dessen Gegner,

gründete 1849 in Neapel die „Civiltà Cattolica“, trat nach 1870 für eine Versöhnung des Papstes mit Italien und den Verzicht auf den Kirchenstaat ein. Daraufhin wurde er 1877 aus dem Orden entlassen, 1884 suspendiert, worauf er sich unterwarf. In großer Armut lebend, wurde er kurz vor seinem Tode in den Orden wieder aufgenommen. Vgl. Mucci, Giandomenico: Il primo direttore della „Civiltà Cattolica“. Carlo Maria Curci tra la cultura dell'immobilismo e la cultura della storicità, Rom 1986 (Literatur); Martina, Giacomo: Curci, Carlo Maria, in: DbdI, Bd. 31 (1985) 417–422. Weitere Hinweise auf Quellen und Literatur bei Weber, Christoph: Quellen und Studien zur vatikanischen Politik unter Leo XIII, Tübingen 1973, S. 578 (Register).

160 Gabriele de Rosa (Hrsg.): La Civiltà Cattolica. Antologia, Bd. 1, Florenz 1973, Introduzione, S. 9–101, hier 58–65; Piccirillo, Ciro: Le „idee nuove“ del padre Curci sulla questione romana, in: Chiesa e Stato nell' Ottocento, Padua 1962, S. 612–657, hier 617.

161 Mucci (wie Anm. 159), S. 117–122.

162 Ebd., passim. Vgl. auch die Schrift: C. M. Curci sacerdote smascherato nel suo libello famoso Il Vaticano Regio tarlo superstite della chiesa cattolica. Articoli estratti dal giornale l'„Osservatore Romano“, Rom 1884. Die persönlichen Beleidigungen, die Curci in dieser Schrift erfährt, stehen kaum denen nach, die Döllinger zuteil wurden. Curci wird genannt *„un ridicolo pigmeo“*, der in seiner törichten Überheblichkeit *„quella fortissima torre, ove pendono innumerevoli trofei, ed ove alto siede un Pontifice“* zu stürzen trachte. Er wird als *„matto“* bezeichnet, der nicht als *„bambinaggini“* im Kopf habe, voll von *„insipienza ed arroganza inaudita“*, *„più che protestantica“*. Seine Kritik an der päpstlichen Herrschaft sei *„erronea, pestifera, assurda e ridicola“* . . . (ebd., S. 3f., 7, 15, 27, 101, 113 und passim). – Zur Situation Muccis nach seiner Suspendierung findet sich eine ergreifende Schilderung bei Schiel, Hubert (Hrsg.): Kraus, Franz Xaver: Tagebücher, Köln 1957, S. 573f.

163 Mucci (wie Anm. 159), S. 14. Vgl. Lazzari, Francesco: Le Facoltà teologiche universitarie tra sillabo e abolizione, in: Un secolo da Porta Pia (wie Anm. 55), S. 249–287, hier 283. Hinweise auch bei Curci, Carlo: Il Vaticano Regio tra lo superstite della Chiesa Cattolica. Studii dedicati al giovani clero ed al laicato credente, Florenz–Rom 1883, S. 270, 305–307.

164 [Curci, Carlo]: Il congresso dei dotti cattolici (wie Anm. 70). Der Aufsatz erschien wenig später auch als Broschüre in deutscher Übersetzung: Die Vergangenheit und Gegenwart der katholischen Theologie. Ein Urtheil der Civiltà Cattolica über die Rede des Stifts-Propstes von Döllinger auf der Gelehrten-Versammlung zu München. (Aus dem Italienischen), Mainz 1864. Nicht feststellen ließ sich, wer die Übersetzung fertigte. Daß Hergenröther damit zu tun hatte, liegt nahe. Ich zitiere nach dem Wortlaut der deutschen Übersetzung und gebe anschließend die Fundstelle im Originaltext an.

165 Die Versammlung katholischer Gelehrten (wie Anm. 153), S. 197; vgl. auch Conzemius: Briefwechsel (wie Anm. 14), Bd. 1, S. 376f.

166 Gioberti spricht den Italienern den *„primato morale e civile“*, den Franzosen den *„primato politico“*, den Engländern den *„primato industrioso“*, den Deutschen den *„primato scientifico“* zu. Vgl. Gioberti, Vincenzo: Del rinnovamento civile d'Italia, Bd. 2, [zuerst Paris 1851] Bologna 1943, S. 199. Dieser liegt allerdings nicht in der Philosophie, sondern in Geschichtswissenschaft, Philologie und Pädagogik. Vgl. Gioberti: Del primato (wie Anm. 34), vol. 3, S. 115, 135.

167 *„Ora la riflessione degli Alemanni è quasi sempre ravvolta in una spezie di nebbia“* (ebd., S. 61).

168 Zu der Auseinandersetzung Spaventas mit der „Civiltà Cattolica“ jetzt Malusa, L: La filosofia italiana nelle pagine della „Civiltà Cattolica“. I gesuiti a confronto con la visione storica spaventiana, in: Filosofia e coscienza nazionale in Bertrando Spaventa, Urbino [1988]; Garin, Eugenio: Filosofia e politica in Bertrando Spaventa, Neapel 1983, hier S. 27f. Vgl. auch Gentile, Giovanni: Bertrando Spaventa, Florenz 1920, S. 31–36, 75–77.

169 [Curci]: Die Vergangenheit und Gegenwart (wie Anm. 164), S. 17f.; Il congresso, in: CC, ser. 5, 9 (1864) 401–403.

170 [Curci]: Vergangenheit (wie Anm. 164), S. 64–72; Il congresso, in: CC, ser. 5, 10 (1864) 24–33.

171 [Taparelli D'Azeglio, Prospero]: Renzensione a Stahl (wie Anm. 70), hier S. 435–438; [Ders.]: Rivista della stampa italiana, in: CC, ser. 4, 3 (1859) 76.

172 [Curci]: Die Vergangenheit und Gegenwart (wie Anm. 164), S. 72–76; Il congresso, in: CC, ser. 5, 9 (1864) 33–36.

173 Döllinger an Acton, 19. September 1866, in: Briefwechsel (wie Anm. 14), Bd. 3, S. 408.

174 In diesem Zusammenhang ist ein Schreiben von Conte Carlo Conestabile, Rom, 19. April 1879, zu erwähnen. Conestabile, der Döllinger seiner Hochachtung versichert, fragt an, ob *„die Schwierigkeiten, die ihn vom Heiligen Stuhl trennten“*, wirklich beseitigt seien. Er empfiehlt sich als Freund und Schüler Dupanloups, Vertrauter Cantùs und Übersetzer von Curcis Buch *„Il moderno dissidio tra la Chiesa e l'Italia“* (Sala [wie Anm. 15], Bd. 2, S. 303–306). – Carlo Conestabile della Staffa (1854–1882) war ein typischer Vertreter der italienischen „liberalen Katholiken“, welche die Versöhnung zwischen Kirche und Staat und die Gründung einer konservativen katholischen Partei anstrebten (Kontakte zu liberalkonservativen Politikern wie R. Bonghi); als solcher maßgeblich beteiligt bei der Gründung der „Rassegna Nazionale“; seine für das Leben prägende Ausbildung erfuhr er 1859–1864 in dem Kolleg Chapelle St. Mesmin nahe Orléans bei Dupanloup, Journalist und Verfasser des vielbeachteten Buches: Il presente e l'avvenire d'Italia e l'intervento dei cattolici alle elezioni politiche, Florenz 1879. Zu ihm Casella, Anna: Conestabile della Staffa, Carlo, in: DbdI, Bd. 27 (1982) 766–768. Zur „Rassegna Nazionale“ vgl. Anm. 64.

174a Doell. X, 46, Bogen 16 u. 17.

175 Curci, Carlo Maria: Di un socialismo cristiano nella questione operaia e nel concerto selvaggio dei moderni stati civili, Florenz–Rom 1885, S. VII–XXIII. Wenig Aussicht gibt Curci dem System von Marx: *„Carlo Marx l'ha fatto in modo scientifico, e quindi ampio, universale, ma che, perdendosi nelle sottigliezze hegeliane, non vi è pericolo, che ecciti molto le passioni delle classe operaie“* (ebd., S. XXII).

176 Nitti, Francesco S.: Il socialismo cattolico, Turin–Rom 1891, S. 109.

177 *„Dieser Wunsch, die Socialökonomie nach katholischen Principien behandelt zu sehen, wurde von Döllinger in einer Sitzung der Versammlung ausgedrückt . . . Der Redner [il valentuomo] scheint nicht zu wissen, daß das in Italien theils schon geschehen ist, theils noch geschieht“* ([Curci]: Die Vergangenheit und Gegenwart [wie Anm. 164], S. 60. Anm. 1; Il congresso, in: CC, ser. 5, 9 (1864) 674, Anm. 1).

178 Breve „Tuas libenter“ vom 21. Dezember 1863 (Acta Pii IX, Bd. 3, S. 636–645), mit nachfolgendem Schreiben des Nuntius von München (S. Sedis jussu) an die deutschen

Bischöfe (München, 5. Juli 1864), abgedruckt in: Katholik 44/1 (1864) 257–264; 44/2 (1864) 220f. Zur Vorgeschichte des Dokuments, das im wesentlichen auf Reisach zurückgeht, vgl. Martina, Giacomo: Pio IX, Bd. 2 (1851–1866), Rom 1986, S. 316–321; Conzemius: Kirchenkrise (wie Anm. 14), S. 421–424.

179 Weitlauff, Manfred: „Modernismus literarius". Der „Katholische Literaturstreit", die Zeitschrift „Hochland" und die Enzyklika „Pascendi dominici gregis" Pius' X. vom September 1907, in: Beiträge zur altbayerischen Kirchengeschichte 37 (1988) 97–175, hier 117. Vgl. Loome, Thomas Michael: Liberal Catolicism, Reform Catolicism, Modernism. A contribution to a New Orientation in Modernist Research, Mainz 1979, S. 67f.; Alberigo, Giuseppe: Dal bastone alla misericordia. Il magistero nel cattolicesimo contemporaneo (1830–1980), in: Cristianesimo nella storia 2 (1982) 487–521, hier bes. 493f.

180 Neben Erzbischof Gregor von Scherr, der die Versammlung mit einem Pontifikalgottesdienst eröffnete, nahmen der Erzbischof von Bamberg, Michael von Deinlein, und der Bischof von Augsburg, Pankratius von Dinkel, an der Versammlung teil. Vgl. Gams: Verhandlungen (wie Anm. 4), S. 138–143 und passim. Nicht verständlich ist, warum Curci, dem die Schrift von Gams vorlag, behauptet, kein Bischof habe teilgenommen. Vgl. [Curci]: Die Vergangenheit und Gegenwart (wie Anm. 164), S. 2; Il congresso, in: CC, ser. 5, 9 (1864) 386.

181 Breve „Tuas libenter" (wie Anm. 178).

182 Gams: Verhandlungen (wie Anm. 4), S. 141–143.

183 Döllinger an einen hochgestellten Geistlichen, 7. Februar 1868, in: Briefe und Erklärungen (wie Anm. 90), S. 158–163, hier 161.

184 Die Versammlung katholischer Gelehrten (wie Anm. 153), S. 96–100.

185 Ebd., S. 101–111, 196–206.

186 Ebd., S. 206–214.

187 Zitiert bei [Jörg]: Döllinger (wie Anm. 80), S. 252f.

188 Döllinger: Kirche und Kirchen (wie Anm. 11), S. 682.

189 Von der *„deutschen Wissenschaft"*, und zwar einer *„negativen"* nicht-katholischen einerseits und einer *„positiven"* katholischen andrerseits, ist jedoch in der (wohl von Döllinger verfaßten) Einladung zu der Münchener Versammlung die Rede. Vgl. Gams: Verhandlungen (wie Anm. 4), S. 5.

190 Alois Flir (1805–1859), aus Landeck/Tirol, 1833 Priester, 1835 Professor für Literatur und Ästhetik in Innsbruck, Abgeordneter zur Frankfurter Nationalversammlung, 1853 Rektor der deutschen Nationalkirche Maria dell'Anima in Rom, 1858 päpstlicher Hausprälat und Auditor der Rota. Flirs *„Briefe aus Rom"* erregten wegen seines offenen Urteils Aufsehen. Es wäre jedoch verkehrt, deswegen – wie dies manche Zeitgenossen taten – in Flir einen „Liberalen" zu sehen. Wohl aber zeigen die Briefe, wie sehr die Deutschen in Rom sich mit den „Wälschen" schwertaten, insbesondere mit deren Einstellung zu Bildung und Wissenschaft. Vgl. Flir (wie Anm. 33), S. 1–5 und passim.

191 Rom, den 15. September 1854 (ebd., S. 14–16).

192 Rom, den 16. Oktober 1856 (ebd., S. 64f).

193 Ebd., S. 8, 82. Flir weiß sich dabei in Übereinstimmung mit Kardinal Reisach. Als er, 1858 zum Uditore ernannt, sich mit dem Studium des Kirchenrechts befassen muß, wird er von Reisach geschult. Flir schreibt: *„Er will, daß ich mit deutschen Werken beginne, weil wissenschaftliche Gründlichkeit nur dort zu finden sei"* (ebd., S. 135).

194 Döllinger: Die Speyerische Seminarfrage (wie Anm. 74), S. 201–220.
195 Vgl. Lutz, Georg (wie Anm. 95), S. 222, 231–240.
196 Döllinger: Seminarfrage (wie Anm. 74), S. 206–208. Zur negativen Auswirkung des Syllabus auf Theologie und Kirche vgl. Schneider, Burkhart: Die Kirche in der Auseinandersetzung mit dem Zeitgeist. Hundert Jahre nach dem Syllabus, Würzburg 1965, S. 18–29.
197 Döllinger: Seminarfrage (wie Anm. 74), S. 220.
198 Conzemius: Zur Charakteristik (wie Anm. 82), S. 158.
199 Zum Mythos der deutschen Universität im 19. Jahrhundert vgl. Nipperdey, Thomas: Deutsche Geschichte 1800–1866. Bürgerwelt und starker Staat, München [3]1985, S. 58–60, 470–482, 498f.; zu Humboldt, Deutschtum und Griechentum vgl. Rüdiger (wie Anm. 33), S. 195–222; Wandruszka, Adam: Das Erbe des Klassizismus, in: Römische Mitteilungen, 25. Erg.-Heft (1982) 18–26.
200 Vgl. Garin (wie Anm. 22); Fonzi, Fausto: Crisi della Sinistra storica e nascita del movimento operaio, in: Cultura e società (wie Anm. 157), S. 62–94, hier 84–87.
201 Döllinger, Ignaz von: König Maximilian II. und die Wissenschaft, in: Ders.: Akademische Vorträge (wie Anm. 32), S. 193–226, hier bes. 201–203.
202 Döllinger: Die Universitäten sonst und jetzt (wie Anm. 62), S. 21, 24.
203 Ebd., S. 32f., 40f.
204 Ebd., S. 36f.
205 Gollwitzer, Heinz: Ludwig I. von Bayern. Königtum im Vormärz. Eine politische Biographie, München 1986, S. 743f.
206 Döllinger, Ignaz von: Zum Gedächtniß Seiner Majestät des Königs Ludwig I. und seiner Regierung. Rede gehalten in der St. Bonifaciuskirche am 10. März 1868, München [2]1868, S. 9, 30.
207 Gollwitzer (wie Anm. 205), S. 744.
208 Friedrich: Ignaz von Döllinger (wie Anm. 26), Bd. 3, S. 150; Conzemius: Briefwechsel (wie Anm. 14), Bd. 4, S. 387; Quirinus (wie Anm. 150), S. 263; vgl. ebd., S. 441: *„Die Deutschen sind ohnehin nur halbe Katholiken . . . Warum habt ihr auch so viele Schulen, und bildet euch ein, alles müsse lesen können.“*
209 Quirinus (wie Anm. 150), S. 415.
210 Aubert (wie Anm. 97), S. 304.
211 *„I più cattivi sono i Tedeschi; sono i più cattivi di tutti; lo spirito tedesco ha quastato tutto.“* Vgl. Bonghi, Ruggero: Chiesa e stato in Germania. II. I motivi morali e nazionali, in: NA 18 (1871) 253–286, hier 274; Hasler (wie Anm. 148), S. 113 (dort Quellennachweis: Auswärtiges Amt. Politisches Archiv Bonn, PA. I A. B. e 46, Bd. 6, fol 185, Bericht Nr. 99 vom 2. Juni 1870); Hasemann J.: Papst Pius IX. Ein Bild seiner Persönlichkeit, seines Lebens und seiner Kirchenleitung, Leipzig 1878, S. 36.
212 Quirinus (wie Anm. 150), S. 115.
213 *„In quel tempo, che gli Austriaci – i Tedeschi dicevano generalmente in Italia – dimoravano non solo nelle contrade lombarde e venete, ma anche in Toscana, io non avevo il corragio di dire filosofia tedesca“* (Spaventa, Bertrando: Principii di filosofia, Neapel 1867, S. XX). Vgl. Bertuch, Friedrich: Beiträge zur Vorgeschichte der Einheit Italiens, Halle 1909. – Die Wurzeln des Deutschenhasses in ganz Italien reichen ins Mittelalter zurück. Auch in Neapel, wo keine Österreicher regierten, galt: *„O si omo o si tedesco“ („Entweder man ist ein Mensch oder aber ein Deutscher“);* zitiert bei

Bonghi, Ruggero: Italien, Deutschland und die Tripel-Alliance, in: Magazin für die Literatur des In- und Auslandes 59 (1890) 811–813, hier 811. Weitere Belege bei Weiß: Die „Deutschen" (wie Anm. 34), passim.

214 Altgeld, Wolfgang: Das politische Italienbild der Deutschen zwischen Aufklärung und europäischer Revolution von 1848, Tübingen 1984, S. 293.

215 La confederazione degli Stati d'Europa, in: OR, 18. Februar 1867; Lettere politiche. Lettera terza, Lettera quarta (ebd., 22. und 23. Mai 1867).

216 Gaetano Alimonda (1818–1891), aus Genua, 1877 Bischof von Albenga, 1879 Kardinal, intransigent, in diesem Sinne auch publizistisch tätig. Schrieb gegen die Deutschen: Dio e i popoli nelle guerre del 1870 e 1871, Genua 1871; Lutero e l'Italia, Turin 1888. Vgl. Fonzi, Fausto: Alimonda, Gaetano, in: DbdI, Bd. 2 (1960) 456f.; Noberasco, F.: Il Cardinale Gaetano Alimonda e la civiltà tedesca, Genua 1917.

217 Alimonda: Dio e popoli (wie Anm. 216), S. 24. Schon 1866 verglich die „Unità cattolica" Preußen mit der „Gottesgeißel" Attila. Vgl. Divozione del re di Prussia, in: UC, 26. September 1866.

218 Alimonda: Lutero e l'Italia (wie Anm. 216), S. 6, 16, 20–36, 640–664 und passim.

219 Bericht vom 17. März 1869; zitiert bei Cecconi, Eugenio: Storia del Concilio ecumenico vaticano scritta sui documenti originali, Bd. I/2, Rom 1879, S. 498–509, hier 499. Cecconi spricht vom *„amore sfrenato"* vieler deutscher Katholiken für die Freiheit der Wissenschaft (ebd., S. 497). Vgl. auch Lill, Rudolf: Die deutschen Theologieprofessoren vor dem Vatikanum I im Urteil des Münchener Nuntius, in: Reformata Reformanda. Festgabe für Hubert Jedin, Bd. 2, Münster 1965, S. 438–508.

220 Dies geht deutlich aus den Konzilstagebüchern von Vincenzo Tizzani hervor. Vgl. Lajos Pásztor: Il concilio Vaticano I nel diario di Vincenzo Tizzani, 2 Bde., Stuttgart 1990. Zur Bedeutung dieser Tagebücher vgl. Croce, Giuseppe M.: Una fonte importante della storia del pontificato di Pio IX e del Concilio Vaticano I: I manoscritti inediti di Vincenzo Tizzani, in: Archivium Historiae Pontificiae 23 (1985) 217–345; 24 (1986) 273–363; 25 (1987) 263–363.

221 [Taparelli D'Azeglio, Prospero]: Rezensione a Parola Luigi – Botta Vincenzo: Del pubblico insegnamento in Germania, 3 Bde., Turin 1851–1852, in: CC 8 (1852) 655–662; vgl. [Ders.]: Renzensione a Stahl (wie Anm. 70), hier S. 43; [Curci, Carlo Maria]: I sistemi allemani di pedagogia guidicati dai loro frutti, in: CC, ser. 3, 12 (1858) 170–183, 276–294, hier 179–181.

222 Weiß: La „scienza" (wie Anm. 30), S. 22–24.

223 Klemens Maria Hofbauer an Pancratius Forster, Abt von Einsiedeln, Wien, 15. Oktober 1815, in: Monumenta Hofbaueriana (Acta quae ad vitam S. Clementis referuntur), Bd. 14, Rom 1951, S. 121ff.

224 Constantin von Schaezler an P. Carl Schmöger, 27. Dezember 1874; zitiert bei Weiß: Redemptoristen (wie Anm. 24), S. 961, Anm. 222.

225 Vgl. Acton, John: Zur Geschichte des Vaticanischen Concils, München 1871, S. 28.

226 Bertrando Spaventa (1817–1883), 1840–1846 Priester, Bruder des Politikers Silvio Spaventa, Onkel Benedetto Croces, führender italienischer Hegelianer, deutschfreundlich und antiklerikal, 1859 Prof. der Philosophie in Bologna, 1861 in Neapel, zahlreiche Werke, stark politisch engagiert. Literatur zu Spaventa in Anm. 168. – Roberto Ardigò (1828–1920), 1851 Priester, 1863–1869 Prof. der Philosophie in Mantua, 1871 Austritt aus dem Priesterstand, vor allem aus politischen Gründen, 1881–1909 Prof. der Philosophie in Padua, führender Positivist, 1913 Senator. – Gaetano Trezza (1827–1892), 1850 Priester, 1860 Austritt aus dem Priesterstand,

Prof. für Sprach- und Literaturwissenschaft, zuletzt in Florenz, Positivist, auch publizistisch tätig. – Ausonio Franchi (eigentlich: Cristofero Bonavino, 1821–1895), 1840 Mitglied der „Oblaten des hl. Alfonso Maria de Liguori", 1842 Prof. der Philosophie, 1844 Priester, 1848 wegen Schriften gegen Jesuiten und Kurie suspendiert, Publizist, 1860 Prof. der Geschichte und Literatur, Verfasser (vom Linkshegelianismus beeinflußter) philosophischer Werke, führender Radikaldemokrat, seit 1888 Thomist, 1893 wieder Priester. – Maria Fubini Leuzzi: Bonavino Cristofero, in: DbdI, Bd. 11 (1969) 649–653; Büttemeyer, Wilhelm: Roberto Ardigò – Pasquale Villari. Carteggio 1868–1916, Florenz 1973 (Lit.); Jovacchini, A.: La vita e l'opera del prof. Gaetano Trezza, Lanciano 1895.

227 Dies wenigstens legt eine Stelle in einem Brief Actons nahe. Vgl. Acton an Döllinger, Rom, 22. November 1869 (Conzemius: Briefwechsel [wie Anm. 14], Bd. 2, S. 10–17, hier S. 11). Zu Döllingers Kontakten mit Villari vgl. ebd., Bd. 3, S. 26, 154, 244, 401.

228 Vgl. Weiß: La „scienza" (wie Anm. 30), S. 34–74.

229 Hasler (wie Anm. 148), S. 44f. (Literatur).

230 CC, ser. 7, 5 (1869) 345–352.

231 Dazu ausführlich Brandmüller, Walter: Ignaz von Döllinger am Vorabend des I. Vatikanums. Herausforderung und Antwort, St. Ottilien 1977; die Artikel ebd., S. 147–180.

232 Janus: Der Papst und das Concil. Eine weiter ausgeführte und mit dem Quellennachweis versehene Neubearbeitung der in der Augsburger Allgemeinen Zeitung erschienenen Artikel: Das Concil und die Civiltà, Leipzig 1869, (Nachdruck) Darmstadt 1968.

233 Vgl. Albrecht, Dieter: Döllinger, die bayerische Regierung und das 1. Vatikanische Konzil, in: Spiegel der Geschichte. Festgabe für Max Braubach, München 1964, S. 795–815; Denzler, Georg: Neuentdeckte Briefe des Ignaz von Döllinger an Chlodwig von Hohenlohe, in: RQ 67 (1972) 212–231.

234 Conzemius: Die „Römischen Briefe" (wie Anm. 63), hier S. 205, Anm. 89.

235 Janus (wie Anm. 232), S. 44, 47.

236 Eine Studie über den Topos der „welschen Tücke" (auch Unzuverlässigkeit) fehlt. Altgeld hat darauf hingewiesen, daß er bereits um die Wende zum 19. Jahrhundert in England verbreitet ist. *„Kriecherei, List und Intrige"* der Italiener werden mit dem Karrierezwang begründet. Vgl. Altgeld (wie Anm. 214), S. 21–23, 123.

237 Janus (wie Anm. 232), S. 45.

238 Das Concilium und die Civiltà, in: (Augsburger) Allgemeine Zeitung, 15. März 1869; vgl. Brandmüller (wie Anm. 231), S. 177f.

239 Ebd., 11. März 1869; vgl. Brandmüller, S. 157; Janus (wie Anm. 232), S. 48.

240 Vgl. Conzemius: Die „Römischen Briefe" (wie Anm. 63), S. 69.

241 Quirinus (wie Anm. 150), S. 93f.

242 Döllinger an Charlotte Leyden, M(ünchen), 2. April 1869, in: Briefwechsel (wie Anm. 14), Bd. 4, S. 386–388, hier 387.

243 Acton, John: Zur Geschichte (wie Anm. 225), S. 16.

244 Quirinus (wie Anm. 150), S. 69. Als Vertreter der *„geistlichen Miliz"* werden Perrone, Schrader und Curci genannt (merkwürdigerweise ist die Rede von du Bucq und Curli). – Zu der Stellung des Generalobern zu der vom Papst seiner Jurisdiktion entzogenen Redaktion der „Civiltà Cattolica" und zur Unfehlbarkeit vgl. Weber, Christoph: Kardinäle und Prälaten in den letzten Jahrzehnten des Kirchenstaates. Elite-Rekrutierung, Karriere-Muster und soziale Zusammenset-

zung der kurialen Führungsschicht zur Zeit Pius' IX. (1846–1878), Stuttgart 1978, S. 330.

245 Quirinus (wie Anm. 150), S. 67.

246 Quirinus (wie Anm. 150), S. 116.

247 Quirinus (wie Anm. 150), S. 159, 182, 217 u. öfters.

248 Bei den Begriffen „Rasse", „Stamm", auch „Volk" handelt es sich um Schlagwörter im Gefolge Herders. Sie haben nichts mit dem biologischen Rassebegriff im Gefolge Gobineaus zu tun. Wir würden heute statt von „Rassen" von „Kulturen" reden. Vgl. Weiß: La „scienza" (wie Anm. 30), S. 20–22.

249 Quirinus (wie Anm. 150), S. 217.

250 Die italienischen Historiker waren der Ansicht, daß zwei Prinzipien den Fortgang der Geschichte bestimmen: das germanische und das lateinische, das der Freiheit und das der Ordnung. Vgl. Schupfer da Chioggia, Francesco: Delle istituzioni politiche longobardiche libri due, Bd. 1, Florenz 1863, S. 3.

251 Acton, der dieses Wort überliefert, sieht darin nicht nur ein Lob, sondern auch eine Kritik Döllingers an den Deutschen. Vgl. Acton: Nachruf (wie Anm. 113), S. 659.

252 Quirinus (wie Anm. 150), S. 116, 273, 441.

253 Zitiert bei Hasler (wie Anm. 148), S. 511, Anm. 34.

254 Zu seiner Rolle bei der Zirkuldepesche des Fürsten Hohenlohe-Schillingsfürst vgl. Hohenlohe-Schillingsfürst, Chlodwig Fürst von: Denkwürdigkeiten, Bd. 1, Berlin 1907, S. 398–401; Denzler (wie Anm. 233); Weber, Margot: Das I. Vatikanische Konzil im Spiegel der bayerischen Politik, München 1970, S. 108–142. Vgl. auch [Jörg, Edmund]: Das ökumenische Concil, seine Benergler und seine Gegner. III. Die Münchener Conciliums-Artikel der „Allgemeinen Zeitung", in: HpBl 64 (1869) 316–332. Vollkommen informiert über Döllingers Rolle beim Zustandekommen der Depesche zeigte sich 1871 die „Civiltà Cattolica"; vgl. [Fantoni, Giuseppe]: Cronaca Contemporanea, in: CC, ser. 8, 3 (1871) 746–755, hier 748–750.

255 Janus (wie Anm. 232), S. 218.

256 Pastor, Ludwig von: Aus dem Leben des Geschichtsschreibers Johannes Janssen 1829–1891. Mit einer Charakteristik Jansens, Köln 1929, S. 88.

257 Döllinger an Erzbischof von Scherr, Erklärung vom 28. März 1871, in: Döllinger, Ignaz von: Briefe und Erklärungen (wie Anm. 90), S. 91f.

258 Ebd., S. 86f.

259 Ebd., S. 84–87.

260 Hergenröther, Joseph: Kritik der v. Döllinger'schen Erklärung vom 28. März d. J., Freiburg im Breisgau 1871, S. 30f.; vgl. ebd., S. 48.

261 Döllinger an Erzbischof Scherr (wie Anm. 257), S. 88–91.

262 Plummer (wie Anm. 2), S. 87.

263 Quirinus (wie Anm. 150), S. 437. Vgl. L'umile sottomissione dei Direttori del giornale torinese. L'Unita cattolica al Papa Pio IX ed ai Padri del sacrosanto Concilio Vaticano, in: UC, 8. Dezember 1869.

264 Döllinger an Erzbischof Scherr (wie Anm. 257), S. 91.

265 Döllinger, Ignaz von – Reusch, Franz Heinrich: Geschichte der Moralstreitigkeiten in der römisch-katholischen Kirche seit dem sechzehnten Jahrhundert mit Beiträgen zur Geschichte und Charakteristik des Jesuitenordens, Bd. 1, Nördlingen 1889, 403–412 und passim. Vgl. Weiß Otto: Alfonso de Liguori und die deutsche Moraltheologie im 19. Jahrhundert, in: Studia Moralia 25 (1987) 123–161, hier 146–148.

266 Plummer (wie Anm. 2), S. 21.
267 Döllinger, Ignaz von: Pius IX. Ein Fragment (1878), in: Ders.: Kleinere Schriften (wie Anm. 74), S. 558–602, hier 601.
268 Döllinger an Pfarrer Widmann zu Todtnau, 18. Oktober 1874, erschienen als Separatdruck, im „Deutschen Merkur", Nr. 29 (1875), und in: Döllinger: Briefe und Erklärungen (wie Anm. 90), S. 104–107, hier 106.
269 Plummer (wie Anm. 2), S. 128.
270 Vgl. Weiß Otto: Alfonso de Liguori und seine Biographen. Ein Heiliger zwischen hagiographischer Verklärung und historischer Wirklichkeit, in: Spicilegium Historicum Congr. SS. Redemptoris 36/37 (1988/89) 151–284, hier 196–208.
271 *„Quanto è poi all'autorità di S. Alfonso (= Liguori), noi, con tutto il rispetto alla sua santità e dottrina, diremo che nelle questioni scientifiche essa dovrebbe esser minima, giacchè a far un teologo non bastano la prudenza, la santità e la dottrina, ma si richiude sopratutto la scienza che consiste nell'organismo logico delle idee e dei fatti, e quest'organismo invano si cerca nelle opere del santo vescovo. E non dubiteremo di affermare, sapendo di avere in ciò consenziendi i veri teologi, che la diffusione quasi universale dei trattati di S. Alfonso e del Perrone nelle scuole di teologia morale e dogmatica sono indizio certissimo della decadenza di questi studi"* (Degli eccessi nell'uso della potestà ecclesiastica, in: Il Mediatore 2 [1863] 44–53, hier 53).
272 Vgl. Weiß: Redemptoristen (wie Anm. 24), S. 237f.
273 Döllinger, Ignaz von: Die Bedeutung der großen Zeitereignisse für die deutschen Hochschulen (Rektoratsrede vom 23. Dezember 1871), in: Ders.: Akademische Vorträge, Bd. 3, Nördlingen 1891, S. 11–38, hier 20.
274 Ebd., S. 21–23.
275 Döllinger, Ignaz von: Über die Wiedervereinigung der christlichen Kirchen. Sieben Vorträge gehalten zu München im Jahre 1872, Nördlingen 1888, vor allem der siebte Vortrag, S. 117–119.
276 Döllinger, Ignaz von: Die historische Classe der bayerischen Akademie der Wissenschaften (Rede bei der Festsitzung der Akademie, 30. März 1875), in: Ders.: Akademische Vorträge, Bd. 2, Nördlingen 1889, S. 358–374, hier 370.
277 Plummer (wie Anm. 2), S. 202.
278 Döllinger, Ignaz von: Die bisherigen Leistungen der historischen Commission bei der K. Akademie der Wissenschaften (Rede bei der Festsitzung am 25. Juli 1876), in: Ders.: Akademische Vorträge, Bd. 2, Nördlingen 1889, S. 375–385, hier 380.
279 Döllinger: Über das Studium der deutschen Geschichte (Rede bei der Festsitzung der Bayerischen Akademie am 25. Juli 1878): ebd., S. 407–427, hier 426.
280 Döllinger: Die Universitäten sonst und jetzt (wie Anm. 62), S. 32.
281 Die Errichtung des Denkmals auf der „Piazza dei Fiori" am 9. Juni 1889 unter Anwesenheit des Bürgermeisters Guiccioli war eine gezielte Herausforderung des Vatikans durch den laikalen Staat und die italienische Freimaurerei. Eine ausführliche Schilderung der Ereignisse, bei der Tausende von Freimaurerstandarten zu sehen waren, bei Bonetti, Antonmaria: Venticinque anni di Roma Capitale d'Italia e i suoi precedenti (1815–1895), Roma 1895, S. 316–332.
282 Plummer (wie Anm. 2), S. 221.
283 Vgl. Lutz (wie Anm. 8), passim.
284 Jörg, Joseph Edmund: Das Concil und seine Beschlüsse (Vorwort eines Laien), in: HpBl 66 (1870) 495–500, hier 496f.
285 Friedrich: Tagebuch (wie Anm. 94), S. 43.

286 Ebd.; vgl. ebd., S. 173, 239 und passim.

287 Stenographischer Bericht (wie Anm. 147), S. 194.

288 *„Sopranaturale essendo il fine, per cui Iddio conserva lo Stato Romano, sopranaturale in qualche modo si vedrà essere la dignità di questo popolo“* (La Grandezza di Roma nella Canonizzazione e nella Concistoro, in: CC, ser. 5, 3 [1863] 10f). Vgl. Janus (wie Anm. 232), S. 44.

289 Zu der „Einladung“ (Friedberg, Emil: Sammlung der Aktenstücke zum ersten vaticanischen Concil mit einem Grundriß der Geschichte desselben, Tübingen 1872, S. 233–238) vgl. Kleindienst, Eugen: Die Diskussion um das Apostolische Schreiben Pius' IX. „Jam vos omnes“ vom 13. September 1868 im deutschen Protestantismus, in: Annuarium Historiae Conciliorum 10 (1978) 190–233.

290 Stenographischer Bericht (wie Anm. 147), S. 195.

291 *„Diese Sprache werden wir uns sichern, und damit werden wir die Cultur retten . . .“* (ebd., S. 196).

292 So in einer Korrespondenz aus Berlin an das „Journal de Geneve“ vom 22. März 1871, die auch von anderen Zeitungen übernommen wurde; hier zitiert nach Dir, 30. April 1871.

293 Deutsche Blätter, hrsg. von G. Füllner unter Mitwirkung namhafter Staatsmänner, Historiker und Pädagogen, 1873; hier zitiert nach: Die katholische Bewegung in unseren Tagen 9 (1876) 187f.

294 *„Döllinger, ein Mann, der gewiß nicht des Romanismus verdächtig ist, äußerte sich kürzlich gegenüber einem Staatsmann über die Maigesetze: . . . Die Verfolgung der Bischöfe und ihrer Priester war ein Fehler . . . ein Bischof im Gefängnis ist mächtiger als in seiner Residenz, und seine Priester, die ihn vorher mehr oder weniger mochten, haben ihn jetzt wirklich gern . . .“* (Boglietti, Giovanni: Chiesa e stato nel Nord e nel Sud dell'Impero tedesco, in: NA 30 [1875] 353–376, hier 374).

295 [Heinrich, Johann Baptist?]: Döllinger's Stellung zur Kirche, in: Katholik 50/1 (1870) 199–208, 290–319.

296 [Ratzinger, Georg]: Das vaticanische Concil und die deutsche Wissenschaft. Nach dem Tagebuche des Prof. Friedrich gezeichnet, in: Katholik 52/1 (1872) 341–361, 450–475.

297 Sigl (wie Anm. 109), S. 201.

298 *„ridicola gazzetucia“* (Pers, 29. März 1872).

299 Sigl (wie Anm. 109), S. 201f.

300 Ringseis, Emilie (Hrsg.): Erinnerungen des Dr. Johann Nepomuk von Ringseis, Bd. 4, Regensburg 1891, S. 239; Pastor (wie 256), S. 47. Vgl. jedoch [Jörg]; Döllinger (wie Anm. 80), S. 241.

301 Döllinger, Ignaz von: Favole del medio evo intorno ai Papi. Frammenti di Storia di Döllinger. Prima Versione italiana di F.C., in: Il Mediatore 5 (1865) 848–855, 877–883 und passim. Die Abkürzung „F.C.“ steht für Francesco Cavalleri, der auch eine italienische Übersetzung der „Rede über die Vergangenheit und Gegenwart der Theologie“ besorgt hat. Das Werk erschien 1867 als eigene Schrift (Tipografia torinese diretta da Spirito Cassaza). Vgl. Sala (wie Anm. 14), Bd. 1, S. 139f.; Bd. 2, S. 70f.

302 Passaglia, Carlo: La causa di S. E. R. il Card. D'Andrea, Turin 1867 (zuerst in: Il Mediatore [1866] 961–988 und passim). Weitere Hinweise zu Passaglia und zu der antiinfallibilistischen Tendenz im Turiner Katholizismus bei Belardinelli (wie Anm. 15), S. 400–402.

303 Döllinger an Acton, 27. Dezember 1871, in: Conzemius: Briefwechsel (wie Anm. 14), Bd. 3, S. 41.

304 Il concilio vaticano ed il conciliabolo di Monaco, in: UC, 26. September 1871; vgl. VV, 6. Februar 1872. Eine Durchsicht der Stenographischen Berichte zum Münchener Katholikenkongreß ergab keinen Hinweis auf eine Teilnahme Passaglias.

305 Girolamo D'Andrea (1812–1868), aus hochadeliger neapolitanischer Familie, 1841–1845 Nuntius in Luzern, 1852 Kardinal, 1853 Kommendatarabt von Subiaco, 1853–1861 Präfekt der Indexkongregation; Mittelpunkt der innerkatholischen Opposition gegen Pius IX., politisch liberal (für die Einheit Italiens und Verzicht auf den Kirchenstaat), Liverani und Passaglia nahestehend, seit 1861 im Streit mit Pius IX., wurde als *„pietro dello scandalo"* seiner Ämter enthoben. Seine Unterwerfung und Wiedereinsetzung in seine Würde (jedoch nicht in seine Diözese) erfolgte, nicht ohne Demütigung durch Pius IX., kurz vor seinem Tod, der auf die Zermürbung durch den Papst zurückgeführt wird. Vgl. Weber, Christoph: Kardinäle und Prälaten (wie Anm. 244), S. 317f., 333–338, 454f. u. öfter; Monsagrati, Giuseppe: D'Andrea, Girolamo, in: DbdI, Bd. 32 (1986) 539–545 (reiches Quellen- und Literaturverzeichnis); Kraus: Tagebücher (wie Anm. 162), S. 418.

306 Weber: Kardinäle (wie Anm. 244), S. 338.

307 Acton an Döllinger, Rom 5. Febr. 1865, in: Conzemius: Briefwechsel (wie Anm. 14), Bd. 1, S. 393.

308 Ebd.; weitere Hinweise auf Nardi ebd. 227, 256, 284, 468, 485. Nardi erschien ursprünglich für Döllinger, der dessen *„deutsche Bildung"* hervorhebt, als *„der einsichtigste von allen Römern"* (Jörg: Briefwechsel [wie Anm. 128] S. 165). Wegen seiner Art, die Dinge beim Namen zu nennen, nannte er ihn *„eine rara avis unter den römischen Monsignori"*, sah sich jedoch später getäuscht. Das Zitat bei Jedin, Hubert: Kirchenhistorikerbriefe an Augustin Theiner, in: RQ 66 (1971) 187–231, hier 209. Vgl. auch Curci, Carlo: Il Vaticano Regio (wie Anm. 163), S. 222f.; für Curci ist Nardi ein Musterbeispiel für einen vatikanischen Prälaten, der der Karriere halber anders redet und schreibt, als er denkt.

309 Vgl. die zahlreichen Hinweise auf Nardi in: Mediatore 1–5, passim.

310 Nardi, Francesco: Observations sur les lettres de Msgr. l'Evêque d'Orléans", Paris 1870.

311 Siehe Anm. 108. Daß Nardi im Grunde Döllinger wohl gesinnt war, geht nicht nur aus diesem Brief, sondern auch aus einem Artikel im „Osservatore Cattolico" (27. Mai 1870) hervor. Zu dieser Zeitung vgl. Anm. 66f.

312 Giuseppe Massari (1821–1884), aus Taranto, emigrierte 1838 nach Paris, Historiker, Schüler Giobertis und Herausgeber seiner Werke; 1848/49 Deputierter zum neapolitanischen Parlament, später italienischer Abgeordneter der Rechten. Vgl. Dizionario del Risorgimento nazionale, Bd. 3, Mailand 1937, S. 52–54.

313 Vgl. Döllinger an Acton, 14. Oktober 1869, in: Conzemius: Briefwechsel (wie Anm. 14), Bd. 2, S. 11; Massari an Döllinger, Florenz, 9. August 1870, in: Sala (wie Anm. 15), S. 112f.

314 *„Er . . . ist, seiner Gesinnung nach ein warmer, und aufrichtiger Catholik, von der Schule seines Freundes Gioberti"* (Acton an Döllinger, 15. Juni 1869, in: Conzemius: Briefwechsel [wie Anm. 14], Bd. 1, S. 563).

315 Döllinger an Acton (wie Anm. 313).

316 München 1869. In: Döllinger: Briefe und Erklärungen (wie Anm. 90), S. 1–28. Zu Massaris Aktivitäten nähere Einzelheiten bei Belardinelli (wie Anm. 15), S. 78f.

317 Massari an Döllinger, Florenz, 29. März 1870, in: Sala (wie Anm. 15), Bd. 2, S. 98–100. Die Übersetzung, die den Berichten mehrerer italienischer Zeitungen zugrunde lag, erschien unter dem Titel: Sulla questione della infallibilità del Papa. Ricordi ai Vescovi nel prossimo Concilio, versione dal tedesco, Florenz 1869.

318 Döllinger an Massari, 19. und 30. Juni 1870. Die Briefe Döllingers befinden sich in den „Carte Massari" des Istituto per la Storia del Risorgimento Italiano, Rom. Vgl. dazu Morelli, Emilia: I fondi archivistici del Museo Centrale del Risorgimento – Le Carte Massari, in: Rassegna storica del Risorgimento 34 (1947) 197–203; Sala (wie Anm. 15), Bd. 2, S. 104f.; 108f.

319 Hasler (wie Anm. 148), S. 95.

320 Döllinger an Massari, 19. und 30. Juni 1870 (wie Anm. 318); Massari an Döllinger, 26. Juni und 7. Juli 1870 (Sala [wie Anm. 15], Bd. 2, S. 104–111).

321 Massari an Döllinger, 9. August 1870 (Sala [wie Anm. 15], S. 112f.).

322 Massari war wegen seiner Kritik am deutsch-französischen Krieg von der deutschen Presse *„krasse Unkenntnis des deutschen Wesens und der deutschen Kultur"* vorgeworfen worden. In einem offenen Brief gab er zur Antwort, er halte viel vom *„deutschen Geist"*, er wünsche ein einiges und starkes, aber kein übermächtiges Deutschland. Frankreich sei er als langjährigem Gastland italienischer Emigranten verpflichtet (Dir, 28. August 1870; Pers, 1. September 1870; Dir, 3. September 1870). Bereits 1848 hatte sich Massari gegen expansionistische Tendenzen in der Paulskirche gewandt (La Patria, 16. März 1848).

323 Massari an Döllinger, Florenz, 31. März 1871 (Sala [wie Anm. 15], 2. Bd., S. 131f.).

324 I principii dei cattolici anti-infallibilisti. Le dichiarazioni del prof. H. Ignazio Döllinger, dei vecchi cattolici di Germania, del p. Giacinto, Florenz 1871; vgl. Camerani, Sergio: Carteggi di Bettino Ricasoli 1870–1872, Rom 1974, S. 370. Dazu Belardinelli (wie Anm. 15), S. 113.

325 Acton an Döllinger, 22. November 1869, in: Conzemius: Briefwechsel (wie Anm. 14), Bd. 2, S. 14. Alberto Blanc (1835–1904), aus Savoyen, Publizist und Politiker, seit der Abtretung seiner Heimat an Frankreich stark antifranzösisch, 1863 im Außenministerium, 1873 auswärtiger Dienst, 1881 Sekretär des Ministeriums, Vorbereitung des Dreibunds, 1893 Minister. Vgl. Mori, Renato: Blanc Alberto, in: DbdI, Bd. 10 (1968) 757–760.

326 Diomede Pantaleoni (1810–1885), aus Macerata, Arzt und Politiker, Abgeordneter der Rechten, 1861 zusammen mit Passaglia von Cavour beauftragt, Pius IX. vom Ende der weltlichen Herrschaft zu überzeugen, lebte dann lange Zeit in Paris, 1873 Senator. Sein umfangreicher Nachlaß, darunter sein unveröffentlichter Briefwechsel, befindet sich im Stadtarchiv von Macerata. Vgl. Montini, Renzo U.: Pantaleoni, Diomede, in: EC, Bd. 9 (1952) 684.

327 Zu dem Artikel „Del presente e dell'avennire del Cattolicesimo a proposito del Concilio ecumenico" (Dezember 1869/Januar 1870) wichtig die Stellungnahme der „Civiltà Cattolica": La Nuova Antologia, Rivista di Firenze ed il Concilio, in: CC, ser. 7, 9 (1870) 335–339.

328 Pantaleoni besuchte Döllinger 1873 in München; später in lockerer Verbindung mit ihm. Vgl. Plummer (wie Anm. 2), S. 40, 52; Pantaleoni an Döllinger, Rom, 18. November 1880, 23. März 1882 (Sala [wie Anm. 15], 309f., 314; Briefwechsel [wie Anm. 14], Bd. 2, S. 455).

329 Acton an Döllinger, 22. November 1869 (Briefwechsel [wie Anm. 14], Bd. 2, S. 15). Vgl. ebd., Bd. 2, S. 200; Bd. 3, S. 9, 41, 49, 329. – Daß Acton auf Bonghi im Sinne

Döllingers anläßlich des Konzils Einfluß ausüben wollte, geht aus einem Brief an seine Frau hervor. Vgl. Mc Elrath, Damian: An Essay on Acton's critical Decade, in: Lord Acton: The decisive decade 1864–1874. Essays and Documents, 1970, S. 77.

330 Bonghi: Ignazio v. Döllinger (wie Anm. 2), S. 656.

331 Marco Minghetti (1818–1886), bedeutender Vertreter des liberal-konservativen Bildungsbürgertums, ursprünglich dem Neoguelfismo nahestehend. Nach naturwissenschaftlichen Studien Politiker (1848 in der Regierung in Rom), Wirtschafts- und Finanzfachmann, von 1860 bis 1876 mehrmals Minister, 1864 und 1873–1876 leitender Minister, bedeutend auch in der Frage des Verhältnisses der Kirche zum Staat, dazu mehrere Veröffentlichungen. Vgl. Fausto Fonzi: Minghetti, Marco, in: DC 8 (1952) 1025f.

332 *„Soeben war Minghetti bei mir, er geht mit seiner Frau nach Aussee im Salzkammergut"* (Döllinger an Acton, 6. Juli 1872, in: Conzemius: Briefwechsel [wie Anm. 14], Bd. 3, S. 83). Zu früheren Kontakten Actons zu Minghetti, der durch dessen Frau Laura mit ihm verschwägert war (ebd., Bd. 2, S. 14, 105; Belardinelli [wie Anm. 15], S. 75–77).

333 Chabod (wie Anm. 20), S. 223, Anm. 2.

334 Vgl. Acton an Döllinger, 22. Januar 1870, in: Conzemius: Briefwechsel (wie Anm. 15), Bd. 2, S. 105.

335 Döllinger an Acton, 26. März 1873 (ebd., Bd. 3, S. 106). Gemeint ist wohl Minghetti, Marco: Dei rapporti fra la Chiesa e lo Stato, Bologna 1872.

336 Sigl (wie Anm. 109), S. 149–159; vgl. das Flugblatt „Wer ist Döllinger?", in: Urban, Josef: Die Bamberger Kirche in Auseinandersetzung mit dem Ersten Vatikanischen Konzil, Bd. 2, Bamberg 1982, S. 721–724.

337 Eine gewisse Ausnahme bildete der in Florenz erscheinende „Esaminatore", das Blatt der dortigen „liberalen Katholiken". Vgl. Belardinelli (wie Anm. 15), S. 92, Anm. 94; S. 102f. Doch selbst ein so spektakuläres Vorhaben führender liberalkatholischer Intellektueller Italiens wie die Errichtung eines Denkmals für Savanarola richtete sich nicht gegen die Unfehlbarkeit, sondern gegen die politische Herrschaft des Papstes (ebd., S. 94).

338 Il Papa e il Concilio da Janus, versione dal tedesco, Turin–Florenz 1869. Nach Belardinelli hat Massari im Sommer 1869 die Übersetzung der Schrift „besorgt" (Belardinelli [wie Anm. 15], S. 78). Vgl. jedoch Sala (wie Anm. 15), Bd. 1, S. 151; Bd. 2, S. 291f.

339 Vgl. L'infallibilità del Papa, in: Op, 14. November 1869; Il Papa ed il Concilio, in: Op, 17. November 1869; Il concilio e il Re di Baviera, in: UC, 15. September 1869; Elezioni, imposte, persecuzioni nel regno di Baviera, in: Op, 22. Oktober 1869; L'infallibilità del Papa e i due Janus tedeschi, in: Op, 13. November 1869; [Steccanella, Valentino]: Cose spettanti al futuro concilio. I cattolici liberali di Germania, in: CC, ser. 7, 7 (1868) 584–590; [Belardinelli, Francesco]: La pastorale de' vescovi di Germania e i cattolici liberali, in: CC ser. 7, 8 (1869) 129–143.

340 Franco (wie Anm. 106), S. 175f., 185; vgl. auch Quirinus (wie Anm. 150), S. 18.

341 [Liberatore, Matteo]: Il Dottor Döllinger e la petizione dei vescovi al concilio, in: CC, ser. 7, 10 (1870) 385–400, hier 385. Matteo Liberatore (1810–1892), aus Salerno, Philosoph und Theologe, Hauptförderer der Neuscholastik, Gründungsmitglied und 40 Jahre Mitarbeiter der Civilità Cattolica. Vgl. Paola Dezza: Liberatore, Matteo, in: EC, Bd. 7 (1951) 1260.

342 Vgl. CC ser. 7, 11 (1970) 5–19 und öfter.
343 [Liberatore] (wie Anm. 341), S. 392.
344 [Fantoni, Giuseppe]: Cose spettanti al concilio, in: CC, ser. 7, 9 (1870) 95f., hier 96.
345 [Brunengo, Giuseppe (1821–1891)]: Sei Confutazioni del Döllinger, in: CC, ser. 7, 11 (1870) 5–19, hier 13.
346 [Ballerini Raffaele]: L'agitazione riguardo all'infallibilità pontificia (ebd., S. 458–470, hier 458).
347 Döllinger smascherato in Carnevale, in: UC, 25. Januar 1870; Gli onori di Döllinger dei protestanti e degli ebrei: UC, 29. Januar 1870; Fiasco Döllinger-Hohenlohe: UC, 31. Januar 1870; Hohenlohe-Döllinger e il senato di Monaco di Baviera: UC, 1. Februar 1870; L'Alleluja del Concilio Vaticano: UC, 17. April 1870.
348 Il regno di Baviera, Lola Montez ed Ignazio Döllinger: UC, 5. März 1870.
349 L'infallibilità del Papa e il dottore Ignazio Döllinger: UC, 26. Januar 1870.
350 Hohenlohe-Döllinger (wie Anm. 347); UC, 1. Februar 1870; Ostilità degli empi contro l'infallibilità pontificia („un altro candelabro tedesco"): UC, 2. Februar 1870.
351 In: Naz, 12. Mai 1871, 10. November 1869. Zu Civinini (dessen Namen im DbdI leider fehlt) vgl. Weiß: La „scienza tedesca" (wie Anm. 30), S. 57f.
352 Naz, 25. Februar, 19. Mai, 18., 22., 27. Juni 1870. – William Chauncy Langdon (1831–1895), Geistlicher der amerikanischen Episkopalkirche in Florenz und Genf; großer Förderer des Altkatholizismus, nahm an mehreren altkatholischen Kongressen teil. Vgl. Langdon Chauncy, William: Report of the Italian Church Reformation Comission 1873, Hartford 1874.
353 Hasler (wie Anm. 148), S. 94.
354 [Fantoni, Giuseppe]: Cose spettanti al Concilio, in: CC ser. 7, 9 (1870) 328; vgl. ebd., S. 92, 291f.
355 I cattolici laici di Bonn, in: Op, 6. August 1869; L'infallibilità del Papa, in: Op, 14. November 1869; Il concilio ecumenico, in: Op, 27. Januar 1870; La maggioranza nel Concilio, in: Op, 22. März 1870.
356 Die *„jüdische Opinione"* (der langjährige Direktor des Blattes Giacomo Dina war Jude) gehe *„konform mit den Ideen der liberalen Katholiken Deutschlands"* ([Belardinelli, Francesco]: La pastorale [wie Anm. 339], S. 130).
357 Piccoli, 12. November 1869.
358 Dir, 25. Juli 1869. Vgl. auch: Il concilio ecumenico e la Germania, in: Rif, 19. August 1869.
359 Vgl. Acton an Döllinger, 22. Januar 1870, in: Conzemius: Briefwechsel (wie Anm. 14), Bd. 2, S. 105.
360 Die Bischöfe von Trani und Malfetti zu Massari: *„Non possiamo andare contro la voluntà del S. Padre"*. Massari habe auf das Beispiel der deutschen Bischöfe hingewiesen. Darauf diese: *„Ma questi sono ricchi"* (Acton, 16. Februar 1870, in: Conzemius: Briefwechsel, S. 166).
361 Zitiert bei Chauncy Langdon: William an Döllinger, 10. Oktober 1870 (Sala [wie Anm. 15], Bd. 2, S. 114–119, hier 116f.).
362 Nicolò Guarise, Abbate della Catredale di Verona, an Döllinger, 23. 12. 1870 (Sala [wie Anm. 15], Bd. 2, S. 120–122).
363 Vgl. Weiß: La „scienza tedesca" (wie Anm. 30), hier bes. S. 66f.
364 Un eretico di più o la dichiarazione del dottor Döllinger, in: UC, 1. April 1871.
365 L'Anatema contro Döllinger: UC, 21. u. 26. April 1870.

366 UC, 1. Oktober 1870.

367 L'opposizione all' infallibilità in Germania e in Italia, in: VV, 18. Mai 1871.

368 Vgl. UC, 26. April 1871; VV, 13. Juli 1871.

369 [Fantoni, Giuseppe]: Cronaca Contemporanea, in: CC, ser. 8, 3 (1871) 746–755, hier 754.

370 Ebd., S. 750.

371 Ebd., S. 746–748.

372 Noi prendiamo!, in: UC, 23. August 1866.

373 D'Avanzo, Bartolomeo: Döllinger e la sua Dichiarazione rispetto al Concilio ecumenico Vaticano. Vescovo di Calvi e Teano ai MM. RR. Professori della facoltà teologica del Seminario di Calvi, Neapel 1871, S. 4. Vgl. Ders.: Intorno alla dichiarazione di Doellinger, Neapel 1871 (Exemplare dieser Schriften in der Bibliothek der Civiltà Cattolica in Rom).

374 [Cardella, Valeriano]: (Besprechung von D'Avanzo: Döllinger), in: CC, ser. 8, 3 (1871) 459–461.

375 *„. . . essendo egli supremo giudice delle stesse leggi civile“* (Dell'assoluta immunita del pontifice in: CC, ser. 8, 1 [1871] 656–668, hier 663).

376 La dieta tedesca, in: Naz, 2. April 1871.

377 Il canonico Döllinger: Naz, 10./11. April 1871.

378 Il movimento religioso in Germania: Naz, 12. Mai 1871.

379 Il proposito Döllinger, in: Op, 4. April 1871; Reazioni contro il papismo, in: Dir, 4. Mai 1871.

380 Op, 30. April 1871.

381 Crociata anticattolica, in: Dovere, 28. April 1871.

382 Fischietto, 29. April 1871. Vgl. Suchanek, Wolfgang: Das Deutschlandbild in der italienischen Presse 1870/71, Bonn 1975, S. 162f.

383 Rif, 9. August 1871.

384 Il movimento religioso in Germania: Rif, 26. September 1871.

385 Ruggero Bonghi (1826–1895), vom 11.–15. Lebensjahr in einem geistlichen Kolleg, emigrierte 1848 vor den Bourbonen, wohnte u. a. in London, Paris und Stresa, dort von Rosmini und Manzoni beeinflußt, altliberal im Sinne Cavours, orientiert an Tocqueville, ab 1859 Professor an mehreren Universitäten, seit 1871 Prof. für alte Geschichte in Rom, gründete 1862 die „Stampa“ (Turin), 1866–1874 Direktor der „Perseveranza“ (Milano) u. polit. Kommentator der „Nuova Antologia“, mehrmals Abgeordneter, 1874 bis 1876 Unterrichtsminister, Kirchenspezialist der liberalen Rechten, konziliatorisch, profranzösisch. Vgl. Scoppola, Pietro: Bonghi, Ruggero, in: DbdI, Bd. 12 (1970) 42–51 (Literatur).

386 Beim Tode Bonghis in Torre del Greco bei Neapel soll Leo XIII. gesagt haben: *„Pregate, pregate per la grande anima di Ruggiero (!) Bonghi!“* (D'Ovidio, Francesco: L'avversione di Ruggiero (!) Bonghi alla Triplice Allianza. Discorso tenuto a Campobasso il 28 giugno 1915, Campobasso 1915, S. 38).

387 Spadolini, Giovanni: L'opposizione cattolica da Porta Pia al '98, Mailand 1976, S. 25.

388 Kraus, Franz Xaver: Tagebuch (wie Anm. 162), S. 378, 446.

389 Il Mattino, 23. Oktober 1895.

390 Daß Bonghi kein Atheist war, bestätigt Acton, wenn er an Döllinger schreibt: *„Bonghi sagte mir, ohne ihn selbst würden seine Söhne nicht wissen, daß Christus gelebt hat“* (Acton an Döllinger, Ende März 1881, in: Conzemius: Briefwechsel [wie Anm. 14], Bd. 3, S. 49).

391 *„Ruggiero Bonghi . . . della coltura tedesca fu uno dei più ferventi apostoli in Italia; ma appunto perciò egli conosceva bene anche il rovescio della medaglia"* (D'Ovidio [wie Anm. 386] S. 38).

392 Grimaldi, Alfassio: Il Re „buono". La vita di Umberto I e la sua epoca in un'esemplare ricostruzione, Mailand 1980, S. 273–275.

393 Croce, Benedetto: La letteratura della nuova Italia, Bd. 3, Bari [3]1929, S. 259.

394 Jemolo, Arturo: Chiesa e Stato in Italia negli ultimi cento anni, Turin 1948, S. 328f.

395 Vgl. Bonghi, Ruggero: Una questione grossa. La decadenza del sistema parlamentare, in: NA 75 (1884) 482–497.

396 Hervorgehoben sei die Ansprache vom 14. Mai 1873, die allen Aufforderungen Bismarcks und der Linken zum Trotz sich entschieden gegen einen Kulturkampf nach der Art Preußens aussprach, sowie sein Einsatz für die theologischen Fakultäten am 29. April 1872. Vgl. Bonghi, Ruggero: Discorsi parlamentari, Bd. 1, Rom 1918, S. 442–482, hier S. 449, 464f. und passim; Ders.: Facoltà di teologia: ebd., S. 382 bis 398, hier 391–393.

397 Maturi, Walter: Prefazione a Ruggero Bonghi: Stato e Chiesa, Bd. 1, Mailand 1942, S. VIII. Vgl. auch Lazzari (wie Anm. 163), S. 278.

398 Vgl. Pers, 9. Februar, 21. Februar 1870.

399 [Bonghi. Ruggero]: Il partito cattolico in Germania, in: Pers, 6. April 1871; La presente situazione del papato: Pers, 12. April 1871; Agitazioni religiosi: Pers, 2., 5., 15. Mai 1871.

400 Bonghi, Ruggero: Chiesa e Stato in Germania, in: NA 18 (1871) 5–40, 253–286, hier bes. 261–284, (Der Aufsatz auch in: Ders.: Rittrati e studi di vita religiosa, Florenz 1937, hier bes. S. 466–478).

401 Benedetto Castiglia (1811–1877), aus Palermo, Jurist, Literat und Politiker, Abgeordneter, aufklärerisch-antiklerikal. Vgl. Brancato, Francesco: Castiglia Benedetto, in: DbdI, Bd. 22 (1979) 36f.

402 Benedetto Castiglia an Döllinger, 9. April 1871 (Döll. II; Sala [wie Anm. 15], Bd. 2, S. 133–143).

403 Ebd., S. 133.

404 Indirizzo dell'onorevole deputato Castiglia al Concilio dei vecchi cattolici a Monaco, in: Rif, 24. September 1871.

405 Alessandro Gavazzi (1809–1889), aus Bologna, 1825 Barnabit, 1833 Priester, Professor für Rhetorik in Neapel, Patriot, kämpfte bei der Revolution mit, ging 1845 nach England, trennte sich vom Katholizismus, 1859 bis 1867 an der Seite Garibaldis, schloß sich 1870 der „Chiesa Cristiana libera" an. Vgl. Labaro (Neue Folge) 1 (1891) Nr. 11; Della Torre, Arnaldo: Il cristianesimo in Italia. Dai filosofisti ai modernisti, Milano–Palermo–Napoli 1912, S. 195–199. Der Brief (Dublin, 11. Juli 1871) in: Döll. II; Sala (wie Anm. 15), 2. Bd., S. 188–190.

406 Ebd., passim.

407 Pellegrino Barbaro an Döllinger, Avellino, 28. März 1871 (Döll. II; Sala [wie Anm. 15], Bd. 2, S. 181–183).

408 Giambattista Dal Lago an Döllinger, Feltre, 14. Mai 1871 (Döll. II; Sala [wie Anm. 15], Bd. 2, S. 173f.

409 Giovanni a Prato (1812–1883), Priester und Publizist, italienischer Patriot, Professor am Seminar in Rovereto, Abgeordneter zur Frankfurter Nationalversammlung, Mitglied der 2. und 1. Kammer (Reichsrat) in Wien. Vgl. Cavalletti, Nicoletta: L'abbate Giovanni a Prato attraverso i suoi scritti, Trento 1967.

410 Giovanni a Prato an Döllinger, Trient, 1. Mai 1871. Original auf Deutsch, in: Döll. II; Sala (wie Anm. 15), Bd. 2, S. 162–164, hier 162.

411 Giovanni a Prato an Döllinger, 9. April 1871, in: Cavalletti (wie Anm. 409), S. 309f.; Sala (wie Anm. 15), Bd. 2, S. 140–143.

412 Döllinger an Giovanni a Prato, 12. April 1871, in: Cavaletti (wie Anm. 409), S. 311; Sala (wie Anm. 15), Bd. 2, S. 144f.

413 Giovanni a Prato an Döllinger, Trient, 1. Mai 1871, in: Cavaletti (wie Anm. 409), S. 163.

414 Vgl. Giovanni a Prato an Döllinger, 10. Mai 1871, 6. August 1872, 9. Januar 1874, in: Cavalletti (wie Anm. 409), S. 312–314; Sala (wie Anm. 15), Bd. 2, S. 165–167, 235–237, 256f.

415 Giovanni a Prato an den Altkatholikenkongreß, 5. September 1872: Er fürchtet, die Teilnahme am Kongreß könnte seinen Bemühungen für den Reformkatholizismus in Italien schaden. Originalbrief im Archiv des Altkatholischen Bistums Bonn: Nachlaß Reusch, Nr. 7255. Vgl. Deambrosis, Marcella: Conciliatoristi e riformisti italiani dell' Ottocento, in: Rassegna storica del Risorgimento 49 (1962) 270–321, hier 306f.

416 Tullio Minelli (1848–1904), Privatsekretär Quintino Sellas, Abgeordneter und Publizist. Vgl. Sala (wie Anm. 15), Bd. 2, S. 226.

417 Tullio Minelli an Döllinger, Rovigo, 9. Oktober 1871: Döll. II; Sala (wie Anm. 15), Bd. 2, 224–226.

418 Sala (wie Anm. 15), Bd. 1, S. 255.

419 L'indirizzo a Döllinger. Al signor Deputato e Prevosto Capitolare Dott. Ignazio Döllinger, Professore di Storia ecclesiastica e Decano della Facoltà di Teologia nella Università di Monaco, in: Lib, 17. April 1871. Die beiden anderen Adressen, in: Lib, 6. und 14. Mai 1871; vgl. auch L'Università di Roma e Döllinger, in: Pers, 19. April 1871.

420 Rif, 25. Mai 1871.

421 La dichiarazione di Döllinger, in: Italia Nuova, 9. April 1871; Capitale, 22. September 1871.

422 Quintino Sella (1827–1884), aus Piemont, studierte Naturwissenschaften (Mineralogie), führender Politiker der liberalen Rechten, langjähriger Finanzminister, deutschfreundlich, antiklerikal. Vgl. Guiccioli, Alessandro: Quintino Sella, 2 Bde., Rovigo 1887–1888, (Nachdruck) Biella 1980; Vernizzi, Cristina (Hrsg.): Quintino Sella tra politica e cultura 1827–1884, Turin 1986.

423 Quintinus Sella Reverendissimo Ignatio de Doellinger Ludovico-Maximilianeae Universitatis Rectori magnifico salutem dicit, in: NA 21 (1872) 748f. Für die „Voce della Verità", die Sella als *„aggregato del regno della scienza tedesca"* schmäht, ist der Brief die Besiegelung des Bündnisses des *„revolutionären Italien"* mit dem *„häretischen Deutschland"*, während der „Zelo Cattolico" in ihm ein Zeichen dafür sieht, *„daß sich das Geheimnis der Bosheit . . . erfüllt"* (Lezione del neo-filosofo italo-tedesco Sella, in: VV, 9. Oktober 1872; Lo Zelo Cattolico 3 [1872] 133).

424 Filippo Bartolomeo: Il concilio vaticano del 1870, e i vecchi cattolici di Germania nemici dell'infallibilità del papa, e dell' ultramontanismo, Messina 1872, passim. Ähnlich ist der Tenor bei einer Reihe weiterer Widmungen und Zustimmungen, in denen Döllinger als Vertreter aufgeklärter Freiheit und Vernunft gefeiert wird. Vgl. Belardinelli (wie Anm. 15), S. 111.

425 Vgl. Filippo Bartolomeo an Döllinger, Messina, 25. August 1872, in: Döll. II; Sala (wie Anm. 15), S. 238–240.

426 Discorso del sac. Filippo Bartolomeo nel quale confuta la lettera del Senatore Bon-Compagni difensore al clericalismo del grancanceliere dell' Impero Germanico il principe di Bismarck, Messina März 1875, hier bes. die Widmung an den deutschen Konsul in Messina, Felix Bamberg.

427 Vgl. Anm. 419.

428 [Fantoni, Giuseppe]: Indirizzo a Döllinger, in: CC, ser. 8, 3 (1871) 101–109, hier 102. Die Namen der Professoren erwähnt Plummer: Plummer an Döllinger, Rom, 4. Juli 1871, Doell. II.

429 Di nuovo sull' Indirizzo a Doellinger, in: OR, 10. Mai 1871; vgl. VV, 21. April 1871.

430 [Oreglia Giuseppe]: Cronaca contemporanea, in: CC, ser. 8, 2 (1871) 587–595, hier 591.

431 [Fantoni, Giuseppe]: Indirizzo (wie Anm. 428), S. 102f.; Cronaca Contemporanea: ebd., S. 462f.

432 Ebd., S. 103f.; OR, 18. Mai 1871.

433 Vgl. Andreas Theiner an Friedrich, 8. Mai 1871, gedruckt bei Gisiger, H.: P. Theiner und die Jesuiten, Mannheim 1875, S. 87–89 (295–297), hier 87 (295). Die Adresse wurde am 10. Mai 1871 in dem kirchlichen Blatt „La Stella" veröffentlicht. Vgl. Il dogma dell'infallibilità pontificia ed i nuovi eretici dell'università romana, in: La Stella, 10. Mai 1871.

434 [Fantoni, Giuseppe]: Indirizzo (wie Anm. 428), S. 104–109; Lib, 21., 23., 24. Mai; La Stella, 24. Mai 1871. Vgl. auch Gallon, Feliciano: La stampa romana e la vita religiosa, in: Droulers, Paolo u. a. (Hrsg.): La vita religiosa a Roma intorno al 1870. Ricerche di Storia e Sociologia, Rom 1971, S. 47–94, hier 79–81. – Schon damals wurden übrigens die (kirchen)politischen Auseinandersetzungen durch „graffiti" an den Wänden ausgetragen, wie die Aufschrift „Viva Doellinger" auf den Mauern von Frascati zeigte. Plummer an Döllinger, Assisi, 7. August 1871, in: Doell. II.

435 L'opposizione all'Infallibilità in Germania e in Italia, in: VV, 18. Mai 1871.

436 Un scisma da commedia, in: Lo Zelo Cattolico 2 (1871) 133f.; Sul brigantaggio religioso in Roma: ebd., S. 335f.

437 Bonghi, Ruggero: Rassegna politica, in: NA 19 (1871) 974f.

438 Il movimento religioso in Germania, in: Dir, 18. Juli 1871.

439 La lotta religiosa in Germania, in: Dir, 25. November 1871; vgl. I vecchi e i nuovi cattolici, in: Dir, 25. September 1871; L'agitazione religiosa in Germania, in: Rif, 21. Juli 1871; La questione cattolica in Germania: ebd., 9. August 1878; L'infallibilità del Papa: ebd., 11. September 1871.

440 Als Skandal betrachtete sie allerdings das geringe Interesse der Italiener an der Bewegung: Lib, 28. Oktober 1871. Zur späteren Unterstützung durch die „Libertà" vgl. VV, 28. November 1873.

441 Il movimento religioso in Germania, in: Naz, 12. Mai 1871; Il movimento religioso in Baviera: ebd., 17. September 1871.

442 Capitale, 22. September 1871.

443 Vgl. Il dogma dell'infallibilità in Baviera, in: Dir, 5. Oktober 1871; L'agitazione anti-infallibilista in Baviera: ebd., 8. Oktober 1871; Infallibilità e anti-infallibilità in Baviera: ebd., 14. November 1871; Il concilio vaticano ed il conciliabolo di Monaco, in: UC, 26. September 1871; Il movimento anticattolico della Germania, in: OR, 26. September 1871.

444 La Scienza tedesca e la nuova rigenerazione del mondo, in: UC, 26. September 1871.

445 Nostre Corrispondenze: Dall'Allemagna, in: VV, 28. September 1871, Vgl. Il movimento anticattolico della Germania: ebd., 26. September 1871.
446 Il congresso liberticida di Monaco, in: OR, 11. Oktober 1871.
447 Un scisma da commedia (wie Anm. 436).
448 Was er fürchte, sei *„codesto liberalismo cattolico, che è un vero flagello“* (VV, 21. Juli 1871); ähnlich 1874: *„Der katholische Liberalismus, das ist ein Fuß in der Wahrheit und ein Fuß im Irrtum, ein Fuß in der Kirche und ein Fuß im Geiste des Jahrhunderts, ein Fuß mit mir und ein Fuß mit meinen Feinden“* (Aubert-Martina [wie Anm. 97], S. 407).
449 [Ballerini, Raffaele]: Il Congresso dei Pseudocattolici di Monaco 158–175, in: CC, ser. 8, 4 (1871) 158–175.
450 I vecchi e nuovi cattolici, in: Dir, 25. September 1871.
451 Indirizzo dell'onorevole deputato Castiglia (wie Anm. 404).
452 Il congresso dei vecchi cattolici, in: Pers, 28. September 1871.
453 Pers, 1. Oktober 1871.
454 [Steccanella, Valentino]: La quistione civile-religiosa in Germania. V. Apparizione della nuova setta dei Vecchi cattolici, in: CC, ser. 8, 5 (1872) 279–298, hier bes. 284.
455 [Liberatore Matteo]: L'alleanza italo prussiana, in: CC, ser. 8, 7 (1872) 257–271, hier 259.
456 [Steccanella, Valentino]: La riunione delle chiese. Proposta dal Döllinger, in: CC, ser. 8, 6 (1872) 565–596, 673–688; 7 (1872) 55–68.
457 Vgl. Neuner (wie Anm. 77), S. 165f.
458 La riunione (wie Anm. 455), Bd. 6, S. 580–582.
459 La riunione (wie Anm. 455), Bd. 7, S. 68.
460 Lo Zelo Cattolico 3 (1872) 7.
461 L'Esperance de Rome e la disperazione del Sig. Huber, in: VV, 6. Febr. 1872.
462 Aufschlußreich die Haltung Ricasolis zu den „liberalen Katholiken“ um die Florentiner Zeitung „Rinovamento Cattolico“, deren Zurückhaltung er nicht teilte. Vielmehr hielt er es für die Pflicht des gebildeten Klerus, sich Döllingers Erklärung anzuschließen und wie das *„gebildete und religiöse Deutschland“* im Namen der Religion und Wissenschaft gegen den Mißbrauch der päpstlichen Macht zu protestieren. Vgl. Ricasoli an Francesco Borgatti, 29. Juni 1871, in: Camerani (wie Anm. 324), S. 372f.; Belardinelli (wie Anm. 15), S. 115.
463 I vecchi cattolici I, II, III, in: VV, 5., 6. und 7. November; La scienza tedesca del deputato Virchow, in: VV, 30. Januar 1873; ferner VV, 12. Dezember 1872, 21. August 1873.
464 Appello del Comitato dei vecchi cattolici in Germania, in: Rif, 16. Januar 1872.
465 Pers, 26. Februar und 22. März 1872.
466 Sandonà, Augusto: Giovanni a Prato ed i „Vecchi Cattolici“, in: Trentino 6 (1930) 308f; hier zitiert nach Sala (wie Anm. 15), Bd. 1, S. 253.
467 Bonghi, Ruggero: Il congresso de' vecchi cattolici in Colonia, in: NA 21 (1872) 407–423; vgl. Ders.: Rassegna politica: ebd., S. 468.
468 Die „Voce della Verità“ hielt dies jedoch für unwahrscheinlich, da er gegen den Heiligen Geist gesündigt habe (VV, 23. Oktober 1873).
469 Lib, 26. November 1873.
470 I vecchi cattolici, in: Naz, 15. Juli 1873.
471 I vecchi cattolici in Italia, in: Op, 26. September 1874.
472 Vgl. Lib, 26. Januar, 9. März 1875.

473 I vecchi cattolici, in: Op, 27. Januar 1876.
474 Corrière del Mattino, 24. Dezember 1883.
475 Bonghi, Ruggero: La politica ecclesiastica della Prussia, in: NA 70 (1883) 122–154, hier 127.
476 Bereits am 22. Mai 1872 wandte sich das „Zentralkomitée der Altkatholiken von Rom" an die Altkatholiken in München mit dem Aufruf zur Zusammenarbeit. Vgl. Döll. II; Sala (wie Anm. 15), Bd. 2, S. 232f. Hinweise auf diese Gruppe finden sich in der „Civiltà Cattolica", im „Zelo Cattolico" und in der „Voce della Verità". [Oreglia, Giuseppe]: Cronaca contemporanea, in: CC, ser. 8, 4 (1872) 594f.; Reganeski, Antonio G.: Sul brigantaggio religioso in Roma, in: Lo Zelo Cattolico 2 (1871) 325f.; L'Esperance de Rome e la disperazione del Sig. Huber, in: VV, 6. Februar 1872. Als ihr eigentliches Haupt bezeichnet die Gruppe in ihrem Schreiben Hyacinthe Loyson. Dieser hatte bereits Anfang Juli 1871 eine Ergebenheitsadresse an Döllinger *(le point de départ e le centre du mouvement réformateur)* in der französischsprachigen römischen „Italie" veröffentlicht. Vgl. Plummer an Döllinger, Rom, 11. Juli 1871: Döll. II. Als weiteres Mitglied wird der Exjesuit Vincenzo Caprera genannt. Er hatte ab September 1871 in Palermo die nationalkatholische Zeitung „Patria e Vangelo" herausgegeben, in der er Döllinger und sein Lebenswerk vorstellte. Vgl. die Nummern 4ff. der Zeitschrift im Archiv der Altkatholiken in Bonn: Nachlaß Döllinger, Nr. 5.271,1; 5.277,12,13; 5.278,2.
477 Paolo Panzani (Fra Andrea d'Altagene, 1820–1884), aus Korsika, kam in jungen Jahren nach Rom, wurde Franziskaner. Anlaß seiner Verurteilung, gegen die der Generalobere der Kapuziner vergebens Einspruch erhob, war sein Buch „Über den Ursprung der Übel, die Religion und Gesellschaft zugrunderichten und ein leichtes Mittel zur Abhilf". Er kehrte 1870 nach Rom zurück. Fra Andrea war der Pate von Loysons Sohn Paolo. Angaben bei Robertson: Campello und die katholische Reform (wie Anm. 488), S. 79–83; J. Wd. [= Widmann]: Die gegenwärtige Ausbreitung der altkatholischen Bewegung. Eine Übersicht, Essen 1890, S. 33f.; einzelne Angaben in: Il Labaro [Neue Folge] 1 (1890) Nr. 3; 4 (1893) Nr. 9.
478 Vgl. Die Verhandlungen des zweiten Altkatholiken-Congresses zu Köln, Köln und Leipzig 1872, S. 112.
479 Reganeski: Sul brigantaggio (wie Anm. 476).
480 Chauncy Langdon besuchte Döllinger im Mai 1870 in München. Döllinger scheint ihn dabei überzeugt zu haben, daß in Italien nicht eine Abkehr von der katholischen Kirche, sondern deren Erneuerung nötig sei. Vgl. Belardinelli (wie Anm. 15), S. 97f.; Chauncy Langdon an Döllinger, 10. Oktober 1870 (wie Anm. 361).
481 Die Verhandlungen (wie 478), S. 112; Der dritte Altkatholiken-Congreß in Constanz im Jahre 1873, Konstanz 1873, S. 309; Der vierte Altkatholiken-Congreß in Freiburg im Breisgau im Jahre 1874, Bonn 1874, S. 192.
482 Carlo Gonzaga Guerrieri (1827–1913), Marchese, Abgeordneter der Rechten, Amtsträger in Mantua, Gegner einer übergroßen Gewalt des Papstes, 1883 Senator. Vgl. Malatesta, Alberto: Enciclopedia Biografica e Bibliografica Italiana. Ser. XLIII: Ministri, deputati, senatori dal 1848 al 1922, Bd. 2, Rom 1941, S. 67.
483 Anselmo Guerrieri Gonzaga (1819–1879), Marchese, Publizist, Abgeordneter und bedeutender Politiker der Rechten, für enge Verbindung Italiens zu Deutschland („Zollverein"): ebd., S. 66f.
484 Vgl. I vecchi cattolici, in: Op (wie Anm. 473).
485 Vgl. De Zerbi, Rocco: Il Conte di Cavour. Saggio politico di Enrico de Treitschke, tradotto dall'originale tedesco da A. Guerrieri Gonzaga, in: NA 24 (1873) 118–125.

486 Der vierte Altkatholiken-Congreß (wie Anm. 481), S. 67–70.
487 Guerrieri Gonzaga, Carlo: La chiesa cattolica in Prussia, in: Lib, 15. Mai 1875.
488 Enrico Conte di Campello (1831–1903), aus Spoleto, Priester 1858, 1867 Kanoniker bei St. Peter, 1881 Gründung der „Chiesa cattolica italiana reformata" (später „Nationalkirche Italiens") nach den Vorstellungen Giobertis und Rosminis, mit demokratischem Aufbau und jährlicher Synode, zum Bischof gewählt, aber nicht ordiniert, 1903 nach Widerruf gestorben. Vgl. Campello, Enrico: Cenni autobiografici che rendono ragione del'uscita di lui dalla chiesa papale, Rom 1881; Robertson, Alexander: Count Campello and Catholic reform in Italy, London 1891 (deutsche Fassung: Campello und die katholische Reform in Italien, Halle 1901); Meyrick, Frederick: Memories of Life at Oxford and Experiences in Italy, Greece, Turkey, Germany, Spain and elsewhere, London 1905, S. 301; Themelly, Mario: Campello, Enrico, in: DbdI, Bd. 17 (1974) 479–481 (Lit.).
489 Campello an Döllinger, Rom, 2. August und 9. Oktober 1874: Döll. II; Sala: Döllinger (wie Anm. 15), Bd. 2, S. 262–273.
490 Robertson: Campello und die katholische Reform (wie Anm. 488), S. 59.
491 Vgl. OR, 18. September 1881; Lib, 20. September 1881 (Erklärung Campellos).
492 Campello an Loyson, 12. Januar 1882; zitiert bei J. Wd. (wie Anm. 477), S. 32.
493 J. Wd. (wie Anm. 477), S. 32.
494 U. J. [= Ugo Janni]: La Riforma Cattolica Italiana, San Remo 1895, S. 25–29.
495 Sie erschien in Rom von 1882–1885 unter Leitung Campellos; dann von 1890 an in San Remo (Redaktion: Ugo Janni). Einzelne Jahrgänge im Archiv der Waldenseruniversität Rom.
496 Vgl. J. Wd. (wie Anm. 477), S. 34.
497 Die Rede ist vollständig gedruckt bei [Janni] (wie Anm. 494), S. 41–45. Dort auch Hinweise auf die Teilnahme bei den früheren Kongressen.
498 Der „Labaro" schrieb über Döllinger, *„che ha il primato nella teologia, e nella storia ecclesiastica, per consentimento universale dei dotti di ogni paese e d'ogni confessione"* (Fra Silvano: Il Cardinal Hohenlohe e la Setta, in: Il Labaro 2 [1883] Nr. 8, S. 5–7, hier 6).
499 Robertson: Campello und die katholische Reform (wie Anm. 488), S. 72f.
500 Curci soll Campello auf Savarese aufmerksam gemacht haben: ebd., S. 87f.; Savarese übersetzte liturgische Texte in die Volkssprache. Zu Giambattista Savarese vgl. Günther, Anton: Anti-Savarese, Wien 1883; Meyrick: Memories (wie Anm. 489), S. 300.
501 Cicchitti-Suriani, Filippo, geb. 1861 in Atessa (Abruzzen), 1884 erster altkatholisch geweihter italienischer Priester, veröffentlichte das Werk: La religione nella scienza e la tirannide della coscienza, Rom 1885. Er war Prof. der Philosophie am Lyzeum zu Aquila; trat später zur Waldenserkirche über. Vgl. Campello und die katholische Reform (wie Anm. 488), S. 88; Labaro 4 (1893) Nr. 9.
502 Cicchitti-Suriani, Filippo: Ignazio von Döllinger, in: Labaro (Neue Folge) 1 (1890) Nr. 3.
503 Der Wortlaut des Appells bei [Janni] (wie Anm. 494), S. 29–37; Übersetzung in: Robertson: Campello und die katholische Reform (wie Anm. 488), S. 98–101.
504 Vgl. Thornton, F. V.: Two Lectures on The Movement for Reform in the Italian Church, London 1891, S. 5f.; J. Wd. (wie Anm. 477), S. 35.
505 J. Wd. (wie Anm. 477), S. 33.

506 Es scheint, daß der vecchio cattolicesimo in Rom völlig von der „Anglo Continental Society“ abhängig war, als deren Sekretär Meyrick fungierte. Bereits seit 1861 unterstützte Meyrick nationalkatholische Bewegungen in Italien. Vgl. Meyrick: Memories (wie Anm. 489) S. 226, 300f.; sowie die aufschlußreiche Literatur in der Waldenseruniversität Rom: Good Tidings from Italy. Count Campello's Report of his recent Mission in Umbria, with an introduction by Lord Pluncket, Archbishop of Dublin, [London] 1887; Fourth Annual Report of the Italian Church Reform Association in Aid of Count Campello's Mission Work in Umbria, the Riviera and other parts of Italy, London 1891; Quarterly Report of the Italian Church Reform Association (London) 7 (1898) Nr. 30.

507 Küry, Urs: Die altkatholische Kirche. Ihre Geschichte, ihre Lehre, ihre Anliegen, Stuttgart [3]1982, S. 94.

508 Themelly (wie 488), S. 480; Della Torre (wie Anm. 405), S. 323–325.

509 Ugo Janni (1865–1938), Leiter der altkatholischen Gemeinden von San Remo, Ventimiglia und Umgebung, Herausgeber des „Labaro“, nach Campellos Tod waldensischer Pfarrer, religiöser Reformer, jedoch außerhalb der katholischen „modernistischen“ Reform. Vgl. Milaneschi, Cesare: Ugo Janni, pioniere dell'ecumenismo (1865–1938), Turin 1979.

510 Information from Italy, including means of prosecuting the work, the want of funds, the honour to Rev. Dr. Robertson, and the illness of Count Campello (mit einem Brief seines Sekretärs Fioretti), in: Quarterly Report (wie Anm. 506), S. 126–129. Meyrick nennt Campello einen unzuverlässigen Mann, dem Ruhe und Festigkeit fehlte. Er habe ihn deswegen aufgefordert, sein Amt niederzulegen, was dieser tat. Vgl. Meyrick: Memories (wie Anm. 489), S. 301.

511 Abschwörung am 8. Dezember 1902, in: CC, ser. 18, 9 (1903) 105f.

512 Janni, Ugo: Il cristanesimo e la cultura moderna, Mendrisio 1913.

513 Vgl. Dichiarazione all' Archivescovo di Monaco-Frisinga, tradotta da E. C., arricchiata da proemio note e appendice, Neapel 1871, hier der Anhang S. 44f. (Zustimmungsadresse Prota-Giurleos zu dem „weisen Kampf“ Döllingers).

514 Bis heute sind wir über diese Gruppen nur ungenügend unterrichtet. Sicher ist, daß sie die Unfehlbarkeit ablehnten. Vgl. Memorandum dei cattolici italiani membri della Società Nazionale Emancipatrice e di Mutuo Soccorso del sacerdozio italiano in Napoli, Neapel 1869. Vgl. Friedrich: Tagebuch (wie Anm. 94), S. 172. Angaben zu Prota-Giurleo bei Della Torre (wie Anm. 405), S. 183f., 226f., 227; J. Wd. (wie Anm. 477), S. 31; Candeloro, Giorgio: Il movimento cattolico in Italia, Roma 1974, S. 103–105, 107, 135. Mezza, Raffaele: Il Concilio Vaticano I nella stampa periodica napoletana (1869–70), Neapel 1982, S. 49–64. Zu den Initiativen Mancinis vgl. Mancini, Pasquale Stanislao: Discorsi parlamentari, Rom 1893–1897, Bd. 5, S. 53f.

515 Gründungstag ist der 2. Mai 1875. In dem veröffentlichten Dokument zur Wahl des ersten Bischofs wird dessen Name geheimgehalten, „Hilfsbischof“ wurde Stanislao Trabuco, Generalvikar Prota-Giurleo. Die abgegebenen Stimmen kamen nicht nur aus der Campania, der Basilicata, Kalabrien, Apulien und Sizilien (davon allein 175 aus Grotte bei Girgenti), sondern auch aus der Gegend von Mantua. Vgl. Prota-Giurleo, Luigi: La Chiesa cattolica nazionale italiana. Conferenze critico-storiche seguite dallo statuto dogmatico-organico-disciplinare della medesima Chiesa e da altri documenti ufficiali della sua fondazione, Neapel 1875, S. 212–216. Der Brief Luigi Prota-Giurleos, Napoli, 16. September 1875, in: Döll. II; Sala (wie Anm. 15), Bd. 2, S. 254f.

516 Della Torre (wie Anm. 405), S. 277.

517 Della Torre (wie Anm. 405), S. 181f., 189; Candeloro (wie Anm. 513), S. 103. – Die Gesellschaft gab die liberalkatholische Zeitschrift „Il Progresso per mezzo del Vangelo", ab 1865 den „Esaminatore" heraus. 1870 fragte Chauncy-Langdon bei Döllinger an (wie Anm. 361), ob Massari die Redaktion der Zeitung übernehmen könne. Vgl. Sala (wie Anm. 15), Bd. 1, S. 245–247; Bd. 2, S. 114–119.

518 Della Torre (wie Anm. 405), S. 226–229; Candeloro (wie Anm. 513), S. 135 (Literatur).

519 „*Paulus Orioli, Parrocus Electus*" an Döllinger, 2. April 1879, Döll. II; Sala (wie Anm. 15), Bd. 2, S. 301f.

520 I vecchi cattolici in Sicilia, in: Lib, 9. März 1875; Della Torre (wie Anm. 405), S. 226; Cichitti-Suriani, Arnaldo: Lo scisma di Grotte nel 1873 e l'origine del locale culto Valdese, in: Bollettino della società di Studi Valdesi, n. 111 (1962) S. 67–78; Valenti, Calogero: I vecchi cattolici in Sicilia (1870–1875), Palermo 1989.

521 Interrogazione del deputato La Porta in ordine ad alcuni fatti avvenuti in Grotta, provincia di Girgenti, in: Atti del parlamento italiano. Camera dei deputati, Sessione del 1874–1875. Discussioni, Bd. II [Roma 1875] S. 1933.

522 Bericht über den vierten internationalen Altkatholiken-Kongreß in Wien, 31. August bis 3. September 1897, zusammengestellt von E. H., Bern 1898, S. 62.

523 Paolo Miraglia Galotti wurde 1857 in Ucria bei Messina geboren. Über sein Schicksal nach seiner Bischofsweihe konnten keine Daten ausfindig gemacht werden. Vgl. Della Torre (wie Anm. 405), S. 325–328.

524 Cichitti-Suriani: Ignazio von Döllinger (wie Anm. 502).

525 Bonghi: Ignazio v. Döllinger (wie Anm. 2), passim, das Zitat S. 661f.

OWEN CHADWICK

Acton, Döllinger und die Geschichte*

Döllinger aus München und Acton aus Cambridge: Vater und Sohn, Lehrer und Schüler; Acton sei, wie ein katholischer Kritiker einmal sagte, nur ein schwacher Abglanz von Döllinger. Trotzdem bringt der katholische Zweig der deutschen Geschichtswissenschaft den liberalen Zweig der englischen Geschichtswissenschaft hervor – das ist ein wichtiges Stadium in der englischen Geschichtsschreibung, ein wichtiger Aspekt des geistigen Einflusses von Deutschland auf England. In der Geschichtswissenschaft galten neue Maßstäbe, Dokumente und Archive wurden auf einmal beachtet, der Polyhistor und der Spezialist wurden gleichermaßen gefordert.

So trug die liberalere, antipreußische Seite des süddeutschen Katholizismus dazu bei, in England nicht etwa katholische Geschichte oder Kirchengeschichte hervorzubringen, sondern sie schuf eine bedeutende Schule britischer Historiker, die sich besonders in Cambridge konzentrierten. Diese Schule hatte zwischen 1902 und 1939 ihre Blütezeit, und nicht nur Actons unmittelbare Schüler – R. V. Laurence, J. N. Figgis, G. P. Gooch, J. H. Clapham, G. M. Trevelyan, H. C. Gutteridge – gehörten ihr an. Sie zog weitere Kreise, so daß ein jüngerer Historiker wie Herbert Butterfield viel Zeit seines Lebens damit verbringen mußte, mit Acton, seiner Persönlichkeit, seiner Geschichtsauffassung und seinem moralischen Engagement zu ringen.

In diesem Beitrag möchte ich zeigen, daß die These von einem schwachen Einfluß der deutschen liberalen Geschichte auf die britische liberale Geschichte durch die außergewöhnliche und unverhoffte Vermittlung zweier katholischer Denker nicht ohne weiteres gerechtfertigt ist.

Wir müssen mit dem berühmten Zwist zwischen den beiden im Jahre 1879 beginnen. Dupanloup, der Bischof von Orléans, starb am 11. Oktober 1878. Dupanloup war in Actons Jugend einer seiner geistigen Führer gewesen. 1869–70, während des großen Katholikenstreits in Rom, kämpften sie als enge Verbündete gemeinsam dagegen, daß der Papst offiziell für unfehlbar erklärt werden sollte. Als das Vatikanische Konzil erklärte, der Papst sei unter bestimmten Bedingungen unfehlbar, fügte sich Dupanloup dem Dekret. Dadurch endete die Freundschaft zwischen Acton und Dupanloup.

Als Dupanloup starb, schrieb Döllingers zweite außergewöhnliche Schülerin, Charlotte von Leyden, die spätere Charlotte Lady Blennerhassett, für die englische Zeitschrift „The Nineteenth Century“ einen Nachruf. Charlotte Blennerhassett vermochte mit einer Mischung aus Kritikvermögen und gefühlvoller Anerkennung Nachrufe zu schreiben. Ihre Würdigung von Dupanloup[1] fiel positiv aus. Sie bat Döllinger, ein Vorwort für diese Würdigung zu schreiben. Er schickte ihr einen Brief, den sie zusammen mit ihrem Artikel abdruckte. Döllinger schrieb, daß der Artikel anregend und wichtig sei, daß er den Bischof seit fünfundzwanzig Jahren persönlich gekannt habe und für den Wahrheitsgehalt des Artikels einstehen könne. Das kam einer öffentlichen Sympathieerklärung Döllingers für Bischof Dupanloup gleich. Für jemanden mit freiem Kopf war das eine eindeutige Aussage.

Acton hatte keinen freien Kopf. Es dauerte etwa zwei Jahre, bis diese Äußerung in die Tiefen seines Bewußtseins vorgedrungen war. Jeder Bischof, der einmal gegen die Unfehlbarkeit gewesen war und sie später scheinbar leichthin akzeptierte, war für Acton ein Verräter, oder vielmehr ein Mensch, der vorgab, etwas zu glauben, was er nicht glaubte, und deshalb mit der Wahrheit spielte. In Actons Augen war jede solche Person – und einige von ihnen, Newman, Hefele, Theiner, waren bedeutende Männer – wenn schon kein Verräter, so doch wenigstens korrupt. Weil sie sich in der Öffentlichkeit zu etwas bekannten, woran sie nicht glaubten, verkörperten sie in seinen Augen die schlimmsten Momente der Geschichte des Katholizismus – sie waren Apologeten der Unwahrheit um der Institution willen. Das verband sie mit allen, die meinten, die Kirche habe so viel Gutes getan, daß man mit seiner eigenen Moralität einen Kompromiß schließen könnte, wenn man der Kirche Gutes täte, und das brachte sie in die Nähe der Inquisitoren. Durch komplizierte Gedankengänge gelangte er in seinem Innersten zu der Überzeugung, daß selbst sein Lehrer Döllinger Kompromisse machte und sich der Ansicht näherte, daß der Zweck die Mittel heilige. Bis 1879 war Döllinger eine Vaterfigur für Acton, sein geistiger Führer und auch seine Leitfigur in geschichtlichen Dingen. Die nächsten elf Jahre bis zu seinem Tod war Döllinger für Acton immer noch der teure Professor und galt ihm als Freund. Aber den Rang einer Vaterfigur und eines geistigen Führers hatte er verloren.

Es war eine höchst merkwürdige Situation. Als wir das erste Mal davon hörten, wurde sie uns nicht klar, und auch jetzt ist alles noch unklar, obwohl uns Victor Conzemius den gesamten Briefwechsel zugänglich gemacht hat – oder beinahe den gesamten Briefwechsel, denn die Korrespondenz ist an mehr als einer Stelle offensichtlich lückenhaft[2]. Es war wegen Actons eigener Position eine höchst merkwürdige Situation. Döllinger, ein katholischer Priester, war exkommuniziert worden, weil er sich geweigert hatte, die vatikanischen Dekrete zu akzeptieren. Acton, ein katholischer Laie, war nicht exkommuniziert worden. Erzbischof Manning von Westminster wollte, daß Rom Acton mit der

Exkommunizierung drohe. Actons eigener Bischof bedrängte ihn etwas verhaltener. In Briefen an „The Times“ hatte er seine Meinung über das zeitgenössische Rom sehr deutlich dargelegt. Aber nichtsdestoweniger war es eine höchst merkwürdige Situation. Acton schrieb Briefe an die beiden englischen Bischöfe, in denen er durch äußerst geschickte Wortwahl deren Forderungen auswich, da er einer Exkommunikation unter allen Umständen entgehen wollte. Uns liegen eindrucksvolle Äußerungen Actons aus den Jahren 1874–1876 vor, die zeigen, daß für ihn die Zugehörigkeit zur katholischen Kirche eine Angelegenheit auf Leben und Tod war. Das muß selbstverständlich nicht bedeuten, was man gemeinhin vielleicht darunter verstehen könnte. Döllinger, der Exkommunizierte, betrachtete sich weiterhin gelassen als Mitglied der katholischen Kirche. Die Exkommunizierung war unlauter, nach dem kanonischen Recht illegal und schloß ihn (seiner Meinung nach) gewiß nicht aus der Kirche aus.

Es ist durchaus sonderbar, daß ein nicht exkommunizierter Laie der Hierarchie wesentlich verbitterter gegenübersteht als der exkommunizierte Priester. Zum ersten Mal begann Acton, sich kritische Fragen über seinen Lehrer in der Geschichtswissenschaft zu stellen – Fragen nicht nur über seine Einstellung in persönlichen oder kirchlichen Fragen, sondern auch über seine historischen Ideale und seine historischen Methoden.

Döllinger war bei seinem Versuch, die Kluft zu überbrücken, nicht gerade taktvoll: Es ist nur eine Frage des Altersunterschieds, meinte er. Ich bin vierzig Jahre älter als Sie. Vor vierzig Jahren habe ich schärfer über den Charakter und die Handlungen von Menschen geurteilt. Sie werden mit den Jahren ihre Ansicht ändern. (Acton war bereits siebenundvierzig Jahre alt.) Außerdem, sagte Döllinger, stammen wir aus verschiedenen Gesellschaftsklassen. Sie wurden mit einem Silberlöffel im Mund geboren, Sie sind ein Weltbürger. Ich wurde in eine enge, ländliche Umgebung hineingeboren, die durch die Hierarchie noch enger wurde. Ich weiß mehr über Vorurteile als Sie, und deshalb bin ich eher dazu bereit, sie bei anderen Historikern zu entschuldigen. Acton war von diesem Satz so beeindruckt, daß er ihn auf eine Karteikarte seines Zettelkastens für die Döllinger-Biographie notierte, die er schreiben wollte, aber nie schrieb. Keiner von beiden gab nach. Döllinger an Acton, 7. Februar 1881: *„Ich halte noch fest an dem Gedanken, daß Sie mit der Zeit meiner Anschauungsweise immer näher kommen werden.“* Acton an Döllinger, 11. Februar 1881: *„ich glaube doch, Sie würden mir in etwas nachgeben.“*

Im Verlauf des Streits – der weiter und weiter geführt wurde – tat sich eine Kluft zwischen ihnen auf, die nicht mehr die ursprüngliche war. Die ursprüngliche Kluft war eine moralische: Als ich jung war, haben Sie mich gelehrt, daß der Katholizismus Wahrheit sei, und jetzt sehe ich, daß Sie Kompromisse über die

Wahrheit schließen. Mein Idol steht insofern auf wackligen Beinen. Die neue Kluft, die sich langsam auftat, war eine intellektuelle. Sobald wir merken, daß das Idol auf wackligen Beinen steht, und wir es kritischer betrachten, beginnen wir nicht nur zu fragen, ob die moralische Einstellung richtig ist, sondern ob die Wahrheiten, für die das Idol steht, auch wirklich Wahrheiten sind, und ob seine Methoden der Geschichtsforschung auch die besten sind.

Die grundsätzliche Differenz, die zwischen ihnen erwuchs, drehte sich im Grunde um Religion. Döllinger war aus seiner Kirche ausgeschlossen worden. Aber er blieb katholischer Priester: durch Gefühl, Neigung, Lehre und Loyalität. Er öffnete sich anderen traditionellen christlichen Konfessionen gegenüber – Lutheranern, Anglikanern, Orthodoxen und Altkatholiken, obwohl er nie sehr am Altkatholizismus beteiligt war und von dessen Führern für sein gleichgültiges Benehmen getadelt wurde. Er blieb katholischer Kirchenhistoriker mit einem wissenschaftlichen Eifer, der dem der führenden altkatholischen Akademiker ähnelte. Seine Hauptziele waren jetzt die Wiedervereinigung aller wahren katholischen Kirchen und die Erneuerung moralischer Werte innerhalb der Kirchen. Aber Acton, der nicht aus der Kirche ausgeschlossen worden war, bewegte sich weg vom Katholizismus – vielleicht nicht gefühlsmäßig, nicht, was die Haltung gegenüber Geschichte und Gesellschaft betraf, und im Laufe der Zeit vielleicht auch nicht in der Religionsausübung. Zu keinem Zeitpunkt seines Lebens hätte er geleugnet, Katholik zu sein, wenn man ihn gefragt hätte. Aber er begann, Theorien kundzutun, die weiter entfernt von der katholischen Tradition waren als die jedes anderen erklärten Katholiken des neunzehnten Jahrhunderts. Und genau das war es, was ihm zu dem Einfluß verhalf, den er dann auf die englische protestantische Historiographie ausübte.

Dank der neuen Briefe können wir diese Veränderungen nachzeichnen, wenn auch nur teilweise. Hier sind einige Beispiele für das, was Acton jetzt zu sagen hatte, und was er in seiner, wie man es jetzt nennen könnte, echten „katholischen" Phase nie gesagt hätte: *„Die meisten Menschen aber fällen harte Urtheile über theoretische Irrthümer. Wer das nicht thut . . . hat jedenfalls einen großen Vorsprung . . . Ich darf weiter sagen dass es so schon lange mein Hauptstreben ist die verschiedenen Systeme in ihrer Consequenz, ihrer Kraft, ihrem Zauber für gute Geister, zu erkennen; dass ich mit Freuden begreife wie man ein Legitimist, ein Sozialist, oder sonst Manches seyn kann was von meiner Richtung weit absteht, und Niemanden einen Vorwurf daraus mache."*

„Ich bin mir aber bewusst, . . . zuerst mehr durch einen banalen Enthusiasmus als durch Rücksichtslosigkeit gesündigt zu haben. . . . Ich war lang von ganz heterogenen Autoritäten geblendet . . . Ich suchte die begabtesten Männer

meiner Zeit auf, ... Montalembert, Newman ... Naives Vertrauen ... hielt mich befangen.“

„Fragen Sie mich wie ich meinerseits einen so tiefen prinzipiellen Gegensatz zwischen uns erkläre, so weiss ich eigentlich nichts zu sagen. ... Sie wollen Sich nichts zu Schulden kommen lassen, was wie eine Rache wäre gegen persönliche Gegner. ... Sie haben seit Jahren weniger Gelegenheit, in gemischter Gesellschaft, die Leute au naturel zu beobachten. Sie kommen fast nur mit guten Köpfen in Contact. ... Sie lebten unter Katholiken, ich unter Protestanten. Die Meinung von Rothe oder Baur interessirte mich mehr als die von 500 Bischöfen in einem Concil, vielleicht, weil ich weniger dogmatisches Interesse fühlte.“[3]

Welcher andere Katholik des neunzehnten Jahrhunderts hätte diesen letzten Satz äußern können? Fünfhundert Bischöfe in einem Konzil, die nichts mit der Wahrheit zu tun haben. Zumindest weniger mit der Wahrheit zu tun haben als Ferdinand Christian Baur, der die Kritiker des Neuen Testaments auf ihre radikale Reise schickte, und Rothe, für den Kirchen beinahe aufgehört hatten, wichtig zu sein, und für den politische Institutionen die Träger der Moral in Gegenwart und Zukunft waren.

Oder ein weiterer Brief an Döllinger, vom 15. Juni 1882: *„... Darum sind mir Männer wie Möhler, Lacordaire und Newman unendlich mehr zuwider als die Sancta Simplicitas jenes alten Weibs, oder die Künste der namenlosen Ablassprediger.“*[4]

Nicht der Aberglaube störte ihn. Auch nicht der Irrtum. Es war die Hierarchie, und darunter selbst die Liberalen, selbst Gallikaner wie Bossuet und Arnauld. Ihn störte das bewußte Streben nach Macht durch eine kirchliche Organisation.

Ein Brief am nächsten Tag drückt es noch stärker aus: *„Achtung vor der Hierarchie kann nicht ohne Mißachtung des Gesetzes Gottes bestehen.“* Weiter schrieb er, daß der Geistliche *„vom Besten in ihm herabgezogen wird. ... Zu seiner besten Zeit, wenn er gesäubert und geschmückt ist, dann läßt er den Teufel in seine Seele. Er bereut nie. Sein Gewissen ruht, und sein Gewissen ist, wozu er es gemacht hat ... Ich nehme die feinsten Exemplare. Ich befasse mich nicht mit gewöhnlichen, unbekannten, unfähigen Männern, Opfern einer schlechten Ausbildung, aus einem engen Kreis, aus einer rückständigen Zeit. Ich denke an Männer, mit denen ich mich in Bezug auf Wissen, Talent oder noch größere Gaben Gottes nicht zu vergleichen wagen würde.“*[5]

Am 16. Juni 1882 schrieb er: *„Ich sehe, ich bin alleine.“* Mit diesem Satz und diesem Datum läßt sich ein Zeitpunkt markieren, der wichtig für die englische Geschichte war: das Denken Actons, der sich, als Historiker, vom Denken seines ersten Lehrers und von einem Großteil der katholischen Tradition der

Geschichtswissenschaft befreit. Sein Geschichtsbild hatte er natürlich seit mehreren Jahren in erster Linie von nicht-katholischen Lehrern übernommen: Rothe vertrat eine ethische Geschichtsauffassung, Roscher aus Leipzig war zuständig für Sozial- und Wirtschaftsgeschichte, Ranke vertrat den neuen Typ des Historikers im Umgang mit Archiven und auf der Suche nach Objektivität. Aber bis jetzt hatte Acton noch nicht in vollem Umfang begriffen, wie sich dieses Studium auf sein Denken auswirken sollte[6]. In allen späteren Lebensstadien betrachtete er rückblickend Ranke und nicht Döllinger als seinen wichtigsten Geschichtslehrer.

Es ist interessant zu sehen, wie die neuen Materialien die alten Arbeiten Actons durcheinanderbrachten. Ulrich Noack schrieb zwischen 1927 und 1932 drei hervorragende Bücher über Actons Denken: „Geschichtswissenschaft und Freiheit" (Frankfurt 1935), „Katholizität und Geistesfreiheit" (Frankfurt 1936), das durch die Polizei unterdrückt wurde, und „Politik als Sicherung der Freiheit", das erst 1947 nur mit Erlaubnis der Alliierten veröffentlicht werden konnte. Diese Werke sind immer noch von Nutzen. Aber sie versuchen, wie alle anderen Arbeiten, ein einheitliches Bild von Actons Denken zu zeichnen. Mit dem Acton von 1863 – Liberaler und rastloser Kritiker, aber tiefsten Herzens Katholik, zuweilen halb-ultramontan gesinnt – soll das Denken des Acton von 1888, fünfundzwanzig Jahre später, beleuchtet werden – der immer noch bekundet, Katholik zu sein, jedoch Welten von jeglicher katholischer Orthodoxie entfernt ist. Bis zu Conzemius' Ausgabe hat niemand die Kluft zwischen den Sechzigern und Achtzigern in voller Gänze begriffen. Der frühere Acton wurde von Ranke beeinflußt, und von Rothe, ohne ein Konvertit zu sein. Dabei steht fest, daß der Acton der Sechziger niemals den Einfluß auf das englische Denken gehabt hätte, den der Acton der späten Achtziger und der Neunziger erlangt hatte.

Ein weiterer Schluß läßt sich ziehen. Je „protestantischer" der spätere Acton intellektuell gesehen wird, desto unwichtiger erscheint Döllinger für die englische Geschichte. Die Kluft zwischen Acton und Döllinger ist auch eine Kluft zwischen Döllinger und dem englischen Geschichtsbild.

Es gibt drei Richtungen, in denen seine Loslösung von der Tradition vor sich ging. Die erste war die Theologie. Acton las Strauss und hielt nicht viel von ihm. Baur aus Tübingen war weit wichtiger für Acton, obwohl er auch gerne Ernest Renan las. Er akzeptierte, daß Teile des Neuen Testaments Legende sein mochten; daß das *„apostolische Zeitalter"* (so schrieb er öffentlich mit dem Hinweis auf die die Apokryphen) *„reich an Poetik und theologischer Fiktion"* war. Er akzeptierte, daß Wunder *„zerbröckeln"*, wenn man sie zum Thema historischer Forschungen macht. Es machte für ihn keinen Unterschied. Seine Haltung gegenüber der Religion beruhte nun weit mehr auf ethischen als auf dogmatischen Überlegungen. Ein solcher Skeptizismus gegenüber historischen

Quellen stand Döllinger nicht zu Gebote, der sich immer noch als Priester der katholischen Kirche begriff.

Es gibt eine bekannte Erzählung von James Bryce über seine Verwunderung angesichts Actons Belesenheit. Zu viert saß man beim Abendessen: Creighton, dessen Spezialgebiet das Papsttum in der Renaissance war, Robertson Smith, dessen Spezialgebiet die semitische Religion war, Acton und Bryce. Als Creighton über Papst Leo X. sprach, war ihm Acton argumentativ überlegen – das überrascht nicht. Als Robertson Smith über alttestamentarische Geschichte sprach, war ihm Acton ebenfalls argumentativ überlegen. Diese Anekdote von Bryce wirkte früher immer unwahrscheinlich. Im Lichte dessen, was wir jetzt wissen, ist sie völlig glaubwürdig, obwohl Acton natürlich ein echter Kenner der Renaissance war und zur Forschung über das Alte Testament alles las, was ihm unterkam.

Das Hauptmerkmal dieser ethischen Schlußfolgerungen war die Haltung gegenüber dem guten Atheisten. Zuerst wurde das bei seiner Begeisterung für die positivistische Romanschriftstellerin George Eliot augenscheinlich. Döllinger war erstaunt und amüsiert darüber, daß Acton George Eliot auf Shakespeares Niveau ansiedelte. Ihm gefiel Actons Artikel über George Eliot nicht. Was Acton 1885 über sie schrieb, war zu diesem Zeitpunkt bereits beinahe ein Selbstporträt – man muß nur aus dem Femininum ein Maskulinum machen: *„Es war das Problem ihrer Zeit, die praktische Ethik des Unglaubens und des Glaubens miteinander zu vereinbaren, Tugend und Glück zu erhalten, wenn Dogmen und Autoritäten verfallen. Um dieses Problem zu lösen, stöberte sie im Reich des Wissens und häufte die große und ernste Gelehrsamkeit auf, die ihr ganzes Werk aufrechterhält und in Wirklichkeit noch weit über das hinausgeht, was an der Oberfläche erscheint . . . Das höchste Charakteristikum ihrer Literatur ist, daß ihr ureigenes Genie auf einer so breiten Grundlage der Gedanken anderer Menschen ruht.“*[7]

Sie predigte die Moral *„so eindrucksvoll, wahrhaft und erhaben wie nur die besten christlichen Autoren, und sie war fähig, all jene anzusprechen, die kein Christ erreichen konnte. Für mich ist dies eine der wunderbarsten Tatsachen, der wundervollsten Leistungen in der Geschichte des menschlichen Geistes. Der Atheismus wurde in dem Moment, als er eine ständige und überwiegende Kraft werden sollte, gerettet und erlöst . . .*

Die neue und höchst mächtige Moral ist auf manche Weise sogar der Moral der gegenwärtigen Religion vorzuziehen . . . Das System des Hl. Franziksus war erhabener und heroischer, aber es entpuppte sich als das wirksamste und kurzlebigste aller Verfahren.

Als Lehrer für das Leben wurde – grob gesprochen – der Atheismus, was die moralische Würde betrifft, dem Christentum ebenbürtig und gleichzeitig sein Rivale, was die geistige Kraft betraf.“

Hier ist eine von Actons Karteikarten über die Ethik der Politik und den Skeptizismus: *„Moral ist mit Katholizismus oder Protestantismus verknüpft. Durch diese Abhängigkeit wird sie sterben. Wenn Verfolgung etc. falsch ist, dann kann man den Religionen, die sie befehlen, nicht trauen. Das Gewissen muß sich andere Orte suchen.“*
Noch eine Karte: *„Politik ist nur Kompromiß. Besonders die Politik der Whigs. Ein Liberaler wird mit der Freiheit zufrieden sein, ein politisches Prinzip wird ihm, abgesehen von seinem Gebrauch, mehr bedeuten als eine Religion und eine Partei teurer sein als eine Kirche.“*
Außerdem: *„Man muß Prinzipien anwenden, die auch in der Politik anzusiedeln sind. Wenn man von irgendeinem Ziel geleitet wird, dann muß dieses Ziel das höchste sein.*
Die Menschen mögen dann sagen, das höchste Ziel sei die Religion. Deshalb sei die Verfolgung das richtige. Um dem zu entgehen, muß man ein noch höheres Ziel als die Religion haben.
Das heißt, die Politik ist entweder eine Angelegenheit der Moral, oder die Zwecke der Religion gehen über sie hinaus.
Wenn die Politik die Religion transzendiert, das heißt, wenn man zu den Liberalen gehört, dann, weil die ethischen Zwecke die obersten sind.“
Eine weitere Karte: *„Man muß die Häresie der Einheit vorziehen, wenn man die Freiheit vorzieht. Nur so darf es sein.“*[8]
In dem halben Selbstportrait fährt Acton fort, daß George Eliot eine Frau war, die den religiösen Glauben aufgab, während sie die höchsten Maßstäbe der Moral predigte und zunehmend großen Gefallen an den feierlichen Messen der katholischen Kirche fand. Sie berührte *„das zentrale Problem des Katholizismus“*, wie nämlich *„persönliche Tugendhaftigkeit und kollektives Laster aus derselben Wurzel entspringen können“* (S. 301). Im Lauf ihres Lebens war sie immer einsamer und parteiloser geworden. Für ein schwächeres Gemüt wäre das kaum erträglich und verhängnisvoll gewesen, ihr wurde dadurch aber das Privileg einer beinahe beispiellosen Unabhängigkeit und geistigen Integrität gewährt. Ihr Leben in der Abgeschlossenheit hatte große Folgen für die Literatur. Es entfremdete sie von der Gesellschaft im allgemeinen und von den religiösen Menschen (S. 294).
Hier spiegelt sich Actons Gefühl der Einsamkeit wider. Beinahe alle Katholiken mißtrauten ihm, weil er ein katholischer Rebell war, und einige Protestanten mißtrauten ihm, weil er überhaupt ein Katholik war. In der Zwischenzeit näherte er sich einer historischen Objektivität des Denkens in allen bedeutenden Fragen außer der moralischen Überzeugung und er fühlte, daß die Objektivität ein Grund für seine Abgeschiedenheit war, daß sie aber auch sein historisches Denken förderte. Ein gläubiger Mann machte, ohne sein religiöses Feingefühl

zu verlieren, die Erfahrung, daß eine positivistische Haltung gegenüber den historischen Quellen und den historischen Streitfragen unerläßlich für die Objektivität und die wahre Kreativität eines modernen Historikers war. Diese Verbindung von religiösem Gefühl, starker moralischer Überzeugung und einer positivistischen Haltung Fakten gegenüber wurde nicht als Mischung unvereinbarer Eigenschaften empfunden. Acton wußte, wo er stand. Aber er wußte auch, daß er einsam war.

Seine Einsamkeit wurde durch die Vorgänge in der deutschen historischen Schule noch verstärkt. Im Norden wurden einige führende Historiker vom Nationalismus ergriffen, und das gefiel Acton nicht. Er hielt dies für eine Korruption der wahren Geschichte: Treitschke, der extremste Nationalist, war *„niemals müde"*, wie Acton ihn charakterisierte, *„immer hitzig, immer sicher, überwältigend"*; Droysen, eingestandermaßen hervorragend, aber er trat für die Hohenzollern ein; von Sybel und sogar Mommsen. Das waren jetzt Actons natürliche Verbündete, die Erben Rankes. Aber er war isoliert von ihnen, teilweise durch seine englische und teilweise durch seine bayerische Hälfte. Die Norddeutschen betrachtete er als eine Phalanx oder Garnison, die Berlin wie eine Festung hielt. Er bewunderte alle Erben Rankes wegen ihrer Kraft und ihrer Genauigkeit, weil sie ständigen Fortschritt gewährleisteten und bereit waren, bei neuen Erkenntnissen ihre Meinung zu korrigieren. Was er nicht ertragen konnte, war ihre Gleichsetzung des Erfolgs mit der Vorsehung und ihre bis zur Arroganz reichende Selbstgefälligkeit (vgl. Actons Aufsatz „German Schools of History"[9]).

Vor den meisten verbarg er seine radikale Gesinnung. Döllinger gegenüber war er offen. Auch zu Gladstone oder zu R. W. Church sagte er Dinge, die sie von katholischer Seite wohl nicht erwartet hätten. Church war Schüler von Newman, wahrscheinlich sein fähigster. Er schrieb die Geschichte des „Oxford Movement", die posthum veröffentlicht und zu einem Klassiker der viktorianischen Geschichtsschreibung wurde. Die Rohfassung zeigte er Acton, was kein sehr guter Einfall war. Für Church war Newman ein Idol, für Acton war er so schlimm wie der Großinquisitor. Actons Meinung über Newman und seine Kollegen war folgende: *„Das Dogma ist den Leuten zu sehr das Ganze der Religion. Sie verstehen es nicht genug principiell moralisch zu urtheilen."*[10] Gladstone war der Ansicht, daß gute orthodoxe Christen der Gesellschaft am besten dienten. Acton schrieb ihm: *„Was wäre nur ohne die Independenten und die Sozinianer aus uns allen geworden?"* und meinte, daß dies auf Gladstone wie eine *„Kaltwasser Douche am ganzen Leib"* gewirkt habe[11].

Im März 1889 starb Actons Freund Edmond Scherer. Die Beziehung zwischen Acton und Scherer ist einiger Beachtung wert. Scherer war französischer Staatsbürger, da er in Lyon geboren wurde, aber sein Vater war Schweizer und

seine Mutter halb englischer und halb holländischer Abstammung. Während eines Studienaufenthalts in England im Hause eines evangelischen Geistlichen kam er als Jugendlicher zur Theologie. Er ging an die Universität von Straßburg. Er war strenger Calvinist und Fundamentalist, was Bibeltexte betraf. Als solcher wurde er Professor der Theologie an einem Schweizer Priesterseminar für dissentierende protestantische Geistliche. Bis 1848 blieb er militant orthodox. Aber 1848–49 behagte ihm seine Arbeit nicht mehr. Er begriff, daß er nicht mehr an die wörtliche Eingebung eines Bibeltextes glaubte, und Anfang 1850 wurde er exkommuniziert, was von der Schweizer Presse leidenschaftlich und polemisch begleitet wurde. Bis 1860 hielt er weiterhin Vorlesungen in Genf, wenn auch nur vor einer sehr ausgesuchten Zuhörerschaft.
Nun näherte er sich Renan und der radikalen Haltung gegenüber dem Neuen Testament. 1860 gab er offiziell die Theologie auf. Aus Anlaß dieser radikalen Veränderung verschenkte er all seine Theologiebücher, an Freunde oder an örtliche Bibliotheken. Er zog nach Paris, wo er als Literaturwissenschaftler zu Ruhm gelangte. Sainte-Beuve war sein Idol. Hier lernte er Acton kennen. Die Bekanntschaft reifte nur langsam. Er wohnte in Versailles und wurde durch die preußische Belagerung zur Politik gebracht. Nachdem er einige Zeit Mitglied der Nationalversammlung gewesen war, wurde er zum Senator gewählt. Er sprach kaum einmal öffentlich. Weit größeren Einfluß übte er durch seinen politischen Journalismus aus.
In der Zwischenzeit war er in allen Frankreich betreffenden Fragen Actons Berater geworden. Acton fing an, sich seine Bücher zu besorgen. Acton erwarb die acht Bände Literaturkritik, die hitzige Attacke auf die katholische Unfehlbarkeitsvorstellung in „Lettre à mon Curé", das Pamphlet über die Gefahren eines Zuviel an Demokratie für Frankreich in „La Démocratie et la France". Aber er las all das nicht sorgfältig. Zumindest machte er keine Randbemerkungen zu Passagen, die er für wichtig hielt. Acton hatte nämlich die Angewohnheit, in seinen Büchern Passagen, die ihn beeindruckten, anzustreichen. Er markierte eher Passagen, die seiner eigenen Überzeugung entsprachen, als solche, die besonders deutlich die Überlegungen des Autors repräsentierten.

Bald nach Scherers Tod brachte sein Freund und Schüler Octave Gréard seine Biographie heraus (Paris 1890). Acton besorgte sie sich und markierte ausgiebig Passagen aus den langen Zitaten Scherers, die Gréard abdruckte. Diese Anstreichungen zeigen, wie die Freundschaft mit Scherer zu der radikalen religiösen Einstellung paßte, die Acton jetzt vertrat.
Zum Beispiel: *„Die tiefgreifendste Revolution in unserem Leben ist, wenn uns das Absolute entflieht, und mit dem Absoluten verschwinden die festen Umrisse, das bevorzugte Heiligtum und die Orakel der Wahrheit. Es ist schwer, die innere*

Erschütterung zu beschreiben, wenn wir langsam erkennen, daß unsere Kirche und unser System nicht das Monopol für das Gute und Wahre haben . . ., wenn wir entdecken, daß kein Irrtum ohne die Wahrheit möglich ist und daß es keine Wahrheit gibt, die nicht voreingenommen, begrenzt, besudelt mit Irrtum ist; wenn uns das Relative vorkommt wie das irdische Absolute, und das Absolute als ein Ende, das man ewig anstrebt, das aber für immer unerreichbar ist . . . Mit der Autorität ist auch das Absolute verschwunden."

Oder: *„Im Grunde gibt es nur eine Häresie – das Leugnen der Sünde."*

Oder: *„Bibelkritik aufzugeben, heißt Ernsthaftigkeit und Vernunft aufzugeben."*

Oder: *„Er hielt den geschichtlichen Fortschritt für die größte intellektuelle Revolution unserer Zeit. Die Gelehrten scheinen mit trivialen Details der Vergangenheit zu spielen. Dann scheinen die Arbeiten einen Zusammenhang zu ergeben; dann kommt man zu allgemeinen Schlußfolgerungen – und die Geschichte wird verwandelt, und mit der Geschichte sogar die moralische Auffassung der Menschheit."*[12]

Es ist klar, daß zwischen Scherer und Acton eher eine intellektuelle als eine persönliche Bindung bestand. Und doch empfand Acton Scherers Tod als persönlichen Verlust. Er schrieb an Döllinger: *„Scherer's Tod war ein wahrer Verlust für mich. Wir sahen uns alle Jahre, und er war mir ein ausgezeichneter Wetzstein für Französische Dinge. Man wird bald gar nicht mehr wissen dass dieser Sanct Galler der gebildetste Franzose unserer Zeit gewesen ist. Seine Entwicklung, richtig auseinander gesetzt, wäre höchst lehrreich."*[13]

Zwischen den Denkern hatte ein enges Verhältnis bestanden. Der eine kam von der protestantischen Ultraorthodoxie her, der andere von der katholischen Orthodoxie. Beide hatten den Glauben an eine absolute Autorität verloren und beide sahen die Geschichte als unlösbar mit dem Gewissen der Menschheit verbunden an.

Das Wort ‚Orthodoxie' hatte für Acton jeglichen Wert verloren, den es vielleicht einmal besessen haben mochte. *„Durch gelegentlichen Konformismus"*, schrieb er 1866, *„nähert man sich am schnellsten der Orthodoxie."*[14] Um ein guter Katholik zu sein, sollte man also am besten zu relativ seltenen Gelegenheiten wie ein Katholik aussehen, indem man relativ selten die Messe besuchte. So ziemlich zur selben Zeit schrieb er seine Lehrsätze über die Geschichtsschreibung. Sie beinhalteten folgendes: *„Die Ethik der Geschichte darf nicht konfessionell gefärbt sein. Urteilt niemals nach den offiziellen Lehrsätzen eines Systems – sei es nun religiös, philosophisch oder politisch –, sondern nur danach, ob es die Empfindlichkeit, Lauterkeit und das Gewicht des eigenen Gewissens fördert oder hemmt."*

Das heißt: aus der Geschichte eine religiöse Haltung gewinnen. Weg von Ludwig von Pastor oder R. W. Church. Aus der Geschichte die philosophische Haltung gewinnen, von Hegel und all seinen Erben in den historischen Schulen seit Ferdinand Christian Baur und Karl Marx. Aus der Geschichte die politische Haltung gewinnen. Weg von den liberalen Parteipolitikern wie Macaulay oder George Otto Trevelyan oder von Nationalisten wie Treitschke oder Sybel. „*Wer mit nationalen oder confessionalen Rücksichten urtheilt wird an mir kein Vergnügen haben.*"[15]

Weg von all dem, aber wohin? Hat der Historiker einen Maßstab, um auch über das Gewissen zu urteilen?

Dazu ein weiterer Lehrsatz: „*Die Geschichte hat mit dem Leben zu tun, die Religion mit dem Tode. Vieles von ihrem Wirken und von ihrem Geist ist unsrer Erkenntnis unzugänglich.*"[16]

Acton bewegte sich auf einen intellektuellen Agnostizismus zu. Der Agnostizismus betraf nicht, oder kaum, die Religionsausübung. Er ermutigte seinen Sohn, zur Beichte zu gehen, obwohl das eine Praxis war, die Döllinger mindestens seit 1876 in Zweifel zog[17]. Acton liebte die „Imitatio Christi" als wahren Katholizismus, den er als normaleren Katholizismus bezeichnete. Aber im traditionellen Sinn des Glaubens, wie er auf dogmatische Sätze angewandt wird, wurde er zunehmend zum Agnostiker. Als er das höchste Buch der christlichen Lehre bestimmte, wählte er die „Fioretti". Und diese kleinen Blumen des Hl. Franz von Assisi transportieren keineswegs eine Doktrin, sondern reines und kindliches moralisches Mitgefühl[18]. Es ist außergewöhnlich schwierig, in den äußerst zahlreichen Briefen, die aus Actons späteren Jahren noch erhalten sind, Anhaltspunkte dafür zu finden, wie er seine Religion ausübte – außer gelegentlich zu feierlichen öffentlichen Anlässen. Die Briefe deuten nicht nur auf eine Loslösung von der Hierarchie, sondern auch vom Kirchgang. Die Briefe bezeugen das nur durch ihr Schweigen, aber es sind ausführliche Briefe.

In den Ansichten des protestantischen Radikalen Rothe aus Heidelberg fand Acton viel Stoff, der seine Gedanken widerspiegelte. Er bewunderte Rothe wie einen Lehrer. Das Dogma sei zum Großteil überflüssig. Doktrinen sollen nicht Gesetze sein. Die Aufgabe der Kirche ist es, ihren eigenen Niedergang zu bewerkstelligen. Predigten sind nicht gut, weil Worte nicht weit reichen können. In der Entwicklung der Menschheit hin zur Reife befinden wir uns an einem entscheidenden Punkt: dem Aufkommen eines unkirchlichen, weltlichen Christentums. Der fromme Christ ist nichts anderes als der wahrhaft gute Mensch. Der Träger der christlichen Geschichte ist in unserer Zeit nicht die Kirche, sondern die Kultur der Gesellschaft. Die Offenbarung Gottes ist kein Dogma, sondern Geschichte. Je länger die Kirche fortdauert, desto länger verliert sie sich in der Geschichte der menschlichen Kultur . . . Nicht, daß Acton all diese Aussagen Rothes ohne Vorbehalt hätte akzeptieren können. Aber er fühlte sich Rothe sehr nahe. Im Alter soll er auf die Frage, welches Buch er jemandem geben würde, den er zu einem guten Katholiken machen wolle, geantwortet haben: Rothes „Ethik"[18].

Ein nicht ganz verläßlicher Test, aber doch immerhin ein Test, läßt sich anhand von Actons Briefen zwischen 1879 und 1894 anstellen. Mit welchen seiner römisch-katholischen Freunde traf er sich, mit welchen seiner anglikanischen? Die römisch-katholischen sind nicht da. Er muß den Kaplan in Aldenham und den Pfarrer in Tegernsee getroffen haben. Über sie erfahren wir nichts. Aber er traf viele führende Anglikaner – Stubbs, Talbot, Liddon, Church, Erzbischof Trench, Harold Brown, Jowett, Mark Pattison, J. F. Bright, Arthur Lyttelton, Paget, E. C. Wickham, Bischof Creighton und Bischof Sandford aus Gibraltar, den anglikanischen Bischof auf dem Kontinent. In Montreux und in Menton aß er mit dem anglikanischen Pfarrer zu Mittag. Der britische Theologe, der ihn am meisten interessierte, war der anglikanische Kritiker von Newman, James Mozley[20]. Außerdem zeigte er, was auf den ersten Blick nicht stimmig ist, nach einiger Überlegung aber paßt, nicht das geringste Interesse für Döllingers Anstrengungen, die katholischen Antipapalisten – Orthodoxe, Altkatholiken, Anglikaner – zu einer Einheit zusammenzuführen; allenfalls gab er Gladstone Ratschläge bezüglich der Rolle, die die Anglikaner spielen könnten. Niemand schlug ihn als Berater bei der Auswahl von Bischöfen für die römisch-katholische Kirche in England vor. Aber unbekümmert und ohne zu zögern beriet er Gladstone bei seiner Wahl von Bischöfen für die Kirche von England und hatte offenbar keine Bedenken, daß er für diese Aufgabe nicht qualifiziert sein könnte. Seinen Kindern las er die anglikanische Überarbeitung der Bibel vor. 1880 besuchten seine Kinder die Passionsspiele in Oberammergau. Acton weigerte sich, sie zu begleiten; sein Motiv war in keinster Weise Kritik eines einfachen Katholizismus, sondern Ehrfurcht[21].

Am meisten näherte er sich dem Anglikanismus in der Sache *John Inglesant* (1882). In der Geschichte heißt es, Inglesant sei bereit, römisch-katholisch zu werden. Aber ein Jesuit sagt ihm, er könne ebenso sicher sein, wenn er (falls er römisch-katholisch glaube und römisch-katholisch werden wolle) weiterhin Anglikaner bleibe. Bei seinen Überlegungen zu dieser fiktiven Begebenheit gab Acton die Gründe an, warum er Anglikaner sein könne: Zum einen müsse er nicht den 39 Artikeln gehorchen, weil sie den Laienstand gar nicht und den Klerus kaum binden. Zum anderen versuche die Kirche von Rom, ihm Ansichten aufzuzwingen, die moralisch nicht ungefährlich für die Seele seien. Wenn er römisch-katholisch sei, könne er gottloser Ethik nicht entfliehen. Als Anglikaner riskiere er vielleicht Häresie, aber das sei ein geringeres Risiko.

1981 brachte Conzemius den vierten Band von Döllingers Briefwechsel heraus. Er enthält die Briefe an und von Charlotte Blennerhassett. Am 11. Mai 1886 schrieb Döllinger einen wichtigen Brief über Actons Geistesverfassung. Der entscheidende Absatz lautet wie folgt: *„Mir scheint es daß der damalige Standpunkt von Lord Acton mit seinem heutigen nicht ganz identisch ist. Damals war das Dogma noch nicht gleichgültig; im Vergleich zur Bedeutung des ethischen Problems, welches sich jetzt für ihn in die eine Frage concentrirt hat, neben welcher alles andere ganz untergeordnet erscheint. . . . Aber so klug ist kein Mensch, daß er klüger ist, als alle Andern zusammen genommen. Wer kein Verständnis mehr findet, der hat sich eben geirrt und Lord Acton muß selbst fühlen, daß die Spitze seines Argumentes nicht gegen den Katholizismus allein gerichtet ist, so wenig als, wie er ganz richtig bemerkt, die Verurtheilung des Ultramontanismus allein über die Schwierigkeit hinweghelfen kann, die ihm mehr und mehr als eine unüberwindliche erscheint.“*[22]

Man könnte erwarten, daß ein Mann in so einem Dilemma nicht ganz weiß, wo er steht. In den Jahren zwischen 1882 und 1890 änderte Acton die Grundlage für seine Einstellung zur Geschichte und zur Welt, beziehungsweise modifizierte sie entscheidend. Man könnte erwarten, daß die Situation jemanden aus dem Gleichgewicht bringen und Spuren hinterlassen könnte. 1888 schrieb er eine außergewöhnliche Rezension. Darin scheint er sich von der Geschichtswissenschaft zu entfernen, statt sich ihr weiter anzunähern. Es ist eine Kritik der „History of England from 1837 to 1880“ von dem Oxford-Gelehrten J. F. Bright. Selbst heute noch ist die Rezension beinahe unverständlich. Sie ist vollgepackt mit ungewöhnlichen Informationen, pedantischen Korrekturen von Einzelheiten, obskuren Sprichworten und faszinierenden Randbemerkungen. Dem ganzen Text fehlt die Struktur. Es gibt keinen Grund, weshalb ein Absatz vor einem anderen stehen sollte. Es ist der Text eines Pedanten, nicht der eines Historikers. Was geschah mit Acton? Einst hatte er einen klaren Kopf gehabt. Er sollte wieder einen klaren Kopf bekommen.

Die neuen Briefe erhellen diese unzusammenhängende Rezension auf ungewöhnliche Weise. Das Buch, so schrieb er Döllinger, ist wissenschaftlich nicht von Wichtigkeit. *„Allein dieser Bright, Master of University College, ist mein guter Freund, und kann meinem Sohn sehr nützlich seyn. Daher eine unverschämte, 10 Seiten lange Panegyrik.“* Acton hatte strenge Maßstäbe über politische Attentate, aber nicht immer über jedes andere Thema[23].

Am 10. Januar 1890 starb Döllinger im Alter von 90 Jahren. Lenbachs Porträt von Acton hing immer noch über seinem langen Schreibtisch, und in seinem Haus befanden sich neben seiner eigenen großen Sammlung noch 2000 Bände, die der Münchener Staatsbibliothek gehörten. Sein Tod war für Acton wie der Tod eines Vaters, dessen Beziehung zu seinem Sohn sehr bewegt gewesen war. Acton befand sich gerade in Rom. Allen seinen Kindern schrieb er darüber. Wir haben den Brief an Mamy, mit dem er am liebsten korrespondierte: *„Und so* *endete an meinem Geburtstag eine vierzigjährige, ununterbrochene Freundschaft. Es war mehr als das, denn von allen Priestern und Prälaten, die ich in vielen Ländern kennengelernt habe, war der Professor, der jetzt tot in den Räumen liegt, in denen ich erzogen wurde, derjenige, der die tiefste und ernsthafteste Ansicht über die Religion hatte. In vielen Dingen war er mit mir nicht einer Meinung, und manchmal war er ärgerlich über mich. Aber es war völlig anders, mit ihm über solche Dinge zu sprechen, als mit jedem anderen Menschen. Die Leere, die mich erfüllt, ist sehr groß, denn ich wußte immer, daß er mehr wußte als ich.*

Es wird viel Unsinn geschrieben werden, und ich fürchte, du wirst auch einigen Unsinn über ihn hören. In dem, was ich gerade erzählt habe, liegt die ganze Wahrheit. Glaube nur das.

Was mich jetzt traurig stimmt ist nicht sein Tod – in so hohem Alter und nach einem solchen Werk –, sondern das Gefühl, daß er mich und meine Methoden nie richtig verstanden hat, obwohl ich sicher bin, daß er mich einst lieber mochte als jeden anderen. Deshalb war er nicht immer ein guter Ratgeber, und manchmal hatte er das unangenehme Gefühl, daß eine Kluft zwischen uns war.

Ich erinnere mich an den Tag, an dem er mit den Gladstones und Nick von dem anderen See herüberkam. Er war übermüdet und schwach, und vielleicht dachte er, das Ende sei nahe. Er kam hinauf in mein Zimmer und sagte sehr ernst und freundlich, daß ich recht habe, daß es aber schwer sei, Gedankengängen zu folgen, die nicht die eigenen sind. Wenn ich den anderen Weg aus Genua genommen hätte, dann hätte er mir vielleicht den Trost gewährt, es auf seinem Sterbebett noch einmal zu wiederholen.“[24]

Etwas an diesem Brief stimmt den Leser nachdenklich, wenn man bedenkt, daß es ein Brief ist, der unmittelbar nach dem Tod eines Vaters geschrieben wurde. Es ist ein warmer, liebevoller Brief. Und doch ist er unter diesen Umständen auch außergewöhnlich distanziert. Er kritisiert die Position des Toten in ihrem Streit, ohne Bedauern für die eigene Rolle darin auszudrücken. Am 27. Januar verbesserte sich Acton in einem weiteren Brief an Mamy: „*Ich fühle mehr und mehr die Leere in meinem Leben. Er war ein enormer Rückhalt; wenn ich jetzt einmal etwas nicht verstehe, ist niemand da, zu dem ich gehen kann.*“

Er fing an, Materialien für Döllingers Biographie zu sammeln. Die Briefe zeigen, daß Döllingers Tod die alte Vertrautheit nicht wieder aufleben ließ. Acton war ein Kritiker seines früheren Mentors. Halb Zuneigung, halb Distanziertheit, das war die beste Voraussetzung für brillante Überlegungen zu Döllinger und, was wichtiger ist, zum Wesen der Geschichte, wofür er Döllinger als Aufhänger benutzte. Die Biographie ist natürlich nie erschienen, denn kein umfangreiches Werk, das Acton anpackte, ist je erschienen. Die Materialien liegen in faszinierender Fülle in Cambridge. Sie sind kohärent, erhellend, sie wiederholen sich, weil sie nie endgültig geordnet wurden, und manchmal sind sie profund.

So haben wir ein sehr merkwürdiges, zeitweise beinahe feindseliges Urteil über einen Mann vor uns liegen, der einmal sein Pflegevater gewesen war. Laut Acton war Döllinger ein intelligenter und scharfsinniger Mensch, der nicht einmal als zweitrangig galt, was Erzählung und Beschreibung betrifft. Es fiel ihm schwer, ein Urteil zurückzuhalten, und manchmal sprach er etwas aus, bevor er sich dessen ganz sicher sein konnte. Er bildete sich zu voreilig eine Meinung. Er konnte Wissen besser als Lernen vermitteln. Niemand lernte je von ihm das Handwerkszeug, mit dem Geschichte geschrieben wird. Seine umfassende Bildung war das Produkt jahrhundertelanger Gelehrsamkeit.

Er war ernst und leidenschaftslos. Er zog Bücher vor, die voller Sachwissen waren. Er zog Bücher vor, die keine wirklichen Probleme aufwarfen. Er war kein Erneuerer und machte wenig Gebrauch von den neuen Archiven. Jeder spürte, daß seine Kraft in keinem Verhältnis zu seinem Werk stand und daß er zuviel wußte, um zu schreiben. Es war weit lohnender, ihn zu hören, als seine ganzen Bücher zu lesen. Er hielt zu sehr an der traditionellen Sicht des Alten Testaments fest. Er wollte nicht einmal die Verse über die Ehebrecherin aufgeben[25]. Er konnte nicht in dem Glauben erschüttert werden, daß der Katholizismus die Religion der Geschichte sei[26]. Gespräche mit ihm waren viel mehr wert als all seine fünfundzwanzig Bücher. Seine Bücher bedeuteten ihm nicht viel. Er wuchs über sie alle hinaus[27].

All das läuft darauf hinaus, daß der produktive deutsche Einfluß auf die englische Geschichtsschreibung dem süddeutschen Katholizismus und der neuen katholischen historischen Schule wenig verdankte. Es war nicht Döllinger, sondern die Reaktion auf Döllinger, darin liegt der Schlüssel. Es war nicht die katholische Seite eines Polyhistors. Es war der Mann, der auf Ranke als sein historisches Idol zurückblickte und der eine Trennung zwischen dem Katholizismus, wie er sein sollte, und jeder Form des Katholizismus im Dogma oder in der Hierarchie vollzogen hatte. Tatsächlich rührt der Einfluß Actons auf die englische Geschichte eher von radikalen deutschen Protestanten als von den katholischen historischen Schulen her. Und diese Geistesfreiheit, zusammen mit der Reichweite seiner Fassungskraft, war das Geheimnis seiner Macht in England.

Und nur in England, denn die Deutschen nahmen nicht besonders Notiz von ihm, obwohl die Antrittsvorlesung und der Aufsatz über die deutsche Geschichtsschreibung übersetzt waren. Bei einem Besuch am Hof von Sandringham überraschte ihn ein deutscher Gast mit der Frage, ob er Rankes „Die römischen Päpste, ihre Kirche und ihr Staat im 16. und 17. Jahrhundert“ kenne[28].

Wir haben keinen Beweis dafür, aber es wäre psychologisch wahrscheinlich, daß Döllingers Tod und Actons nochmaliges Überdenken von Döllingers Ideen Actons Haltung gegenüber dem traditionellen Katholizismus gemildert hätten. Doch die wirkliche Veränderung kam fünf Jahre später, als Acton Lehrstuhlinhaber in Cambridge wurde und einem anderen Kardinal unterstand.

Der katholische Gemeindepfarrer in Cambridge war beunruhigt darüber, daß ein katholischer Häretiker eine Professur in Cambridge bekam. Wie er selbst eingestand, hatte er starke Vorurteile gegenüber Acton. Er wußte nicht, wie er sich einem Katholiken oder einem angeblichen Katholiken gegenüber verhalten sollte, der gerade unter höchster Beachtung durch die Öffentlichkeit zum Professor gewählt worden war.

Der Pfarrer konsultierte Kardinal Herbert Vaughan, den Erzbischof von Westminster. Vaughans Vorgänger Manning hatte seit dem Streit über Actons Briefe an „The Times" 1874 keinen Kontakt mehr zu Acton gehabt. Vaughan zeigte dem Pfarrer einen Briefwechsel mit Acton von Februar bis April 1895.

Vaughan an Acton (aus dem Collegio Inglese in Rom), 27. Februar 1895: Er schrieb ihm, um ihm zu seiner Ernennung zum Lehrstuhlinhaber zu gratulieren, und war wütend über einen Artikel in einer irischen katholischen Zeitung, der Acton angriff. *„Ich möchte Ihnen mit diesem Brief gratulieren . . . und Ihnen sagen, wie sehr ich mich freue . . . und wie zuversichtlich ich hinsichtlich Ihrer Güte und Treue gegenüber der Kirche bin.*

Ich kann mir vorstellen, was für schreckliche Prüfungen Sie in den vergangenen Jahren durchmachen mußten, aber ich kann Gott nur dafür danken, daß Sie sind, wofür ich Sie halte – treu und loyal gegenüber Gott und Seiner Kirche, obwohl Sie vielleicht wegen Ihrer reichen Bildung und Ihres reichen Wissens über den Menschen – in derselben Kirche – mehr als andere geprüft wurden."

Und Vaughan unterschrieb mit: *„Ihr treuer und ergebener Diener."*

Es ist offensichtlich, daß Acton dieser Brief sehr bewegte. Nach einem Vierteljahrhundert des Mißtrauens und der Kälte seitens der Hierarchie (er hat so gut wie alles getan, um sie auch zu verdienen) sah er, daß man ihm durch seine Wahl zum Professor in Cambridge nicht einfach nur vergeben hatte, sondern auch noch großzügig vergeben hatte. Offenbar wußte er anfangs nicht, wie er antworten sollte. Er tat dies erst sechs Wochen nach Ankunft des Briefes. Er lag zwar mit einer Lungenentzündung darnieder, war aber während dieser sechs Wochen fähig gewesen, andere Briefe zu schreiben.

Als er schließlich antwortete (20. April 1895), nahm er das Friedensangebot rückhaltlos an: *„. . . Ich habe von Eurer Eminenz den allerfreundlichsten und tröstenden Brief bekommen, den ich jemals das Glück hatte zu besitzen. Wenn ich mich nicht scheuen würde, vermessen zu sein, würde ich Ihnen antworten, daß Sie mich richtig und höchst gütig beurteilt haben, und ich bitte Sie, meinem* *ernsthaften Dank für all Ihre Worte zu glauben . . . Mein Amt in Cambridge ist höchst interessant und vielversprechend. Doch es besteht die Gefahr, daß es beinahe mehr ein Podium vor dem ganzen Land ist als ein Katheder mit ernsthaften Studenten darunter.*"

Und Acton unterzeichnete mit: *„der treuste und ergebenste Diener Eurer Eminenz.*"[29]

Acton war also bei seiner Kirche sozusagen in den Zustand der Gnade geraten, ohne daß er widerrufen oder sich zu irgend etwas bekennen mußte, zu dem er nicht stand. Er mußte auch keine Erklärung über die Art und Weise abgeben, wie er die vatikanischen Dekrete akzeptierte oder sich mit ihnen abfand. Mit seiner Antwort kann er nur deshalb gezögert haben, weil er sich überlegt haben muß, ob er durch die Annahme des Friedensangebots zwingend dem Kardinal den Eindruck vermittelte, er sei ein konventionellerer Katholik, als er es wirklich war, und ob er ihm das redlicherweise gestehen müsse. Vaughan hatte bekundet, er halte Acton für treu und loyal gegenüber Gott und seiner Kirche. Genau das glaubte Acton auch von sich. Nach reiflicher Überlegung kam er zu dem Schluß, daß er nicht verpflichtet sei, Vaughan in allen Details zu erklären, daß sie wahrscheinlich unterschiedliche Ansichten darüber hatten, wie die Treue eines treuen Katholiken auszusehen habe. Vaughan hatte nämlich keine Anstalten gemacht, sich zu erkundigen. Als der Gemeindepfarrer aus Cambridge Vaughan mit der Frage aufsuchte, wie er mit dieser bedrohlichen und häretischen Person umgehen solle, zeigte ihm Vaughan Actons Brief. Er sagte ihm, er solle Acton wie einen Gläubigen behandeln. Daher bot der Gemeindepfarrer Acton an, bei der Prozession den Baldachin über der Hostie zu tragen. Acton akzeptierte – und kam in akademischer Tracht[30]. Daraufhin lud Vaughan Acton ein, der Grundsteinlegung der Westminster Cathedral beizuwohnen und bei dem anschließenden Mittagessen zu sprechen. Acton nahm auch diese Einladung an. Es war ihm ebenso wichtig, als Katholik angesehen zu werden, wie keinen Widerruf leisten zu müssen. Es war der gelehrte Jesuitenpater Herbert Thurston, der elf Jahre später darauf hinwies, daß Acton in keiner Beziehung einen Widerruf geleistet habe[31]. Und doch sagte Acton dem Gemeindepfarrer, wie dieser bezeugte, er könne nun auf seine Prüfungen zurückblicken wie *„auf einen schrecklichen Alptraum, aus dem aufzuwachen äußerst herrlich und friedvoll war*".

Wenn wir sagen, daß Kardinal Vaughan großzügig und einem Kardinal gemäß gehandelt hat, dürfen wir die Tatsache nicht übersehen, daß er nicht gerade erst Kardinal geworden war. Er war nämlich bereits seit vier Jahren Erzbischof und seit drei Jahren Kardinal. Auf den ersten Blick mag er sich vorwerfen lassen müssen, daß er sich nicht um Acton gekümmert habe, bis er sich im Frühjahr 1895 plötzlich einer Persönlichkeit von nationalem Rang gegenübersah. Aber das wäre Vaughan gegenüber wahrscheinlich ungerecht. Acton wohnte nicht in seiner Diözese. Als Acton Professor wurde, verlegte er seinen Wohnsitz in Vaughans Diözese und gab ihm so erstmals die Chance zur Versöhnung.

Der Antrittsvorlesung, die Acton am 11. Juni 1895 in Cambridge hielt, wurde oft Unverständlichkeit vorgeworfen. Im Lichte all dessen ist sie weit klarer. Sie stellt eine stimmige Zusammenfassung von Actons historischem Ideal dar.

Die mittelalterliche Geschichte ist uninteressant, weil man damals den Blick zurückgerichtet und mit Fälschungen und Lügen die Quellen nutzlos gemacht hat. Erst die neuere Geschichte – je neuer, desto besser – hilft uns, bis wir zur zeitgenössischen Geschichte kommen, wo wir nicht an die Quellen gelangen. In der neueren Geschichte müssen wir bedeutende Persönlichkeiten, so wir sie finden können, vorrangig betrachten. Aber die Archive sind geöffnet worden, und die Statur der Menschen verkleinert sich, wenn alle Wahrheit über sie bekannt wird. Deshalb sind bedeutende Persönlichkeiten weniger zahlreich und schwerer zu finden. Napoleon und Fénelon, aus deren Augen, wie er in einer merkwürdigen rhetorischen Figur sagte, *„das Genie in Strömen rinnt"*, läßt er gelten. Aber wir nutzen sie nicht, um Biographien über sie zu schreiben – mehr als einmal kritisierte Acton Döllinger, weil er der Biographie zu viel Aufmerksamkeit widmete. Unser Ziel ist das Wachstum der Gesellschaft, ihrer Struktur und ihres Sozialsystems. In dieser Arbeit sind es die Ideen, die unsere größte Aufmerksamkeit erfordern. Das zwingt uns, internationale Geschichte zu betreiben, denn Ideen kennen keine Grenzen. Wir müssen die Kirchengeschichte vorrangig betrachten, weil ihre Stoffe ernster sind und weil das erste Anliegen der Menschen die Religion ist. Wenn wir aber von dem Vorrang der Kirchengeschichte sprechen, so sehen wir, daß in der modernen Welt die ethischen Ideale der Humanität von den Kirchen und Konfessionen losgelöst sind und von weltlichen politischen Parteien übernommen wurden.

Acton spricht von der Übermacht der Politik über die Theologie. Seine Schlüsselfiguren im Reich der Ideen heißen Socinus, Roger Williams und William Penn, als Apostel der Toleranz – Denker also, die so weit wie nur möglich von der katholischen Orthodoxie entfernt waren – ein Antitrinitarier, ein Baptist und ein Quäker. Dann ging Acton über zu Auguste Comte[32]. Und so spüren wir dem Wachstum der Freiheit auf der Erde nach, die das wahre Ergebnis der Geschichte ist und die Weisheit der göttlichen Herrschaft bei der Verbesserung der Welt. *„Die Geschichte ist die wahre Demonstration von Religion."* Er führt (S. 19) eine Anekdote über Ranke an: Ein redefreudiger Theologe, der die Geschichte der Reformation schrieb, begrüßte Ranke als Kollegen. Ranke wies ihn ab mit den Worten: *„Sie sind in erster Linie Christ. Ich bin in erster Linie Historiker. Zwischen uns besteht eine Kluft."* Die Geschichtsschreibung kann also in allem außer ihren ethischen Maßstäben völlig unvoreingenommen, völlig unkonfessionell, völlig unparteiisch, völlig unphilosophisch sein – das führte soweit, daß Luthers Werk Katholiken und Protestanten gleichermaßen zufriedenstellen konnte, ohne daß der Leser die religiöse Zugehörigkeit des Autors feststellen konnte. In ethischen Fragen kann der Historiker keine Kompromisse schließen, weil der Mensch in ethischen Fragen keine Kompromisse schließen kann. *„Die neuere Geschichte ist eine ebenso lebenswichtige Angelegenheit, daß wir unseren eigenen Weg hindurch finden müssen." „Wenn wir unsere Anforderungen in der Geschichte senken, können wir sie in Kirche und Staat nicht aufrechterhalten."*

So endete die Antrittsvorlesung. In ihrem Verlauf hatte er zwei kleine Portraits gezeichnet: von der guten und freien Gesellschaft, zu der die neuere Geschichte hinführt, und vom Wesen des guten Bürgers in dieser Gesellschaft. Es ist eine Gesellschaft, die sich lange und mühselig einen Erfahrungsschatz angeeignet hat, dessen sie sich bewußt ist. Durch diese Erfahrungen hat sie viel Wissen erworben und ist zu bestimmten erprobten Überzeugungen gelangt. Innerhalb der Gesellschaft stehen allgemeine Moral, Erziehung, Courage und Selbstbeherrschung auf ansehnlichem Niveau. Die Verfassung sollte von einer repräsentativen Regierung erstellt sein, die Sklaverei verbieten und die öffentliche Meinung herrschen lassen – aber so, daß der Schutz der Minderheiten immer gewährleistet ist, denn darin liegt die Essenz des freien Staates, und dieser Schutz schließt natürlich die Gewissensfreiheit ein. Wie sieht die Idealvorstellung des Einzelmenschen innerhalb dieser, nicht allzu unmöglichen Gesellschaft aus? Er liebt die Freiheit. Er liebt die menschlichen Tugenden. Er steht auf der Seite der Armen gegen die Unterdrückung. Er ist nicht durch seine Umgebung gebunden, sondern erhebt sich über sie, über die Zwänge seiner Zeit, seiner Rasse oder seiner Verhältnisse. Sein Gewissen ist fest. Wie korrigiert er dieses Gewissen oder diese Überzeugungen? Acton gab eine Antwort, die in Anbetracht seiner Vergangenheit auf den ersten Blick überrascht, die jetzt aber für ihn die einzig mögliche Antwort ist: durch das innere Licht. Keine äußere Autorität, in Kirche oder Staat, kann ihn lenken. Und die Geschichte ist mit seinem Charakter verstrickt. Denn die Geschichte kann nichts als ethisch sein, *„unsere historischen Urteile haben so viel mit den Hoffnungen auf den Himmel zu tun wie unser öffentliches oder privates Betragen"* (S. 8).

Obwohl Acton nie etwas veröffentlicht hat, das irgendeine Ansicht über ein historisches Ereignis geändert hätte, muß man hier die außergewöhnliche Wirkung Actons auf das englische Geschichtsverständnis anerkennen. In einer manchmal merkwürdigen, manchmal schwülstigen, aber immer sehr anziehenden Sprache sagte er den Engländern, daß sie ohne Geschichte keine Individuen sein könnten und daß sie, politisch und konstitutionell, ohne festes historisches Bewußtsein als Teil ihrer ethischen Grundsätze keine gesunde Gesellschaft sein

könnten. Er erzählte ihnen von der Funktion der Geschichte und der Berufung des Historikers als Notwendigkeit für soziales Wohlergehen.
Die Ursprünge dieser Geisteshaltung können wir in beiden Seiten seiner Vergangenheit aufspüren – der katholischen und der beinahe protestantisch-moralistischen. Im katholischen Teil seines Lebens war die Geschichte der Schlüssel zur Wahrheit gewesen, wobei er die Meinung von fünfhundert Bischöfen, die ihm gar nicht wichtig waren, mit Füßen trat. In seinem Leben als Moralist, wir können beinahe sagen, im antikatholischen, ganz sicher aber im antipapalistischen Teil seines Lebens, hatte er sich auf die norddeutsche historische Schule zubewegt, der tatsächlich die führenden Geschichtswissenschaftler im Europa dieser Zeit angehörten: sie verbanden die Berufung des Historikers mit dem deutschen Nationalgefühl. Gewiß machten die Umstände der deutschen Wiedervereinigung die europäische Geschichte zum Schlüssel für das Selbstverständnis des deutschen Volkes. Acton haßte historischen Nationalismus. Aber seit er sich dieser großen historischen Bewegung angenähert hatte, bezog er deren Verständnis von Berufung auf seine katholische Vergangenheit, in der die Geschichte bereits eine Frage der Treue gegenüber dem Gewissen war und in der er sich gegen die Leute gewandt hatte, die versuchten, Kompromisse über die Wahrheit zu schließen.
Vielleicht darf ich ein persönliches Zeugnis abgeben. Als junger Student fing ich, fünfunddreißig Jahre nach Actons Tod, mein Geschichtsstudium an einer englischen Universität an. Damals war es unmöglich, die Vergangenheit zu studieren, ohne den Eindruck zu haben, daß dies für die Gegenwart von essentieller Wichtigkeit sei. Der Name, der besonders mit diesem Bewußtsein der sozialen Relevanz verbunden wurde, war Acton[33]. Und irgendwann um 1900 war es in das englische akademische Denken eingedrungen, daß niemand richtig als Historiker ausgebildet werden konnte, wenn er nicht mindestens ein Jahr an einer deutschen Universität studiert hatte. Sie fragen, ob sich diese Einschätzung nach 1933 verflüchtigt hat? Ich weiß noch, wie mir mein Tutor ein oder zwei Vorworte von deutschen Büchern mit zweifelhaftem Unterton gezeigt hat, und wie der Tutor den Niedergang der deutschen Universitäten in einem Zeitalter des Ultranationalismus beklagte. Aber im Rückblick finde ich es jetzt verwunderlich, wie dieser Grundsatz über die Ausbildung eines englischen Historikers bestehen bleiben konnte. Im Juni 1939 teilte mir mein Institut mit, daß ich ein Jahr an einer deutschen Universität verbringen müsse, und gewährte mir zu diesem Zweck ein großzügiges Stipendium. Im Oktober 1939 schrieb ich zurück, daß sein Plan nicht leicht durchzuführen sei, und fragte an, ob sie ihr Geld wiederhaben wollten.
Natürlich behaupte ich nicht, daß Acton allein verantwortlich für diesen Grundsatz des englischen Geschichtsstudiums war. Er war nur ein kleiner Teil

einer sehr viel weiter verbreiteten Stimmung, die mit Projekten wie den *Monumenta* zu tun hatte, mit der Entwicklung der mittelalterlichen Geschichte nach Stubbs und mit den diplomatischen Nachkriegshistorikern. Aber ich kann persönlich bezeugen, daß auf meiner Universität in den 1930er Jahren Actons Gedächtnis immer noch in diesem Sinne wirkte. Niemand konnte ein wahrer Historiker sein, wenn er oder sie nur englisch und nichts weiter war. Man mußte zumindest auch Europäer sein.

* Die Herausgeber danken dem Deutschen Historischen Institut in London für die freundliche Erlaubnis zum Abdruck dieses Vortrags.

Anmerkungen

Zitate aus dem Sammelband „Historical Essays and Studies" sowie im Original englische Briefstellen wurden sämtlich neu übersetzt. Vollständige bestehende Übersetzungen von Actons hier erwähnten Werken sind George Eliot: Eine biographische Skizze von Lord Acton, Berlin 1886; Die Neuere Deutsche Geschichtswissenschaft. Eine Skizze von Lord Acton, Berlin 1887; Über das Studium der Geschichte. Eröffnungsvorlesung gehalten zu Cambridge am 11. Juni 1895 von Lord Acton, Berlin 1897 (A. d. Ü.).

1 The Nineteenth Century, Februar 1879.
2 Vgl. Ignaz von Döllinger. Briefwechsel 1820–1890, hrsg. v. Victor Conzemius, Bd. 3: Ignaz von Döllinger – Lord Acton. Briefwechsel 1850–1890, München 1971, S. 212–213.
3 Döllinger. Briefwechsel (wie Anm. 2), S. 260–262.
4 Döllinger. Briefwechsel (wie Anm. 2), S. 282.
5 Döllinger. Briefwechsel (wie Anm. 2), S. 285.
6 H. Butterfield: Man on his Past. The Study of the History of Historical Scholarship, Cambridge 1955, S. 86–87, weist darauf hin, daß Actons Bemerkungen über Ranke bis in die 1870er Jahre „abfällig" sind.
7 Lord Acton: Historical Essays and Studies, hrsg. v. J. N. Figgis und R. V. Laurence, London 1907, S. 283. Vgl. Döllinger. Briefwechsel (wie Anm. 2), S. 342, und Lord Acton: Selections from the Correspondence of the First Lord Acton, hrsg. v. J. N. Figgis und R. V. Laurence, London 1917, S. 291–292.
8 Universitätsbibliothek Cambridge, Add. MSS, 4916; 4908/7; 4908/48.
9 Lord Acton: German Schools of History, in: English Historical Review (Januar 1886), wiederabgedruckt in: Historical Essays and Studies, S. 344–392, bes. S. 378 ff.
10 Döllinger. Briefwechsel (wie Anm. 2), S. 398. Aus einem Brief Actons (Correspondence, S. 201) können wir schließen, was Acton zu Church, abgesehen von geringfügigen sachlichen Korrekturen, über die Rohfassung gesagt hatte. Er wollte Newman mehr kritisiert sehen. Er fragte sich, ob Newmans Gegner in Oxford so Unrecht damit hatten, ihm Unehrlichkeit vorzuwerfen. Er tadelte Churchs

ablehnenden Gebrauch des Wortes „*Liberalismus*". Er kritisierte das Buch als voreingenommen und einseitig und äußerte sich dazu, daß unbedeutende Unbekannte – Bowden, Marriott, R. H. Froude – in den Vordergrund gerückt wurden.

11 Döllinger. Briefwechsel (wie Anm. 2), S. 398–399.

12 Vgl. O. Gréard: Edmond Scherer, Paris 1890, bes. S. 115 ff., 127, 169, und Actons Anstreichungen im Exemplar der Acton Library, Universitätsbibliothek Cambridge, Acton d. 26.2061.

13 Döllinger. Briefwechsel (wie Anm. 2), S. 402; vgl. auch S. 321.

14 Acton: Historical Essays and Studies, S. 489.

15 Acton an Döllinger: Döllinger. Briefwechsel (wie Anm. 2), S. 304, und Acton: Historical Essays and Studies, S. 505.

16 Die deutsche Übersetzung der Lehrsätze zur Geschichtsschreibung ist entnommen aus Lord Acton: Revolution oder Freiheit, übers. von G. Coudenhove-Kalergi, Wien 1952, S. 14–17.

17 L. v. Kobell: Ignaz von Döllinger. Erinnerungen, München 1891, S. 62–63 (Acton hielt dieses Buch für ungenau); vgl. auch H. P. Liddons unveröffentlichtes Tagebuch (Liddon House, London), Eintrag vom 9. September 1876 (Liddon ging mit Döllinger in München spazieren): „*Döllinger bedauerte die Einführung der regelmäßigen Beichte in der Kirche von England ... Das häufige Beichten von läßlichen Sünden, so meinte er, habe viel Unfug angerichtet.*" 1874–1875 war Dr. Green in Aldenham Actons Beichtvater, der sich in dieser Rolle angesichts Actons öffentlicher Angriffe auf das Papsttum zu dieser Zeit unwohl fühlte, sich aber seelsorgerlich und ehrenvoll verhielt. Wie es nach Dr. Green weiterging, ist nicht klar. Wenn es Acton gelang, während der 80er Jahre regelmäßig zur Beichte zu gehen, dann muß er einen Beichtvater gefunden haben, der ihm keine Fragen über das Wesen seines Glaubens oder sein Verhältnis zur Hierarchie stellte. Wenn er einen so wohlwollenden oder weisen Beichtvater gefunden hat, so überrascht es, daß wir heute nicht wissen, wer es war.
Gladstone schrieb Acton dazu einen wichtigen Brief. Gladstone besuchte im Januar 1880 Köln, um sich um die Beerdigung seiner Schwester Helen zu kümmern. Am 26. Januar schrieb er Acton, daß und aus welchem Grund sie, die zum römisch-katholischen Glauben übergetreten war, anglikanisch beerdigt werden wollte. Am 6. März beschriftete Gladstone einen Brief mit „streng vertraulich". Unter den Papieren Helens hatte er einen Brief von Helen an Acton gefunden, der wahrscheinlich aus dem Jahr 1874 stammte. Sie bat ihn, Döllinger (den exkommunizierten Döllinger!) zu fragen, ob sie zur Beichte gehen könne. Sie lehnte die vatikanischen Dekrete ab. Konnte sie zur Beichte gehen, ohne diese Tatsache zu erwähnen?

18 Acton: Historical Essays and Studies, S. 304.

19 Herbert Paul: Einführung zu Lord Acton. Letters to Mary Gladstone, 2. Aufl., London 1913, S. xvi.

20 Acton: Letters to Mary Gladstone (wie Anm. 19), S. 126.

21 Acton: Letters to Mary Gladstone (wie Anm. 19), S. 26 und 95.

22 Ignaz von Döllinger. Briefwechsel, hrsg. v. Victor Conzemius, Bd. 4: Ignaz von Döllinger – Charlotte Lady Bleenerhassett. Briefwechsel 1865–1886, München 1981, S. 686–687.

23 Döllinger. Briefwechsel (wie Anm. 2), S. 398. U. Noack: Geschichtswissenschaft und Freiheit, Frankfurt/M. 1935, S. 158, macht dem Acton dieser Periode einen weiteren Vorwurf. Creighton gab zu dieser Zeit die „English Historical Review" heraus und

bat Acton, sein Buch dort zu rezensieren. Acton schrieb eine so vernichtende Kritik, daß es absurd gewesen wäre, wenn der Herausgeber einen solchen Angriff auf sich selbst abgedruckt hätte. Warum, so fragt Noack, hat er Ceighton das Buch nicht zurückgegeben, ihm mitgeteilt, daß er mit seinen Vorstellungen nicht übereinstimme, und vorgeschlagen, daß jemand anders das Buch rezensieren sollte?

24 11. Januar 1890. Univeritätsbibliothek Cambridge, Acton Papers, Box 22.

25 Add. MSS, 4912/63.

26 Add. MSS, 4910/98.

27 Add. MSS, 4909/115.

28 Acton an Mamy, 26. November 1899, Add. MSS, Box 10.

29 Westminster Archives, V.1/13/8. Ich schulde der Archivarin Miss Poyser meinen Dank für ihre Hilfe. Vgl. J. G. Snead-Cox: Life of Cardinal Vaughan, Bd. 2, London 1910, S. 298–299.

30 C. Scott an Acton, 18. Oktober 1895, Add. MSS 8119/1/555. Vgl. Tablet 108 (1906) 656.

31 Tablet 108 (1906) 615, 656.

32 Aber er war fest davon überzeugt, daß die Ethik bei Comtes Positivismus nicht in sicheren Händen sei; vgl. Acton: Correspondence (wie Anm. 7), S. 211.

33 Butterfield: Man on his Past (wie Anm. 6), S. 22, meint, daß Acton für britische Historiker nach dem Zweiten Weltkrieg von besonderem Interesse gewesen sei. Erinnerungen sind individuell und nicht verläßlich. Meine Erinnerung sagt mir, daß der Name Acton 1937 weit magnetischer war als 1950.

Aus dem Englischen übersetzt von Elke Link.

2. Fälschungen

CHRISTIAN OEYEN

Döllinger und die pseudo-kyrillischen Fälschungen

1. Döllingers Forschungen über den Pseudo-Kyrill

Am Ende des Frühjahrs 1864 zog sich Döllinger vorübergehend aus der öffentlichen Diskussion zurück, um sich neuen Studien zu widmen. Anlaß dieser Haltung waren der Tadel der Münchener Gelehrtenversammlung durch den Papst[1], die Angriffe der Civiltà Cattolica und anderer Blätter[2], sowie der Rat einiger Freunde[3]. Schon nach den Odeonsvorträgen von 1861 stark angegriffen wegen seiner – doch sehr nuanciert vorgetragenen – Stellungnahme zur Frage des Kirchenstaates[4], war er jetzt vor allem wegen seiner Äußerungen über das Fehlen einer wirklich wissenschaftlichen Theologie in den romanischen Ländern und seiner These, die Theologie müsse wie jede Wissenschaft die Freiheit haben, auch gelegentlich irren zu dürfen, in ein noch viel stärkeres Kreuzfeuer der Kritik geraten. In dieser selbst auferlegten Pause beschäftigte er sich im Zusammenhang mit seinem Plan einer Papstgeschichte und aufgrund der 1863 erschienenen kritischen Ausgabe von Hinschius mit den pseudo-isidorischen Dekretalien. Die erneute und vertiefte Beschäftigung mit den in dieser Sammlung enthaltenen Fälschungen führte ihn aber zu einer völlig neuen Sicht der Dinge: der Pseudo-Isidor war nicht etwa nur ein Symptom für die Denkweise seiner Zeit, wie die apologetisch gefärbte Geschichtsschreibung von Walter, Phillips, Bachmann, aber auch Schulte es behauptete; vielmehr hatte diese Fälschung die weitestgehenden Konsequenzen gehabt und zu einer vollständigen Umwandlung der kirchlichen Verfassung und Verwaltung geführt[5]. Diese neue Erkenntnis kann als ein entscheidender Einschnitt in Döllingers theologisch-kirchengeschichtlichen Studien angesehen werden.

Vor allem erkannte er den enormen Einfluß des Pseudo-Isidors auf Gratian und auf die Kirchenrechtler der sog. „Gregorianischen Reform" und damit auf das westlich-katholische Kirchenrecht überhaupt[6]. Die mittelalterliche Papstgeschichte erschien ihm in einem völlig neuen Licht. Ein Brief an Anna Gramich vom 18. September 1864 zeigt noch Spuren der inneren Bewegtheit, die diese Entdeckungen begleitete: *„Im Übrigen ist es mir fort und fort gut gegangen und bin ich fleißig gewesen, und habe Viel zugelernt. (Da fällt mir ein, daß Marie Langlois, wenn sie als Mädchen bei mir war, und dann von ihrer Mutter gefragt wurde: was ich mache, zu antworten pflegte: er lernt.) Ja wohl muß ich noch immer gar Vieles lernen, und nicht ohne einige Demüthigung erfahren, daß meine Schlüsse und Urtheile in geschichtlichen Dingen nur gar zu oft aus unzureichender Prämisse gezogen waren und daher unstichhaltig sich erwiesen"*[7]. Als er vom Verleger Manz auf eine Neuauflage und Vollendung seiner Kirchengeschichte angesprochen wurde, äußerte Döllinger zu Friedrich: *„Das ist keine Aufgabe mehr für mich; von meiner früheren Kirchengeschichte könnte keine Zeile mehr stehen bleiben"*[8]. Es paßt nicht zur nüchternen Art Döllingers, dieses als einen *„Zustand der Ekstase"* zu beschreiben, wie J. Speigl[9] es tut. Daß Döllinger sich durch diese Entdeckung *„in das wahre Geheimnis der mittelalterlichen Geschichte eingeweiht fühlte"*[10], mag eher zutreffen. Es war ihm jedenfalls ein neuer Schlüssel zum Verständnis des Ganzen. Darum sollte seine Papstgeschichte nun Exkurse *„über die fast ununterbrochen fortlaufenden Fictionen und Fälschungen"* erhalten[11].
Es ging nun darum, über Gratian und die gregorianischen Kanonisten hinaus die Spur der erdichteten und gefälschten Quellen weiter zu verfolgen. Diese führten konsequent zur Annahme einer absoluten Lehrgewalt des Papstes. Gegen Ende des Jahres 1864 scheint Döllinger den Plan gehegt zu haben, eine Schrift über die Entwicklung dieser Auffassung zur Unfehlbarkeitslehre hin zu schreiben[12]. In diesem Zusammenhang bat er seinen Schüler und Mitarbeiter J. Friedrich, eine Aufstellung der Lehre der mittelalterlichen Theologen über ein Lehramt des Papstes zu besorgen. *„Das Ergebnis war ein negatives bis auf Thomas von Aquin, bei dem eine neue Wendung in der Doktrin beginnt"*[13]. Thomas von Aquin war es also, der die Papstlehren von dem Gebiet der Kanonistik auf das der Dogmatik hinübergeführt hatte[14]. Es war andererseits allgemein bekannt, daß Thomas in seinem Traktat gegen die Griechen gefälschte Väterzitate benutzt hatte. Hing diese *„Wendung in der Doktrin"* vielleicht mit diesen gefälschten Stellen zusammen? Und wo kamen diese her? Thomas hatte seinen Traktat 1263 auf Bitten des Papstes Urban IV. hin verfaßt, und zwar als Kommentar zu einer Schrift gegen die Griechen, aus der die angeblichen Väterzitate stammten. Auf der Suche nach dieser Quelle fand Döllinger im Werk von Quétif-Echard über die Schriftsteller des Dominikanerordens[15] den Hinweis

auf einen Traktat des Bonacursius, genannt von Bologna. Dieser hatte in der zweiten Hälfte des 13. Jahrhunderts im Orient gewirkt; seine Schrift wurde von seinem Ordensbruder Andreas Doto um 1320 wiedergefunden und unter dem Titel *„Theasaurus veritatis fidei"* herausgegeben. Diese war allerdings, wie es sich später herausstellte, nicht die Quelle des Thomas; dieser und Bonacursius hatten vielmehr beide eine dritte Schrift benutzt.

Zunächst war aber die Pseudo-Kyrill-Hypothese geboren: Thomas von Aquin hatte zur Festigung seiner Papstlehre vor allem die gefälschten Zitate aus Kyrill von Alexandrien und anderen Vätern benutzt, die aus der ihm vom Papst vorgelegten Schrift stammten. Zu dieser Erkenntnis kam Döllinger wohl in der Zeit zwischen 1866 und 1868. Denn am 23. Juli 1866 schrieb er noch an Reusch, die Unfehlbarkeit des Papstes sei eine Erfindung des 15. und 16. Jahrhunderts. Er scheint sich also zu diesem Zeitpunkt noch nicht intensiv mit Thomas von Aquin beschäftigt zu haben[16]. Am 21. Dezember 1868 schrieb er aber an Acton von *„fast ununterbrochen fortlaufenden"* Fälschungen, was anzudeuten scheint, daß er jetzt auch das 13. Jahrhundert mitzählte[17].

Im Janus kam es jedenfalls 1869 zu der ersten Erwähnung des Pseudo-Kyrills. Für diese zuerst als anonyme Artikelserie erschienene Schrift wurden in großem Umfang die schon erwähnten Exkurse des geplanten Werkes *„Cathedra romana"* verwendet; Döllinger hat sich später zur Autorschaft des Janus voll bekannt[18]. Über den vermutlichen Verfasser der Fälschungen äußerte er sich hier vorsichtig: *„Ein lateinischer Theologe, wahrscheinlich ein Dominikaner, der sich unter den Griechen aufgehalten hatte, stellte eine erdichtete Traditionskette von griechischen Concilien und Kirchenvätern, des Chrysostomus, der beiden Cyrille, von Jerusalem und Alexandrien, und eines angeblichen Maximus zusammen, in welchen jene neuen päpstlichen Ansprüche ihre dogmatische Basis erhalten sollten ... Urban, offenbar selbst getäuscht, stellte die Schrift dem Thomas von Aquin zu ... Gleichzeitig übersetzte ein im griechischen Reich befindlicher Dominikaner Buonaccursio in seinem Thesaurus die bezüglichen Stellen ins Griechische"*[19].

Wichtig waren seine Äußerungen über die Bedeutung der Fälschung: *„Thomas, der griechischen Sprache unkundig, im gregorianischen System erzogen, seine Kenntnis des kirchlichen Alterthums einzig aus Gratian schöpfend, sah sich auf einmal im Besitze dieses Schatzes der gewichtigsten Zeugnisse aus den ersten Jahrhunderten, welche es ihm unzweifelhaft erscheinen ließen, daß die großen Concilien und die angesehendsten Bischöfe und Theologen des vierten und fünften Jahrhunderts im Papste bereits den dogmatisch unfehlbaren und die ganze Kirche mit absoluter Gewalt beherrschenden Monarchen verehrt hatten. Er that nun, was die Scholastiker bisher nicht gethan hatten, er führte die Lehre vom Papst und seine Unfehlbarkeit, wie er sie, zum Theil mit denselben Worten,* *aus den fingirten Beweisstücken ableitete in die Dogmatik ein – ein Schritt, dessen Wichtigkeit und vollständiger Erfolg kaum überschätzt werden kann*"[20]. Den Inhalt der gefälschten Stellen faßte er so zusammen: *„Christus hat dem Petrus die eigene Gewaltfülle, die er besessen, bestätigt, und so ist es der Papst allein, welcher zu gebieten, zu lösen und zu binden hat. Ihm gehorcht Jedermann, so als ob er Christus selber wäre; was er entscheidet, muß beobachtet werden. Denn ‚Christus ist mit jedem Papst vollständig und vollkommen im Sakrament und der Autorität‘* [Anm. v. Janus: *„Soll wohl heißen: auf eine mysteriöse, nur durch den Glauben zu erfassende Weise. Es scheint eine auf Inspiration beruhende Unfehlbarkeit gemeint zu sein"*]. *„Der apostolische Stuhl regiert, allein unerschütterlich im Glauben Petri stehend, während andere Kirchen durch Irrthum beschimpft sind. So ist die römische Kirche die Sonne, von welcher alle andern Kirchen ihr Licht empfangen. Ein Concilium hat seine Autorität nur vom Papste; die Aufstellung eines neuen Glaubensbekenntnisses ist sein Recht, und wer seine Autorität sich nicht unterwirft, ist Häretiker; denn dem Papste allein steht es zu, über jede Frage der Lehre zu entscheiden"*[21].

In den *„Erwägungen für die Bischöfe des Conciliums über die Frage der päpstlichen Unfehlbarkeit"*, die Döllinger anonym im Oktober 1869 veröffentlichte, kam er noch einmal auf die Frage zurück: *„Die Lehre von der päpstlichen Untrüglichkeit ist ferner erst in einer sehr späten Zeit in der abendländischen Kirche, und nur in Folge einer Reihe von Fälschungen und Fictionen, hervorgetreten. Sie ist erst gegen Ende des 13. Jahrhunderts durch den heiligen Thomas von Aquin, der durch eine neue Erdichtung getäuscht wurde, in die Theologie der Schule eingeführt worden, und bis tief in das 17. Jahrhundert hinein haben sich die Theologen, um ihr den Anschein des hohen kirchlichen Alters zu verleihen, theils der pseudisidorischen theils anderer Fälschungen bedient, wie schon an Bellarmin zu ersehen ist"*[22].

Bald sollte Döllinger aber auch unter seinem eigenen Namen auf Thomas und Pseudo-Kyrill hinweisen. In seinem Artikel *„Einige Worte über die Unfehlbarkeitsadresse"* vom 19. Januar 1870 schrieb er im Zusammenhang mit den Verhandlungen des Concils von Florenz: *„Hatte doch der lateinische Erzbischof Andreas, einer der Redner, sich schon in der siebenten Sitzung auf die berüchtigten Cyrillus-Zeugnisse berufen, die, seitdem Thomas von Aquin und Papst Urban IV. zuerst dadurch hintergangen worden waren, im Occident eine gewaltige und nachhaltige Wirkung hervorgebracht hatten, jetzt aber von den Griechen zurückgewiesen wurden"*[23].

Weiter führte er in seinem Brief vom 28. März 1871 an Erzbischof Scherr, in dem er die Unterwerfung unter die neuen Dogmen feierlich verweigerte, seinen Hinweis auf die Fälschungen als einen Beweis an, daß die auf dem Concil zitierten Vätertexte nicht gebührend geprüft, die Einwände nicht berücksichtigt worden waren: „*Eine beträchtliche Anzahl italienischer Bischöfe verlangte in einer nun gedruckten Eingabe, daß die päpstliche Unfehlbarkeit zum Glaubenssatz erhoben werde, weil zwei Männer, welche beide Italiener und der Stolz der Nation seien, Thomas von Aquin und Alfons von Liguori, diese zwei hellstrahlenden Lichter der Kirche so gelehrt hätten*" [Anm. Döllingers: „*S. die Sammlung officieller Actenstücke zum ökum. Concil, II, 153*"]. „*Nun war bekannt und von mir sowohl als von Gratry*[24] *bereits erinnert worden, daß Thomas durch eine lange Reihe erdichteter Zeugnisse betrogen worden sei, wie er sich denn in der That für seine Lehre*[25] *durchweg nur durch solche Fälschungen und nie auf echte Stellen der Väter oder Concilien beruft. Und was Liguori betrifft, so reichte ein Blick in seine Schrift hin, um einem kundigen Theologen zu zeigen, daß er es noch schlimmer als Thomas mit gefälschten Stellen getrieben habe. Meine Hinweisung auf den Betrug, welchem Thomas unterlegen war, hatte in Rom großes Aufsehen erregt; der Verfasser einer in Rom damals entworfenen und gegen mich gerichteten Schrift*" [Anm. Döllingers: „*De Romani Pontificis suprema potestate docendi disputatio theologica, Neapoli 1870, p. 50: En tota clamorum, quos circumcirca audimus, causa*"] „*sagt: rings um ihn herum habe sich ein Geschrei darüber erhoben. Es wäre also unumgänglich nothwendig gewesen die Sache doch zu prüfen . . . So waren denn alle Bemühungen, Vorstellungen und Bitten vergeblich; nichts wurde bewilligt, und doch hatte man das Vorbild des sonst so oft angeführten Concils von Florenz vor Augen, wo die Behauptung der Griechen, daß man ihnen gefälschte Texte der Väter vorlege, zu Monate langen, mit größter Sorgfalt angestellten Untersuchungen und Discussionen geführt hatte. Es ist Eurer Excellenz gewiß bekannt, daß man von jeher von einem wahren ökumenischen Concil, wenn es dogmatische Beschlüsse erlassen sollte, die genaueste und reifste Prüfung der Tradition als Bedingung des Geltens gefordert hat. Wie contrastirt auch das Verfahren zu Trient in diesem Punkte mit dem, was 1870 in Rom geschah! Freilich hätte die Schrift des Erzbischof Cardoni, welche in der Vorbereitungs-Commission schon angenommen war und nun auch den versammelten Bischöfen als Beweisführung gelten sollte, nicht eine Stunde lang die Prüfung ausgehalten*"[26]. Döllinger bat sich außerdem an, zu beweisen, daß die Bischöfe der romanischen Länder, die in Rom die Mehrheit bildeten, nebst ihrem Klerus schon durch die Seminarlehrbücher irregeführt worden waren, „*da die in diesen Büchern angeführten Beweisstellen großentheils falsch, erdichtet oder entstellt sind*". Er wollte das an Liguori, Perrone, dann an den Schriften der Concilstheologen Cardoni, Ghilardi und Schwetz zeigen[27].

In der hauptsächlich von Döllinger verfaßten Münchener Pfingsterklärung 1871 hieß es dann: „*Es ist bekannt – und wenn die deutschen Bischöfe es nicht wissen, so sollten sie es doch wissen –, daß dieselben Lehren ihren Ursprung der Fälschung, ihre Verbreitung dem Zwange verdanken*"[28].

Die Argumente Döllingers waren Anlaß zu einer Reihe von Erwiderungen: von den italienischen Dominikanern A. Reali und R. Bianchi[29], von J. Hergenröther und J. M. Raich. Hergenröther argumentierte gegen Döllinger, Thomas würde sich auch auf die Bibelstellen über den Primat des Petrus, auf innere theologische Gründe und Schlußfolgerungen, sowie auf echte Stellen Leos des Großen, Innozenz I. und des Konzils von Chalkedon stützen[30]. In Thomas' Hauptwerk, der Summa, sei der Hauptbeweis ex ratione theologica geführt, nicht aus Vätern und Konzilen. Gerade dieser Hauptbeweis des hl. Thomas sei noch nicht widerlegt worden. Außerdem sei diese Lehre schon vor ihm in der Theologie verbreitet gewesen[31]. Raich kam zu dem Ergebnis, *„daß die Theologie, wenn man die Schrift gegen die Irrlehren der Griechen sich aus der Welt hinaus denkt, in Betreff des Primates sich nicht anders gestaltet hätte"*. Denn Thomas hätte schon lange vorher so gelehrt und geschrieben: *„Er konnte also durch die griechischen Zeugnisse nicht ‚betrogen' werden, mochten sie echt oder gefälscht sein. Er hat in ihnen nur seine eigene Lehre bestätigt gefunden"*[32].

Diese Art der Argumentation ist charakteristisch für eine ganze Richtung der Geschichtsinterpretation: die Fälschungen werden zwar als solche anerkannt, aber zugleich verharmlost als bloße Episoden, die keinen entscheidenden Einfluß auf die geschichtliche Entwicklung gehabt hätten. Diese wird wiederum ganz als eine Entwicklung der spekulativen Argumente, der *„inneren Gründe und Schlußfolgerungen"* aufgefaßt. Für Döllinger war es allerdings nicht entscheidend, ob Thomas seine Lehre über den Papst erst aufgrund der gefälschten Zitate entwarf, oder ob er darin nur die Bestätigung seiner schon vorhandenen Ansichten sah. In der Tat war Thomas schon vor der Benutzung des Traktates gegen die Griechen von Gratian und den ihm nachfolgenden Kanonisten beeinflußt. Döllinger ging es aber in erster Linie darum, daß diese Lehren nun als die *Lehre der Väter der West- und vor allem auch der Ostkirche erschienen.* Zu Hergenröther schrieb er im Februar 1871: zu sagen, Thomas hätte sich aber auch auf die heilige Schrift berufen, *„heißt doch an einen Strohhalm sich anklammern. Freilich hat jeder ohne Ausnahme, der für die römischen Ansprüche geschrieben, sich jener nach Belieben ins Unendliche dehnbaren Stellen bedient. Aber der katholische Theologe ist ja grundsätzlich in der Schrifterklärung auf die Tradition hingewiesen, an dem Konsensus der Väter gebunden, und wenn er . . . mit den Bibelstellen zugleich die erdichteten Väterstellen und Konzilienaussprüche zum Beweise für seine Theorie anführt, so versteht es sich doch von selbst, daß es eben diese Fiktionen sind, welche ihn in der den Bibelstellen unterlegten Deutung geleitet haben. Um so mehr, als die Deutung, welche die Neueren diesen Stellen gegeben haben, der ganzen älteren, in den echten Väterschriften vorkommenden Auslegung geradezu entgegengesetzt ist"*[33]. Als angebliche einmütige Lehre der Väter beanspruchten diese Auffassungen eine ganz andere dogmatische Dignität, als wenn sie als allgemeine Lehre der Kanonisten oder als die theologische Meinung des Thomas gegolten hätten, und dieses war das Entscheidende[34].

Viel bedeutender als die apologetischen Beiträge von Raich und Hergenröther war für die Forschung die Entdeckung des Thomas-Forschers P. Uccelli, der 1870 in der vatikanischen Bibliothek eine Handschrift als die eigentliche Quelle des Thomas erkannte. Er berichtete darüber[35], veröffentlichte aber den Text dieser Schrift oder Libellus nicht, sondern ließ ihn nur einigen Separatabdrücken beifügen, die er an einzelne Personen (wie z. B. an Hergenröther) sandte[36]. Ansonsten stritt Uccelli gegen Döllinger mit Echtheitsbeweisen *„wenigstens ad sensum“* für die Vorlage des Thomas. Bald darauf beschäftigte sich noch eine Dissertation von F. X. Leitner u. a. mit dem neu entdeckten Libellus[37]. Die Bedeutung dieser Veröffentlichungen wurde aber zunächst von Döllinger nicht erkannt, was mit daran lag, daß Uccelli den Text der Handschrift in seinem Beitrag nicht veröffentlicht hatte.

Nach den Auseinandersetzungen um das Vatikanum I arbeitete Döllinger zunächst daran, den wissenschaftlichen Beweis für die im Janus und in seinen Konzils-Erklärungen aufgestellten Thesen zu liefern, – so z. B. dafür, daß in der ersten Hälfte des 19. Jahrhunderts die Katechismen und die in den Seminaren und theologischen Lehranstalten benutzten Textbücher geändert worden waren, so daß die Bischöfe des Vatikanum I und die meisten Gläubigen, in diesem System erzogen, die Papstdogmen als die traditionelle Lehre der Kirche ansahen[38]. Theologen wie Liguori und Perrone hatten aber wiederum gefälschte oder entstellte Zitate benutzt, obwohl ihre Unechtheit schon lange feststand. Damit war man auf das Thema der Fälschungen zurückgebracht.

Auch hier arbeitete Döllinger weiter. Er plante ein größeres Werk über Pseudo-Isidor und Gratian, für das er bis zum Ende seines Lebens *„ein sehr reiches Material“* sammelte[39]. Um die Pseudo-Kyrill-Forschung ebenfalls voranzutreiben, bemühte er sich jetzt, den vollständigen Text des Bonacursius, in dem er noch immer die Quelle des Thomas vermutete, zu beschaffen. Das Werk war nie ediert worden und nur bekannt durch die von Quétief-Echard gemachten Auszüge. Nach diesen Verfassern gab es in Paris zwei Handschriften des *„Thesaurus“*[40]. Döllinger ließ sich 1874 durch Vermittlung von E. Michaud eine Kopie des 6. Kapitels über den Primat anfertigen[41]. Zu einer Edition des Textes kam es allerdings nicht, weil Döllinger immer wieder durch andere Dinge davon abgehalten wurde, vor allem durch die Präsidentenschaft der Akademie der Wissenschaften und seine damit verbundenen *„akademischen Vorträge“*[42]. Es schien, als ob Döllinger sein Wissen in seine Vorträge einfließen lassen wollte und nicht mehr zu größeren wissenschaftlich-kritischen Veröffentlichungen kommen würde.

Einigen Schülern und Freunden gab er aber Anregung, bestimmte Themen zu bearbeiten; er stellte ihnen dabei seine Materialiensammlungen zur Verfügung und beriet sie mündlich mit Hinweisen und Zitaten aus dem Gedächtnis. So entstand u. a. F. H. Reuschs Werk über den Index[43]. Nach Abschluß dieser großen Arbeit plante Reusch eigentlich eine sich daraus ergebende Studie über die katholischen Reformversuche des 18. Jahrhunderts[44]. Andererseits war es ihm klar, daß angesichts des hohen Alters seines Münchener Lehrers die Zeit drängte, wenn aus Döllingers zahlreichen geplanten, aber nicht zur Ausführung kommenden Werken etwas veröffentlicht werden sollte. So entstand der großzügige Vorschlag: *„Wenn Sie sich meiner ‚mechanischen Beihilfe', ähnlich wie die Hubers beim Janus bedienen wollten, um einige Ihrer Arbeiten druckfertig zu machen, so würde ich mir das zur Ehre anrechnen und als ein Mittel ansehen, Ihnen meine dankbare Gesinnung zu bekunden. Ich würde dann mit Freuden einige Arbeiten vertagen, da das Erscheinen der Ihrigen für die Wissenschaft viel werthvoller ist, als das der meinigen"*[45]. Döllinger ergriff dieses Angebot *„mit beiden Händen"*[46]. Bei einem Besuch in München im Oktober 1885[47] wurden 4 Themenkreise in Aussicht genommen: 1) Die Herausgabe der Selbstbiographie des Kardinals Bellarmin, ein für die römischen Thesen vielfach unangenehmes Werk[48]; 2) Die Geschichte der moraltheologischen Lehre des Probabilismus, jener umstrittenen und in der Praxis jedenfalls oft verderblichen Theorie, die sich zuerst im Jesuitenorden und dann in Rom durchgesetzt hatte[49]; 3) Der Pseudo-Kyrill und sein Einfluß auf die weitere Entwicklung der Papstlehren; 4) Die Fälschungen bei Pseudo-Isidor und Gratian[50].

Nach Abschluß der beiden ersten Werke ging Reusch Ende Juni 1888 erneut an die Arbeit über die Fälschungen im Traktat des Thomas von Aquin gegen die Griechen. Döllinger hatte ihm 1885 die Abschriften aus dem Traktat des Bonacursius zur Verfügung gestellt und ihn gebeten, eine Ausgabe des Textes vorzubereiten, in der vor allem echte und falsche Stellen aufgezeigt werden sollten[51]. Er selbst behielt sich vor, eine Einleitung über das Verhältnis Roms zur Ostkirche, das große Schisma und die Entwicklungen nach der Eroberung Konstantinopels durch die Lateiner zu schreiben; das war die Atmosphäre, in der mehrere dubiose kontroverstheologische Werke, zu denen auch unser Libellus gehörte, entstanden waren[52]. Reusch hatte außerdem vorgeschlagen, mit Hilfe von Döllingers Notizen eine Zusammenstellung der Autoren zu machen, die nach Thomas die Fälschung benutzt hatten, was eine Übersicht über deren Verbreitung und Einfluß vermittelt hätte. Döllinger sollte mit einer Würdigung des Ganzen das Vorhaben abschließen[51]. Reusch hatte schon 1885 mit diesen Arbeiten begonnen, sie aber dann zugunsten von Bellarmin und dem Probabilismus unterbrochen. Damals hatte er sich auch schon mit dem Artikel von Uccelli beschäftigt[53]. Bei dessen spärlichen Angaben meinte er aber noch, es handle sich um eine andere Handschrift des Thesaurus[54]. In der Zwischenzeit interessierte sich auch J. Friedrich für diese Frage. Er verglich den Thesaurus mit einigen Stellen des von Leitner benutzten Libellus und kam zu dem Ergebnis, *„daß nicht der Thesaurus, sondern der Libellus der vatikanischen Bibliothek . . . die ursprünglichere Schrift, die Thomas vorgelegen habe"* sei. *„Döllinger war darüber allerdings etwas verstimmt";* Reusch aber kam nach und nach zu dem gleichen Schluß und ließ sich durch die Vermittlung eines deutschen Gelehrten eine Abschrift der Teile des Libellus, die das Primat behandelten, besorgen[55].

Das bedeutete, daß jetzt nicht allein der Text des Bonacursius, sondern vor allem die entsprechenden Teile des Libellus ediert werden sollten. Im Dezember 1888 schickte Reusch an Döllinger die fertige Arbeit mit folgenden Erläuterungen: *„Die Folio-Mappe enthält: 1. Die einleitenden Bemerkungen, Fasc[ikel] 1 in Quart[o]. 2. Den Vaticanischen Text und den Bonacursius, Fasc[ikel] 2 und 4 in Folio. 3. Die Noten zu dem Vaticanischen Text, d. i. die Citate des Thomas, Fasc[ikel] 3 in Quart[o]. 4. Die Untersuchungen über den von Thomas benutzten Text, die Unechtheit der Citate u. s. w. Fasc[ikel] 5 und 6 in Quart[o].*

Ich habe mich auf die Aufgabe beschränkt, die Sie mir zugewiesen: ich habe den Vaticanischen Text und den Bonacursius druckfertig gemacht und nachgewiesen, in welchem Verhältnisse die Citate des Thomas zu diesen stehen, insbesondere, daß sie aus dem Vaticanischen Libellus excerpirt sind und daß Bonacursius diesen und das Opusculum des Thomas benutzt hat. Dann habe ich gezeigt, daß die Concilien- und Väter-Stellen in dem Vaticanischen Libellus Fälschungen sind, zum Theil Fälschungen, bei welchen echte Stellen benutzt wurden. Das läßt sich noch evidenter erweisen, als Launoy[56] es von den (aus dem Libellus excerpirten, theilweise mit einigem Raffinement excerpirten) Citaten des Thomas erwiesen hat.

Ich habe die Arbeit so eingerichtet, daß sie für sich ein abgeschlossenes Ganzes bildet und also auch für sich publicirt werden kann, so daß Sie die Arbeit, welche Sie sich vorbehalten haben, – die Darstellung der Einwirkung der Fälschungen auf die Theologie seit Thomas, – nicht vor der Publication meiner Arbeit zu vollenden brauchen, sondern zu gelegener Zeit als eine zweite, für sich selbständige, wenn auch innerlich mit meiner Arbeit zusammenhängende Arbeit publizieren können"[57].

Döllinger war sehr erfreut über die Sendung und meldete schon nach der ersten Lektüre einige Fragen: *„Mir ist die Mitwissenschaft Urbans IV. um den Betrug sehr wahrscheinlich, und wie steht es nach Ihren Textfeststellungen mit Thomas? Meinen Sie nicht auch, daß er Mitwisser gewesen sei?"*[58]. Reusch antwortete bald: *„Ihre Frage bezüglich Urbans IV. verstehe ich nicht recht. Wie er den Libellus und das Opusculum verwerthet hat, habe ich gezeigt. Daß der Libellus in seinem*

Auftrage gemacht worden, ist mir nicht wahrscheinlich, da er dann wohl nicht so ungeschickt gemacht sein würde. Daß er die Fälschungen für echt gehalten, möchte ich von ihm eher annehmen als von Thomas, an dessen bona fides z. B. grade bei der Stelle aus Gregor M[agnus], die er auch noch in der Summa citirt, doch nicht wohl zu glauben ist"[59]. Die hier gemeinte Stelle über die Feier der Eucharistie mit ungesäuertem Brot findet sich nicht in den Werken des Gregor, auch dort nicht, wo er über die rituellen Verschiedenheiten der griechischen und der lateinischen Kirche schreibt. „*Thomas citirt ... alle drei mal mit (B.) Gregorius (Papa) in Registro, obschon er sie sicher in seinem Exemplare der Briefe Gregors nicht gefunden hat*"[60]. Diese Stelle bildet auch einen Sonderfall bei der Forschung über die hier besprochenen Fälschungen, da inzwischen ihre Spur bis ins 12. Jahrhundert zurück verfolgt werden konnte[61].
Vereinbart war, daß Döllinger die Arbeit der Bayerischen Akademie der Wissenschaften zur Veröffentlichung einreichen sollte. Nach Rücksprache mit dem Sekretär der Akademie, M. Lossen, entschloß sich Döllinger, die Arbeit am 5. Januar 1889 in der Sitzung der historischen Klasse „*als eine durch ihn selbst veranlaßte und auch mit Material u. s. w. unterstützte*" für den Druck zu empfehlen[62]. Auf Wunsch Döllingers hin, erweiterte Reusch noch etwas die Einleitung, um den nicht fachkundigen Leser in „*den Zusammenhang des Filioque-Streites im 13. Jahrhundert mit dem Libellus und mit der weiteren Ausführung des h. Thomas über die päpstliche Machtfülle einzuführen*"[63].
Döllinger sprach in der Sitzung „*wohl dreiviertel Stunde lang in sehr interessanter Weise*" über „*den geschichtlichen Zusammenhang ... in welchem die Schrift des Thomas v. A. gegen die Griechen entstanden*"[64] und ging dabei auf „*die Urache des orientalischen Schismas*" ein[65]. Sein Vortrag „*wurde in der Klasse mit solchem Interesse angehört, daß sie sich auf Cornelius' Antrag zum Zeichen ihrer Anerkennung von den Sitzen erhob*".
Der von Reusch ursprünglich vorgesehene Titel der Abhandlung lautete: „*Die Citate in dem Libellus contra errores Graecorum ad Urbanum IV. von Thomas von Aquino*". Er wurde aber in der Sitzung der Akademie als schwer verständlich kritisiert. Lossen empfahl im gleichen Brief, statt „*Zitate*" „*(gefälschte) Väterstellen*" zu setzen und den lateinischen Titel zu verdeutschen. So entstand der endgültige Titel, über den E. Michael sich empörte: „*Reusch hat den Titel seiner Arbeit ... so gewählt, daß der hl. Thomas als Fälscher erscheint*"[66].
Das Werk von Reusch kann als klassisch bezeichnet werden[67]. An erster Stelle veröffentlichte er den Text des zweiten Teils des „*Libellus de processione Spiritus Sancti et fide trinitatis contra errores graecorum confectus ex diversis auctoritatibus doctorum graecorum*". Die Stellen des Thomas, an denen dieser die Zitate des Libellus benutzt, sind jeweils unter dem Text in vollem Wortlaut abgedruckt, so daß ein Vergleich bequem zu bewältigen ist. Es folgt der sechste Teil des

„Thesaurus veritatis fidei" des Bonacursius, nach der in Besitz Döllingers befindlichen Abschrift der beiden Pariser Handschriften, geordnet in zwei Spalten, die den lateinischen und den griechischen Text enthalten. In den Fußnoten ist außerdem ein weiterer verwandter Traktat, der 1252 in Konstantinopel verfaßt wurde, berücksichtigt[68].

In seinem Kommentarteil führt er zuerst in das Werk des Bonacursius ein. Bemerkenswert ist hier die von Reusch zitierte, leicht zynisch wirkende Äußerung von Echard aus dem Jahr 1722: *„Die Jesuiten wünschen, das Buch des Bonacursius möge gedruckt werden; aber ich glaube nicht, daß man dieses unternehmen wird. Diese Bücher waren gut zu ihrer Zeit: aber jetzt, wo man die Werke der griechischen und lateinischen Kirchenväter mit der sorgfältigsten Kritik untersucht hat, würden dergleichen Werke sehr wenig Gewicht mehr haben, selbst bei den schismatischen Griechen, welche jetzt die echten Stellen der griechischen Väter von den unterschobenen sehr wohl zu unterscheiden wissen"*[69]. Dann zählt Reusch die Gründe auf, die beweisen, daß nicht der Thesaurus des Bonacursius, sondern der anonyme Libellus die Quelle des Thomas ist. Anschließend macht er eine wichtige Feststellung: Thomas hat nach der Verfassung seiner Schrift gegen die Griechen nur noch ein einziges Mal aus dem Pseudo-Kyrill-Stück zitiert, und zwar führt er in seiner *Catena aurea,* zu Mt 16c, eine Stelle an, die er in seiner Schrift gegen die Griechen nicht verwertet hatte. In seinen späteren Werken benutzte er die Zitate aus dem Pseudo-Kyrill nicht mehr[70]. Aber – und das macht den Sachverhalt komplizierter – er hatte sie schon vor der Verfassung seiner Schrift von 1263 gekannt und benutzt, sowohl in seinem ersten Kommentar zu den Sentenzen als auch in seiner Schrift gegen Wilhelm von St. Amour, die beide 1256–1257 entstanden[71]. Reusch folgert: *„Man wird also anzunehmen haben, daß Thomas, schon ehe ihm Urban IV. die Begutachtung des Libellus auftrug, eine Abschrift desselben oder eines Teiles desselben in Händen gehabt hat"*[72]. Außerdem hat der Papst Urban IV. schon 1261 wohl die Schrift in einem Brief an den Kaiser Michael Palaiologos verwendet, denn er führte dort eine im Libellus dem Kyrill zugeschriebene Stelle und einen gleich wie im Libellus umgestalteten Satz des Maximus an, *„doch vorsichtig die Namen der Zeugen verschweigend"*, wie Döllinger im Janus vermerkt hatte[73].

Es folgt dann eine Besprechung der einzelnen im Libellus angeführten Stellen. Das allgemeine Ergebnis ist: *„Als ‚dem Wortlaute nach echt' können nicht einmal die zwei in Cap. 6 und 7 dem Chrysostomus zugeschriebenen Stellen bezeichnet werden, da die echten Stellen ungenau wiedergegeben sind. Bei anderen Capiteln des Libellus liegen echte Stellen zugrunde; diese sind aber mehr oder weniger stark geändert (am wenigsten bei Cap. 8) und mit Zusätzen bereichert, und zwar gerade mit Zusätzen, welche die Stellen erst geeignet machen, für den Zweck des*

Libellus und des Thomas verwendet zu werden. Andere Capitel hat der Verfasser des Libellus fabricirt, und es lassen sich höchstens in Concilienacten und Kirchenvätern Ausdrücke oder Sätze nachweisen, die er bei seiner Arbeit willkürlich und seiner Tendenz entsprechend benutzt hat (Cap. 1. 2. 3. 4. 9. 10. 11). Es ist erklärlich, daß Thomas aus dem Libellus gerade diejenigen Sätze excerpirt hat, die für die Begründung seiner Sätze über den Primat geeignet waren; das sind aber nach dem Gesagten meist Sätze, die entweder gefälscht oder durch Fälschungen interpolirt sind"[74]. Uns interessiert vor allem das Kapitel 5[75] mit dem gefälschten Zitat des Kyrill von Alexandrien. Dieses ist im Libellus (und auch bei Bonacursius) ein einziges zusammenhängendes Stück[76], aus dem Thomas einzelne Stellen herausnahm, die er als getrennte Zitate benutzte[77]. Nach Echard könnte die griechische Fassung, die Bonacursius anführt, nicht das Original sein. Das Stück sei vielmehr „*in schlechtem und rohem Latein gemacht und dann in ein schlechtes Griechisch übersetzt*" worden[78]. Reusch nennt dann die Argumente gegen die These Bellarmins, es seien aus dem Thesaurus des Kyrill Bücher verlorengegangen, die vermutlich dieses Stück enthalten hätten[79].
Er urteilt abschließend: „*Man darf unbedenklich sagen: die ganze dem Cyrillus zugeschriebene Stelle ist eine Fälschung. Von einigen Sätzen oder Satztheilen kann zugegeben werden, daß sie an Stellen des Cyrillus erinnern; die Aehnlichkeit ist aber so gering, daß es nicht einmal wahrscheinlich ist, daß der Fälscher diese Stellen gekannt oder an sie gedacht hat; die Anklänge an Sätze der Päpste Hormisdas und Agatho sind jedenfalls stärker als die an Cyrillus. Von einer Reihe von Ausdrücken, und zwar gerade den für die Beweisführung des Thomas wichtigen Ausdrücken, erklärt es Leitner für unzweifelhaft, daß sie von dem Verfasser des Libellus herrühren. Einen Satz bezeichnen Raich und Leitner als einen solchen, den kein Kirchenvater geschrieben haben könne*"[80].
Reusch behandelt dann kurz die anderen, von ihm nicht edierten Teile des Libellus. Auch die Zitate über den Ausgang des Heiligen Geistes, vor allem dem Athanasius zugeschrieben, sind unecht. Interessant ist, daß in diesem ersten Teil auch angebliche Stellen aus dem Thesaurus des Kyrill zitiert werden. Sie „*sind in den vom h. Geiste handelnden Abschnitten des echten Thesaurus (Ass. 33. 34) zum allergrößten Theile nicht zu finden*"; drei kurze Stellen sind hier echt, wenn auch entscheidende Worte hinzugefügt wurden[81]. Der dritte Teil des Libellus handelt vom ungesäuerten Brot. Neben zwei völlig verunstalteten Stellen des Gregor von Nazianz und des Johannes Chrysostomos enthält dieser Teil die schon erwähnte Pseudo-Gregor-Stelle, die Thomas auch in der *Summa* zitiert. Es ist übrigens die einzige Stelle im Libellus, an der ein (angeblicher) lateinischer Kirchenvater zitiert wird[82]. Der letzte Teil handelt vom Fegefeuer; er enthält ein stark interpoliertes Zitat des Gregor von Nyssa und ein völlig gefälschtes von Theodoret. Zum Schluß untersucht Reusch noch die Zitate des Bonacursius, sofern sie nicht mit dem Libellus übereinstimmen.

Der nunmehr neunzigjährige Döllinger arbeitete in seinem letzten Lebensjahr intensiv an den *„Propyläen"* zu Reuschs Abhandlung, d. h. an der *„Geschichte der frühern Kämpfe etc. zwischen Ost- und Westkirche, und NB – den Fälschungen"*. Er meldete: *„Ich habe manche neue Entdeckungen gemacht"*[83]. Im Mai berichtete er: *„Meine Arbeit wächst mir unter der Hand; ich befinde mich in bisher unbekannten oder nicht gehörig durchforschten Regionen, und muß gar Vieles zur Sprache bringen, dessen Kenntnis ich bei unserem Publicum, auch dem beßt unterrichteten, nicht voraussetzen darf. Kurz: es wird ein Buch, nicht eine akad[emische] Abhandlung"*[84].

Vor diesen Entwicklungen ermahnte Reusch: *„Ich bitte Sie nur, nicht das Bessere den Feind des Guten sein zu lassen, d. h. das In-Druck-Geben nicht zu verschieben, bis Sie über Alles vollkommen im Klaren sind. Was Sie schon jetzt über das Thema sagen können ist jedenfalls mehr, als ein anderer darüber weiß, und mehr als ausreichend, viele zu belehren und Ihnen den Dank vieler zu sichern"*[85]. Döllinger bedankte sich für die *„monita salutaria"*, fügte aber hinzu: *„Mit 90 Jahren ist das naturam expellas unendlich schwer, das usque recurrit Tagesordnung"*[86]. Er hatte schon lange mehr Freude am Forschen als an der wissenschaftlichen Auswertung seiner Kenntnisse, wie er es Reusch drei Jahre früher geschrieben hatte: *„Ich schmeichle mir, daß Sie einen Vorrath von Nachsicht für meine défaillances [haben]. Der hundertjährige Chemiker Mr. Chevreul nennt sich, wie Sie gelesen haben werden, le prémier étudiant de France, und ich bin leider gar zu sehr le prémier étudiant de Munich"*[87].

Als Reusch nach Döllingers Tod dessen Nachlaß durchsuchte, fand er in einer *„enormen Masse von Material"* nur sehr wenige einigermaßen druckfertige Manuskripte. Diese Fülle von Notizen und Zitaten gehörte wohl, wie seine Nichte schrieb, nur in Döllingers Kopf zu einem zusammenhängenden Ganzen[88]. Das war auch der Fall für seine letzten Forschungen über den Pseudo-Kyrill.

Vom heutigen Stand der Forschung aus sind die Ergebnisse der Arbeiten Döllingers und Reuschs zum größten Teil maßgebend geblieben. Die wichtigsten Ergänzungen lieferten hier die Untersuchungen der französischen Dominikaner R. Loenertz und A. Dondaine über den Verfasser des Libellus. Einem Hinweis von Uccelli folgend, stellten sie fest, daß dieser von einem Bischof von Crotone in Kalabrien auf Bitten des Kaisers Theodor II. Laskaris (1254–1258) zusammengestellt worden war. Der Kaiser hatte gebeten, die Autoritäten anzuführen, auf welche sich die römische Kirche bei der Zufügung des Filioque im Symbolum stützt. Der Bischof tat das und fügte, wie er im Nachwort des Libellus sagt, von sich aus Teile über den Primat, die Azymen und das Fegefeuer bei. Laskaris verfaßte sogar eine Antwort, in der er u. a. als Reaktion auf die angeblichen Primatstellen auf das Recht des Kaisers hinwies, Konzile einzuberufen und ihre Beschlüsse durchzuführen[89].

Loenertz identifizierte diesen Bischof als Nikolaus aus Durazzo (Albanien), der bis 1254 Beamter an der päpstlichen Kanzlei gewesen war und als der lateinischen und der griechischen Sprache kundig erwähnt wurde. Er scheint sein Bistum kaum geleitet zu haben, sondern hauptsächlich im Auftrag Roms als Vermittler bei den Verhandlungen mit dem genannten Kaiser und seinem Nachfolger Michael Palaiologos (1258–1282) gedient zu haben. Er blieb 1264 in Byzanz, schloß sich vermutlich im Sinne der angestrebten Union der griechischen Kirche an, fiel aber später halb in Ungnade. Der Libellus ist also in der Zeit zwischen der Ernennung des Nikolaus zum Bischof und der ersten Verwendung der Fälschungen durch Thomas von Aquin, also zwischen 1254 und 1256 verfaßt worden[90].

Man kann ergänzen, daß Thomas 1256 nach Anagni kam, um dort am Generalkapitel der Dominikaner teilzunehmen und die Sache der Ordensleute vor den Papst Alexander IV. zu verteidigen. Dort entstand die erste Fassung seiner Schrift gegen Wilhelm von St. Amour, in der er zum ersten Mal aus dem Libellus schöpfte. Wahrscheinlich hat er hier die Sammlung nur kurz benutzt und daraus die drei erwähnten Zitate entnommen. Bei seinem späteren Aufenthalt am päpstlichen Hof bat ihn 1263 Urban IV., die schon seit ihrer Verfassung in Rom aufbewahrte Schrift zu erläutern. Es wird jedenfalls klar, daß die Fälschungen von einem bis kurz vorher in der päpstlichen Kurie tätigen Beamten und wohl in Verbindung mit ihr gemacht worden sind. Mindestens im Fall des Pseudo-Gregor-Zitats hat Nikolaus ein Dokument (die Sammlung des römischen Kardinals Albinus, genannt von Mailand) als Quelle benutzt, das nur in einem einzigen, in den päpstlichen Archiven aufbewahrten Exemplar existierte[91].

In einem Punkt widerspricht Dondaine Reusch: der Libellus als solcher ist nach ihm griechisch verfaßt worden, wie die vielen griechischen Ausdrücke in der lateinischen Fassung und auch die Widmung am Schluß (die Reusch nicht kannte) es nahelegen. Dann wäre die von Bonacursius angeführte griechische Fassung doch wahrscheinlich die Originalfassung der entsprechenden Stellen des Libellus. Von einigen Teilen des Pseudo-Kyrill-Zitats muß es aber eine ursprüngliche lateinische Fassung gegeben haben, jedenfalls von dem Satz mit der Aufzählung *capitulum, synagoga, electio und affirmatio,* wo ursprünglich die kirchenlateinischen Fachausdrücke *congregatio* und *confirmatio* gestanden haben müssen[92]. Mindestens dieser Satz scheint also aus dem Gebiet der westlichen Kanonistik zu stammen.

Eine sorgfältige wissenschaftliche Edition des Traktats des Thomas und des Libellus wurde 1969 von H. F. Dondaine besorgt[93]. In seiner ausführlichen Einleitung bestätigt der Herausgeber, daß der Libellus ursprünglich griechisch geschrieben wurde; er hält aber die griechische Fassung des Bonacursius für eine

Rückübersetzung. Ferner zeigt er, daß Thomas 1256 eine andere Fassung des Libellus benutzt haben muß als 1263; die erste wiese Ähnlichkeiten mit einer Stelle des Jakobs von Viterbo auf, die in der jetzigen Fassung des Libellus nicht vorkommt[94].

Brian Tierney hat 1972 bestritten, daß Thomas von Aquin und die mittelalterlichen Kanonisten Entscheidungen des Papstes in noch nicht geklärten Glaubensfragen für irreformabel gehalten hätten, und ist insofern einigen Sätzen Döllingers entgegengetreten, in denen dieser Thomas zugeschrieben hatte, „*die Lehre vom Papst und seiner Unfehlbarkeit*" in die Dogmatik eingeführt zu haben[95]. Die Diskussion ist schwierig, weil Tierney einen sehr präzisen Begriff von Unfehlbarkeit benutzt, der eigentlich die Entscheidungen des Vatikanum I und die ihnen folgenden theologischen Auseinandersetzungen voraussetzt, andererseits aber die Lehre des Thomas nicht ausführlich behandelt[96]. Festzuhalten ist jedenfalls, daß Thomas die oberste Entscheidungsgewalt des Papstes in Glaubenssachen lehrte[97], und diese (u. a. mit Hilfe der Pseudo-Kyrill-Fälschungen) viel stärker theologisch begründete als die Kanonisten. Da Thomas von den späteren Autoren im infallibilistischen Sinn verstanden wurde, hat er auch auf längere Sicht einen entscheidenden Einfluß auf die Festigung dieser Lehre gehabt. Ansonsten betrafen Döllingers Forschungen nicht die Unfehlbarkeitslehre allein, sondern den gesamten Komplex der Papstlehren; dementsprechend bleiben ihre übrigen Ergebnisse von dieser Frage nicht berührt.

2. Die Verbreitung der pseudo-kyrillischen Fälschungen

Ob es je gelingen wird, in Döllingers Nachlaß einige Teile seiner Arbeit an der großen Einleitung zum Pseudo-Kyrill, einschließlich des frei gehaltenen Vortrags vom 5. Januar 1889, zu finden, ist ungewiß[1]. Vielleicht wird man sich für immer zufrieden stellen müssen mit dem, was er in den Wiedervereinigungsvorträgen, den Berichten der Bonner Unionskonferenzen und seinem Vortrag über den Einfluß der griechischen Kultur auf das Abendland geschrieben hat[2]. Auf einem vielleicht noch wichtigerem Gebiet ist es aber heute möglich, einen Einblick in Döllingers Forschungen zu gewinnen: das der Verbreitung und des Einflusses der pseudo-kyrillischen Fälschungen. Wie schon erwähnt, hatte sich Reusch 1885 angeboten, mit Hilfe von Döllingers Notizen eine Zusammenstellung der Autoren zu machen, die die Fälschung benutzt hatten[3]; im Dezember 1888 schrieb er andererseits, daß Döllinger sich „*die Darstellung der Einwirkung der Fälschungen auf die Theologie seit Thomas*" vorbehalten hätte[4]. Vielleicht sollte Reusch hier nur die Vorarbeit leisten. Wie dem auch sei, befindet sich tatsächlich in Reuschs Nachlaß ein Blatt mit einer Liste von Fundstellen über dieses Thema. Die Liste wurde Anfang 1983 von H. J. Vogels bei der Bearbeitung der Materialiensammlung, die sich Reusch für eine geplante Döllinger-Biographie angelegt hatte, entdeckt[5]. Der Text der drei beschriebenen Seiten dieses Blattes lautet:

(Seite 1)

Hier[onymi] Donati, Patricii Veneti, Apolog[ia] ad Graecos de principatu R[omanae] Sedis. Clemens VII. gewidmet Romae 1525

quos vobis alios testes afferam quam eos quorum dicta s[an]cta et vera creditis? Prodeat primum diviniss[imus] ille Cyrillus, v[on] dem d[ie] 4. Syn[ode] sage, wer dem Vater Cyr[ill] nicht gl[au]bt, d[e]r sei Anathema. Und nun d[ie] Stelle aus dem Thes[aurus] griechisch

s. Ceillier XIII, 271 Dupin IV, 44
Rocaberti X, 340. Oudin I, 1028
Rivet g[e]g[en] Bell[armin] u[nd] Possevin Crit. sacr. 4, 19
Etat de Louvain p. 46: Bell[armin ha]t Unwerth gemerkt und s[ich] zweifelnd ausgedrückt
Allatius Consensus 973
Roccaberti XIII, 188 Gennadius Schol[arios]
Alv[arus] Pelagius hat s[ein] System darauf g[e]baut
Card[inal] Turrecrem[ata] hat das g[an]ze System --- [darauf gebaut]
Prokopowicz de Spir[itu] s[ancto] 244
Cellot de hierarchia hat das g[an]ze Syst[em] --- [darauf gebaut] NB 56, 116
Theoph[ile] Raynaud NB 53, 10
Index zu Roccaberti s[ub] v[ocibus] Cyrill[u]s, Graeci, Conc[ilium] Chalced[onense]
Ribera Echo Fidei II, 25. 1. 588

(Seite 2)

Auf Ps[eudo]-Cyrill etc. stützt Turrecremata 2, 53 p. 168, 171 di[e] plenitudo pot[estatis].
D[ie] Stelle v[on] Cyr[ill] bei Alv[arus] Pelagius f[olio] 60 ang[e]führt, dann Ex quib[us] verbis liquet quod pot[estas] R[omani] P[ontific]is pleniss[ima] est et q[uo]d ei subjicitur o[mn]is mundi pot[estas] et q[uo]d ei subesse necess[itate] salutis est. Darauf Ps[eudo]-Chrys[ostomus].
Jacobatius p. 346 ed. Coletti: Ps[eudo]-Cyr[ill].
Cajetan De aut[oritate] Papae 41: Den Thom[as] gering zu schätzen, das gehe noch; < d[ie] v[on] ihm angeführten Cyr[ill] u[nd] Maximus!

(Seite 3)

4.58, 246
Seb[astian] Brunner: Leo XIII. v[on] mir che venga, c'è un altro Papa. Franchi: D[öllinger] möge nur s[ein] ossequio verso la S[ant]a Sede erklären[6].

Der Absatz auf der dritten Seite des Blattes, der nichts mit Pseudo Kyrill zu tun hat, macht aber deutlich, daß Reusch diese Angaben aus Döllingers Notizbuch abgeschrieben hat; denn hier wird von Döllinger in der ersten Person gesprochen. Vermutlich handelt es sich um die Notizen, von denen Reusch 1885 sprach.

Will man sich ein vollständiges Bild über Döllingers Forschungen machen, muß man zu diesen Fundstellen noch zahlreiche andere hinzunehmen, die im Janus, in den im Auftrag Döllingers von Reusch bearbeiteten Werken und im Briefwechsel zwischen beiden erwähnt werden. In der Folge haben wir diese Angaben mit einigen Funden aus eigener Forschung ergänzt, um so zum ersten Mal die großen Linien einer Geschichte des Einflusses der pseudo-kyrillischen Fälschungen zu entwerfen.

Sowohl der Libellus des Nikolaus von Crotone als auch der Traktat des Thomas von Aquin gegen die Griechen wurden sofort von der römischen Kurie angenommen und zum Bestandteil ihrer Lehre gemacht. Wir haben schon erwähnt, daß der Libellus bereits 1261 von Urban IV. benutzt worden war, um seine Ansprüche in einem Brief an den griechischen Kaiser zu formulieren[7]. Reusch vermerkte andererseits, daß die Stelle über den Primat in dem Glaubensbekenntnis, das 1267 von Rom aus dem Michael Palaiologus zugesandt und 1274, von diesem unterschrieben, im Konzil von Lyon vorgelesen wurde, *„eine Zusammenfassung der in dem Opusculum des Thomas aufgestellten Sätze"* ist[8], die dieser wiederum zum größten Teil mit Pseudo-Kyrill-Zitaten belegt hatte.

Auch die bekannte Bulle *„Unam sanctam"* von Bonifaz VIII. übernahm Gedanken des Libellus und des Thomas. Vor allem der letzte Satz der Bulle, der noch im V. Laterankonzil bestätigt wurde: *„Ferner erklären, aussprechen und definieren wir: es sei heilsnotwendig, daß jede menschliche Kreatur dem Papst unterstehe"*, ist dem Kap. 38 im II. Teil des Traktats des Thomas entnommen, wo er mit einem Zitat des Pseudo-Kyrills belegt wird[9].

M. Wilks hat die Entwicklung der Papstlehre im Laufe des 13. Jahrhunderts einmal so charakterisiert: um 1200 sprachen die Theologen von Christus allein als Gott und Mensch, ein Jahrhundert später sprachen die päpstlichen Theologen alle Eigenschaften Christi auch seinem irdischen Vicarius zu[10]. Wir können ein weiteres Element dieser Veränderung feststellen: für die Kanonisten des

12. Jahrhunderts war es ein kirchenrechtliches Prinzip, daß alle Christen dem Papst unterstehen müßten; für Thomas und Bonifaz aber ist diese Unterordnung für alle Menschen heilsnotwendig, d. h. es geht ihnen um einen Glaubenssatz. Und dieser wird wiederum mit dem Pseudo-Kyrill begründet.
Döllinger bringt darum im Janus die Heiligsprechung des Thomas im Jahr 1323 mit dessen Lehre über den Papst in Verbindung: *„Johann XXII. sprach in seinem Entzücken das berühmt gewordene Wort: Thomas habe soviele Wunder gethan, als er Artikel geschrieben, also könne man ihn auch ohne daß Mirakel durch ihn geschehen, kanonisiren, und versicherte in seiner Bulle, Thomas habe seine Werke nicht ohne spezielle Eingießung des göttlichen Geistes geschrieben"*[11]. In der Folge zitiert er noch Innozenz VI., der geäußert haben soll: *„wer eine Lehre des Thomas bestreite, werde dadurch schon verdächtig"*[11].
Die Auswirkungen des Libellus des Nikolaus von Crotone werden zunächst durch einige Verfasser dokumentiert, die ihn unabhängig von Thomas von Aquin benutzten. Der erste ist der Dominikaner Bonacursius, genannt von Bologna[12]. Bonacursius wirkte in der zweiten Hälfte des 13. Jahrhunderts im Orient, nach der Zurückeroberung Konstantinopels durch die Griechen wahrscheinlich im Kloster Negroponte. Er ist der einzige, der das Pseudo-Kyrill-Stück in seiner ganzen Länge anführt, allerdings unter Auslassung eines halben Satzes (über den Vertrieb Evas aus dem Paradies!). Er bringt auch als einziger eine griechische Fassung, von der es nicht klar ist, ob es sich um den ursprünglichen Text des Stückes oder um eine Rückübersetzung handelt[13]. Dazu zitiert er noch fünf kürzere Stellen, die aus dem Traktat des Thomas von Aquin entnommen sind, obwohl es sich um Doubletten, d. h. um Sätze aus dem gleichen Stück in der etwas abweichenden Bearbeitung des Thomas handelt.
Das Werk von Bonacursius wurde 1326 von seinem Ordensbruder Andreas Doto herausgegeben und dem Papst Johannes XXII. gewidmet[14]. Zwei Handschriften des Werkes befinden sich in Paris, eine in Mailand und eine in der vatikanischen Bibliothek[15]; doch scheint dieser Traktat keine große Verbreitung erreicht zu haben. Jedenfalls trug er nicht zur weiteren Verbreitung der Fälschungen bei, da keiner der späteren Verfasser sie daraus zitiert.
Ein anderer, der den Pseudo-Kyrill-Text nach dem Libellus anführt, ist der Spanier Alvaro Pelayo (Alvarus Pelagius) (ca. 1275–1349). Dieser war Professor der Rechte in Bologna und Perugia und wurde 1304 Franziskaner. Bekannt ist er vor allem als Großpönitentiar des Papstes Johannes XXII., in dessen Auftrag er 1330–1332 in Avignon das Werk *„De planctu Ecclesiae"* schrieb[16]. Gegen die Theologen des Kaisers Ludwig des Bayern verteidigte er darin u. a. die Oberhoheit des Papstes auch in weltlichen Dingen. Dieser erste, polemische Teil des Werkes umfaßt die Kapitel 1–40. In den 1335–1340 hinzugefügten Kapiteln 51–59 wird aber ein zusammenhängender Traktat über die *„potestas"* entwickelt;

den Höhepunkt bildet darin das Kapitel 58 über die *„plenitudo potestatis spiritualis et temporalis"*, worin die von Döllinger gemeinte Stelle sich befindet[17]. Diese setzt bei dem zweiten längeren Satz des Pseudo-Kyrill-Stückes an und zitiert von dort an den ganzen Text bis zum Ende. Pelayo hat aber einige interessante Hinweise auf Stellen der hl. Schrift und des kanonischen Rechts hinzugefügt. Die Stelle bringt außerdem einen Zusatz, auf den wir gleich zurückkommen werden. Dem Zitat folgt der von Döllinger angeführte Satz: *„Aus diesen Worten wird deutlich, daß die Vollmacht des römischen Pontifex umfassend (plenissima) ist, daß jede Vollmacht in der Welt ihm unterworfen ist, und daß ihm zu unterstehen heilsnotwendig ist"*[17]. Sofort danach kommen eine um zwei Sätze erweiterte Fassung einer Pseudo-Chrysostomus-Stelle des Libellus[18], eine weitere gefälschte Chrysostomus-Stelle, die im Libellus nicht vorkommt, und ein Zitat aus Bernhard von Clairvaux. Es sind die einzigen Väterzitate, die hier zur Begründung der Lehre der *„plenissima potestas"* angeführt werden.

Pelayo hat aber noch an einer anderen Stelle ein Teilzitat aus Pseudo-Kyrill, nämlich im Kap. 55 als Kommentar zu Mt 16, 18: *„die Pforten der Hölle werden sie nicht überwältigen"*. Dieses Zitat hat Pelayo aus der *Catena aurea* des Thomas von Aquin[19]. Den Traktat gegen die Griechen scheint er aber nicht gekannt zu haben.

Das ist aber nicht alles. Inzwischen hat sich herausgestellt, daß Pelayo in den Kapiteln 51–59 seines Werkes im wesentlichen den zweiten Teil des Traktats *„de regimine christiano"* des Jakobs von Viterbo († 1308) wiedergibt, ohne diesen allerdings zu erwähnen. Von ihm selbst sind einige Ergänzungen, Kürzungen und die genannten Hinweise auf Schrift und Kirchenrecht. Im heutigen Sinn würde man von einem Plagiat sprechen. Jedenfalls stammen nicht nur das Pseudo-Kyrill-Stück im Kap. 58, sondern auch die folgenden Zitate des Pseudo-Chrysostomus und des Bernhard aus dem Traktat des Jakob von Viterbo[20]. Auch die ganze Argumentation über die plenitudo potestatis, in der dieses Zitat bei Pelayo steht, ist von Jakob[21]. So werden wir auf dieses Werk zurückverwiesen.

Der Augustinermönch Jakob von Viterbo, 1293–1299 Magister der Theologie in Paris, 1300–1302 primus lector seines Ordens in Neapel, verfaßte seinen Traktat 1301/1302, um die Haltung Bonifaz VIII. in seinem Konflikt mit Philipp dem Schönen theoretisch zu begründen. Er widmete ihn dem Papst, der den Verfasser wohl als Dank dafür 1302 zum Bischof von Benevento und wenige Monate später zum Erzbischof von Neapel ernannte. Das Werk, übrigens die erste zusammenhängende Abhandlung über die Kirche, wurde erst 1926 ediert[20] und war darum Döllinger und Reusch nicht bekannt.

Die von Jakob zitierte Pseudo-Kyrill-Fassung wirft einige Fragen auf. Der Text enthält den schon bei Pelayo erwähnten Zusatz, in dem *„Petrus und seiner Kirche"* auch noch die Genehmigung aller kirchlichen Beschlüsse zugesprochen wird; Petrus wird außerdem *„Cephas, hoc est caput"* genannt[22]. Es geht also um eine Erweiterung der Fälschung. Nun hat H. F. Dondaine gezeigt, daß Jakob in einem anderen Zitat aus dem Libellus ebenfalls Erweiterungen führt, die zum Teil mit der Fassung übereinstimmen, die Thomas 1256/57 in seinem Sentenzenkommentar bringt. Das würde bedeuten, daß Thomas 1256/57 eine andere Fassung benutzt hat als die, die ihm 1263 vom Papst übergeben wurde, und daß diese andere Fassung auch die Quelle des Jakob von Viterbo war[23]. Interessant ist hier die örtliche Nähe: Thomas war, wie schon erwähnt 1256 in Anagni, vielleicht auch in seiner Heimat bei Neapel; Jakob war ebenfalls in Neapel, als er seinen Traktat schrieb. Möglicherweise haben beide eine und dieselbe Handschrift benutzt, die sich in diesem Raum befunden haben muß. Jedenfalls macht diese zweite Version deutlich, wie an den Fälschungen immer weiter durch Zusätze und Glossen gearbeitet wurde[24].

Alle anderen Autoren, die den Pseudo-Kyrill zitieren, tun es über Thomas von Aquin. Der erste war, wie schon oben erwähnt, Bonacursius von Bologna in seinem Thesaurus.

Ein anonymer Traktat aus dem Jahr 1292 enthält drei Zitate über den Primat aus Pseudo-Kyrill, und vier weitere Stellen, die alle aus dem Traktat des Thomas von Aquin stammen. Dondaine hat diese Schrift 1951 als ein weiteres Werk des Bonacursius bezeichnet[25]. Der Verfasser ist sicher ein Dominikaner; daß es sich tatsächlich um Bonacursius handelt, scheint nicht gesichert zu sein[26]. Er begründet mit den Fälschungen die Aussagen, Petrus sei der erste Papst und der erste vicarius Christi gewesen, er habe in Unterschied zu den anderen Aposteln eine universale Vollmacht gehabt, die alle seine Nachfolger ebenfalls hätten, und es sei heilsnotwendig, dem Papst zu unterstehen[27].

Döllinger nennt im Janus die Werke des Trionfo (Augustinus Triumphus oder von Ancona, 1243–1328) als die letzten der Ausführung des Papalsystems gewidmeten Schriften vor dem Konzil von Basel[28]. Triumphus hat Thomas von Aquin und Aegidius von Rom benutzt; er verfaßte 1307/09 eine Schrift zur Verteidigung des Papstes Bonifaz VIII. und widmete seine 1326 vollendete *„Summa de potestate ecclesiastica"* Johannes XXII. Obwohl er auch die Lehren und Werke der Kanonisten benutzt, schreibt er ausdrücklich als Theologe und nicht als Kirchenrechtler. Die potestas des Papstes ist nach ihm unendlich, denn es ist die Vollmacht Gottes selbst, von der es heißt: Der Herr ist groß, und groß ist seine Kraft, und seine Größe hat kein Ende (Ps 144, 3)[29].

Gleich am Anfang seines Werkes zitiert er eine Pseudo-Kyrill-Stelle um seinen ersten Hauptsatz zu begründen: allein der Papst habe die Jurisdiktionsgewalt unmittelbar von Gott, alle anderen Kirchenvorsteher mittelbar, d. h. durch den Papst[30]. Wenig weiter schreibt er, der Papst sei der Vater und das Haupt der Bischöfe, so wie Christus Haupt und Vater der Apostel gewesen sei; auch dieser Satz wird mit Pseudo-Kyrill begründet[31]. In seiner 10. Quaestio sagt er schließlich, daß es Aufgabe des Papstes sei, alles, was zum christlichen Leben gehört, zu bestimmen, wofür er Pseudo-Kyrill und den abgeänderten Maximus-Text anführt[32].

Daß Alvaro Pelayo auch von Thomas ein Pseudo-Kyrill-Zitat übernommen hat, haben wir bereits erwähnt.

Der Weggang der Päpste von Rom und das abendländische Schisma waren der Entwicklung der päpstlichen Lehren nicht förderlich. Einige Ereignisse brachten noch zusätzliche Schwierigkeiten, wie die Abdankung des Papstes Cölestin V. und die Erklärungen des Papstes Johannes XXII., der daran festhielt, daß ein Papst die Entscheidungen seiner Vorgänger revidieren könnte und eine besondere Lehre über den Zustand der Seelen bis zu der Auferstehung vertrat[33].

Verfechter der Unfehlbarkeit des Papstes waren in dieser Zeit vor allem die Franziskaner, die sich wenig an Thomas von Aquin orientiert zu haben scheinen. Ein Bonaventura, ein Petrus de Olivi oder ein Duns Scotus argumentierten vor allem mit der Lehre der Kanonisten und mit einer an der Gesellschaftslehre des Aristoteles orientierten Exegese der neutestamentlichen Petrus-Stellen. Das gilt auch für andere Autoren aus dieser Zeit. Sowohl ein Anhänger der päpstlichen Lehren wie Hervé de Nédellac als auch ein Vertreter der konziliaren Lehren wie Jean Gerson zitieren nicht oder sehr selten Texte der Kirchenväter zur Begründung ihrer ekklesiologischen Ausführungen[34].

Nach Launoy hat Juan de Monzón (Johannes de Montesono, † 1412), der 1387 einen Streit an der Pariser Universität verursachte, die falschen Zitate benutzt. Monzón begründete seine Thesen, die vor allem gegen die unbefleckte Empfängnis Mariens gerichtet waren, mit der Lehre des Thomas von Aquin. Die Universität verurteilte 14 seiner Sätze, der Pariser Erzbischof exkommunizierte ihn. Monzón erklärte daraufhin, der Papst allein sei in Fragen des Glaubens zuständig und floh nach Avignon. Dort wurde er vom späteren Kardinal Pierre d'Ailly (1352–1420) im Namen der Universität angeklagt und ebenfalls verurteilt. Er wechselte zur römischen Obödienz über und wirkte noch in Aragon und Sizilien. Einige Dominikaner nahmen, z. T. nur vorübergehend, seine Partei[35].

Auf den Konzilen von Pisa und Konstanz kam die konziliare Theorie der Kirche zum vorläufigen Sieg. Die Konstanzer Konzilsbeschlüsse sind jahrhundertelang Reichsgesetz gewesen und haben somit eine wichtige Schranke gegen die Verbreitung der Papstlehren gebildet[36].

Doch kam im Zusammenhang mit dem Konzil von Basel und seiner Sprengung durch Eugen IV. die päpstliche Richtung wieder zum Zug. Der Haupttheologe auf päpstlicher Seite war hier der spanische Dominikaner Juan de Torquemada (Turrecremata) (1388–1468, ein Onkel des späteren berüchtigten Inquisitors Tomás de Torquemada). Torquemada wurde 1434 päpstlicher Hoftheologe, 1436 verlieh ihm der Papst den Titel *„Defensor fidei"*, 1439 wurde er zum Kardinal ernannt. Im päpstlichen Konzil von Florenz war er an den Verhandlungen mit den Griechen beteiligt.

In seiner Schrift über die Vollmacht des Papstes und des Konzils (1434–1435) wird gegen diejenigen argumentiert, die behaupten, die *„plenitudo potestatis"* wäre nicht beim Papst, sondern bei der Kirche oder beim Konzil. *„Wie weit dieses von der Wahrheit und dem Sinn der heiligen Lehrer entfernt sei"*, wird dann mit 3 Zitaten des Pseudo-Kyrills aus dem Traktat des Thomas erläutert[37] und gefolgert: *„Daraus wird klar, daß, wenn Christus seine Autorität und seine Fülle (plenitudinem) allein dem Petrus übertragen hat, wie Kyrill sagt, er sie nicht der Universalkirche oder dem Konzil übertragen hat."* Zu den Gegnern, die sagen, nach Kyrill hätte Christus die potestas *„Petrus und seiner Kirche"* gegeben, wird erwidert, wenn hier die Universalkirche gemeint sei, dann hätte Christus die potestas zuerst dem Petrus und erst durch ihn der Kirche gegeben; es sei aber nicht die Universalkirche, sondern die römische Lokalkirche gemeint. Die Autorität des Petrus bleibe in der Kirche Roms auch nach dem Tod eines Papstes, so daß bis zur Wahl eines Nachfolgers alle anderen Kirchen der römischen gehorchen müßten[38].

In der Rede, die Torquemada in Florenz gegen die Konziliaristen hielt, werden eine Pseudo-Kyrill-Stelle und drei Pseudo-Chrysostomus-Zitate verwendet[39]. In seinem Hauptwerk *„Summa de ecclesia domini"* (1448–1449) zitiert er zwei Pseudo-Kyrill-Stellen aus dem Traktat des Thomas und etwas verkürzt das Zitat aus dem Sentenzenkommentar. Das Zitat aus der Catena aurea führt er als Beleg für *„die Verheißung des Herrn über die Festigkeit des Glaubens des apostolischen Stuhls"*. Außerdem beruft er sich allgemein auf den Traktat des Thomas gegen alle diejenigen, die behaupten, der Papst habe keinen Primat oder *„principatus"* über die ganze Kirche; dieser Irrtum sei nach Thomas genauso gravierend wie der, daß der Heilige Geist nicht vom Sohn ausgehe[40].

Sowohl Torquemada als auch seine Gegner gingen also von der Echtheit der Zitate aus; die Konziliaristen versuchten, sie im Bezug auf die Universalkirche zu interpretieren, was Torquemada (durchaus im Sinne des Pseudo-Kyrills) mit dem Hinweis abwehrte, hier sei die Lokalkirche Roms gemeint. Torquemada hat mit seinem Werk wesentlich zur Wiederbelebung der Papstlehren beigetragen. Sicher hätten die Konziliaristen eine bessere Position gehabt, wenn die Fälschung schon zu dieser Zeit als solche erkannt gewesen wäre.

In einer Schrift des Dominikaners Heinrich Kalteisen († 1465), Inquisitor für Deutschland, 1443 päpstlicher Hoftheologe, die in die Akten des Baseler Konzils aufgenommen wurde, war aber schon 1431 die Pseudo-Kyrill-Stelle aus dem Sentenzenkommentar zitiert worden[41].

Als Geleit für die Unionsverhandlungen des päpstlichen Konzils von Florenz schrieb 1437 der spanische Kurienbischof Andreas de Escobar (ca. 1367–1439) seinen Traktat De graecis errantibus. Escobar war 1393 in Wien Magister der Theologie geworden, wurde dann Benediktinerabt bei Braga, dann Bischof von Ajaccio und war ab 1428 als Berater verschiedener Päpste in Rom tätig. Sein Traktat ist eine Erweiterung des Traktats des Thomas von Aquin, den er wörtlich einschließlich der gefälschten Zitate übernimmt[42]. Er ist trotzdem wichtig, weil er die Haltung der Lateiner in den Verhandlungen erklärt.

Während des Konzils (1439) führte Andreas Rhodius (von Kolossa) den Thesaurus des Kyrill von Alexandrien generell als eine Schrift auf, „*in der die Vollmacht des römischen Pontifex am meisten erstrahlt*“, aber ohne einzelne Stellen zu zitieren. Das veranlaßte den Kaiser zu der Bemerkung, Höflichkeitsformeln dürften nicht in juristische Logik verwandelt werden[43]. Daraufhin beschränkte man sich auf die Formulierung der Papstlehre, ohne Zitate der Väter anzuführen.

In einer fälschlich dem Gennadios Scholarios zugeschriebenen Apologie dieses Konzils wird eine Stelle des Pseudo-Kyrill als Beleg für den Primat des Papstes verwendet. „*Sie ist offenbar aus dem Opusculum [des Thomas] genommen ... und ins Griechische übersetzt, anders als von Bonacursius*“[44]. Der Verfasser läßt ein langes Stück apologetischer Rethorik folgen: „*Hörst du, der du dem Kyrill widersprichst? ... Wenn dieser dem römischen Pontifex Gehorsam und Ehrfurcht erwies, wer soll ihm widersprechen, außer vielleicht ein Ungebildeter oder Dummer?*“ Er müsse lachen, oder besser weinen, beim Zusehen, wie die Griechen ihre Augen dem Licht verschließen; die Kirche könne nur die eine, heilige, katholische und apostolische sein, wenn die Glieder mit dem Haupt verbunden sind. Zitate aus I Kor 11 und 12 werden hier auf die Kirche Roms als Haupt der anderen Kirchen übertragen[45]. Diese Apologie „*ist bei Migne 159 unter dem Namen des Joseph von Methone abgedruckt; nach Pichler, Gesch. der kirchl. Trennung 1, 459 ist sie von Bessarion*“.

Zur Zeit Döllingers noch nicht ediert war die Schrift des Bischofs und kirchlichen Diplomaten Domenico de' Domenichi (1416–1478) „*De potestate papae et termino eius*“ (1456). De' Domenichi war 1463–1464 Legat des Papstes Pius II. beim Kaiser Friedrich III, später vertrat er in Rom die Interessen des Kaisers. Zuletzt war er Generalvikar in Rom[46]. Die Fälschungen werden von ihm vor allem für die Behauptung zitiert, der Papst könne vom göttlichen Recht dispensieren, eine These, auf die der ganze weitere Gedankengang aufgebaut ist[47]. Dann behandelt Domenichi die Frage, ob der Papst Gewalt über die Engel hätte. Hier ist für ihn der Text des Pseudo-Kyrills ausschlaggebend, wie der Herausgeber H. Smolinsky bemerkt[48]. Seine Erklärung ist, daß der Papst nur Fürst der Menschen in diesem Leben sei, was auch Thomas gelehrt hatte. Die Vollmacht des Petrus ist aber nach ihm keine menschliche Vollmacht, denn sie erstreckt sich auf die geistlichen Dinge; sie sei darum eine gewisse Teilnahme an der göttlichen Vollmacht. Insofern stände der Papst über den Engeln.

Im 5. Teiltraktat behandelt er dann die entscheidende Frage des Primates in der Kirche: Pseudo-Kyrill wird hier angeführt, um zu begründen, daß Christus allein dem Petrus die Schlüsselgewalt gegeben hätte[49]. Für die These, daß es in der Kirche einen Nachfolger des Petrus gibt, der wie Petrus eine universale und vollkommene Gewalt hat, nämlich der römische Pontifex, und daß dieses von der Gesamtkirche immer bekannt und fest geglaubt wurde, werden Texte der Kirchenväter zitiert, an erster Stelle 3 Pseudo-Kyrill-Zitate und eine gefälschte Stelle des Kyrill von Jerusalem, die ebenfalls aus dem Libellus stammt[50]. Domenichis Lehre lehnt sich stark an Thomas von Aquin an und steht der Torquemadas nah.

Zu erwähnen ist auch der Traktat des Polemisten Pietro del Monte (1433), der die Argumente von Torquemada und Jakob von Viterbo wiederholt[51].

Zu Beginn des 16. Jahrhunderts kommt es im Gebrauch der Pseudo-Kyrill-Fälschungen zu einem jedenfalls rethorischen Höhepunkt. Hieronymus Donatus (1457–1511), venezianischer Humanist, Philosoph und Theologe schrieb als Gouverneur von Kreta (1505–1508) die Schrift: „*Apologeticus ad Grecos de principatu Romanae Sedis*“, wo er seinen Kronzeugen mit dem von Döllinger zitierten Satz einführt: „*Welche anderen Zeugen soll ich euch anführen, als die, zu deren Ehre ihr jährliche Feste feiert? Voran jener göttliche Kyrill, von dem im vierten Konzil steht: ‚Glauben wir wie das unsterbliche Gedächtnis des Vaters Kyrill geglaubt hat; und wer diesem nicht glaubt, der sei ausgeschlossen.*‘“[52] Donati zitiert dann nach Thomas den Satz des Pseudo-Kyrills: „*Wir sollen wie die Glieder in unserem Haupt dem römischen Hohenpriester und dem apostolischen Thron bleiben, denn ihm allein gehört das Widerlegen, Lenken, Zurechtweisen, Bestätigen, Verfügen, Lösen und Binden.*“[53] Er führt diesen Text auch in griechischer Sprache an; es handelt sich aber um die gleiche Rückübersetzung, die der Pseudo Gennadios Scholarios benutzte, von dem Donati wohl auch den rethorisch-polemischen Ton übernommen hat[54].

Der Dominikaner Thomas Cajetan de Vio (1469–1534), einer der bedeutendsten Denker und Kirchenführer seiner Zeit, Professor an verschiedenen Universitäten, 1500 an der Sapienza in Rom, 1508 Ordensgeneral, 1517 Kardinal, Kommentator des Thomas von Aquin, Berater mehrerer Päpste (er verhandelte mit Luther und riet zu einer Dispens für die Ehe Heinrichs VIII.), verfaßte 1511 gegen das letzte Konzil der Konziliaristen in Pisa-Mailand den *Tractatus de comparatione auctoritatis papae et concilii.* Darin schrieb er u. a., der Papst solle abschließend bestimmen, was zu glauben sei, *„wie Thomas, gestützt auf die Autorität von Kyrill und Maximus zeigt“*[55]. Ein Jahr später veröffentlichte er eine Apologie seiner Schrift gegen die Kritiken des Pariser Theologen Almain. Dieser hatte geschrieben, über die Autorität des Thomas brauche er sich keine Sorgen zu machen. Cajetan antwortete mit dem von Döllinger gemeinten Satz: *„Die Autorität des Thomas geringzuschätzen, ist nicht gleichgültig; denn die Kirche schätzt ihn nicht gering. Aber angenommen, daß Thomas gering geschätzt wird, dann würde man die von ihm angeführten Kyrill und Maximus ebenfalls geringschätzen.“*[56]

In der gegen die Reformatoren gerichteten Schrift *„De divina institutione Pontificatus Romani Pontificis“* (1521) führt Cajetan eine ganze Reihe von Zitaten aus dem Traktat des Thomas an: fünf Sätze aus Pseudo-Kyrill, dazu Maximus, Pseudo-Kyrill von Jerusalem, Pseudo-Konzil von Chalkedon; hinzu kommen zahlreiche Pseudo-Isidor-Stellen. Das Ganze sollte beweisen, daß die Väter der Kirche den Papst als von Gott in der Person des Petrus eingesetzten Hirten der ganzen Kirche verehrt haben[57].

Dominicus Jacobazzi (1458–1528), an der römischen Kurie tätig, ab 1511 Vicarius urbis, 1517 Kardinal, verfaßte zur Zeit des 5. Laterankonzils seinen Traktat De conciliis, das 1538 in Rom gedruckt wurde. Darin nennt er Kyrill und Chrysostomus für die Behauptung, alle Gewalten in der Kirche seien von Menschen, die des Papstes aber von Gott im Evangelium eingesetzt worden; wer ihm die Vollmacht aberkennt, falle in Häresie. Er argumentiert dann gegen die von Augustin gestützte Auffassung, Petrus hätte als Zeichen der Kirche die Schlüsselgewalt empfangen; diese Gewalt könne nicht in der Menge existieren, sondern in einer Person allein. Dafür zitiert er wiederum den Pseudo-Kyrill und folgert: *„Und daher wird die römische Kirche im Papst repräsentiert“*[58]. Weiter führt er den Pseudo-Kyrill für die Behauptung an, daß die Jurisdiktionsgewalt von Anfang an nur an Petrus gegeben worden sei[59]. Es folgt auch noch ein Hinweis auf weitere Kyrill-Zitate im Traktat des Thomas gegen die Griechen[60]. Jacobazzi verwendet ausgiebig das Werk des Torquemada.

Zu dieser Zeit benutzten die Fälschungen auch der päpstliche Hoftheologe Sylvester Prierias (1456–1523) in einer 1520 gegen Luther verfaßten Schrift und der Kurienbischof Tommaso de Campeggio (1483–1564), einer der Väter des Konzils von Trient[61].

Mit den Fortschritten des Buchdrucks kam es auch zu einer besseren Kenntnis der Texte der Kirchenväter. Im Jahr 1658 edierte Johannes Nicolai die Catena des Thomas; er vermerkte, daß das Zitat aus Pseudo-Kyrill in den vorhandenen Werken des Kyrill von Alexandrien nicht zu finden war[62]. Der Thesaurus des

Kyrill von Alexandrien wurde seinerseits 1513 in Paris und 1576 in Leiden ediert[63]. So konnte es auf die Dauer nicht verborgen bleiben, daß die von Thomas angeführten Zitate nicht in den bekannten Werken des Kyrill von Jerusalem vorkamen.

Der spanische Dominikaner Melchior Cano (1509–1560), Professor in Valladolid, Alcalá und Salamanca, 1551–1552 kaiserlicher Theologe im Konzil von Trient, ein scharfer Gegner der reformatorischen Lehre, Gutachter im berühmten Prozeß gegen den Erzbischof Carranza, fand in seinem Werk über die theologischen Einleitungsfragen hierfür eine erste Erklärung: die Häretiker hätten alles aus dem Buch des Kyrill gelöscht, was zur Autorität des Papstes gehörte[64].

Der Jesuitenkardinal und Haupttheologe der Gegenreformation Robert Bellarmin (1542–1621) ging aber mit größerem Scharfsinn auf die Echtheitsfrage ein. Bellarmin war 1570–1576 Professor in Löwen, wo er sein Werk De scriptoribus ecclesiasticis verfaßte. Darin bemerkt er: *„Man nimmt an, der Thesaurus sei unvollständig; denn von Thomas von Aquin wird vieles in seinem Opusculum de erroribus graecorum aus dem Thesaurus zitiert, die sich in diesen Büchern nicht finden.“*[65]

Als Professor im Römischen Kolleg verfaßte er dann 1576–1588 sein Hauptwerk, die Kontroversen. Darin zitiert er den Pseudo-Kyrill für die Behauptung, Petrus sei das Haupt und habe den Primat inne, mit der Bemerkung: *„wenn wir den heiligen Thomas im Opusculum contra graecos glauben“*[66]. Ob dieser Satz einen Zweifel an die Echtheit der Stelle ausdrücken sollte, ist nicht ganz klar. Jedenfalls zitiert er später zwei weitere Stellen als Begründung des Satzes, der Papst sei der Nachfolger des Petrus in der kirchlichen Monarchie, und fügt dann hinzu: *„Diese Worte befinden sich nicht in den Büchern des Thesaurus, die jetzt vorhanden sind, aber sie werden vom heiligen Thomas im Opusculum contra Graecos und vom griechischen Autor Gennadios Scholarios im Buch über den Primat des römischen Pontifex zitiert. Es ist bekannt, daß viele Bücher des Thesaurus verlorengegangen sind; denn im 6. Konzil, 10. Sitzung wird das Buch 32 des Thesaurus des Kyrill zitiert, während zu unserer Zeit nur 14 Bücher existieren. Außerdem behauptete der Bischof Andreas von Kolossa im florentinischen Konzil, 7. Sitzung, im Thesaurus des Kyrill sei die Autorität des römischen Pontifex wunderbar verkündet, und keiner der Griechen widersprach“*[67]. Schließlich beruft sich Bellarmin zweimal auf Pseudo-Kyrill im Abschnitt über die Unfehlbarkeit des Papstes[68]. Diese Stellen hat er in den am Ende seines Lebens geschriebenen Recognitiones nicht verbessert[69], was zeigt, daß er weiter an ihnen festhielt.

Kurz danach übernahm Antonio Possevino (1533–1611), Bellarmins Argumente[70]. Possevino war seit 1559 Jesuit und wirkte bis 1587 als mitunter verwegener kirchlicher Diplomat, erreichte z. B. als Edelmann verkleidet den Anschluß des schwedischen Königs Johann III., der eine polnische Prinzessin geheiratet hatte, an die römisch-katholische Kirche (er war allerdings dann über den vermittelnden Kurs des Königs enttäuscht); er verhandelte auch 1582 den Frieden zwischen Polen und Rußland. Zurück in Italien, war er als Hochschullehrer tätig und verfaßte mit Hilfe seiner Ordensbrüder ein umfangreiches theologisches Werk, darunter der Apparatus sacer, ein Autorenlexikon mit 8000 Kurzbiographien. Die Werke von Bellarmin und Possevino galten lange als klassisch. Döllinger–Reusch betonen, daß die Lehre der Unfehlbarkeit des Papstes vom Vatikanum I in der Fassung des Bellarmin verkündet wurde[71].

Der in Chios geborene Leo Allatius (1586–1669), Skriptor und Bibliothekar in Rom, Lehrer am griechischen Kolleg, edierte griechische Texte und schrieb über die Unionsfrage sein Werk *„De ecclesia occidentalis atque orientalis perpetua consensione libri III“*. U. a. setzt er sich für die Echtheit der angeblichen Schrift des Gennadios Scholarios ein: es sei eine Verleumdung, zu behaupten, unierte Griechen hätten diese Schrift zusammengestellt; *„denn die Lateinische Kirche hat nie solche falschen Hilfsmittelchen gebraucht, um ihr Dogma zu bestätigen, da sie von anderswoher die Dogmen genug befestigt und bekräftigt“*[72] – was im Zusammenhang unserer Untersuchung sonderbar klingt. Da Gennadios als griechischer Zeuge für die Echtheit der Pseudo-Kyrill-Zitate galt, ging es indirekt auch um diese.

Andere Autoren benutzten weiter die Fälschungen, ohne sich die Echtheitsfrage zu stellen. So zitierte André Duval (1564–1638), ab 1597 Lektor der Theologie an der Sorbonne, Beichtvater des Vinzenz von Paul, die Fälschung in seinem 1614 veröffentlichten und gegen S. Vigor, einem Anhänger Richers gerichteten Werk De suprema Romani Pontificis in Ecclesia Potestate: Petrus sei nicht von den Aposteln gewählt, sondern von Christus als Fürst mit der Fülle der Gewalt eingesetzt worden; Kyrill hätte ihn *„unter Wahrung der Verhältnismäßigkeit“* mit Christus verglichen[73].

Der Jesuit Louis Cellot (1588–1658), Professor für Exegese, Rektor verschiedener Kollegien und 1654 Provinzial für Frankreich, begründete 1641 in seinem Werk über die Hierarchie die plenitudo potestatis mit Bernhard von Clairvaux und zwei Pseudo-Kyrill-Stellen aus dem Traktat gegen die Griechen. Nach ihm ist der Papst in der Kirche *„primum efficiens principium, causa universalis, absolute Princeps et Monarcha et Hierarcha“*, dem es zusteht, das Ziel und die Mittel zum Ziel zu bestimmen, Glaubensfragen zu entscheiden, alle anderen Patriarchen und Bischöfe ein- und abzusetzen und sie für seine Zwecke als Delegierte zu senden. Neben Zitaten aus Cyprian und Hieronymus benutzte er hier vor allem die philosophischen Prinzipien des Aristoteles. Sein Buch wurde noch im gleichen Jahr von der Versammlung des französischen Klerus verurteilt, allerdings aus anderen Gründen[74].

Der Jesuit und Polemist Théophile Raynaud (1583–1663) verfaßte 1647 gegen Barcos, den Neffen von Saint-Cyran, das Werkchen *„De bicipite Ecclesia sub SS. Petro et Paulo"*; später gab er das mehrbändige Werk *„Corone aurea super mithram romani pontificis"* heraus; Döllinger meint in seiner Notiz vermutlich diesen letzten Titel[75].

Der erste, der sich gegen Bellarmins Argument wandte, war wohl der anglikanische Theologe John Reynolds (Rainolds) (1549–1607). Dieser war Fellow des Corpus Christi College in Oxford, dann Dean von Lincoln. 1604 vertrat er die Anliegen der Calvinisten in der Hampton Court Conference. Berühmt war sein Dialog mit John Hart, aus dem der französische Theologe Rivet Argumente schöpfte[76].

André Rivet (1572–1651), ein orthodoxer Calvinist, war 1620 Professor in Leiden, 1632 Hofkaplan bei Friedrich Heinrich von Oranien im Haag und Erzieher des Kronprinzen Wilhelm II., 1642 Kurator der *„Illustre School"* in Breda und Mitarbeiter der *„Synopsis purioris theologiae"*. In seinem Werk *„Critici sacri"* argumentiert er gegen Bellarmin: Die Einteilung des Thesaurus in 14 Bücher sei von Georg von Trapezunt vorgenommen worden, hätte also nichts mit der Zitierung auf dem 6. Konzil von Konstantinopel zu tun. Dort hätte man eine frühere Einteilung benutzt. Rivet beweist, daß die zitierte Stelle des Buches 32 sich im Buch 12 der jetzigen Zählung befindet. Die Schrift des Gennadios sei vermutlich gefälscht. Rivet sagt, Thomas von Aquin sei der erste gewesen, *„der aus den Büchern des Thesaurus des Kyrill die Tyrannei des römischen Pontifex behauptet"* hätte[77].

Auf katholischer Seite war es zuerst Jean de Launoy (1603–1678), ab 1643 königlicher Buchzensor in Paris, der gegen Bellarmins Argumente auftrat. Launoy war einer der gelehrtesten Männer seiner Zeit. In zahlreichen Untersuchungen schrieb er gegen volkstümliche Vorstellungen und römische Lehren. Er war kein Jansenist, verteidigte aber 1656 Arnauld gegen die Sorbonne. Seine wöchentlichen Konferenzen mit Gelehrten wurden 1676 von Ludwig XIV. verboten. In zwei Briefen aus dem Jahr 1664 führt er die entscheidenden Argumente gegen die Echtheit: Das Buch des Thesaurus handle von der Trinität; Kyrill schreibe immer sehr präzis und schweife nicht vom Thema ab; so könnten diese Stellen nicht aus diesem Buch stammen. Gennadius sei von den Lateinern betrogen, oder wollte betrogen werden. Der Bischof, der sich in Florenz auf Kyrill berief, hat ihn dann nicht angeführt, als er Gelegenheit gehabt hätte, das Buch zu zeigen. In seinen echten Schriften vertrete Kyrill eine andere Lehre über Petrus, wie auch andere Väter und Päpste, z. B. Chrysostomus, Cölestin und Leo I. Der Verfasser sei ein Lateiner, der nicht einmal seine eigene Sprache richtig beherrsche. Kyrill hätte nicht schreiben können, die Kirche Roms regiere allein, da zu seiner Zeit Rom und Alexandrien zusammen als Garanten des Glaubens angesehen worden wären[78]. Die Worte *primates ecclesiarum et populorum* gehörten nicht zum Wortschatz des Kyrill, sondern des Pseudo-Isidor. Die Stellen könnten also genausowenig von Kyrill sein als von Vergil oder Hesiod. Thomas habe sie auch nur in seiner Jugend verwendet, als er älter, wurde habe er sie nicht mehr angeführt. Auch Baronius, ein gelehrter Zeitgenosse des Bellarmin und wie er Anhänger der Papstlehren, hätte die Stellen nicht verwendet[79]. In einem dritten Brief zeigt Launoy auch die Fälschungen bei den anderen aus dem Libellus zitierten Kirchenvätern an[80].

Gegen Launoy veröffentlichte 1666 der Dominikaner Vincent Baron (1604–1674) eine Apologie, in der er vor allem geltend machte, Thomas habe auch aus anderen Werken zitiert, die inzwischen verlorengegangen seien, wie Cicero *„de republica“* und Livius *„Decadae“*[81]. Launoy zeigte in einem Antiapologetischen Brief, daß man mit diesem Prinzip allein jegliche Fälschung für echt erklären könnte[82].

Louis Ellie Du Pin (1657–1719), 1684 Doktor der Sorbonne, auch er ein Mann von großer Gelehrsamkeit, vertrat die gallikanische Richtung und stand dem Jansenismus nahe. Er würdigte positiv die Reformation und stand in Gesprächen mit dem anglikanischen Erzbischof Wake von Canterbury. Bossuet ließ ihn durch das Parlament verurteilen. In seinem 1691 veröffentlichten Werk übernimmt Du Pin Argumente von Launoy und führt sie weiter: Wer von den lateinischen oder griechischen Vätern habe je den Bischof von Rom so geschmeichelt wie hier? Wie könnte eine solche Stelle in eine Abhandlung über die Trinität aufgenommen werden, da sie in keinem Verhältnis zu diesem Thema steht? Wer hat je gesagt, wir sollten wie Glieder in unserem Haupt, dem apostolischen Sitz des Papstes bleiben? Hat Cyrill diese Worte zu den Bischöfen Ägyptens gesprochen? Vor Thomas hätte niemand diese Stelle zitiert. Thomas hätte wohl die Schrift des Cyrill nicht gesehen, denn sie war damals nicht in Büchern eingeteilt, während Thomas *„aus dem 2. Buch“* zitiert[83].

Die Argumente von Rivet und Du Pin wurden wiederholt von Casimir Oudin (1638–1717), ab 1658 Prämonstratensermönch, der nach einer Reise nach Holland sich 1683 in Paris niederließ und in Verbindung mit reformierten Theologen trat; er zog 1692 nach Holland und wurde Bibliothekar der Universität in Leiden[84].

Die Schrift *„L'état présent de la faculté de théologie de Louvain“* erschien 1701. Ob sie von Pasquier Quesnel (1634–1719) verfaßt wurde, ist ungewiß[85]. Nach Döllinger enthielt sie einen Hinweis auf die zweifelnde Äußerung von Bellarmin im ersten Buch der Kontroversen[86].

Der angesehene Benediktinerforscher Remi Ceillier (1688–1763) bestätigte schließlich in seiner „*Histoire générale des auteurs sacrés et écclesiastiques*" (1729) die Fälschung. Obwohl die Jesuiten ihm jansenistische Tendenzen vorwarfen, war Celliers Gelehrsamkeit und Frömmigkeit allgemein anerkannt. Er betonte noch einmal, daß dieser Text der Sprache der Kirchenväter nicht entspricht, sich in keiner der griechischen Handschriften befindet, und auch von niemanden vor Thomas von Aquin zitiert wurde[87]. Schon 1722 hatte der Dominikanerforscher Jacques Echard (1644–1724) ein Pochen auf die Fälschungen als zwecklos bezeichnet[88].

Interessant ist die Stellungnahme des russisch-orthodoxen Erzbischofs von Novgorod, Theophanos Prokopowicz (1681–1736). Er handelt von den Thomas-Zitaten über den Ausgang des Heiligen Geistes, nicht über die Primats-Stellen; aber seine Ausführungen haben grundsätzliche Bedeutung: Die Stellen befänden sich nicht in den Schriften des Athanasius und widersprächen offen seiner Lehre; sie röchen den Stil der neueren Scholastiker, bedienten sich einer barbarischen Sprachform und erklärten in ungewohnter Form die Worte der Heiligen Schrift. Er fragt dann, warum Thomas so sorglos mit den Zitaten umgegangen ist: „*War etwa seine Handschrift so verdorben? . . . Warum hat er dann in einer so wichtigen Frage keine anderen Handschriften zu Rate gezogen? . . . Es gab doch welche, und ihm standen reiche Bibliotheken offen. Wohin ist dann diese so verdorbene Handschrift geraten? . . . Warum zitiert Thomas auch andere Väter völlig falsch? War es das Schicksal des Thomas, nur verdorbene Handschriften zu benutzen?*"[89].

Trotz der immer deutlicher bewiesenen Unechtheit der Thomas-Zitate haben päpstliche Autoren entweder sie sorglos weiterbenutzt oder sogar versucht, die Gegner mit Beschimpfungen zu diskreditieren. Bis 1720 wurden außerdem sämtliche Werke der Kritiker auf den römischen Index gesetzt, was viele daran hinderte, ihre Argumente zur Kenntnis zu nehmen[90].

So berichtet Oudin, daß der Jesuit Philippe Labbe (1607–1667) den Argumenten von Rivet mit „*zahlreichen, einem Gelehrten völlig unwürdigen Beleidigungen*" geantwortet hätte[91]. Der Katalauner Johannes Thomas de Rocaberti (1624–1699), ein scharfer Gegner der Gallikaner, 1664 Generalmeister des Dominikanerordens, 1677 Erzbischof von Valencia, dort zweimal Vizekönig, 1695 Großinquisitor für Spanien, sammelte in seiner Bibliotheca Maxima Pontificia alle ihm verfügbaren Werke, die die päpstlichen Lehren vertraten; er schrieb 1698 in seiner Einleitung zum Pseudo-Gennadios, Rivet hätte zwar die Echtheit dieser Schrift angezweifelt; es wäre aber nichts anderes zu erwarten gewesen von einem Menschen, „*der bis zum Irrsinn und zur Tollwut gegen den Papst und die Katholische Kirche aufgebracht*" sei, „*von der er als ein verfaultes Glied hinausgeworfen wurde*"[92]. Ein Jahr später veröffentlichte Rocaberti in seiner

Sammlung die Teile über den Primat aus dem *Contra errores Graecorum;* ohne die Echtheitsfrage zu beachten, wies er in seiner Einleitung auf die Ehrungen hin, die Thomas von Päpsten und westlichen Konzilen empfangen hatte[93], – wohl aber nicht wegen seines Traktats gegen die Griechen.

Ein gewisser Jacobus Venantius (Naureus Carmelita) wurde seinerseits 1665 wegen einer Schrift gegen die französische Hierarchie, in der er die Pseudo-Kyrill-Stellen benutzte, von der Pariser Universität verurteilt[94].

Dominikus von der Trinität (Antoine Tardy, 1616–1687), ein unbeschuhter Karmelit, 1644 Generalinquisitor auf Malta, 1659–1665 Ordensgeneral in Rom, schrieb 1666 im dritten Band seiner Bibliotheca theologica über den Primat des Papstes: Thomas von Aquin hätte in seinem Traktat gegen die Griechen ad hominem mit Zitaten der griechischen Väter bewiesen, daß der Papst der erste und größte der Bischöfe sei, der den universalen Vorsitz in der ganzen Kirche Christi sowie die Fülle der (Jurisdiktions-)Gewalt innehabe, der Nachfolger des Petrus in der diesem von Christus verliehenen Gewalt sei, sowie daß es ihm gehöre, den Inhalt des Glaubens zu bestimmen[95]. Er fügte eine Stelle des Pseudo-Kyrill und eins der abgeänderten Maximus-Zitate hinzu[96].

Nach Reusch wurde in der Jesuitenzeitschrift Mémoires de Trevoux (1701–1762) die Behauptung aufgestellt, „*Thomas habe die im Libellus citirten Stellen in den Werken der betreffenden Kirchenväter (und den Concilienacten) nachgeschlagen und nur diejenigen, die er dort gefunden, in seinem Opusculum verwendet*“[97]; es handelt sich selbstverständlich um eine grundlose Behauptung.

Der spanische Dominikaner Bernardo Ribera, königlicher Gesandter beim russischen Parlament, veröffentlichte 1734 sein von Döllinger angeführtes *Echo* fidei, wohl als Kommentar zum Werk des Moskauer Metropoliten Stephan Jaworski, der die Einheit der gegenreformatorischen Theologie im Osten und im Westen betont hatte[98].

Sein italienischer Ordensbruder Bernardo Maria de Rubeis (1687–1775), ein fleißiger Forscher, gab ab 1745 die theologischen Werke des Thomas von Aquin heraus. In der Einleitung zu den Opuscula schreibt er, Thomas habe zwar die griechische Sprache nicht beherrscht, aber fähige Übersetzer bei sich gehabt. Die Frage, ob die Stellen im Libellus echt seien, habe sich Thomas überhaupt nicht gestellt; er habe auch nicht anders zitieren können, da er die Stellen vom Papst selbst empfangen hätte. In der Einleitung zu der Summa theologiae gibt er aber zu, daß die Stelle des Kyrills, von der die Zitate des Thomas nur Fragmente seien, unecht sei[99].

Der vor allem als Moraltheologe bekannte Alfons von Liguori (1696–1787), Gründer der Redemptoristen, 1762–1775 Bischof von Sant'Agata de' Goti, schloß in seinem Hauptwerk eine „*Dissertatio de romani Pontificis auctoritate*“ ein. Besonders unkritisch zitiert er dort fast nur aus zweiter Hand. Als Beleg für die Unfehlbarkeit des Papstes führt er ein Pseudo-Kyrill-Zitat und die angebliche Stelle des Konzils von Chalkedon an, dazu eine verdorbene Stelle aus Irenäus. Von der längst bewiesenen Unechtheit der Zitate sagt er nichts[100].

Im Oktober 1888 teilte Reusch Döllinger mit: er habe ein italienisches Buch über die Bestrafung der Häretiker aus dem Jahr 1789 eingesehen; dieses zitiere ganz ungeniert S. Cyrillus apud S. Thomam. Der Verfasser dieses Werkes war der Dominikaner Tommaso Vincenzo Pani (od. Pane), Kommissar der Inquisition, ab 1796 Magister Sacri Palatii (päpstlicher Hoftheologe)[101].

Die Haltung des Leiters der *„römischen Schule"*, des Jesuiten Giovanni Perrone (1794–1876), ab 1824 Professor im römischen Kolleg, den Fälschungen gegenüber scheint nicht ganz eindeutig gewesen zu sein. In seinen 34 Mal aufgelegten *„Praelectiones theologicae"* zitiert er offen keine Pseudo-Kyrill-Stellen, außer in einem Zitat aus William Palmer, der geschrieben hatte, die *„besten"* und von den römischen Theologen ständig benutzten Zeugnisse seien leider unecht. In seiner Antwort schreibt Perrone, er habe gefälschte Zitate nicht nötig, geht aber auf die Pseudo-Kyrill-Frage nicht ein[102].

Der ungarische Bischof Augustin Roskovany (1807–1892) zitierte noch 1867 in seinem Werk „Romanus Pontifex" eine Stelle aus Pseudo-Kyrill, zu der er auch noch eine angebliche Fundstelle im Thesaurus angab, um die Sache sicherer erscheinen zu lassen[103].

Ohne die Quelle zu nennen benutzt das Vatikanum I in der Konstitution *„Pastor aeternus"* das charakteristische pseudo-kyrillische Bild von den im römischen Stuhl mit ihrem Haupt verbundenen Gliedern[104]. Wie beim Pseudo-Kyrill wird gelehrt, daß Christus den Petrus allein die höchste Jurisdiktionsgewalt verliehen habe[105]. Von einem indirekten Einfluß über Bellarmin haben wir schon gesprochen[106].

Der Entdecker und Herausgeber des Libellus, Pietro Antonio Uccelli, war selbst überzeugt, damit einen Beweis für die Zuverlässigkeit der Zitate des Thomas von Aquin geliefert zu haben. Er sammelte eine Menge von Fundstellen, um zu beweisen, daß sie wenigstens *ad sensum* bei den entsprechenden Kirchenvätern zu finden seien[107]. Erst 1903 hat P. Gardeil Uccellis Fundstellen nachgeprüft und festgestellt, daß sie nicht das beweisen, was dieser damit begründen wollte[108]. Damit waren die 300 Jahre dauernden Rückzugsgefechte um die Echtheit der Pseudo-Kyrill-Stellen zu ihrem Ende gekommen.

Sowohl aus Zeit- als auch aus Platzgründen mußte diese Untersuchung auf das hier erreichte Maß beschränkt bleiben. Vieles wäre noch zu ergänzen oder zu vertiefen. Verschiedene Werke konnten bis jetzt nicht beschafft werden; bei anderen wären weitere Untersuchungen angebracht[109]. Es lassen sich aber schon jetzt, freilich nur in der Form einer Zwischenbilanz, einige Ergebnisse nennen:

a) Der Libellus ist in enger Verbindung mit der römischen Kurie entstanden und gebraucht worden. Er ist von einem ehemaligen Beamten der römischen Kanzlei, der dann als Titularbischof in päpstlichem Auftrag mit dem griechischen Kaiser verhandelte, 1252–1254 zusammengestellt worden, um diesen mit gefälschten Zitaten von der Richtigkeit der westlichen Auffassungen zu überzeugen. Es wurden dabei Akten benutzt, die nur in der päpstlichen Kanzlei vorhanden waren. Thomas von Aquin lernte 1256 bei seinem Aufenthalt in Anagni mindestens Teile des Libellus in einer etwas erweiterten Version kennen, die später Jakob von Viterbo benutzt hat. Der Papst Urban IV. verwendete 1261 Texte des Libellus in einem Brief an den Kaiser, wohl im Bewußtsein, daß er damit den schon vorbereiteten Boden nutzte. Er bat zwei Jahre später Thomas von Aquin, ein Gutachten über den Libellus zu schreiben, was Thomas in der Form einer Erklärung mancher Begriffe und eines theologischen Kommentars tat. Es wird berichtet, daß der Papst außerdem den Traktat des Thomas ins Griechische übersetzen ließ. Der von Thomas kommentierte Libellus stand auch Pate für das dem Kaiser Michael Palaiologos vorgeschlagene Glaubensbekenntnis. Der Einfluß dieser Lehren kann bis zur Bulle Unam Sanctam verfolgt werden.

b) Der Personenkreis, der die Zitate benutzt hat, steht ebenfalls in enger Beziehung zur römischen Kurie. Von den 35 hier zitierten Autoren, die die Fälschungen benutzten, waren 13 in Rom als Kurienbeamte oder Professoren tätig; 6 waren Mitglieder der Inquisition, 13 des Dominikanerordens, 6 waren Jesuiten. Von den 8 anderen waren 3 Italiener, 3 ultramontane Theologen aus Frankreich und Ungarn, 2 unierte Griechen.

c) Zur persönlichen Verantwortung des Thomas von Aquin ist zu bedenken, daß ihm hier nicht allein Nachlässigkeit in einer wissenschaftlichen Frage vorgeworfen werden kann. Sein mit Pseudo-Kyrill begründeter Satz, die Leugnung des Jurisdiktionsprimats sei genauso eine Häresie wie die Leugnung des Ausgangs des Heiligen Geistes aus dem Sohn, konnte und sollte zu Zwecken der Inquisition benutzt werden. Obwohl diese Lehre aus politischen Rücksichten nicht überall konsequent angewendet wurde, sind im Laufe der Geschichte zahlreiche Mitglieder der Orthodoxen Kirche Opfer der Inquisition geworden; außerdem wurde der Satz auch im Westen zur Begründung der grausamen Hinrichtung von Gegnern des Papsttums gebraucht. Angesichts dieser absehbaren Folgen wäre eine Untersuchung der Echtheit der Zitate wohl nicht nur wünschenswert, sondern geradezu eine Gewissenspflicht gewesen.
H. Fuhrmann hat in ausführlichen Studien die Psychologie des mittelalterlichen Fälschers untersucht. Danach hätten viele Fälscher mit guten Gewissen gehandelt, weil sie nur einen möglichst verlorengegangenen Beweis wiederher-

stellen wollten, von dessen inhaltlicher Wahrheit sie überzeugt gewesen wären[111]. Inwiefern solche Gesichtspunkte auf Thomas und Urban IV., sowie auf Nikolaus von Crotone zutrafen, müßte demnach noch untersucht werden.

d) Die Verbreitung der Fälschungen läßt sich schon gut verfolgen. Sie fanden rasche Aufnahme sowohl im Orient in der polemischen Literatur gegen die Griechen als auch im Umkreis der päpstlichen Kurie während den Auseinandersetzungen mit Philipp dem Schönen und Ludwig dem Bayer. Nach der Vorherrschaft des Konziliarismus, kam die auf Pseudo-Kyrill gestützte Theologie 1430–1525 wieder zur Herrschaft und zugleich zu ihrem Höhepunkt. Die Zitate wurden dabei zu Hauptpfeilern der Argumentation. Bald danach beginnen aber Zweifel an der Echtheit den sicheren Ton der Apologeten zu trüben. Bellarmins Argument über die wahrscheinlich verlorengegangenen Teile des Thesaurus erlaubte allerdings eine bequeme Beruhigung des wissenschaftlichen Gewissens. Da die Bücher der Gegner auf dem Index gerieten, wurden bis 1720 ihre immer präziseren Argumente entweder nicht zur Kenntnis genommen, oder man versuchte, sie mit persönlichen Angriffen auf ihre Urheber zu diskreditieren. Auch nachdem erlaubte Autoren die Fälschungen angezeigt hatten, hielten sich diese bei Verfassern wie Liguori, Pani, Roskovany oder die Mémoires de Trevoux fest. Der von Hergenröther und anderen unterstützte Versuch Uccellis, wenigstens ähnlich lautende Väterstellen zu sammeln, um die Echtheit wieder wahrscheinlicher werden zu lassen, war naturgemäß auch zum Scheitern verurteilt.

e) Die Zitate wurden vor allem als Beleg für folgende Sätze benutzt:
- Der Sohn Gottes hat dem Petrus und seinen Nachfolgern seine eigene Vollmacht ganz übertragen.
- Christus hat diese Vollmacht dem Petrus allein, nicht aber den anderen Aposteln gegeben, oder aber erst ihm und dann den anderen durch ihn.
- Der Papst allein ist der Nachfolger des Petrus.
- Dem Sitz des Petrus sollen alle Christen, wie die Glieder dem Haupt, anhängen.
- Es ist für jeden Menschen heilsnotwendig, dem Papst zu unterstehen.
- Die römische Kirche bleibt für immer unbefleckt von jeder Häresie.
- Der Papst hat die oberste Vollmacht, Glaubensfragen zu entscheiden.
- Ihm ist auch die oberste Gewalt in weltlichen Dingen gegeben.

Gewiß wurden diese Sätze auch exegetisch-spekulativ begründet. Da es aber kaum brauchbare Väterzitate gab, um zu zeigen, daß diese Exegese auch im Sinne der Tradition wäre, kam den gefälschten Zitaten eine große Bedeutung zu.
Mitunter wurden auch völlig extravagante Ansprüche mit dem Pseudo-Kyrill begründet, z. B. daß der Papst vom göttlichen Recht dispensieren könnte oder

Gewalt über die Engel hätte. Man hat aber manchmal den Eindruck, daß solche absonderlichen Theorien eher hypothetisch aufgestellt wurden, um auch extremen Anhängern des Papstsystems die Möglichkeit zu geben, sich durch Zurechtrücken derselben als gemäßigt auszuweisen.

Hundert Jahre nach Döllingers Tod scheinen diese Themen nichts an Aktualität verloren zu haben. Vielleicht ist seine Botschaft über die Aussagekraft der Tradition heute eher als damals in der Lage, sich Gehör in der Kirche zu verschaffen.

Abkürzungen

BMP = Bibliotheca Maxima Pontificia in qua Authores melioris notae qui hactenus pro Sancta Romana Sede scripserunt fere omnes continentur, ed. Ioannes Thomas de Rocaberti, 21 Bde., Romae 1695–1699.
CEG = Thomas von Aquin: Opusculum contra errores Graecorum ad Urbanum IV (Opera omnia iussu Leonis XIII edita, Bd. 40), Rom 1969.
DB = Ignaz von Döllinger. Briefwechsel, bearbeitet von Victor Conzemius, I–IV, München 1963–1981.
Dondaine: Nicolas de Cotrone = Dondaine, Antoine: Nicolas de Cotrone et les sources du Contra errores Graecorum de Saint Thomas, in: Divus Thomas 28 (1950) 313–340.
Dondaine: „Contra Graecos" = Dondaine, Antoine: „Contra Graecos". Premiers écrits polémiques des Dominicains d'Orient, in: Archivum Fratrum Praedicatorum 21 (1951) 320–446.
DR = Ignaz von Döllinger – Franz Heinrich Reusch. Briefwechsel 1864–1889, bearbeitet von Christian Oeyen und Ewald Keßler (im Erscheinen).
Friedrich: Döllinger III = Friedrich, Johannes: Ignaz von Döllinger. Sein Leben aufgrund seines schriftlichen Nachlasses, Bd. III, München 1901.
Janus = Janus (= Döllinger): Der Papst und das Concil, Leipzig 1869.
Janus² = Döllinger, J. von: Das Papstthum. Neubearbeitung von Janus „Der Papst und das Concil" im Auftrag des inzwischen heimgegangenen Verfassers von J. Friedrich, München 1892.
Libellus = Nicolaus de Cotrone: Liber de fide Trinitatis, in: CEG.
Reiser = Reiser, Antonius: Johannes Launojus testis et confessor veritatis evangelico-catholicae in potioribus fidei capitibus controversiis adversus Robertum Bellarminum et alios quosdam Sedis Romanae defensores vindicatus (Anti-Bellarminus), Amstelodami 1685.
Reusch: Fälschungen = Reusch, Franz Heinrich: Die Fälschungen in dem Tractat des Thomas von Aquin gegen die Griechen (Opusculum contra errores Graecorum ad Urbanum IV.). Aus den Abhandlungen der k. bayer. Akademie der Wiss. III Cl. XVIII Bd. III Abth., München 1889.
STh = Thomas von Aquin: Summa Theologiae.
Tierney: Origins = Tierney, Brian: Origins of Papal infallibility 1150–1350. A study on the concepts of infallibility, sovereignty and tradition in the Middle Ages, Leiden ²1988.

Für Zeitschriften und Nachschlagewerke s. Schwertner, Siegfried (Hrsg.): Internationales Abkürzungsverzeichnis für Theologie und Grenzgebiete, Berlin 1974.

Anmerkungen zum 1. Teil

1 Das im Dezember 1863 datierte Dokument kam erst im Februar 1864 in München an. Vgl. DR: Einl. III, Anm. 9–10.
2 Vgl. DR: Einl. III, Anm. 6.
3 Friedrich: Döllinger III, S. 372–379; DR: Einl. III, Anm. 24 und Text dazu.
4 Vgl. DR: Einl. I, Anm. 26–28.
5 So formulierte er 1869 seine damals gemachten Entdeckungen: Janus, S. 103 f. Vgl. DR: Brief 100, Anm. 12. – Döllinger scheint schon 1863 an Pseudo-Isidor gearbeitet zu haben. Acton schrieb am 28. 1. 1864: *„Ich habe noch keine Ankündigung der Schrift über Pseudoisidor gesehen, die doch bald kommen wird“* (DB: I, S. 331).
6 Vgl. Janus, S. 107–131.
7 Schrörs, Heinrich (Hrsg.): Ignaz Döllingers Briefe an eine junge Freundin, Kempten 1914, S. 184 f. An Charlotte von Leyden schrieb er am 25. 10. 1865: *„Die Constantinische Schenkung war doch im Grunde kein fortgesetzter Betrug; denn die nachfolgenden Generationen durch das Mittelalter hindurch (einzelne von mir bemerkte Ausnahmen abgerechnet) glaubten ernstlich daran, und hegten meistens keinen Verdacht. Der andere große kirchliche Betrug, die Erdichtung der Isidorischen Dekretalen, ist im Grunde schlimmer und seine Folgen sind tiefer greifend gewesen. Aber dieser Betrug ging nicht von Rom aus, und die ganze Welt wurde dadurch getäuscht“* (DB: IV, S. 40).
8 Zitiert bei Friedrich: Döllinger III, S. 343.
9 Speigl, Jakob: Traditionslehre und Traditionsbeweis in der historischen Theologie Ignaz Döllingers, Essen 1964, S. 8.
10 Ebd., S. 8.
11 Döllinger an Acton, 21. 12. 1868 (DB: I, S. 532 f.). Döllinger fügte hinzu: *„Die Leute haben ja ein paar Theelöffel dieser bitteren Medicin schon in den ‚Papstfabeln‘? eingenommen, und damit einen Vorgeschmack: jetzt wird sie ihnen mit Eßlöffeln eingegeben, und wird allerdings Bauchgrimmen verursachen.“* Die Intention des „Janus“ ist hier schon deutlich zu spüren.
12 Vgl. Acton an Döllinger, 23. 11. 1864: *„Was die Infallibilität betrifft, ich bitte bedenken Sie ob nicht diese Frage ziemlich vollständig in meiner Censurgeschichte behandelt werden kann. Etwas muß ich darüber sagen, denen gegenüber die alle meine Enthüllungen gegen die Kirchliche Infallibilität brauchen werden – zur Distinction. Je vollständiger ich das thue, um so besser für meinen Hauptzweck. Sodann, hat mein Buch gewiß viel Eclat, und die Sache würde viel gelesen und studirt werden. Auch ist mein Buch ohnehin verurtheilt, und so würde es einen Kampf, ein Scandal und eine Schwierigkeit (wegen der Herausgabe) weniger kosten. Dann hätten Sie nur den Stoff zu ordnen, und ich nehme das Stückchen Verantwortlichkeit mehr auf mich“* (DB: I, S. 375).
13 Friedrich: Döllinger III, S. 341 f. In der Tat hat auch Bonaventura Schritte zur Unfehlbarkeitslehre hin vollzogen. Vgl. Tierney, Origins, S. 86–92.
14 *„Um die Mitte des dreizehnten Jahrhunderts wurde eine neue umfassende Fälschung ins Werk gesetzt, welche in ihrer Art nicht minder folgenreich wurde, als die pseudo-isidorische. Hatte diese ihren Einfluß neu gestaltend auf die Verfassung und das Recht der Kirche geübt, so drang jene in die dogmatische Theologie ein und beherrschte die Schulen.“ „Am päpstlichen Hofe erkannte man alsbald, wie groß der*

Gewinn sei, daß das, was bisher nur die Juristen und Rechtsbücher gelehrt hatten, nun auch Bestandtheil der Dogmatik, theologische Doctrin geworden war" (Janus, S. 283. 289).

15 Quétif, Jacques – Echard, Jacques: Scriptores Ordinis Praedicatorum, Bd. I, Paris 1736, S. 156 ff.; Neuauflage von Käppeli, Thomas, Bd. I, Rom 1970, S. 247 ff.

16 DR: Brief 20. Im Janus schreibt er Thomas die Unfehlbarkeitslehre zu, s. u. Text zu Anm. 20, 22 und 26. Friedrich (wie Anm. 13) gibt eine zusammengeraffte Schau, die den Eindruck erweckt, alles hätte sich 1864 ereignet.

17 DB: I, S. 532 f.

18 Vgl. DR: Brief 92; Janus^2, Vorwort von Friedrich, S. VII. Damit sind unzutreffende Bemerkungen von Scheeben und Conzemius widerlegt, s. DR: Einl. IV, Anm. 16.

19 Janus, S. 285 f.

20 Janus, S. 286 f.

21 Janus, S. 287 f. Döllinger hat hier Sätze zusammengefaßt, die Thomas aus Ps.-Kyrill (CEG II, 34. 35; Catena aurea ad Mt 16c) und aus einer verunstalteten Stelle des Maximus im gleichen Libellus (CEG II, 36) entnommen hatte. Der letzte Satz gibt die Lehre des Thomas in STh II/II, q. 1, art. 10; q. 11, art. 2, 3 wider, wie die Anmerkung im Janus es vermerkt. An diesen Stellen der Summa hat Thomas die gefälschten Zitate nicht angeführt; sie stehen aber in der Linie des auf Ps.-Kyrill gestützten CEG II, 36–37.

22 Döllinger, Ignaz v.: Briefe und Erklärungen über die Vaticanischen Decrete 1869–1887, München 1890, S. 4.

23 Döllinger: Briefe, S. 34.

24 S. Gratry, Alphonse: M. l'Éveque d'Orléans et Mgr. l'Archéveque de Malines. 1ère.-4ème Lettre à Mgr. Dechamps, Paris 1870.

25 Über die Unfehlbarkeit bzw. Lehrgewalt des Papstes, wie aus dem Kontext hervorgeht. Hergenröther, Joseph: Kritik der v. Döllinger'schen Erklärung vom 28. März d. J., Freiburg i. Br. 1871, S. 31 zitiert nur diesen einen Satz und erweckt so den Eindruck, Döllinger hätte gemeint, Thomas habe allgemein nur gefälschte Vätertexte benutzt.

26 Döllinger: Briefe (wie Anm. 22), S. 84–86.

27 Döllinger: Briefe, S. 75 f. Über Perrone vgl. auch Quirinus: Römische Briefe vom Concil, München 1870, S. 109: *„Wie würde diese der Curie dienende, im Concil aber herrschende romanische Mehrheit . . . es aufnehmen, wenn ein verwegener Deutscher oder Franzose die landläufige Unfehlbarkeitsbelege z. B. eines Perrone mit der Fackel der Geschichte und Kritik beleuchten wollte?"*

28 Küry, Urs: Die Altkatholische Kirche. Ihre Geschichte, ihre Lehre, ihre Anliegen, Stuttgart ^{2}1978, S. 445 f.

29 Reali, Alessandro: San Tommaso e l'infallibilitá, Roma 1870; Bianchi, Raimundo: De constitut. monarch. eccl. et de infall. Rom Pontificis iuxta D. Thom Aqu. eiusque scholam in Ord. Praedic., Rom 1870.

30 S. Hergenröther, Joseph: Anti-Janus. Eine historisch-theologische Kritik der Schrift ‚Der Papst und das Concil' von Janus, Freiburg i. Br. 1870, S. 116 f.

31 Vgl. Hergenröther, Joseph: Kritik der v. Döllinger'schen Erklärung vom 28. März d. J., Freiburg i. Br. 1971, S. 31 f.

32 Raich, J. M.: Die Erklärung Döllinger's vom 28. März 1871, in: Katholik 51 (1871) Bd. 1, S. 564, 507. Raich (1832–1907) war Sekretär von Bischof Ketteler.

33 Döllinger, Johannes Joseph Ignaz: Kleinere Schriften, gedruckte und ungedruckte, Stuttgart 1890, S. 432. Zum Hinweis auf den tridentinischen Eid, die Schrift immer im Sinne der Väter auszulegen, vgl. Döllinger: Briefe und Erklärungen (wie Anm. 22), S. 74f.

34 Daß die Schrift im Licht der Tradition verstanden werden muß, war auch im Mittelalter allgemein anerkannt; vgl. Tierney: Origins, S. 16; patristische Texte bei Congar, Yves: Die Tradition und die Traditionen, Mainz 1965, bes. S. 48–55, 66–70.

35 S. Uccelli, Pietro Antonio: De' testi esaminati da S. Tommaso d'Aquino nell' opuscolo contro gli errori de' Greci relativamente all' infallibilità pontificia, in: La scienza e la Fede 30 (1870) 261–321. Auszüge in: Katholik 51 (1871) Bd. 2, 214–224. Uccelli versucht hier, die Echtheit der Zitate zu beweisen, und erwähnt nur in einem Satz (S. 216) die Handschrift in der vatikanischen Bibliothek.

36 Vgl. Janus[2], S. 449, Anm. 289.

37 Leitner, Franz Xaver: Der hl. Thomas von Aquin über das unfehlbare Lehramt des Papstes, Freiburg i. Br. 1872.

38 Reusch an Döllinger, 1. 11. 1872 (DR: Brief 56 mit Anmerkungen).

39 Döllinger an Langen, 14. 4. 1887; zitiert bei Friedrich: Döllinger III, S. 672. Über Döllingers Nachlaß wurde berichtet: *„Was er über den Ps. Isidor gesammelt, ist geradezu massenhaft"*; zitiert bei Fuhrmann, Horst: Einfluß und Verbreitung der pseudoisidorischen Fälschungen, Bd. I, Stuttgart 1972, S. 4. Für seine (nicht immer zutreffenden) Zitate über Döllinger (S. 3 f.) gibt Fuhrmann keine Quelle an. Wen er hier als Döllingers Sekretär bezeichnet, ist auch nicht klar.

40 Quétif-Echard (wie Anm. 15), Bd. I, S. 158. Angegeben werden die Handschriften Colbert 2567 und 3285. Es sind dieselben, die Reusch für seine Ausgabe benutzt hat, vgl. Reusch: Fälschungen, S. 36 bzw. 708. Friedrich: Döllinger III, S. 342, läßt Döllinger Kopien der Handschriften schon vor der Verfassung des Janus besorgen. Der Brief an Michaud (s. Anm. 41) beweist, daß dieses erst 1874 geschah.

41 Döllinger an Michaud, 11. 6. 1874, in: RITh 7 (1899) 253 f. Michaud unternahm einen Versuch, den vollständigen Text des Werkes von Bonacursius selbst zu veröffentlichen, und schrieb an Alexander Kireev mit der Bitte um russische Zuschüsse zu diesem Zweck. Der Oberst antwortete aber ziemlich abweisend; der Sinn dieser Veröffentlichung schien ihm nicht eingeleuchtet zu haben (Kireev an Michaud, 30. 7. 1874: Archiv Michaud, Bern). Die Sache hatte noch ein kleines Nachspiel, denn Döllinger schlug vor, Michaud das Honorar für den Kopisten bei der Unionskonferenz im September 1874 zu übergeben, war aber dann in der Konferenz zu beschäftigt und mußte schließlich das Geld im Oktober 1874 doch überweisen (Vgl. Döllinger an Michaud, 31. 7. 1874, 30. 9. 1874, Michaud an Döllinger, 2. 10. 1874: Archiv Michaud, Bern; Oeyen, Christian: Die Entstehung der Bonner Unionskonferenzen im Jahr 1874 [Masch. Habil.-Schrift, Bern 1972, Kap. 6]).

42 Döllinger legte großen Wert auf seine akademischen Vorträge. Im Stil von historischen Essays wandte er sich darin an ein breiteres, gebildetes Publikum, indem er Themen aus der Vergangenheit wieder lebendig werden ließ, die eine Beziehung zum kirchlich-weltlichen Zeitgeschehen hatten. Er ließ darin vieles aus seinen theologisch-kirchenhistorischen Forschungen einfließen. Von großer theologischer Bedeutung sind vor allem die Vorträge über Dante als Prophet, die Geschichte der Religionsfreiheit und die Juden in Europa. Vgl. Döllinger, J. v.: Akademische Vorträge, I–III, München 1888–1891.

43 Reusch, Franz Heinrich: Der Index der verbotenen Bücher, I–II, Bonn 1883–1885. Auf Anregung Döllingers entstand u. a. auch ein Werk von Charlotte Blennerhasset über Madame de Maintenon. Über Döllingers Verhältnis zu Reusch und seine vielfältige Unterstützung des Alt-Katholizismus vgl. DR: Einl. II, VI, VII; IKZ 80 (1990) 67–105.

44 Für die alt-katholische Bewegung, die sich gerade auf diese Bestrebungen als Vorläufer beruft, wäre eine solche Arbeit von großer Wichtigkeit gewesen. Vgl. DR: Einl. VIII, Brief 176, Anm. 8.

45 Reusch an Döllinger, 15. 10. 1885 (DR: Brief 94).

46 Döllinger an Reusch, 18. 10. 1885 (DR: Brief 95).

47 Vgl. DR: Brief 97, Anm. 2.

48 Vgl. Döllinger, J. J. I. v. – Reusch, F. H.: Die Selbstbiographie des Cardinals Bellarmin, Bonn 1887. Bellarmin nahm an verschiedenen kirchlichen Intrigen teil, befürwortete den Religionskrieg und war als aktives Inquisitionsmitglied für mehrere Ketzerhinrichtungen mitverantwortlich. Die Biographie zeigt eine gewisse naive Selbstgefälligkeit und deckt kompromitierende Einzelheiten auf, vor allem in Zusammenhang mit der Vulgata-Ausgabe des Papstes Sixtus V. Vgl. DR: Brief 100.

49 S. Döllinger, I. v. – Reusch, F. H.: Geschichte der Moralstreitigkeiten in der römisch-katholischen Kirche seit dem sechzehnten Jahrhundert mit Beiträgen zur Geschichte und Charakteristik des Jesuitenordens, Nördlingen 1889.

50 Die oft vertretene Ansicht, Döllinger habe sich nach 1870 von der theologischen Arbeit zurückgezogen und sich nur noch mit speziellen, profangeschichtlichen Fragen beschäftigt, entspricht nicht den Tatsachen. Der ganze Plan macht deutlich, daß es Döllinger noch 1885 um die Ergänzung und Belegung des Janus ging bzw. um die Veröffentlichung derjenigen Teile seiner geplanten Papstgeschichte, die Argumente gegen die Lehren des Vatikanum I lieferten. Auch die Akademischen Vorträge behandeln oft theologisch relevante Themen wie Religionsfreiheit, Antisemitismus, christliche Prophetie, Jansenismus und Teile der Papstgeschichte. Daß diese meist in einem größeren historischen Rahmen eingebettet sind, entspricht Döllingers Ansicht, wonach Kirchengeschichte und europäische Geschichte sich gegenseitig beleuchten und ergänzen. Vgl. DR: Einl. VIII, bes. Anm. 1–4.

51 Reusch an Döllinger, 26. 1. 1886, Nr. 4 (DR: Brief 101).

52 Einen Eindruck über das Ausmaß dieser Literatur geben die Arbeiten von Loenertz und Dondaine (vgl. Anm. 89, 90, 92) und Dondaine: „Contra Graecos". Es werden insgesamt 18 solche Traktate gezählt; vgl. Stegmüller, Friedrich: Bonacursius contra graecos. Ein Beitrag zur Kontroverstheologie des XIII. Jahrhunderts, in: Vitae et Veritati. Festschrift für Karl Adam, Düsseldorf 1956, S. 57.

53 Vgl. Anm. 35. Am 15. 3. 1886 kündigte Reusch einen Besuch in München an, bei welchem er auch Döllinger *„bei der Fertigstellung der Schriften über den Thesaurus des Bonacursius und über die Fälschungen"* helfen wollte (DR: Brief 103).

54 Reusch an Döllinger, 8. 12. 1885 (DR: Brief 98).

55 Vgl. Friedrich: Döllinger III, S. 676; Reusch an Döllinger, 24. 6. 1888: *„Nach den Angaben des Uccelli, von welchem ich Ihnen sprach, schließt sich Thomas genauer als an Bonacursius an den Text der Römischen Handschrift an"* (DR: Brief 155); Reusch an Döllinger, 26. 10. 1888 (DR: Brief 159): Hier spricht Reusch vom *„Libellus ... den Thomas im Opusculum contra Graecos benutzt hat"*.

56 Jean de Launoy (1603–1678), vgl. 2. Teil, Anm. 7 und Text dazu: Brief 163.

57 Reusch an Döllinger, 10. 12. 1888 (DR: Brief 163).

58 Döllinger an Reusch, 13. 12. 1888 (DR: Brief 164). Thomas hatte nicht die Aufgabe, die Zitate auf ihre Echtheit hin zu prüfen, sondern sie spekulativ zu deuten. Er hat darum in den ersten 32 Kapiteln seines Traktats die Stellen, die im Sinne der mittelalterlichen westlichen Scholastik mißverständlich oder inkorrekt erschienen, gedeutet bzw. berichtigt. Die Echtheit seiner Quelle hat er überhaupt nicht kontrolliert. Vgl. die Vorrede zu CEG und Reusch: Fälschungen, S. 4f. bzw. 676f.

59 Reusch an Döllinger, 24. 12. 1888 (DR: Brief 165).

60 Reusch: Fälschungen, S. 64/736. Schon Mabillon: De pane eucharistico, Paris 1674, S. 60, hatte auf die Unechtheit der Stelle hingewiesen.

61 Nach Dondaine: Nicolas de Cotrone, S. 320–322, wurde es aus der Sammlung des Kardinals Albinus, genannt von Mailand (entstanden ca. 1187) entnommen. Vgl. DR: Brief 165, Anm. 3.

62 Lossen an Reusch, 29. 12. 1888 (DR: Brief 166). Lossen schrieb, die Schrift sollte in die Druckschriften (Abhandlungen in quarto) aufgenommen werden, was auch den Vorteil hätte, daß die Abhandlung separat in den Buchhandel käme. Es sollten dafür 100 besonders paginierte Exemplare gedruckt werden. Bei seinen Reisen nach München wohnte Reusch manchmal bei Lossen, der ebenfalls altkatholisch war.

63 Wie Anm. 62; vgl. Döllinger an Reusch, 1. 1. 1889 (DR: Brief 168); Reusch an Döllinger, 2. 1. 1889 (DR: Brief 169); Reusch: Die Fälschungen, S. 3 f. bzw. 675 f.

64 Lossen an Reusch, 13. 1. 1889 (DR: Brief 168, Anm. 2).

65 Friedrich: Döllinger III, S. 676.

66 Michael, Emil: Ignaz von Döllinger. Eine Charakteristik, Innsbruck [3]1894, S. 168, Anm. 2.

67 Dondaine: Nicolas de Cotrone, S. 313, Anm. 2, und S. 314, urteilt über die Arbeit von Reusch: *„une étude qui fait encore autorité après soixante ans"*. Zwar hat Reusch die Ausgabe des Libellus von Ligier/Uccelli: S. Thomas Aquinatis in Isaiam etc. expositiones . . ., Romae 1880, nicht gesehen; er hat aber die ihm über den Kath. und Leitner (wie Anm. 35 u. 37) bekannten Lesarten von Uccelli berücksichtigt; vgl. Reusch: Fälschungen, S. 7/679. Reusch benutzt die seit Torquemada gebräuchliche fortlaufende Zählung der Kapitel des CEG; danach umfaßt der Abschnitt über den Primat die Kap. 64–68. Neuere Ausgaben berücksichtigen den Aufbau des Werkes in zwei Teilen; wir folgen dieser neueren Zählung, in der dieser Abschnitt aus den Kap. 32–38 des II. Teils besteht.

68 Dieser Traktat enthält die von Bonacursius in den Absätzen 1, 2, 24–26 angeführten Zitate, nicht aber die Pseudo-Kyrill-Stelle. Vgl. Dondaine: „Contra Graecos", und Loenertz (wie Anm. 90).

69 Bertrand, L.: Vie, écrits et correspondance littéraire de L. J. Le Clerc, 1878, S. 90; Reusch, Fälschungen, S. 37/709. Echard scheint zu meinen, Werke der Kirchenväter zu verfälschen, um die eigene Position zu stärken, sei früher gut gewesen, jetzt aber nicht mehr angebracht. Über das Selbstbewußtsein des mittelalterlichen Fälschers vgl. H. Fuhrmann: Fälschungen (wie Anm. 39), Bd. I, S. 64–136; Ders.: Von der Wahrheit der Fälscher, in: Fälschungen im Mittelalter (Schriftenreihe der Monumenta Germaniae Historica, Bd. 33), Hannover 1989, S. 83–98.

70 Aber doch andere gefälschte Zitate aus dem Libellus, z. B. die Pseudo-Gregor-Stelle in der Summa; vgl. Text zu Anm. 59.

71 Es geht um 3 Stellen des Libellus: den angeblichen Konzilsbeschluß von Kap. 96, eine Pseudo-Kyrill-Stelle vom Kap. 98 und eine Pseudo-Chrysostomos-Stelle vom Kap. 103. Über die Auseinandersetzung mit Wilhelm von St. Amour vgl. Tierney: Origins,

S. 63–67, 72 (Lit.). Dominikaner und Franziskaner verdankten ihren raschen Aufstieg den vielen päpstlichen Privilegien, die sie unabhängig von Bischöfen und Pfarrern machten. Wilhelm warf den Ordensleuten vor, damit die ganze seelsorgerliche Struktur der Kirche zu unterminieren. Er argumentierte, daß die Lehre der neuen Orden weder von den Konzilien noch von den Kirchenvätern stammte. Thomas betonte dagegen die Autorität des Papstes.

72 Reusch: Fälschungen, S. 39/711.

73 Janus, S. 285; Reusch: Fälschungen, S. 40/712. Es handelt sich um den gleichen Passus, den Thomas in seinem Sentenzenkommentar anführt. Nach Dondaine: Nicolas de Cotrone, S. 334 f., hat vielleicht Nikolaus von Crotone an der Verfassung dieses Briefes mitgewirkt.

74 Reusch: Fälschungen, S. 60 f. bzw. 732 f. (vgl. Anm. 67).

75 In den Editionen des Libellus Kap. 98.

76 M. W. hat sich bis jetzt niemand mit der Struktur dieses Stückes beschäftigt. Nimmt man die Zusätze und Interpolationen über den Papst und den Ausgang des Heiligen Geistes weg, so bleibt ein einigermaßen zusammenhängender Text übrig, anscheinend der letzte Teil einer Homilie. Er beginnt mit einem kurzen, echten Satz des Kyrill von Alexandrien (Thes., Kap. 24), dem sich dann andere Gedanken im Sinne der Zwei-Naturen-Lehre anschließen. Von der Menschheit wird auf die Kirche gefolgert. Der Gedankengang ist folgender: Indem er den Tod fürchtete, zeigte Christus seine Menschheit; indem er das Werk unseres Heils wirkte, zeigte er seine Gottheit. Gott hat ihn nun zum Fürsten der Kirche gemacht, über alle Engel und Mächte erhöht, damit vor ihm jedes Knie sich beuge. Das haben die Apostel und Evangelisten, darunter besonders Petrus, bekannt und verkündet. Auch wir bewahren das Bekenntnis der Wahrheit und der Tradition und verkünden es. Wir ahmen Christus nach, hören auf seine Stimme. Wir beten an am Ort seiner Füße, nämlich seiner Menschheit; das ist die Kirche. So wie im Himmel Christus von allen angebetet wird, so soll auf Erden der Ort seiner Füße verehrt werden, und alle, die Christus anbeten, sollen die Gaben Christi durch die Kirche empfangen. – Es könnte sich in dieser Form um einen patristischen Text handeln, der aber frühestens im 6. Jahrhundert entstanden sein kann. Der Text nahm an einer Stelle Bezug auf einen halben Satz aus dem Thesaurus des Kyrill. Dadurch, daß diese Stelle von einem Sammler als Anfang des von ihm abgeschriebenen Stückes genommen wurde, entstand der Eindruck, das Ganze sei von Kyrill. Da das Bekenntnis des Petrus erwähnt war, hat später ein westlicher Verfasser daran den Gedanken angehängt, Christus habe dem Petrus die vollkommene Autorität übertragen, die er vom Vater empfangen hatte, sowie andere Zusätze. Diese erinnern zum großen Teil an die Sprache westlicher Kanonisten.

77 In CEG II, 32–37 will Thomas folgende Sätze beweisen: Der Papst sei der erste und größte aller Bischöfe; er habe den universalen Vorsitz in der ganzen Kirche Christi, sowie die Fülle der (Jurisdiktions-)Gewalt; er sei der Nachfolger des Petrus in derselben, ihm von Christus verliehenen Vollmacht; ihm gehöre es, den Inhalt des Glaubens zu bestimmen; er sei der Vorgesetzte der anderen Patriarchen.

78 Bertrand (wie Anm. 69), S. 90; Reusch: Fälschungen, S. 48/720.

79 Reusch: Fälschungen, S. 49/721.

80 Reusch: Fälschungen, S. 54 bzw. 726.

81 Reusch: Fälschungen, S. 61 f. bzw. 733 f. Im zweiten Zitat *(„Deus ergo ex Deo Filio“)* ist das entscheidende *„Filio“* hinzugefügt worden, im dritten ist der zweite Satz zugunsten des Sohnes abgeändert. Korrekt ist allerdings das Zitat: *„profluit* (πρόεισι) *enim a Patre et Filio“*, aus Thes., Kap. 34.

82 STh III q. 74, art. 4; vgl. Anm. 61.

83 Döllinger an Reusch, 7. 3. 1889 (DR: Brief 171).

84 Döllinger an Reusch, 17. 5. 1889 (DR: Brief 175).

85 Reusch an Döllinger, 13. 3. 1889 (DR: Brief 172).

86 Döllinger an Reusch, 20. 3. 1889 (DR: Brief 173); vgl. Horaz: Epist. I, 10, 24.

87 Döllinger an Reusch, 17. 3. 1886 (DR: Brief 104). Diese Schwäche Döllingers ist keine Konsequenz des Vatikanum I, wie Conzemius (DB: 1, S. 9) es zu wissen glaubt, sondern hatte sich schon in den sechziger Jahren bemerkbar gemacht; vgl. Friedrich: Döllinger, Bd. III, S. 626, 639, 667–671; DR: Einl. VIII und Anm. 1–4.

88 Johanna Döllinger an Alfred Plummer, 13. 4. 1890; vgl. Plummer Alfred: Conversations with Dr. Döllinger, hrsg. v. R. Boudens, Leuven 1985, S. 231.

89 S. Dondaine: Nicolas von Cotrone, S. 325.

90 Loenertz, R.: Autour du traité de Frère Barthélemy de Constantinople contre les Grecs, in: AFP 6 (1936) 369 f.; Dondaine: Nicolas de Cotrone, S. 316–337.

91 Vgl. Anm. 57.

92 Dondaine: Nicolas de Cotrone, S. 317–321. Die Verwechselung von confirmatio und affirmatio kann allerdings auch durch die falsche Lesung einer Abkürzung entstehen. Nur das Wort synagoga deutet einwandfrei auf eine Rückübersetzung. Nach Launoy (vgl. 2. Teil, Anm. 79) gehört der Ausdruck *„primates ecclesiarum et populorum“* zum Wortschatz des Pseudo-Isidor.

93 CEG. Zu erwähnen sind noch die Ausgaben von A. Verardo: S. Thomae Aquinatis opuscula theologica, Bd. 1, Turin 1954, und P. Glorieux, Tournai 1957. Letzterer bringt nach H. F. Dondaine eine abweichende Fassung des Textes des Libellus, die mir bis jetzt nicht zugänglich war.

94 CEG, Einl., S. A10–A11. Über Jakob von Viterbo vgl. Teil 2, Anm. 20.

95 Tierney: Origins, S. 10; vgl. Janus, S. 287. Tierney tut Döllinger Unrecht, indem er ihn zu den „Polemisten“ rechnet und in Parallele zu Manning setzt (Tierney: Origins, S. 9–13), obwohl Tierneys Ansichten über das Verhältnis zwischen Theologie und Geschichte (S. 273–281) sich mit den Gedanken Döllingers über dasselbe Thema weitgehend decken (vgl. über Döllinger DR: Einl. IV: Das System oder die Tatsachen), während Manning nach Tierney eine *„unhistorische dogmatische Theologie“* vertrat (S. 272). Abgesehen von der spezifischen Frage der Unfehlbarkeitslehre bei Thomas gibt Tierney oft Döllinger recht (S. 10; 13; 95, Anm. 3; 189, Anm. 2).

96 Dieses wurde vor allem von Ulrich Horst moniert; vgl. seine Besprechung zu Tierney: Origins, in: Zeitschrift für Rechtsgeschichte, XCIII, Kan. Abt. (1976) 429–432. Inzwischen hat Tierney geäußert, wenn er das Werk neu zu verfassen hätte, würde er mehr über Thomas schreiben (S. 325, vgl. auch 315 f. Anm. 24).

97 Schon Guido Terreni zitierte um 1330 die STh, II/II, q. 1, art. 10 zugunsten der Unfehlbarkeitslehre (vgl. Tierney: Origins, S. 245 f., Anm. 4). Thomas lehrt hier, es sei Aufgabe des Papstes, richterlich zu bestimmen, was zum Glauben gehört, und darum auch ein neues Glaubensbekenntnis herauszugeben. Er fügt ad 2 hinzu, daß eine neue Ausgabe des Glaubensbekenntnisses keinen neuen Glauben enthalten dürfe, sondern nur denselben in ausführlicherer Form. Terreni folgert daraus, hier habe Thomas die Irreformabilität päpstlicher Glaubensentscheidungen gelehrt.

Anmerkungen zum 2. Teil

1 Der größte Teil des umfangreichen Nachlasses befindet sich in der Handschriftenabteilung der Bayerischen Staatsbibliothek (vgl. den Beitrag von E. Keßler, S. 83–91); ein kleinerer Teil ist im Besitz der alt-katholischen Gemeinde München. Einige Einzelstücke sind im alt-katholischen Bistumsarchiv in Bonn, wo auch Reuschs Nachlaß aufbewahrt wird.

2 Döllinger, Ignaz v.: Über die Wiedervereinigung der christlichen Kirchen, Nördlingen 1888; Reusch, Franz Heinrich: Bericht über die am 14., 15. und 16. September zu Bonn gehaltenen Unions-Conferenzen, im Auftrage des Vorsitzenden Dr. von Döllinger, Bonn 1874; Döllinger, Ignaz v.: Akademische Vorträge, Bd. I, München 1890, S. 163–186: Einfluß der griechischen Literatur und Cultur auf die abendländische Welt im Mittelalter (28. 3. 1887); ferner S. 187–208: Die orientalische Frage in ihren Anfängen (25. 7. 1879).

3 Vgl. Teil 1, Anm. 51.

4 Vgl. Teil 1, Anm. 57.

5 Ich möchte hier Herrn Dr. Heinz-Jürgen Vogels für seine mehrjährige Mitarbeit an der Edition des Briefwechsels Döllinger–Reusch danken, sowie Herrn Dr. Rudolf Bulin für die Besorgung und Transkription von einigen der von Döllinger zitierten schwer zu findenden Texten und der Deutschen Forschungsgemeinschaft für die Unterstützung dieses Forschungsvorhabens.

6 Alt-Katholisches Bistumsarchiv Bonn: Nachlaß Reusch, 7.53 (5).

7 Vgl. Teil 1, Anm. 73. Papst Urban IV. soll den CEG ins Griechische übersetzt haben lassen, vgl. Reusch: Fälschungen, S. 38 bzw. 710; Quétif-Echard (wie Teil 1, Anm. 15), I, S. 158.

8 Reusch: Fälschungen, S. 40 f./712 f.; s. Janus[2], S. 449, Anm. 289; DS 861.

9 Vgl. DS 870 mit Einleitung; Reusch: Fälschungen, S. 12/684; Rivière, Jean: Le problème de l'Eglise et de l'Etat au temps de Philippe Le Bel, Louvain 1926, S. 397. Rivière hat die Hauptquellen der Bulle bei Aegidius von Rom und Hugo von Sankt Viktor aufgespürt. Die uns beschäftigende Stelle ist aber offenbar dem Thomas von Aquin entnommen.

10 Wilks, Michael: The Problem of Sovereignty in the Later Middle Ages, Cambridge 1963, S. 369.

11 Janus, S. 289.

12 Reusch: Fälschungen, S. 38 f./710 f.

13 Thesaurus veritatis fidei, Kap. 6, 13; Reusch: Fälschungen, S. 22–25/694–697.

14 Dondaine: „Contra Graecos", S. 407 f.

15 Dondaine: „Contra Graecos", S. 415. Vgl. Teil 1, Anm. 40.

16 Ed. Lyon 1517; BMP 3, S. 23–266; vgl. Jung, Nicolas: Un franciscain, theologien du pouvoir pontifical au XIV.e siècle, Alvaro Pelayo, Paris 1931, bes. 31–46.

17 BMP 3, S. 167.

18 Libellus 102; Reusch: Fälschungen, S. 15/687, Nr. 9.

19 Der Text enthält die Zusätze des Thomas: *„secundum autem hanc Domini promissionem"*, *„Petri"*, *„Et (cum aliae)"* und läßt wie Thomas *„necnon"* und *„servantes"* aus. Vgl. Thomas von Aquin: Catena aurea ad Matth. 16 c. Der sprachlichen Korrektheit willen hat Pelayo das Wort *„tabe (verecundatae)"* hinzugefügt.

20 Arquillière, H.-X.: Le plus ancien traité de l'Eglise: Jacques de Viterbe, De regimine christiano, Paris 1926, S. 274–278. Pelayo benutzte wohl eine Handschrift, die mit der Handschrift C (Paris, ms. lat. 4046) verwandt war. Diese ist nach Auskunft des Herausgebers besonders fehlerhaft (ebd., S. 19). Pelayo hat die meisten Fehler entdeckt und im Sinne der sprachlichen Korrektheit, der Übereinstimmung mit biblischen Texten, usw. korrigiert, was allerdings zu weiteren Abweichungen vom ursprünglichen Text führte.

21 Nach dem von Döllinger zitierten Satz geht der Text bei Jakob weiter: *„Aber die Aussage, daß Christus nicht weniger als das, was er selbst hat, sondern alles völlig dem Petrus gegeben hat, muß richtig verstanden werden. Dieses ist nämlich wahr insofern es notwendig für das Heil der Menschen war"* (Arquillière [wie Anm. 20], S. 276). Diese Sätze läßt Pelayo aus. Der Gedanke kommt aber auch sonst bei Jakob vor (wie Anm. 20, S. 269, 272), an Stellen, die Pelayo übernommen hat.

22 Arquillière (wie Anm. 20), S. 275. Zur Belegung des ganzen Satzes wird außer dem Lukasevangelium auch noch die Apostelgeschichte *(„et actibus")* hinzugefügt.

23 CEG, Einl., S. A10 f.

24 Interessant sind auch die Übereinstimmungen des von Jakob benutzten Textes mit Bonacursius (*„texendo"*, *„solvere"* – Bonacursius hat diese Worte auch griechisch; *„texendo"* ist wohl danach eine falsche Übersetzung von συνταξάμενος – vgl. Lk 1, 1 ἀνατάξασθαι –, was wiederum ein Argument für die Ursprünglichkeit der griechischen Fassung des Bonacursius liefert). Da das Werk des Bonacursius verschollen war und erst 1326 neu ediert wurde, konnte ihn Jakob nicht kennen. Daraus folgt, daß die zwei Worte zur ursprünglichen Fassung des Textes gehörten, im Libellus von 1263 aber fehlten.

25 Dondaine: „Contra Graecos", S. 408–418. Der Text wurde von F. Stegmüller herausgegeben (vgl. Teil 1, Anm. 52).

26 Dondaine: „Contra Graecos", S. 416–418, spricht von einer provisorischen Hypothese. Vor allem erklärt Dondaine nicht, warum der Traktat von 1292 die Thomas-Zitate aus dem Thesaurus übernommen hat, nicht aber die direkten Libellus-Zitate. Denkbar wäre, daß der Thesaurus von Bonacursius als eine wachsende Sammlung angelegt war, die er im Laufe seiner Recherchen immer wieder mit neuem Material ergänzte. Der Verfasser von 1292 hätte eine Fassung benutzt, in der die Zitate aus dem Libellus noch nicht eingearbeitet waren. Vermutlich hat Bonacursius zuerst die kurzen Zitate des Thomas übernommen und ist erst später auf den Text des Libellus gestoßen, den er seiner Sammlung hinzufügte, ohne die schon vorhandenen kurzen Stellen (die in der Thomas-Bearbeitung auch vom Libellus abweichende Wendungen enthalten) entfernen zu wollen.

27 Stegmüller (wie Teil 1, Anm. 52), S. 67 f.

28 Janus, S. 309. In Wirklichkeit hat Alvaro Pelayo ein Jahrzehnt später als Triumphus geschrieben. Die Werke des Guido Terreni, der ebenfalls nach 1330 schrieb, scheint Döllinger nicht gekannt zu haben.

29 Augustinus de Ancona: Summa de potestate ecclesiastica, Colonia 1475, Dedicatio. Die Seiten dieser Ausgabe sind nicht numeriert.

30 Augustinus: Summa (wie Anm. 29), q. 1, ad 1. Augustinus zitiert aus CEG II, 34. Der Wortlaut weicht etwas von Thomas ab, doch das Zitat endet mit dem Satz: *„Nulli alii quam Petro quod suum est sed sibi soli commisit totum"*, der ähnlich bei Thomas vorkommt, im Libellus aber an einer anderen Stelle steht.

31 Augustinus: Summa (wie Anm. 29), q. 1, ad 4, zitiert aus CEG II, 35. Auch hier verschmilzt Augustinus zwei Stellen, die bei Thomas einander folgen, nicht aber im Libellus.

32 Augustinus: Summa (wie Anm. 29), q. 10, ad 1; beide Stellen in dieser Reihenfolge aus CEG II, 36. Auch hier weicht der Wortlaut an einigen Stellen von Thomas ab; im Pseudo-Maximus-Text ist *„in ecclesiam romanorum"* durch *„in pontificem romanorum"* ersetzt worden, so daß nun alle nicht auf die römische Kirche, sondern auf den Papst als auf die Sonne schauen.

33 Vgl. Tierney: Origins, S. 171–237.

34 Über die Bevorzugung neuerer Traditionen durch die Franziskanerschule vgl. Tierney: Origins, S. 143 f. In seinem Traktat De iurisdictione (hrsg. v. L. Hödl, München 1959) führt Hervé keine Kirchenväter an; in De potestate papae (Paris 1647) nur wenige, die Hälfte davon bei Argumenten der Gegner. Er scheint den CEG nicht zu kennen. Auch Jean Gerson zitiert in seinen ekklesiologischen Werken (Oeuvres complètes, Bd. VI, Paris 1965) selten die Kirchenväter. Gegen die „klassischen" Petrus-Stellen der Papalisten führt Gerson das *„Dic ecclesiae"* (Mt 18, 17) an: Auch dem Petrus ist dieses Wort gesprochen worden, da er sofort danach eine Frage stellt (Mt 18, 21); also muß auch Petrus sich dem Urteil der Kirche unterwerfen.

35 Launoy (wie Anm. 79); vgl. auch Quétif (wie S. 377, Anm. 15), Bd. 1, S. 691 ff.; Käppeli (wie S. 377, Anm. 15), Bd. 2, S. 487–490; Du Plessis d'Argentré: Collectio judiciorum, I/2, Paris 1724, S. 61–151, bringt die Akten des ganzen Prozesses. D'Ailly betont (ebd., S. 82 f., 115 ff.), die Lehre des Thomas sei nur im allgemeinen approbiert, nicht in allen Einzelheiten, und führt Sätze des Thomas an, die die Pariser Universität für Irrtümer hielt. Er widerlegt (ebd., S. 84 f.) den Satz der Appellation des Juan de Monzón: *„Ad solum summum Pontificem pertinet eorum, quae tangunt fidem, examinatio et decisio"*. Monzón wollte damit die Kompetenz der Universität und des Erzbischofs bestreiten; er muß wohl in diesem Zusammenhang die Zitate des CEG benutzt haben. Auf die gefälschten Texte ist Pierre d'Ailly nicht eingegangen.

36 Vgl. Friedrich, Johannes: Das päpstlich gewährleistete Recht der deutschen Nation, nicht an die päpstliche Unfehlbarkeit zu glauben, München 1870, mit Texten.

37 Ioannes de Turrecremata: De Potestate Papae et Concilii Generalis, hrsg. v. J. Friedrich, Oeniponti 1871, S. 103; alle Zitate aus CEG II, 34 mit kleineren Abweichungen im Text. Das Werk nennt auch Thomas als Quelle; in seiner Zählung, die auch Reusch übernommen hat, ist dieses das Kap. 66 des Thomas. Inzwischen ist die Autorschaft des Torquemada bestritten worden, vgl. R. Creytens: Raphael de Pornaxio, O. P., auteur du „De potestate papae et concilii generalis", faussement attribué à Jean de Torquemada, in: AFP 13 (1943) 108–135.

38 Ioannes (wie Anm. 37), S. 103 f.

39 Candal, Emmanuel (Hrsg.): Ioannes de Torquemada. Oratio synodalis de Primatu, Roma 1954, S. 21 (Pseudo-Kyrill aus CEG II, 34); S. 24 (Pseudo-Chrysostomus aus CEG II, 33); S. 35 f. (Pseudo-Chrysostomus aus 4. Sent. dist. 24); S. 37 (Pseudo-Chrysostomus, eine Weiterentwicklung von CEG II, 37, vielleicht beeinflußt von Alvaro Pelayo). Torquemada begründet damit die Sätze: Christus habe dem Petrus allein und nicht den anderen Aposteln seine volle Gewalt gegeben; jede Jurisdiktionsgewalt in der Kirche sei vom Papst abgeleitet; der Papst könne nicht vom Konzil gerichtet werden, da er Vorsteher seiner Brüder sei. Im Janus, S. 310,

Anm. 1, nennt Döllinger neben den in Anm. 38 und 41 genannten Werken auch Apparatus super decreto unionis Grecorum, Venetiis 1561 (hrsg. mit der Summa de ecclesia), S. 366.

40 Ioannes de Turrecremata: Summa de ecclesia domini, Ex Lugduno 1446, lib. II, cap. 15, zwei Sätze des Thomas aus CEG II, 34, über die Leugnung des Primats; cap. 53, die zwei ersten Zitate des Pseudo-Kyrill aus CEG II, 34; cap. 107, die Stelle aus dem Sentenzenkommentar (bei der der letzte Halbsatz weggelassen und die Worte *„et elegit"* hinzugefügt wurden); cap. 109 die Stelle aus der Catena aurea.

41 Hardouin, Jean: Conciliorum collectio regia maxima, Bd. 8, Paris 1714, S. 1829; Reusch: Fälschungen, S. 53 bzw. 725.

42 Candal, Emmanuel (Hrsg.): Andreas de Escobar. Tractatus polemico-theologicus de Graecis errantibus, Madrid–Roma 1952, S. 41–47.

43 Reusch: Fälschungen, S. 49 bzw. 721; Janus, S. 345 f.

44 Reusch: Fälschungen, S. 49 bzw. 721; 53/725. Der Text ist aus zwei Sätzen von CEG II, 36 rekonstruiert worden; es fehlen die Worte, die Thomas dazwischen weggelassen hat: *„ipsum venerantes, ipsum rogantes pro omnibus"*.

45 PG 159, 1352 f.; BMP 13, S. 200. Der Kardinal Bessarion hat in einem Brief an die Griechen über den Primat des Petrus vom Jahr 1463 fast wörtlich dasselbe wie der Pseudo-Gennadios, vgl. BMP 13, S. 190.

46 Smolinsky, Heribert: Domenico de' Domenichi und seine Schrift „De potestate pape et termino eius". Edition und Kommentar, Münster 1976. Gegen die Angabe von Smolinsky, S. 278, ist festzuhalten, daß Domenichi den Ps.-Kyrill nicht unmittelbar vom Libellus de fide trinitatis zitiert, sondern immer über Thomas von Aquin, an den hier in Frage kommenden Stellen über das Sentenzenkommentar und die *„Catena aurea"*.

47 Ebd., Tr. 1, S. 30–33; CEG II, 34, zwei Stellen. Ähnlich wie Torquemada verweist Domenichi darauf, daß nach Thomas den Primat zu leugnen, den Tatbestand der Häresie erfülle.

48 Ebd., Tr. 1, S. 84–87 (dort Hinweis auf die früher zitierten Stellen), S. 361 (Kommentar von Smolinsky).

49 Ebd., Tr. 5, S. 257 f.; CEG II, 34. Außer dem Pseudo-Kyrill werden hier nur noch Thomas von Aquin und Rhabanus Maurus zitiert, wobei der Letztere überinterpretiert wird.

50 Ebd., Tr. 5, S. 278; CEG II, 34, In 4. Sent. dist. 24 q. 3 art. 2, Catena aurea ad Matth. 16 c., CEG II, 35. In der Folge werden auch die gefälschten Konzilszitate aus CEG II, 32. 33 angeführt (S. 280). Zu bemerken sind auch die zahlreichen Pseudo-Chrysostomus-Zitate, z. B. vier davon S. 263 f.; sie stammen alle aus CEG, bis auf das dritte, das Ähnlichkeit mit der Fassung des Jakob von Viterbo (bzw. Alvaro Pelayo) aufweist.

51 De summi pontificis, generalis concilii et imperialis maiestatis origine, in: BMP 18, S. 100–137; Contra impugnantes sedis apostolicae auctoritatem (geschrieben um 1450), Cod. Vat. 4145. Im Janus, S. 362, nennt Döllinger als päpstliche Theologen, die zwischen 1460 und 1525 die Fälschungen von Pseudo-Isidor, Gratian und Thomas benutzten, Johannes Capestrano, Hieronymus Albanus, Thomas Campeggo, Thomas Elisius, Christoph Marcellus und Lälius Jordanus. Er fügt hinzu: *„Eine einzige (dieser Schriften) genügt, um sie alle zu beurtheilen, da eine der andern nachgeschrieben ist."*

52 Hieronymi Donati Patricii Veneti Apologeticus ad Graecos de principatu Romanae Sedis, iuxta editionem Romae editam anno 1525, herausgegeben in: Jacobatii (wie

Anm. 58), S. 615–626, hier S. 622. Döllinger zitiert aus der Ausgabe von 1525; er hat im ersten Satz einen etwas anderen Wortlaut.

53 CEG II, 36.

54 Vgl. Anm. 44 f.

55 Thomas de Vio Caietanus: De comparatione authoritatis papae et concilii, cap. 9; BMP 19, S. 460.

56 Thomas de Vio Caietanus: Apologia tractatus de comparata authoritate papae et concilii, pars 2, cap. 14; BMP 19, S. 512.

57 Thomas de Vio Caietanus: De divina institutione Pontificatus Romani Pontificis (1521), hrsg. v. Friedrich Lauchert, Münster i. W. 1925, cap. 14, S. 90 f.; CEG II, 34 (3 Sätze), II, 35, II, 37, II, 36, II, 35, II, 33. Kajetan betont am Ende seines Traktats, daß die katholischen Christen die Schrift nach dem Sinn der heiligen Doktoren und der päpstlich anerkannten Konzilien auslegen. Daher die Wichtigkeit der Väterzitate. Luther hatte seinerseits in seiner 13. These geschrieben: *„Daß die römische Kirche allen anderen übergesetzt sei, wird aus den kältesten Dekreten der Päpste der letzten 400 Jahre bewiesen, gegen die gesicherte Geschichte von 1100 Jahren, die Texte der göttlichen Schrift und das Dekret des Nizänischen Konzils, des heiligsten von allen."*

58 Dominici Jacobatii S.R.E. Cardinalis Tractatus de Concilio. Accessere quinque Scriptores alii eandem materiam pertractantes, Venetiis 1729, S. 346 f.; In 4 Sent. dist. 24 q. 3 art. 2 (nur teilweise enthalten in CEG II, 36; Jacobazzi verweist in seiner Abhandlung auf beide Stellen).

59 Tractatus (wie Anm. 58), S. 347; CEG II, 34.

60 Tractatus (wie Anm. 58), S. 347; Hinweis auf CEG II, 32–37. Jacobazzi zitiert den Schluß des ersten Zitats noch einmal S. 481.

61 Silvestri Prieratis: De irrefragabili veritate Romanae Ecclesiae, BMP 19, S. 247 (Pseudo-Kyrill und Pseudo-Chrysostomus aus CEG II, 37 für die Aussage, der Papst sei Urheber von jeder kirchichen Jurisdiktion); Thomas de Campesio: De auctoritate et potestate Romani Pontificis, cap. 6 u. 14; BMP 129, S. 572 f., 586 (Pseudo-Kyrill und Pseudo-Chrysostomus aus CEG II, 34, 33, 36 für den Primat des Petrus und die Stellung des Papstes als dessen Nachfolger); vgl. Anm. 51.

62 Nach Launoy, 2. Brief, 10. Arg.; Reiser, S. 47.

63 Praeclarum opus Cyrilli Alexandrini, quod Thesauros nuncupatur, quatuordecim libros complectens, Parisiis 1513. Die Ausgabe von Leiden wurde von Bonaventura Vulcanus besorgt, der den Thesaurus auch neu ins Lateinische übersetzte. Es gab schon eine frühere Übersetzung von Georg von Trapezunt (1345–1484), die aber fehlerhaft war.

64 Cano, Melchior: De locis theologicis, Salamanca 1563 u. a., Bd. 6, Cap. 5; vgl. Reusch: Fälschungen, S. 49 bzw. 721, Anm. 1.

65 Ven. Cardinalis Roberti Bellarmini Politiani S. J.: Opera Omnia, hrsg. v. Justinus Fèvre, Paris 1874 (Nachdruck Frankfurt a. M. 1965), Bd. 12, S. 404. Über Bellarmin vgl. S. 379, Anm. 48.

66 Bellarmin: De controversiis fidei, lib. I, cap. 16: Opera omnia, Bd. 1, S. 526 f.; CEG II, 34.

67 Bellarmin: De controversiis fidei, lib. II, cap. 15: Opera omnia, Bd. 1, S. 571; CEG II, 35. 36, dieses letzte nur sinngemäß.

68 Bellarmin: De controversiis fidei, lib. IV, cap. 3: Opera omnia, Bd. II, S. 83 wird Pseudo-Kyrill aus der Catena aurea des Thomas zitiert; lib. IV, cap. 5: Opera omnia,

S. 85 werden Kyrill und Rufin für die Aussage zitiert, nicht nur der Papst, sondern auch die römische Kirche könne nicht irren.

69 Vgl. Bellarmin: Recognitio librorum: Opera omnia, Bd. I, S. 10–12 über unsere Teile der Controversen.

70 Nach Rivet (wie Anm. 77), der aber die Fundstelle nicht angibt.

71 Döllinger, Johann Joseph Ignaz – Reusch, Franz Heinrich: Die Selbstbiographie des Cardinals Bellarmin, Bonn 1887, S. 98 mit Hinweis auf Langen, Joseph: Das Vaticanische Dogma von dem Universalepiscopat und der Unfehlbarkeit des Papstes in seinem Verhältnis zum Neuen Testament und der exegetischen Überlieferung, Teil 4, Bonn 1876, S. 96. Bellarmin: De controversiis fidei, I, De Romano Pontifice, lib. 4, cap. 3 und 5: Opera omnia, Bd. II, S. 81–85; vgl. DS 3074. Der Beitrag Bellarmins bezieht sich vor allem auf die Präzisierung, der Anspruch der Unfehlbarkeit betreffe nur die Aussprüche des Papstes, die an die ganze Kirche gerichtet sind. Daß die ganze Kirche aber vom römischen Stuhl erfragen soll, was sie zu glauben und festzuhalten hat, ist Lehre des Pseudo-Kyrill. Vgl. Anm. 68.

72 Leo Allatius: De Ecclesiae Occidentalis atque Orientalis perpetua Consensione, Coloniae Agripinae 1648, Lib. 3, Sp. 977. Döllinger zitiert wohl aus einer anderen Ausgabe S. 973.

73 BMP 3, S. 447.

74 De Hierarchia et hierarchis libri IX. In quibus pulcherrima dispositione omnes hierarchici gradus et ordines, Episcopalis principatus, Clericalis dignitas, Religiosa sanctitas, secundum Patrum doctrinam, decreta conciliorum, Ecclesiae ritus et mores . . . explicantur, a P. Ludovico Cellotio Parisino, Rothomagi (Rouen) 1641, S. 185 f.; CEG II, 34. Das Werk wurde verurteilt, weil er neben die Hierarchie des Ordo und der Jurisdiktion eine dritte, charismatische, Hierarchie setzte, die aus Theologieprofessoren und Ordensleuten bestand.

75 Raynaud wird häufig zitiert von Perrone, der aber zugibt, daß jener auch gefälschte Quellen benutzt, vgl. Praelectiones (wie Anm. 102), Bd. 8, S. 395, Anm. 1.

76 Rivet zitiert Colloquium Rainoldi cum Harto, cap. 5, sect. 2; vgl. The Summe of the Conference between John Rainolds and John Hart touching the Head and the Faith of the Church, London 1584.

77 Andreae Riveti Pictavi S. Theol. D. et Professoris in Academia Lugd. Batava Critici Sacri. Quinta editio, Lipsiae et Francofurti 1690, S. 445–448.

78 Der Kaiser Theodosios I. beschloß am 28. Feb. 380, maßgebend sei der von Damasus von Rom und Petrus von Alexandrien bezeugte Glaube; Edikt „Cunctos populos", Codex Theodosianus, ed. Th. Mommsen – P. Meyer, Berlin 1905, 16,1,2 = Codex Justinianus, rec. P. Krueger, Berlin 1906, 1,1,1.

79 An Antoine Faure, Generalvikar von Reims, 1. 5. 1664 (Jean de Launoy: Opera, Bd. 5, Genf 1733, S. 1–13; die wichtigsten Auszüge in: Reiser, S. 41–48).

80 Vgl. Reiser, ebd. S. 41–48.

81 Vincenti Baronii libri quinque apologetici pro religione . . . adversus Theophili Raynaudi tres . . . libros, aliquot epistolas Johannis Launoii, expostulationes Carterii, aliosque, Parisiis 1666. S. 125 behauptete er, die von Thomas zitierten Stellen seien weder sicher noch falsch, sondern *„dubia et probabilia"* (Reusch: Fälschungen, S. 61/733).

82 Vgl. Reiser (wie Anm. 79).

83 Ellie du Pin, Louis: Nouvelle Bibliotèque des Auteurs Ecclésiastiques. Contenant l'histoire de leur vie, le catalogue, la critique et la chronologie de leurs ouvrages, Bd. IV, Mons 1691, S. 44 f.

84 Casimiri Oudini Commentarius de Scriptoribus Ecclesiae Antiquis illorumque scriptis tam impressis quam manuscriptis adhuch exstantibus in celebrioribus Europae Bibliothecis a Bellarmino, Possevino, Labbeo . . . et aliis ommissis, Lipsiae 1722, Sp. 1029–1032.

85 L'état présent de la faculté de théologie de Louvain, ou l'on traite de la conduite de quelques-uns de ses théologiens et de leurs sentiments contre la souveraineté et la sûreté des rois et contre les quatre articles du Clergé de France, Trevoux 1701. Vgl. Reusch: Index (wie Teil 1, Anm. 43), Bd. 2, S. 663.

86 Vgl. Anm. 66.

87 Dom Remi Ceillier: Histoire générale des Auteurs Sacrés et Ecclésiastiques, Bd. 13, Paris 1747, S. 270–272.

88 Vgl. S. 380, Anm. 69 und Text dazu.

89 Theophanis Procopowicz Archiepiscopi Novogrodensis Tractatus de processione Spiritus Sancti, Gothae 1772, S. 226–245, hier 243–245. Der westliche Herausgeber weist in einer Fußnote auf Oudin und de Rubeis hin (s. Anm. 84 und 99).

90 Launoys Briefe wurden 1672 verboten, Reisers Zusammenfassung 1686. Du Pin 1693, Etat de Louvain 1703, Oudin 1722; Reynolds und Rivet fielen unter das allgemeine Verbot der Werke von Andersgläubigen, zusätzlich stand Rivet ab 1757 auch namentlich im Index. Vgl. Reusch: Index (wie Teil 1, Anm. 43), II, S. 578 f., 581, 663, 128, 99. Die Bestimmungen des römischen Index wurden allerdings in Frankreich nicht befolgt, da dort eine eigene Bücherzensur bestand.

91 Philippi Labbaei Dissertatio historica de Scriptoribus Ecclesiasticis, Bd. 1, S. 224 (Kyrill von Alexandrien).

92 BMP 13, S. 190. Rocaberti zitiert auch Labbe, von dem er vielleicht die Ausdrücke übernommen hat. Vgl. auch Rocaberti: De romani pontificis auctoritate, 3 Bde., Valencia 1691–1694.

93 BMP 19, S. 562.

94 Nach Launoy: Reiser, S. 43.

95 Es handelt sich um die Überschriften der einzelnen Kapitel von CEG II, 32–36.

96 BMP 10, S. 418. Döllinger zitiert *„Rocaberti, S. 340"*; dort wird der Brief des Kyrill an Papst Cölestin angeführt, der aber nicht zu den hier behandelten Fälschungen gehört.

97 Reusch: Fälschungen, S. 67 bzw. 739, zitiert Mémoires de Trevoux, Jan. 1722, p. 84. Es handelt sich um eine Rezension des Werkes von Echard. Vgl. DThC 15, 1510–1516.

98 Ribera, Bernardo: Echo fidei ab orientali ecclesia Moscoviae personans romanam vocem vix non ingeminans, . . . photiano licet vinculo balbutiens, angelicae theologiae pharmaco convalescens, heterodoxia repugnata ecclesiam adunans, Viennae 1734.

99 De Rubeis, Bernardus M.: S. Thomae Aquinatis opera theologica, Venetiis 1745–1760: Dissertatio III. de opusculis, c. 2, n. 2; Dissertatio praevia ad Summam theologicam, V, c. 4; Reusch; Fälschungen, S. 67 bzw. 739, 48 bzw. 720; Prokopowicz (wie Anm. 89), S. 244, Anm. des Hrsg.

100 Alphonsus Maria de Liguori: Theologia Moralis, ed. Michael Haringer, Ratisbonae 1846, Bd. I, S. 169 f. Vgl. Döllinger–Reusch: Moralstreitigkeiten (wie S. 379, Anm. 49), S. 408 f. mit Anm. 2.

101 Della punizione degli eretici e del Tribunale della S. Inquisizione. Lettere apologetice, 2 Bde., Faenza 1789; 2. Ausgabe, verbessert und vermehrt um 13 Briefe,

Rom 1795. Ein Jahr danach wurde Pani zum päpstlichen Hoftheologen ernannt. Vgl. DR: Brief 159 vom 26. 10. 1888.

102 Perrone, Giovanni: Praelectiones Theologiae, Lovanii 1838–1843, Bd. 8, S. 407 f.; er zitiert Palmer, William: Treatise on the Church of Christ, part VIII, cap. 3 (Bd. 2, S. 497 ff.). Perrone weist häufig auf Autoren hin, die die Fälschungen benutzt haben, wie Bellarmin, Raynaud, Roskovany u. a.

103 Roskovany, Augustinus de: Romanus Pontifex tamquam primas ecclesiae et princeps civilis monumentis omnium saeculorum demonstratus, Nitriae 1867, I, S. 154. Als Fundstelle gibt er an: „Thesaur. lib. I, c. 21" und „Migne, Patr. gr. t. 36 ss." Vgl. Reusch: Fälschungen, S. 52 bzw. 724; u. Anm. 107.

104 DS 3057.

105 DS 3053.

106 Vgl. Anm. 71.

107 Vgl. Teil 1, Anm. 35 und 67; Reusch: Fälschungen, S. 52 bzw. 724. Uccelli meint u. a., Launoy und Oudin seien Feinde der Kirche gewesen und ihre Argumente seien nichtig. Thomas habe die Kirchenväter bestens gekannt, wie seine „Catena aurea" es beweise; darum seien seine Zitate echt. Die von Roskovany zitierte Stelle müsse echt sein. Da sie an dem angegebenen Ort im Thesaurus nicht zu finden sei, müsse man annehmen, daß Roskovany sich bei der Zitation verschrieben habe. Vgl. Uccelli: De' testi (wie Teil 1, Anm. 35), S. 308. Die Herausgeber des „Katholik" schrieben zur Kurzfassung der Arbeit von Uccelli: „Die aus Roskovany angeführte Cyrillische Stelle konnten wir in den Werken dieses Kirchenvaters nicht finden. Roskovany's Citate sind nicht immer zuverlässig. Das ändert aber am ganzen Resultate dieser Abhandlung nichts" (1871, Bd. 2, S. 214, Anm. 1). Insbesondere schreibt Uccelli zu den Pseudo-Kyrill-Zitaten: „. . . jeder, welcher diese Stellen liest, wird daran den Styl des ‚Thesaurus' erkennen, eine scharfe und bündige Logik, vereint mit einer bildreichen und ganz orientalischen Sprache" (S. 220). Er zitiert zum Vergleich drei Stellen von Kyrill aus der Ausgabe von Mai, von denen mindestens eine (De Deipara) unecht zu sein scheint.

108 RThom 11 (1903) 203; 13 (1905) 195.

109 Insbesondere wurde der Index der BMP (Rocaberti) nur zum Teil ausgewertet. Außer den von Döllinger genannten Stichworten sind noch Johannes Chrysostomus, Papa, Romanus Pontifex und Petrus zu berücksichtigen.

110 Vgl. Lea, Henry Charles: Geschichte der Inquisition im Mittelalter, Bd. 3, Bonn 1913, S. 691–197.

111 Vgl. Teil 1, Anm. 69.

ALAIN BOUREAU

Döllinger und die „Päpstin" Johanna

Es waren wohl polemische Hintergedanken, die Ignaz von Döllinger zu einer Untersuchung der Papstfabeln des Mittelalters veranlaßten und die zu einem entsprechenden, im Jahre 1863 veröffentlichten und bald auch ins Französische und Italienische übertragenen Buche führten[1]. Darüber hinaus aber deutete seine zugleich so bemerkenswerte innovatorische Arbeit bereits auf Aspekte hin, die dann ab dem ersten Drittel des 20. Jahrhunderts unter der Bezeichnung „Mentalitätsgeschichte" eine methodische Durchformung finden werden.

In den folgenden kurzen Notizen beabsichtigte ich, speziell die Arbeitsweise etwas genauer zu betrachten, die Döllinger beim ersten Kapitel seines Werkes verwandt hatte. Dort ging es um die Päpstin Johanna – einen Stoffbereich, über den ich selbst vor kurzem eine Abhandlung[2] vorgelegt habe und der mir die Originalität Döllingers in besonderer Weise aufzuschließen scheint.

Jeder kennt jene mittelalterliche Legende, die berichtet, wie es einer Frau etwa um das Jahr 855 gelang, die Stufen der kirchlichen Hierarchie zu erklimmen und sich zum Papst wählen zu lassen, bis sie dann durch eine Niederkunft in den Straßen Roms vor den Augen aller entlarvt wurde. Verbreitet seit den letzten Jahrzehnten des 13. Jahrhunderts, hatte dieser Bericht einen riesigen Erfolg und spielte auch eine nicht unbeträchtliche Rolle in den Konzilspolemiken des ausgehenden Mittelalters sowie in den Angriffen von Reformatoren gegen den Römischen Stuhl. Eine umfängliche Literatur widmete sich jener Episode und berührte dabei – weit über das nur Frivole der geschilderten Umstände hinausweisend – grundlegende Probleme der katholischen Kirche.

Döllinger hat die Materie nicht anhand von Funden tatsächlich neuer Quellen wieder aufgegriffen. Eine diesbezügliche Arbeit war weitgehend im Laufe der Jahrhunderte bereits abgeschlossen, – insbesondere durch Onofrio Panvinio im 16. Jahrhundert, der als erster katholischer Autor die Legende zurückwies, sowie durch den calvinistischen Pfarrer David Blondel im 17. Jahrhundert, der sich weigerte, ein so trügliches Argument gegen den Katholizismus einzusetzen. Döllinger war auch nicht mehr der erste, der sich der Kontroverse über die Existenz der Päpstin entzog. David Blondel eben und gleichfalls Leibniz hatten sich schon zuvor über den Konflikt hinweggesetzt, der einst Anhänger und Gegner des Glaubens an die Existenz der Johanna aneinanderbrachte[3].

Die eigentliche Originalität des bayerischen Theologen bestand jedoch darin, die Legende als historischen Gegenstand, als „Phänomen", zu behandeln, ohne sie damit auf den Abfallhaufen der Geschichte zu werfen oder sie den Romanschriftstellern zu überlassen, wie Leibniz es vorgeschlagen hatte. Das entscheidende Merkmal der Döllinger'schen Analyse bestand in einer strikten Unterscheidung, die zwischen der Periode, in der sich die Geschehnisse abgespielt haben sollen (9. Jahrhundert), und dem Zeitpunkt, in dem die angebliche Affaire schriftlichen Niederschlag und literarische Verbreitung fand (13. Jahrhundert), zu ziehen sei: „Ich glaube nämlich ohne Mühe den Beweis führen zu können, daß die Sage von der Päpstin, wenn sie auch schon etwas früher im Munde des Volkes umlief, doch nicht vor der Mitte des 13. Jahrhunderts aufgezeichnet worden ist."[4] Diese Gewißheit führte zu einer strengen Überprüfung der Texte, wobei die Erfolge der deutschen kritischen Methode des 9. Jahrhunderts und namentlich die Ereignisse von Pertz wertvolle Unterstützung lieferten. Hier zeigte Döllinger insbesondere einen sicheren Spürsinn für Textfiliationen. Er war es bereits, der die erste schriftliche Überlieferung der Fabel nicht erst dem Martinus Polonus, sondern schon etwas früher dem Dominikaner Jean de Mailly zuzuschreiben wußte, über den dann im Jahre 1946 durch die Studie von Peter Dondaine[5] auch Näheres bekannt werden sollte. Diese Verschiebung der Chronologie um ein Stück zurück auf einen nunmehr gesicherten Zeitpunkt aber erlaubte es, den Bericht hinsichtlich seiner inhaltlichen Aussage als einen autonomen Gegenstand zu behandeln. Jetzt war es möglich, die Gründe der Abfassung woanders zu suchen als nur in einer Übertragung vermeintlich realer Ereignisse des 9. Jahrhunderts. Die Legende wurde zu einem Phänomen des 13. Jahrhunderts, das dann auch nur im Kontext eben des 13. Jahrhunderts zu erklären war.
Dementsprechend konnte Döllinger die Legende nun einem präzisen Fragenkatalog (wer? wann? wo? was?) unterwerfen, der gewissermaßen schon vorverweist auf die Methode von Marc Bloch hinsichtlich der *rois thaumaturges.* Die Fabel zeigte sich als ein Zeichensystem, das in seine Elemente zerlegt werden mußte. So unterstrich Döllinger ausdrücklich: *„Gehen wir nun, um der Entstehung und Ausbildung der Sage auf den Grund zu kommen, an die Zergliederung derselben."*[6] Die nachfolgend durchgeführte Erhebung der narrativen Einzelheiten erlaubte ihm, eine bemerkenswerte synchrone Struktur zu umreißen, innerhalb derer der Text selbst wiederum nur einer der Bestandteile war. Die Legende lebte in unmittelbarem Zusammenhang mit realen Sachverhalten der Epoche ihrer Niederschrift. Zu nennen sind: der durchbrochene Stuhl des Lateran, auf dem man angeblich die Männlichkeit des Papstes überprüfte, ferner die Inschrift in Kürzeln, die die Erinnerung an die Päpstin aufrechterhalten sollte, dann die vermeintliche Statue der Päpstin mit Kind und schließlich

der übliche Umweg bei der Krönungsprozession des Papstes, vorgeblich, um den Schandort der Niederkunft zu vermeiden. Zuvor waren diese Dinge allein als Argumente in dem Streit um die Existenz der Päpstin eingesetzt worden. Döllinger wußte sie als konstitutive Elemente seines legendarischen Gegenstandes selbst zu benützen. Er zeigte einerseits deren aufeinander bezogene Funktionalität und gegenseitige Hervorbringung auf und machte andererseits deutlich, daß jede dieser Gegebenheiten darüberhinaus auch als Element für sich zu betrachten sei. So stellte z. B. jene Inschrift nur einen Fall unter unzählig anderen mit antiker Provenienz dar, deren verstehende Lektüre dem mittelalterlichen Mann der Straße unmöglich war, – mehr noch, deren rätselhafter Charakter ihn an der Nase herumführte und zu phantasievollen Ausdeutungen veranlaßte.

Döllinger ging also den methodischen Weg, eine Beziehung zwischen einem Text und vorgegebenen Sachverhalt herzustellen, die diesen inhaltlich trugen und ihm Authentizität verliehen. Damit war es ihm zudem möglich, die Legende von der Päpstin auch in die Nähe anderer fabulöser Berichte zu rücken, die stofflich zwar völlig verschieden waren, deren Wirkungsweise jedoch eine Analogie aufwies: der Geschichten des Grafen von Gleichen, des Püstrich zu Sondershausen oder des Hatto von Mainz.

Der legendarische Text selbst gewann eine kulturgeschichtliche Autonomie und fügte sich in ein literarisches Genre ein, wo der Inhalt des Berichts ausgezeichnete Bedingungen der Rezeption vorfand: Die Geschichte der Päpstin zeigt sich in erster Linie ganz einfach als eine schöne Legende. *„Die Sage liebt die grellsten Contraste; also die höchste priesterliche Würde und zugleich die schmachvollste Prostitution durch plötzliche Geburtswehen während einer feierlichen Prozession, und sofort Entbindung auf offener Straße. Damit hat nun die Päpstin gleichsam ihre Aufgabe erfüllt.“*[7]

Die Analyse Döllingers riß die Geschichte der Päpstin gleichsam aus dem allgemeinen Rahmen des Papsttums heraus und wies ihr einen präzisen Sinn wie auch einen konkreten zeichenhaften Kontext zu: *„Die Fabel von der Päpstin gehört zu den Römischen Lokalsagen, deren im Mittelalter ein ganzer Cyklus existierte.“*[8]

Sicherlich, Döllinger hat in seinem knappen Kapitel nicht alle Fragestellungen zu Ende gedacht. Er begnügte sich, die außergewöhnliche Entwicklung der Fabel außerhalb des römischen Bereichs, der selbst einer genaueren Betrachtung bedurft hätte, zu verstehen. Doch der große bayerische Gelehrte hat den entscheidenden Anstoß gegeben. Vor allem aber hat er zu zeigen vermocht, daß eine Legende – wenn man sie sachgemäß analysiert – eine wichtige historische Quelle ist, da sie auf wertvoller, ja unersetzbarer Weise Denkweisen der

Menschen der Vergangenheit aufdeckt. Somit war Döllinger einer der Vorläufer der Mentalitätsgeschichte.

Aus dem Französischen übersetzt von Gert Melville

Anmerkungen

1 Döllinger, Ignaz von: Die Papstfabeln des Mittelalters. Ein Beitrag zur Kirchengeschichte, München 1863. Das Kapitel über die Päpstin Johanna findet sich auf S. 1–41. Eine zweite ergänzte Auflage erschien in Stuttgart 1890 (Nachdruck: Darmstadt 1970). Ich verweise jedoch auf die erste Auflage, die uns bei unserem Anliegen, das Neuartige Döllingers herauszustellen, mehr zu interessieren hat.
2 Boureau, Alain: La papesse Jeanne, Paris 1988.
3 Zu Blondel und Leibniz vgl. Boureau: La papesse Jeanne, S. 272–274.
4 Döllinger: Die Papstfabeln, S. 5.
5 Dondaine, André: Le dominicain français Jean de Mailly et la Légende doré, in: Archive d'histoire dominicaine 1 (1946) 53–102.
6 Döllinger: Papstfabeln, S. 23.
7 Döllinger: Papstfabeln, S. 31.
8 Döllinger: Papstfabeln, S. 38.

3. Kirche, Papst und Ökumene

HEINZ-JÜRGEN VOGELS

Zum Briefwechsel zwischen Döllinger und Franz Heinrich Reusch

1. Der Dialog der Historiker

25 Jahre lang, von 1864 bis 1889, hat Ignaz Döllinger mit Franz Heinrich Reusch (1825–1900), Professor für Altes Testament an der Universität Bonn, korrespondiert. John E. B. Mayor beschrieb Reusch in einem Nekrolog kongenial als einen frommen Priester, einen hervorragenden Wissenschaftler, einen Martyrer seiner Überzeugung[1]. M. Menn würdigte seine schriftstellerische Leistung[2]. Reuschs „Einleitung in das Alte Testament"[3] erreichte vier Auflagen, das Buch „Bibel und Natur"[4], eine Versöhnung der Forschungsergebnisse mit den Berichten der Bibel, ebenfalls vier Auflagen und vier Übersetzungen. Reusch hatte 1845–1846 in Tübingen unter anderen bei Karl Joseph Hefele[5] studiert und 1846–1847 in München bei Döllinger und Bonifatius Haneberg[6]. Seit 1854 war er in Bonn habilitiert, seit 1861 dort ordentlicher Professor.

Der jetzt zur Edition vorbereitete Briefwechsel Döllinger–Reusch[7] ist eine gelehrte Korrespondenz und eine solche von Gelehrten, nicht eine Korrespondenz zwischen Lehrer und Schüler, z. B. zwischen Döllinger und Acton oder Döllinger und Lady Blennerhassett[8]. Bei Döllinger und Reusch versucht keiner, den anderen zu beeinflussen oder vom anderen zu lernen, sondern hier stehen zwei Professoren, die im wesentlichen die gleichen Grundanschauungen hatten, sich darin gegenseitig bestätigten, sie an die Öffentlichkeit zu bringen trachteten und diesen Grundanschauungen ihr Leben lang treu blieben, im geistigen Austausch.

Dies gerade war für die Zeitgenossen die Frage: Blieben sie sich treu, oder gab es einen Bruch in ihrem Leben, als sie 1871 die Dekrete des 1. Vatikanischen

Konzils nicht annahmen? Dieser neuralgische Punkt in ihren Biographien wurde schon oft beleuchtet[9]. Es lohnt sich dennoch, zum besseren Verständnis der Kontinuität die Linien auszuziehen, in denen sich die beiden Korrespondenzpartner vor und nach dem Konzil gleichgeblieben sind, um dann innerhalb dieser Kontinuität doch einen Wandel in gewissen Nuancen festzustellen.

Die Kontinuität in den Überzeugungen

Die Durchsicht des Briefwechsels ergibt: Beide hielten an der historisch-kritischen Methode fest, ließen sich auf keinerlei Beschönigung historischer Tatsachen um dogmatischer Glätte willen ein und standen dennoch gerade als „Alt-katholiken" in großer Treue zur Gesamtkirche, als deren Glieder sie sich stets fühlten.

Ausdruck dieser Treue ist das lebenslange Gespräch mit der Theologie ihres Jahrhunderts und der vorangegangenen Jahrhunderte, ein Gespräch, das offenbar vor und während des I. Vatikanums nicht ausreichend geführt worden ist. Es konnte aber auch durch die administrativen Maßnahmen der Kirchenleitung nicht verhindert werden, als man sie aus der Kommuniongemeinschaft ausschloß. Beide haben sehr darunter gelitten[10]. Doch sie ließen sich nicht entmutigen. Wenn man die Spätwirkungen ihres Lebenswerks in den Blick nimmt, hatten sie sogar beachtlichen Erfolg mit ihrer historischen Kritik.

Der Briefwechsel illustriert das Gesagte auf eindrucksvolle Weise. In ihm rollt das theologische Geschehen des 19. Jahrhunderts wie ein Film voll geistiger Spannung vor dem Auge des Lesers ab: die Gegensätze in der Theologie der Zeit, das I. Vatikanum, die Gründung alt-katholischer Gemeinden, der Kulturkampf, die literarische Altersproduktion von Döllinger und Reusch. Flüssig geschriebene Anmerkungen, zumeist aus zeitgenössischen Quellen zitiert, füllen die einzelnen Andeutungen des Brieftextes zu vollständigen, in sich zusammenhängenden Szenen auf, so daß sie ein plastisches Bild ergeben, das bis in die letzten Winkel hinein ausgeleuchtet wird.

In vielen Einzelfällen konnte größere Klarheit in noch offene historische Details gebracht werden, wie etwa in den Besuch des Prager Kardinals Friedrich Fürst zu Schwarzenberg[11] bei Döllinger kurz vor dem Konzil, im August 1869[12], oder in die Stellung Döllingers und Reuschs innerhalb der alt-katholischen Bewegung.

Es wird deutlich: Die „deutsche" Theologie, die sich unter Döllingers Führung seit der Münchener Gelehrtenversammlung von 1863 zu sammeln versuchte[13], wurde von der „römischen" Theologie, dem Lehramt des Papstes und einigen ihm verbundenen Theologen, zunehmend behindert und unterdrückt. Gelehrtenversammlungen wurden – durch unannehmbare Auflagen des Hl. Stuhles[14] – praktisch unmöglich gemacht[15]. So schufen sich die deutschen Gelehrten, diesmal unter Reuschs Führung, ein gedrucktes Organ, das „Theologische Literatur-Blatt“ (Bonn), in dem gleichgesinnte Theologen ihre Meinung zu den damals diskutierten Fragen durch Rezensionen zum Ausdruck bringen konnten[16].

In dem Streit zwischen „römischer“ und „deutscher“ Theologie ging es einerseits um den Vorrang der Dogmatik vor der Geschichte – dies die Position Roms (nicht umsonst wurde Erzbischof Henry Edward Manning[17] von Westminster das Wort zugeschrieben: „Das Dogma hat die Geschichte besiegt“[18]) –, und auf der anderen Seite um die Unverückbarkeit historischer Tatsachen bei der Feststellung dessen, was zum Glaubensgut in der Tradition der Kirche gehört.

Dabei ist beachtenswert, daß es sich in der Diskussion dieser Zeit nicht um christologische, trinitarische und sakramententheologische Hauptdogmen der Christenheit handelte, die seit den ersten acht ökumenischen Konzilien und den Laterankonzilien des Hohen Mittelalters abgeklärt waren; es ging vielmehr, auch im Briefwechsel Döllinger–Reusch, um ekklesiologische[19] und moraltheologische Lehren, deren dogmatischer Charakter abgegrenzt, definiert werden sollte.

Die erste tiefgreifende Verstimmung löste Döllinger im Staatssekretariat bezeichnender Weise dadurch aus, daß er den Kirchenstaat für nicht unumstößlich notwendig erklärte[20]. Das war eine dogmatisch unverfängliche, historisch richtige und später noch durch die Tatsachen bestätigte Bemerkung. Das Recht lag hier eindeutig auf Döllingers Seite.

Als die Pläne für ein Konzil bekannt wurden (etwa 1867)[21], stand Döllinger im Begriff, ein Buch mit dem Titel „Cathedra Romana“ zu schreiben, für das er mehr als 25 Jahre lang Material gesammelt hatte[22]. Das Thema lag also in der Luft. Was lag da näher, als den Altmeister der deutschen Kirchengeschichtswissenschaft als wirklichen Fachmann („peritus“) zum Konzil einzuladen? Doch mit der Begründung, er werde wohl ablehnen, geschah es nicht[23]. Weil also der Dialog mit ihm nicht im Konzil stattfand, geschah er außerhalb des Konzils, durch den sog. Janus[24], in den das Material der Cathedra Romana einfloß, und durch die Quirinus-Briefe vom Konzil[25]. Das alles will sagen: Die Probleme, welche die Geschichte für die zu definierenden Lehren bot, wurden nicht ausdiskutiert, nicht aufgearbeitet, sondern verdrängt. Mit den ungelösten historischen Problemen schloß man auch die Männer von der Tischgemeinschaft mit der Kirche aus, die über diese historischen Probleme nicht einfach hinwegsehen konnten: nicht nur über die Honoriusfrage[26] und die tatsächlich zum Teil gefälschten Zitate griechischer Väter, auf die sich Thomas von Aquin zur Begründung des Primats gestützt hatte[27]; immer wieder wollte Döllinger den

Bischöfen, die sich bald unterwarfen, *„einige 50 Zweifelsknoten vorlegen, die schwerer zu lösen sein werden als Rätsel der Turandot“*[28]. Döllingers Münchener Erzbischof Gregor von Scherr[29] hat sich auf das Angebot einer halböffentlichen Disputation nie eingelassen[30]. Ähnlich erging es Reusch mit seinem Kölner Erzbischof Paulus Melchers[31]: Ein theologisches Gespräch, in dem Reuschs Schwierigkeit ernst genommen worden wäre, wie er über seinen Eid auf das Tridentinum hinaus auf *„neue“* Dogmen verpflichtet werden könne, die er in der Literatur der ersten sechs Jahrhunderte *„nicht finden“* könne, fand nicht statt; er wurde nur auf das einschlußweise zu Glaubende hingewiesen und ermahnt, Exerzitien zu machen[32].

Wie ein theologisches Gespräch hätte aussehen können, zeigte der Ermländer Bischof Philipp Krementz[33]. Er legte in zwölf kurzen Thesen in seinem Pastoralblatt dar, wie er die Dogmen des I. Vatikanums verstand: Der Heilige Geist werde wie in der Vergangenheit so auch in Zukunft den Papst so führen, daß er *vor* einer Definition den Konsens der Kirche einholt, denn er habe keine andere Irrtumslosigkeit als die Kirche[34]. Reuschs Kollege in Bonn, der Neutestamentler Josef Langen[35], schrieb daraufhin an Erzbischof Melchers von Köln: Wenn der Bischof von Ermland die Dekrete des Konzils richtig erläutert habe, würde alles Bedenken gegen diesen Punkt, die Irrtumslosigkeit, behoben sein; das Übrige würde sich dann leichter lösen lassen[36]. Das zeigt, daß zumindest eine Annäherung der Standpunkte möglich war; denn nach Krementz und Langen war der *vorhergehende* Konsens der Kirche zu Definitionen des Papstes nötig und vom Konzil auch anerkannt. Es muß offen bleiben, ob diese Interpretation des Konzils Döllinger und Reusch genügt hätte. Doch auch Krementz hat in einem zweiten Hirtenbrief seine Position verschärft: Der Papst müsse in Zweifelsfällen allein entscheiden können[37]. Und vor allem: Melchers verweigerte gegenüber Langen eine von diesem erwartete Erklärung in Krementz' Sinne. Auch von seiten des Vatikans wurde nie in offizieller Form bestätigt, daß diese Interpretation – und die der Minoritätsbischöfe ganz allgemein – richtig sei[38]. Gleichwohl hat sich eben diese Interpretation der Minorität später durchgesetzt. Damals aber machte der fehlende Dialog über den einer Definition vorausgehenden Konsens der Kirche eine Versöhnung mit den Historikern (nicht nur mit den Kirchenhistorikern) unmöglich[39]. Hinzu kamen die Probleme mit dem Universalepiskopat.

Auch später, gegen Ende seines Lebens, wurde von Döllinger stets nur die *„Bekehrung“*, die Umkehr, die *„Unterwerfung“* erwartet[40], ohne daß man den ernsthaften Versuch gemacht hätte, auf seine Einwände einzugehen. Im Gegenteil, die Bekehrungsversuche riefen in ihm nur den Wunsch hervor, noch einmal das ganze Material vorzulegen, das ihn in seinem Gewissen zur Ablehnung der Dogmen bewogen hatte. Leider wurde dieses Projekt nur teilweise verwirklicht[41].

Ähnlich wie Döllinger erging es Reusch: *„(Melchers) Nachfolger ignoriert uns völlig."*[42] Kein Versuch wurde gemacht, den integren, frommen, loyalen und *„ruhigen"*[43] akademischen Lehrer, für dessen Bewahrung vor kirchlicher Strafe sich seine Schwester Henriette Reusch in einem bewegenden Brief beim Erzbischof eingesetzt hatte[44], mit überzeugenden Argumenten in die Tischgemeinschaft wieder aufzunehmen.

Der Wandel Döllingers zum Ireniker und Reuschs zum Historiker

In der Hauptsache blieben also die Positionen der beiden Briefpartner Döllinger und Reusch und die ihres jeweiligen „römischen" Gegenüber unverändert. Nach dem erfolgten Bruch im Jahre 1871 vollzog sich allerdings doch ein gewisser Wandel in den beiden deutschen Professoren: Aus dem in den 50er Jahren noch kämpferischen Verteidiger des Papsttums und der römischen Kirche Döllinger wurde ein an der Einheit der Gesamtkirche interessierter Ireniker[45], aus dem allerdings nie auf sein Fach beschränkten Alttestamentler Reusch wurde ein unparteiischer Historiker[46].

Ihrer Auffassung von der Unbestreitbarkeit historischer Tatsachen blieben beide zwar treu, doch ihr Horizont weitete sich. Döllinger nahm mehr noch als seit 1863[47] alle Kirchen in den Blick, behandelte schon 1872 in sieben Vorträgen die „Wiedervereinigung der christlichen Kirchen" mit prophetischen Visionen von der Einheit aus petrinischer (römisch-katholischer) und paulinischer (evangelischer) Kirche in einer höheren johanneischen Kirche[48], versammelte in den folgenden Jahren 1874 und 1875 deren Vertreter zu Unionskonferenzen in Bonn, den ersten der Neuzeit[49], und suchte die Ursachen der Spaltung zu ergründen[50].

Reusch seinerseits sah seine Aufgabe darin, die historischen Probleme, auf die unter anderen Döllinger hingewiesen hatte, exakt aufzuarbeiten, und bot dafür Döllinger seine Mithilfe an, die dieser *„mit beiden Händen ergriff"*[51].

Nach zwei kleineren Arbeiten über die Inquisition und den Fall Galilei[52] durchforstete Reusch in langjähriger Arbeit die Geschichte des römischen „Index der verbotenen Bücher"[53]. Er legte in einem zweibändigen Werk die Unhaltbarkeit mancher Bücherverurteilung dar – was unter anderem dazu beitragen sollte, extreme Auffassungen von der päpstlichen Unfehlbarkeit (die damals durchaus im Umlauf waren) zu korrigieren. Reusch bereitete mit seinem *„überaus fleißige[n] Werk"*, auch nach dem Urteil römischer Fachleute und Mitglieder der Indexkongregation, einem gereinigten Index und schließlich dessen Aufhebung den Weg[54].

Zusammen mit Döllinger gab Reusch zwischen 1885 und 1890 vier größere Werke heraus, zu denen Döllinger Vorarbeiten geleistet hatte: zunächst „Die Selbstbiographie des Cardinals Robert Bellarmin"[55], mit historischen Anmerkungen, die seiner Heiligsprechung, einem anderen Bereich päpstlicher Unfehlbarkeit, entgegenwirken sollten. Hier hatten die Autoren weniger Erfolg: Bellarmin wurde von Pius XI. 1923 selig- und 1930 heiliggesprochen[56]. Die persönliche Heiligkeit Bellarmins scheint für den Papst durch die von Döllinger und Reusch aufgezeigten historischen Einwände (Bellarmins Wissen um Morde, seine Beschönigung unangenehmer Tatsachen, sein Selbstlob) nicht berührt zu sein.

Besonders wichtig für die heute noch nicht aufgearbeitete Frage nach der Deutung, den Grenzen und der richtigen Ausübung des päpstlichen Jurisdiktionsprimats, des zweiten wichtigen Dogmas des I. Vatikanums, war die gemeinsame Arbeit der beiden Autoren an „Bonacursius“ bzw. dem „Libellus“, einem griechischen Buch aus dem Mittelalter, mit angeblichen und echten Zitaten der Kirchenväter, unter anderem über das Papsttum, welches Thomas von Aquin benutzt und kommentiert und das so für das I. Vatikanum Bedeutung gewonnen hatte: „Die Fälschungen in dem Traktat des Thomas von Aquin gegen die Griechen.“[57] Hier schied Reusch das Wahre vom Falschen und rückte das Wahre zurecht. Er stellte fest, welche Väterstellen gefälscht und welche unter Verwendung echter Stellen redigiert waren. Soweit Thomas sich auf die ersteren gestützt hatte, war sein Gebäude also brüchig. Noch heute steht Reuschs Arbeit an erster Stelle unter den Literaturangaben des „Lexikon für Theologie und Kirche“ zu Bonacursius[58]. Wie sehr diese und ähnliche mittelalterliche Fälschungen den Umfang und die Ausübung des päpstlichen Primats bis heute bestimmen, mag an einem Beispiel, allerdings aus den pseudo-isidorischen Dekretalen, die Döllinger genauso anprangerte, deutlich werden: Für den Rechtssatz, daß dem Papst das alleinige Recht, ein Konzil einzuberufen, vorbehalten sei, gab die amtliche Ausgabe des Codex Iuris Canonici von 1917 sechs Belegstellen an; „drei stammen aus den pseudoisidorischen Dekretalen, drei sind von ihnen abgeleitet“[59].

Ein anderes großes Werk der beiden Autoren war die „Geschichte der Moralstreitigkeiten“[60]. Hier ging es, durch einen starken Dokumentenband belegt, um den Probabilismus-Streit, d. h. um das Verhalten in zweifelhaften Fällen, um Fragen des Laxismus und der sogenannten „jesuitischen Moral“. Auch hier stand die päpstliche Unfehlbarkeit insofern zur Debatte, als der Papst durch die Heiligsprechung des Alfons von Liguori den Probabilismus sanktioniert hatte, wie man es damals allgemein empfand, auch wenn Liguori selbst etwas differenzierter dachte. Es waren vor allem Reuschs ungeheurer Fleiß und seine Unparteilichkeit, welche die Aufarbeitung der historischen Probleme gelingen ließen.

Nach Döllingers Tod kamen noch die „Beiträge zur Sektengeschichte des Mittelalters“ heraus, ohne den Namen Reusch im Titel[61]. Der Dokumentenband dazu lag seit 1849 vor.

Das vor und auf dem Konzil unterbliebene Gespräch über jene Fakten, die bei der Definition der vatikanischen Dogmen ihrer Meinung nach berücksichtigt werden mußten, setzten Döllinger und Reusch nach dem Konzil in geduldiger wissenschaftlicher Arbeit und Publikationen fort. Es war ein Gespräch unter Katholiken, ein Gespräch in der Kirche. Wie ein Anzeichen, daß die Arbeit, die sie sich vorgenommen hatten, für sie nun abgeschlossen war, mutet es an, daß in den letzten Briefen der Blick der beiden Korrespondenzpartner auf Dinge des Alltags, der sie umgebenden Natur oder der Küche fällt. Nachdem Reusch das letzte Mal von Döllinger aus München nach Bonn zurückgekehrt ist, schreibt er, er habe bei der Fahrt durch den Rheingau *„prachtvoll blühende Aprikosenbäume"* gesehen, und vor seinem Haus in der Lennéstraße *„wird die Linde grün"*, die jedes Jahr eine Woche früher kommt als die anderen. Döllinger erwähnt in seinem letzten Brief an Reusch, seine beiden Nichten hätten sich in der Kochkunst weitergebildet und setzten ihm nun ihre Kreationen vor; Reusch sei dafür sicher der bessere Kenner, während er selbst sich *„des Lobes zu enthalten pflege und eben nur schweigend das Vorgesetzte verzehre"*[62]. Wenige Wochen danach, am 10. Januar 1890, zog sich Döllinger ganz in das Schweigen zurück.

2. Der weitergeführte Dialog unter den Nachfahren

Es ist vielleicht nicht unnütz, die bekannte[63] Entwicklung nach Döllingers und Reuschs Tod (1890 bzw. 1900) zu verfolgen, ob und inwieweit sie ihnen recht gegeben hat; denn es sind ja nicht nur die Grenzgebiete der Irrtumslosigkeit, wie der Fall Galilei oder der Index, die inzwischen auch offiziell von der Irrtumslosigkeit ausgenommen werden, sondern diese selbst ist durch die spätere Interpretation stark eingeschränkt worden. Auch der Jurisdiktionsprimat ist bis heute in der Diskussion geblieben. Diese anhaltende Diskussion ist vielleicht die beste Rechtfertigung für das Lebenswerk von Döllinger und Reusch.

Die einschränkende Interpretation der Irrtumslosigkeit

Schon der offizielle Interpret des Dogmas auf dem I. Vatikanischen Konzil, Bischof Vinzenz Gasser von Brixen[64], der als Sprecher der Konzilskommission für das Glaubensdekret am 11. Juli 1870 die Diskussion zusammenfaßte, stellte ausführlich das Verhältnis der Unfehlbarkeit des Papstes zu der der Kirche dar[65]: Beide haben dieselben Quellen, nämlich Schrift und Tradition der Gesamtkirche, beide haben denselben Umfang, das ist die sogenannte „Glaubenshinterlage", wozu sicher nur das gehört, *„was von Gott geoffenbart ist"*. Diese Relatio Gasser war jedoch unmittelbar nach dem Konzil nicht allzuweit verbreitet und daher wenig bekannt.

Halboffizielle Interpreten waren die Bischöfe der Minderheit, die später das Dogma nur mit und in ihrer eigenen Interpretation annahmen und denen der Hl. Stuhl offiziell nicht entgegentrat. Vor allem Bischof Hefele von Rottenburg und Henry Maret[66] von der Sorbonne in Paris sahen die historische Einleitung zur dogmatischen Definition, das sogenannte Lehrkapitel der dogmatischen Konstitution „Pastor aeternus", als eine *„Norm"* an, nach der sich die Päpste bei der Definition einer Glaubenswahrheit zu richten haben[67]. Im vierten Lehrkapitel dieser Konstitution wird konstatiert, daß die Päpste zunächst immer die Meinung der über den Erdkreis zerstreuten Kirche befragt haben, sei es durch Konzilien oder auf andere Weise, jedenfalls nicht ohne die Gesamtkirche definiert haben. Deswegen bedeute der berühmt-berüchtigte Schlußsatz der Unfehlbarkeitsdefinition, der da sagt, die Definitionen des Papstes seien *„von sich aus, nicht wegen der Zustimmung der Kirche, unumstößlich"*, nicht mehr, als daß eine *nach*folgende Zustimmung der Kirche nicht nötig sei, wohl aber bleibe der *voraus*gehende Konsens der Kirche unerläßlich. So hatte sich schon Bischof Krementz geäußert, und Langen hatte das als akzeptabel bezeichnet. Der Vatikan ließ intern diese Interpretation gelten – allerdings auch die entgegengesetzten, übertriebenen Interpretationen[68] –, so daß sie fast offiziöse Bedeutung gewann. Man kann die Interpretationen Hefeles und Marets als eine formale Einschränkung des Dogmas bezeichnen: Der Papst ist nicht unabhängig von der Kirche, sondern selbstverständlich an das Urteil der Bischöfe und der Gläubigen gebunden, ob eine Glaubenslehre zur Tradition der Gesamtkirche gehört. Er muß also die gesamte Glaubenstradition der Kirche vor Augen haben, um dann allerdings als letzter eine Entscheidung zu treffen.

Eine offizielle und nun nicht mehr nur formale, sondern inhaltliche Einschränkung des Dogmas erfolgte durch das kirchliche Gesetzbuch von 1917, den Codex Iuris Canonici[69]: Nur das, was *„als von Gott geoffenbart zu glauben vorgelegt wird"*, kann Gegenstand von Definitionen eines Konzils oder des Papstes sein (can. 1323 § 2), wie es schon Gasser auf dem Konzil formuliert hatte, nicht aber die sogenannte Aura der Unfehlbarkeit, Urteile des Lehramts über Häresie oder Rechtgläubigkeit von Büchern und Autoren etc. Reusch bekam also für seine kritische Arbeit am Index offiziell recht. Ferner erklärte der Codex: *„Nichts ist als dogmatisch erklärt oder definiert zu betrachten, wenn nicht die Tatsache offenbar feststeht"* (can. 1323 § 3)[70]. Trotzdem blieb die Unsicherheit erhalten, was denn nun eine unfehlbare päpstliche Lehrentscheidung sei. Erst Pius XII. schuf diese Sicherheit durch das Dogma der leiblichen Aufnahme Mariens in den Himmel (1950)[71]. Er bezeichnete diesen Glaubenssatz als *„von Gott geoffenbarte Lehre"*, wendete also den Begriff des Codex Iuris Canonici an; er hielt sich auch formal an die Kriterien der Minoritätsbischöfe von 1870, weil er die Bischöfe auf dem Erdkreis vor der Definition befragt hatte, einzeln, sozusagen radial, wenn auch nicht konziliar, auf einem Konzil versammelt. Seitdem ist klar: Nur ein auf diese Weise vom Papst definiertes Dogma ist von der päpstlichen Irrtumslosigkeit gedeckt. Ihr Inhalt wurde also gegenüber den ausufernden Vorstellungen der Zeit um 1870 stark eingeschränkt[72].

Das II. Vatikanische Konzil bestätigte die vorangegangene Entwicklung, indem es die Dekrete des I. Vatikanums interpretierte, korrigierte und ausbalancierte: Es spricht *zuerst* von der Unfehlbarkeit der Bischöfe, dann erst von der des Papstes und bettet beide in die Unfehlbarkeit der Kirche ein. Zugleich sanktioniert es die Interpretation, die die Minoritätsbischöfe des I. Vatikanums dem „*ex sese, non autem ex consensu Ecclesiae*" gegeben haben. Das II. Vatikanum erläutert das „*non ex consensu*" mit den Worten: „(Die Definitionen des Bischofs von Rom) *bedürfen daher keiner Bestätigung (approbatione) durch andere und dulden keine Berufung an ein anderes Urteil*"[73] Durch das Dogma von 1870 ist also nur die *nach*folgende Bestätigung durch die Kirche ausgeschlossen, nicht der *voran*gehende Konsens der Kirche. Man kann dies als den offiziellen Sieg der Minoritätsbischöfe des I. Vatikanum bezeichnen.

Die aus dem vorigen Jahrhundert datierende, von Döllinger geförderte, vom II. Vatikanum mächtig vorangetriebene ökumenische Bewegung stieß immer mehr auf die Papstfrage als Stein des Anstoßes. Es entstand eine Fülle von Literatur[74]. Als Ergebnis faßt Walter Kasper gut zusammen: „*Conzemius und Schatz haben nachgewiesen, daß die in der heutigen Theologie praktisch allgemein anerkannte Interpretation des Ersten Vatikanums paradoxerweise nicht die der damals siegreichen Konzilsmajorität, sondern die der damals unterdrückten Konzilsminorität darstellt.*"[75] Nach allgemeiner Ansicht der Theologen gelten also sehr eng begrenzte Bedingungen der Unfehlbarkeit: Die vorausgehende und begleitende Zustimmung der Kirche ist notwendig oder, anders ausgedrückt, die Übereinstimmung des Papstes mit dem Glaubensbewußtsein der Kirche. Auch die Bedeutung der Rezeption für ein Dogma wird anerkannt: Nach W. Kasper „interpretiert" sie[76], nach W. Küppers „kritisiert" sie die Dogmen[77].

Aus all dem kann man den Schluß ziehen: Wenn der Gegenstand der Irrtumslosigkeit so stark eingeschränkt worden ist, und wenn die Deutung der Minoritätsbischöfe von 1870 heute von Theologen und vom Vatikanum II rezipiert worden ist, dann ist wegen der Unfehlbarkeitslehre *allein* eine Trennung der römisch-katholischen von der alt-katholischen Kirche nicht mehr gerechtfertigt. Entsprechend wird von alt-katholischer Seite gelegentlich[78], von orthodoxer Seite offiziell zugegeben: „*Unser Problem ist der Jurisdiktionsprimat*"[79], das zweite wichtige Dogma des I. Vatikanums, nicht die Unfehlbarkeit. Das gilt auch nach der neuesten „Instruktion über die kirchliche Berufung des Theologen", die die Kongregation für die Glaubenslehre am 24. Mai 1990 herausgegeben hat. Da die Irrtumslosigkeit nach dem Wortlaut der Definition von 1870 ein persönliches Privileg des Papstes ist und ihm nur bei Kathedralentscheidungen wie der Pius' XII. von 1950 zukommt – so auch heute noch can. 749 § 3 des CIC: *„Als unfehlbar definiert ist eine Lehre nur anzusehen, wenn dies offensichtlich feststeht"* –, ist eine Ausdehnung der Unfehlbarkeit auf nicht-kathedrale und auf Akte päpstlicher Behörden, wie sie die Instruktion in Nr. 17/18 ohne Belege aus der Tradition vornimmt, nicht zulässig. Dies zu sagen, gehört zum „Lehramt der Theologie", welches dieselbe Instruktion in Nr. 24/25 (30/31) herausstellt.

Der partielle Verzicht auf den Iurisdiktionsprimat

Es bleibt also das größere Problem des päpstlichen Primats über die ganze Kirche, der sogenannte Universal-Episkopat, zu bedenken. Tatsächlich ist diese Lehre von der Regierungsvollmacht des Papstes über die ganze Kirche zunächst nicht einschränkend, sondern extensiv ausgelegt worden. Eine solche, einseitig den Papst begünstigende Interpretation des Dogmas vom päpstlichen Jurisdiktionsprimat gab der Codex von 1917. Der protestantische Kirchenrechtler Ulrich Stutz[80] urteilte 1918 über ihn: *„Es ist ein Werk des absoluten Papsttums, der durch das Vatikanum zu höchster Machtfülle gesteigerten Primatialgewalt"*[81]. Die bischöflichen Rechte wurden in der Tat nicht adäquat gesehen.
Doch auch dieses Dogma wird einerseits durch die Geschichtswissenschaft, die seine Entstehung erklärt und es dadurch relativiert, anderseits durch die geschichtliche Entwicklung im II. Vatikanum, die noch im Gange ist, nach und nach auf ein gesundes Maß zurückgeführt. Die genannten neueren Studien zum Petrusamt haben zum Verständnis des Primats überhaupt wie seiner Definition im Jahre 1870 darauf hingewiesen, daß er zwar auch durch biblische Grundlagen, das Felsenwort (Mt 16, 18) und das Hirtenwort *„Weide meine Lämmer"* (Joh 21, 15–17), aber noch mehr durch die historischen Umweltbedingungen in seiner Entwicklung bestimmt worden ist[82]: Im ersten Jahrtausend wurde das Papsttum auf den Plan gerufen, weil das Kaisertum wegfiel; der Papst wurde die einzige das Volk beschützende Autorität[83]. Im zweiten Jahrtausend hat sich die gregorianische oder cluniazensische Reform auf das Papsttum als die zentrale Autorität gestützt, um von der Mitte aus die ganze Kirche zu erreichen[84]; es hat der Kirche in Europa die Freiheit von nationalen Interessen gebracht, in dem es die Investitur der Bischöfe durch Kaiser und Könige wirksam bekämpfte[85]. Dies war zwar ein historisch notwendiger Kampf, doch wurde gerade dadurch auch *„das synodale Gewebe zerstört"*, das die Kirche früher zusammengehalten hatte[86], und aus der *„altkirchlichen Communio-Struktur"*, in der die Ortskirchen zum Erhalt der Einheit miteinander in Gemeinschaft stehen mußten, wurde eine *„pyramidale Ekklesiologie"*[87], in der nur einer herrscht. Deshalb spricht man

auch von einem *„Ringen zwischen der zum Absolutismus tendierenden Auffassung vom Primat ... und dem kollegialen Verständnis der höchsten Autorität"*, wie es in den ersten acht Konzilien herrschte[88]. Bei der Definition von 1870 selbst spielte der auslaufende Absolutismus des 19. Jahrhunderts eine entscheidende Rolle[89]: Die Definition sollte den päpstlichen und alle weltlichen Throne stützen. Das dritte Jahrtausend dürfte deshalb *„die Aufgabe"* haben, *„eine Synthese der Entwicklung des ersten (kollegialen, synodalen) und zweiten (pyramidalen, monarchischen) Jahrtausends"* zustandebringen[90].

Das II. Vatikanum hat dafür am Ende des zweiten Jahrtausends die geistigen Grundlagen gelegt. Es schuf einen gewissen Ausgleich zwischen päpstlicher und bischöflicher Autorität, indem es sowohl vom Papst wie vom Konzil sagte, sie hätten *„plena ac suprema potestas"*, volle und höchste Gewalt über die Gesamtkirche[91]. Man sprach damals von der Kirche als einer *„Ellipse mit zwei Brennpunkten"*, dem Papst und dem Episkopat[92]. Fast noch wichtiger für das tägliche Leben der Ortskirchen ist die Aussage des Konzils, daß die Bischöfe *„nicht als Stellvertreter der Bischöfe von Rom zu verstehen sind"* und daß sie ihre Ortskirchen leiten *„als Stellvertreter und Gesandte Christi"*[93].

Wenn dies schon eine gewisse Balance in die Autoritätsverhältnisse der Kirche, wenigstens theoretisch, hineinbrachte, weil damit auch das ius divinum der Bischöfe ausdrücklich anerkannt wurde entsprechend dem biblischen Befund: *„Wachet über die euch anvertraute Herde, in die euch der Heilige Geist zu Bischöfen eingesetzt hat"* (Apg 20, 28)[94], so bedeutet erst recht die neue Ekklesiologie des II. Vatikanums und ihre Einbeziehung der nicht-römisch-katholischen Kirchen in den Kirchenbegriff einen tatsächlichen Verzicht auf Jurisdiktionsrechte des Papstes. Die eine Kirche wird in konzentrischen Kreisen um den Mittelpunkt Christus angeordnet gesehen, zuinnerst die katholische, dann die übrigen christlichen *„Kirchen oder kirchlichen Gemeinschaften"*, sodann die an Gott Glaubenden, schließlich die ihrem Gewissen Folgenden[95]. Da das Konzil in den nicht-römisch-katholischen Kirchen *„kirchliche Elemente und Strukturen"* anerkennt und nur die *„volle"*, aber nicht mehr jede Gemeinschaft mit ihnen vermißt, weil ja *„all dieses, das von Christus ausgeht und zu ihm hinführt, rechtens zu der einzigen Kirche Christi gehört"*[96], hat der Papst, der die Konzilsdekrete als erster unterschrieben hat, damit implizit auf seine Jurisdiktion über einen Teil der Kirche Christi verzichtet.

Wenn man die folgenden Äußerungen zusammennimmt und extrapoliert, kann man sich irgendwann im dritten Jahrtausend eine mit dem Papst in Gemeinschaft stehende, nicht unter ihm geeinte Christenheit vorstellen. Das Ökumenismusdekret des Konzils beschreibt die Rolle des Papsttums im ersten Jahrtausend so: *„Dem römischen Stuhl kam mit allgemeiner Zustimmung eine Führungsrolle zu, wenn Streitigkeiten über Glaube und Disziplin unter ihnen entstanden."*[97] Das ist eine Letztentscheidungskompetenz in Glaubensfragen, jedoch in subsidiärer Weise ausgeübt. Diese Kompetenz würde wohl auch heute anerkannt werden. Die heutige orthodoxe Position findet sich gut in folgenden Worten ausgedrückt: *„Der Primas hat bei einer konziliaren Gemeinschaft die dienende Funktion der koordinierenden Liebe und Initiative auszuüben.“*[98] In die gleiche Richtung geht die Utrechter Erklärung der alt-katholischen Kirche von 1889 und die alt-katholische Bischofserklärung von 1970, die besagen, daß man dort *„den historischen Primat“* des Papstes anerkenne[99]. Die Notwendigkeit eines Einheitsamtes wird auch von den evangelischen Kirchen grundsätzlich anerkannt[100]. Ebensoweit sind die Anglikaner in den Verhandlungen mit der römisch-katholischen Kirche gegangen[101]. Würde also der Papst sich beim Jurisdiktionsprimat „erniedrigen“, indem er die Eigenständigkeit der Ortskirchen im Sinne der Kirchenkonstitution des II. Vatikanum berücksichtigt, dann würde er wohl in seiner letztentscheidenden Lehrkompetenz „erhöht werden“ (vgl. Mt 23, 12), weil diese Lehrkompetenz in der heute rezipierten Interpretation kaum mehr einen schwerwiegenden Anstoß bietet[102].

Dafür könnte eine letzte Beobachtung, die von Ludger Oeing-Hanhoff stammt[103], hilfreich sein: Ist die Lehre des I. Vatikanums über den Jurisdiktionsprimat überhaupt ein Dogma? Wenn man den Begriff von Dogma, den das Vatikanum I selbst formuliert hat, anwendet, können Zweifel daran aufkommen. Das Konzil von 1869/70 sagt in seiner ersten Konstitution über den katholischen Glauben: *„Mit dem Gott und der Kirche geschuldeten Glauben ist all das zu glauben, was von der Kirche entweder in feierlichem Spruch oder durch das allgemeine und ordentliche Lehramt als von Gott geoffenbart zu glauben vorgelegt wird.“*[104] Bei der Definition der Unfehlbarkeit des Papstes wendet das Vatikanum I diese Formel auch an: *„divinitus revelatum dogma esse definimus“*[105]. Die Erklärung desselben Konzils über den Jurisdiktionsprimat des Papstes enthält die Formel aber nicht[106]. Papst Pius XII. dagegen benutzte sie bei der Definition der Aufnahme Mariens in den Himmel wieder ausdrücklich: *„definimus divinitus revelatum dogma esse“*[107]. Wenn das Konzil also beim Jurisdiktionsprimat seine eigene Definition von Dogma nicht anwendete, kann man darin nicht einen Hinweis sehen, daß der Heilige Geist vielleicht etwas verhindert hat, was den Jurisdiktionsprimat irreformabel gemacht hätte? Wenn der Papst also seinen Primat als Lehrvollmacht und nicht als Herrschaft verstünde, würde er seine Position nicht verraten, da der Jurisdiktionsprimat am Ende vielleicht gar kein Dogma ist[108].

Die Lehre vom Jurisdiktionsprimat ist auch nicht in dem Maße wie das Unfehlbarkeitsdogma von der Gesamtkirche rezipiert worden. Patriarch Dimitrios von Konstantinopel, der den Ehrenvorrang in der Orthodoxie innehat, erklärte am 30. November 1973 gegenüber Kardinal Willebrands: *„Wir* *wiederholen und betonen, daß kein Bischof der christlichen Kirche ein von Gott oder den Menschen gegebenes universales Privileg über die Eine, Heilige, Katholische und Apostolische Kirche Christi hat. Wir alle, sei es in Rom, in dieser oder irgendeiner anderen Stadt . . ., sind einfach und allein Ko-Bischöfe unter dem einen höchsten Hohenpriester, dem Haupt der Kirche, unserem Herrn Jesus Christus.*"[109]. Und wie eine späte Antwort klingt es, wenn Papst Johannes Paul II. erst kürzlich zu erkennen gab, daß auch nach den beiden Vatikanischen Konzilien die Auffassung von der Amtsführung des Papstes einer weiteren Läuterung bedürfe. Bei einem Festgottesdienst in St. Peter am 6. Dezember 1987 sagte der Papst in Gegenwart des Patriarchen Dimitrios I. von Konstantinopel: *„So bitte ich in Erwartung jener vollkommenen Gemeinschaft, die wir wieder aufrichten wollen, den Heiligen Geist inständig, daß er uns sein Licht schenke und alle Hirten und Theologen unserer Kirchen erleuchte, damit wir selbstverständlich gemeinsam die Formen suchen können, in denen dieses Amt einen Dienst der Liebe leisten kann, der von den einen und von den anderen anerkannt wird.*"[110]

Der Ausdruck *„Schwesterkirchen"* im Ökumenismusdekret des II. Vatikanums[111] und die feierliche Erklärung des Konzils im selben Dekret, *„daß die Kirchen des Ostens . . . die Fähigkeit haben, sich nach ihren eigenen Ordnungen zu regieren, . . . ein Prinzip, das in der Tradition vorhanden, aber nicht immer beachtet worden ist"*[112], stellen sicher, daß der Jurisdiktionsverzicht des Papstes über die nichtrömischen Teile der Kirche Christi keine bloße Floskel, sondern – mit Berufung auf die Tradition, und mit Eingeständnis eigener Übertreibungen (!) – sehr ernst gemeint ist.

Alle diese Beobachtungen lassen darauf schließen, daß die geschichtliche Entwicklung einmal dahin führen könnte, wo das Petrusamt sich im ersten Jahrtausend befunden hat: Zu einem mit letzter Lehrvollmacht ausgestatteten Primus unter den Bischöfen, mit dem alle *„propter potentiorem principalitatem*[113] in *Gemeinschaft* stehen müssen, der sie zwar als Hirte führt (Joh 21, 17; 1 Petr 5, 3), der aber nicht mehr beansprucht, die ganze Kirche zu *regieren*[114]. Die Einschränkung des Dogmas vom päpstlichen Universalepiskopat durch die Geschichte dürfte also noch weiter fortschreiten. Am Ende wird man sagen: Sowohl das Vatikanum I wie die Minoritätsbischöfe wie auch Döllinger und Reusch haben recht gehabt. Die Wahrheit liegt in der Versöhnung der gegensätzlichen Standpunkte. Und die ist nur durch den Dialog zu erreichen.

1 John E. B. Mayor: Franz Heinrich Reusch, Cambridge 1901. Vgl. Goetz, Leopold Karl: Franz Heinrich Reusch (1825–1900). Eine Darstellung seiner Lebensarbeit, Gotha 1901.

2 Menn, M.: Franz H. Reusch als Schriftsteller, in: Revue internationale de théologie 14 (1906) 38–72, 462–484, 729–744; 15 (1907) 75–93, 462–480.

3 Reusch, Franz Heinrich: Lehrbuch der Einleitung in das Alte Testament, Freiburg 1859, [4]1870.

4 Reusch, Franz Heinrich: Bibel und Natur. Vorlesungen über die mosaische Urgeschichte und ihr Verhältnis zu den Ergebnissen der Naturforschung, Freiburg 1862, Bonn [4]1876.

5 Hefele, Karl Joseph von (1809–1893), 1869–1893 Bischof von Rottenburg. Vgl. Reinhard, Rudolf: Hefele, Karl Joseph von, in: Gatz, Erwin (Hrsg.): Die Bischöfe der deutschsprachigen Länder 1785/1803–1945. Ein biographisches Lexikon, Berlin 1983, S. 295–297.

6 Haneberg, Daniel Bonifatius von (1816–1876), 1872–1876 Bischof von Speyer. Vgl. Gatz, Erwin: Haneberg, Bonifatius, in: Gatz (wie Anm. 5), S. 281–284.

7 Die Edition besorgten Christian Oeyen und Hans Ewald Keßler, bis 1983 unter Mitarbeit von Heinz-Jürgen Vogels. Eine Veröffentlichung ist geplant.

8 Victor Conzemius (Hrsg.): Ignaz von Döllinger – Lord Acton. Briefwechsel 1850–1890, 3 Bde., München 1963–1971; ders. (Hrsg.): Ignaz von Döllinger – Charlotte Lady Blennerhassett. Briefwechsel 1865–1886, München 1981.

9 Grundlegend ist Schulte, Johann Friedrich von: Der Altkatholicismus, Gießen 1887, (Neudruck) Aalen 1965, S. 123–166 (über Reusch), S. 189–206 (über Döllinger).

10 Vgl. Brief 47: Reusch an Döllinger, 28. 3. 1871: *„In unserer Angelegenheit ist nichts weiter geschehen, und da wir nicht nach Köln geschrieben, erwarten wir auch von dem Erzbischof keine Mittheilung mehr. Die Suspension tritt ja am 1. April ohne weiteres ein . . . Nun lassen Sie mich noch einmal meinen Schmerz darüber aussprechen, daß Sie solche Dinge erleben müssen, wie sie uns getroffen haben und treffen werden, zugleich aber die Versicherung beifügen, daß es mir in meinem persönlichen Leid zum Troste gereicht, daß ich mit meinem hochverehrten Lehrer gemeinsam für eine ehrliche Überzeugung zu leiden habe. Wie eine Besserung kommen soll, weiß ich nicht, halte aber fest an dem Glauben, daß der Herr seine Kirche schützen und das gnädig ansehen wird, was wir aus Liebe zu ihm und seiner Kirche thun und leiden. Gott segne und tröste sie.“* Döllinger wurde am 17. 4. 1871 exkommuniziert, Reusch ein Jahr später am 12. 3. 1872.

11 Schwarzenberg, Friedrich Fürst zu (1809–1885), 1836–1850 Fürsterzbischof von Salzburg, 1850–1885 Fürsterzbischof von Prag, 1842 Kardinal. Vgl. Gatz, Erwin: Schwarzenberg, in: Gatz (wie Anm. 5) S. 686–692.

12 Vgl. Brief 28; ferner Schatz, Klaus: Kirchenbild und päpstliche Unfehlbarkeit bei den deutschen Minoritätsbischöfen auf dem I. Vatikanum, Rom 1975, S. 131 f. und Anm. 339.

13 Friedrich, Johann: Ignaz von Döllinger, Bd. 3, München 1901, S. 251–370. Vgl. Schwaiger, Georg: Die Münchener Gelehrtenversammlung von 1863 in den Strömungen der Theologie des 19. Jahrhunderts, in: ders. (Hrsg.): Kirche und Theologie im 19. Jahrhundert, Göttingen 1975, S. 125–134.

14 Vgl. Zirkularschreiben des Münchener Nuntius Matteo Gonella an die deutschen Bischöfe im Auftrag des Hl. Stuhles, 5. Juli 1864, in: Katholik 12 (1864) 220 f., und in: Brandt, Hans-Jürgen: Eine katholische Universität in Deutschland? Köln–Wien 1981, S. 418–420.

15 Brief 1: Döllinger an Reusch, 7. 8. 1864; Brief 2: Reusch an Döllinger, 13. 8. 1864 mit Anm. 6–8; Brief 4 Anm. 18; Brief 32 Anm. 12.

16 Brief 2: Döllinger an Reusch, 13. 8. 1864; Brief 4: Reusch an Döllinger, 21. 5. 1865 mit Anm. 4–18.

17 Manning, Henry Edward (1808–1892), 1865–1892 Erzbischof von Westminster, 1875 Kardinal. Vgl. LThK VI (1961), Sp. 1364.

18 Conzemius: Döllinger – Acton (wie Anm. 8), Bd. 2, S. 65; zitiert auch bei Hasler, August Bernhard: Wie der Papst unfehlbar wurde, München 1979, S. 143.

19 Vgl. Finsterhölzl, Johann: Die Kirche in der Theologie Ignaz von Döllingers bis zum I. Vatikanum, Göttingen 1975, S. 14: *„Döllingers Theologie ist auf weite Strecken Ekklesiologie."*

20 Döllinger, Ignaz: Kirche und Kirchen, München 1861, S. 666–684. Vgl. Friedrich: Döllinger (wie Anm. 13), Bd. 3, S. 233–269; Brief 173 Anm. 9: *„Erst 1929 akzeptierte Pius XI. den Verlust durch die Lateranverträge."*

21 Zu den Daten der Konzilseinberufung seit 1864 (geheim) und 1868 (öffentlich) vgl. Aubert, R.: Vatikanisches Konzil I, in: LThK X (1965) 636. Döllingers Haltung dazu geht aus Brief 24, Döllinger an Reusch, 29. Juli 1867, hervor: *„Die Verwicklungen im Innern der Kirche werden, scheint es, immer größer, das odium theologicum immer intensiver. – Arbues und* (damit) *die Canonisirung der Inquisition – päpstliche Infallibilität nebst Concilium – Früchte des Syllabus etc. [. . .] – welchen Zutänden und Ereignissen gehen wir entgegen? Ich habe keinen Ariadne-Faden in diesem Labyrinth."* Pedro de Arbués hatte viele Todesurteile gefällt. Vgl. LThK VIII (1963) 348.

22 Conzemius: Döllinger – Blennerhassett (wie Anm. 8), S. 53, 417. Vgl. ebd., S. 30: *„Die Geschichte der Päpste, die ich in der Vorrede* (zu den ‚Papstfabeln des Mittelalters') *in Aussicht gestellt habe . . ."*

23 Daß diese Äußerung des päpstlichen Staatssekretärs Giacomo Antonelli (1806–1876), abgedruckt in Collectio Lacensis, Bd. VII, S. 1048, die evtl. auf den deutschen Kurienkardinal Karl August Graf von Reisach (vgl. Gatz [wie Anm. 5], S. 603–606) zurückgeht, entscheidenden Anteil daran hatte, daß Döllinger nicht zum Konzil geladen wurde, hat Schatz: Kirchenbild (wie Anm. 12), S. 115, 119 f., 132–137 überzeugend dargetan. Vgl. aber Döllingers Briefwechsel (wie Anm. 8), Bd. IV, S. 277 f., wonach Döllinger selbst eine Einladung nicht für möglich hielt. Die Gründe dafür sah er in Rom.

24 [Döllinger, Ignaz von – Huber, Johann] Janus: Der Papst und das Concil, Leipzig 1869; Neubearbeitung durch Johann Friedrich: Döllinger, Ignaz von: Das Papsttum, München 1892, (Neudruck) Darmstadt 1969.

25 [Döllinger, Ignaz von – Lord Acton] Quirinus: Römische Briefe vom Concil, München 1870.

26 Zur Honoriusfrage grundlegend Kreuzer, Georg: Die Honoriusfrage im Mittelalter und in der Neuzeit, Stuttgart 1975. Vgl. Schwaiger, Georg: Honorius I., Papst (625–638), in: Theologische Realenzyklopädie, Bd. 15 (1986) 566–568, hier 567: *„Der Kern der Frage . . . liegt in der unbestreitbaren historischen Tatsache, daß die gesamte Christenheit des 7. Jh., repräsentiert im Ökumenischen Konzil als der*

anerkannten höchsten Autorität in Glaubensfragen, einen Papst in einer wichtigen christologischen Frage als Häretiker verurteilt hat.“

27 Vgl. den Beitrag von Christian Oeyen Über die pseudo-kyrillischen Fälschungen S. 341–390.

28 Brief 44: 14. 11. 1871 mit Anm. 3.

29 Scherr, Gregor von (1804–1877), 1856–1877 Erzbischof von München und Freising. Vgl. Zeis, Anton: Scherr, Gregor von, in: Gatz (wie Anm. 5), S. 654–656.

30 Brief 45: 13. 3. 1871 Anm. 1. Vgl. Schulte (wie Anm. 9), S. 204.

31 Melchers, Paul Ludolf (1813–1885), 1857–1866 Bischof von Osnabrück, 1866–1885 Erzbischof von Köln, 1885 (Kurien-)Kardinal. Vgl. Gatz, Erwin: Melchers, Paul Ludolf, in: Gatz (wie Anm. 5), S. 493–497.

32 Brief 42: 30. 9. 1871 mit Anm. 3–4. Vgl. Schulte (wie Anm. 9), S. 140–147, hier 143. Schon in seiner Lizentiatsarbeit in Münster, 1849, hatte Reusch die These verteidigt: *„Das Konzil von Trient verbietet mit vollem Recht, in Sachen des Glaubens und der Sitten die hl. Schrift gegen die Übereinstimmung der Väter zu erklären“* (zitiert bei Goetz [wie Anm. 1], S. 7 f.).

33 Krementz, Philipp (1819–1899), 1867–1885 Bischof von Ermland, 1885–1899 Erzbischof von Köln, 1893 Kardinal. Vgl. Gatz, Erwin: Krementz, Philipp, in: Gatz (wie Anm. 5), S. 411–415, hier 413: Nach seinem Pastoralblatt-Artikel *„zerfiel die anfangs starke Opposition im Ermland schnell“*.

34 Brief 42 Anm. 8. Text in: Pastoralblatt für die Diözese Ermland, Nr. 9, 17. September 1870, abgedruckt in: Archiv für katholisches Kirchenrecht 24 (1870) CXVII–CXIX. Vgl. Schatz: Kirchenbild (wie Anm. 12), S. 319.

35 Langen, Joseph (1837–1901), seit 1864 Prof. der ntl. Exegese in Bonn. Vgl. LThK VI (1961), Sp. 785; Franzen (wie Anm. 44), S. 65 f.

36 Brief 42 Anm. 8. Vgl. Schulte (wie Anm. 9), S. 135 f. Dort auch die negative Antwort Melchers', Rom stehe die Interpretation zu.

37 Krementz, Philipp: Hirtenbrief vom 11. 11. 1870, S. 17: Der Papst ist *„der Schwerpunkt der Unfehlbarkeit, das Zünglein an der Waage, welches den Ausschlag gibt“*, zitiert bei Schatz: Kirchenbild (wie Anm. 12), S. 321 f.

38 Vgl. Hasler, August Bernhard: Pius IX. (1846–1878). Päpstliche Unfehlbarkeit und 1. Vatikanisches Konzil, Stuttgart 1977, S. 486 f.; Butler, Christoph – Lang, Hugo: Das Vatikanische Konzil, München 1933, S. 355, 406 f.

39 Vgl. Conzemius, Victor: Döllinger, in: Theologische Realenzyklopädie, Bd. 9 (1982) 25: *„Fragestellungen, die innerhalb der katholischen Theologie nicht ausdiskutiert sind und zu den Zentralthemen des ökumenischen Dialogs gehören.“*

40 Brief 114, 116, 117, 139 Anm. 2, Brief 147 Anm. 2–3.

41 Einerseits drängte Reusch auf die Verwirklichung der gemeinsam geplanten Arbeiten, s. u. Anm. 55–61, anderseits hielten Döllinger die Akademischen Vorträge ab, die er jedes Jahr als Präsident der Bayrischen Akademie der Wissenschaften zu halten hatte; in sie floß manches Material, das er im Sinne hatte, ein.

42 Brief 147: 22. Januar 1888. Gemeint ist Erzbischof Krementz. Vgl. Mayor (wie Anm. 1), S. 18: *„Keiner hatte versucht, ihn zu bekehren.“* Das ist als Kompliment für Reuschs Überzeugungstreue gemeint, sagt aber auch etwas über das Verhalten seiner Umgebung aus.

43 Kraus, Franz Xaver: Tagebücher, hrsg. von Hubert Schiel, Köln 1957, S. 300, zitiert in Brief 50 Anm. 12: *„Reusch fand ich ruhig“*.

44 Vgl. Franzen, August: Die katholisch-theologische Fakultät Bonn im Streit um das Erste Vatikanische Konzil, Köln–Wien 1974, S. 247 f., zitiert in Brief 90 Anm. 3.

45 Vgl. Brief 43, 8. 3. 1872; ferner die unsignierte Rezension „Döllinger als Ireniker" zu: Döllinger: Über die Wiedervereinigung der christlichen Kirchen. Sieben Vorträge gehalten zu München im Jahre 1872, Nördlingen 1888, in: Evangelische Kirchenzeitung 123 (1888) 725–730, hier 725: *„Daß es ein wirklicher Ireniker ist . . ., ein Theologe von bedeutend milderer und billigerer Denkweise, als der einstige Ultramontane Döllinger . . ., tritt uns auf nicht wenigen Punkten seiner Darstellung entgegen"*, zitiert in Brief 163, Anm. 13. Vgl. Conzemius (wie Anm. 39) Bd. 9, S. 22: *„Die antiprotestantische Polemik früherer Jahrzehnte macht einer irenischeren Gesinnung Platz"* (schon *„in den 60er Jahren"*); ebd. S. 24: *„Das seit den 60er Jahren aufgebrochene und konstitutiv in seinen Protest gegen das 1. Vatikanum eingeflossene Anliegen der Überwindung der Kirchenspaltung"* führte er weiter.

46 Vgl. Brief 176 Anm. 7; Goetz (wie Anm. 1), S. 107: *„Das erkannte die Redaktion* (der Allgemeinen Deutschen Biographie, für die Reusch 350 Artikel über katholische Theologen geliefert hat), *vor allem an, daß Reusch, auch wo er sich im Gegensatz zu dem Dargestellten befand, sich stets einer Unparteilichkeit befliß, gegen die auch seine kirchlichen Gegner . . . sich nicht beklagen durften."*

47 Schon 1863 auf der Gelehrtenversammlung hatte er gesagt: Weil deutsche Theologen die Spaltung mitverursacht hätten, *„so hat denn auch die deutsche Theologie den Beruf, die getrennten Konfessionen einmal wieder in höherer Einheit zu versöhnen"*, in: Döllinger. Kleinere Schriften, hrsg. von F. H. Reusch, Stuttgart 1890, S. 182; Theologische Realenzyklopädie, Bd. 9 (1982) 23.

48 Vgl. Brief 43 Anm. 6; Brief 166 Anm. 11, hier Zitat aus der Rezension zu den Wiedervereinigungsvorträgen in: Kirchliches Monatsblatt für die evangelischen Gemeinden Rheinlands und Westfalens 3 (1887–1888) 292–296, hier 296: *„Döllinger . . . nennt die katholischen Kirchen petrinisch, die protestantischen paulinisch, und meint, beide müßten zur höheren Einheit fortschreiten und johanneisch werden. M. a. W.: er hält die katholische wie die evangelische Kirche für berechtigte Zweige der allgemeinen, die sich einseitig entwickelt haben und beide ihre Einseitigkeiten ablegen müssen."*

49 Vgl. Briefe 60–69. Zum Ganzen vgl. Oeyen, Christian: Die Bonner Unionskonferenzen (unveröffentlichte Habil.-Schrift 1972).

50 Brief 167, Döllinger an Reusch, 1. 1. 1889: *„. . . überlegte ich, daß es von hoher Wichtigkeit sei, den wahren Causalzusammenhang und die Größe der Verlegenheit, in welcher sich Rom gegenüber dem Orient damals befand, recht klar zu machen."* Vgl. ebd., Anm. 2, Zitat aus Friedrich: Döllinger (wie Anm. 13), Bd. 3, S. 676: *„Döllinger . . . sprach am 5. Januar 1889 in der Sitzung der historischen Klasse fünf Viertelstunden in seiner ruhigen Weise, fließend und ohne Benützung der mitgebrachten paar Blättchen Notizen über die Ursachen des orientalischen Schismas, wofür, wie das Protokoll feststellte, die Klasse durch Erheben ihren Dank bekundete."* An der von Döllinger der historischen Klasse vorgelegten Schrift von Reusch über Bonacursius (s. Anm. 57) hatte Döllinger durch die Sammlung des Materials seinen Anteil.

51 Brief 95, Döllinger an Reusch, 18. 10. 1885. Vgl. in Brief 94 das Angebot von Reusch zur Mithilfe, und Brief 98 Anm. 2, in der die vier später realisierten Projekte vorgestellt werden.

52 Reusch, Franz Heinrich: Luis de Leon und die spanische Inquisition, Bonn 1873; ders.: Der Prozeß Galileis und die Jesuiten, Bonn 1879. Vgl. Brief 52 mit Anm. 1–3; Brief 57 mit Anm. 1.

53 Reusch, Franz Heinrich: Der Index der verbotenen Bücher. Ein Beitrag zur Kirchen- und Literaturgeschichte, in zwei Abteilungen, Bonn 1883–1885, (Neudruck) Aalen 1967.

54 Goetz (wie Anm. 1), S. 90 teilt einen Brief des Sekretärs der Index-Kongregation, P. Thomas Esser OP, vom 11. 3. 1901 mit, nach dem *„bei der Herausgabe des neuen Index . . . alle nur möglichen Hilfsmittel . . . benutzt worden sind, gewiß also auch und nicht in letzter Linie das überaus fleißige Werk des verstorbenen Professors Reusch."* – Der Index Leos XIII. von 1900 *„strich alle Werke des 16. Jahrhunderts. Etwa 5000 Titel blieben übrig, nur etwa 30 Autoren mit ‚Opera omnia', also mit Verbot sämtlicher Werke"*; vgl. Schwedt, Herman: Der römische Index der verbotenen Bücher, in: Historisches Jahrbuch 107 (1987) 296–314, hier 305. Im Jahre 1948 erschien der letzte Index unter Pius XII. Papst Paul VI. hob ihn 1975 praktisch auf: AAS 67 (1975) 281–284. Der Codex Iuris Canonici von 1983 enthält keine Indexbestimmungen mehr. Vgl. Brief 90 (7. 5. 1884) mit Anm. 2; Brief 93 (1. 6. 1885) mit Anm. 6.

55 Die Selbstbiographie des Cardinals Bellarmin, lateinisch und deutsch, mit geschichtlichen Erläuterungen, hrsg. von Joh. Jos. Ign. von Döllinger und Fr. Heinrich Reusch, Bonn 1887. Vgl. Brief 100–128 (20. 1. 1886 bis 10. 3. 1887). Zeitgenössische Rezensionen in Brief 133 Anm. 2–3, Brief 140 Anm. 5a.

56 Vgl. Tromp, Sebastian: Bellarmin, Robert Franz Romulus, in: LThK II (1959), Sp. 160–162.

57 Reusch, Franz Heinrich: Die Fälschungen in dem Traktat des Thomas von Aquin gegen die Griechen (Opusculum contra errores Graecorum ad Urbanum IV.), München 1889, S. 674–742, auch als Sonderdruck. Vgl. Brief 164 Anm. 2; Brief 163: Reusch an Döllinger, 10. 12. 1888: *„Dann habe ich gezeigt, daß die Concilien- und Väterstellen in dem Vatikanischen Libellus* (auf den sich Thomas gestützt hatte) *Fälschungen sind, zum Theil Fälschungen, bei welchen echte Stellen benutzt worden sind."*

58 LThK II (1958), Sp. 579. Auch Dondaine, Antoine: „Contra Graecos". Premiers écrits polémiques des dominicains d'Orient, in: Archivum Fratrum Praedicatorum 21 (1951) 320–446, zitiert Reusch wiederholt (348, 406, 415).

59 Schwaiger, Georg: Der päpstliche Primat in der Geschichte der Kirche, in: Zeitschrift für Kirchengeschichte 82 (1971) 1–15, hier 7.

60 Döllinger, Ignaz von – Reusch, Franz Heinrich: Geschichte der Moralstreitigkeiten in der römisch-katholischen Kirche seit dem 16. Jahrhundert, mit Beiträgen zur Geschichte und Charakteristik des Jesuitenordens, Nördlingen 1889, (Nachdruck) Aalen 1968 u. 1984. Vgl. Brief 127–158 passim. Zeitgenössische Rezensionen in Brief 159 und Brief 163, z. B. aus der (Augsburger) Allgemeinen Zeitung, 10. 10. 1888(!): *„Erhebend ist der staunenswerte Fleiß und die sieghafte Gelehrsamkeit, womit der muthige Kampf geführt wird"*; aus der Kölnischen Zeitung, 10. 10. 1888: *„Wir haben ein Denkmal deutschen Gelehrtenfleißes vor uns"* (Brief 159 Anm. 2).

61 Döllinger, Ignaz von: Beiträge zur Sektengeschichte des Mittelalters, 2 Bde., München 1890, (Neudruck) Darmstadt 1982.

62 Brief 173: Reusch an Döllinger, 23. 4. 1889; Brief 177: Döllinger an Reusch, 15. 10. 1889.

63 Vgl. Schatz: Kirchenbild (wie Anm. 12); ferner Anm. 74 und 75.

64 Gasser, Vinzenz (1809–1879), 1856–1879 Fürstbischof von Brixen. Vgl. Gelmi, Josef: Gasser, Vinzenz, in: Gatz (wie Anm. 5), S. 233–236.

65 Butler-Lang (wie Anm. 38), S. 349, 351 f.

66 Maret, Henri-Louis-Charles (1805–1884), seit 1841 Prof. für Dogmatik an der Sorbonne, seit 1861 Titularbischof von Sura: LThK VI (1962), Sp. 18.

67 DS 3069, deutsch bei Butler-Lang (wie Anm. 38), S. 355. Die Interpretation Hefeles bei Hasler: Pius IX. (wie Anm. 38), S. 477, die Marets ebd. S. 478 f.

68 Vgl. Hasler: Pius IX., S. 485 ff. (Dankschreiben an beide Adressen); ders.: Wie der Papst (wie Anm. 18), S. 182 ff.

69 Vgl. Butler-Lang (wie Anm. 38), S. 407; Hasler: Wie der Papst, S. 215. Die Definition eines Dogmas entnimmt der CIC der dogmatischen Konstitution des I. Vatikanums über den katholischen Glauben: DS 3011.

70 Durch diesen Canon wird die Lehre vom sogenannten „sekundären Objekt der Unfehlbarkeit" (theologische Konklusionen, facta dogmatica, dogmatische und ethische Korrektheit der universalkirchlichen Gesetze) in Frage gestellt, weil diese Unfehlbarkeit auf Annahmen, nicht auf eindeutigen Erklärungen beruht. Sie spielt in den Dogmatiken z. B. von J. B. Heinrich: Dogmatische Theologie, Mainz [2]1882 (S. 536. 608–612) und anderen bis zu A. Lang: Unfehlbarkeit der Kirche III, 5, in: LThK X (1965), Sp. 486 noch eine große Rolle.

71 DS 3903.

72 Erzbischof Manning von Westminster z. B. schloß jede päpstliche Lehräußerung in die Unfehlbarkeit ein, vgl. The Vatican Council and its Definition. A Pastoral Letter to the Clergy, London 1870, zitiert bei Schatz: Kirchenbild (wie Anm. 12), S. 241 Anm. 72: „*The whole magisterium or doctrinal authority of the Pontiff is included in this definition of his infallibility.*"

73 Vgl. Lumen gentium 12: „*Universitas fidelium . . . in credendo falli nequit, . . . cum . . . universalem suum consensum (!) de rebus fidei et morum exhibet*", vgl. LThK Konzil I, 188; Lumen gentium 25: „*Singuli praesules . . . doctrinam Christi infallibiliter enuntiant . . . Qua quidem infallibilitate Romanus Pontifex, Collegii Episcoporum Caput, vi muneris sui gaudet . . . Quare definitiones eius ex sese, et non ex consensu Ecclesiae, irreformabiles merito dicuntur, quippe quae sub assistentia Spiritus Sancti ipsi in beato Petro promissa, prolatae sint, ideoque nulla indigeant aliorum approbatione, nec ullam ad aliud iudicium appellationem patiantur*" (ebd., 238–240). Konsens muß die Kirche laut Vatikanum II also geben, nachfolgende Approbation aber nicht.

74 Besonders in den 70er Jahren, zum 100jährigen Jubiläum des I. Vatikanums, war sie außerordentlich reichhaltig. Als Beispiele seien angeführt Denzler, Georg u. a.: Zum Thema Petrusamt und Papsttum, Stuttgart 1970; Küng, Hans: Unfehlbar? Eine Anfrage, Zürich–Einsiedeln–Köln 1970; Stirnimann, H. – Vischer, L.: Papsttum und Petrusdienst, Frankfurt 1970; Schatz, Klaus (wie Anm. 6); Pottmeyer, Hermann-Josef: Unfehlbarkeit und Souveränität. Die päpstliche Unfehlbarkeit im System der ultramontanen Ekklesiologie des 19. Jahrhunderts, Mainz 1975; Ratzinger, Joseph (Hrsg.): Dienst an der Einheit, Düsseldorf 1978; Arbeitsgemeinschaft ökumenischer Universitäts-Institute: Papsttum als Ökumenische Frage, München 1979.

75 Kasper, Walter: Dienst an der Einheit und Freiheit der Kirche. Zur gegenwärtigen Diskussion um das Petrusamt in der Kirche, in: Ratzinger (wie Anm. 74), S. 81–104, hier S. 87. Vgl. Conzemius, Victor: Die Minorität auf dem Ersten Vatikanischen Konzil: Vorhut des Zweiten Vatikanums, in: ThPh 45 (1970) 409–434: „*Seine* (Kettelers) *Sorge, eine Trennung von Primat und Episkopat zu vermeiden, und sein Bestreben, den kollegialen Charakter kirchlicher Lehr- und Autoritätsausübung in*

den Lehrstücken des I. Vatikanums über Papst und Kirche nicht zu übersehen, sind von der Dynamik des II. Vatikanums integriert und indirekt sanktioniert worden" (417). *„Mit seinem Plädoyer für einen Pluralismus kirchlicher Verfassung . . . ganz besonders im Hinblick auf eine Verständigung mit den von Rom getrennten Kirchen des Ostens hat (der griechisch-melkitische Patriarch) Yussef Gedankengänge antizipiert, für die erst das II. Vatikanische Konzil sich empfänglich zeigte"* (426). *„Die Reformvision Stroßmayers enthält im Kern die hauptsächlichsten Forderungen einer kirchlichen Strukturreform, die an das II. Vatikanum herangetragen wurden.* (Anm. 110): *Ketteler erklärte sich mit allem einverstanden . . . Stroßmayer soll 400 Besuche empfangen haben infolge seiner Rede). Von hier aus ergibt sich eine neue Deutung der Minorität: nicht mehr die eines geschlagenen Trüppleins, sondern die einer mit Mut und Tapferkeit sich hinauswagenden Vorhut"* (434).

76 Ebd., S. 87. – Vgl. den Schlußbericht der Internationalen anglikanisch-katholischen Kommission (ARCIC) vom 29. März 1982: Die Autorität der Kirche II, deutsch in: Herder-Korrespondenz 36 (1982) 226–232, hier 230, Nr. 25.

77 Küppers, Werner: Rezeption. Prolegomena zu einer systematischen Überlegung, in: Konzile und Ökumenische Bewegung (Studien des Ökumenischen Rates der Kirchen 5), Genf 1968, S. 81 ff, hier 90 f.

78 So Christian Oeyen in einem Interview des Westdeutschen Rundfunks Köln, Januar 1980.

79 So ein orthodoxer Teilnehmer auf der Tagung der Societas Oecumenica, Oktober 1980; vgl. Katholische Nachrichten-Agentur: Ökumenische Information 41; Pottmeyer (wie Anm. 74), S. 409.

80 Stutz, Ulrich (1868–1937), vgl. Mörsdorf, Klaus: Stutz, Ulrich, in: LThK IX (1964) Sp. 1128.

81 Stutz, Ulrich: Der Geist des Codex Iuris Canonici. Eine Einführung in das auf Geheiß Papst Pius X. verfaßte und von Papst Benedikt XV. erlassene Gesetzbuch der katholischen Kirche, Stuttgart 1918, S. 50, 155 f.; zitiert bei Hasler (wie Anm. 18), S. 215 f.

82 Vgl. die in Anm. 74 angegebene Literatur.

83 Stockmeier, Peter: Das Petrusamt in der frühen Kirche, in: Denzler, Georg (wie Anm. 74), S. 76.

84 Alberigo, Giuseppe: Römische Kirche und Papsttum im Dienst an der Einheit der Kirche (11.–20. Jahrhundert), in: Ratzinger (wie Anm. 74), S. 47.

85 Kasper (wie Anm. 75), S. 94.

86 Alberigo (wie Anm. 84), S. 47; Kasper (wie Anm. 75), S. 94: *„Auflösung der Communio-Struktur"*.

87 Alberigo (wie Anm. 84), S. 52, 62; vgl. Kasper (wie Anm. 75), S. 94.

88 Vries, Wilhelm de: Die Kollegialität auf den Synoden des 1. Jahrtausends, in: Denzler (wie Anm. 74), S. 80–91, hier 89.

89 Pottmeyer (wie Anm. 74), passim, bes. S. 346–354, 402–409.

90 Kasper (wie Anm. 75), S. 94.

91 Lumen gentium 22, in: LThK Konzil I, 222; vgl. can. 336 CIC/1983.

92 Rahner, Karl – Ratzinger, Joseph: Episkopat und Primat (Quaestiones disputatae 11), Freiburg 1961, S. 42; dort Zitat aus Schauf, Heribert: De corpore Christi mystico, Freiburg 1959, S. 307.

93 Lumen gentium 27. – Vgl. Allmen, Jean Jacques von: Ein reformierter Beitrag zur Frage des Papsttums, in: Ratzinger (wie Anm. 74), S. 133–145, hier 143.

94 Zitiert in Lumen gentium 20. Vgl. Rahner, Karl: Kommentar zu Lumen gentium, in: LThK Konzil I, 214: *„Artikel 20 handelt von . . . dem ius divinum des Epikopats in der Kirche"*; ders.: Episkopat und Primat (wie Anm. 92), S. 9–32.

95 Lumen gentium 14–16: LThK Konzil I, 198–206. Vgl. Unitatis redintegratio 3: LThK Konzil II, 51 ff.

96 Unitatis redintegratio 3: LThK Konzil I, 55.

97 Unitatis redintegratio 15: LThK Konzil I, 97. Vgl. Feiner, Johann: Kommentar, in: LThK Konzil I, 96.

98 Papandreou, Damaskinos: Bleibendes und Veränderliches im Petrusamt, in: Ratzinger (wie Anm. 74), S. 146–164, hier 164.

99 Küry, Urs: Die Altkatholische Kirche (Die Kirchen der Welt Bd. 3), Stuttgart [3]1978, S. 452–458.

100 Vgl. Schlink, Edmund: Grundfragen eines Gesprächs über das Amt der universalen kirchlichen Einheit, in: Arbeitsgemeinschaft (wie Anm. 74), S. 13: *„Daß* (das Papsttum) *Thema . . . geworden ist, hat u. a. zwei Gründe: Einmal das II. Vatikanische Konzil. Denn in seinen Beschlüssen ist die Grenze der einen heiligen katholischen Kirche nicht mehr mit derjenigen der römisch-katholischen Kirche gleichgesetzt, sondern es sind außerhalb dieser Grenze nicht nur einzelne . . . Christen, sondern Kirchen und kirchliche Gemeinschaften als Wirkung und Werkzeuge der göttlichen Gnade anerkannt worden.* (Zweitens ist) *im Ökumenischen Rat die Frage nach der Einheit immer dringlicher geworden."*

101 Vgl. ARCIC-Bericht (wie Anm. 76) II, 9, in: Herder-Korrespondenz 36 (1982) 227: *„Wir kommen darin überein, daß ein universaler Primat in einer wiedervereinigten Kirche erforderlich sein wird und angemessenerweise der Primat des Bischofs von Rom sein sollte."*

102 Vgl. Anm. 74–76.

103 Oeing-Hanhoff, Ludger: Die Kirche – Institution christlicher Freiheit?, in: Ratzinger (wie Anm. 74), S. 105–132, hier 130.

104 DS 3011, wörtlich übernommen in can. 1323 CIC/1917, can. 750 CIC/1983.

105 DS 3074.

106 DS 3064.

107 DS 3903.

108 Vgl. ARCIC-Bericht (wie Anm. 76) II, 33, in: Herder-Korrespondenz 36 (1982) 232: *„Wenn . . . eine petrinische Funktion oder ein petrinisches Amt in der lebendigen Kirche ausgeübt wird, in der ein universaler Primas als sichtbarer Brennpunkt zu dienen gerufen ist, dann ist es mit seinem Amt gegeben, daß er eine eindeutig umschriebene Verantwortlichkeit der Lehre hat, wie auch die entsprechenden Gaben des Geistes, die ihn zu ihrer Wahrnehmung befähigen."*

109 Abgedruckt in: Una sancta 34 (1979) 41; Stimmen der Zeit 105 (1980) 493.

110 Zitat bei Suttner, E. C.: Er führt seine Kirche auf den Weg der Wahrheit, in: Der christliche Osten 44 (1989) 298.

111 Unitatis redintegratio 14: LThK Konzil II, 97.

112 Unitatis redintegratio 17: LThK Konzil II, 105.

113 Eirenaios: Adversus Haereses III, 3, 3.

114 Vgl. ARCIC-Bericht (wie Anm. 76), S. 228: *„Er ist das Zeichen der sichtbaren koinonia . . . Auf einen in dieser Weise aufgefaßten universalen Primas innerhalb der Kollegialität der Bischöfe und der koinonia der ganzen Kirche kann die Qualifikation jure divino angewandt werden."* Der Begriff der Gemeinschaft

(koinonia) durchzieht das ganze Dokument, vgl. II, 14 (228); II, 26 (230). – Die Lehrvollmacht des Papstes, Communio und Grenzen der Regierungsvollmacht des Papstes faßt gut zusammen Ratzinger, Joseph: Primat, Episkopat und successio apostolica, in: Rahner, Karl – Ratzinger, Joseph: Episkopat und Primat (wie Anm. 92), S. 58: „*Gerade vom inneren Wesen seiner Unfehlbarkeit her bedarf er des Zeugnisses der Ökumene, eines Episkopats, der nicht aus päpstlichen Beamten und so aus dem Schatten seiner selbst besteht, sondern aus Bischöfen eigenen göttlichen* (und nicht päpstlichen) *Rechts, deren konkrete Ökumene seine innere und wesentliche Ökumene sichtbar beglaubigt und erfüllt.*" Vgl. von Allmen (wie Anm. 93), S. 135: „*Petrus erscheint regelmäßig als der Erste unter den Aposteln, aber nie als Quell oder Mittler des Amtes der anderen Apostel, auch nicht des Paulus. Grundlage des Amtes auch der anderen Apostel ist die direkte Berufung durch Jesus Christus.*"

WOLFGANG KLAUSNITZER

Döllingers Theologierede vom 28. September 1863 in ihrem theologiegeschichtlichen Kontext

Döllinger war ein leidenschaftlicher Theologe[1]. Bei manchen galt er (für eine kürzere oder längere Zeit) als *„der unbestrittene erste Theologe Deutschlands"*[2].

1. Vorüberlegungen

Döllinger reflektiert am deutlichsten über die Stellung und die Funktion der Theologie in der Rede *„Die Vergangenheit und Gegenwart der katholischen Theologie"*, die er am 28. September 1863 auf der Versammlung katholischer Gelehrter zu St. Bonifaz in München hielt. Eine Sinneinheit mit der Rede bildet das Memorandum *„Die Speyerische Seminarfrage und der Syllabus"* (1865). Beide Stellungnahmen fallen in die Zeit, in der er sich über seine eigene Position in der Kirche unsicher wird, in der ihn Anfeindungen und Verdächtigungen „römischer Kreise" und der mit dem Syllabus scheinbar unaufhaltsam gewordene Vormarsch des (Neo-)Ultramontanismus allmählich zu einer Revision seiner theologischen Selbsteinschätzung treiben[3]. Döllinger hat in seinem Denken und in seiner Theologie eine Entwicklung durchgemacht[4]. Er selber hat in seiner Theologierede von 1863 einen methodischen Grundsatz der Theologie aufgestellt, wenn er an der deutschen Wissenschaft rühmt, daß sie die *beiden* Augen der Theologie, d. h. Geschichte und Philosophie, gepflegt habe[5]. Diese Beobachtung bringt die Verpflichtung mit sich, in der Darstellung der Position Döllingers seiner eigenen Methode zu entsprechen und deswegen zu versuchen, seine Auffassung von Theologie geschichtlich zu skizzieren, d. h. in der Abfolge seines Lebens und Werkes[6]. Für den Zweck dieses Artikels kann es allerdings genügen, sich auf die beiden genannten Äußerungen zu beschränken und nur ihren spezifischen Hintergrund zu umreißen. Dies ist aus folgenden Gründen erlaubt:

a) Johann Finsterhölzl hat in seiner umfassenden Arbeit zur Ekklesiologie Döllingers nachgewiesen, daß trotz aller sinnvollen Periodisierungen des Schaffens des Münchener Theologen dieser gerade in der Lehre von der Kirche eine im wesentlichen einheitliche Position bis zum Vaticanum I vertreten hat.

Es ist dies eine an Johann Adam Möhler orientierte, von der Romantik beeinflußte Kirchenidee, die ihn die längste Zeit seines theologischen Schaffens geprägt hat[7].

b) Döllinger war kein systematischer Theologe, der eine kirchengeschichtliche Summa[8] oder eine Schule hinterlassen hätte. Bis auf wenige markante Ausnahmen sind die meisten seiner Arbeiten (im besten Sinne des Wortes) Gelegenheitsarbeiten, Stellungnahmen zu einer bestimmten zeitgeschichtlichen Frage oder Situation[9]. Er hat auch keine Theologische Erkenntnislehre entwickelt. Die erwähnte Rede von 1863 und – in einem geringeren Grade – das Memorandum von 1865 sind die einzigen Äußerungen, in denen er sich ausdrücklich mit der Stellung der Theologie beschäftigt.

c) In Döllingers Theologierede finden sich verdichtet Ansichten, die er als theologischer Lehrer zeitlebens vertreten hat. Dazu gehört etwa seine Einschätzung der Rolle der Geschichte für die Theologie[10]. Allerdings stehen sie in einem unmittelbaren wie in einem umfassenderen Zusammenhang, dessen Kenntnis zu ihrem Verständnis notwendig ist, der aber von der Sachargumentation getrennt gehalten werden sollte.

d) Das Vaticanum I bedeutete für Döllinger eine theologische und christlich-menschliche Katastrophe. Die Agitation seiner publizistischen Gegner treibt ihn seinerseits zu polemischen Gegenübertreibungen, die es seinen theologischen Kritikern leichtmachen, seine antivatikanische Position aus seinen eigenen früheren Werken zu widerlegen[11]. In manchen Punkten sind seine Äußerungen, die er im Umkreis des Vaticanum I gemacht hat, gewiß Folgerungen aus früheren Positionen. Das gilt vor allem für den Rückbezug auf seinen *„theologischen Klassizismus“*[12]. Trotzdem muß seinem Biographen und Mitstreiter Johann Friedrich widersprochen werden, wenn er Döllinger als einen Theologen zeichnet, der zeitlebens dieselben Grundsätze vertreten habe, während sich die Kirche um ihn herum änderte[13]. Gerade der Wechsel im Gebrauch des Vinzentinischen Kanons (quod ubique, quod semper, quod ab omnibus creditum est, hoc est . . . catholicum) vom frühen Döllinger (1826) zum vatikanischen Polemiker zeigt, daß der Münchener Kirchenhistoriker im Umkreis des Konzils frühere Positionen auch radikalisiert und überzeichnet hat[14]. Der vatikanische Döllinger ist aufgrund seiner Übertreibungen in seiner Sicht der Kirche und der Theologie nicht der getreue Interpret seiner Theologie bis zum Konzil. Aus diesem Grund ist es gerechtfertigt, in der Darstellung der Haltung Döllingers zur Theologie die unmittelbare Zeit vor der Kirchenversammlung von 1869/70 auszuklammern.

e) Bestätigt wird die Berechtigung dieser Begrenzung durch die Beobachtung, daß Döllinger nach seiner Exkommunikation kaum noch theologische Fragen behandelt. Seine Schriften nach 1871 enthalten Quellensammlungen, Nekrologe, historische Vorträge und (besonders wichtig) Reden und Berichte zu den ökumenischen Unionskonferenzen zwischen Altkatholiken, Anglikanern und Orthodoxen[15]. Der „*Theologe der Kirche*“[16] bleibt auch in der Negation der Exkommunikation insofern ein kirchlicher Theologe, als er sich – mit der Ausnahme seiner ökumenischen Bemühungen – auf den Historiker reduziert. Das Erlebnis des Vaticanum I ist ihm kein Anstoß mehr, seine Sicht der Kirche und der Theologie noch einmal zu durchdenken und zu formulieren.

2. Zwei Richtungen

Döllingers Theologierede ist also kontextuell oder, wenn man will, „dialogisch“ bestimmt. Sie steht in einem größeren Kontext und entsteht aus einem konkreten Anlaß.

Kontext

Der Großkontext ist der Wandel der theologischen, genauer: der ekklesiologischen „*Geographie*“[17], der etwa aber der Mitte des 19. Jahrhunderts zu konstatieren ist[18]. Zu Anfang des Jahrhunderts gab es drei hauptsächliche Einflußzentren der Theologie und speziell der Ekklesiologie: Frankreich, Süddeutschland und Rom[19]. Während des Vierteljahrhunderts vor dem Vaticanum I verschieben sich unter dem Eindruck des kirchlichen Klimawechsels im Pontifikat Pius' IX. die Gewichte. Der Einfluß der französischen Theologie schwindet, Rom gewinnt dazu, Wien (mit Schrader und dem Kirchenrechtler Phillips) wird wichtig, auch England erscheint als neuer Schauplatz, da sein kirchliches und theologisches Leben durch die Konversionen der Oxford-Bewegung neue Impulse erhält. Die in Rom vertretenen Methoden und Inhalte bewirken durch die aktive Mithilfe der „Germaniker“, der Absolventen des römischen Collegium Germanicum, die Herausbildung einer theologischen Richtung in Deutschland, der „römischen“ (oder neuscholastischen). Ihr gegenüber steht die „historisch-kritische“ Richtung. Die römische bzw. neuscholastische Strömung ist in Deutschland die theologische Variante des ultramontanen Aufbruchs zu Beginn des 19. Jahrhunderts, zu dessen Wegbereitern ironischerweise Döllinger selber (im Görreskreis) zählte, der sich aber ab der Mitte des letzten Jahrhunderts im Neoultramontanismus (Ward, Manning, Veuillot) radikalisiert[20].

Der Streit zwischen der römischen und der historisch-kritischen Richtung ging um die Methode und die Strategie. Die besonders in Deutschland stark gewordene katholische Hochschultheologie in ihren Zentren Tübingen und München, die von der Auseinandersetzung mit und der Befruchtung durch den Geist der Zeit lebte, baute optimistisch darauf, daß das katholische Denken angesichts dieser Bewährung in gleichsam offener Feldschlacht nur profitieren könne. *„Döllinger, Hefele, Kühn, Günther und ihre meisten Kollegen und Schüler, die in engem Kontakt mit der Welt der Universitäten standen, waren vor allem von dem Ziel beseelt, die katholischen Intellektuellen von dem Minderwertigkeitskomplex zu befreien, den das Aufblühen der protestantischen und rationalistischen Wissenschaft bei ihnen ausgelöst hatte. Sie wollten dieses Ziel dadurch erreichen, daß sie ihnen nahelegten, mit den gleichen Waffen mit ihr in Wettbewerb zu treten, und ihnen das Gefühl völliger wissenschaftlicher Freiheit vermittelten, abgesehen von den verhältnismäßig wenigen Fragen, bei denen es klar um das Dogma ging. Sie hofften auf diese Weise für die Kirche in der Welt des Geistes einen Einfluß zu gewinnen, der dem entsprach, den sie durch ihre politische Aktion im öffentlichen Leben zu erobern im Begriff war.*“[21] Doch die jüngere Generation des Ultramontanismus sah die Dinge anders. Ihr kam es weniger auf die (Wieder-)Gewinnung einer „Elite“ von Intellektuellen und Gebildeten an, sondern sie erstrebte eine Mobilisierung und Strukturierung der katholischen „Massen“. Diese in Frankreich (Louis Veuillot: *„L'Univers“*) und in Italien *(„Civiltà Cattolica“)* sehr starke Richtung, die im Deutschland der 60er Jahre des 19. Jahrhunderts ihre eifrigsten Propagandisten neben den Germanikern in dem Mainzer Kreis um Bischof Ketteler und um die Zeitschrift *„Der Katholik“* besaß, sah die größten Chancen für die katholische Kirche in der Indoktrinierung und Organisation der großen Masse der Katholiken, die von der akademischen Diskussion ziemlich unbeeindruckt blieb. Sie erstrebte eher den „guten“ Priester als den gelehrten Priester, und so wandte sie sich entschieden gegen das in Deutschland praktizierte System, das die jungen Theologen zum Studium an den zu den staatlichen Universitäten gehörenden theologischen Fakultäten verpflichtete. Ihr Ideal war das vom Bischof und von der Autorität der Kirche leichter zu kontrollierende System der Diözesanseminare, das in Frankreich und Italien üblich war und das Ketteler in seiner Diözese Mainz wieder einführte. Dem Drängen dieser Gruppe, die Ausbildung der Priester verstärkt kirchlich zu verantworten, stand das Plädoyer von Männern wie Döllinger (und John Henry Newman) gegenüber, die Rolle und Funktion der staatlichen Universitäten und die Verankerung der Theologie in ihnen positiv zu werten.

Ein weiterer Streitpunkt war das Verhältnis von Geschichte und Theologie[22]. Im Laufe des 19. Jahrhunderts kam es im katholischen Denken zu einer entscheidenden Klärung bezüglich des Begriffes der Tradition. Schon vor der Französischen Revolution geschah, zumindest diesseits der Alpen, die Ausbildung des Klerus einigermaßen geschichtsbewußt, in direktem Kontakt mit den patristischen und konziliaren Quellen. Diese geschichtliche Ausrichtung war in Deutschland durchzusetzen gegen die Jesuiten, deren Ratio studiorum ihres Generals Aquaviva (1599) die Gesellschaft Jesu auf die aristotelische Philosophie und den streng scholastischen Aufbau des Studienganges festlegte. Da war kein Platz für die Geschichte, denn *„scientia non est singularium"*[23]. Die neue Studienordnung des Ordens von 1832 unterschied sich nicht wesentlich von der alten Regelung[24]; immerhin war nun an der römischen Universität der Jesuiten der Kirchengeschichte, die bis zur Mitte des 18. Jahrhunderts überhaupt nicht als eigene Disziplin gelehrt wurde, ein, wenn auch nicht zentraler, Platz eingeräumt[25]. Die römische Schultheologie bedachte manchmal zu wenig den geschichtlichen Ort und den Kontext einer Aussage; weithin wurde ein Schriftzitat neben das andere, eine Väterstelle neben die andere gesetzt. Hier ist deutlich der Einfluß des griechischen Denkens spürbar, das stets das Allgemeine im Besonderen suchte, weil eben das Besondere nicht Gegenstand der Wissenschaft sein könne[26]. Charakteristisch für diese Art des Denkens der römischen Theologie ist auch die Tatsache, daß in den ersten Auflagen des „Denzinger" keine Quellen für die angeführten Dokumente angegeben sind[27].

Das Wissen um die Geschichte, deren Wichtigkeit die deutsche Universitätstheologie des 19. Jahrhunderts immer wieder hervorhob, hat allerdings auch Auswirkungen auf die Einschätzung der Stellung der Theologen. Der Theologe kennt aufgrund seiner (geschichts-)wissenschaftlichen Kompetenz die theologischen Erkenntnisquellen und kann die Monumente der Tradition gewichten. Es hatte schon früher beinahe so etwas wie ein Lehramt der Theologen bestanden[28]. John Henry Newman zeichnete, nach dem Syllabus und vor dem Vaticanum I, eine legitime Autorität des Theologen, wie sie im Mittelalter bestand, als Ideal[29]. Yves Congar betont wohl zu Recht, daß in der Reaktion der Päpste (im 19. und 20. Jahrhundert) gegen Versuche, das Lehramt der Hirten zugunsten eines „Lehramtes" der Theologen zu relativieren, sich konsequent ein Verständnis von Tradition auswirkt, das sich wenigstens seit der Gegenreformation ausbildete[30]. Pius IX. verneinte ausdrücklich das Prinzip, daß eine völlige Erkenntis des wahren Glaubens direkt durch den Verstand möglich sei und daß der Verstand dazu nur das gleichsam objektiv vorhandene Material der Tradition benötige[31]. Die konstant durchgehaltene Überzeugung, die Schrift sei notwendigerweise angewiesen auf eine Autorität, die sie authentisch interpretiert, müsse, so meinte man, auch von jedem Dokument gelten, das bis zu einem gewissen Grad den Wert einer materiellen oder objektiven Glaubenslehre hatte.

So tendierte das Lehramt der Kirche immer mehr dazu, das entscheidende Element der Tradition zu werden. Dieser Prozeß fand erst in der modernistischen Krise seinen Abschluß mit der Unterscheidung zwischen einer historischen oder materialen und einer theologischen oder formalen Tradition, die das Einschreiten des Lehramtes impliziert[32].

Differenzierung

Die Diagnose Döllingers, es gebe am Vorabend des Konzils zwei unterschiedliche theologische Richtungen in Deutschland, die faktisch für zwei theologische Programme stehen, wird von anderen Theologen geteilt[33]. Allerdings ist die Terminologie nicht einheitlich. Auch ist die Theologie des 19. Jahrhunderts zu vielfältig, als daß sie sich reduzieren ließe auf den Konflikt zwischen der römischen Schule und den deutschen Theologen. Es gab immer wieder Einzelkämpfer, die sich nicht in dieses Schema pressen lassen[34]. Andererseits muß man auch, trotz der Polemik Döllingers, der seine Gegner als homogene Gruppe verstand, und trotz einer römischen Interpretation, die bei der „deutschen Theologie" gleichfalls nicht differenzierte, Unterschiede machen.

Die neuscholastische Richtung, deren damalige Hauptvertreter in Italien etwa Taparelli, Liberatore, Sanseverino, auch Kleutgen, in Spanien Balmes, in Frankreich Rozaven, Chastel und Gratry und in Belgien Ubaghs waren[35], ist zu weiten Teilen gekennzeichnet durch eine bloße Repristination alter Lehrsätze, durch ein *„ungeschichtliches Verhältnis zur Geschichte"*[36] und besonders durch einen apologetischen und polemischen Geist[37]. Von dieser Neuscholastik im eigentlichen Sinne ist abzuheben die „römische Schule" des 19. Jahrhunderts[38], zu deren führenden Repräsentanten Perrone, Passaglia, Schrader, Franzelin und in einem weiteren Sinn etwa Scheeben, Hettinger, Denzinger und (in England) Manning gezählt werden. Mit ihnen hatte es Döllinger vor allem zu tun. Und selbst wenn man sich nur auf die Theologen der „römischen Schule" im engeren Sinn beruft, ist es nicht ganz berechtigt, sie mit dem Titel „Schule" in ein Beziehungs- und Abhängigkeitsverhältnis zu bringen. Dieses Verhältnis besteht eigentlich nur für Passaglia und Schrader während ihrer Zeit in Rom[39]. Es gibt jedoch Gemeinsames. In ihnen wirkte, bei Passaglia und Schrader stärker, bei den anderen schwächer, der Geist der Patristik[40]. Für diese römischen Theologen ist charakteristisch, daß sie die Kirche in der Perspektive der Heilsgeheimnisse sehen, in ihrer sakramentalen Natur, die aus der engen Beziehung zur Inkarnation entspringt. In diesem Zusammenhang ist die Erstfassung des Schemas *„De ecclesia"* auf dem Vaticanum I, dessen Redaktor wohl in erster Linie Schrader war, aufschlußreich, denn das erste Kapitel dieses Schemas trägt die Überschrift *„Ecclesiam esse Corpus Christi mysticum"*. Trotz ihres Versuchs,

„Theologie aus der lebendigen Überlieferung zu treiben", in einer *„organischen Zusammenschau einzelner Heilswahrheiten"*[41], hatten auch diese Theologen aber im Grunde nur wenig Verständnis für das geschichtliche Denken[42].

Auch die „deutsche Theologie" ist vielschichtiger, als dies ein erster Blick vermuten ließe[43]. Neuere Studien lassen sogar den altehrwürdigen Begriff einer Tübinger *Schule* fragwürdig erscheinen[44]. Trotzdem ist die Bezeichnung „Tübinger Schule" genauso wie die Bezeichnung „Münchener Schule", so schwierig sie beide historisch sein mögen, aus heuristischen Gründen sinnvoll. Beide Gruppen innerhalb der „deutschen Theologie" zeichnet ein Problembewußtsein für die Geschichtlichkeit des Glaubens aus; die Tübinger (Drey, Hirscher, Möhler, der auf Veranlassung Döllingers nach München kam, Herbst, Kuhn, Staudenmaier, Hefele, später Schanz, Linsenmann und Funk) waren spekulativer und weithin fruchtbarer in der Synthese, die Münchener (vor allem Döllinger, seine Mitarbeiter Friedrich und Huber, evtl. Haneberg)[45] mehr auf Quellensammlung und historische Faktenzusammenstellung bedacht (obwohl Döllinger selber das Programm formuliert, die Theologie müsse mit *zwei* Augen, mit Geschichte *und* Philosophie, sehen).

An sich hätten sich die genannten Strömungen der Theologie, die *„konstruktive"* und die *„historische"* (in der Terminologie des Würzburger Kirchengeschichtlers Sebastian Merkle), gegenseitig gut ergänzt. Die Auseinandersetzung wurde deswegen so erbittert, weil sich jede Richtung verabsolutierte und die andere exkommunizierte. Die *„konstruktive"* Richtung, in Deutschland getragen von dem Wohlwollen römischer Behörden, dem Engagement überzeugter Bischöfe (Ketteler, Senestrey) und dem Einsatz reformeifriger Gruppen (Mainzer Kreis) einschließlich ihrer publizistischen Organe, verstieg sich dabei in einigen ihrer Exponenten zu überspitzten Positionen[46], die sicher ausgelöst waren durch unausgewogene Grundhaltungen einiger Vertreter der *„historischen"* Strömung, aber zugleich auch radikale Gegenäußerungen provozierten. Die *„historische"* Richtung hatte hinter sich das Gewicht der überwiegenden öffentlichen Meinung der Universitäten und der gebildeten Stände des 19. Jahrhunderts, das ja weithin in allen Wissenschaften das geschichtliche Jahrhundert war[47]. Allerdings war in dieser Richtung immer auch die Gefahr des Historismus latent und damit die ungeschichtliche Aneinanderreihung von Fakten, so daß die „Historiker" manchmal vor lauter Bäumen den Wald nicht mehr sahen. In Teilen seiner vatikanischen Polemik beweist gerade Döllinger diese im tiefsten sogar ungeschichtliche Haltung, etwa in der Verwendung des Vinzentinischen Kanons[48]. Die Gegensätze berühren sich: Die sicher in manchen Punkten problematische Theorie der Lehrentwicklung eines John Henry Newman[49], die aber immerhin den beachtlichen Versuch darstellt, die Kirche in Lehre und Struktur geschichtlich zu verstehen, wurde von den römischen Theologen genauso abgelehnt[50] wie von Döllinger[51].

3. Die Theologierede

In diese Situation hinein ergreift Döllinger die Initiative zu einer katholischen Gelehrtenversammlung, die die verschiedenen Richtungen in der katholischen Theologie ins Gespräch und zu einer gemeinsamen Aktion bringen sollte[52]. Das Unternehmen stand schon deswegen unter keinem guten Stern, weil sich die Freiburger und die Tübinger Theologen nicht zu einer Teilnahme entschließen konnten[53].

Belastungen im Vorfeld der Gelehrtenversammlung

Als die Versammlung dann doch vom 28. September bis zum 1. Oktober 1863 in der Münchener Abtei St. Bonifaz mit 84 Teilnehmern stattfand, war sie durch zwei Ereignisse vorbelastet:
Das eine war der Streit um Jakob Frohschammer, dem Ordinarius für Philosophie an der Universität München, dessen Verteidigung des Generatianismus von Rom indiziert worden war. Gerade in München schlugen die Wogen hoch[54]. Döllinger hielt von Ende Mai bis Anfang Juni 1863 vor Münchener Studenten vier öffentliche Vorträge *„über die Philosophie und ihr Verhältnis zur Autorität"*, die als Stellungnahme zu dem Fall betrachtet werden konnten. Diese vier Vorträge wurden nicht publiziert, *„bildeten aber ... unzweifelhaft den Grundstock zu dessen* [Döllingers] *prinzipiellen Ausführungen über Freiheit und Gebundenheit der katholischen Theologie, wie er sie einige Monate später auf der Versammlung katholischer Gelehrter ... vortrug"*[55]. Obwohl Döllinger sich nur allgemein zu dem Fall Frohschammer äußerte, trug dieser Vorfall, in dem nochmals das Verhältnis von Autorität und wissenschaftlicher Freiheit durchdiskutiert wurde, nicht dazu bei, die Fronten zu entschärfen.
Ein zweites Ereignis erregte im Vorfeld der Versammlung einige Gemüter. Es war Döllingers Veröffentlichung: Die Papstfabeln des Mittelalters. Ein Beitrag zur Kirchengeschichte[56]. Nach dem Urteil von Georg Schwaiger *„leistete* (Döllinger) *durch diese historisch-kritischen Untersuchungen ein wackeres Stück echter Apologetik, der es allein um die Wahrheit geht"*[57]. Anstoß gab schon der Titel: *„... der Verfasser habe die nötige Ehrfurcht außer acht gelassen und auch ehrwürdige Überlieferungen der römischen Kirche als Fabeln hingestellt, zum Beispiel das blumige Rankenwerk um Papst Silvester I. und Kaiser Konstantin."*[58]
Vor allem an der Behandlung des Papstes Honorius I. und überhaupt an der Opportunität der Arbeit stieß sich die Kritik romtreuer Theologen in Rezensionen und auf der Gelehrtenversammlung[59].
In beiden Fällen stand Döllinger im Mittelpunkt von Verdächtigungen und Vorwürfen. Der *„konstruktiven"* Richtung galt er selber als Partei. Die

Stimmung war jedenfalls angespannt, als die Gelehrtenversammlung dann doch stattfand[60]. Trotz der Vorbehalte einiger Teilnehmer gegen ihn wurde er per Akklamation zum Vorsitzenden gewählt[61]. In dieser Funktion hielt er am 28. September 1863 seine berühmte Rede *„Die Vergangenheit und Gegenwart der katholischen Theologie"*[62]. Sie ist, nicht zu Unrecht, als theologisches Programm verstanden worden. Döllinger, so berichtet sein Biograph, hatte die Rede nur *„zur Auffüllung der Zeit"* für den Fall vorbereitet, daß in der ersten Sitzung noch keine Besprechungspunkte vorlägen; er wollte sie gar nicht vortragen, ließ sich dann aber doch von den Teilnehmern dazu überreden[63]. Die Rede steht als Standortbestimmung Döllingers in einem unmittelbaren Kontext.

Unmittelbarer Anlaß der Rede

Am 6. November 1862 schrieb Johann Baptist Heinrich, Mainzer Domkapitular und Professor für Dogmatik, zugleich auch Redakteur des *„Katholik"* und ein entschiedener Vertreter der Neuscholastik, an Döllinger einen Brief[64], in dem er zwar das Projekt einer katholischen Gelehrtenversammlung unterstützte, an dem ihm von Döllinger vorgelegten Entwurf der Einladung aber einiges bemängelte. In einem für ein Gespräch unter Theologen bemerkenswert dozierenden Tonfall kritisiert Heinrich, der Entwurf lasse die Vermutung zu, die Versammlung sei gegen die kirchliche Autorität (den Episkopat, den Apostolischen Stuhl und insbesondere die *„Congregatio indicis"*) gerichtet. Weiter wendet er sich gegen den Vorwurf, einzelne Theologen oder eine Zeitschrift (z. B. *„Der Katholik"*) könnten als Gegner der Freiheit der theologischen Wissenschaft gelten, wenn sie anderen nachweisen, daß ihre theologischen Ansichten der Kirchenlehre widersprechen[65]. Die Lehrkompetenz der Theologen veranschlagt er gering[66], die Grenzen der theologischen Spekulation zieht er eng[67]. Die Aufgabe der Theologie ist für ihn eine antiquarische[68]. Der bewußte Rückbezug auf die Scholastik sei den Interessen der Kirche in Deutschland nicht nur nicht schädlich, sondern gerade die Bedingung des Erfolges, insoweit *„der Sieg der Kirche von der Wissenschaft abhängt"*[69]. Ausdrücklich wehrt er sich gegen die Aussage, die *„Zustände"* der Kirche und der theologischen Literatur in Italien und Frankreich seien das Ergebnis der rigorosen kirchlichen Zensur. Etwaige Mängel seien nicht auf die kirchliche Zensur zurückzuführen. Im übrigen schätzt er den Beitrag Italiens und Frankreichs zur Theologie der Zeit nicht geringer ein als den Deutschlands[70]. Einen Beitrag der Theologie *„zur Heilung kirchlicher Schäden"* verwirft er weitgehend[71].

Die Rede Döllingers vor der Versammlung wirkt wie eine unmittelbare Antwort auf die in dem Brief formulierte Meinung Heinrichs, der sich selber als Sprecher einer einflußreichen Theologengruppierung in der Kirche verstand. Diese *„déclaration des droits de la théologie“* (Georges Goyau[72]) ist die Reflexion des Münchener Theologen auf Methode, Aufgabe und innerkirchliche wie gesellschaftliche Stellung der Theologie[73]. Die Definition der Theologie steht am Anfang: *„Das wissenschaftliche Bewußtsein, welches die Kirche von sich selbst, von ihrer Vergangenheit, Gegenwart und Zukunft, von ihrem Lehrgehalte, ihrer Ordnung und ihren Lebensnormen besitzt – das nennen wir Theologie.“*[74]. Theologie ist also die sekundäre und wissenschaftliche (und damit unterschieden vom einfachen gläubigen Bewußtsein der Kirche) Reflexion der Kirche auf sich selber, vollzogen im Raum der Kirche. Aus der Geschichte der Theologie leitet er nun Folgerungen ab für das rechte Thelogietreiben heute. Die eigentliche Theologie beginnt für ihn mit Clemens von Alexandrien *(„als den Vorläufer und Bahnbrecher“)* und Origenes *(„als den ersten eigentlichen Theologen“)*[75]. Im Geschick des Origenes spiegeln sich Glanz und Elend der Theologie überhaupt. Döllinger zieht daraus die Moral: Die Theologie bedarf der Kontrolle und Korrektur durch das allgemeine Glaubensbewußtsein der Kirche[76]. Den Anfang *„der neueren Theologie“* (im Abendland) setzt er bei Anselm von Canterbury an[77]. Aber die scholastische Theologie leidet an einem Geburtsfehler: *„Die Theologie war sozusagen einäugig; sie besaß das spekulative, sie entbehrte das historische Auge.“* Exegetische und historische Forschung sei ausgeblendet gewesen[78]. Die Reformation ist nach Döllinger ein Wendepunkt auch der theologischen Wissenschaft geworden. Zunächst einmal habe sich die Unzulänglichkeit der Scholastik erwiesen[79]. In wissenschaftlicher Hinsicht habe sich jedoch die Trennung der Konfessionen und damit auch der theologischen Wissenschaft in ein katholisches und in ein protestantisches Denken *„eher als ein Gewinn und großartiger Fortschritt“* gezeigt. Konkurrenz belebt das Geschäft – und die Notwendigkeit der katholischen Theologie, sich mit der protestantischen Glaubenswissenschaft auseinanderzusetzen, habe ihr selber genützt. Gleichzeitig seien *„die Quellen des historischen Wissens erschlossen, die Prinzipien und Mittel historischer Forschung erkannt und geübt“* worden[80]. In einem historischen Rundblick analysiert er die kirchliche Geographie und die theologische Produktion katholischer Länder[81]. Die Schärfe des negativen Urteils über die zeitgenössische „Theologie“ in Spanien und Italien hat schon auf der Versammlung selber Aufsehen und Kritik hervorgerufen[82]. Auch die Begründung der konstatierten Fehlanzeige (Herrschaft der Inquisition, Fehlen staatlicher theologischer Fakultäten, unzureichende bzw. einseitige

Ausbildung des Klerus, Fehlen engagierter und gebildeter Laien) erweckte Widerspruch.

Den deutschen katholischen Theologen seiner Zeit traut er zu, die Vorreiterrolle in der Theologie zu übernehmen[83]. In ökumenischer Hinsicht erscheint ihm das fast providentiell. Nach einigen früheren polemischen Verirrungen (Kniebeugungsfrage, Aussagen über die Auswirkungen der Reformation auf das moralische und religiöse Leben, Lutherbild)[84] beginnt in den 50er und deutlich in den 60er Jahren der ökumenische Aufbruch des Münchener Kirchenhistorikers, der ihn zu einem *„Theologen der Ökumene“* macht[85]. In der Rede am 28. September 1863 faßt er diese neue Sicht in seinem Denken in die Worte: *„Uns* [Deutschen] *allein unter allen Völkern ist das Geschick widerfahren, daß das scharfe Eisen der Kirchentrennung mitten durch uns hindurchgegangen ist und in zwei fast gleiche Hälften uns zerschnitten hat, die nun nicht von einander lassen und doch auch nicht recht mit einander leben können.“*[86] Daraus erwächst gerade der deutschen Theologie eine besondere Verpflichtung. *„Deutsche Theologen sind es gewseen, welche die Spaltung begonnen, welche das Feuer der Zwietracht entzündet und es seitdem, emsig Holz zutragend, genährt haben. Deutsche vor allem haben die Lehre, an der die Einheit der Kirche sich verblutet hat, mit allen Mitteln des Geistes ausgebildet, mit wissenschaftlichen Bollwerken umgeben und befestigt. So hat denn auch die deutsche Theologie den Beruf, die getrennten Konfessionen einmal wieder in höherer Einheit zu versöhnen.“*[87] Das setzt einen Wandel der Theologie selber voraus. Wenn sie ökumenische Theologie sein will (und muß), hat sie nach Döllinger drei Bedingungen zu genügen: *„Die erste Bedingung ist die, daß unsere Wissenschaft das wahrhaft Trennende und Unkatholische, das heißt das dem Gesamtbewußtsein der Kirche aller Zeiten Widersprechende und die Kontinuität der Überlieferung Zerstörende in der Lehre der Gegenseite mit allen ihr, jetzt mehr als je, zu Gebote stehenden Mitteln überwinde . . . Die zweite Bedingung ist, daß sie die katholische Lehre in ihrer Totalität, ihrer Verbindung mit dem kirchlichen Leben, ihrem organischen Zusammenhang und ihrer inneren Konsequenz zur Darstellung bringe, daß sie aber dabei auch das Wesentliche, Bleibende scharf unterscheide von dem Zufälligen, dem Vorübergehenden und den der Idee fremdartigen Auswüchsen. . . . Endlich die dritte Bedingung wäre, daß die Theologie und durch sie die Kirche die Art und Kraft jenes Magnetberges der Fabel annähme, der alles Eisen aus dem ihm nahe gekommenen Schiffe herauszog, daß es auseinanderfiel – ich meine, daß sie alles Wahre und Gute, das die getrennten Gemeinschaften in Lehre, Geschichte und Leben entdeckt oder erzeugt haben, sorgfältig von dem beigemischten Irrtume ausscheide und dann frei und offen acceptiere, ja als das rechtmäßige Eigentum der einen wahren Kirche, die dies alles einmal, im Keime wenigstens und in der Anlage, besessen habe, in Anspruch nehme. Der Irrtum* *lebt ja nur von den Wahrheitskörnern, die er in sich trägt, wie er denn in gar vielen Fällen auch nur die Karikatur einer verborgenen Wahrheit ist.*"[88] In diesem Zusammenhang steht die Passage, die noch in jüngster Zeit scharf kritisiert wurde[89]: *„Die Theologie ist es, welche der rechten, gesunden öffentlichen Meinung in religiösen und kirchlichen Dingen Dasein und Kraft verleiht, der Meinung, vor der zuletzt alle sich beugen, auch die Häupter der Kirche und die Träger der Gewalt. Ähnlich dem Prophetentume in der hebräischen Zeit, das neben dem geordneten Priestertume stand, gibt es auch in der Kirche eine außerordentliche Gewalt neben den ordentlichen Gewalten, und dies ist die öffentliche Meinung. Durch sie übt die theologische Wissenschaft die ihr gebührende Macht, welcher in der Länge nichts widersteht. Der Theologe nämlich beurteilt und richtet die Erscheinungen in der Kirche nach den Ideen, während der gedankenlose Haufe umgekehrt verfährt; alle echt reformatorische Thätigkeit aber besteht doch zuletzt darin ‚daß jede Einrichtung oder Übung in der Kirche ihrer Idee entsprechend gemacht werde.*"[90]

Die wissenschaftliche Theologie ist also Mittel der Reform der Kirche zur Wiederherstellung der Glaubenseinheit. Für den Augenblick (also zu Beginn der 2. Hälfte des 19. Jahrhunderts) sei *„künftighin"* in Deutschland *„das Heimatland der katholischen Theologie zu suchen.*"[91] Denn gerade in Deutschland würden Geschichte und Philosophie, *„die beiden Augen der Theologie"*[92], beispielhaft gepflegt. Die Betonung der Bedeutung der Geschichte für das Theologietreiben wurzelt natürlich in der wissenschaftlichen Strömung der Zeit. Döllinger selber hatte maßgeblich die *historische Methode* für die Theologie *„adaptiert"*[93]; er entsprach damit einem Ansatz, der sich in dieser Zeit auch außerhalb des universitären Milieus in der Gesellschaft durchsetzt[94]. Das Gefühl für die geschichtliche Dimension schlägt sich in der Praxis der Theologie nieder: *„Die Zeiten sind vorbei, in denen man sich für einen guten Dogmatiker halten durfte, ohne gründliche Kenntnisse der Exegese, der Kirchengeschichte, der Patristik, der Geschichte der Philosophie zu besitzen.*"[95] Aber über den Tagesbezug hinaus gehört gerade die geschichtliche Sicht zum Wesen der *katholischen* Theologie: *„Der katholische Theologe ... kann nicht anders als den gesamten Verlauf der Kirche in dem Licht eines großen Entwickelungsprozesses aufzufassen, eines steten Wachstums von innen heraus, nicht wie der Wuchs eines Bandwurmes, sondern wie der eines Baumes ist, zu welchem das Senfkorn der apostolischen Zeit sich ausgestaltet hat. Er kann demnach hier nicht willkürlich ein Stück, einen Zeitabschnitt herausnehmen und sich mit dem Studium desselben begnügen, sondern er muß, wozu nicht weniger als ein Menschenleben erfordert wird, die Kirche in der Totalität ihrer Lebensäußerungen und in ihrer historischen Kontinuität vom Anbeginne bis zur Gegenwart erforschen und sich und anderen zur möglichst adäquaten Anschauung bringen.*"[96]

In dem Prozeß der geschichtlichen Prüfung vollzieht der Theologe den Dienst an der Wahrheit. Dabei löst sich die Theologie nicht von der Kirche, vielmehr ist sie nur als Funktion der Kirche und in der Kirche möglich: *„Da wir gläubige Theologen sind, so wissen wir, daß auch die schärfste Prüfung nur immer wieder zur Bestätigung der richtig verstandenen kirchlichen Lehre ausschlagen werde. Wir wissen auch, daß unsere Geistesarbeit für jene Kirche und in jener Kirche vollbracht wird, welcher der göttliche Geist sich niemals entzieht. Aus ihr, vermöge der Gliedschaft an ihrem Leibe, empfangen wir die höhere Erleuchtung, jenes Licht der Gnade, ohne welches in göttlichen Dingen das Geistesauge verschlossen bleibt, welches dem Theologen erst die Weihe seines Berufes erteilt.“*[97] Die Theologie bleibe als (menschliche) Wissenschaft immer auch irrtumsanfällig. Der Prozeß der Wahrheitsfindung dauere mitunter jahrhundertelang. An dem Negativbeispiel der mittelalterlichen Scholastik, die er für den Bruch mit der orthodoxen Kirche mitverantwortlich macht[98], illustriert Döllinger eine Verirrung der Theologie, die darin bestehe, *„ihren noch auf unsicherem Fundamente ruhenden Konklusionen . . . vorschnell Charakter und Bedeutung kirchlicher Satzungen zuzuerkennen.“*[99] Eine theologische Schule und auch die Theologie als ganze können nicht beanspruchen, das Lehramt zu ersetzen. Die Freiheit des Theologen ist also nicht unbegrenzt. Sie ist gebunden an die kirchliche Autorität[100].

Damit ist die Existenz theologischer Schulen grundsätzlich anerkannt[101]. Von eigentlichen theologischen *Schulen* will Döllinger aber im Augenblick auf Deutschland bezogen nicht sprechen. Hart ist sein Urteil über die zeitgenössische Neuscholastik: *„. . . das alte von der Scholastik gezimmerte Wohnhaus ist baufällig geworden, und ihm kann nicht mehr durch Reparaturen, sondern nur durch einen Neubau geholfen werden; denn es will in keinem seiner Teile mehr den Anforderungen der Lebenden genügen.“*[102] Lieber redet er von gegenwärtig zwei theologischen *Richtungen.* Die Existenz dieser Richtungen, der deutschen und der römischen, ist theologisch gesehen ein Gewinn[103]. Die Konsequenzen, die er aus dem Nebeneinander theologischer Strömungen zieht, konnte Heinrich als direkte Antwort auf seinen Brief verstehen[104]: Wissenschaftliche Richtungen innerhalb der Theologie müssen sich *„wechselseitig Freiheit der Bewegung gestatten“*. Jeder Versuch von Theologen, ihren Fachkollegen diesen Bewegungsspielraum zu beschneiden, ist *„ein kurzsichtiges und selbstmörderisches Beginnen“*. Der Münchener Theologe unterscheidet zwei Formen von Irrtum, einen dogmatischen Irrtum *(„ein Verstoß gegen die klare allgemeine Lehre der Kirche“)* und einen theologischen Irrtum (ein *„dem Gebiete der wissenschaftlichen Erörterung angehöriger Irrtum“*). Auf dem Gebiete des theologischen Irrtums gelte die Devise: *„Similia similibus curantur.“* Wissenschaftliche Fehler und Verirrungen müßten auch wissenschaftlich bekämpft werden. Der Theologe überschreitet also sein Gebiet und wird inkompetent, wenn er gegenüber Kollegen die Pose des Lehramtes einnimmt.

4. Gutachten

In Zusammenhang mit der Theologierede ist das Gutachten *„Die Speyerische Seminarfrage und der Syllabus“* von 1865[105] zu sehen.

Hintergrund

Die Enzyklika *„Quanta cura“* mit dem angeführten *„Syllabus“* vom 8. Dezember 1864[106] hatte die Gemüter heftig erregt[107]. Die Zusammenstellung des Syllabus, die in der Verurteilung des Schlußsatzes: *„Romanus Pontifex potest ac debet cum progressu, cum liberalismo et cum recenti civilitate sese reconciliare et componere“*[108] kulminiert, war auch durch die Auseinandersetzung in Deutschland um das Verhältnis von kirchlicher Autorität und wissenschaftlicher Theologie veranlaßt[109]. *„Im ersten Augenblick sahen viele Nichtkatholiken in dem Syllabus die unwiderlegliche Bestätigung der Unvereinbarkeit der katholischen Lehre mit der Denk- und Lebensart des neunzehnten Jahrhunderts. Zugleich aber glaubte eine große Zahl liberal eingestellter Katholiken sich allen Ernstes von ihrer Kirche verurteilt.“*[110] Verschiedene Interpretationen, besonders die Erläuterung von Bischof Dupanloup von Orléans[111], stellten den Sachverhalt anders dar. Döllinger war von derlei Erläuterungen nicht überzeugt. Er fühlte sich durch die Veröffentlichung des Syllabus in seinen Befürchtungen bestätigt, man wolle von Rom aus die wissenschaftliche Freiheit einschränken und die theokratischen Ideen des Mittelalters als Glaubenswahrheiten verkünden[112].
Ausgangspunkt des Gutachtens Döllingers für die Bayerische Staatsregierung vom Januar 1865 war die Absicht des Speyerer Bischofs Nikolaus von Weis, ein bischöfliches Seminar zu errichten, dessen Zöglinge den Absolventen staatlicher Fakultäten gleichgestellt werden sollten[113]. Weis gehörte mit Bischof Andreas Räß von Straßburg zu dem Kreis um den Mainzer Regens Bruno Franz Leopold Liebermann. Er war auch einer der Gründer der Zeitschrift *„Der Katholik“*[114]. Döllinger sieht das geplante Unternehmen im Kontext des Kampfes „römischer“ Bestrebungen gegen die „deutsche“ Universitätstheologie.

Argumentation

Die Sprache des Gutachtens ist zuweilen arg polemisch: *„Es soll eine aus dem Stegreife notdürftig zusammengestoppelte Winkelschule werden, eine Art* *theologischer Strohhütte, zu welcher der Bischof das Material nimmt, wie es ihm gerade vor den Füßen liegt.*"[115] Das Anliegen jedoch ist klar. Der Münchener Theologe kritisiert folgende Punkte:

- Die Absicht, die Ausbildung der künftigen Priester losgelöst von den staatlichen Fakultäten zu betreiben[116];
- die damit erfolgende Trennung der Theologie von dem allgemeinen Wissenschaftsbetrieb, der einen Niveauverlust der Theologie nach sich ziehen würde[117];
- die Berufung von Männern zu Professoren der Theologie, die ihren Lehrberuf nicht hauptamtlich, sondern nur im Nebenamt ausüben[118];
- die daraus sich ergebende Abhängigkeit des Theologieprofessors vom Ortsbischof und von Rom[119].

„*Dem ganzen System – denn es ist Methode in der Sache – liegt eine tiefe Mißachtung der Theologie und des theologischen Lehramtes zu Grunde.*"[120] „*Man hat es in den weiteren Kreisen wohl nicht bemerkt, daß seit einigen Jahren in den Beziehungen Roms zur deutschen Kirche und infolge davon in der Lage der letzteren vieles sich geändert hat. Mehrere Ursachen haben hier zusammen gewirkt; die italienische, in jüngster Zeit noch sehr gesteigerte Abneigung gegen deutsche Nationalität und deutsche Wissenschaft, die nun einmal den südlichen Romanen unverständlich und ungeheuerlich ist, der wachsende französische Einfluß in Rom, die Verbreitung eines zahlreichen nach jesuitischen Grundsätzen erzogenen jüngeren Klerus in Deutschland und endlich die Ansiedelung und das rasche Umsichgreifen der Jesuiten selbst in unserem Lande.*"[121] Damit hat sich das kirchliche und theologische Klima in Deutschland gewandelt: „*Eine Spaltung besteht unter denen, die sonst auf dem gemeinsamen Boden des katholischen Bekenntnisses stehen, und die Symptome dieser Spaltung mehren sich zusehends. Man konnte früher sagen, die Bezeichnung ‚ultramontan' sei nur ein gehässiges Manöver derer, denen das Bekenntnis der katholischen Kirche selber verhaßt ist, und werde gelegentlich jedem überzeugungstreuen Gliede dieser Kirche angeheftet. Das ist nun anders geworden. Der Ultramontanismus ist keine Fiktion mehr, kein Gespenst, sondern eine reelle und aggressiv vorschreitende Macht, die ihren Krieg mit allen im kirchlichen Parteihader anwendbaren Waffen führt, und die Kluft zwischen den Geistern dieser Richtung und ihren Gegnern muß mehr und mehr auch dem blödesten Auge sichtbar werden.*"[122] Die Enzyklika „*Quanta cura*" und der Syllabus dienten dieser Gruppe als „*Parteisymbolum und Glaubensbekenntnis*"[123]. Die mit historischen Erinnerungen geschmückten Auslassungen Döllingers zum Inhalt dieser päpstlichen Äußerungen überschreiten das Thema dieses Artikels[124]. Wichtig ist wieder die Unterscheidung, die Döllinger zwischen Ultramontanen und Katholiken trifft: „*Begreiflich ist hier nicht etwa an eine formelle Trennung oder*

Zerreißung der kirchlichen Gemeinschaft zu denken, sondern nur eine Lossagung der einen von der moralisch-politischen Solidarität mit den anderen ist gemeint."[125] *„Der Ultramontanismus ist wesentlich Papismus, und daran hängt bei ihm alles übrige. ... Der Zustand der Kirche ist nach ultramontaner Ansicht um so normaler und blühender, je mehr sie in allen ihren Teilen und nationalen Abgrenzungen von Rom aus bis ins einzelnste hinein regiert, administriert, überwacht und gemaßregelt wird. ... Denn das kirchliche Ideal der Ultramontanen ist Romanisierung aller Einzelkirchen und möglichste Unterdrückung alles eigentümlichen nationalkirchlichen Lebens."*[126] Im Gutachten sieht er sich als bekehrt: *„Döllinger hat früher über die Ansprüche der Päpste und die Grundsätze der Kurie zu sehr als Sachwalter und zu wenig als Historiker geredet."*[127] Er gehörte ja selber zu dem ultramontanen Kreis um Johann Joseph Görres[128]. Jetzt sind die (Neo-)Ultramontanen innerkirchlich im Vormarsch – und er spürt sich in der Defensive (etwa wegen der römischen Reaktion auf die Münchener Gelehrtenversammlung[129]). Hilfe gegen die aggressive ultramontane Partei, die letztlich nur *„stark ist durch ihre Organisation und ihre hierarchischen Rückhalte"*, bietet im Augenblick der Staat[130].

5. Reaktionen auf die Theologierede

Widerspruch gegen Döllingers Bestimmung der Theologie erhob sich schon auf der Münchener Gelehrtenversammlung selber. Der Mainzer Theologe Franz Christoph Ignaz Moufang verwahrte sich in einer Erklärung im Namen von sieben weiteren Unterzeichnern (Haffner, Heinrich, Hergenröther, Hettinger, Phillips, von Schäzler, Scheeben) dagegen, daß die Rede als Programm der Versammlung gelten solle[131]. Inhaltlich wurden bemängelt Döllingers Begriff des Irrtums als des Weges zur Wahrheit, seine Unterscheidung von dogmatischem und theologischem Irrtum, seine *„allzuscharfe"* Kritik der italienischen Wissenschaft und seine Äußerung zum ökumenischen Sichversagen des katholischen Klerus und zur Wissenschaft als dem Königsweg zu christlicher Einheit[132]. Der Münchener Kirchenhistoriker beharrt auf seiner Einschätzung. In der Schlußrede zur Gelehrtenversammlung redet er jetzt von zwei theologischen *Schulen* in Deutschland: *„Die eine können wir die deutsche heißen, die andere ist jene, welche man die römische zu nennen pflegt. Beide sind berechtigt und mögen nebeneinander bestehen ... Die eine Schule ist viel weiter in der Wissenschaft fortgeschritten, als die andere. ... Wir dürfen dabei besonders nicht übersehen, daß wir mit ganz verschiedenen Waffen kämpfen. Die einen schießen, wenn ich ein Beispiel anwenden soll, mit Pfeil und Bogen, die anderen mit Feuergewehren."*[133]

Rom schien anfangs der Versammlung gewogen. Auf Döllingers Bitte[134] übermittelte Erzbischof Hohenlohe aus Rom den Segen des Papstes für die Versammlung[135]. Nach ungünstigen Berichten des Nuntius bestritt Pius IX., Hohenlohe den Auftrag zu diesem Telegramm gegeben zu haben[136].

Hart reagierte eine Artikelreihe der Civiltà Cattolica über die Münchener Gelehrtenversammlung auf Döllingers Rede[137]. Der Angriff war unsachlich[138] und voreingenommen[139]. Im Artikel heißt es, Döllinger schaffe es nicht einmal *„genau zu bestimmen, was Theologie, und infolgedessen, was die Theologen in der Kirche sind, . . . weshalb man sich darnach nicht mehr wundern dürfe, wenn er die Theologie als eine der drei Säulen betrachte, auf denen die Kirche ruht"*[140]. Die scholastische Theologie sei die Theologie der Kirche. Die katholische Kontroverstheologie des 16. Jahrhunderts habe ihre Aufgabe so glänzend gelöst, daß sie die Protestanten in die Defensive gedrängt habe, aus der sie sich seither nur noch mit Scheinargumenten gegen die Überlegenheit der Katholiken wehren könnten. Der Index wird ohne Einschränkung verteidigt. Die Geschichte gehöre nicht wesentlich zur Theologie, meint der Verfasser des Artikels.

Das Breve *„Tuas libenter"*, das Pius IX. mit Datum vom 21. Dezember 1863 an den Erzbischof von München-Freising richtete[141], wird deutlich: In Deutschland sei eine falsche Meinung aufgekommen gegen die Scholastik (adversus veterem scholam) und die Lehre ihrer herausragendsten Vertreter. Durch diese falsche Meinung sei die Autorität der Kirche selbst in Frage gestellt, weil sie die Anwendung der Methode und Prinzipien der Scholastik in der Theologie gestattet und die scholastische Doktrin ausdrücklich empfohlen habe[142]. Der Papst will nicht daran zweifeln, daß die Teilnehmer der Versammlung jene moderne Philosophie ablehnten, die die Wahrheiten der göttlichen Offenbarung der menschlichen Vernunft unterstelle[143]. Er sei davon überzeugt, sie wollten die Verbindlichkeit, an die katholische Autoren gehalten sind, nicht bloß auf die ausdrücklichen Dogmen beschränkt wissen[144]. Der Glaubensgehorsam dürfe nicht reduziert werden auf die definierten Dekrete der ökumenischen Konzilien oder der Päpste und des Apostolischen Stuhls (ad ea, quae expressis oecumenicorum Conciliorum aut Romanorum Pontificum huiusqe Sedis decretis definita sunt), sondern sei auch auszudehnen auf all das, was durch das ordentliche Lehramt der ganzen über den Erdkreis verbreiteten Kirche als göttlich geoffenbarte Wahrheit überliefert werde[145]. Weiterhin müsse die Versammlung auch anerkennen, daß es für katholische Theologen nicht genüge, daß sie die Dogmen der Kirche rezipieren, sondern es sei auch notwendig, daß sie sich den Entscheidungen unterwerfen (se subiciant), die die päpstlichen Kongregationen bezüglich der Lehre hervorbringen (proferuntur), sowie denjenigen Lehrkapiteln, die durch den gemeinsamen und beständigen Konsens der Katholiken als theologische Wahrheiten und so sichere Konklusionen festgehalten werden, daß entgegenstehende Meinungen zwar nicht als häretisch, aber doch mit einer anderen theologischen Zensur qualifiziert werden können[146].

6. Resümee

Die durchaus aktuellen Anregungen Döllingers in seiner Theologierede lassen sich in folgenden Punkten zusammenfassen:

a) Geschichte und Theologie
Döllinger hat die Bedeutung der Geschichte gerade für die *katholische* Theologie hervorgehoben. Damit wollte er aber nicht die Kirchengeschichte zur Königsdisziplin unter den thelogischen Fächern erheben. Es ging ihm vor allem darum, die Relevanz der historischen, ja der historisch-kritischen Methode für die Theologie sicherzustellen („*die beiden Augen der Theologie . . .*"). Gewiß war der Ruf „ad fontes" in der Geschichte vielfach schon dogmen- und kirchenkritisch erhoben worden. So ermunterte auch das Vaticanum II, das selber viele seiner Impulse der vorausgehenden exegetischen, patristischen und liturgiegeschichtlichen Forschung verdankt, mit Recht zur (theologie-)geschichtlichen Methode und Darstellung[147].

b) „Schulen" der Theologie
Das letzte Konzil hat die Existenz theologischer „Schulen" anerkannt[148]. Vor einigen Jahren erst wurde ein verwandter Problemkreis unter dem Stichwort „Pluralismus von Theologien" theologisch verhandelt[149]. Natürlich sind die mittelalterlichen und späteren Schulen der Theologie, die vereinzelt noch heute ein esoterisches Sonderdasein fristen, etwas anderes als das, was man jetzt unter der Pluralität in der Theologie versteht, denn diese Schulen waren in irgendeiner Weise, und sei es in der des Widerspruchs, aufeinander bezogen – nach der These Karl Rahners jedenfalls. Doch das Anliegen, das Döllinger dazu antrieb, die Frage der Schulen ins Spiel zu bringen, bleibt immer dort aktuell, wo „plurale" Theologien vermittelt oder unvermittelt nebeneinander in der Kirche das Feld behaupten: die Forderung nämlich nach durchzuhaltender Toleranz der Theologen miteinander, nach einem *methodologischen* Zusammenhalt der Theologen[150], um theologische Fragen, soweit wie möglich, theologisch und nicht durch ein zu frühes Eingreifen des Lehramtes der Kirche zu lösen, und – an die Adresse des Lehramtes gerichtet – nach einem Raum größtmöglicher Freiheit für die Theologie[151].

c) Theologie an staatlichen Hochschulen

„Seminaria Maiora ad sacerdotalem conformationem necessaria sunt", erklärt lakonisch das Vaticanum II im Dekret über die Ausbildung der Priester[152]. Über die Existenz staatlicher theologischer Fakultäten ist damit nichts gesagt. Max Seckler weist darauf hin, daß Johannes Paul II. in seiner Altöttinger Rede vor Theologieprofessoren (18. 11. 1980) als *erster* Papst *„die Einbeziehung der Theologie in die staatlichen Universitäten"* in Deutschland positiv würdigt und das damit realisierte *„Verhältnis zwischen der Freiheit der wissenschaftlichen Theologie und ihrer Bindung an die Kirche, wie es in den Konkordaten verankert ist"*, ausdrücklich als *„Modell"* bezeichnet, das sich *„bewährt"* habe[153]. Seckler spricht in bezug auf die Altöttinger und die Kölner Rede des Papstes geradezu von einer *„Wende im lehramtlichen Theologieverständnis"*[154]. Für den wissenschaftstheoretischen und wissenschaftspraktischen Status der Theologie sind solche Aussagen, wenn sie weltkirchlich rezipiert werden, von großer Bedeutung.

d) Theologie als Funktion der Kirche

Döllinger hat die Theologie in seiner Rede als Funktion der Kirche verstanden. Das ist zu unterstreichen gegenüber manchen Kritiken, die den Münchener Theologen geradezu mit Luther vergleichen[155]. Der charismatisch-prophetische Charakter, den er der Theologie zuschreibt, ist in diesem Kontext zu sehen. Max Seckler hat Döllinger vorgeworfen, er mache die Theologen zur obersten Instanz in der Kirche, da *„ihre Berufung und ihre Methode es sei, mit Hilfe der öffentlichen Meinung die Häupter der Kirche zu beugen"*[156]. In seiner Theologierede kommt es Döllinger nicht darauf an, die lehramtliche Autorität mittels der wissenschaftlichen Kompetenz zu verdrängen und so eine Professorenkirche zu schaffen. Dem Duktus der Rede gemäß ist wohl eher an ein kritisches Korrektiv der Theologie in besonderen Fällen gedacht. Man darf gegen diese Auffassung das Bedenken tragen, ob die Theologie bei dem Versuch, „Irrtümer" des Lehramtes aus sich heraus zu korrigieren, sich nicht überhebt. Man wird aber zugunsten Döllingers sagen müssen, daß eine ausgewogene katholische Ekklesiologie zu seiner Zeit nicht vorlag. Übrigens hat auch das Vaticanum II in seiner „Magna Charta" der Kirche, der Kirchenkonstitution, noch keine völlig befriedigende synthetische Sicht des Zusammenspiels von Lehramt, Theologie und gläubigem Volk erstellt[157].

e) Ökumenische Inspiration der Theologie

Der Münchener Kirchenhistoriker erkennt in seiner Rede den Wert der protestantischen Theologie als eines kritischen Gesprächspartners für katholisches Theologietreiben. Und er gibt der katholischen Theologie ein ökumenisches Programm, das auch heute noch wenig eingeholt ist: wissenschaftliche

Überwindung des Trennenden, Darstellung der *katholischen* Lehre in ihrem Zusammenhang und Anerkennen der Wahrheit im anderen[158].

f) Verpflichtungscharakter der Äußerungen des Lehramtes

Die Theologische Erkenntnislehre kennt eine Stufung von Äußerungen des außerordentlichen und ordentlichen Lehramtes und dementsprechend differierende Zustimmungspflichtigkeiten. Döllingers Unterscheidung zwischen einem dogmatischen und einem theologischen Irrtum leidet sicher an der unklaren Bestimmung des zweiten Begriffs (ein *„dem Gebiete der wissenschaftlichen Erörterung angehöriger Irrtum"*). Aber auch das Breve *„Tuas libenter"* Pius' IX. ist in der Terminologie (Unterwerfung!) problematisch und differenziert zu wenig[159]. Die Definition vom 18. Juli 1870, die durchaus nicht die Position des extremen Papalismus dogmatisiert hat, und die theologische Erörterung im Anschluß an sie haben auf diesem Gebiet einige Erkenntnisfortschritte erzielt[160]. Doch scheint die Debatte hier weder lehramtlich noch theologisch einen Abschluß gefunden zu haben.

Das Wechselverhältnis von Theologie, Lehramt und gläubigem Volk war durch die Jahrhunderte der Kirchengeschichte sehr unterschiedlich bestimmt[161]. Döllingers Theologierede markiert einen geschichtlichen Punkt dieser Verhältnisbestimmung. Deshalb hat sie noch heute ihren großen Wert.

Anmerkungen

Zu den Abkürzungen vgl. Schwertner, Siegfried: Internationales Abkürzungsverzeichnis für Theologie und Grenzgebiete. Zeitschriften, Serien, Lexika, Quellenwerke mit bibliographischen Angaben, Berlin 1974. – KlSchr = Reusch, Franz Heinrich (Hrsg.): Kleinere Schriften. Gedruckte und ungedruckte von Johann Joseph Ignaz von Döllinger, Stuttgart 1890.

1 Die Alternative, ob Döllinger Historiker oder Theologe war, ist wohl falsch gestellt. Gegen Döllingers Berufung zum Theologen polemisiert Michael, Emil: Ignaz von Döllinger. Eine Charakteristik, Innsbruck ³1894, S. 6, 9 (dagegen Speigl, Jakob: Traditionslehre und Traditionsbeweis in der historischen Theologie Ignaz Döllingers, Essen 1964, S. 3). Die Spannung zwischen Döllingers Berufung zur Theologie auf der einen Seite und zum geistlichen Stand andererseits (wie auch die Spannung zwischen dem Theologen und dem Historiker) sollte nicht dramatisiert werden. Sie beruht auf vereinzelten Aussprüchen des alten Döllinger – nicht auf einem allein (gegen Finsterhölzl, Johann: Die Kirche in der Theologie Ignaz von Döllingers bis zum ersten Vatikanum. Aus dem Nachlaß hrsg. von Johannes Brosseder, Göttingen 1975, S. 25, Anm. 33); vgl. Friedrich, Johann: Ignaz von Döllinger. Sein Leben aufgrund seines schriftlichen Nachlasses dargestellt, Bd. I, München 1899, S. 91,

Bd. II, München 1900, S. 70; Merkle, Sebastian: Döllinger als Mensch, in: Hochl. 15 (1918) 628–639, hier 631.

2 Finsterhölzl, Johann: Ignaz von Döllinger, Graz 1969, S. 17. Döllinger selber hat dieses Epitheton eher seinem Freund Möhler zuweisen wollen; vgl. Finsterhölzl: Die Kirche (wie Anm. 1) S. 31, Anm. 80.

3 Vgl. KlSchr S. 217 (Die Speyerische Seminarfrage und der Syllabus), wo Döllinger meint, er habe früher zu sehr als *„Sachwalter"*, nicht als Historiker gesprochen. Dazu Friedrich (wie Anm. 1), Bd. I, S. 171.

4 Finsterhölzl: Die Kirche (wie Anm. 1) S. 23; Klausnitzer, Wolfgang: Päpstliche Unfehlbarkeit bei Newman und Döllinger. Ein historisch-systematischer Vergleich, Innsbruck 1980, S. 125.

5 KlSchr S. 184, vgl. S. 194. Finsterhölzl: Die Kirche (wie Anm. 1) S. 47, Anm. 7, vermerkt, daß Döllinger diese Forderung von 1837/38 bis 1863 vertreten hat.

6 Finsterhölzl: Die Kirche (wie Anm. 1) passim.

7 Ebd. S. 57 f.

8 Er hatte sie allerdings geplant; vgl. Klausnitzer: Päpstliche Unfehlbarkeit (wie Anm. 4) S. 133 f.

9 Vgl. die ausführliche Liste bei Lösch, Stefan: Döllinger und Frankreich. Eine geistige Allianz 1823–1871, München 1955, S. 502–548. Selbst diese fast 50 Seiten haben noch Lücken; vgl. Speigl (wie Anm. 1) S. 120, Anm. 6 und 8. Ein Verzeichnis von Manuskripten und Vorlesungsnachschriften findet sich bei Finsterhölzl: Die Kirche (wie Anm. 1) S. 541 f.

10 Finsterhölzl: Die Kirche (wie Anm. 1) S. 46–58.

11 Hergenröther, Joseph: Anti-Janus. Eine historisch-theologische Kritik der Schrift *„Der Papst und das Concil"* von Janus, Freiburg 1870; Michael (wie Anm. 1).

12 Zu diesem Begriff und der damit umschriebenen Haltung Döllingers vgl. Klausnitzer: Päpstliche Unfehlbarkeit (wie Anm. 4) S. 127–130.

13 Ebd. S. 129, Anm. 51. Als Urteil Döllingers bei Friedrich (wie Anm. 1) Bd. III, S. 547.

14 Speigl (wie Anm. 1) S. 157.

15 Dazu Neuner, Peter: Döllinger als Theologe der Ökumene, Paderborn 1979, passim.

16 Finsterhölzl: Die Kirche (wie Anm. 1) S. 533.

17 Aubert, Roger: La géographie ecclésiologique au XIXe siècle, in: RevSR 34 (1960) 11–55.

18 Zum Ganzen vgl. Klausnitzer: Päpstliche Unfehlbarkeit (wie Anm. 4) S. 203–222.

19 Aubert: La géographie (wie Anm. 17) S. 13–35.

20 Zum Ganzen vgl. Congar, Yves: L'ecclésiologie de la révolution française au Concile du Vatican sous le signe de l'affirmation de l'autorité, in: RevSR 34 (1960) 77–114.

21 Aubert, Roger: in: HKG Bd. VI/1, S. 686.

22 Vgl. Congar (wie Anm. 20) S. 104–106.

23 STh I 1, 2, 2; vgl. Scherer, Emil: Geschichte und Kirchengeschichte an den deutschen Universitäten, Freiburg 1927, S. 277–279, 287.

24 Le Bachelet, X.: Jésuites. I. Les Principes de la Compagnie de Jésus sur l'enseignement des sciences sacrées, in: DThC VIII (1924) 1012–1043, hier 1037.

25 Steinhuber, Andreas: Geschichte des Collegium Germanicum Hungaricum, Bd. II, Freiburg ^{2}1906, S. 155–157, 465–467.

26 Kolping, Adolf: Einführung in die katholische Theologie, Münster ^{2}1963, S. 36.

27 Schumacher, Joseph: Der „Denzinger“. Geschichte und Bedeutung eines Buches in der Praxis der neueren Theologie, Freiburg 1974, S. 53, Anm. 27; dazu S. 47–93 (Denzinger im geistesgeschichtlichen Milieu des 19. Jahrhunderts) und S. 116–119 (Konzeption des „Denzinger“ durch den Autor selbst).

28 Seckler, Max: Kirchliches Lehramt und theologische Wissenschaft. Geschichtliche Aspekte, Probleme und Lösungselemente, in: Kern, Walter (Hrsg.): Die Theologie und das Lehramt, Freiburg 1982, S. 17–62, hier S. 34–38. Thomas von Aquin spricht von einem „magisterium cathedrae magistralis“ (ebd. S. 32). Exemplifiziert wird dieses Lehramt der Theologen am Vorgehen der Sorbonne gegen Papst Johannes XXII. im Jahr 1331 (ebd. S. 36).

29 Klausnitzer: Päpstliche Unfehlbarkeit (wie Anm. 4) S. 88 f.

30 Congar (wie Anm. 20) S. 105 f.

31 Breve „Tuas libenter“ (21. 12. 1863), in: DS 2875–2880, hier 2878.

32 Da Veiga Coutinho, L.: Tradition et Histoire dans la Controverse moderniste (1898–1910), Rom 1954.

33 Merkle, Sebastian: Die Vertretung der Kirchengeschichte in Würzburg bis zum Jahre 1879, in: Buchner, Max (Hrsg.): Aus der Vergangenheit der Universität Würzburg. Festschrift zum 350jährigen Bestehen der Universität, Berlin 1932, S. 146–214, hier S. 172, spricht von einem Kampf auf Leben und Tod zwischen der *„konstruktiven“* und der *„historischen“* Theologie des 19. Jahrhunderts. Kasper, Walter: Die Lehre von der Tradition in der römischen Schule, Freiburg 1962, S. 396 f, unterscheidet den *„dogmatischen Traditionsbegriff“* der *römischen* Theologie vom *„historischen“* der *deutschen* Theologen.

34 Etwa John Henry Newman. Vgl. auch Schmid, Alois: Wissenschaftliche Richtungen auf dem Gebiete des Katholicismus in neuester und in gegenwärtiger Zeit, München 1862, passim, der selber schwer einer dieser beiden Richtungen zuzuordnen ist.

35 Schumacher (wie Anm. 27) S. 56. Vgl. auch Söhngen, Gottlieb: Neuscholastik, in: LThK ²VII, 923–926. Für die fließende Terminologie spricht, daß Schumacher Perrone an einer Stelle zur neuscholastischen Richtung zählt (S. 56), während gleich danach derselbe Perrone als Vertreter der *„römischen Theologie“* angeführt wird (S. 57), die Sch. von der Neuscholastik unterschieden wissen will. Andererseits ist in konkreten Fällen eine Zuordnung tatsächlich schwierig. Das gilt gerade für die „Germaniker“ in Deutschland.

36 Söhngen (wie Anm. 35) 924.

37 Schumacher (wie Anm. 27) S. 57.

38 Kasper (wie Anm. 33) S. 9–11.

39 Ebd. S. 9.

40 Damit existiert eine Verwandtschaft zu den Intentionen Möhlers, obwohl ein Abhängigkeitsverhältnis nach Art einer direkten Beeinflussung – so Congar (wie Anm. 20), S. 107 – wohl nicht besteht.

41 Kasper (wie Anm. 33) S. 11.

42 Ebd. S. 11 f.

43 Römische Stellen schufen sich ein einheitliches Gegenüber. Sie kritisierten an der deutschen Theologie, *„daß sie vorwiegend historische und philologische Studien betreibe und die wahre positive Theologie vernachlässige“* (Lill, Rudolf: Die deutschen Theologieprofessoren vor dem Vatikanum I im Urteil des Münchener Nuntius, in: Iserloh, Erwin und Repgen, Konrad [Hrsg.]: Reformata Reformanda. Festschrift für Hubert Jedin, Bd. 1, Münster 1965, S. 483–507, hier S. 495), sie

sprachen von *„Überheblichkeit“*, von *„praktischer Unfähigkeit des gelehrten deutschen Geistlichen“*, von *„Hinneigung zum Protestantismus“* und von *„Abneigung gegen die Lehrautorität Roms und der römischen Kongregationen“* (ebd. S. 504 f.).

44 Reinhardt, Rudolf: Die katholisch-theologische Fakultät Tübingen im 19. Jahrhundert. Faktoren und Phasen ihrer Entwicklung, in: Schwaiger, Georg (Hrsg.): Kirche und Theologie im 19. Jahrhundert. Referate und Berichte des Arbeitskreises Katholische Theologie, Göttingen 1975, S. 55–87, hier S. 64 f., 80 f.

45 Manche Zeitgenossen sprachen gar von einer Jung-Münchener Schule (Friedrich, Huber, Pichler); vgl. Friedrich (wie Anm. 1) Bd. III, S. 330 f., 382.

46 Schumacher (wie Anm. 27) S. 62, Anm. 71 charakterisiert Teile des Denkens Denzingers mit dem an Christian Morgenstern erinnernden Motto: *„Was nicht sein kann und darf, das ist auch nicht.“* Bekannt ist das Wort Pius' IX.: *„La tradizione son' io“*; vgl. Meyer, Harding: Das Wort Pius' IX.: „Die Tradition bin ich.“ Päpstliche Unfehlbarkeit und apostolische Tradition in den Debatten und Dekreten des Vatikanum I, München 1965.

47 Hünermann, Peter: Der Durchbruch geschichtlichen Denkens im 19. Jahrhundert. Johann Gustav Droysen, Wilhelm Dilthey, Graf Paul Yorck von Wartenburg. Ihr Weg und ihre Weisung für die Theologie, Freiburg 1967.

48 Speigl, Jakob: Das Traditionsprinzip des Vinzenz von Lerinum. Ein unglückliches Argument gegen die Definition der Unfehlbarkeit des Papstes, in: Schwaiger, Georg (Hrsg.): Hundert Jahre nach dem Ersten Vatikanum, Regensburg 1970, S. 131–150.

49 Klausnitzer: Päpstliche Unfehlbarkeit (wie Anm. 4) S. 71–81.

50 Kasper (wie Anm. 33) S. 11 f.

51 Brief an Gladstone vom 20. 2. 1875 (zit. bei Friedrich [wie Anm. 1] Bd. III, S. 707): *„Bei N.* [Newman] *freilich ist die höchst elastische Theorie des development, mit der man wie mit Didos Kuhhaut ganze Länder in der Geisteswelt umfassen kann, ein allezeit dienstfertiges Auskunftsmittel. Mit diesem Zaubermittel berührt, wird auch das Schlechteste und Unlauterste zu reinem Gold.“*

52 Zur mühsamen Vorgeschichte vgl. Friedrich (wie Anm. 1) Bd. II, S. 507–510; Bd. III, S. 273–277, 286–311; ferner Schwaiger, Georg: Die Münchener Gelehrtenversammlung von 1863 in den Strömungen der katholischen Theologie des 19. Jahrhunderts, in: Seckler, Max u. a. (Hrsg.): Begegnung. Beiträge zu einer Hermeneutik des theologischen Gesprächs. Festschrift für Heinrich Fries, Graz 1972, S. 735–747.

53 Friedrich (wie Anm. 1) Bd. III, S. 294–296.

54 Ebd. S. 297.

55 Lösch (wie Anm. 9) S. 539, Anm. 33; Friedrich (wie Anm. 1) Bd. III, S. 310 f.

56 München 1863 (Neudruck: Frankfurt 1962); 2. Auflage bearbeitet von Johann Friedrich, Stuttgart 1890.

57 Schwaiger, Georg: Ignaz von Döllinger, München 1964, S. 13.

58 Ebd. S. 13.

59 Friedrich (wie Anm. 1) Bd. III, S. 310.

60 Gams, Pius (Hrsg.): Verhandlungen der Versammlung katholischer Gelehrter vom 28. September bis 1. Oktober 1863 in München, Regensburg 1863; Conzemius, Victor (Hrsg.): Ignaz von Döllinger – Lord Acton. Briefwechsel 1850–1890, Bd. 1, München 1963, S. 163, 332, 335 f., 340, 376 f.; Lang, Hugo: Die Versammlung

katholischer Gelehrter in München-St. Bonifaz vom 28. IX. bis 1. X. 1863, in: HJ 71 (1952) 246–258.

61 Friedrich (wie Anm. 1) Bd. III, S. 312.

62 Text: KlSchr S. 161–196 und Finsterhölzl: Döllinger (wie Anm. 2) S. 227–263.

63 Friedrich (wie Anm. 1) Bd. III, S. 312.

64 Text: Ebd. S. 288–294.

65 Ebd. S. 290: *„Es ist der ‚Katholik' im Laufe der letzten Jahre gegen eine Reihe von katholischen Schriftstellern kritisch aufgetreten. Ich glaube, daß, wenn wir lediglich den subjektiven Ansichten dieser Schriftsteller unsere subjektiven Ansichten als solche entgegengesetzt hätten, man sich nicht darüber beschwert hätte, auch wenn unser Ton weit schärfer gewesen wäre, als er wirklich war. Allein, daß wir jene Ansichten teilweise aus dem Grunde bekämpften, weil sie mit der kirchlichen Lehre unverträglich seien, das hat man übel aufgenommen. Allein, haben wir uns damit eine Autorität angemaßt? Gewiß nicht. Es war also nicht gerechtfertigt, sich über unsere zensuristische Anmaßung zu beklagen, sondern zu zeigen, daß die von uns gerügten Lehren und Ansichten nicht gegen die Kirchenlehre verstoßen . . ."*

66 Ebd. S. 290 f.: *„Daß jeder Theologe wisse und so leicht unterscheiden könne, was* de fide *sei und was nicht, leugne ich* in concreto *ganz und gar."*

67 Ebd. S. 291 f.: *„Es ist gewiß eine falsche Ansicht, wenn man meint, jenseits der Grenzen, welche das förmlich deklarierte Dogma zieht, bestehe für den katholischen Theologen eine unbeschränkte subjektive Freiheit. Ein Theologe entspricht noch nicht dadurch der Anforderung der katholischen Wissenschaft, und was noch viel wichtiger ist, den Anforderungen des Glaubens und dem Geiste der Kirche, daß er nur nicht zum formellen Häretiker wird . . . In dieser Beziehung sind die Lehren der katholischen Schulen, ist der Konsens der Theologen, sind selbst die Überzeugungen oder wenn man will die Vorstellungen des Volkes keineswegs eine gleichgültige Sache . . . Noch höher als all die Autorität der Theologen steht für den kath. Theologen die lebendige Autorität der lehrenden Kirche, des Papstes und der Bischöfe. Wenn also der apostolische Stuhl, wenn die Bischöfe, z. B. auf ihren Provinzialkonzilien gewisse Lehren und Ansichten verwerfen und mißbilligen, so wird kein wahrhaft kath. Theologe bezweifeln, daß diese Ansichten wirklich mit der kirchlichen Wahrheit und deshalb auch mit der wahren Wissenschaft schlecht harmonieren . . ."* Diese Ausführungen müßten im Kontext der fundamentaltheologischen Erkenntnislehre sicher genauer differenziert werden. Natürlich ist der „Volksglaube" für den Theologen *„keineswegs eine gleichgültige Sache"*. Aber er ist doch in einer anderen Weise Grenze theologischen Denkens als es Äußerungen des ordentlichen oder gar des außerordentlichen Lehramtes sind.

68 Ebd. S. 292: *„Ich bin aufs tiefste davon durchdrungen, daß wenigstens in der Theologie es zunächst nicht unsere Aufgabe ist, neue Bahnen zu brechen, sondern uns vor allem erst wieder mit der alten und auch heute und immer neuen Theologie der kath. Kirche, welche Theologie wie das Dogma selbst zwar einen Fortschritt, aber keine prinzipielle Veränderung kennt, recht vertraut zu machen, um dann auf dem Grunde, der gelegt ist, weiter zu bauen."*

69 Ebd. S. 292.

70 Ebd. S. 292.

71 Ebd. S. 294: *„Das ist so vorherrschend Aufgabe der Bischöfe, der Seelsorge, des Lebens und vor allem der Tugend und Frömmigkeit, endlich Gottes Sache, der uns Heilige schicken kann, daß eine Theologen-Versammlung hiebei nur eine sehr bescheidene Rolle spielen kann."*

72 Conzemius, Victor: Aspects ecclésiologiques de l'évolution de Döllinger et du vieux catholicisme, in: RevSR 34 (1960) 247–279, hier 257.
73 Finsterhölzl: Die Kirche (wie Anm. 1) S. 46–58.
74 KlSchr S. 161.
75 Ebd. S. 162.
76 Ebd. S. 163: „*Wohl mochte die Theologie schon in ihren Anfängen die Erfahrung machen, daß sie ihren Schatz in irdenen Gefäßen trage, daß sie der steten Überwachung und Korrektion durch das allgemeine Glaubensbewußtsein der Kirche bedürfe . . .*"
77 Ebd. S. 165.
78 Ebd. S. 166.
79 Ebd. S. 169: Im denkerischen Streit „*zerbrachen* (die aus der Rüstkammer der Scholastik entlehnten Waffen) *den plötzlich aus der Erde aufgeschossenen Scharen geharnischter Männer gegenüber wie Rohrstäbe. Dafür waren jedoch die philosophischen, biblischen, geschichtlichen Studien erwacht, forderten ihre Rechte und boten wirksamere Waffen und eine stärkere Rüstung für die in ihrer Existenz bedrohte, rings von Feinden umlagerte Kirche.*"
80 Ebd. S. 169.
81 Ebd. S. 170–182.
82 Friedrich (wie Anm. 1) Bd. III, S. 324 f.
83 KlSchr S. 180 f.
84 Neuner (wie Anm. 15) S. 32–37, 40–44. Gemeint sind: (Anonym) Die Frage von der Kniebeugung der Protestanten von der religiösen und staatsrechtlichen Seite erwogen. Sendschreiben an einen Landtagsabgeordneten, Heft I und II, München 1843; Döllinger: Der Protestantismus in Bayern und die Kniebeugung. Sendschreiben an Hrn. Professor Harleß, derm. Landtagsabgeordneten, Regensburg 1843; ders.: Die Reformation, ihre innere Entwicklung und ihre Wirkungen im Umfange des Lutherischen Bekenntnisses, 3 Bde., Regensburg 1846–1848; ders.: Luther. Eine Skizze, Freiburg 1851 (Separatdruck des Artikels aus: Wetzer u. Welte [Hrsg.]: Kirchenlexikon, Bd. VI, Freiburg 1851, 651–678).
85 Neuner (wie Anm. 15) S. 45–47, Vgl. den Titel der Arbeit von Neuner.
86 KlSchr S. 181.
87 Ebd. S. 182.
88 Ebd. S. 182 f.
89 Seckler (wie Anm. 28) S. 45–49. Nicht so negativ ist die Darstellung von Finsterhölzl: Die Kirche (wie Anm. 1) S. 184–189.
90 KlSchr S. 184.
91 Ebd. S. 184.
92 Ebd. S. 184.
93 Finsterhölzl: Die Kirche (wie Anm. 1) S. 56.
94 Conzemius: Aspects (wie Anm. 72) 268: „*Roscher avait introduit la dimension historique dans l'économie politique, Savigny dans l'étude du droit, Grimm et Boeckh dans la philologie, Springer dans l'histoire de l'art, Döllinger dans la théologie catholique. Cette emprise de l'histoire n'était pas confinée dans les chaires universitaires et les centres de recherche, elle avait gagnée de larges couches de la classe cultivée.*"
95 KlSchr S. 185.

96 Ebd. S. 186. Zur Kritik des Entwicklungsgedankens als Kategorie für den Verlauf der Kirchengeschichte vgl. Stockmeier, Peter: Kirche unter den Herausforderungen der Geschichte, in: Kern, Walter – Pottmeyer, Hermann Josef – Seckler, Max (Hrsg.): Handbuch der Fundamentaltheologie, Bd. 3, Freiburg 1986, S. 122–152, hier S. 125–128.

97 KlSchr S. 187 f.

98 Ebd. S. 188.

99 Ebd. S. 189.

100 Ebd. S. 190–193; S. 190: *„Er* [der Theologe] *fühlt sich . . . frei, weil er durch einen entscheidenden, von seinem Willen und seiner Einsicht bestimmten Akt der Wahl sich einmal für immer der Führung und Lehrautorität der Kirche überlassen hat, die er als die gottgewollte und göttlich erleuchtete Bewahrerin der Heilswahrheit und Lehrerin der Völker erkannt hat."*

101 Joseph Ratzinger verweist auf die Rezeption des Gedankens theologischer Schulen auf dem Vaticanum II (Einleitung zur Dogmatischen Konstitution über die göttliche Offenbarung, in: LThK. Das Zweite Vatikanische Konzil, Bd. II, 498–503, hier 500): *„Man übertreibt wohl nicht, wenn man sagt, daß erst durch das Konzil bewußt wurde, daß die klassischen ‚Schulen' heute belanglos geworden sind ebenso wie ihre Konflikte, daß aber damit sichtbar geworden ist, daß die katholische Theologie am Leben geblieben ist, daß sich neue ‚Schulen' und Gegensätze in ihr gebildet haben und daß auch diese neuen Gruppierungen und ihre Fragen legitime Formen katholischer theologischer Arbeit sind."*

102 KlSchr S. 193.

103 Ebd. S. 195. Wenn die Ausführungen Döllingers über die beiden Augen der Theologie und seine Kritik an der fehlenden historischen Methode in der Scholastik und an den Versuchen, die Scholastik zu „reparieren", ernstgenommen werden, ist allerdings nicht ersichtlich, wie die beiden Richtungen gleichwertige wissenschaftliche Partner sein können.

104 Ebd. S. 195.

105 Ebd. S. 197–227.

106 AAS 3 (1867) 161–167 bzw. AAS 3 (1867) 168–176.

107 Aubert, Roger: Der Syllabus von 1864, in: StZ 175 (1964/65) 1–24; ders.: Die Religionsfreiheit von „Mirari vos" bis zum Syllabus, in: Conc. 1 (1965) 584–591.

108 DS 2980.

109 Aubert, Roger: Vaticanum I, Mainz 1965, S. 28.

110 Ebd. S. 29.

111 Dupanloup, Felix-Antoine-Philibert: La convention du 15 septembre et l'encyclique du 8 décembre, par Mgr l'évêque d'Orléans, Paris 1865; dazu vgl. Aubert, Roger: Dupanloup et le Syllabus, in: RHE 51 (1956) 79–142, 471–512, 837–915.

112 Aubert: Vaticanum I (wie Anm. 109) S. 39. Das Problem des Syllabus bekam für Döllinger zusätzliche Brisanz, als die *„Civiltà Cattolica"* in einem Korrespondentenbericht aus Frankreich vom 6. Februar 1869 meldete, die französischen *„Katholiken im eigentlichen Sinn"* (im Gegensatz zu den *„liberalen Katholiken"*) erhofften sich vom künftigen Konzil die Promulgation der Lehren des Syllabus, womöglich in positiver Form. Text: Civiltà Cattolica, Ser. 7, 5 (1869) 345–352; dt. Text bei Aubert: Vaticanum I (wie Anm. 109) S. 299–309. Dazu vgl. Conzemius: Briefwechsel (wie Anm. 60) Bd. I, S. 541 (Brief Döllingers vom 15. Februar 1869) und Anm. 3; vgl. auch Bd. I, S. 514 (Brief vom 27. August 1868).

113 Friedrich (wie Anm. 1) Bd. III, S. 392–401.

114 Lenhart, Ludwig: Weis, Nikolaus von, in: LThK Bd. ²X, 998 f.; zum Kontext ders.: Die erste Mainzer Theologenschule des 19. Jahrhunderts (1805–1830), Mainz 1956.

115 KlSchr S. 199. Teile des Gutachtens wurden in den „Janus“ übernommen: vgl. KlSchr S. 211, Anm. 1.

116 Ebd. S. 197 f., 220.

117 Ebd. S. 199: „*. . . sie* [die Seminarien] *würden zu so geist- und kraftlosen Abrichtungsanstalten herabkommen, wie sie es in Italien notorisch sind.*“

118 Ebd. S. 199.

119 Ebd. S. 199–201; S. 201: „*Ein Gefühl ruhiger Sicherheit, der Mut und die Zuversicht zu tieferen Studien kann in solcher Lage nicht aufkommen. Ein so bedrohter Mann wird sich vor litterarischer Thätigkeit hüten; denn eine einzige mißliebige Stelle in seiner Schrift könnte ihn um seine Professur bringen. Er wird keinen weit ausgreifenden Studien sich unterziehen; denn wer bürgt ihm, daß man ihm Zeit lasse, sie zu vollenden?*“

120 Ebd. S. 201.

121 Ebd. S. 203.

122 Ebd. S. 206.

123 Ebd. S. 206.

124 Ebd. S. 206–214.

125 Ebd. S. 214.

126 Eine – natürlich ungeschichtliche und gewagte – Parallele zu den zwei Gruppen, die Döllinger unterscheidet; vgl. Pottmeyer, Hermann Josef: Kontinuität und Innovation in der Ekklesiologie des 2. Vatikanums, in: ThQ 160 (1980) 277–294; ders.: Die zwiespältige Ekklesiologie des Zweiten Vaticanums – Ursache nachkonziliarer Konflikte, in: TThZ 92 (1982) 272–283, diagnostiziert zwei ekklesiologische Modelle und Visionen (die Jurisdiktionspyramide und das Communio-Modell), die in „Lumen gentium“ unvermittelt nebeneinanderstehen.

127 KlSchr S. 217.

128 Klausnitzer: Päpstliche Unfehlbarkeit (wie Anm. 4) S. 125 f. Heinrich Heine nahm ihn deswegen aufs Korn: „*Tot ist Görres, die Hyäne. / Ob des heiligen Offiz / Umsturz quoll ihm einst die Träne / Aus des Auges rotem Schlitz. . . . Apropos! Der erzinfame / Pfaffe Dollingerius – / Das ist ungefähr sein Name – / Lebt er noch am Isarfluß? – / Dieser bleibt mir unvergeßlich! / Bei dem reinen Sonnenlicht! / Niemals schaut' ich solch ein häßlich / Armesünderangesicht. . . . Sah ihn am Karfreitag wallen / In dem Zug der Prozession, / Von den dunklen Männern allen / Wohl die dunkelste Person*“ (Friedrich [wie Anm. 1] Bd. I, S. 215).

129 KlSchr S. 218 f.; dort der Hinweis auf Syllabus Art. 22, der folgenden Satz verurteilt: „*Obligatio, qua catholici magistri et scriptores omnino adstringuntur, coarctatur in iis tantum, quae ab infallibili Ecclesiae iudicio veluti fidei dogmata ab omnibus credenda proponuntur.*“ Döllinger fühlt sich offensichtlich von dieser Verurteilung betroffen.

130 KlSchr S. 220 f. Im Kampf um die Freiheit der Kirche gegen die Bevormundung des Staatskirchentums, als Abgeordneter in der Ständeversammlung Bayerns und besonders als Abgeordneter zur deutschen Nationalversammlung in der Frankfurter Paulskirche, hatte er noch die Freiheit der Kirche als Fundament des konfessionellen Friedens gefordert (Text der Frankfurter Rede: Ebd. S. 23–41). In der Agitation im Umkreis des Vaticanum I nahm Döllinger wieder Zuflucht zu diesem Staatskirchentum; vgl. Klausnitzer: Päpstliche Unfehlbarkeit (wie Anm. 4) S. 163 f.

131 Friedrich (wie Anm. 1) Bd. III, S. 323, 325 f.
132 Ebd. S. 323–325.
133 Ebd. S. 331 f. Zur Schlußrede, die Döllinger ironisch intendierte, vgl. Conzemius: Briefwechsel (wie Anm. 60) Bd. I, S. 332, Anm. 3.
134 Text des Telegramms vom 2. Oktober 1863: *„Propst von Döllinger und Abt Haneberg bitten, den hl. Vater zu benachrichtigen, daß die Verhandlungen katholischer Gelehrter durch eine hl. Messe und die Ablegung des Glaubensbekenntnisses eröffnet und im Geiste der Kirche beendigt worden sind. Die große Frage über das Verhältnis der Philosophie* [!] *zur kirchlichen Autorität wurde gelöst in dem Sinne einer vollkommenen Unterwerfung unter die Autorität. Der Verlauf im einzelnen nebst einer Adresse an Se. Heiligkeit wird folgen"* (Friedrich [wie Anm. 1] Bd. III, S. 335 f.).
135 Text: Ebd. S. 336.
136 Ebd. S. 336. Die Affäre ist recht undurchsichtig: Ebd. S. 336–340; Hasler, August Bernhard: Pius IX. (1846–1878). Päpstliche Unfehlbarkeit und 1. Vatikanisches Konzil. Dogmatisierung und Durchsetzung einer Ideologie, Stuttgart 1977, S. 20, Anm. 43.
137 Von Carlo Maria Curci SJ (Friedrich [wie Anm. 1] S. 348). Text: Il Congresso dei Dotti Cattolici in Monaco di Baviera e le scienze sacre, in: Civiltà Cattolica, Ser. 5, 9 (1864) 385–406, 513–533, 657–676; Ser. 5, 10 (1864) 24–36; dt.: Die Vergangenheit und die Gegenwart der katholischen Theologie. Ein Urteil der Civiltà Cattolica über die Rede des Stiftspropstes von Döllinger auf der Gelehrtenversammlung zu München, Mainz 1864. Knappe Inhaltsangabe bei Friedrich (wie Anm. 1) Bd. III, S. 348–350; Conzemius: Briefwechsel (wie Anm. 60) Bd. I, S. 376, Anm. 1. Zu dem Artikel hatte Hergenröther aus Würzburg gedrängt; vgl. Speigl, Jakob: Hergenröther und Döllinger, in: Korrespondenzblatt für die Alumnen des Collegium Germanicum et Hungaricum 67 (1960) 89–106, hier 100; ders.: Die Münchener Germaniker zur Zeit des Vatikanums, in: ebd. 64 (1957) 3–24.
138 Schwaiger (wie Anm. 57) S. 12, Anm. 26.
139 Conzemius: Briefwechsel (wie Anm. 60) Bd. I, S. 376, Anm. 1: *„Hierin war Döllingers Vortrag derart zersaust worden, daß von seiner redlich irenischen Absicht nichts mehr übrigblieb. Der Artikelschreiber maß den Vortrag in einem Geiste entschiedener Voreingenommenheit mit präzisen scholastischen Definitionen. Er gefiel sich besonders darin, einzelne aus dem Zusammenhang gerissene Formulierungen durch argumenta ad hominem zu parodieren und dem Redner unkirchliche Gesinnung zu unterstellen."*
140 Dt. Text (wie Anm. 137) S. 9; Friedrich (wie Anm. 1) Bd. III, S. 348. Zur Bestimmung der Theologie als dritter Säule (neben Sacerdotium und Imperium) in der mittelalterlichen Christenheit vgl. Seckler (wie Anm. 28) S. 30, Anm. 34.
141 DS 2875– 2880.
142 DS 2876.
143 DS 2878. Pius IX. spielt hier auf Frohschammer an: DS 2857; vgl. im Syllabus: DS 2909. Der Fall Frohschammer hat offensichtlich in den Augen des Papstes und des Nuntius die Gelehrtenversammlung von vornherein belastet. Döllinger hat sich immer gegen eine Gleichsetzung seines Anliegens mit dem Frohschammers gewehrt. Vgl. Friedrich (wie Anm. 1) Bd. III, S. 340; Conzemius: Briefwechsel (wie Anm. 60) Bd. I, S. 332, Anm. 3.
144 DS 2879. Das ist noch einmal eingeschärft in Art. 22 des Syllabus: DS 2922.
145 DS 2879.

146 DS 2880. Wenn Döllinger in seiner Theologierede den Freiheitsraum des Theologen gegenüber der kirchlichen Autorität vielleicht etwas zu weit absteckt, so ist in dem Breve Pius' IX. die Autorität des Lehramtes doch sehr maximalistisch (päpstliche Kongregationen!) ausgezogen. Zur heutigen theologischen Sicht vgl. Kern, Walter – Niemann, Franz-Josef: Theologische Erkenntnislehre, Düsseldorf 1981, S. 150–172, besonders S. 166–172 (Zur Verbindlichkeit lehramtlicher Verlautbarungen).

147 Dekret über die Ausbildung der Priester OT 16, 3 f.; vgl. das Dekret über den Ökumenismus UR 9 f. Kasper, Walter: Die Wissenschaftspraxis der Theologie, in: Kern, Walter – Pottmeyer, Hermann Josef – Seckler, Max (Hrsg.): Handbuch der Fundamentaltheologie, Bd. IV, Freiburg 1988, S. 242–277, hier S. 262–266, hat einige bemerkenswerte Überlegungen zum Verhältnis von historischer und systematischer Theologie vorgelegt.

148 Vgl. Anm. 101.

149 Kern, Walter: Bemerkungen zur Frage: Plurale Philosophie (als Medium pluraler Theologie)?, in: Die Einheit des Glaubens und der theologische Pluralismus, hrsg. von der Commissio Theologica (Internationale Theologenkommission), Einsiedeln 1973, S. 204–214, bes. S. 209–211; vor allem Rahner, Karl: Theologie, in: SM Bd. IV, 860–874, hier 871; Ders.: Philosophie und Philosophieren in der Theologie, in: Ders.: Schriften zur Theologie, Bd. 8, Einsiedeln 1967, S. 66–87, hier S. 76–81.

150 Rahner, Karl: Replik. Bemerkungen zu: Hans Küng: Im Interesse der Sache, in: Rahner, Karl (Hrsg.): Zum Problem Unfehlbarkeit. Antworten auf die Anfrage von Hans Küng, Freiburg ^{2}1971, S. 49–70, hier 66; aufgenommen von Hans Küng, in: Küng, Hans (Hrsg.): Fehlbar? Eine Bilanz, Einsiedeln 1973, S. 67 f.

151 Dazu Rahner, Karl: Kirchliches Lehramt und Theologie nach dem Konzil, in: Ders.: Schriften zur Theologie, Bd. 8, Einsiedeln 1967, S. 111–132.

152 OT (wie Anm. 147) 4,1.

153 Seckler (wie Anm. 28) S. 57. Zitierter Text: Predigten und Ansprachen von Johannes Paul II. bei seinem Pastoralbesuch in Deutschland, 15.–19. November 1980, hrsg. vom Sekretariat der Deutschen Bischofskonferenz, Bonn (o. J.), S. 167–172, hier S. 168.

154 Seckler (wie Anm. 28) S. 54; zur Analyse S. 54–57.

155 Ebd. S. 47, Anm. 88.

156 Ebd. S. 49.

157 Vgl. über das Thema hinaus Klausnitzer, Wolfgang: Das Papstamt im Disput zwischen Lutheranern und Katholiken. Schwerpunkte von der Reformation bis zur Gegenwart, Innsbruck 1987, S. 384–412, 421–439.

158 KlSchr S. 182 f. Vgl. das Programm des letzten Konzils, das Döllingers Entwurf gleichsam lehramtlich beheimatet: UR (wie Anm. 147) 3,2 (viele Elemente der Kirche existieren auch außerhalb der katholischen Kirche); 9 (Studium der anderen Konfessionen und Lernen von ihnen); 10 (ökumenisches Formalobjekt der Theologie); 11 (adäquate Darstellung der *katholischen* Lehre in ihrem Zusammenhang).

159 Die heutige lehramtliche Position: Dogmatische Konstitution über die Kirche LG 25; dazu der Kommentar von Karl Rahner, in: LThK. Das Zweite Vatikanische Konzil, Bd. I, 235–242. Zu den theologischen Versuchen, das Objekt des unfehlbaren Lehramts auszudehnen vgl. Beumer, Johannes: Sind päpstliche Enzykliken unfehlbar?, in: ThGl 42 (1952) 262–269; Brinkmann, Bernhard: Gibt es unfehlbare Äußerungen des „Magisterium Ordinarium" des Papstes?, in: Schol. 28 (1953) 202–221.

160 Klausnitzer: Papstamt (wie Anm. 157) S. 325–332.

161 Seckler (wie Anm. 28) passim.

IV. Kapitel

Religionen

MANFRED GÖRG

Döllingers Stellung zum Judentum

„So ist denn die ganze äußere Geschichte der Juden, während fast tausend Jahren, eine Kette von ausgesuchten Bedrückungen, von herabwürdigenden und demoralisirenden Quälereien, von Zwang und Verfolgung, von massenhaften Abschlachtungen, ein Wechsel von Verbannungen und Zurückrufungen. Es ist, als ob die europäischen Nationen wetteifernd aufgeboten hätten, um den Wahn zu verwirklichen, daß bis an's Ende der Zeiten den Juden das härteste Zelotenthum nach dem Rathschlusse des Himmels bestimmt, und daß die Söhne der Heiden berufen seien, Büttel- und Henkerdienste an Gottes Lieblingsvolk zu verrichten."[1]

In seiner berühmt gewordenen Rede über „Die Juden in Europa" vor der Münchener Akademie der Wissenschaften am 25. Juli 1881, aus der das obige Zitat stammt, erklärt der Münchener Universitätsprofessor Ignaz von Döllinger mit programmatischem Engagement das *„Schicksal des jüdischen Volkes"* für *„vielleicht das erschütterndste Drama der Weltgeschichte"*. Von dieser These führt ein Spannungsbogen hinüber zur nüchternen Feststellung: *„Die Juden hat der Christ erst so gemacht."*[2]. Es ist gerade die bis in Döllingers Gegenwart währende Animosität der Öffentlichkeit gegen die Lebensinteressen des Judentums, die ihn zu einer der bedeutendsten Parteinahmen genötigt hat, die je von der Seite des Christentums der Neuzeit abgegeben wurden. Die Darstellung schöpft ihre Kraft aus der Dokumentation und Analyse der geschichtlichen Prozesse, um so zu einem eindringlichen Votum für die nötige Sensibilität zu werden, wie es bis zur Stunde seinesgleichen sucht. Döllinger ist an einer Einfühlung in die Passionsgeschichte des Judentums gelegen, die mit dem Schwund der nationalen Existenz Israels nach der Zerstörung Jerusalems durch die Römer (70 n. Chr.) eingesetzt und in den mittelalterlichen Offensiven und Pogromen seitens des Christentums ihren unrühmlichen Höhepunkt erfahren habe. In christlicher Hybris und Verkennung des Gebots der Gerechtigkeit sei den Juden außerordentliches Unrecht geschehen. Entgegen der im Neuen Testament vermittelten Grundhaltung, wie sie nicht zuletzt mit Röm 9–11 vorgezeichnet sei, habe das Christentum die Wirklichkeit der unwiderruflichen Verheißung Gottes an sein Volk nicht wahrgenommen. Der Kreuzestod

Jesu sei nicht Schuld des ganzen Judentums und dürfe nicht mit dem *„Brandmal"* kirchlicher Sanktionen beantwortet werden. Stattdessen sei eine Solidarität in der Liebe gefordert, die Döllinger wohl bewußt mit einem Rückgriff auf eine humanitäre Devise in Sophokles' Antigone *(„Nicht mitzuhassen, mitzulieben bin ich da!")* zum Abschluß seiner Ausführungen zum Programm erhebt. Ist das Christentum seinem Ursprung untreu geworden, sollte doch wenigstens ein Appell an mitmenschliche Empfindsamkeit wirkam sein.
Von der Gegenwart will Döllinger in dieser Rede nicht ausdrücklich sprechen. Nach ihm hat es sogar den Anschein, als könne sich das Judentum nach der Reformationszeit nicht mehr beklagen, da sich seither *„das Loos der Juden in stetigem Fortschritt immer günstiger gestaltet habe"*[3]. Dennoch ist die Rede ein Zeichen des Widerstands gerade gegen latente und öffentliche Aversionen, wie sie besonders angesichts des wachsenden Selbstbewußtseins des Judentums gepflegt worden sind. Es empfiehlt sich, vor einer weiteren Ortung der Position Döllingers den Blick auf die Auseinandersetzung um die *„Emanzipation"* der Juden in Bayern im Verlauf der 1. Hälfte des 19. Jahrhunderts zu richten[4].
Die erste Phase der Judenemanzipation, nach M. Treml den *„Zeitraum zwischen 1799 und 1819"* umfassend und von einem *„Wechselspiel der Kräfte"* in Gestalt von Integrationsversuchen und Reglementierungstendenzen gekennzeichnet[5], findet mit dem Plädoyer des Würzburger katholischen Theologieprofessors Franz Oberthür für *„das volle Bürgerrecht und die gänzliche Gleichstellung mit den Christen"* von 1803 eine projüdische Anwaltschaft und zugleich den Beginn eines qualifizierten Engagements christlicherseits für die jüdische Sache[6], das sich allerdings nur in einzelkämpferischer, geradezu prophetischer Weise äußert. Diese Parteinahme für die Interessen des Judentums, ihrerseits ein Auslösefaktor für jüdische Eigeninitiativen, hatte zwar weiterhin administrative Gegenmaßnahmen im Gefolge, wurde aber zur Initialzündung für den individuellen Einsatz für die Ambitionen des bürgerlichen Judentums. Das über Jahrzehnte hinweg gültige und praktizierte „Judenedikt" von 1813 verschaffte jedoch der restriktiven Administration ein für die Lebensinteressen des Judentums schädliches Gewicht, das nicht zuletzt eine massive Emigration zur Folge hatte[7].
Unter den christlichen Stimmen, die den Auswirkungen des „Judenedikts" widerstanden, verdient die Stellungnahme des katholischen Pfarrers Xaver von Schmid Hervorhebung, der mit seiner Schrift „Patriotische Wünsche und Vorschläge zur Verbesserung der Israeliten" (München 1819) *„zu einem ernsthaften Vorkämpfer für die Gleichberechtigung der Juden"* geworden ist[8].
Zur Würdigung der zeitgenössischen Verhältnisse im Vorfeld des Engagements Döllingers ist freilich auch auf die konservativen, der Integration bewußt widerstreitenden Tendenzen auf seiten des orthodoxen Judentums insbesondere

in den Landregionen Bayerns zu verweisen. Wenn damals jüdischerseits von der Emanzipation als *„Grab des ganzen Judentums"* gesprochen werden konnte[9], ist dies ein deutliches Signal für einen massiven Vorbehalt, den die jüdische Bevölkerung außerhalb der großstädtischen Gemeindebildung gegenüber den Assimilationsbestrebungen des bürgerlichen Judentums artikulieren wollte. Eben die Angst vor dem Verlust der traditionellen Bindungen und damit der eigenen Identität schreckte nicht wenige davor zurück, die Wege der Anpassung mitzugehen. Es darf daher nicht als Zeichen ausschließlicher Gegnerschaft zu Lebensinteressen des Judentums ausgelegt werden, wenn sich zeitgenössische Stimmen unterschiedlicher Herkunft auch gegen eine zügige Integration des Judentums wenden.

Der bayerische Landtag ist im Verlauf des 19. Jahrhunderts immer wieder mit Anträgen und Stellungnahmen pro und contra Gleichstellung des Judentums befaßt gewesen. Für die 2. Hälfte des Jahrhunderts ist die einschlägige Arbeit des Parlaments hinlänglich untersucht worden[10]. Leider fehlt eine detaillierte Betrachtung und Analyse der Vorgänge in den politischen Gremien bis zur Revolution 1848[11]. Es kann aber kein Zweifel sein, daß sich mit der ersten öffentlichen Stellungnahme Döllingers zum Problemkreis in einer Rede des Abgeordneten der Universität München vor dem bayerischen Landtag[12] am 7. Mai 1846 eine Phase präsentiert, in welcher ein kritisches Wort zur Lage der Judenintegration besondere Aktualität besessen hat und zugleich der bisherigen Entwicklung der Debatte Rechnung getragen werden mußte. Dies wird bereits im Hinweis auf die *„grellen Gegensätze"* zur Frage deutlich, die lediglich in dem *„Grundsatz"* überbrückt würden, *„daß zum Besten der 60 000 bayerischen Israeliten alles dasjenige geschehen möge, was mit der Rücksicht, die auf sie selber zu nehmen ist, und mit der Rücksicht, welche unser bayerisches Volk und insbesondere unsere Landbewohner in Anspruch nehmen dürfen, vereinbar ist"*[13].

Bevor die hier angezeigte doppelte Orientierung als Ausgangspunkt der Erwägungen Döllingers weiter qualifiziert werden soll, möge ein Blick auf die kritischen Stimmen gerichtet werden, die zwischen den beiden einschlägigen Reden Döllingers eine fundamentale Diskongruenz zu erkennen glauben, um so von einem angeblichen Wandel eines Gegners zu einem Fürsprecher der Juden sprechen zu können.

Dieser Vorbehalt, insbesondere von Ernst Michael als einem der radikalsten Kritiker Döllingers vorgetragen, findet in einem Vergleich mit Martin Luthers Äußerungen über das Judentum und dessen Distanzierung vom Papsttum seine polemische Zuspitzung: *„Luther ist einstmals ein Gönner der Juden gewesen, später ward er ihr ärgster Verfolger. Das Umgekehrte traf bei Döllinger zu, der sich im Jahre 1846 und später noch sehr mißliebig über die Juden ausgesprochen* *hat; im Jahre 1881 wurde er ihr wärmster Vertheidiger.*“[14] Das ausschlaggebende Motiv für diese Positionsverschiebung sei nichts anderes als *„der Haß gegen das Papstthum“* gewesen: der *„Contrast zwischen Wahrheit und Dichtung“* zeige, *„wie tief bereits der Unglückliche bis zum Jahre 1881 durch seinen Papsthaß gesunken“* sei[15]. Döllingers Votum zugunsten positiver Wertung der Juden im Neuen Testament und frühen Christentum solle entgegengehalten werden, daß Israel *„aufgehört“* habe, *„das auserwählte Volk Gottes zu sein: Israel ist ein Feind und blutiger Verfolger derer geworden, durch welche es in der neuen Heilsordnung abgelöst wurde: Das ist die Sprache der ersten christlichen Zeit und der heiligen Schrift.*“[16] Ohne die Argumentation hier im einzelnen zu verfolgen, kann nur auf das grundlegende Mißverständnis hingewiesen werden, das die Identifikation der nach dem Zeugnis des Neuen Testaments vorhandenen Spannungen mit Differenzen zweier Religionen mit sich bringt, handelt es doch primär um innerjüdische Kontroversen, die im Urchristentum und darüber hinaus ihre Wirkungen zeigen. Döllinger hat diesem heutigen Befund dadurch entsprochen, daß er die Parteienbildung im Judentum pro und contra Assimilation mit ihrer Perspektivität durchschauen und sie mit dem durchaus divergierenden Selbstzeugnis des Judentums in der Geschichte konfrontieren konnte. War es ihm in der Rede von 1846 um die Identität des Judentums mit seiner genuinen Tradition zu tun, wie sie ein allzu anpassungsfreudiger Glaube leicht verleugnen konnte, will er in seiner Rede von 1881 dem Bedürfnis der Progressiven das Wort reden, weil ihm der Zeitpunkt gekommen scheint, nunmehr das Recht auf Integration ins Visier zu nehmen. Beide Aspekte bezeugen Döllingers konstruktive Begegnung mit der Sache des Judentums; von einer auseinanderstrebenden, zunächst anti-, dann projüdischen Konzeption in seiner Entwicklung kann daher nicht ernsthaft die Rede sein.

Der Hauptvorwurf Michaels, Döllinger habe mit seinem Votum zugunsten der Juden nur seinem abgrundtiefen Haß gegen das Papsttum Ausdruck gegeben, ist ebenso unzutreffend wie – im Blick auf die Entwicklungen im 20. Jahrhundert – von demagogischer Irritation und Irreführung geprägt, setzt er doch die These Döllingers, der Christ habe den Juden erst *„so gemacht“*, in ihr Gegenteil um, um mit dem Papsttum das Christentum der angeblichen Bedrohung durch die Juden ausgesetzt zu sehen. Michaels Behauptung, die *„Stimmung“* der Päpste gegenüber den Juden sei stets von dem *„doppelten Streben“* gekennzeichnet gewesen, *„einerseits den Juden jenen Schutz angedeihen zu lassen, der sie gegen Ungerechtigkeiten sicher stellen sollte, andererseits den üblen Folgen zu steuern, welche sich durch nähere Berührung der Christen mit diesem Volke leicht ergeben konnten*“[17], stellt sich als unheilvolles Plädoyer für schlecht verdeckte Inhumanität und darüber hinaus als Freibrief für eine systematische Ausgrenzung dar, die keinerlei Interesse am Dialog um wechselseitigen Verständnisses willen erkennen läßt. Dem Kritiker Döllingers ist offenbar nicht in den Sinn gekommen, daß die Berührungsängste selbst unchristlich sind, daß der mit Israel geschlossene „Bund" seine ungebrochene Kontinuität behalten wird, ohne daß an der Garantieerklärung Gottes für sein Volk zu zweifeln sein darf, daß sich Christen als jüngere Verwandte der Juden zu verstehen haben, nicht als deren „Erben". Gerade die scheinbare Toleranz gegenüber den Juden hat den Charakter einer „Schutzhaft" angenommen; Isolation und Distanzierung können dem Judentum keine Hilfe sein.

Hier darf man Döllinger nicht mit seinen eigenen Argumenten schlagen, die er in seiner Rede von 1846 geltend gemacht hat. Damals ging es ihm um die Bewahrung der Identität Israels, um ihm die Konsequenzen voreiliger Integration zu ersparen. Die *„Verbesserung der Lage der jüdischen Glaubensgenossen"* ist für Döllinger keineswegs mit dem Schutz vor Ungerechtigkeit erreicht, in welchem Gewande sie auch daherkommt, sondern zuallererst mit einem grundsätzlichen Respekt vor jüdischer Glaubenstradition. Es kann nicht Ziel christlichen Bemühens sein, das Ärgernis der *„Zerrissenheit"*, das jüdische Zeitgenossen selbst beklagen[18], durch Einmischungsversuche noch zu vertiefen. Für den *„orthodoxen Israeliten"*, der an der *„Anarchie"* unter den Rabbinen seiner Zeit Anstoß nehmen muß, müsse *„noch eine besondere Bitterkeit aus den Gedanken quellen, daß es die herrische, unberufene, Einmischung der Fremden sei, die dieses Unheil mitverschuldet haben"*[19]. Wenn den Juden zugemutet werden soll, sich der *„Umarmung"* durch das Christentum auszuliefern, bedeutet dies für Döllinger eine sukzessive Außerkraftsetzung des mosaischen Gesetzes, so daß *„wenn einmal der Talisman zerbrochen ist, der den Israeliten an das Ganze seines Gesetzes innerlich bindet, dann auch kein einzelner Bestandteil dieses Ganzen mehr eine höhere Geltung besitze, eine gebietende Macht über ihn auszuüben vermöge"*[20]. Sein Appell an die Zurückhaltung gegenüber eilfertiger Integration bedeutet deshalb keine Bevormundung, die vielmehr gerade dort stattfindet, wo man Juden zur Aufgabe ihrer Identität verführt.

Döllinger schaut freilich auch bewußt auf die Sicherung christlicher Interessen, wohl wissend, daß mannigfache Herausforderungen der jüdischen Praxis vielfach von Christen provoziert worden sind. Nach seiner Sicht existieren *„Bestimmungen und Rechtsformen, welche zwar in manchen Fällen für den bedrängten Christen ein Schutzmittel seyn mögen, die aber zugleich, und noch häufiger dem ärgsten Mißbrauch ausgesetzt sind und hinwiederum in den Händen gewissenloser Christen eine Waffe zur Verletzung und Beraubung des Israeliten werden"*[21]. So zeigt sich schon in der ersten Rede die Legitimation des späteren Befundes, daß der *„Christ den Juden erst so gemacht"* habe. Dennoch hat die Rede – wohl nicht zuletzt unter dem Eindruck der erst zum Abschluß formulierten Antragswendung: *„es möge bei den zu Gunsten der Juden vorzunehmenden Veränderungen Rücksicht genommen werden auf den der christlichen Landbevölkerung gebührenden Schutz“*[22] – das Mißverständnis ausgelöst, als sei Döllingers Position zunächst die eines Gegners jüdischer Lebensinteressen gewesen. Die genauere Betrachtung zeigt, daß das Gegenteil der Fall ist.

Freilich ist die Mißdeutung der Anliegen Döllingers auch auf jüdischer Seite nicht ohne Spuren geblieben. So hat Hans Lichtenstein im „Jüdischen Lexikon“ noch einer Wandlung der Positionen Döllingers das Wort geredet. 1846 habe Döllinger noch die *„Emanzipation“* der Juden *„bekämpft“*, 1857 habe er das jüdische Volk *„wegen seiner ‚in Hochmut wurzelnden Herzenshärte‘ als verworfen“* bezeichnet, 1881 aber sei er dann als der *„liberalisierende“* Judenfreund hervorgetreten[23]. Dieses Urteil, so sehr es sich auch von der Häme eines Michael abhebt, scheint jedoch nicht angemessen. Döllinger ist weder als ein Kämpfer gegen die „Emanzipation“ noch als ein liberaler Judenfreund hinreichend charakterisiert, schon gar nicht unter Annahme eines tiefgreifenden Sinneswandels. Es läßt sich indessen gewiß nicht verkennen, daß Döllingers Urteilsvermögen durch das ihm widerfahrene Schicksal an Schärfe und Durchblick gewonnen hat. Nachdem ihm selbst die Ausgrenzung zugeteilt wurde, konnte er die um so besser verstehen, deren Geschick seit ihrer Existenz Fremdheit und Isolation bedeutete.

Wenn wir nun fragen, was Döllinger überhaupt befähigte, eine originäre Stellungnahme zum Erscheinungsbild des Judentums seiner Zeit abzugeben, genügt es nicht, auf seine politische Begabung zur Analyse zeitgenössischer Strömungen hinzuweisen, wie sie u. a. in seinen Reden deutlich wird. Döllingers Kompetenz beruht vielmehr auf seiner tiefschürfenden Erfassung der religionsgeschichtlichen Voraussetzungen, die im Rahmen breitangelegter Dokumentationen zu den nichtchristlichen Religionen zutage tritt. Hier ist dem Judentum eine über die vorausliegenden Versuche hinausgreifende Darstellung zu den Anfängen Israels bis zur Errichtung der Aelia Capitolina seitens der Römer gewidmet, darin eingebettet eigene Abschnitte zum jüdischen Gesetz und zu den *„religiösen Lehren des Jüdischen Volkes“*[24]. Das Judentum – im Untertitel des Werkes wie das Heidentum als „Vorhalle zur Geschichte des Christentums“ gekennzeichnet – wird im Vorwort zur *„nothwendigen Voraussetzung“* der Geschichte des Christentums gerechnet. Obwohl Döllinger nicht von einer bleibenden Nachbarschaft zum Christentum zu sprechen wagt, kann er doch zeigen, daß das *„Schicksal zersprengter Nationalitäten, von der herrschenden Bevölkerung aufgesogen zu werden“*, den Juden *„nicht bestimmt“* war: *„Sie sollten bleiben eine abgesonderte, ungemischte Race, zum Zeugnisse für die Welt, und als ein Werkzeug der Vorsehung in ferner Zukunft.“*[25] Mit diesem Schlußsatz

– für den Kritiker E. Michael wiederum eine Bestätigung, daß der frühe Döllinger ein Judengegner gewesen sei[26], will der Autor keineswegs der Ausgrenzung des Judentums das Wort reden; es soll vielmehr nach göttlichem Ratschluß unverwechselbar in seiner Substanz, herausfordernd für die universale Menschheit und von eschatologischer Relevanz sein – Postulate, die dem späteren Plädoyer von 1881 unzweideutig zugrundeliegen. Döllingers Aufriß der vorexilischen Periode Israels – nur in groben Zügen gezeichnet und gewiß noch nicht von der historischen-kritischen Sicht eines Julius Wellhausen affiziert – ist nur das Vorspiel zur nüchternen Deskription der wechselvollen Geschichte des nachexilischen Judentums, dessen Schicksal bis zum Verlust der Eigenstaatlichkeit vom Ringen um einen bleibenden Platz unter den Nationen bestimmt ist.

Auch hier kann es nicht darum gehen, der Folge von Detailbeobachtungen die Elle heutigen Kenntnisstandes anzulegen, da es auf die erkennbaren Konsequenzen der Einsichten Döllingers ankommt. Dabei sind gerade die Passagen von Interesse, die der Autor den inneren Auseinandersetzungen des Judentums um die rechte Erfüllung des Gesetzes widmet und die den Stellenwert der Tora für jüdisches Selbstverständnis ins rechte Licht stellen. Döllinger widersteht u. a. hier dem auch heute noch anzutreffenden Mißverständnis in der Charakteristik der Pharisäer, als sei hier nichts anderes als eine von selbstgefälliger Arroganz geprägte Elitetruppe unter den Juden gemeint. Statt dessen erkennt er bereits deutlich, daß die Pharisäer *„in den Augen der Nation die theils standesmäßig berufenen, theils freiwillig sich darbietenden Wächter aller geistigen Güter des Judenthums, der reinen Lehre, der Satzungen und des gesetzestreuen Lebens und der nationalen Würde und Freiheit“* waren[27]. Mit den „Pharisäern, Sadducäern und Essäern“ stellen die Zeloten eine Parteienlandschaft vor, die die Spannungen um Anpassung und Widerstand angesichts der hellenistisch-römischen Überfremdung widerspiegelt. Ob Döllinger, der im Blick auf die Krise des Hohenpriestertums in der Römerzeit die *„Jüdische Kirche“* (sic!) vor besondere Herausforderungen gestellt sieht[28], bereits hier späteren Perspektiven zur kritischen Beurteilung der christlichen Kirche den Boden bereitet hat, sei dahingestellt; sicher scheint, daß er mit dem Einblick in die innerjüdischen Auseinandersetzungen um Identität und Progreß, wie sie nicht zuletzt mit den Gesetzeslehrern Hillel und Schammai personifiziert werden[29], die Grundlagen der Diskussion um Zurückhaltung und Integration des Judentums seiner Zeit in den geschichtlichen Erfahrungen des Judentums selbst verankern kann, um so seinen Zeitgenossen die Not der Ambivalenz jüdischer Existenz glaubwürdig aufzuzeigen. Döllinger weiß auch mehr als mancher christlicher Zeitgenosse von der Würde und Bürde des *„Gesetzes“*, das Israel konstituiert und zusammenbindet. So sollte *„Israel in der Mitte der Nationen in seiner einsamen*

Absonderung, ferne gehalten vom zerstreuenden und irreführenden Getöse des großen Völkermarktes, das priesterliche Volk sein, das schützende Gefäß, in welchem das anvertraute Pfand der reinen Gotteserkenntnis niedergelegt und aufbewahrt blieb"[30]. Das Gesetz als „*Gebot der Liebe Gottes*" fordert nicht einen „*mechanischen Werkdienst*", sondern „*die engste Verbindung Israels mit Gott*", ein Grundverständnis, dem auch spätere Entfremdung und Veräußerlichung nichts von seiner Würde nehmen.
Selbstverständlich hat Döllinger die Augen vor dem immer wiederkehrenden Versagen Israels und des Judentums vor dem hohen Anspruch nicht verschlossen. Der Blick des Historikers und Religionsgeschichtlers erkennt auch die vielfältigen Zeichen übersteigerten Selbstbewußtseins, herablassender Selbstherrlichkeit und provozierenden Hochmuts mit all ihren Konsequenzen, wohl wissend allerdings, daß dies keineswegs ein fragwürdiges Privileg des Judentums ist. Döllinger hat in der Tat eine „*in Hochmuth wurzelnde Herzenshärte*" beobachtet[31], freilich nicht, wie es bei Michael, aber auch bei Lichtenberg anklingt, als unmittelbaren Anlaß zur ein für allemal vollzogenen Verstoßung Israels[32], sondern als eine Fehlentwicklung, die jene, die „*ihrer Bestimmung nach ein Segen der anderen Völker werden sollten, so oft zur Geißel derselben gemacht hat*". Diese Kritik, die keineswegs als Verdikt des Judentums aufzufassen ist, kommt schließlich auch in der Rede von 1881 zum Ausdruck, nicht ohne daß Döllinger auf die Selbstreinigungskräfte des Judentums aufmerksam machen kann, die sich trotz der Tiefen und Niedergänge in Reformen manifestieren können, zumal die „*israelitischen Mitbürger*" selbst genügend Einsicht in mannigfaches Fehlverhalten haben. Doch es gilt auch, daß in vielen, vor allem ökonomischen Verwicklungen „*Christen und Juden gleiche Schuld trifft*", so daß sich beide Versagen vorzuwerfen hätten[33]. Geht man den Prozessen auf den Grund, erweist sich gerade nicht ein Defizit in der Substanz des Judentums, sondern weitaus eher eine Reaktion auf das Gebaren der Herrschenden im vorchristlichen und christlichen Zeitalter. Die Geschichte lehrt, daß es immer wieder die Machthaber sind, die dem Judentum ihren Stempel aufdrücken und zugleich zu Verhaltensweisen nötigen, die ihrer eigenen Natur entstammen.
Die Einsicht in Geschichte und Gegenwart ist es schließlich, die Döllinger zu einem Propheten werden ließ, der in seinem Schauen und Reden aus dem Glauben schöpft. Wenn Propheten zunächst als Herausforderer ihrer Zeit zu gelten haben, trifft dies auf Döllinger in besonderer Weise zu. Zum Ende seiner bedeutsamen Rede von 1881 spricht er in einem Weheruf von der zerstörerischen Kraft der Rache und in einem Bildwort von dem Chaos, wenn „*ein Abgrund den anderen anruft*"[34]. Ein halbes Jahrhundert später beginnt eben diese Katastrophe, die unzählige Menschen, darunter über 6 Millionen Juden, in Elend, Verzweiflung und Tod getrieben hat. Kann ein Christentum, das sich in

der Zeit besonderer Herausforderung nicht eindeutig für ein umfassendes Zeugnis der Gerechtigkeit und Liebe ausgesprochen hat, jemals von der Schuld freikommen? Es ist ein bitterer Befund, wenn festgestellt werden muß, wie *„wenig historisches Wissen der Menschheit zur Lebenslehre geworden ist“*[35]. Noch erschütternder muß es sein, wenn der Christ eingestehen muß, in der Erniedrigung der Juden den Juden Jesus bis zur Vernichtung verfolgt zu haben. Das umfassende, zeitlich gestreckte und variierende Akzente setzende Engagement Döllingers bleibt von exemplarischer, weil prophetischer Bedeutung. Über Zeugnisse dieser Art darf man nicht schweigend hinwegsehen.

Anmerkungen

1 Döllinger Ignaz von: Die Juden in Europa, in: Akademische Vorträge, Bd. 1, München ²1890, S 209–241, hier S. 236: Wiederabdruck der Rede u. a. in Döllinger: Das Judentum in Europa. Mit einem Nachwort von Hans Eckstein (De Humanitate, Schrift 1), Bad Wörishofen 1947. Nachdruck von Redeausschnitten u. a. in Finsterhölzl, Johannes: Ignaz von Döllinger (Wegbereiter heutiger Theologie, hrsg. von H. Fries und J. Finsterhölzl), Graz 1969, S. 352 ff.; Lamm, Hans (Hrsg.): Vergangene Tage. Jüdische Kultur in München, München 1982. S. 163 f.

2 Vgl. Döllinger (wie Anm. 1), S. 210 bzw. 237.

3 Döllinger (wie Anm. 1), S. 238.

4 Vgl. dazu zuletzt Brandt, H.-H.: Das Problem der Judenemanzipation in Bayern im 19. Jahrhundert, in: Wagner, U. (Hrsg.): Emanzipation und Diskriminierung (Schriften des Stadtarchivs Würzburg, Heft 4), Würzburg 1988.

5 Treml, M.: Von der „Judenmission“ zur „Bürgerlichen Verbesserung“. Zur Vorgeschichte und Frühphase der Judenemanzipation in Bayern, in: Treml, M. – Kirmeier, J. (Hrsg.): Geschichte und Kultur der Juden in Bayern. Aufsätze (Veröffentlichungen zur bayerischen Geschichte und Kultur, Nr. 17), München 1988, S. 247–265, hier S. 248. Zu den Emanzipationsbestrebungen im europäischen Judentum vgl. zuletzt Battenberg, F.: Das Europäische Zeitalter der Juden. Zur Entwicklung einer Minderheit in der nichtjüdischen Umwelt Europas, Darmstadt 1990, S. 85 ff.

6 Vgl. dazu Eckstein, A.: Der Kampf der Juden um ihre Emanzipation, Fürth 1905, S. 1 ff., und Treml (wie Anm. 5), S .253. Zur Persönlichkeit Oberthürs vgl. vor allem Lindig, Annemarie: Franz Oberthür (1745–1831), in: Volk, Otto (Hrsg.): Quellen und Beiträge zur Geschichte der Universität Würzburg, Bd. 2, Neustadt/Aisch (1966).

7 Zum „Judenedikt“ und seinen Folgen vgl. besonders Treml (wie Anm. 5), S. 254–258.

8 Treml (wie Anm. 5), S. 258.

9 Nach Breuer, M.: Jüdische Orthodoxie im Deutschen Reich 1871–1918. Sozialgeschichte einer religiösen Minderheit, Frankfurt 1986, S. 76; vgl. Treml (wie Anm. 5), S. 260.

10 Vgl. Remlein, K. Th.: Der Bayerische Landtag und die Judenemanzipation nach der Revolution 1848, in: Brandt, H. H. (Hrsg.): Zwischen Schutzherrschaft und Emanzipation. Studien zur Geschichte der mainfränkischen Juden im 19. Jahrhundert (Mainfränkische Studien, Bd. 39), Würzburg 1982, S. 139–208.

11 Zu den Hoffnungen, die Juden mit der 48-er Revolution verbanden, vgl. zuletzt Gidal, N. T.: Die Juden in Deutschland von der Römerzeit bis zur Weimarer Republik, Gütersloh 1988, 206 f.

12 Döllingers Rede über die Anträge, die Verbesserung der Verhältnisse der israelitischen Glaubensgenossen betreffend, gehalten am 7. Mai, in: Ders.: Drei Reden gehalten auf dem Bayerischen Landtage 1846, Regensburg 1846, S. 59–84.

13 Döllinger (wie Anm. 12), S. 59.

14 Michael, Emil: Ignaz von Döllinger, Innsbruck 1892, S. 376–420.

15 Michael (wie Anm. 14), S. 420.

16 Michael (wie Anm. 14), S. 386.

17 Michael (wie Anm. 14), S. 389.

18 Vgl. Döllinger (wie Anm. 12), S. 66 f. (Zitat eines jüdischen Aufrufs von 1845).

19 Döllinger (wie Anm. 12), S. 68.

20 Döllinger (wie Anm. 12), S. 75.

21 Döllinger (wie Anm. 12), S. 82 f.

22 Döllinger (wie Anm. 12), S. 84.

23 Lichtenstein, H.: Döllinger, Ignaz von, in: Jüdisches Lexikon (begr. von G. Herlitz und B. Kirschner), Band 2, Berlin 1928, Sp. 176 f.

24 Döllinger: Heidenthum und Judenthum. Vorhalle zur Geschichte des Christentums, Regensburg 1857, S. 735–859.

25 Döllinger (wie Anm. 24), S. 859.

26 Michael (wie Anm. 14), S. 382.

27 Döllinger (wie Anm. 24), S. 749.

28 Döllinger (wie Anm. 24), S. 770.

29 Vgl. Döllinger (wie Anm. 24), S. 776 f.

30 Döllinger (wie Anm. 24), S. 778.

31 Döllinger (wie Anm. 24), S. 836.

32 Vgl. Michael (wie Anm. 14), S. 381; Lichtenberg (wie Anm. 23), Sp. 177.

33 Döllinger (wie Anm. 1), S. 239.

34 Döllinger (wie Anm. 1), S. 241.

35 Eckstein, H.: Nachwort (wie Anm. 1), S. 38.

HARTMUT BOBZIN

Döllingers Sicht des Islam

„Den Theologen“, schrieb der Alttestamentler und Islamwissenschaftler Friedrich Schwally zu Beginn dieses Jahrhunderts, *„ist es noch nicht genügend zum Bewußtsein gekommen, daß der Islam zur Kirchengeschichte gehört.“*[1] Ganz abgesehen von der hier nicht zu leistenden Erörterung der Frage, ob diese Behauptung zu Recht besteht, ist zunächst dazu festzustellen, daß zu Schwallys Zeiten das Werk, das einst Döllingers Ruf als Kirchenhistoriker mit begründen half, nicht mehr bekannt war, nämlich seine grundlegende Neubearbeitung von Johann Nepomuk Hortigs Kirchengeschichte[2]. In diesem (übrigens unvollendet gebliebenen) Werk findet sich nämlich als letzter Abschnitt eine einigermaßen ausführliche Darstellung des Islam, und zwar sicher die umfangreichste, die – nach meiner Kenntnis – jemals in einer „Kirchengeschichte“ Platz gefunden hat[3]; in neueren Kompendien findet er ja meist nur kurz eine Erwähnung, und meist nur unter dem Gesichtspunkt, als sein Auftreten das jähe Ende christlicher Dominanz in den einstigen Kernländern der Kirche, im Vorderen Orient und in Nordafrika, markiert[4].

Doch ist das nicht Döllingers einziger Beitrag zum Islam geblieben. Als er 1838 in die Kgl. Bayer. Akademie der Wissenschaften aufgenommen wurde, hatte er als Antrittsrede den Vortrag beim Stiftungsfest zu halten, unter folgendem Titel: „Muhammed's Religion nach ihrer inneren Entwicklung und ihrem Einfluß auf das Leben der Völker.“[5]

Bemerkenswert an dieser Abhandlung ist mehreres. Zunächst weist der Untertitel („Eine historische Betrachtung“) darauf hin, daß Döllinger mit seiner Arbeit einen primär historischen und weniger einen theologischen Beitrag zu liefern beabsichtigt hat[6]. Zweitens zeigen die Fußnoten dieser immerhin 147 Seiten (in–4°) langen Abhandlung, daß Döllinger die vorhandene islamkundliche Fachliteratur der damaligen Zeit – vor allem die französischer Forscher – weitgehend vertraut ist[7].

Man mag an dieser Stelle hinzufügen, daß Döllinger selber gelegentlich auf den Orient bezügliche historische Literatur rezensiert hat. Zu nennen sind Joseph von Hammers monumentale „Geschichte des osmanischen Reiches“, an welcher er vor allem die solide und umfassende archivalische Grundlage, auf der Hammer seine historische Darstellung aufbaut, rühmt[9], J. F. Michauds und B. Pougoulats „Correspondance de l'Orient“[10] sowie Johann Aschbachs Werke „Geschichte der Ommaijaden in Spanien“ und „Geschichte Spaniens und Portugals zur Zeit der Herrschaft der Almoraviden und Almohaden“[11].

Drittens und letztens aber weiß Döllinger seinen Mangel an Arabischkenntnissen[12] und den ihm dadurch verwehrten Zugang zu Originalquellen dadurch in gewisser Weise wettzumachen, daß er die Hilfe eines sprachkundigen Schülers, Daniel Bonifatius von Haneberg[13], in Anspruch nimmt, um sich von ihm aus Münchener Handschriften bestimmte Passagen übersetzen zu lassen[14]. Alles in allem stellt Döllingers Abhandlung eine nicht nur informative, sondern in vielen Punkten auch anregende Studie dar, die selbst in der Retrospektive von knapp 150 Jahren manche noch heute bedenkenswerte Passage enthält.

Doch ist auch diese interessante Abhandlung keineswegs Döllingers letzte Äußerung zum Thema Islam. In mehreren Vorträgen vor der Akademie der Wissenschaften, deren Präsident er als Nachfolger von Justus Liebig ab 1873 war, hat er es unter den verschiedenartigsten Gesichtspunkten immer wieder behandelt. Was die Lektüre mancher dieser Vorträge – z. B. „Die orientalische Frage in ihren Anfängen“ (1879)[15], „Garcin de Tassy und Indien“ (1879)[16], „Die Bedeutung der Dynastien in der Weltgeschichte“ (1880)[17] oder „Über Religionsstifter“ (1883)[18] – auch heute noch für den Historiker des Islam bzw. islamischer Länder so anziehend macht, das ist die immer wieder aufblitzende Kraft von Döllingers historisch fundierter Prognostik. Vor allem die Probleme, die die britische Kolonialmacht in Indien[19] insbesondere mit der moslemischen Bevölkerung hatte[20], oder das Fiasko, das sie in Afghanistan erlitt, hat Döllinger dazu geführt, sein in der Abhandlung von 1838 sehr dezidiert ausgedrücktes „vaticinium“ vom baldigen Verschwinden des Islam[21] zu revidieren[22] – ja sogar sein Wiedererstarken eben aufgrund der Konfrontationsstellung gegen die Kolonialherren für möglich zu halten[23] –, und dies zu einer Zeit, in welcher die christliche Mission *aller* Konfessionen von der inneren Schwäche des Islam und der Leichtigkeit der Rechristianisierung muslimischer Territorien überzeugt schien!

Doch kehren wir zum Ausgangspunkt zurück, der Behandlung des Islam im Rahmen der Kirchengeschichte. Vorauszuschicken ist hier noch für das Verhältnis der beiden frühen islamkundlichen Arbeiten Döllingers zueinander, daß er im Islamkapitel der Kirchengeschichte[1] eine Darstellung der Entstehung des Islam bis hin zum Ende der umayyadischen Dynastie (750) sowie einen Überblick über die Lehren des Korans gibt[24], während er in der Akademie-Abhandlung von 1838 diese Punkte nur kurz streift und demgegenüber die historische Entwicklung des Islam in religiöser und politischer Hinsicht in ständigem Vergleich zur Geschichte der christlichen Kirche zu zeigen versucht.

Für Döllinger besitzt der Islam eine providentielle Bedeutung[25], und zwar in zweifacher Ausrichtung: *„als Züchtigung zu dienen für die verdorbenen und abtrünnigen Christengemeinden des Ostens, und als Vorschule des christlichen Glaubens für die unreifen Völker des Ostens und Südens“*[26]. Der erste Gesichtspunkt ist nun keineswegs neu, er begegnet bereits früh in der Ostkirche, im Westen im 9. Jh. in Spanien, um fernerhin in Zeiten akuter Bedrohung Europas durch die Muslime immer wieder aktualisiert zu werden, so z. B. zur Zeit des ersten großen Türkenansturms im Zeitalter der Reformation oder vom späten 16. bis zum späten 17. Jh.[27], ehe die türkische Niederlage vor Wien (1683) die Machtverhältnisse für immer umkehrte. Origineller ist der zweite Gesichtspunkt, jedenfalls in dieser Formulierung; denn hier wird ja die schon immer christlicherseits gerügte Form des Islams als *„defektiven Christentums“*, seine *„geistige Dürftigkeit“*[28], oder wie immer dies je bezeichnet wurde, ins Positive gewendet, insofern als dem Islam eine propädeutische Funktion im Hinblick auf das wahre Christentum zuerkannt wird[29].

Allerdings haftet dieser Deutung des Islam als einer *„Vorschule des Glaubens“* insofern etwas Unbefriedigendes an, als ja – vom Standpunkt des Christentums aus – verstehbar gemacht werden muß, warum eine derartige Vorschule erst zu einem Zeitpunkt auf den Plan tritt, als die abschließende Offenbarung längst stattgefunden hat, mit anderen Worten: das für die christliche Theologie so schwierige Problem des Islam als einer nach-christlichen Offenbarungsreligion. Von daher ist es begreiflich, daß sich in der Akademie-Abhandlung von 1838 zu eben diesem Punkt eine nicht unwesentliche Modifikation des „Vorschul“-Gedankens findet, denn hier heißt es nunmehr: *„Wenn die Völker des Ostens auf dem Punkte standen, die christliche Religion nur verstümmelt und verunstaltet, ja bis zur Unkenntlichkeit durch fratzenhafte Verzerrung entstellt zu überkommen, so war die Verbreitung und Herrschaft des Islam das bei weitem kleinere Übel, er diente dann als die geistige Quarantaine, in welcher die Völker gegen das Contagium einer solchen Corruption abgesperrt, besserer Zeiten und des Wehens reinerer Lüfte harren.“*[30]

Die Hauptaufgabe des Islam sieht Döllinger mithin darin, daß er als eine Art Bollwerk gegen bestimmte gnostisch-manichäische Sekten wie die Paulikianer und Bogomilen fungierte[31]. Allerdings war, so Döllinger, die Widerstandsfähigkeit des Islam selbst gegen derlei Gruppierungen nicht so stark, wie dies bei der abendländischen Kirche der Fall war, wofür als Beispiel der Kampf der Kirche gegen Katharer und Albigenser angeführt werden kann[32]. Das hatte seiner Ansicht nach seinen Grund in entscheidenden strukturellen Unterschieden zwischen christlicher Kirche und Islam[33]. Der Islam als „Quarantaine-Station“ ist nun aber, um dies noch hinzuzufügen, nur für die Ostkirche(n) relevant – für den Westen bleibt der Islam weiterhin das furchtbare göttliche Strafgericht, das aber insofern eine positive Funktion besitzt, als es dazu diente, die ureigenen Kräfte der Kirche gerade durch die Bekämpfung des Islam, vor allem der osmanischen Türken, erst richtig freizusetzen[34].

Jedenfalls ist der Islam – auch als „falsa religio" – legitim, so legitim jedenfalls, wie es Ismael war, der Sohn Abrahams und seiner Magd Hagar. Die alttestamentlichen Weissagungen über Ismael sind in Erfüllung gegangen im Islam, und somit ist auch das *„Volk des Koran"*, wie Döllinger die Muslime gelegentlich nennt, Träger einer *„Verheißung"*, wenn auch nicht der vollgültigen[35]. Man muß diese theologischen Überlegungen Döllingers[36] mit in Betracht ziehen, wenn man seine Deutung des Islam verstehen will: Sie besitzt durchaus den Charakter einer Gratwanderung zwischen der Anerkennung des Islam als legitimer, propädeutisch wichtiger Religion und seiner Ablehnung als *„falscher Religion"*, ja, sogar als *„Irrwahn"*, wie er sich an einer Stelle ausdrückt[37].

Döllingers Darstellung des Lebens von Mohammed und der Lehren des Korans, wie sie in der Kirchengeschichte[1] zu lesen ist, zeigt nicht nur in ihrer grundlegenden Tendenz, sondern bis in fast wörtlich übereinstimmende Formulierungen hinein, die nicht eigens als Zitate gekennzeichnet sind, den tiefgreifenden Einfluß von Johann Adam Möhler[38]. Dieser Freund und Weggefährte Döllingers, der nach seiner Übersiedlung von Tübingen nach München ebenso wie Döllinger Mitglied im Görres-Kreis war, und auch sonst eine herausragende Rolle bei der Neuorientierung der katholischen Theologie zu Beginn des 19. Jahrhunderts gespielt hat, hatte 1830 in der Tübinger Theologischen Quartalschrift einen Aufsatz publiziert unter dem Titel „Über das Verhältniß, in welchem nach dem Koran Jesus Christus zu Mahommed und das Evangelium zum Islam steht. Mit besonderer Berücksichtigung der künftigen Schicksale des letzteren gegenüber dem Christenthum"[39]. Was Möhler zum Schreiben dieser Arbeit veranlaßt hatte, war der Sieg der Philhellenen über die Osmanen (1829/30) und die durch die Errichtung der griechischen Monarchie (wie man glaubte) eröffnete Möglichkeit einer Reform der Ostkirchen und einer Wiederaufnahme der „Mohammedanermission". Möhler führt hier u. a. aus: *„Ich stellte mir die Frage, ob sich wohl nicht das Evangelium dem Muhammedanismus gegenüber in ganz Asien aufs neue erheben, auch hier seine weltumbildende, alles verklärende Kraft erproben, wahre Humanität und lebendige Wissenschaft verbreiten und in Folge davon den asiatischen Staaten einen neuen, zugleich milderen und höheren Geist einhauchen werde? Für diese Zwecke untersuchte ich sorgfältiger als früher das Wesen des Islam; insbesondere bemühte ich mich zu erforschen, welche Betrachtungsweise er wohl selbst vom Christenthum habe."*[40]

Was an Möhlers Beitrag entscheidend und auch für Döllingers Islambild bedeutsam ist, ist die volle Anerkennung der persönlichen Lauterkeit Mohammeds einerseits und des Korans als legitimer religiöser Urkunde andererseits. Möhlers Beitrag atmet einen für seine Zeit ganz erstaunlichen Geist des Verständnisses und der Verständigungsbereitschaft. Mohammed als „Betrüger" begreifen zu wollen, der die Religion bloß als Mittel für machtpolitische Zwecke mißbraucht habe, ist eine Ansicht, die Möhler entschieden ablehnt[41], und nach ihm – mit gewissen Einschränkungen – auch Döllinger[42]; beider Ansicht nimmt also die These vorweg, der Thomas Carlyle in seinem einflußreichen Beitrag „The hero-prophet. Mahomet: Islam"[43] in Europa zum Durchbruch verhalf[44].

„Am unerklärlichsten", so schreibt Möhler weiter, *„würde die Entstehung des Coran seyn, in welchem uns häufig eine ganz originelle Pietät, eine rührende Andacht und eine ganz eigenthümliche religiöse Poesie entgegentritt*[45]*. Dieß kann unmöglich etwas Erkünsteltes und Erzwungenes seyn, was doch müßte angenommen werden, wenn wir in Mohammed einen bloßen Betrüger finden wollten ... Viele Millionen Menschen nähren und pflegen aus dem Coran ein achtungswerthes religiös sittliches Leben und man glaube nicht, daß sie aus einer leeren Quelle schöpfen."*[46]

Der maßgebende Gedanke, den Möhler in seiner Abhandlung entwickelt, besagt, daß Mohammed während seiner mekkanischen Wirksamkeit eine *Nationalreligion* in Anlehnung an Judentum und Christentum habe stiften wollen, Islam auf der einen und Judentum und Christentum auf der anderen Seite also in einem Verhältnis der *Koordination* zueinander stünden. Erst nach Mohammeds Übersiedlung nach Medina habe sich sein Gesichtskreis im Hinblick auf die Stiftung einer *Weltreligion* erweitert, und damit seien Judentum und Christentum notwendigerweise in ein Verhältnis der *Subordination* gegenüber dem Islam geraten. Die dieser letzteren Periode entstammenden Aussagen des Koran über Juden und Christen würden im Islam nun in der Weise benutzt, daß sie die früher genannten (durchwegs freundlichen) Aussagen gegenüber Juden und Christen interpretieren. Es ist aber eben der *„nationalreligiöse"* Kern im Islam, der seinen Durchbruch zu einer *„wahren"* Religion verhindert. Würde man die im Koran enthaltenen Aussagen über das Evangelium im ursprünglich gemeinten Sinn interpretieren, dann könnte sich der Islam durch Abstreifung der in ihm enthaltenen *„rohen"* nationalreligiösen Elemente wieder hin zum Christentum entwickeln[47].

Auch wenn man aus heutiger Sicht Möhlers Optimismus im Hinblick auf eine mögliche *„Entwicklung"* des Islam hin zum Christentum nicht teilen kann, so verdienen dennoch seine scharfsinnigen, von großem Einfühlungsvermögen zeugenden Interpretationen des christlich-jüdischen Gutes im Koran einige Anerkennung. Dies vor allem deshalb, weil er deren „Sitz im Leben" in der

Entstehungsgeschichte des Islam ziemlich zutreffend bestimmt und sich jeglicher apologetisch-polemischer Töne enthält.

Dieser Auffassung von Mohammed und dem Koran folgt nun auch Döllinger in seiner Kirchengeschichte[48] – allerdings nicht, ohne nun doch noch, anders als Möhler, einigen „Pfeffer" aus dem Arsenal kirchlicher anti-islamischer Polemik beizumischen. Auch er bezweifelt Mohammeds Lauterkeit nicht, ja, er rückt ihn als „Visionär" in die Nähe Emanuel Swedenborgs[49] –, aber dies gilt nur für seine Anfangsphase in Mekka[50]! Bei der Betrachtung von Mohammeds Wirksamkeit in Medina hebt er die Charakterzüge seiner Persönlichkeit hervor, die im christlichen Europa schon seit eh und je anstößig gewirkt haben und es noch weiter tun, seine politisch-religiöse Verschlagenheit[51] und seine sexuelle Ausschweifung[52]. Doch verdunkeln diese Charakterzüge die Persönlichkeit Mohammeds bei Döllinger nicht in dem Maße, daß dahinter die positiven Züge vollends verschwänden. Freilich bleibt für Döllinger als hervorstechendes Charakteristikum dies bestehen, daß Mohammed *„arm an Ideen"* und vor allem bar jeder *„Originalität"* war[53].

Es hängt mit dem Verständnis des Islam als einer „geistigen Quarantainestation" zusammen, wenn Döllinger in seiner historischen Abhandlung immer wieder Einfachheit, Kürze, oder negativ: Dürftigkeit und Inhaltsleere des islamischen Lehrgebäudes betont[54]. Diese „Einfachheit", die ihn den Islam auch als *„verflachtes, vergröbertes Judentum"*[55] bezeichnen läßt, hat aber eine durchaus ambivalente Wirkung:

(1) Sie war und ist der Grund für die schnelle, relativ problemlose Akzeptanz der islamischen Lehre. In Verbindung mit dem *„Gottesurteil des Sieges"*[56], der mit Beute, sozialer Anerkennung u. a. m. verbunden war, war diese *„Einfachheit"* der beste Garant für den schnellen Erfolg des Islam, vor allem in ehemals christlichen Territorien[57]. Aber auch für die weitere Ausbreitung des Islam besaß sie, bis in die jüngste Gegenwart hinein, einige Bedeutung. In Asien und Afrika kann der Islam deshalb, laut Döllinger, am ehesten als „Propädeutik des Christentums" verstanden werden[58].

(2) Diese „Einfachheit" enthält daneben aber den Keim einer eher verhängnisvollen Entwicklung für den Islam selber in sich. In Döllingers eigenen Worten: *„Nach der gewöhnlichen Berechnung und nach der auch unter Christen häufig ausgesprochenen Ansicht, daß die Einfachheit eines religiösen Systems das beste Schutzmittel gegen Streitigkeiten und Spaltungen sey, konnte der Stifter des Islam sich schmeicheln, daß seine Anhänger durch das Band des gemeinsamen Glaubens verbunden bleiben, und die Einheit seiner Religion im Ganzen bewahrt werden würde. Denn der Islam, wie er im Koran und in der Sunna sich darstellt, als eine Religion ohne Mysterien und Sakramente, mit einem Glaubensbekenntnisse, das füglich auf den Nagel eines Fingers geschrieben*

werden kann, verdient offenbar, wenn die Vorzüglichkeit einer Religion nach ihrer Einfachheit bestimmt werden soll, weit über die christliche hinaufgesetzt zu werden . . . Die Geschichte des Islam aber enthält . . . die vollständigste Widerlegung dieser Ansicht, denn weit mehr als die christliche ist diese Religion bei all ihrer Simplicität durch Sekten und abweichende Lehren zerrüttet, durch die furchtbarsten und blutigsten Glaubenskämpfe zerfleischt worden."[59]

Die Geschichte der Sekten und Glaubensspaltungen im Islam, die, wie Döllinger sehr zu Recht bemerkt, die Anfangszeit des Islam in viel stärkerem Maße betrafen als die Gegenwart[60], in welcher er eine uniformere, wenngleich keineswegs uniforme Gestalt zeigt, ist für Döllingers Beschäftigung mit dem Islam von ganz besonderem Interesse. Denn daran lassen sich am deutlichsten die Unterschiede zwischen beiden Religionen zeigen, und ganz nebenbei offenbart die Behandlung dieses Themas auch Döllingers ureigenes Erkenntnisinteresse am Islam. „*Ohne Zweifel haben manche derjenigen Ursachen, die in der christlichen Kirche die wuchernde Saat der Irrlehren und Sekten hervorgerufen, auch im Schooße des Islamismus zur Erzeugung so vieler religiöser Partheiungen das Ihrige beigetragen; auch hier wirkte der Dünkel, den Koran nach eigener Willkür und subjektiver Vorliebe für diese oder jene Lehre zu deuten . . . es wirkte ferner der Hochmuth, der keiner Authorität sich unterwerfen und nur dem eigenen Lichte folgen will.*"[61]

Man interpretiert hier sicher nichts in den Text hinein, wenn man sagt, daß Döllinger am ehesten wohl den Protestantismus meint, wenn er vom Islam redet; dafür sprechen nicht nur gleichzeitig erschienene Arbeiten Döllingers zu diesem Themenkreis, sondern auch sein Bemühen, im Vergleich zur islamischen „Sekte" – diesen Begriff muß man hier wohl benutzen[62] – das proprium der einen wahren Kirche herauszuarbeiten.

Dies besteht nämlich im Besitz zweier grundlegender, miteinander eng verknüpfter Prinzipien, das der Tradition und der Sukzession[63]. Dabei ist Döllinger vollkommen klar, daß der Islam den Begriff der Tradition durchaus kennt, ja, daß er nicht nur im sunnitischen Islam, dem der entsprechende arabische Begriff, *sunna,* ja geradezu den Namen gegeben hat, sondern auch im Schiitentum eine Rolle spielt[64]. Aber „Tradition" hat in beiden Religionen einen vollkommen unterschiedlichen Sinn: „*Die islamische Tradition und ihr Verhältnis zum Koran darf . . . in keiner Beziehung mit der Tradition der christlichen Kirche und dem Zusammenhange, in welchem diese mit der Bibel steht, verglichen werden. Die christliche Tradition ist nichts anderes, als das ununterbrochene, in der Kirche stets lebendige und ihr gegenwärtige Bewußtseyn von den in ihrer Mitte von Anbeginn an niedergelegten Lehren und gepflanzten Institutionen, ein Bewußtseyn, aus welchem die Schrift selbst hervorgegangen ist; der Islam aber kennt keine solche Tradition, er hat nur Traditionen,*

Überlieferungen einzelner Aussprüche, gelegentlicher Äußerungen und Handlungen Muhammeds.“[65] Damit hat Döllinger nun in der Tat auf einen entscheidenden Unterschied hingewiesen: denn im Islam hat, um es nach dem Stand heutiger islamkundlicher Kenntnis auszudrücken, die „Tradition“ zweifellos nicht den Stellenwert eines kontinuierlichen „Glaubensbewußtseins der Gemeinde“ erlangt, sondern wird in mehr instrumenteller Weise als Rechtsquelle *neben* dem Koran[66] betrachtet, in der sich das „Glaubensbewußtsein der Gemeinde“ *lediglich einer bestimmten Epoche* widerspiegelt. Vor allem aber ist die islamische Tradition nicht in der Weise mit einer Institution verbunden, wie sie die Kirche verkörpert. In Döllingers Worten: *„Hier [d. h. im Islam; H. B.] fehlt jene durch ihr Alter, durch ihre Einheit und weite Verbreitung, durch die ungestört fortlaufende Reihenfolge ihrer Häupter leicht erkennbare Kirche.*“[67]

Das Fehlen einer der Kirche mit ihrem Lehramt vergleichbaren Institution im Islam, die auf den Säulen von Tradition und Sukzession basiert, ist nach Döllinger nun von großer Bedeutung im Zusammenhang mit der Bekämpfung häretischer Bewegungen[68]. Denn schon die erbitterten Parteienkämpfe in der Frühzeit des Islam, die sich um die Legitimität des Kalifats drehten, d. h. um die Frage, wer nach dem Tode Mohammeds der rechtmäßige Leiter der „Gemeinde“ (verstanden im religiösen *und* politischen Sinn!) sei, seien nicht durch das Recht, sondern mit Hilfe des Kriegsglücks entschieden worden, da der Gedanke der mit einer Kontinuität der Lehre verbundenen Sukzession von Anfang an gefehlt habe[69]. Daher, so führt Döllinger weiter aus, bildeten auch die zahlreichen aus dem Islam selber hervorgegangenen Sekten eine viel größere Gefahr für seinen Bestand, als dies für die häretischen Bewegungen im Christentum galt und gilt[70]. Vor allem aber traten einige von ihnen – darin dem politisch-legalistischen Charakter des Islam entsprechend – von Anfang an mit dem Herrschaftsanspruch über den *gesamten* Islam auf[71] und konnten, wenn überhaupt, nur mit politischen Mitteln, d. h. mit Waffengewalt zurückgedrängt werden.

Es wäre sicher unbillig und letzten Endes auch uninteressant, sich mit der Widerlegung von historischen Irrtümern oder Fehlurteilen Döllingers aufzuhalten. Seine Darstellung des Islam ist davon sicherlich nicht frei, besonders dort, wo er als Theologe noch deutlich Vorurteilen der traditionellen Islampolemik verhaftet ist, die er auch durch Einsicht in die einschlägige Fachliteratur nicht zu überwinden vermag; das betrifft z. B. den Themenbereich des islamischen Ehe- und Familienverständnisses[72], die Einschätzung der rituellen Frömmigkeit[73] u. a. m. Welches Interesse besitzt seine Arbeit also noch für die Islamwissenschaft?

Zum einen ist es sicher die Fülle zutreffender und anregender Beobachtungen, die auf einen Strukturvergleich zwischen Islam und Christentum in theologischer und vor allem historischer Sicht hinauslaufen. So etwa, wenn er auf das Problem des Antagonismus zwischen weltlicher und geistlicher Gewalt im Westen und deren grundsätzlichem Fehlen im Islam eingeht[74]; oder wenn er die Bedeutung hervorhebt, die der Gedanke der Territorialität für den Gang der Geschichte im Westen gehabt hat, während im Osten eher das dynastische Prinzip maßgebend gewesen ist, wobei bestimmte Dynastien primär durch religiöse Sonderansichten entstanden, so z. B. die Fatimiden oder die Almohaden[75]. Oder, von den eher theologischen Betrachtungen, der Vergleich zwischen christlichem und islamischen Festverständnis[76]. Döllingers Studie ist reich an derartigen Vergleichen.

Der zweite Gesichtspunkt, der in diesem Zusammenhang hervorzuheben ist, ist die forschungsgeschichtliche Situation einerseits und der kurz schon gestreifte methodologische Ausgangspunkt anderseits, nämlich: den Islam als Teil der Kirchengeschichte zu begreifen. Darunter ist bei Döllinger aber nicht eine „Vereinnahmung" des Islam zu verstehen, und auch keine „christliche" Deutung (wie bei manch einem mittelalterlichen Islambestreiter), selbst wenn er den Islam als christlicher Historiker und Theologe darstellt. Wenn man es überspitzt formulieren will, dann ist der Islam für Döllinger eine „Sekte", die, im Verlauf der Kirchengeschichte an der Peripherie der Großkirche entstanden, zu dieser immer in einem antagonistischen Verhältnis gestanden hat.

Mit seiner Darstellung der historischen Entwicklung des Islam, so parteilich sie im einzelnen noch sein mag, gelingt Döllinger immerhin der Durchbruch gegenüber einer lediglich polemisch-apologetischen Beschäftigung mit dem Islam. Daß der Islam dabei trotzdem im Rahmen „häresiographischer" Betrachtungsweise bleibt, sei noch einmal nachdrücklich hervorgehoben.

Ein Punkt ist noch zu erwähnen. Weiter oben wurde auf Parallelen verwiesen, die Döllinger in seiner frühen Abhandlung zwischen Islam und Protestantismus zieht. In seinen nach dem I. Vaticanum erschienenen Vorträgen aber ist es die Papstkirche, in deren Nähe Döllinger den Islam stellt: *„Der Islam vollends ist seinem innersten Wesen zufolge eine Religion des Schwertes, und wird, so lange er besteht, – wenn nicht eine kaum zu denkende Umwandlung eintritt, – stets neue Religionskriege erzeugen; dabei ist er zugleich eine fruchtbare Mutter immer neuer Secten; er hat das mit Papstthum gemein, daß jede religiöse oder theologische Frage sofort zur Machtfrage, jede Abweichung in der Lehre zu einem Attentat gegen den Nachfolger des Propheten und Herrscher der Gläubigen wird, sobald dieser gesprochen hat.*"[77]

Döllinger steht damit, sicherlich ohne daß ihm das vollständig bewußt wäre, in einer mit Luther beginnenden Tradition, für die der Islam ein Argument im Streit zwischen den Konfessionen darstellt[78], – also auf eine ganz andere als die zu Beginn dieses Beitrages angedeutete Weise Teil der Kirchengeschichte ist!

Anmerkungen

1 Nöldeke, Theodor: Geschichte des Qorâns, völlig umgearbeitet von Friedrich Schwally, Zweiter Teil, Leipzig 1919, S. 209.

2 J. N. Hortig's und I. Döllinger's Handbuch der christlichen Kirchengeschichte, neu bearbeitet von Dr. I. Döllinger, Bd. I/2, Landshut/Wien 1835 (im folgenden zit.: Kirchengeschichte[1]).

3 Kirchengeschichte[1], S. 245–336 (§ 16: Der Islam und dessen Gründer Muhammed, S. 245–267; § 17: Muhammed's Persönlichkeit. Der Koran. S. 267–281; § 18: Muhammed's Lehre nach dem Koran, S. 281–307; § 19: Das Verhältnis des Islam und seines Stifters zu den schon bestehenden Religionen, besonders zum Judenthum und Christenthum, S. 307–319; § 20: Die Kalifen. Verbreitung des Islam. Das Los der Christen unter Moslemischer Herrschaft, S. 319–336).

4 Vgl. z. B. Heussi, Karl: Kompendium der Kirchengeschichte, Tübingen 1960[12], S. 156–8 (§ 40, 3. 4.); Beck, Hans-Georg, in: Jedin, Hubert (Hrsg.): Handbuch der Kirchengeschichte, Bd. II/2, Freiburg 1975, S. 87–92. – Schon Döllinger selbst hat in der „zweiten, verbesserten Auflage" seiner Kirchengeschichte (unter dem Titel: Lehrbuch der Kirchengeschichte) den Islam nur mit äußerster Kürze behandelt (Bd. 1, Regensburg 1843, S. 68–70).

5 Untertitel: Eine historische Betrachtung, gelesen in der öffentlichen Sitzung der k. Akademie der Wissenschaften, zur Feyer ihres neunundsiebzigsten Stiftungs-Tages, München 1838 (im folgenden zit.: Muhammed's Religion). Eine italienische Übersetzung des Werkes erschien 1846 in Mailand, in zweiter Auflage Mailand 1853 (vgl. die Döllinger-Bibliographie bei Lösch, Stefan: Döllinger und Frankreich, München 1955, S. 554).

6 Gleichwohl ist der Ton doch recht polemisch, – aber das zeichnet Döllingers Schriften ja generell aus!

7 Das gilt auch für Kirchengeschichte[1]. – Über Döllingers islamkundliche bzw. überhaupt orientalistische Quellen gibt im übrigen der Auktionskatalog seiner Bibliothek Auskunft: Bibliotheca Döllingeriana, München 1893.

8 Zweyte verbesserte Ausgabe, Erster Band: Von der Gründung des osmanischen Reiches bis zum Tode Selims I. 1300–1520, Pest 1834. Die Rezension bezieht freilich die gesamte 10bändige Erstauflage des Werkes (Pest 1827–1835), die Döllinger besaß, mit ein.

9 Erschienen in: Bayerische Annalen II (1834) Nro. 113 (20. Sept.), S. 895–898. Zur Verfasserschaft Döllingers vgl. Lösch, Stefan: Döllinger und Frankreich, München 1955, S. 516.

10 Bayerische Annalen II (1834) N^ro. 46, 59, 62, 64 (vom 17. 4., 17., 24. und 29. 5. 1834), S. 364–368, 472–474, 493–498, 512–514. Zur Verfasserschaft Döllingers vgl. Lösch: Döllinger und Frankreich, S. 515. Diese Rezensionen haben im übrigen einen rein referierenden Charakter.

11 Frankfurt a. M. 1829/30 und 1833; die Rezension findet sich, wie die beiden zuvor erwähnten, ungezeichnet in den Bayerischen Annalen II (1834), N^ro. 7 (16. Januar), S. 49–53. Obwohl die Kritik im ganzen positiv ist, heißt es, charakteristisch für Döllinger, im Hinblick auf die Benutzung v. a. arabischer Quellen: *„Es bedarf wohl keiner Erinnerung, daß man wegen der Vorliebe der Araber zu dem Glänzenden bey der Beurtheilung ihrer geschichtlichen Werke mit der größten Umsicht verfahren*

müsse, wenn man die einfachen Thatsachen aller dichterischen Ausschmückungen entkleiden will. Wir stellen gar nicht in Abrede, daß der Hr. Verf. die Quellen und die neueren Hülfsmittel studierte, viele neue Resultate lieferte, und viele Fabeln und Sagen in ihrer ganzen Nichtigkeit darstellte; allein es ist ihm doch nach der Ansicht des Referenten noch nicht ganz gelungen, hier überall das Rechte zu treffen, was freylich auch fast unmöglich ist. Er hat, wie uns dünkt, viele Erzählungen nicht von allem Flitterglanze der Sage entkleidet, und manche Begebenheit oder die näheren Umstände derselben in Zweifel gezogen, die doch bey den Verhältnissen der damaligen Zeiten vollkommen erklärt werden können" (S. 51 f.).

12 Möglicherweise hat Döllinger in Bamberg neben den für die Theologenausbildung obligatorischen Sprachen auch etwas Arabisch gelernt. August v. Platen, der ihn dort im Juli 1821 besuchte, schreibt in seinem Tagebuch über ihn: *„Er hat auch angefangen, die orientalische[n] Sprache[n] zu lernen"* (Die Tagebücher des Grafen August von Platen, ed. Georg v. Laubmann u. Ludwig v. Scheffler, Bd. II, Stuttgart 1900, S. 471). Platen schreibt außerdem von beabsichtigten Sanskrit-Studien in Scheinfeld, wo er Döllinger besucht (ebd., S. 571).

13 1816–1876; 1839 Privatdozent, 1840 außerordentlicher, 1844 ordentlicher Professor für alttestamentliche Exegese an der Universität München; zuletzt (ab 1872) Bischof v. Speyer; vgl. zu ihm ADB X, 502–506 (Paul Schegg); NDB VII, 613 (Viktor Conzemius). Zu seiner Bedeutung als Orientalist vgl. Hamp, Vinzenz: Haneberg als Orientalist und Exeget, in: Studien und Mitteilungen zur Geschichte des Benediktiner-Ordens und seiner Zweige 87 (1976) 45–96 (den Hinweis auf diese Arbeit verdanke ich der Freundlichkeit meines Bamberger Kollegen H. Irsigler). Eine kurze Würdigung Hanebergs durch Döllinger findet sich in seiner Abhandlung: Ueber die Leistungen der Akademie im Gebiete der orientalischen Studien (1874), in: Döllinger, Ignaz von: Akademische Vorträge, Bd. II, S. 341–357, hier S. 355.

14 So z. B. im Zusammenhang mit der Darstellung der islamischen Theologie Passagen aus al-Qušayrīs Risāla, vgl. Muhammed's Religion, S. 10, Anm. 9, S. 11, Anm. 11.

15 Vgl. Lösch: Döllinger und Frankreich, S. 546. Ich zitiere nach dem Abdruck in Döllinger: Akademische Vorträge, Bd. I, Nördlingen 1888 (= München 1890^{2}), S. 187–208. Dieser Aufsatz ist eine ziemlich schonungslose Abrechnung mit den Kreuzzügen. Gegen Ende des Aufsatzes heißt es u. a.: *„Man konnte sich es am Schlusse des 13. Jahrhunderts nicht verbergen: es war eine vollständige Niederlage des Christenthums, womit die Kreuzzüge endeten. Die europäischen Fürsten und Völker, Clerus und Laien, alle waren besiegt von ihrem alten Todfeinde, dem Islam . . . Die Christen waren die Herausforderer, die Angreifer, und sie unterlagen. Mehr noch: sie legten zugleich den Grund zu künftigen neuen Verlusten und bahnten einem schlimmeren Feinde die Wege bis in's Herz von Europa . . . Gerade in jenen Jahren christlicher Agonie in Syrien, am Ende des 13. Jahrhunderts, erhob sich im inneren Kleinasien der noch kleine und ungenannte Türkenstamm der Osmanen, bestimmt, zunächst der Erbe des zerfallenden Seldschukenreiches, um dann der Zerstörer und Nachfolger des byzantinischen Kaiserthums zu werden. Es währte noch lange, bis die christlichen Mächte des Westens erkannten, welch ein furchtbarer Gegner ihnen in diesem neuen Träger des Islam erwachsen sei"* (S. 206 f.). Schuld am Fiasko der Kreuzzüge sind nach Döllinger letzten Endes *„die zwei weltbewegenden Dogmen der damaligen Kirche – die Buß- und Ablaßtheorie und die Lehre von der gottgewollten Weltleitung durch den Papst"* (S. 207).

16 Lösch: Döllinger und Frankreich, S. 545; ich zitiere nach dem Abdruck in: Akad. Vorträge, Bd. II, S. 280–309. Joseph Garcin de Tassy (1794–1878) hat sich vor allem um die Erforschung der hindustanischen Literatur verdient gemacht.

17 Vgl. Lösch: Döllinger und Frankreich, S. 546; ich zitiere nach dem Abdruck in: Akad. Vorträge, Bd. I, S. 1–24.

18 Vgl. Lösch: Döllinger und Frankreich, S. 546; ich zitiere nach dem Abdruck in: Akad. Vorträge, Bd. III, München 1891, S. 39–62. Bei der ziemlich positiven Zeichnung Mohammeds – der positivsten, die Döllinger überhaupt geliefert hat – ist er übrigens der *„Naturgeschichte des Prophetentums"*, wie sie der arabische Geschichtsphilosoph Ibn Ḫaldūn in seiner Muqaddima entwickelt, verpflichtet; Döllinger kannte das Werk in der Übersetzung von de Slane, vgl. ebd., S. 47, Anm. I.

19 Die besondere Hochschätzung, ja Bewunderung Döllingers für das anglo-indische Imperium, die in verschiedenen Akademie-Vorträgen zum Ausdruck kommt, verdiente schon aus dem Grunde eine eigene Untersuchung, weil er in seinem Zustandekommen eine Art von *„geschichtlicher Notwendigkeit"* erblickt, d. h. Döllingers geschichtsphilosophische (bzw. geschichtstheologische) Voraussetzungen hieran exemplarisch gezeigt werden könnten.

20 Garcin de Tassy, S. 291, 298 ff.

21 *„Jetzt hat er* [sc. der Islam] *die Höhe des Mittags längst überschritten, weit hinter ihm liegt seine eigentliche Blüthezeit und Ernte, schneller und schneller scheint sein Tag sich dem Abend zuzusenken . . . Überall und in jeglicher Beziehung zeigen sich dem Beobachter Spuren des Verfalls, und zerstörende Keime, die sich längst eingenistet, streben sich verderbenschwanger zu entwickeln; tiefliegende Schäden nagen an den innersten Lebenskräften der Moslemischen Staaten, und nirgends will eine heilende, regenerirende Kraft sich darbieten; denn daß wieder, wie ehemals eine Verjüngung und Wiederbelebung des Islam durch die Bekehrung frischer Barbarischer Horden eintreten werde, läßt sich nicht mehr erwarten"* (Muhammed's Religion, S. 143 f., vgl. auch die folgenden Seiten bis S. 147!).

22 *„Die Religion des arabischen Propheten zeigt uns in der Gegenwart ein seltsames Phänomen: sie entwickelt einerseits in ganz Asien und Afrika eine Kraft der Ausbreitung, eine Fruchtbarkeit des Proselytismus, wodurch sie die Christenheit weit übertrifft, und andererseits zeigen sich wieder Symptome des inneren Verfalls, – vor allem die gemeinsame, alle mohammedanischen Staaten mit der Auflösung bedrohende Krankheit: die Regierungsunfähigkeit: Blicken wir . . . auf die gewaltige Expansivkraft der arabischen Religion, die sich jetzt fast ebenso rasch und mächtig durch das friedliche Mittel der Überredung, als vordem durch das Schwert verbreitet, so stehen wir vor einem historischen Rätsel"* (Garcin de Tassy, S. 198 f.). *„Die feindliche Hauptmacht, welche überall in Asien den Christen hemmend, zurückstoßend, unversöhnlich entgegentritt, ist der Islam: Dieser Religion wohnt eine noch lange nicht erschöpfte Lebenskraft inne; sie zeigt gleichzeitig in weit von einander entlegenen Ländern neuen Aufschwung oder ein Erwachen aus langem Schlafe. Im Westen zurückweichend, ist sie in Ostasien, auf den Inseln der Südsee, in China und in ganz Afrika, in rascher Ausbreitung begriffen"* (Über die Leistungen der Akademie im Gebiete der orientalischen Studien, [Akademierede 1874], in: Akad. Vorträge, Bd. II, S. 349).

23 Schon 1838 hatte Döllinger geschrieben: *„Eine christliche Oberherrschaft muß dem consequenten Anhänger des Koran's immer als eine usurpirte erscheinen . . ."*

(Muhammed's Religion, S. 36); ja, *„Moslemen und Christen werden überhaupt nie zu einem organischen Staatskörper verschmolzen werden; jene werden vielmehr in einem christlichen Staate, als heterogene, durch ihre Natur jeder Assimilation widerstrebende Bestandtheile, immerdar nur eine todte, den Gang des Triebwerks hemmende Last bilden"* (ebd., S. 37). 1879 referiert er über eine in Indien unter muslimischen Gelehrten geführte Diskussion darüber, ob Britisch-Indien mit seiner *„antikoranischen Gesetzgebung"* als dār al-islām oder vielmehr als dār al-ḥarb zu betrachten sei: *„Wohl sucht eine kleine Minderzahl der indischen Moslems die Verpflichtung zur Rebellion und zum heiligen Kriege gegen die Ungläubigen durch künstliche Auslegung der nur allzu deutlichen Koran=Stellen zu beseitigen; aber was die große Mehrheit, vorab unter den Sunniten ... denkt und glaubt, ist nicht zweifelhaft. Denn das vergißt der Moslem nicht, daß sein indisches Reich durch die Briten umgestürzt wurde. Gründet sich doch auch der ganze Koran auf die Anschauung, daß die Moslems ein entweder herrschendes oder um die Herrschaft ringendes Volk seien"* (Garcin de Tassy, S. 302).

24 Vgl. Anm. 3.

25 *„Ohne Zweifel war auch dieser Religion, wie allem Großen, das die göttliche Vorsehung nach geheimnißvollen Rathschlüssen zuläßt, ihre eigenthümliche Sendung, ihre besondere Function in Mitte der Menschheit angewiesen, die wir aber nur annähernd und rathend zu erkennen vermögen, da es sich hier nicht um etwas rein Vergangenes und Abgethanes, sondern um eine auch der Gegenwart und wohl auch der nächsten Zukunft noch angehörige Erscheinung handelt"* (Muhammed's Religion, S. 140).

26 Kirchengeschichte[1], S. 245.

27 Vgl. dazu Bobzin, Hartmut: Martin Luthers Beitrag zur Kenntnis und Kritik des Islam, in: Neue Zeitschrift für systematische Theologie und Religionsphilosophie 27 (1985) 262–289, 267 mit Anm. 30 (Lit.).

28 Muhammed's Religion, S. 66; vgl. auch: *„... diese Religion mit ihrem nackten, abstrakten Theismus und mit der entsprechenden Dürftigkeit und Leere ihres Kultus ..."* (Kirchengeschichte[1], S. 247); *„der Islam ... ist ... nicht eine priesterliche, symbolische und sakramentale Religion, sondern ein trockener rationeller, an Ideen und liturgischen Formen gleich armer Theismus"* (Muhammed's Religion, S. 59).

29 Im Zusammenhang mit dem Vordringen des Islam in Afrika heißt es: *„Es ist wohl erlaubt, sich dem Gedanken hinzugeben, daß diese Religion, welche dem rohen Zustande und dem geringen Grade von Bildungsfähigkeit der Neger-Stämme unweit eher entspricht, und daher viel leichteren Eingang findet, als das geistigere Christenthum, hier eine Sendung zu erfüllen habe, und als Vorbereitung und Übergangsstufe dienen solle zur dereinstigen Einführung des Evangeliums"* (Muhammed's Religion, S. 18).

30 Muhammed's Religion, S. 140.

31 Ebd., S. 140 f.

32 Übrigens gehört der Vergleich zwischen den gnostisch-manichäischen Sekten im Islam und im Christentum, wie er in Muhammed's Religion, S. 115 ff., gezogen wird, zu den anregendsten Partien der Abhandlung. Schon zu diesem frühen Zeitpunkt ist Döllingers besonderes Interesse an der mittelalterlichen Sektengeschichte klar

erkennbar; vgl. sein erst 1890 erschienenes Werk: Beiträge zur Sektengeschichte des Mittelalters.

33 *„Der Islam . . . entbehrt . . . aller Mittel und Institutionen, den Keim einer Irrlehre zu ersticken, eine häretische Bewegung abzuschneiden oder friedlich zu überwinden . . ., weil seine Lehre in ihrer schroffen Abstraktion und geistigen Dürftigkeit, Gegensätze zu vermitteln, das Wahre von scheinbar entgegengesetzten Lehren in rechter Mitte festzuhalten und darzustellen nicht geeignet ist"* (Muhammed's Religion, S. 131); *„da die Häresie dem Islam nicht wie Irrthum der Wahrheit gegenüberstand, sondern beides nur verschiedene Gestaltungen des Irrwahns waren, so gebrach es schon der herrschenden Lehre an jener innern Stärke, welche die Wahrheit sonst auf die Länge im Ringen mit der Irrlehre zu bewähren pflegt"* (ebd., S. 83).

34 *„Als das Volk des Gesetzes dienten die Moslemin der höheren Hand als Werkzeug, um die Völker der Freiheit zu züchtigen, ihre Ausartung zugleich zu zügeln und zu bestrafen, sie, wenn sie in lethargische Trägheit zu versinken drohten, aufzurütteln, ihre schlafenden Kräfte zu wecken. War das Werk vollbracht, dann zog der Zuchtmeister, der zürnende und rächerische Geist sich zurück"* (Muhammed's Religion, S. 141).

35 Vgl. Kirchengeschichte[1], S. 247 ff., bes. S. 251: *„Doch die vollständige Erfüllung der Ismael betreffenden Weissagungen begann erst da, als aus dem Stamme Kedar und dem königlichen Geschlechte der Haschemiten geboren wurde der falsche Christus und unächte Messias Muhammed, gleichwie aus dem Stamme Juda und dem königlichen Geschlechte Davids der wahre Messias Jesus Christus gekommen war. Jetzt erhob sich neben der wahren und reinen Religion, deren göttlicher Stifter von Isaak dem Sohne der Freien, dem rechtmäßigen Abkömmling, dem Kinde und Erben der Verheißung stammte, eine unlautere, durch schwere Irrtümer verfälschte Religion, deren Urheber entsprossen war von dem unächten Bruder, dem Sohne der Sklavin. Jetzt erst wurde zur vollständigen Thatsache, was dem Ismael und seinen Nachkommen verkündet worden war, daß er werden würde zu einem großen Volke, daß er wohnen würde im Angesichte aller seiner Brüder, und daß seine Hand gegen jedermann seyn würde und jedermanns Hand gegen ihn."*

36 Sie kommen in der Kirchengeschichte[1] übrigens stärker zum Tragen als in Muhammed's Religion.

37 Muhammed's Religion, S. 83 (vgl. oben Anm. 33!).

38 1796–1838; vgl. zu ihm Scheele, Paul-W.: in: Fries, Heinrich u. Schwaiger, Georg (Hrsg.): Katholische Theologen Deutschlands im 19. Jahrhundert, Bd. 2, München 1975, S. 70–98 (dort weitere Lit.).

39 Theologische Quartalschrift (1830) 3–81; wiederabgedruckt bei J. J. I. Döllinger (Hrsg.): Dr. J. A. Möhlers gesammelte Schriften und Aufsätze, Bd. I, Regensburg 1839, S. 348–402. Der Aufsatz wurde auch ins Englische übersetzt, erschien zunächst in: Calcutta Christian Intelligencer, dann in Buchform: On the Relation of Islam to the Gospel, Calcutta 1847 (Übersetzer ist J. P. Menge).

40 Theol. Quartalschrift (1830) 4.

41 Die *„Voraussetzung . . ., daß Mahommed als ein sich selbstbewußter Betrüger die Religion durchaus nur zum Mittel der selbstsüchtigsten Zwecke herabgewürdigt habe"*, ist nach Möhler *„des historischen Grundes entblößt . . . und . . . kann . . . nur in den Augen jener haltbar erscheinen . . ., die die Dichtungen von Voltaire und die göthe'sche Nachahmung derselben für Geschichte halten"* (ebd. 30). Zu Voltaires

Verstragödie „Le fanatisme ou Mahomet le Prophéte“ und seine Bühnenbearbeitung durch Goethe vgl. zuletzt Mommsen, Katharina: Goethe und die arabische Welt, Frankfurt a. M. 1988, S. 218–238. Goethe bearbeitete das Werk auf Wunsch des Herzogs von Sachsen-Weimar: *„aus eigenem Antrieb hätte Goethe niemals die Übersetzung gerade dieses Stückes übernommen, da die Thematik seiner eigenen Auffassung des Propheten widersprach. Bei Voltaire erscheint der Prophet als skrupelloser Machtmensch und Betrüger, der die Leichtgläubigkeit seiner Anhänger für seine egoistischen Zwecke mißbraucht“* (Mommsen: ebd., S. 221).

42 *„Die Annahme, daß er nichts weiter als ein schlauer, berechnender Betrüger gewesen sey, wird der aufmerksame Beobachter unhaltbar finden“* (Kirchengeschichte[1], S. 270). Platen hat möglicherweise mit Döllinger zusammen Voltaires Drama gelesen, vgl. Tagebücher II (wie Anm. 12), S. 78; Platen findet „Le fanatisme“ *„Voltaires bestes Stück . . . Sehr tadelwert bleibt immer, daß Mahometes Charakter so unhistorisch geschändet ist. Der aber einmal aufgestellte Charakter in sich selbst ist konsequent. Mahomet ist einer jener Ehrgeizigen, denen alle Mittel gleich gelten“*.

43 In: On Heroes and Hero Worship, and the Heroic in History, London 1840.

44 Vgl. dazu Watt, William Montgomery: Carlyle and Muhammad, in: The Hibbert Journal 53 (1954/55) 247–254.

45 Möhler ist m. W. – neben Herder – einer der ersten christlichen *Theologen,* die dem Koran auch von seiner äußeren, d. h. der für den Muslim so bedeutsamen sprachlichen Seite Gerechtigkeit widerfahren lassen. Auch bei Döllinger wird die Bedeutung der sprachlichen Form und Gestalt des Korans klar erkannt, vgl. dazu in einem seiner spätestens Vorträge: Dante als Prophet (1887), in: Akad. Vorträge I, S. 78–117, folgende Passage: *„Der Stifter des Islam berief sich ehedem vor seinen Arabern auf die sprachliche Schönheit und den symmetrischen Wohlklang seiner Koranstücke; darin und in dem poetischen Schwung derselben müßten sie, meinte er, die sicherste Beglaubigung seiner prophetischen Sendung erkennen, und er fand in der That den geforderten Glauben“* (S. 83).

46 Möhler (wie Anm. 39) 44 f. – Schon aus diesen wenigen Worten wird die originelle, gänzlich irenische Einstellung Möhlers dem Islam gegenüber deutlich.

47 Vgl. Artikel 2: Das innere Verhältnis des Islam und des Evangeliums nach dem Koran, ebd. 21 ff.

48 Vgl. S. 261 und S. 273.

49 Kirchengeschichte[1], S. 271 f. Döllinger mag auf diese Ansicht durch eine Abhandlung Möhlers über Swedenborg gekommen sein. Auch in seiner Rede „Über Religionsstifter“ (1883) kommt Döllinger auf die Nähe zwischen Mohammed und Swedenborg zurück, vgl. Akad. Vorträge, Bd. III, S. 49.

50 Kirchengeschichte[1], S. 275; in dieser Phase habe er sich *„im Ganzen persönlich unbefleckt“* verhalten.

51 *„Ein andrer dunkler Zug seines Charakters war die kalte, schonungslose Härte, mit welcher er jedes Mittel, auch den Meuchelmord gebrauchte, um die Gegner seiner Person und seiner Lehre aus dem Wege zu räumen. Er hatte wohl keinen Hang zur Grausamkeit, war auch nicht gerade rachgieriger, als es die Araber überhaupt zu seyn pflegen . . . aber wo seiner Sache Gefahr drohte, da galt ihm das Leben eines Menschen nichts, an bereitwilligen Werkzeugen zur Ausführung seiner derartigen Befehle gebrach es ihm nie, und er suchte es so einzurichten, daß das Gehässige der That auf diese und nicht auf ihn fiel“* (Kirchengeschichte[1], S. 270).

52 Vgl. Kirchengeschichte[1], S. 267 ff., wo über „Muhammed's Persönlichkeit" gehandelt wird. Dort heißt es u. a.: *„Sein vorherrschendes Laster war die Wollust . . . Wirklich scheint jene Vermischung der Religion mit der Wollust bei ihm stattgefunden zu haben, welche sonst nur im Heidenthume vorkommend einen der grauenhaftesten Züge des Götzen- und Dämonendienstes bildet"* (S. 267 f.).

53 *„. . . keineswegs einer jener seltenen Geister, welche die Vorsehung zuweilen beruft und mit dem Genius ausrüstet, um neuen Weltverhältnissen Bahn zu brechen, ein Mann, dessen Geist vielmehr in enge Schranken eingeschlossen und für das Unternehmen einer Religionsstiftung arm an Ideen war"* (Muhammed's Religion, S. 3). Vgl. zum Problem der angeblich mangelnden „Originalität" Mohammeds Johann Fücks Aufsätze: Die Originalität des arabischen Propheten, und: Muhammad – Persönlichkeit und Religionsstiftung (beide abgedruckt in Fück, J.: Arabische Kultur und Islam im Mittelalter, hrsg. v. Manfred Fleischhammer, Weimar 1981, S. 142 ff., 153 ff.) sowie die ausgezeichnete Studie von Rudolph, Kurt: Die Anfänge der Religionsgeschichte, in: Festschrift Walter Baetke, Weimar 1966, S. 298–329, hier bes. S. 314.

54 *„Die Glaubenslehren waren kurz und höchst einfach: Gottes Einheit, Sendung einer Reihe von Propheten, die sich mit Muhammed schließt, Auferstehung, Gericht und Vergeltung; kein Mysterium, keine Erlösung, kein Heilmittel, keine mühsame Buße; Entsagung, Aufgebung der liebsten Neigungen wurde nicht gefordert; . . . das Verbot des Weines konnte nicht lästig seyn in einem Lande, wo die Frucht der Rebe nicht gedeiht, das periodische Fasten nicht da, wo Unfruchtbarkeit des Bodens oft auch dem Wohlhabenden Entbehrungen auferlegt, und schon das Klima zur größten Mäßigung im Genusse der Nahrung einladet. Das Drückendste war im Anfange die unter dem Namen Almosen eingeführte Religionssteuer, die aber bald durch die reiche Beute hundertfältig vergütet wurde; für so geringe Opfer erkauften die Gläubigen die Aussicht auf endloses Schwelgen im Paradiese sinnlicher Lüste"* (Muhammed's Religion, S. 4 f.).

55 Muhammed's Religion, S. 58; vgl. auch ebd. S. 4: der Islam ist *„ein starres, auf die abstracte Einheit Gottes gegründetes, seines Messianischen Charakters und aller damit zusammenhängenden tieferen geistigen Elemente entkleidetes Judenthum"*. Noch 1879 heißt es, der Islam sei *„im Grunde doch nur eine Secte und judaisierende Pseudoformation des Christenthums"* (Garcin de Tassy, S. 200).

56 Muhammed's Religion, S. 6.

57 Vgl. Kirchengeschichte[1], S. 323 f.

58 Vgl. Anm. 29.

59 Muhammed's Religion, S. 80 f.

60 Muhammed's Religion, S. 81.

61 Muhammed's Religion, S. 81.

62 Döllinger benutzt ihn auch selber, vgl. Anm. 55.

63 Vgl. dazu im einzelnen die Arbeit von Speigl, Jakob: Traditionslehre und Traditionsbeweis in der historischen Theologie Ignaz Döllingers, Essen 1964.

64 Muhammed's Religion, S. 11.

65 Muhammed's Religion, S. 9.

66 Die Konsequenzen dieser Tatsache, die im übrigen auch für Döllingers Sicht des Protestantismus kennzeichnend sind, offenbart Anm. 172 (S. 94 f.) in Muhammed's Religion: *„Man sieht die Hülflosigkeit einer Religion, die statt des lebendigen Wortes der von Anfang an verkündigten Lehre nur ein Buch zu bieten hat, und in welcher*

nicht das Buch nach der schon vorher dagewesenen und stets überlieferten Lehre erklärt und im Geiste dieser Lehre gelesen werden soll, sondern als die Quelle und Grundlage gilt, aus der der Lehrbegriff erst abstrahirt werden muß.“

67 Muhammed's Religion, S. 82.

68 Vgl. Muhammed's Religion, S. 82 f.

69 Vgl. Muhammed's Religion, S. 33 f. Hier weist Döllinger übrigens auch einen Vergleich der „Institution“ des Kalifats mit derjenigen des Papsttums zurück (S. 34, Anm. 59).

70 Vgl. Anm. 33.

71 Muhammed's Religion, S. 66 und S. 132.

72 Vgl. Muhammed's Religion, S. 20 ff.; bzw. einen Absatz wie den folgenden: „*Es ist . . . ein eigenthümlicher Zug des Islam, daß in ihm so oft die gröbste Sittenlosigkeit mit gewissenhafter Befolgung der rituellen Religionssatzungen und regelmäßiger Gebetsübung verbunden erscheint, und ein Glaube, wie ihn der Koran erzeugt und fordert, sich mit zügelloser Ausschweifung ganz wohl verträgt*“ (S. 28).

73 „*Der Islam stellt sich . . . dar als ein starrer Mechanismus, der, ohne sich auf ernstliche, durchgreifende Disciplin des Geistes einzulassen, zunächst nur des äußeren Lebens der Menschen sich bemächtigt, und dieses in die Fesseln ideenloser Formen und Gebräuche schlägt, welche durch die Gewohnheit leicht erträglich werden, und deren regelmäßige Erfüllung dann die bequeme Selbstbefriedigung, das trügerische Bewußtseyn und die falsche Sicherheit eines religiösen und ganz nach den göttlichen Vorschriften eingerichteten Lebens gewährt*“ (Muhammed's Religion, S. 12).

74 Vgl. Muhammed's Religion, S. 33 f., S. 44 ff. u. ö. S. 48 ist vom „*falschen theokratischen Prinzip*“ die Rede, das dem Islam zugrunde liege.

75 Vgl. S. 134 ff. Wichtig in diesem Zusammenhang ist auch seine 1880 gehaltene Rede: Die Bedeutung der Dynastien in der Weltgeschichte, in: Akad. Vorträge, Bd. I, S. 1–24.

76 Muhammed's Religion, S. 60 ff.

77 Über die Leistungen der Akademie: Akad. Vorträge, Bd. II, S. 352. Vgl. auch Fries, Heinrich: Newman und Döllinger, in: Newman-Studien 1 (1948) 29–76, hier 31.

78 Vgl. dazu Bobzin: Luther (wie Anm. 27), S. 286 f., sowie Hourani, Albert: Europe and the Middle East, London–Basingstoke 1980, S. 26.

Statt eines Schlußwortes

GEORG DENZLER

Döllingers Abschiedsworte an seine Theologiestudenten

Mit 24 Jahren, in einem Alter, da Studenten heute inmitten ihres akademischen Studiums stehen, wurde Kaplan Ignaz Döllinger zum Professor für Kirchenrecht und Kirchengeschichte am Lyzeum in Aschaffenburg ernannt. Sicher trug sein Vater, ein bekannter Mediziner an der Universität Würzburg, zu dieser Berufung seines Sohnes nicht wenig bei. Drei Jahre später verlieh die Universität Landshut Döllinger aufgrund seiner umfangreichen Dissertation über „Die Lehre von der Eucharistie in den drei ersten Jahrhunderten" den theologischen Doktorgrad. Dieses Erstlingswerk ließ bereits ahnen, welch reiche Früchte die historisch-theologische Wissenschaft von diesem Theologen erwarten durfte.
1826 berief König Ludwig I. von Bayern den 27jährigen Lyzeumslehrer Ignaz Döllinger als Theologieprofessor an die soeben von Landshut nach München transferierte Universität. Wieder dozierte Döllinger die Fächerkombination Kirchenrecht und Kirchengeschichte, dazwischen sogar Dogmatik, bis er sich schließlich ganz auf Kirchengeschichte konzentrieren konnte. Neben den in München wirkenden Geisteskoryphäen Franz von Baader, Joseph von Görres und Johann Adam Möhler erlangte der unermüdlich studierende Döllinger schnell Berühmtheit über Deutschlands Grenzen hinaus. Entscheidend dafür wurde einerseits, daß er hervorragende kirchengeschichtliche Werke schuf; andererseits begab er sich mit wahrer Leidenschaft in die Arena kirchenpolitischer Auseinandersetzungen, zunächst als Verfasser aktueller Beiträge in den „Historisch-politischen Blättern" und in der antiliberalen Zeitschrift „Eos", dann als Abgeordneter des Bayerischen Landtags sowie der Frankfurter Nationalversammlung, schließlich als akademischer Redner und als „Konzilsjournalist". Die deutschen Bischöfe und katholische Vereine bedienten sich seiner gerne als Berater oder Referenten. Noch in hohem Alter zählte Döllinger zu den begehrtesten und gelehrtesten Festrednern, mochte es sich z. B. um den Vortrag bei der Einkleidung der ersten vierzehn Barmherzigen Schwestern in München (1832) oder um die Gedächtnisansprache auf König Johann von Sachsen (1874) handeln.

Dennoch blieb die Universität Döllingers hauptsächliches Wirkungsfeld, sozusagen die Plattform, von der aus er auch seine staats- und gesellschaftspolitischen Unternehmungen startete. Fast ein halbes Jahrhundert hindurch bildete er Theologengenerationen aus, darunter später so hervorragende Gestalten wie den „Gesellenvater“ Adolf Kolping und Bischof Ketteler von Mainz, bis ihn wegen seiner Ablehnung des Dogmas von der Unfehlbarkeit des Papstes mit der aus dem Arsenal des Mittelalters herbeigeholten Exkommunikation die härteste aller Kirchenstrafen traf. Und weil Undank oft nicht nur der Welt, sondern auch der Kirche Lohn ist, tilgte der große Kirchenbann bei vielen Katholiken auch die einzigartigen Verdienste, die Döllinger sich in den Jahrzehnten vorher für sein mutiges Eintreten zugunsten der Kirche erworben hatte. Dazu gehörte auch, daß er als „Päpstlicher Geheimkämmerer“ (Monsignore) aus dem Päpstlichen Jahrbuch gestrichen wurde[1].
Was soll man an Döllinger mehr bewundern: sein asketisches Leben, seine schier unerschöpfliche Arbeitskraft, seinen kämpferischen Einsatz oder seine ausgeprägte Wahrheitsliebe? Alles zusammen macht die großartige Persönlichkeit Döllinger aus.
Nach dem Konzil erwartete Döllinger von den zur Minorität zählenden Bischöfen ebenso beherzten Widerspruch wie zur Zeit des Konzils. „Wenn mich ein Bischof fragte“, schrieb er am 28. Dezember 1872 an Lord Acton, seinen einstigen Schüler und jetzigen Freund und Mitarbeiter, „so würde ich ihm doch nur sagen können: Lassen Sie sich eher die Hand abhauen, als daß Sie Ihren Namen unter eine so monströse und heillose Verfälschung der Kirchenlehre setzen.“[2] Wer so entschieden redet und rät, muß seiner Sache absolut sicher sein. Und Döllinger blieb sicher bis in den Tod hinein. Große Enttäuschung bereitete ihm deshalb Bischof Hefele von Rottenburg – sein einstiger Fachkollege an der Universität Tübingen –, weil er die früher energisch abgelehnte Konzilsdefinition der päpstlichen Unfehlbarkeit nach langem Widerstreben um der Einheit in seinem Bistum willen schließlich doch akzeptierte, ohne aber, wie Döllinger als sicher annahm, innerlich davon überzeugt zu sein.
Nach dem nicht nur für Döllinger unglücklich verlaufenen Konzil war leicht vorauszusehen, daß der Münchener Kirchenhistoriker bei der Ablehnung des Infallibilitätsdogmas verharren würde, – welcher Preis auch immer dafür zu zahlen war. Doch nicht Rechthaberei oder Altersstarrsinn – Döllinger war jetzt immerhin schon über 70 Jahre alt – bewogen ihn dazu; es waren vielmehr historische Fakten und eine, allerdings sehr spezielle, Auffassung von der kirchlichen Tradition, die ihm Verweigerung und Ungehorsam zur Gewissenspflicht machten. „Ja, bei der alten Kirche bleibe ich“[3], diese seine Worte, gesprochen bei der bald nach Konzilsende stattgefundenen Begegnung des Erzbischofs Scherr mit der Münchener Thelogischen Fakultät, bringen Döllin-

gers Glaubensüberzeugung am knappsten zum Ausdruck. Folglich passen für Döllinger weder die Exkommunikation noch die Kanonisation, der Ketzerhut so wenig wie der Heiligenschein.
Bischof Senestrey von Regensburg, einer der energischsten Verteidiger der päpstlichen Unfehlbarkeit, hatte seine in München studierenden Priesteramtskandidaten schon im März 1870, als das Konzil noch im Gange war, wegen Döllinger nach Regensburg zurückgerufen. Am 3. April 1871 verbot nun auch das Erzbischöfliche Ordinariat München – und nur wenige Tage später die Bischöflichen Ordinariate Augsburg, Passau und Speyer – den im Herzoglichen Georgianum zu München wohnenden Alumnen (für die Münchener Theologiestudenten war das Philosophisch-Theologische Lyzeum in Freising die Ausbildungsstätte) den Besuch der Döllingerschen Vorlesungen. Da Döllinger diese Maßnahme schon vorausgeahnt hatte, nutzte er die letzte Vorlesungsstunde im Wintersemester 1870/71, um sich von seinen Hörern in der Theologischen Fakultät zu verabschieden. Weil diese seine Abschiedsworte[4] vom 11. März 1871 heute, 120 Jahre später, nichts von ihrer Gültigkeit und Dringlichkeit eingebüßt haben, sollen sie den Döllingers Andenken gewidmeten Band beschließen:

„Gerne hätte ich im nächsten Semester die neue Geschichte der drei letzten Jahrhunderte vorgetragen. Ich weiß nicht, ob es dazu kommen wird. Man sagt, daß ein Hindernis eintreten könne, daß man den Herren untersagen wird, meine kirchengeschichtlichen Vorlesungen zu besuchen. Sollte das geschehen, müssen wir Abschied nehmen.
Sie selbst, meine Herren, werden es schon vielfach wahrgenommen haben; wir stehen am Anfang einer großen Bewegung, welche die katholische Kirche ergriffen hat. Ich sage: am Anfang dieser Bewegung; sie wird ganz gewiß noch viel weiter gehen, sie wird gewaltige Dimensionen noch annehmen, und keiner von uns kann auch nur durch Vermutung erraten, wohin das noch führen wird. Ich habe es sorgfältig vermieden, in den Vorträgen in irgendeiner Weise auf diese Begebenheiten, wie sie sich seit dem vorigen Jahre und besonders seit dem verhängnisvollen 18. Juli gestaltet haben, irgendeine Anspielung zu machen.
Wahrscheinlich haben Sie vielfach, meine Herren, bald in diesen, bald in jenen Tatsachen oder Urteilen, die ich gefällt habe, irgendeine Hindeutung auf die jüngsten Begebenheiten zu finden geglaubt. Das ist unvermeidlich. Und wenn ich noch ängstlicher gewesen wäre, jede derartige Hinweisung zu vermeiden, Sie würden doch solche zu finden geglaubt haben. Das geht immer so, wo große Ereignisse sich vollziehen und wo der Spiegel der Geschichte vorgehalten werden soll. Es ist nicht anders möglich, als daß man zwischen Gegenwart und Vergangenheit Beziehungen herauszufinden sich bemüht – meine Absicht war es durchaus nicht.
Den Eindruck werden Sie empfangen haben, meine Herren, daß die Kenntnis der Kirchengeschichte am Ende doch der Ariadne-Faden sein wird und sein muß, welcher Sie in dem Labyrinth von Streitigkeiten, von Kämpfen, von Anathemen, denen wir

entgegengehen, leiten muß. Wo wollen Sie den Kompaß hernehmen, der Sie führt, wenn Sie ihn nicht in der Geschichte der christlichen Kirche finden, in der Geschichte der christlichen Kirche in ihrem vollen Umfang: Bibelstudium, geschichtliches Studium. Die hl. Schrift, die Bibel, so wie sie wir Deutsche studieren und behandeln, bildet nur den ersten Teil der Kirchengeschichte und daran schließt sich dann das eigentliche kirchengeschichtliche Studium an. Es gibt eine Partei, die sich alle Mühe gibt, dieses doppelte Studium der Bibel und Geschichte in der katholischen Kirche niederzuhalten. Das hat sich in recht evidenter Weise herausgestellt auf einer Versammlung der deutschen Bischöfe, welche vor nicht langer Zeit in Fulda gehalten wurde, wo diese Partei geradezu mit dem Antrag aufgetreten, Exegese, Bibelstudium und Kirchengeschichte aus dem Kreis der Theologie auszuschließen und künftig nur Moral, Kasuistik, Dogmatik und Kirchenrecht zu lehren. Deutlicher hätte, was diese Partei erstrebt, nicht vorgezeigt werden können, als es durch diesen Antrag, der von Bischöfen sogar unterstützt wurde, geschehen ist.

Ich, meine Herren, kann Ihnen nur den entgegengesetzten Rat geben, den Rat: Bleiben Sie dem Studium der Geschichte und der hl. Schrift treu, treu durch Ihr ganzes Leben, nicht dem, was ich Ihnen gesagt habe, nicht der Auffassung der Ereignisse, wie ich Sie Ihnen geben mußte, denn ich habe keine Wahl gehabt, ich konnte ja nicht bloß nackter Registrator sein, ich mußte die Tatsachen darstellen, wie sie mir nach vierzigjähriger Forschung scheinen. Aber es ist fern von mir, und ich sage es bestimmt, ich habe durchaus nicht die Absicht gehabt, Sie in der Beurteilung des Ganges der Kirchengeschichte an meine Auffassung binden zu wollen.

Ich könnte mir keinen schöneren Lohn wünschen, als wenn ich es dahin gebracht hätte, daß wenigstens einige von Ihnen, meine Herren, bloß die Anregung von mir empfangen hätten, weiter zu forschen, sich selbst ein eigenes unabhängiges Urteil zu bilden. Und glauben Sie nicht, daß das so gar schwer ist; im gewissen Sinne: ja. Es gehört das Studium eines ganzen Lebens dazu. Aber in einzelnen Fragen, auf die gerade besonders viel ankommt oder deren Entscheidung so bedeutend ist, daß dadurch das Urteil über ganze große Gebiete bestimmt wird, ist es nicht so schwer, selbst auch beim Mangel an den nötigen Quellen, denn bei dem Reichtum und den Fortschritten, welche die Literatur auf diesem Gebiete gemacht hat, genügt häufig der Gebrauch einiger Werke, die zuverlässig sind und Quellen, um Sie in den Stand zu setzen, sich ein ganz unabhängiges Urteil zu bilden. Aber Sie müssen, und ich sage das auch in bezug auf meine eigene Auffassung der Kirchengeschichte, Sie müssen das Studium mit einem gewissen Mißtrauen beginnen. Ich muß Ihnen das Wort jenes griechischen Dichters zurufen: ‚Sei nüchtern und traue nicht.' Auch mir, meine Herren, trauen Sie nicht, ich verlange und wünsche es nicht. Es ist mir ganz recht, wenn ich nichts weiter erreicht habe, als bloß Sie für das fortgesetzte Studium der Schrift und Kirchengeschichte gewonnen zu haben. Das Übrige kann ich getrost Ihrer eigenen Tätigkeit überlassen. Wenn man Ihnen mit Berufung auf das, was ich geschrieben habe, Mißtrauen beizubringen sucht gegen meine Auffassung der Kirchengeschichte, kein Wort der Apologie wünsche ich von irgendeinem meiner Zuhörer, sondern bloß das Eine, daß er daraus den Entschluß nehme: Ich will selbst nachsehen, ich will mich mit eigenen Augen überzeugen, wie die Dinge stehen und nirgends anders als in den Quellen. Es ist kein Geheimnis, es ist eine laute, von den Dächern verkündete Tatsache, daß in keinem Gebiet des menschlichen Wissens der Trug, die Fälschung, die Fiktion eine so große Rolle gespielt haben als in der Kirchengeschichte. Jetzt können wir in den großen Fragen, welche die Kirche bewegen, keinen Schritt tun, ohne auf die Frage zu stoßen: Liegt hier nicht Fälschung vor, hat man nicht ein ganzes Gebäude auf der falschen Grundlage von absichtlichen, tendenziösen Erdichtungen aufgebaut?

Meine Herren, was wollen Sie solchen Fragen gegenüber tun? Sie können nichts anders tun, wenn Sie überhaupt auf Ihr selbständiges Urteil als vernünftige Menschen und erleuchtete Priester nicht verzichten wollen, als mit eigenen Augen sehen: Ist es wahr oder ist es falsch? Und das ist heutzutage nicht mehr so schwierig. Um Ihnen das an einem einzelnen Beispiel zu zeigen, wie nahe es jedem Einzelnen gelegt ist, und wie leicht er sich die nötigen Mittel verschaffen kann. Eine der größten Fragen der Kirchengeschichte ist die der Isidorischen Dekretalen und des Umfanges der Veränderungen, welche dadurch in der Kirche beigeführt wurden. Da stehen sich die schroffsten Urteile entgegengesetzt gegenüber. Was will der Einzelne (anders) anfangen, als daß er sich selbst ein Urteil zu bilden sucht. Und was gehört dazu? Wir haben jetzt eine bequeme Handausgabe der Isidorischen Dekretalen. Bekanntlich hat, ehe die Dekretalen verbreitet wurden, Papst Leo III. dem Kaiser Karl dem Großen ein Gesetzbuch der Kirche gegeben. Die Isidorischen Dekretalen sind der gerade Gegensatz dieses einige Jahre vorher vom Papste selbst dem Kaiser eingehändigten Gesetzbuches der Kirche. Also brauchen Sie, um sich ein Urteil zu bilden über die Bedeutung dieser großen Fälschung und der hiedurch beigeführten Änderungen in der Lehre und Verfassung der Kirche, brauchen Sie eigentlich bloß zwei Bücher; denn wenn Sie diesen Codex des Papstes Leo, der das alte Kirchenrecht darstellt, mit eigenen Augen vergleichen mit den Isidorischen Dekretalen und sich klar machen, welcher Unterschied da ist, so haben Sie sich ein eigenes selbständiges Urteil erworben. So in anderen Fällen.

Man beruft sich in der Theologie allgemein auf Thomas von Aquin. Es gibt eine Partei, die ihn fast als den einzigen klassischen Theologen, dem alles unterworfen sein muß, darstellt. In den großen Streitfragen, um die es sich handelt, kann man sich ein Urteil bilden. Man darf nur nachsehen, auf welche Autoritäten er sich beruft. Und wenn Sie finden, daß alle diese Autoritäten Betrügereien sind, daß alle Stellen erdichtet sind, so haben Sie einen Maßstab, um die Glaubwürdigkeit und Autorität des Thomas in dieser Materie zu beurteilen.

Also das wollte ich Ihnen noch an das Herz legen, meine Herren, daß Sie durchaus nicht den Eindruck von mir hinwegnehmen, als habe ich Sie bestimmen wollen in ihrem Urteile. Meine Absicht war nur die, Sie zu reizen, Ihnen zu zeigen, welcher Reichtum von Erkenntnis in der Kirchengeschichte enthalten ist, wie die Dinge miteinander in Verbindung gesetzt und das Verhältnis von Ursachen und Wirkung gehörig erforscht werden muß. Nur das wollte ich. Und wenn ich das wenigstens bei einigen erreicht habe, bin ich vollkommen befriedigt.

Somit leben Sie wohl!“

Anmerkungen

1 Pius IX. hat Döllinger kurze Zeit nach seiner Abreise aus Rom im Jahre 1857 den Titel eines „Cameriere segreto supranumerario“ (im Deutschen: Päpstlicher Geheimkämmerer oder kurz Monsignore) verliehen. Vgl. dazu Friedrich, Johann: Ignaz von Döllinger, Bd. 3, München 1899, S. 185. Unter den Inhabern dieses Ehrentitels ist Döllinger in den „Notitiae per l'anno 1858“ (S. 316) zum ersten Mal verzeichnet. Interessanterweise erfolgte die durch seine Exkommunikation (17. 4. 1871) verursachte Streichung erst im Jahr 1873, so daß Döllingers Name noch im Jahr 1872 aufgeführt ist. Vgl. La Gerarchia cattolica, Rom 1872, S. 295. Beide Jahrbücher sind Vorläufer des heutigen „Annuario Pontificio“.

2 Conzemius, Victor (Hrsg.): Ignaz von Döllinger – Lord Acton. Briefwechsel, Bd. I, München 1963, S. 100.

3 Vgl. Denzler, Georg: Das I. Vatikanische Konzil und die Theologische Fakultät der Universität München, in: Annuarium Historiae Conciliorum 1 (1969) 423.

4 Schluß-Worte des H. Prof. v. Döllinger, in: Archiv des Herzoglichen Georgianum in München, Nr. 199: Nachlaß Valentin Thalhofer. Vgl. dazu Denzler, Georg: Ignaz von Döllingers Vermächtnis an seine Hörer, in: Münchener Theologische Zeitschrift 21 (1970) 93–101. – Die Augsburger „Allgemeine Zeitung“ (Nr. 75, 16. März 1871, Beilage S. 1152) berichtete über diese Lehrveranstaltung: „Auf eine Lobrede des Sprechers hin, sagt Döllinger: Ihm sei auf dem Lehrstuhl der Mund für Tagesfragen versiegelt. Er wies aber die Beschuldigung zurück, als habe er, indem er seinem Gewissen gehorcht, sich zu einer Autorität in der Kirche oder in der Wissenschaft aufwerfen wollen. All sein Streben gehe dahin, zum Selbststudium, zur eigenen Prüfung anzuleiten; nie aber habe er in seinen Vorlesungen auch nur mit einem Wort sich bemüht, einen vorbestimmenden Einfluß auf das Urteil seiner Zuhörer in kirchlichen Fragen zu üben.“ Es folgen dann noch die für Döllinger bezeichnenden Worte: „Auf Wiedersehen im Sommer – bei unveränderter Gesinnung.“

Daten zu Döllingers Lebenslauf

1799	Geburt in Bamberg
1803	Umzug der Familie nach Würzburg
1817–1820	Studium der Theologie in Würzburg
1820–1822	Studium der Theologie in Bamberg; Alumnus des Bamberger Priesterseminars
1822	Priesterweihe in der Hauskapelle des Würzburger Bischofs
1822–1823	Kaplan in Markt Scheinfeld
1823–1826	Professor für Kirchengeschichte und Kirchenrecht am Lyzeum in Aschaffenburg
1826	Promotion zum Dr. theol. an der Universität Landshut. – *Die Lehre von der Eucharistie in den ersten drei Jahrhunderten*
1826	ao. Professor für Kirchengeschichte und Kirchenrecht an der Universität München
1827	o. Professor für Kirchengeschichte und Kirchenrecht an der Universität München
1829	Ruf auf den Lehrstuhl für Kirchengeschichte an der Universität Breslau
1835	ao. Mitglied der Bayerischen Akademie der Wissenschaften in München
1836–1838	*Lehrbuch der Kirchengeschichte,* 2 Bde.
1837–1847	Oberbibliothekar der Universitätsbibliothek München (ehrenamtlich)
1838	*Muhammeds Religion nach ihrer inneren Entwicklung und ihrem Einflusse auf das Leben der Völker. – Über gemischte Ehen. Eine Stimme zum Frieden*
1839	Kanonikus des Hofkollegiatsstiftes St. Kajetan in München
1843	o. Mitglied der Bayerischen Akademie der Wissenschaften in München. – *Der Protestantismus in Bayern und die Kniebeugung*

1844–1845	Rektor der Universität München
1845–1847, 1849–1851	Vertreter der Universität München in der Kammer der Abgeordneten des Bayerischen Landtags
1846–1848	*Die Reformation, ihre innere Entwicklung und ihre Wirkung im Umfange des lutherischen Bekenntnisses,* 3 Bde.
1847	Propst des Hofkollegiatsstifts St. Kajetan in München
1847	Quieszierung als Universitätsprofessor (wegen Lola-Montez-Affäre)
1848–1849	Abgeordneter der Deutschen Nationalversammlung in Frankfurt
1849	Reaktivierung als Universitätsprofessor
1853	*Hippolytus und Callistus oder die römische Kirche in der ersten Hälfte des 3. Jahrhunderts*
1857	*Heidenthum und Judenthum. Vorhalle zur Geschichte des Christenthums.* – Romreise. – Päpstlicher Geheimkämmerer (Monsignore)
1860	*Christenthum und Kirche in der Zeit der Grundlegung*
1861	*Kirche und Kirchen, Papstthum und Kirchenstaat. – Drei Vorträge über Kirche und Papstthum im Münchener Odeon*
1863	*Die Papst-Fabeln des Mittelalters. Ein Beitrag zur Kirchengeschichte.* – Vorsitzender bei der Versammlung katholischer Gelehrter in München
1865	Ehrendoktor der Philosophischen Fakultät der Universität Wien. – *Die Speyerische Seminarfrage und der Syllabus*
1866–1867	Rektor der Universität München
1868	Reichsrat der Krone Bayern auf Lebenszeit
1869	*Der Papst und das Concil von Janus*
1870	*Römische Briefe vom Concil von Quirinus*
1871	Exkommunikation durch den Münchener Erzbischof Gregor v. Scherr
1871	Ehrendoktor der Juristischen Fakultät der Universität Marburg; Ehrenmitglied (D.C.L.) der Universität Oxford

1871–1872	Rektor der Universität München
1872	*Sieben Vorträge über die Wiedervereinigung der christlichen Kirchen im Münchener Museum*
1873	Präsident der Bayerischen Akademie der Wissenschaften in München. – Generalkonservator der wissenschaftlichen Sammlungen des bayerischen Staates. – Ehrenbürger der Stadt München
1874 u. 1875	Vorsitzender der Unionskonferenzen der altkatholischen, anglikanischen, orthodoxen und lutherischen Theologen in Bonn
1888	*Über die Wiedervereinigung der christlichen Kirchen*
1888–1891	*Akademische Vorträge*, 3 Bde.
1889	*Geschichte der Moralstreitigkeiten in der römisch-katholischen Kirche seit dem 16. Jahrhundert*
1890	*Beiträge zur Sektengeschichte des Mittelalters mit einem Quellenband*, 2 Bde. – *Briefe und Erklärungen über die Vaticanischen Dekrete*. – *Kleinere Schriften*. – Tod in München. Grab im Alten Sendlinger Friedhof in München

Bibliographie über Ignaz von Döllinger (seit 1890)

zusammengestellt von Walter Jungbauer und Katharina Schilling

Ignaz von Döllingers Schriften (incl. anonyme Aufsätze in Zeitschriften und Übersetzungen) sind verzeichnet bei Stefan Lösch (s. u. Jahr 1955) S. 499–556. Eine Auswahl der wichtigsten Veröffentlichungen Döllingers bietet Georg Schwaiger (s. u. Jahr 1975).

1890

ACTON, John E.: Döllinger's Historical Work, in: The English Historical Review 5 (1890) 700–744

(ANONYMUS): Johann Josef Ignaz v. Döllinger, in: Amtliches Altkatholisches Kirchenblatt, NF, 31. Januar 1890

BONGHI, Ruggero: Ignazio v. Döllinger, in: La Nuova Antologia 109 (1890) 637–662

CORNELIUS, Carl Adolf von: Gedächtnisrede auf Ignaz v. Döllinger, München 1890

FRIEDRICH, Johann: Grabrede auf Ignaz v. Döllinger, in: Deutscher Merkur, 18. Januar 1890

JÖRG, Joseph Edmund: Döllinger +. Erinnerungen seines alten Amanuensis, in: Historisch-Politische Blätter für das katholische Deutschland 105 (1890/I) 237–262

PLUMMER, Alfred: Recollections of Dr. Döllinger, in: The Expositor, ser. 4/II (1890) 212–225, 270–284, 422–435; ser. 4/III (1890) 116–130, 455–472

SCHULTE, Friedrich von: I. I. v. Döllinger, in: Amtliches Altkatholisches Kirchenblatt, NF, 5 (1890) 1–20

VOIT, Carl von: Dem Andenken Ignaz v. Döllingers (Sitzungsbericht der Kgl. bayr. Akademie der Wissenschaften, Heft III), München 1890

1891

FRIEDRICH, Johann: Erinnerungen an Ignaz v. Döllinger, in: Deutscher Merkur, 4. Juli 1891

KOBELL, Luise von: Ignaz von Döllinger. Erinnerungen, München 1891

1892

FRIEDRICH, Johann: Döllinger und Platen, in: Studien zur Kultur- und Literaturgeschichte Altbayerns (1892) 69–102

MICHAEL, Emil: Ignaz von Döllinger. Eine Charakteristik, Innsbruck 1892

PFÜLF, Otto: Döllinger über die höheren Schulen in Bayern 1850, in: Stimmen aus Maria Laach 43 (1892) 44–65

1893

Bibliotheca Doellingeriana. Katalog der Bibliothek des Kg. Univ.-Prof. Dr. J. J. J. v. Döllinger, Stiftsprobstes bei St. Cajetan, Reichsrates der Krone Bayern, Vorstandes der Kgl. Akademie der Wissenschaften, München 1893

MICHAEL, Emil: Päpste als offenbare „Ketzer". Geschichtsfabeln Döllingers, in: Zeitschrift für katholische Theologie 17 (1893) 193–230
– Gregorovius über Döllinger, in: Zeitschrift für katholische Theologie 17 (1893) 371–374

1898

FRIEDRICH, Johann: Döllinger, in: Realencyklopädie für protestantische Theologie, Bd. IV (1898) 724–733
STIEVE, Felix: Ignaz von Döllinger, München 1898

1899

BLENNERHASSETT, Charlotte: In Memoriam. I. von Döllinger 28. Februar 1799–10. Januar 1890, in: Deutsche Rundschau (1899) 459–463
Lettres inédites de Doellinger adressées a M. le prof. E. Michaud du ler août au 30 septembre 1974, in: Revue internationale de théologie 7 (1899) 233–255
FRIEDRICH, Johann: J. Ignaz von Döllinger. Sein Leben aufgrund seines schriftlichen Nachlasses dargestellt, 3 Bde., München 1899–1901
MELZER, Ernst: Hervorragende Momente aus dem Leben und Wirken Döllingers seit 1860, Bonn 1899
WOKER, Philipp: Zu J. J. von Döllingers hundertjähriger Geburtstagsfeier (1799–1899). Festrede, in: Revue internationale de théologie 7 (1899) 449–464

1900

STIEVE, Felix: Abhandlungen, Vorträge und Reden. Leipzig 1900, S. 355–373 (Ignaz v. Döllinger)

1903

WENDT, Carl Heinrich: Ignaz von Döllingers innere Entwicklung, in: Zeitschrift für Kirchengeschichte 24 (1903) 281–309

1904

FRIEDRICH, Johann: Döllinger, Ignaz von, in: Allgemeine Deutsche Biographie, Bd. 48 (1904) 1–19

1908

WACHTER, Friedrich: General-Personal-Schematismus der Erzdiözese Bamberg 1007–1907, Bamberg 1908, S. 87–88

1913

MENN, M. (Hrsg.): Briefwechsel zwischen Friedrich Michaelis und Ignaz von Döllinger, in: Internationale kirchliche Zeitschrift, NS, 2 (1912) 319–344; 3 (1913) 62–83

1914

SCHRÖRS, Heinrich (Hrsg.): Ignaz Döllingers Briefe an eine junge Freundin, Kempten–München 1914

1916

DOEBERL, Anton: Bausteine zu einer Biographie des Bischofs Sailer. 5. Sailer und Döllinger, in: Historisch-Politische Blätter für das katholische Deutschland 157 (1916) 94–103
FRIEDRICH, Johann: Meine Briefe an Döllinger aus dem Konzilsjahre 1869/1870, in: Internationale kirchliche Zeitschrift 6 (1916) 27–55, 174–214, 300–334, 401–453

1918

HERZOG, Edmund: Briefwechsel zwischen Leu und Döllinger, in: Internationale kirchliche Zeitschrift, NS, 8 (1918) 324–333
MERKLE, Sebastian: Döllinger als Mensch, in: Hochland 15 (1918) 628–639

1919

KOCH, Hugo: Döllinger, Ignaz von, katholischer Theologe und Kirchenhistoriker 1799–1890, in: Chroust, Anton (Hrsg.) Lebensläufe aus Franken, Bd. I, Würzburg 1919, S. 63–78

1920

BRAUN-ARTARIA, R(osalie): Von berühmten Zeitgenossen. Lebenserinnerungen einer Siebzigerin, München 1920, S. 190–202 (Begegnungen mit Döllinger)

1924

BERNHART, Joseph: (Nachwort), in: Ignaz von Döllinger: Geschichte und Kirche (Bücher der Bildung, Bd. 3), München (1924), S. 248–254
DOEBERL, Anton: Döllinger und Newman, in: Gelbe Hefte. Historische und politische Zeitschrift für das katholische Deutschland 1 (1924) 58–66
GODET, Pière: Döllinger, in: Dictionnaire de théologie catholique, Bd. IV (1924) 1512–1522

1925

JAKITSCH, D. N.: Briefe von Döllinger, Reinkens, Weber, v. Schulte an General Kirejew, in: Internationale kirchliche Zeitschrift, NS, 19 (1925) 21–46

1926

VIGENER, Fritz: Drei Gestalten aus dem modernen Katholizismus: Möhler – Diepenbrock – Döllinger, Berlin–München 1926, S. 108–188 (Ignaz v. Döllinger)

1931

LÖSCH, Stefan: Döllinger, Ignaz v., in: Lexikon für Theologie und Kirche, Bd. III (1931) 373–378

1936

KEUSSEN, Rudolf: Döllinger und die altkatholische Kirche, in: Internationale kirchliche Zeitschrift 26 (1936) 168–192

1937

HEILER, Friedrich: War Döllinger Altkatholik? in: Eine heilige Kirche 19 (1937) 108–110

KEUSSEN, Rudolf: In eigener Sache. Nachtrag zu meinem Aufsatz über Döllinger und die altkatholische Kirche, in: Internationale kirchliche Zeitschrift 27 (1937) 123–125

1938

LEITÃO DE FIGUEIREDO, Antonio: Herculano e Döllinger, Coimbra 1938

1939

POSCH, Andreas: Ignaz von Döllinger. Zu seinem 140. Geburtstag, in: Schönere Zukunft 124 (1939) 587–589

1948

FRIES, Heinrich: Newman und Döllinger, in: Fries, Heinrich – Becker, Werner (Hrsg.): Newman-Studien, Bd. I, Nürnberg–Bamberg–Passau 1948, S. 29–76

1950

ROGGER, Igino: Döllinger, in: Enciclopedia Cattolica, Bd. IV (1950) 1813–1816

1953

REICHARDT, Anny: Ignaz von Döllingers Stellung zum Infallibilitätsdogma (Diss. masch., Universität Erlangen 1953)

1954

SEEBARS, Friedrich: Ignaz von Döllinger und Ferdinand Gregorovius, in: Deutsche Rundschau 8 (1954) 150–155

1955

LÖSCH, Stefan: Döllinger und Frankreich. Eine geistige Allianz. 1823–1871. Im Lichte von 56 bisher meist unbekannten Briefen, mit zwei Döllingerbildnissen nebst Döllinger-Bibliographie (Schriftenreihe zur bayerischen Landesgeschichte, Bd. 51), München 1955

TONSOR, St. J.: Ignaz von Döllinger. A Study in Catholic Historism (Diss. masch., University of Illinois, Urbana/Illinois 1955)

1957

CONGAR, Yves: Döllinger, in: Catholicisme, Bd. III (1957) 972–974

GOETZ, Walter: Ignaz von Döllinger und seine Entwicklung, in: Goetz, Walter: Historiker in meiner Zeit. Gesammelte Aufsätze, Köln–Graz 1957, S. 175–186

1958

KÜPPERS, Werner: Ignaz von Döllinger 1799–1890, in: Heimpel, Hermann – Heuss, Theodor – Reifenberg, Benno (Hrsg.): Die großen Deutschen, Bd. V, Berlin 1958, S. 301–330

KÜPPERS, Werner: Döllinger, Johann Josef Ignaz von, in: Die Religion in Geschichte und Gegenwart, Bd. II (1958) 217–219

1959

CONZEMIUS, Victor: Zur Charakteristik von Ignaz von Döllinger. Ein Brief von Johannes Friedrich an Lord Acton, in: Zeitschrift für bayerische Landesgeschichte 22 (1959) 154–160
KÜPPERS, Werner: Döllinger, in: Neue Deutsche Biographie, Bd. IV (1959) 21–25
LUTZ, Heinrich: Döllinger, Italien und das Papsttum 1887. Ein Bericht des italienischen Gesandten in München an Francesco Crispi, in: Quellen und Forschungen aus italienischen Archiven und Bibliotheken 39 (1959) 352–360
SCHWARZ, Albert: Döllinger, Johannes Joseph Ignaz v., in: Lexikon für Theologie und Kirche, Bd. III (1959) 475
TONSOR, St. J.: Lord Acton on Döllingers Historical Theology, in: Journal of History of the Ideas 20 (1959) 329–352

1960

CONZEMIUS, Victor: Aspects ecclésiologiques de l'évolution de Döllinger et du Vieux-catholicisme, in: Revue des sciences religieuses 34 (1960) 247–279
– „Römische Briefe vom Konzil“, in: Theologische Quartalschrift 140 (1960) 427–462
MÜLLER, Wilhelm: Döllinger, Johann Joseph Ignaz von, in: Dictionnaire d'histoire et de géographie ecclésiastiques, Bd. XIV (1960) 553–563
SPEIGL, Jakob: Hergenröther und Döllinger. Einige Streiflichter aus Kollegsbriefen, in: Korrespondenzblatt für die Alumnen des Collegium Germanicum et Hungaricum (1960) 11–22, 89–105

1961

BUCHTA, Franz: Ignaz von Döllinger. Ein Vorkämpfer der romfreien katholischen Kirche, in: Gloede, Günter (Hrsg.): Ökumenische Profile. Brückenbauer der einen Kirche, Bd. I, Stuttgart 1961, S. 148–159

1962

CONZEMIUS, Victor: Adolf Kolping und Ignaz von Döllinger, in: Annalen des Historischen Vereins für den Niederrhein 164 (1962) 118–191
– Acton, Döllinger und Ketteler. Zum Verständnis des Ketteler-Bildes in den Quirinusbriefen und zur Kritik an Vigeners Darstellung Kettelers auf dem Vatikanum I, in: Archiv für mittelrheinische Kirchengeschichte 14 (1962) 194–238

1963

CONZEMIUS, Victor: Die Verfasser der „Römischen Briefe vom Konzil“ des „Quirinus“, in: Festschrift für H. Foerster: Freiburger Geschichtsblätter 52 (1963/64) 229–256
– (Hrsg.): Ignaz von Döllinger – Lord Acton. Briefwechsel 1850–1890, 3 Bde., München 1963, 1965 und 1971
DOTZLER, Ludwig: Über das Verhältnis Martin Deutingers zu Ignaz Döllinger, in: Jahrbuch für altbayerische Kirchengeschichte 23 (1963) 130–147

DRU, Alexander: Lord Acton, Döllinger und der Münchener Kongreß. Ein Jahrhundertgedenken, in: Hochland 56 (1963) 49–58
LÖSCH, Stefan: Prof. Dr. Adam Gengler 1799–1866. Die Beziehungen des Bamberger Theologen zu J. J. J. Döllinger und J. A. Möhler. Ein Lebensbild mit Beigabe von 80 bisher unbekannten Briefen, darunter 47 Möhler-Briefen. Zugleich ein Beitrag zur Gelehrtengeschichte Bambergs im XIX. Jahrhundert, Würzburg 1963

1964

ALBRECHT, Dieter: Döllinger, die bayerische Regierung und das erste Vatikanische Konzil, in: Repgen, Konrad – Skalweit, Stephan (Hrsg.): Spiegel der Geschichte. Festgabe für Max Braubach zum 10. April 1964, München 1964, S. 795–815
CONZEMIUS, Victor: Ignaz v. Döllinger – kirchlicher Rebell wider Willen, in: Klerusblatt 44 (1964) 6–10
– Die „Römischen Briefe vom Konzil". Eine entstehungsgeschichtliche und quellenkritische Untersuchung zium Konzilsjournalismus Ignaz von Döllingers und Lord Actons, in: Römische Quartalschrift für christliche Altertumskunde und Kirchengeschichte 59 (1964) 186–229; 60 (1965) 76–119
SCHWAIGER, Georg: Ignaz von Döllinger (Münchener Universitätsreden, NF, 37), München 1964
SPEIGL, Jakob: Traditionslehre und Traditionsbeweis in der historischen Theologie Ignaz v. Döllingers (Beiträge zur neueren Geschichte der katholischen Theologie, Bd. 5), Essen 1964

1967

SCHWAIGER; Georg: Ignaz von Döllinger im Lichte der neueren Forschung, in: Münchener Theologische Zeitschrift 18 (1967) 143–151

1968

CONZEMIUS, Victor: Die Briefe Aulikes an Döllinger. Ein Beitrag zur Geschichte der „Katholischen Abteilung" im Preußischen Kultusministerium (Römische Quartalschrift für christliche Altertumskunde und für Kirchengeschichte, Supplementheft 32), Rom–Freiburg–Wien 1968
– Der Tod Ignaz von Döllingers in den Briefen der Freunde, in: Festgabe für Hubert Schiel: Kurtrierisches Jahrbuch 8 (1968) 300–316
FINSTERHÖLZL, Johann: Ignaz von Döllinger. Ein verkannter Wegbereiter unseres Kirchenverständnisses, in: Wort und Antwort 9 (1968) 161–167

1969

CONZEMIUS, Viktor: Ignaz von Döllinger und Edmund Jörg. Analyse einer Freundschaft und ihres Zerfalls, in: Albrecht, Dieter – Kraus, Andreas – Reindl, Kurt (Hrsg.): Festschrift für Max Spindler zum 75. Geburtstag, München 1969, S. 743–765
DENZLER, Georg: Das I. Vatikanische Konzil und die Theologische Fakultät der Universität München, in: Annuarium Historiae Conciliorum 1 (1969) 412–55
FINSTERHÖLZL, Johann: Ignaz von Döllinger (Wegbereiter heutiger Theologie, Bd. 2), Graz–Wien–Köln 1969

1970

DENZLER, Georg: Ignaz von Döllingers Vermächtnis an seine Hörer, in: Münchener Theologische Zeitschrift 21 (1970) 93–101

KÜPPERS, Werner: Das Bild Döllingers im Wandel der Zeit, in: Internationale kirchliche Zeitschrift 60 (1970) 276–290

– Wer war und was bedeutet uns Ignaz Döllinger? in: Alt-katholisches Jahrbuch 69 (1970) 31–36

MANN, Peter J.: Döllingers Gedanke der Wiedervereinigung der Kirchen in heutiger altkatholischer Sicht, in: Internationale kirchliche Zeitschrift 60 (1970) 393–409

PFISTER, Paul F.: Ignaz von Döllinger als Hochschullehrer (1799–1890), in: Internationale kirchliche Zeitschrift 60 (1970) 231–265

REINHARDT, Rudolf: Johannes Joseph Ignaz von Döllinger und Carl Joseph von Hefele, in: Zeitschrift für bayerische Landesgeschichte 33 (1970) 439–446

1971

DENZLER, Georg: „Ich bin isoliert“. Vor 100 Jahren wurde Ignaz von Döllinger exkommuniziert, in: Publik, 16. April 1971

1972

CONZEMIUS, Victor: Ignaz v. Döllinger. Abtrünniger wider Willen, in: Conzemius, Victor: Propheten und Vorläufer. Wegbereiter des neuzeitlichen Katholizismus, Zürich–Einsiedeln–Köln 1972, S. 79–102

DENZLER, Georg: Neuentdeckte Briefe des Ignaz von Döllinger an Chlodwig von Hohenlohe, in: Römische Quartalschrift für christliche Altertumskunde und für Kirchengeschichte 67 (1972) 212–231

KÖHLER, Oskar: Je suis isolé. Pamphlet zu Ehren Ignaz von Döllingers, in: Köhler, Oskar: Bewußtseinsstörungen im Katholizismus, Frankfurt 1972, S. 51–67

KRAHL, Wolfgang: Döllinger als Alt-Katholik, in: Internationale kirchliche Zeitschrift 62 (1972) 219–230

1974

CONZEMIUS, Victor: Ignaz von Döllinger: The Development of a 19th Century Ecumenist, in: Hundert Jahre christ-katholisch-theologische Fakultät an der Universität Bern (Internationale kirchliche Zeitschrift, Beiheft 64), Bern 1974, S. 110–127

1975

BANTLE, Franz Xaver: Die Ablehnung der Unfehlbarkeit des Papstes durch Döllinger, betrachtet im Lichte der dogmatischen Erkenntnislehre des ausgehenden 18. Jahrhunderts, in: Münchener Theologische Zeitschrift 26 (1975) 364–386

BAUM, Wilhelm: Johannes Janssen und Ignaz von Döllinger, in: Historisches Jahrbuch 95 (1975) 408–417

FINSTERHÖLZL, Johann: Die Kirche in der Theologie Ignaz von Döllingers bis zum ersten Vatikanum. Aus dem Nachlaß hrsg. von Johannes Brosseder (Studien zur Theologie und Geistesgeschichte des Neunzehnten Jahrhunderts, Bd. 9), Göttingen 1975

SCHWAIGER, Georg: Ignaz v. Döllinger (1799–1890), in: Fries, Heinrich – Schwaiger, Georg (Hrsg.): Katholische Theologen Deutschlands im 19. Jahrhundert, Bd. 3, München 1975, S. 9–43

1976

DENZLER, Georg: Die Stellung Joseph Hergenröthers zum Vaticanum I aufgrund seiner hier erstmals edierten Briefe an Andreas Steinhuber, den Rektor des Collegium Germanicum-Ungaricum in Rom, in: Zeitschrift für bayerische Landesgeschichte 39 (1976) 445–485

1977

BRANDMÜLLER, Walter: Ignaz v. Döllinger am Vorabend des I. Vatikanums. Herausforderung und Antwort (Kirchengeschichtliche Quellen und Studien, Bd. 9), St. Ottilien 1977

1978

CONZEMIUS, Victor: Acton, Döllinger and Gladstone. A Strange Variety of Anti-Infallibilists, in: Bastable, James D. (Hrsg.): Newman and Gladstone. Centennial Essays, Dublin 1978, S. 39–55

1979

DENZLER, Georg: Professor Valentin Thalhofer und die Theologische Fakultät der Universität München 1863–1876. Ein Beitrag zur Geschichte des 1. Vatikanischen Konzils: Fakten – Akten, in: Beiträge zur altbayerischen Kirchengeschichte 32 (1979) 33–84

NEUNER, Peter: Döllinger als Theologe der Ökumene (Beiträge zur ökumenischen Theologie, Bd. 19), Paderborn–München–Wien–Zürich 1979

1980

BÄUMER, Remigius: John Henry Newman und Ignaz von Döllinger. Der ungleiche Gewissenskonflikt zweier führender Theologen anläßlich der Unfehlbarkeitsdefinition, in: Fries, Heinrich (Hrsg.): Newman-Studien, Bd. 11, Nürnberg 1980, S. 32–46

KLAUSNITZER, Wolfgang: Päpstliche Unfehlbarkeit bei Newman und Döllinger. Ein historisch-systematischer Vergleich (Innsbrucker theologische Studien, Bd. 6), Innsbruck–Wien–München 1980

NEUNER, Peter: Döllingers Papstfabeln, in: Schwaiger, Georg (Hrsg.): Historische Kritik. Beiträge zu ihrer Geschichte, Göttingen 1980, S. 285–306

OVERATH, Joseph: Der Kölner Dogmatiker Joseph Scheeben (1835–1888) als Gegner der Unfehlbarkeitsschriften des Kirchenhistorikers Ignaz von Döllinger (1799–1890), in: Wissenschaft und Weisheit 43 (1980) 155–172

1981

CONZEMIUS, Victor (Hrsg.): Ignaz von Döllinger – Charlotte Lady Blennerhassett. Briefwechsel 1865–1886, München 1981

DENECKE, Ludwig – BRANDIS, Tilo: Die Nachlässe in den Bibliotheken der Bundesrepublik Deutschland (Verzeichnis der schriftlichen Nachlässe in deutschen Archiven und Bibliotheken, Bd. 2), Boppard am Rhein 1981, S. 69 (Döllinger)

SALA, Anna: Ignaz von Döllinger und die italienische politisch-kulturelle Welt im 19. Jahrhundert (Diss. masch. Venedig 1981/82)

1982

BELARDINELLI, Mario: Döllinger e l'Italia: per una storia del debattito sulla libertà della Chiesa nell' ottocento, in: Rivista di storia della chiesa in Italia 36 (1982) 381–407; 37 (1983) 72–116 (Sonderdruck: Rom 1983)

CONZEMIUS, Victor: Döllinger, Johann Joseph Ignaz (1799–1890), in: Theologische Realenzyklopädie, Bd. IX (1982) 20–26

1983

HOFFMANN, Joseph: Théologie, magistère et opinion publique. Le discours de Döllinger au Congrès de Savants Catholiques de 1863, in: Recherches de science réligieuse 71 (1983) 245–258

KÖHLER, Oskar: „Wenn wir Sie zu Pius IX. geschickt hätten . . .“ Der 18. Juli 1870 und der Briefwechsel zwischen Ignaz von Döllinger und Charlotte Lady Blennerhasset, in: Stimmen der Zeit 201 (1983) 485–492

1984

CONZEMIUS, Victor: Ignaz von Döllinger und die Viktorianische Kirche. in: Birke, Adolf M. – Kluxen, Kurt (Hrsg.): Kirche, Staat und Gesellschaft im 19. Jahrhundert. Ein deutsch-englischer Vergleich, München–New York–Paris 1984, S. 121–152

1985

BOUDENS, Robrecht (Hrsg.): Alfred Plummer. Conversations with Dr. Döllinger 1870–1890. Edited with Introduction and Notes by Robrecht Boudens with the collaboration of Leo Kenis (Bibliotheca Ephemeridum theologicarum Lovaniensium, Bd. 67), Löwen 1985

CONZEMIUS, Victor: Ignaz von Döllinger, in: Greschat, Martin (Hrsg.): Gestalten der Kirchengeschichte, Bd. 9/I, Stuttgart–Berlin–Köln–Mainz 1985, S. 263–280

1987

CHADWICK, Owen: Acton, Döllinger and History (German Historial Institute, London. The 1986 Annual Lecture), London 1987

SCHWAIGER, Georg: Ignaz von Döllinger (1799–1890), in: Schwaiger Georg (Hrsg.): Christenleben im Wandel der Zeit (Lebensbilder aus der Geschichte der Erzdiözese München und Freising, Bd. II), München 1987, S. 104–126

1988

ALBRECHT, Dieter (Hrsg.): Joseph Edmund Jörg. Briefwechsel 1846–1901 (Veröffentlichungen der Kommission für Zeitgeschichte, Reihe A, Bd. 41), Mainz 1988

BRANDMÜLLER, Walter: „Janus" auf dem Index, in: Portmann-Tinguely, Albert (Hrsg.): Kirche, Staat und katholische Wissenschaft in der Neuzeit. Festschrift für Heribert Raab zum 65. Geburtstag (Quellen und Forschungen aus dem Gebiet der Geschichte, NF, Heft 12), Paderborn–München–Wien–Zürich 1988, S. 411–433

CONZEMIUS, Victor: Lord Acton, Ignaz von Döllinger und John Henry Newman. Lebenssituationen und Kirchenkonflikte, in: Biemer, Günter – Fries, Heinrich (Hrsg.): Internationale Cardinal-Newman-Studien, Bd. XII, Sigmaringen 1988, S. 83–103

– Die Kirchenkrise Ignaz von Döllingers: Deutsche gegen römische Theologie? in: Historisches Jahrbuch 108 (1988) 406–429

– Newman und Döllinger. Vom Umgang mit Konflikten in der Kirche, in: Stimmen der Zeit 113 (1988) 723–732

MÜLLER, Gebhard: Johann Joseph Ignaz von Döllingers Münchener Rede von 1863 in unveröffentlichter französischer Übersetzung in der Stiftsbibliothek Einsiedeln, in: Studien und Mitteilungen zur Geschichte des Benediktinerordens 100 (1989) 483–485

1990

DENZLER, Georg: Mahnung und Verpflichtung. Predigt in der St. Willibrord-Kirche zu München am 7. Januar 1990 anläßlich des 100. Todestages von Ignaz von Döllinger, in: „Christen heute" – Zeitung der Alt-Katholiken für Christen heute, Februar 1990

KESSLER, H. Ewald: Ergänzungen und Berichtigungen zur Döllinger-Bibliographie von Stefan Lösch, in: Internationale Kirchliche Zeitschrift 80 (1990) 137–153

– Herzog Max in Bayern. Eine Gedenkrede von Ignaz v. Döllinger, in: Zeitschrift für bayerische Landesgeschichte 53 (1990) 149–154

NEUNER, Peter: Stationen einer Kirchenspaltung. Der Fall Döllinger – ein Lehrstück für die heutige Kirchenkrise, Frankfurt 1990

OEYEN, Christian: Döllinger als Altkatholik: eine Bestandsaufnahme, in: Internationale Kirchliche Zeitschrift 80 (1990) 67–105

RING, Matthias: „Ähnlich dem Prophetentume in der hebräischen Zeit . . ." Anmerkungen zum Charismatischen in der Theologie Ignaz Döllingers und insofern auch zum Verhältnis von Lehramt, Theologie und sensus fidelium, in: Internationale Kirchliche Zeitschrift 80 (1990) 137–153

WEISS, Otto: Ignaz von Döllinger und die Redemptoristen, in: Spicilegium historicum Congregationis SSmi Redemptoris 37 (1990) (im Druck)

Die Autoren

Max Blauberger, geb. 1931 in Frensdorf, Oberstudienrat am Dientzenhofer-Gymnasium in Bamberg.

Hartmut Bobzin, Dr. phil. habil., geb. 1946 in Bremen, Privatdozent für semitische Philologie und Islamwissenschaft an der Universität Erlangen-Nürnberg.
Publikationen: Der Koran im Zeitalter der Reformation (Beiruter Texte und Studien, Bd. 42), Stuttgart (im Druck). – (Hrsg.) 1001 alt-arabische Sprichwörter. Deutsch von Friedrich Rückert, Wiesbaden 1988. – (Mithrsg.) Zeitschrift für arabische Linguistik, Wiesbaden.

Alain Boureau, Dr. phil., geb. 1946 in Lyon, Directeur d'Études an der École des Hautes Études en Sciences Sociales in Paris.
Publikationen: Le légende dorée. Le systéme narratif de Jacques de Voragine († 1298), Paris 1984; L'Aigle. Chronique politique d'un emblème, Paris 1985; Le simple corps du roi, Paris 1988; La papesse Jeanne, Paris 1988.

Owen Chadwick, Dr. theol., geb. 1916 in Bromley/London, em. Regius Professor für Geschichte an der Universität Cambridge.
Publikationen: John Cassian. A Study in Primitive Monasticism, Cambridge 1950; From Bossuet to Newman. The Idea of Doctrinal Development, Cambridge 1957; The Mind of the Oxford Movement, London 1960; The Victorian Church, 2 Bde., London 1966–1970; The Reformation, Harmondsworth 1964; Edward King, Bishop of Lincoln, 1885–1920, Lincoln 1968; Acton and Gladstone, London 1976; Catholicism and History: The Opening of the Vatican Archives, Cambridge 1978; The Popes and European Revolution, Oxford 1981; Newman, Oxford 1983. Zu seiner vollständigen Bibliographie vgl. Beales, Derek – Best, Geoffrey (Ed.): History, Society and the Churches. Essays in honour of Owen Chadwick, Cambridge 1985, S. 301–317.

Georg Denzler, Dr. theol. habil., geb. 1930 in Bamberg, o. Professor für Kirchengeschichte an der Universität Bamberg.
Publikationen: Kardinal Guglielmo Sirleto (1514–1585), München 1964 (ital. Übersetzung: Catanzaro 1986); Die Propagandakongregation in Rom und die Kirche in Deutschland im ersten Jahrzehnt nach dem Westfälischen Frieden, Paderborn 1969; Das Papsttum und der Amtszölibat, 2 Teilbände, Stuttgart 1973–1976; (mit Carl Andresen) Wörterbuch der Kirchengeschichte, München 1982, 3. Aufl. 1989; Widerstand oder Anpassung? Katholische Kirche und Drittes Reich, München 1984; (mit Volker Fabricius) Die Kirchen im Dritten Reich. Christen und Nazis Hand in Hand?, 2 Bde., Frankfurt 1984, 3. Aufl. 1988; Die verbotene Lust. 2000 Jahre christliche Sexualmoral, München 1988, 2. Aufl. 1989. – (Hrsg.) Päpste und Papsttum, (bisher) 26 Bände, Stuttgart 1971 ff.; (Hrsg.) Das Papsttum in der Diskussion, Regensburg 1974; (Hrsg.) Papsttum – heute und morgen. 57 Antworten auf eine Umfrage, Regensburg 1975; (Hrsg.) Kirche und Staat auf Distanz. Historische und aktuelle Perspektive, München 1977; (Hrsg.) Priester für heute, München 1980; (Hrsg.) Weshalb Priester, München 1982; (Hrsg.) Lebensberichte verheirateter Priester, München 1989.

Manfred Görg, Dr. theol. habil., geb. 1938 in Blankenfelde bei Berlin, o. Professor für Alttestamentliche Theologie an der Universität München.
Publikationen: Das Zelt der Begegnung. Untersuchung zur Gestalt der sakralen Zelttraditionen Altisraels (Bonner Biblische Beiträge, 27), Bonn 1967; Untersuchungen zur hieroglyphischen Wiedergabe palästinischer Ortsnamen (Bonner Orientalische Studien, 29), Bonn 1974; Gott-König-Reden in Israel und Ägypten (Beiträge zur Wissenschaft vom Alten und Neuen Testament, 105), Stuttgart 1975; Beiträge zur Zeitgeschichte der Anfänge Israels. Dokumente – Materialien – Notizen (Ägypten und Altes Testament, 2), Wiesbaden 1989; Aegyptiaca-Biblica. Notizen und Beiträge zu den Beziehungen zwischen Israel und Ägypten (Ägypten und Altes Testament, 11), Wiesbaden 1990. – (Hrsg.) Fontes atque Pontes. Eine Festgabe für Hellmut Brunner (Ägypten und Altes Testament, 5), Wiesbaden 1983; (Hrsg.) Religion im Erbe Ägyptens. Beiträge zur spätantiken Religionsgeschichte zu Ehren von Alexander Böhlig (Ägypten und Altes Testament, 14), Wiesbaden 1988; (Hrsg.) Die Väter Israels. Beiträge zur Theologie der Patriarchenüberlieferungen im Alten Testament (Festschrift für Josef Scharbert), Stuttgart 1989; (Hrsg.) Biblische Notizen (seit 1976); (Hrsg.) Ägypten und Altes Testament (seit 1979); (Hrsg.) Biblische Notizen. Beihefte (seit 1985). – (Hrsg. mit E. Pusch) Festschrift Elmar Edel (Ägypten und Altes Testament, 1), Bamberg 1979; (Hrsg. mit B. Lang) Neues Bibel-Lexikon, 1988 ff.

Ursula Huber, Dr. phil., geb. 1942 in München, Mitarbeiterin im Planungsstab der Ludwig-Maximilians-Universität München.
Publikationen: Schauspiele von König Ludwig I. – aus der Handschrift übertragen und bearbeitet, München 1986; Universität und Ministerialverwaltung – die hochschulpolitische Situation der Ludwig-Maximilian-Universität während der Ministerien Oettingen-Wallerstein und Abel (1832–1847), Berlin 1987.

Hans Ewald Keßler, Dr. phil., geb. 1940 in Neckarelz, Wissenschaftlicher Angestellter im Universitätsarchiv Heidelberg.
Publikationen: Johann Friedrich (1836–1917). Ein Beitrag zur Geschichte des Altkatholizismus, München 1975; Johann Gustav Weiß. Lebenserinnerungen eines badischen Kommunalpolitikers, hrsg. und bearb. v. Jörg Schadt unter Mitarbeit von Hans Ewald Keßler, Stuttgart-Berlin-Köln-Mainz 1981.

Wolfgang Klausnitzer, Dr. theol. habil., geb. 1950 in Bad Windsheim, Regens des Erzb. Priesterseminars in Bamberg.
Publikationen: Päpstliche Unfehlbarkeit bei Newman und Döllinger. Ein historisch-systematischer Vergleich, Innsbruck 1980; Das päpstliche Amt im Disput zwischen Lutheranern und Katholiken. Schwerpunkte von der Reformation bis zur Gegenwart, Innsburg 1987. – (Mithrsg.) Seminarium Ernestinum. 400 Jahre Priesterseminar Bamberg, Bamberg 1986.

Wolfgang Müller, Dr. phil., geb. 1940 in Breslau, Bibliotheksoberrat, Referent für alte Drucke und stellv. Leiter der Abteilung Handschriften und alte Drucke der Universitätsbibliothek München.
Publikation: Urkundeninschriften des deutschen Mittelalters, Kallmünz 1975; Die Drucke des 17. Jahrhunderts im deutschen Sprachraum. Untersuchungen zu ihrer Verzeichnung in einem VD17, Wiesbaden 1990. – Redakteur der Zeitschrift „Bibliotheksforum Bayern“, 1978–1982.

Christian Oeyen, Dr. theol. habil., geb. 1934 in Antwerpen, Professor für Alt-Katholische Theologie und Direktor des Alt-Katholischen Seminars an der Universität Bonn.
Publikationen: Las Potencias de Dios en los dos primeros siglos cristianos, Buenos Aires 1963; Eine frühchristliche Engelpneumatologie bei Klemens von Alexandrien, Bern 1966. – (Hrsg.) Urs Küry: Die Alt-katholische Kirche, 2. ergänzte Auflage Stuttgart 1978, 3. Auflage Frankfurt–Stuttgart 1982.

Herman H. Schwedt, Dr. theol., geb. 1935 in Aachen, Leiter des Diözesanarchivs Limburg.
Publikationen: Das römische Urteil über Georg Hermes (1775–1831). Ein Beitrag zur Geschichte der Inquisition im 19. Jahrhundert, Rom–Freiburg–Wien 1980.

Josef Urban, Dr. theol., geb. 1951 in Kleinziegenfeld, Archivrat am Archiv des Erzbistums Bamberg.
Publikationen: Die Bamberger Kirche in Auseinandersetzung mit dem Ersten Vatikanischen Konzil, 2 Bde., Bamberg 1982; Pfarrarchiv und Pfarr-Registratur, Bamberg 1988. – (Mithrsg.) Vom Main zum Jura.

Heinz-Jürgen Vogels, Dr. theol., geb. 1933 in Berlin, theologischer Schriftsteller.
Publikationen: Christi Abstieg ins Totenreich und das Läuterungsgericht an den Toten, Frankfurt 1976; Pflichtzölibat, München 1978; Jesus Christus – eine Realität, Ostfildern 1988.

Otto Weiß, Dr. phil., geb. 1934 in Ulm, Mitglied des Historischen Instituts des Redemptoristenordens in Rom.
Publikationen: Die Redemptoristen in Bayern. Ein Beitrag zur Geschichte des Ultramontanismus, St. Ottilien 1983; „Tun, was der Tag verlangt“. Das Leben von P. Kaspar Stanggassinger, Redemptorist, Freiburg-Basel-Wien 1988.